修訂七版

國際貿易法規

方宗鑫

International trad
regulatio

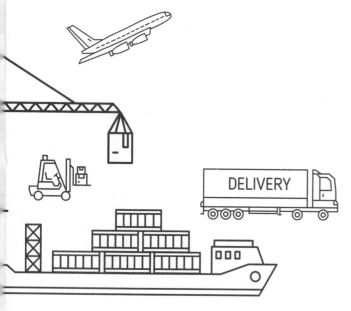

三民書

推薦序

方教授是我當年在大貿易商大輝國際貿易股份有限公司機械部服務時的同事。當時他剛進公司，在我主管的部門服務，工作態度認真負責。

之後，殊途同歸，都進入教育界服務，並在民國九十年共同撰寫空中大學出版的《國際貿易實務》教科書。

方教授長期教授「國際貿易實務」的課程，並在國際貿易慣例的研究，如國貿條規、信用狀統一慣例、協會貨物保險條款等方面頗多用心。

今值其著作《國際貿易法規》新版即將問世，余樂為之作序，並以兩句詩作為對作者在學術研究上的期勉：

高樓欲窮千里目　明月常照學涯路

實踐大學前校長
實踐大學國際經營與貿易學系教授
謝宗興　謹識

推薦序

　　方教授長期鑽研於國貿法規的教學與研究，向為學林所欽仰。佐以他早年在貿易公司的豐沛經驗，更能游刃有餘地將隱晦艱澀的法規條文清晰地詮釋其實務之意涵。配合新版國貿條規的修訂，此書適時的更新付梓，不但嘉惠眾多學子，對於國際貿易的實務業者，更是裨益匪淺。

　　方教授學養俱優，文采豐潤，全書讀來猶如處幽篁而品茗，展閱再三，尤饒深趣。逢此佳構，余樂為之序。

政大國際經營與貿易學系教授

胡聯國　謹識

修訂七版序

　　自 1950 年代初，臺灣開始發展經濟，從早期以勞力密集財的出口為主到高科技資訊產品佔出口的多數，貿易商品的型態雖有很大的改變，但進出口貿易總額佔國民生產毛額的貿易依存度依然相當高。臺灣的經濟命脈幾乎完全操之於國際貿易。隨著貿易地區及進出口數量之逐年增加，從單純的商品貿易，到跨國公司之經營，與國際貿易相關的糾紛層出不窮。如何避免糾紛之發生以維護交易之安全並促進國際貿易之開展，有賴於對國際貿易相關之國際公約、協定、慣例及規則做深入之研究與瞭解。

　　1990 年起，國際經貿環境已有很大的改變，經濟整合已成為世界的潮流，經過關稅暨貿易總協定的烏拉圭回合談判，成立了世界貿易組織。在世界貿易組織的架構下，將原有之關稅暨貿易總協定的內容納入其所管轄的協定之一，並增加了許多新的協定，作為規範各會員國政府及國際貿易業者的商業法則。

　　1995 年 1 月 1 日世界貿易組織正式成立後，從 2001 年 11 月起開始杜哈回合的談判，但因各會員國的意見分歧，進展並不順利；除於 2004 年 8 月 1 日凌晨通過「7 月套案」作為未來談判的基礎外，只有在 2005 年 12 月舉行的第六屆香港部長會議中作出一些決議。2009 年 11 月舉行的第七屆日內瓦部長會議中亦只重申要在 2010 年結束談判。2011 年 12 月 15 日到 17 日舉行的第八屆日內瓦部長會議，在沒有任何一方願意妥協讓步的情形下，談判陷入僵局，各會員國間紛紛簽訂「自由貿易協定」(FTA) 與「區域貿易協定」(RTA) 以為因應。

　　2012 年亞太地區區域經濟整合繼續發展，由美國主導的「跨太平洋夥伴協定」(Trans-Pacific Partnership Agreement, TPP) 在 2016 年 2 月 4 日，歷經 5 年多的談判，美國、日本、澳洲、加拿大、墨西哥、越南、馬來西亞、汶萊、智利、秘魯、紐西蘭及新加坡等十二個締約國部長級代表，在紐西蘭奧克蘭正式簽署「跨太平洋夥伴協定」。但 2017 年 1 月 23 日美國退出「跨太平洋夥伴協定」。美國退出後，剩餘的十一國共同發表部長聲明宣布將「跨太平洋夥伴協定」改稱「跨太平洋夥伴全面進展協定」(Comprehensive and Progressive

Agreement for Trans-Pacific Partnership, CPTPP)，CPTPP 在日本主導下，除凍結部分條文外，將原來 TPP 協定的內容條文納入 CPTPP 協定的條文，並在 2018 年 3 月 9 日在智利聖地牙哥簽署。

2013 年 5 月 9 日到 13 日起，涵蓋中國、澳洲、日本、韓國、印度與紐西蘭在內的亞洲十六國的 「區域全面經濟夥伴協定」 (Regional Comprehensive Economic Partnership, RCEP) 關係，在汶萊的達魯薩蘭開始談判，經過 7 年的談判，RCEP 十五個成員國在 2019 年 11 月 4 日宣布完成談判，準備在 2020 年簽署，但印度認為協定內容沒有回應印度的憂慮而不願加入，並於 2020 年 7 月初正式宣布退出 RCEP。

2013 年 3 月起日本與歐盟展開經濟夥伴協定的談判，歷時 4 年，終於在 2017 年 7 月 6 日，達成架構協商，並於 2018 年 7 月 17 日正式簽署「經濟夥伴協定」(Economic Partnership Agreement, EPA)，並於 2019 年 2 月 1 日生效。

2013 年 12 月 3 日到 7 日，世界貿易組織第九屆部長會議在印尼峇里島舉行， 會中終於通過杜哈回合談判展開以來的第一個 「貿易便捷化協定」 (Agreement on Trade Facilitation, TFA)，並已於 2017 年 2 月 21 日正式生效。

1992 年 6 月「地球高峰會」在巴西舉行，其目的在於尋求如何使貿易之發展與地球環境之保護能相輔相成之方法，取得經濟永續發展的共識；2002 年 8 月在南非約翰尼斯堡舉行「第二屆地球高峰會」。會後發表「約翰尼斯堡永續發展宣言」，重申對環境議題的承諾、呼籲全球共同努力，加強建構有效的夥伴關係及積極的對話；會中共通過了 152 項「行動計畫」，同時訂定了達成的期程。2012 年 6 月在巴西里約熱內盧舉行 「第三屆地球高峰會」，邀請世界各國元首共同討論及檢討全球及人類推動永續發展所面臨的問題及展望。

國際間對於環境保護的意識日漸高漲，乃促使各國對於有關環境保護的事項，如大氣臭氧層遭破壞、氣候變遷、危險廢棄物處理、危害生物多樣性及保護瀕臨絕種動植物等事項，提出以貿易手段來達成環保目的之國際環保公約。這些國際環保公約都是國際貿易業者所應深入瞭解，並預作防範以避免造成不必要的困擾。

2020 年國際商會修訂「國貿條規」改為「2020 年國貿條規」（Incoterms® 2020)，並於 2020 年 1 月 1 日正式施行。

　　本修訂七版，仍維持修訂六版的架構，就與國際貿易有關的國際公約、協定、慣例、規則以及其他相關貿易法規加以介紹及扼要說明，以供學術界及實務界之參考。但在第二章世界貿易組織中，增加說明「日歐經濟夥伴協定」；在第四章美國貿易法中，增加說明 232 條款；在第五章國貿條規中，改為「2020年國貿條規」。

方宗鑫　謹識

2020 年 7 月

自 序

自 1950 年代初，臺灣開始發展經濟，從早期以勞力密集財的出口為主到現在高科技資訊產品已佔出口的大宗，其間貿易商品的型態雖有很大的變化，但進出口貿易總額佔國民生產毛額的貿易依存度依然相當高。臺灣的經濟命脈幾乎完全操之於國際貿易。隨著貿易地區及數量之逐年擴展，從單純的商品貿易，到跨國公司之經營，有關的國際貿易糾紛亦層出不窮；而如何避免糾紛之發生以維護交易之安全並促進國際貿易之開展，則有賴於對國際貿易之相關法規及慣例做深入之研究與瞭解。

1990 年代起，國際間的經貿環境已有了很大的改變，經濟整合已成為世界的潮流，經過烏拉圭回合的談判，世界貿易組織也已正式成立。在世界貿易組織的架構下，將原有之關稅暨貿易總協定的內容納入世界貿易組織所管轄的協定之一，並增加了許多新的協定，為各會員國政府及國際貿易業者規範了一套必須遵守的國家與國家之間的商業法則。

1992 年 6 月「地球高峰會」在巴西舉行，其目的在於尋求如何使貿易之發展與地球環境之保護能相輔相成之方法，取得經濟永續發展的共識；2002 年 8 月接著又在南非約翰尼斯堡舉行「第二屆地球高峰會」。國際間對於環境保護的意識日漸高漲，乃促使各國對於有關環境保護的事項，如大氣臭氧層遭破壞、氣候變遷、危險廢棄物處理、危害生物多樣性及保護瀕臨絕種動植物等事項，提出以貿易手段來達成環保目的之國際環保公約。這些國際環保公約都是國際貿易業者所應深入瞭解，並預作防範以避免造成不必要的困擾。

本書擬就國際間與貿易有關的公約、協定、慣例、規則以及國內與貿易有關的法律，如貿易法、商品檢驗法、管理外匯條例、關稅法等加以介紹並扼要說明，以供學術界及實務界之參考。

方宗鑫 謹識
2007 年 5 月

國際貿易法規

目 次

第三章　聯合國國際貨物買賣契約公約

第四章　美國貿易法

第五章　國貿條規

第六章　信用狀統一慣例

第十一章　與貿易相關之環保法規

第十二章　貿易法

第十三章　國際貨幣金融體制與管理外匯條例

第十四章　國際標準化組織與商品檢驗法

第十五章　世界海關組織與關稅法

第一章

關稅暨貿易總協定

第一節 成立經過

二次大戰後，為重整國際經濟，建構「布列敦森林機構」(The Bretton Woods Institutions) 為聯合國之特別機構，成立了「國際貨幣基金」(International Monetary Fund, IMF)、「國際復興暨發展銀行」(International Bank for Reconstruction and Development, IBRD) 及「國際貿易組織」(International Trade Organization, ITO) 等組織以處理國際間貨幣、金融及貿易等方面的問題。國際貿易組織成立之目的在建立一個有秩序的國際貿易關係，消除自 1930 年以來經濟大蕭條時世界各國普遍設立之各種貿易障礙。1948 年 3 月在哈瓦那舉行之聯合國貿易與就業會議中，通過國際貿易組織憲章草案，該憲章又稱哈瓦那憲章 (Havana Charter)。

國際貿易組織憲章草案涵蓋範圍包括就業、投資、一般商業政策、限制性交易措施、國際商品協定、組織條款等，範圍甚廣，且各成員經濟利益互異，爭論甚多，非短期能實現，後來又因美國政府將成立國際貿易組織之條約送請其國會批准時，遭到國會之反對，致使國際貿易組織未能成立。

國際貿易組織雖然未能成立，但當時籌組國際貿易組織的二十三個創始會員曾在 1947 年展開關稅減讓談判，談判結果達成四萬五千項關稅減讓，影響金額達 100 億美元，約佔當時世界貿易額的十分之一。各國為免籌組國際貿易組織之努力白費，且美國政府參與關稅減讓部分之談判已獲國會之授權，因此包括美國在內之各國最後協議，將憲章中有關商業政策之部分抽出，配合關稅減讓之規定，另外成立關稅暨貿易總協定 (General Agreement on Tariffs and Trade, GATT)。

因美國國會並未批准加入國際貿易組織，各國亦同意以「暫時適用議定書」(Provisional Protocol of Application, PPA) 方式簽署關稅暨貿易總協定。

1947 年 10 月，美國、加拿大、英國、法國、中華民國、澳洲、紐西蘭、荷蘭、比利時、盧森堡、挪威、捷克、古巴、巴西、智利、印度、巴基斯坦、緬甸、錫蘭、南非、羅德西亞、黎巴嫩、敘利亞等二十三國完成關稅暨貿易總協定草簽，1948 年元月 1 日，關稅暨貿易總協定經其中八國正式簽署「暫時適用議定書」後生效適用。關稅暨貿易總協定係由所有締約成員所暫行適用。原始締約成員依「暫時適用議定書」適用本協定，原為比利時、法國、荷蘭、英國之屬地，後獨立為國家者，則依據協定第 26 條第 5 項第 3 款之規定加入本協定，自 1948 年以後加入本協定者，則依其個別之加入協定議定書適用本協定。

依關稅暨貿易總協定第 29 條規定，關稅暨貿易總協定之締結僅係「國際貿易組織」成立前之暫時性措施，於國際貿易組織憲章生效後，關稅暨貿易總協定之有關規定即失其效力。但因國際貿易組織始終未能順利成立，使得關稅暨貿易總協定無形中成為 1948 年以來國際商品貿易之主要規範，並為大多數國家所接受。雖然關稅暨貿易總協定之適用法律基礎係臨時性質，且係一個多邊協定並無國際法上之人格地位，但卻是自 1948 年以來成為唯一管理國際貿易之多邊機制。

依關稅暨貿易總協定第 25 條規定，締約成員大會 (Contracting Parties) 為其最高決議機構，每年 11 月下旬召開特別大會；1960 年 6 月關稅暨貿易總協定設立「代表理事會」(Council of Representatives)，並為配合特定問題，另設有各類「委員會」(Committees)、「工作小組」(Working Parties)、「專家小組」(Panel of Experts)；為處理日常行政工作，關稅暨貿易總協定並在瑞士日內瓦設有祕書處。

第二節　基本原則與主要內容

關稅暨貿易總協定 (GATT) 的規範可分狹義與廣義兩種，狹義是指關稅暨貿易總協定的條文與附件，廣義則尚包括東京回合多邊貿易談判之有關協定與各成員之入會議定書、關稅減讓表、多邊纖維協定 (MFA)、仲裁小組 (panel) 之

裁決報告、GATT 相關法規之解釋、及關稅暨貿易總協定締約成員大會之決議與宣言。

關稅暨貿易總協定的宗旨，如其在序文中所稱：「締約成員體認，從事貿易活動時，應致力提高生活水準，確保充分就業與實質所得及有效需求之大量而穩定成長，促進世界資源之充分利用且擴大貨品之生產與交易，為達成此目標，成員須在互惠的基礎上，降低關稅，去除貿易障礙，並廢除歧視性待遇。」

由其序文可知，關稅暨貿易總協定成立之目標基本上可分三個階段：

1.短期上，希望消除 1930 年代以來世界混亂的貿易現狀，建立一個有秩序的貿易社會。

2.中期上，希望建立一系列的法則與規範，以作為世界貿易關係的準則。

3.長期上，希望有朝一日能完全消除各國間的各種貿易障礙，實現世界貿易自由化的理想。

「關稅暨貿易總協定」條文自 1948 年 1 月 1 日生效後，經幾次增修，包括自 1958 年 11 月以來之修正並於 1969 年 1 月 1 日生效之部分，共分四篇 38 條。修正部分主要是增加第四篇有關貿易及發展之規定，包括第 36 條至第 38 條。

依協定第 34 條之規定，附件 1 至附件 9 為構成協定之一部分，協定後所附之關稅減讓表，依協定第 2 條第 7 項之規定，亦構成協定之一部分。

其條文如下：

第一篇規定各締約國的義務，包括：

第 1 條　一般最惠國待遇 (General Most-Favoured-Nation Treatment)

第 2 條　關稅減讓表 (Schedules of Concessions)

第二篇規定各種非關稅措施及爭端解決，包括：

第 3 條　有關國民待遇之本國租稅與法規 (National Treatment on Internal Taxation and Regulation)

第 4 條　關於電影片之特殊規定 (Special Provisions relating to Cinematograph Films)

第 5 條　過境之自由 (Freedom of Transit)

第 29 條 本協定與哈瓦那憲章之關係 (The Relation of this Agreement to the Havana Charter)

第 30 條 本協定之修正 (Amendments)

第 31 條 本協定之退出 (Withdrawal)

第 32 條 本協定之締約成員 (Contracting Parties)

第 33 條 加入 (Accession)

第 34 條 附件 (Annexes)

第 35 條 本協定對特定締約成員間之排除適用 (Non-application of the Agreement between Particular Contracting Parties)

第四篇規定協助開發中經貿發展之原則 (Trade and Development)，包括：

第 36 條 原則與目標 (Principles and Objectives)

第 37 條 承諾 (Commitments)

第 38 條 聯合行動 (Joint Action)

壹 基本原則

關稅暨貿易總協定之規範可歸納為六大基本原則：

❈ 一、最惠國待遇原則

即一般所稱的非歧視、無差別待遇原則。協定第 1 條規定，任一締約成員對有關出口或進口，或對因出口或進口所產生之國際支付轉帳所課徵之任何種類之關稅或規費、對該等關稅及規費之徵收方法、有關出口及進口之所有法令及程序，及依本協定第 3 條第 2 項及第 4 項所涉及之事項，任一締約成員對來自或輸往任一其他國家之任一產品所給予之任何利益、優惠、特權或豁免，應立即且無條件地給予來自或輸往其他所有締約成員之同類產品。

在此原則下，該條款仍規定以下不適用最惠國待遇原則之例外情形：

1.依第 1 條第 2 項及第 3 項規定，原有共同主權、宗主權、或保護關係之領域間之既存優惠，如美、英、法等國與其殖民地間之優惠。

2.依第 14 條規定，締約成員為確保其國際收支平衡，若符合國際貨幣基金 (IMF) 之有關規定，得排除其適用。

　　3.依第 24 條規定， 關稅同盟 (Customs Unions) 國家 、 自由貿易區 (Free-trade Areas) 及邊境貿易 (Frontier Traffic) 之優惠。

　　4.依第 35 條規定，締約成員間排除適用關稅暨貿易總協定或關稅暨貿易總協定之第 2 條規定。

❀ 二、國民待遇原則

　　為另一種形式之不歧視原則，係指本國與外國間之不歧視待遇，即對外國產品給予本國產品相同之待遇。

　　1.締約成員國之國內稅、其他國內規費，與影響貨品在國內銷售、推銷、購買、運輸、分配或使用之各種法律及規章，以及規定產品在混合、加工或使用上須符合特定數量或比例之國內數量法規，不得以保護本國生產為目的而對進口產品或國內產品實施。

　　2.進口其他締約成員國產品時，不應課徵超過本國生產之同類產品所課徵之本國稅及任何規費，亦不得以違反前項規定之方式，另行對進口產品或本國產品課徵本國稅或其他規費。

　　3.進口其他締約成員國之貨品時，就影響到其國內銷售、推銷、購買、運輸、分配及使用之所有法律及規章上，其待遇不得低於本國生產之同類產品，即外銷品的待遇應與內銷品相同。若僅基於交通工具之經濟營運規模，所採取之差別國內運輸費率，則不在此限。

　　4.締約成員國不應制定或維持有關產品之混合、加工或使用在特定數量或比例上、直接或間接要求任何被管理產品之特定數量或比例必須由國內供應之國內數量法規。

　　在國民待遇原則下，協定第 3 條仍規定一些例外情形：

　　1.政府機構採購供政府公用、非商業轉售及非供商業銷售之生產。

　　2.專門針對本國生產者所給予之補貼，該補貼包括取之於符合第 3 條規定之國內稅或各項規費收入，以及經政府以購買本國產品方式所實施之補貼。

　　3.締約成員國在制定或維持有關已沖洗電影片之本國數量限制法規，如符合協定第 4 條規定，得不受本條規定之限制。

　　茲舉違反國民待遇之案例如下：

例 1、1952 年美國控告古巴僅對進口木材課銷售稅，對國產木材未予課稅。

例 2、1954 年義大利抗議希臘對進口人造纖維課徵 10% 至 20% 奢侈稅，但對國產品免課徵。

例 3、1955 年英國對義大利進口藥品及國產藥品分別課徵 6% 及 4% 銷售稅。

例 4、1952 年義大利通過法律設置一項特別信用基金，對購買本國農機提供低率高額貸款，進口農機則不適用❶。

⚙ 三、關稅減讓原則

關稅暨貿易總協定成立之目的在撤除所有貿易障礙，但因現實世界無法立即消除所有貿易障礙，而關稅因透明、易於談判處理，乃成為關稅暨貿易總協定所能容忍的貿易障礙，因此在協定第 2 條規定各成員應基於互惠、不歧視的原則，相互協商以制定關稅減讓表，各締約成員國給予其他各締約成員國貿易之待遇，不得低於本協定所附有關減讓表之相關部分所規定之待遇。

依協定第 28 條規定關稅減讓後，非依關稅暨貿易總協定有關條文規定，不得任意修正或撤銷其減讓。協定第 28 條第 1 項並鼓勵各成員國舉行關稅談判，促使各成員國的關稅大幅降低。

⚙ 四、普遍廢除數量限制原則

協定第 11 條規定：「任何締約成員除關稅、本國稅或其他規費外，不得制定或維持配額、輸出入許可證或其他措施，以禁止或限制來自其他締約成員國領土之任何產品之進口，或對其他締約成員國領土出口或銷售出口產品。」此即原則上禁止締約成員從事任何進出口的數量管制。

至於關稅配額 (tariff quota) 係於進口稅則中規定某特定貨物在一定進口數量下適用較低稅率，當超過該一定數量時則適用較高稅率，而非禁止該特定貨物在到達一定進口數量時之進口，故不屬於此處配額之定義。

其例外規定如下：

1.為防止或解除糧食或其他對出口國甚為重要之產品的嚴重短缺，可採取

---

❶　郭懿美 (1995)，《國際貿易法規》，第 27 頁。臺北，智勝文化。

禁止或限制出口之措施。

　　2.為實施國際貿易商品之分類、分級或行銷之標準或規定等，可採取禁止或限制進出口之措施。

　　3.對有必要執行政府措施之以任何型態進口之任何農、漁產品，採取進口限制：

　　　　(1)限制類似國內產品允許銷售或生產之數量，或，若類似產品在國內無實質生產者，則指能直接替代進口產品之國內產品；或

　　　　(2)以免費或低於現時市場價格之方式，將國內剩餘品供應國內消費者之某些團體，以消除國內類似產品之暫時性過剩，或，若類似產品在國內並無實質生產者，則指能直接替代進口產品之國內產品；或

　　　　(3)對國內生產相對不足，而全部或主要依賴進口之任何畜產品，限制其允許生產之數量。

　　4.以維護國際收支平衡及金融為目的，如：

　　　　(1)預防貨幣準備金嚴重下降之緊急威脅，或停止其嚴重下降。

　　　　(2)締約成員國之貨幣準備金過度短缺時，使其增加至合理比率。

❀ 五、減少非關稅貿易障礙原則

　　非關稅貿易障礙屬於非關稅貿易措施 (Non-tariff Trade Measures, NTM)，為 1970 年代新保護主義之產物，指締約成員國政府以行政命令、貿易法令及行政措施直接限制進口和擴張出口，因這些措施直接干預到貿易活動，而被視為是貿易障礙。但並非所有非關稅型態的貿易措施都造成貿易障礙，故自東京回合以後，凡不屬於關稅型態的貿易障礙或措施，一律稱為非關稅貿易措施。

　　非關稅貿易措施具備兩重意義：第一，必須是屬於非關稅性質；第二，必須具有貿易效果。屬於非關稅性質且具有阻礙或禁止貿易正常流通效果之措施，則稱為非關稅貿易障礙 (Non-tariff Trade Barriers, NTB)。

　　根據關稅暨貿易總協定「數量限制及其他非關稅措施小組報告」歸類出 40 餘類之非關稅貿易障礙，多數均屬於限制外國產品進口之邊境限制措施。其經世界銀行之報告整理後可歸納為 5 大類：

　　1.進口數量限制：

⑴配額：即對某一特定產品在特定期限內限制其進口數量。種類得為全球性、特定國家或季節性。

⑵管制進口：即對某一特定產品完全禁止進口，或需經特別主管機構核准始予例外進口，或在某些特殊情況下得限制進口。

⑶裁量式之進口許可證制：即進口許可證由主管機關決定是否核發，例如針對以配額管理為目的之進口許可證。

⑷條件式之進口許可證制：即進口許可證僅在進口商承諾採取某些相對措施情況下方予核發，例如該進口商承諾購買等量之本國產品，或其達到特定出口實績，或其必須證明無本國產品可資供應。

2.**自動出口設限**：自動出口設限 (Voluntary Export Restriction, VER) 係出口國與進口國間之協定，由出口國自願在某一特定期限內限制其出口數額，此類協定雖名為自願，卻經常是在進口國將採取較出口國自動設限更為嚴厲之片面設限之威脅下，經由諮商所達成之非自願性協議，在自動出口設限案例中最著名者即為多邊纖維協定 (Multi-Fiber Agreement, MFA)❷。

3.**價格管制**：主要是在使進口價格不致低於設限價格，包括：

⑴差異金：即對進口貨課徵稅捐，以使進口貨之價格等於設定價格。

⑵最低價格：係由進口國設定一產品之最低進口價格，只要該產品之進口價格低於該項設定價格，則進口國可課徵附加稅或其他罰金。

⑶自動出口價格設限 (voluntary export price restriction)：即出口國承諾依進口國所設定之最低進口價格而訂定其出口價格。

4.**關稅型式之措施**：又稱與關稅平行之措施，包括：

⑴關稅配額：指對某一特定產品實施兩種高低不同之關稅稅率，若該項產品進口超過某一特定數額時，則適用高關稅率。

⑵季節性關稅：指對同一商品在不同進口時期適用不同之關稅稅率。這類關稅措施最常用於農產品，特別是生產具有季節性之產品，為避免某一特定之產品在國外生產旺季時大量輸入國內而施以較高之關稅。

5.**監視性措施**：即針對敏感性產品採取之管理措施，以控制產品之進口，

---

❷　多邊纖維協定 (Multi-Fiber Agreement, MFA)，為適用於棉羊毛，人造纖維等紡織品出口數量限制之多邊性制度。

包括：

　⑴價格及數量之調查及監視：即一締約成員政府得因國內業者對某一出口國之不公平貿易行為所提出之指控而展開調查，亦得對敏感性產品之進口情況進行監視。此類調查雖為認定事實所必需之過程，但其本身即具有保護效果，而監視措施通常會造成市場通路之不明確性，較易引起市場機能之紊亂。

　⑵反傾銷稅及平衡稅之保護：反傾銷稅是針對在進口國市場銷售價格低於出口國市場價格之進口產品課徵，而平衡稅則係為抵銷進口產品所接受之出口補貼或退款而課徵，以維持一種自由貿易體制下應有之公平競爭性。

✦ 六、諮商原則

依關稅暨貿易總協定第 22 條規定，締約成員間之任何爭端應先由雙方相互諮商，或透過「締約成員全體大會」諮商解決，如未能於合理期間內達成協議，得提交「大會」為適當之建議或裁決。

關稅暨貿易總協定爭端解決程序的主要目的不在決定誰對誰錯或論斷某一成員之責任為何，而是能儘速終止任何違反關稅暨貿易總協定義務的情事。關稅暨貿易總協定條文中，約有三十餘項條款涉及要求締約成員以舉行雙邊或多邊諮商方式來解決相互間之貿易摩擦，但其中以第 22 條「諮商」及第 23 條「剝奪或損害」為較具體的規定。

第 23 條「剝奪或損害」規定任何締約成員如認為其依本協定直接或間接可得之利益被剝奪或受損害，或在本協定規範內任何目標之達成，因下列原因而受阻時得要求諮商或調停：

　1.其他締約成員未能履行本協定所承擔之義務。

　2.其他締約成員所施行之符合或違反本協定發生之任何措施。

　3.其他任何狀況之存在。

對前述爭議，如有關締約成員間於合理期間內未達成協議，或為前述第 3 點所指原因，得將其提交「大會」解決，「大會」就所提案件應迅速予以調查，並向有關之締約成員提出適當建議，或為適當之裁決。

「大會」如認為必要，得與各締約成員、聯合國經濟及社會理事會及任何適當之國際組織諮商；如「大會」認為情況急迫且必要時，得授權一締約成員或有關之數締約成員，停止履行依本協定對其他締約方或有關數締約成員之減讓承諾或其他義務。

貳　主要內容

關稅暨貿易總協定之主要內容大致可分為兩方面：一、關稅規定方面；二、非關稅方面。

❀ 一、關稅規定方面

（一）減讓關稅

1.各締約國基於平等、互惠之原則，協商制定關稅減讓表。

2.各締約國給予其他締約國之貿易待遇，不可低於本協定附件之減讓表中相關規定之待遇。

3.除非關稅暨貿易總協定規定，否則在關稅減讓後，不可任意修改、撤銷或減讓。

4.為促進各締約國大幅降低關稅，鼓勵各國舉行多邊談判。

（二）關稅估價協定

東京回合時達成關稅估價協定，訂定統一的關稅估價規則，以免進口品作不合理的估價，形成貿易障礙。關稅暨貿易總協定第 7 條規定進口商品的完稅價格應以實際交易的價格為準，如果欠缺此項資料，可以其他方式估價，並訂適用之優先順序。

（三）輸出入規費及手續

為避免各國以輸出入規費和進出口手續來阻礙貿易自由化及平等化，關稅暨貿易總協定第 8 條規定各締約國對於進出口品所課徵之任何規費及費用，必須與提供服務成本相近數額為限；且不得為財政目的或為間接保護國內產品而課稅。而進出口手續應盡量簡化，文件處理應迅速。

（四）反傾銷、補貼及平衡稅

關稅暨貿易總協定第 6 條規定各締約成員國可對傾銷產品課徵反傾銷稅，但反傾銷稅不可超過傾銷差額。如進口產品本身有接受補貼，而此項補貼嚴重損害其他締約成員國的利益時，各締約成員國可對此產品課徵進口平衡稅；但平衡稅之課徵不得超過此產品在產地或輸出國直接或間接接受補貼或獎金的估定金額。若傾銷的產品同時受領補貼，則進口國只可就反傾銷稅或平衡稅兩者擇一而用。

甘迺迪回合中又增訂傾銷規則，將傾銷價格的定義、傾銷之調查手續、產業損害之定義等事項做詳細說明。

東京回合中則對平衡稅建立一項完整的處理體系，規定出口國之權利和義務。如規定產業及工業品不得給予補貼，初級產品給予有限制的出口補貼。

❀ 二、非關稅方面

（一）廢除數量管制

為減少非關稅貿易障礙，關稅暨貿易總協定第 11 條規定除了避免糧食或其他重要物資的嚴重缺乏，及為了維護國際收支平衡外，任何締約國不可利用關稅以外的方法，如配額等方式設限或禁止進出口。即使關稅暨貿易總協定同意其實施配額，也必須採用全球性配額，不可只對某些國家設限。

（二）政府採購

由於各國利用政府採購實施不公平的投標方式，構成嚴重的非關稅貿易障礙。故在東京回合時，關稅暨貿易總協定各締約成員國於 1979 年通過「政府採購協定」，並於 1981 年 1 月 1 日生效，其主要目的在對政府採購之規定法令、手續及運作建立一明確準則，並要求政府採購之締約國須以公開招標為原則，且須對國內外供應商予以相同待遇。政府採購協定另規定交易金額達 15 萬特別提款權者才適用本協定，但不可化整為零故意逃避本協定。勞務方面的採購則不包括在內。

（三）技術性貿易障礙協定

一般稱為產品標準法。為避免各國自行決定產品規格，有意或無意妨礙貿易自由化，故於東京回合中提出建立一個對產品標準、檢驗程序及合格證明之國際性規範，本協定於 1980 年 1 月 1 日生效。

（四）逃避條款

為避免締約國因履行關稅暨貿易總協定的義務而導致對本國產業造成嚴重傷害，關稅暨貿易總協定第 19 條規定其締約成員國若因履行其義務而造成本國某一特定商品或產業嚴重受損時，其締約成員國可自由中止其義務的全部或一部分，或撤銷、修改其對該產品的減讓關稅。

第三節　關稅暨貿易總協定架構下之多邊貿易回合談判

關稅暨貿易總協定僅是一項多邊國際協定，以關稅暨貿易總協定為論壇所進行之多邊談判，雖以關稅談判為主，但在理論上均是對原有協定之修正，因此每一次之多邊談判乃稱為回合談判。自 1948 年關稅暨貿易總協定成立以來共舉行八次多邊回合貿易談判，詳如下列：

◢GATT 歷次回合談判簡表◣

年　度	回　合	談判主題	參加國家數
1947	第一回合 （日內瓦回合）	關稅	23
1949	第二回合 （安西回合）	關稅	13
1951	第三回合 （多哥回合）	關稅	38
1956	第四回合 （日內瓦回合）	關稅	26
1960～1961	第五回合 （狄倫回合）	關稅	26
1964～1967	第六回合 （甘迺迪回合）	關稅及反傾銷措施	62

1973～1979	第七回合（東京回合）	關稅、非關稅措施及各項架構性規約,如：輸入許可證程序、海關估價、技術性貿易障礙、牛肉及國際乳品協定等	102
1986～1994	第八回合（烏拉圭回合）	關稅、非關稅措施、服務業、智慧財產權、爭端解決、紡織品、農業、設立 WTO 等	123

資料來源：經濟部國際貿易局網站。

前七次談判的重點都放在降低關稅稅率,使已開發國家之平均關稅稅率降至 7% 以下。

第六次甘迺迪回合談判中,並首次將非關稅貿易障礙措施納入談判議題,非關稅措施不但會妨礙市場機能的運作,比關稅措施更易造成貿易扭曲,而且經常不以公開方式運作,遭人詬病。不過,因各成員對於非關稅措施的談判缺乏經驗,因此僅達成反傾銷規約。

第七次東京回合談判中,除了持續降低關稅障礙外,更達成多項非關稅規約 (code),簽署了多項國際性規約,明確定義非關稅障礙之範圍,並設立專門機構以排解各成員國的非關稅障礙糾紛,以維護各成員國之權益,將關稅暨貿易總協定之談判觸角伸入非關稅領域。這些規約包括以下幾項：

1. 補貼與平衡措施。
2. 技術性貿易障礙。
3. 輸入許可發證程序。
4. 政府採購。
5. 關稅估價。
6. 反傾銷。
7. 肉品、乳品、民用航空器貿易等三項部門別之自由化協議。

1980 年代以後,關稅暨貿易總協定的體制結構缺陷逐漸浮現,其缺陷包括以下幾點：

1. 臨時適用性。
2. 與各成員國的國內法關係不明確。
3. 締約成員國入會方式、條件不同。
4. 全球金融貿易政策步調難趨一致。
5. 爭端解決之方式未能統一等。

各成員國政府乃利用其體制缺陷，使用非關稅障礙、自動出口限制、反傾銷稅及平衡稅等措施來保護國內產業。加上國際經貿環境大幅改變，全球競爭結構的轉變，新保護主義抬頭，片面設限及區域主義盛行，貿易摩擦日增，造成各成員的國內政治壓力，多邊貿易體系的健全運作已受到威脅。因關稅暨貿易總協定無法有效處理新產生之貿易問題及爭端，乃於 1986 年 9 月 15 日在烏拉圭之東岬 (Pnmda Del Este) 舉行部長級會議，召開第八次烏拉圭回合 (Uruguay Round) 談判。其談判目標有四點：

1. 促進全球貿易之擴大與自由化。

2. 擴張關稅暨貿易總協定之涵蓋範圍。

3. 加強關稅暨貿易總協定體制，使其更能與當前國際經濟環境配合，並考慮貿易型態之演變，高科技產品貿易之發展，以及開發中國家之外債問題。

4. 強化國際貿易政策與金融、貨幣以及其他經濟政策間之相互關係，並促進其與各國國內經貿政策之調和，兼顧個別國家之成長與發展。

本回合的談判主題包括關稅、非關稅措施、天然資源產品、紡織品及成衣、農業、熱帶產品、關稅暨貿易總協定條文、東京回合有關協定、防衛條款、補貼及平衡措施、智慧財產權、與貿易相關之投資、爭端解決、關稅暨貿易總協定體制運作及服務業貿易等十五項。因主要國家對削減農業保護問題尚有歧見，致未能達成協議，貿易談判委員會乃於 1991 年 4 月 25 日重整為以下七項：

1. 農業。

2. 紡織成衣。

3. 市場開放，包括關稅、非關稅障礙、熱帶產品、天然資源產品等。

4. 與貿易有關之措施。

5. 法規制定，包括反傾銷、補貼、防衛條款、技術障礙、原產地規定及政府採購等法規。

6. 智慧財產權。

7. 服務業及制度，包括爭端解決、關稅暨貿易總協定體制功能等。

烏拉圭回合的各項談判議題在達成協議後整合為一套最終法案，由各成員簽署後一體遵行，以改善東京回合談判採取個別開放簽署所造成約束力不足的現象。

本回合談判並決議成立「世界貿易組織」(WTO) 以有效管理及執行本回合的各項決議，使關稅暨貿易總協定多年來扮演國際經貿論壇之角色正式取得法制化與國際組織的地位。

關稅暨貿易總協定成立四十餘年來對全球經貿體系之貢獻如下：

（一）制定國際貿易規範

建立一套範圍廣泛且有效之新國際貿易體制，並於其中保留某些特殊情況之適度運作空間。此外，並隨著國際經貿情勢之需要，擴充規範領域，如 1966 年為開發中國家所增訂之第四篇「貿易與發展」、在甘迺迪回合及東京回合針對非關稅措施規約加以修正及制定、在烏拉圭回合將服務業、智慧財產權及投資等納入規範。

（二）消除國際貿易障礙

歷次回合的談判中，減讓之產品項目超過十二萬項，金額達 3,000 億美元。

（三）維持國際貿易秩序

平均每年處理 12 件左右之貿易指控或糾紛案件，由於其提供有秩序且公平合理之處理程序，具有調停與仲裁之功能，對調和締約成員國間利益之均衡及自由貿易體系之維繫與發展均有助益。

 參考資料來源

1. 經濟部國際貿易局 (1992)，《GATT 答客問》。
2. 黃立、李貴英、林彩瑜 (2000)，《WTO 國際貿易法論》。臺北，元照出版。
3. The WTO Agreement Series, General Agreement on Tariffs and Trade, WTO website: http://www.wto.org.
4. 郭懿美 (1995)，《國際貿易法規》。臺北，智勝文化。
5. 經濟部國際貿易局網站。

習　題

一、關鍵詞彙解釋

1. GATT　　　2. tariff quota　　　3. VER　　　4. NTM　　　5. MFA

二、問答題

1. 關稅暨貿易總協定成立之經過為何？

2. 關稅暨貿易總協定成立之宗旨及目標為何？

3. 關稅暨貿易總協定主要內容為何？

4. 關稅暨貿易總協定之六大原則為何？

5. 何謂最惠國待遇原則？有何例外？

6. 何謂國民待遇原則？有何例外？

7. 何謂普遍廢除數量限制原則？有何例外？

8. 何謂關稅減讓原則？

9. 何謂減少非關稅貿易障礙原則？

10. 何謂諮商原則？

11. 關稅暨貿易總協定之貢獻為何？

12. 烏拉圭回合之目標有哪幾點？

13. 烏拉圭回合之談判主題為何？

第二章
世界貿易組織

第一節　成立經過

關稅暨貿易總協定烏拉圭回合談判於 1993 年 12 月 15 日達成最終協議，決定成立世界貿易組織 (World Trade Organization, WTO)。1994 年 4 月各國部長在摩洛哥馬爾喀什 (Marrakesh) 集會，簽署「表彰烏拉圭回合多邊貿易談判結果之最終法案」(Final Act Embodying the Results of the Uruguay Round of Multilateral Trade Negotiations) 及 「馬爾喀什設立世界貿易組織協定」(Marrakesh Agreement Establishing the World Trade Organization)。

依上述之協定設立之世界貿易組織於 1995 年 1 月 1 日正式成立，總部設在瑞士日內瓦，並自 1996 年 1 月 1 日起正式接替關稅暨貿易總協定成為監督國際商務活動之機構，負責消除各國貿易障礙。其宗旨在於經由世界貿易組織之組織內的完整架構，以有效管理及執行世界貿易組織協定內所涵蓋的各項協定。

為便於各國完成國內之相關立法程序，各國同意關稅暨貿易總協定與世界貿易組織並存 1 年後，其後關稅暨貿易總協定功能即完全被世界貿易組織所取代，使關稅暨貿易總協定由原先單純之國際經貿協定轉化成為實質之國際組織。所有世界貿易組織會員必須自動接受所有烏拉圭回合協議，凡在其成立之前加入關稅暨貿易總協定者均可成為世界貿易組織創始會員。

在世界貿易組織架構下，原有之關稅暨貿易總協定 (即 1947 年所制定之 GATT，又稱為 GATT 1947) 加上歷年來各次回合談判對該協定所作之增補、解釋與決議，稱為 "GATT 1994"，有別於 "GATT 1947"，而為另外一個獨立的協定，並包括在世界貿易組織所轄的協定之內。

世界貿易組織規範了一套國家與國家間的商業法則，為世界各國所共同遵

守，其基本的課題如下❶：

　　1.一國應如何開放其國內市場。

　　2.一國對保護國內業者之措施可以施行到何種程度。

　　3.一國應如何制定其國內法規並執行，以免造成歧視其他國家的產品或服務或造成貿易障礙。

第二節　世界貿易組織與關稅暨貿易總協定的區別

　　WTO 與 GATT 在組織、內容、批准方式及爭端解決方面有很大的不同，茲說明於下：

　　1.**組織**：WTO 具備國際組織之獨立法人人格，其成員稱為「會員」(members)；而 GATT 僅是一項多邊國際協定，其成員稱為「締約成員」(contracting parties)。

　　2.**內容**：WTO 所轄之協定，包括附錄㈠ A：商品多邊貿易協定；附錄㈠ B：服務貿易總協定及附件；附錄㈠ C：與貿易相關之智慧財產權協定；附錄㈡：爭端解決規則與程序釋義瞭解書；附錄㈢：貿易政策檢討機制；附錄㈣：複邊貿易協定。而 GATT 僅規範貨品貿易，為 WTO 十三個商品多邊貿易協定之一。

　　3.**批准方式**：WTO 及其協定須經各會員國國會正式批准；GATT 原始締約成員則依「暫時適用議定書」適用 GATT 協定，並未經締約成員國國會正式批准。

　　4.**爭端解決**：WTO 以法律規則為基礎，對爭端解決之程序訂定一套明確的規則，對每一個案件的完成時間訂有時間表，爭端解決機制迅速且落實；GATT 則缺乏爭端解決詳細之程序規定，在執行上較難落實。

---

❶　羅昌發 (2005/10/16)，〈看 WTO 的利害──國際談判的法理與實力〉。臺北，《中國時報》。

第三節　世界貿易組織主要內容與原則

一、世界貿易組織之涵蓋範圍

依關稅暨貿易總協定祕書處在 1993 年 12 月 15 日公布「烏拉圭回合談判最終協定」，世界貿易組織涵蓋範圍可分三大部分：

1. 最終協定，含 6 條條文。

2. 成立世界貿易組織協定。

　　附錄㈠ A：商品多邊貿易協定（包括十三個協定）：

　　⑴ 1994 年關稅暨貿易總協定 (General Agreement on Tariffs and Trade 1994)

　　⑵ 農業協定 (Agreement on Agriculture)

　　⑶ 食品安全檢驗與動植物防疫檢疫措施協定 (Agreement on the Application of Sanitary and Phytosanitary Measures, SPS Agreement)

　　⑷ 紡織品與成衣協定 (Agreement on Textiles and Clothing)

　　⑸ 技術性貿易障礙協定 (Agreement on Technical Barriers to Trade, TBT Agreement)

　　⑹ 與貿易相關之投資措施協定 (Agreement on Trade-Related Investment Measures, TRIMs Agreement)

　　⑺ 1994 年關稅暨貿易總協定第 6 條執行協定（Agreement on Implementation of Article VI of the General Agreement on Tariffs and Trade 1994，簡稱反傾銷協定）

　　⑻ 1994 年關稅暨貿易總協定第 7 條執行協定（Agreement on Implementation of Article VII of the General Agreement on Tariffs and Trade 1994，簡稱關稅估價協定）

　　⑼ 裝運前檢驗協定 (Agreement on Preshipment Inspection)

　　⑽ 原產地規則協定 (Agreement on Rules of Origin)

　　⑾ 輸入許可程序協定 (Agreement on Import Licensing Procedures)

⑿補貼暨平衡措施協定 (Agreement on Subsidies and Countervailing Measures, SCM Agreement)

⒀防衛措施協定 (Agreement on Safeguards)

附錄㈠B：服務貿易總協定及附件 (General Agreement on Trade in Services and Annexes, GATS and Annexes)。

附錄㈠C：與貿易相關之智慧財產權協定 (Agreement on Trade-Related Aspects of Intellectual Property Rights, TRIPs Agreement)。

附錄㈡：爭端解決規則與程序釋義瞭解書 (Understanding on Rules and Procedures Governing the Settlement of Disputes)。

附錄㈢：貿易政策檢討機制 (Trade Policy Review Mechanism, TPRM)。

附錄㈣：複邊貿易協定 (Plurilateral Trade Agreements)，為選擇性協定，包括：

⑴民用航器交易協定 (Agreement on Trade in Civil Aircraft)

⑵政府採購協定 (Agreement on Government Procurement)

⑶國際乳品協定 (International Dairy Agreement)，該協定已於 1997 年年底廢止

⑷牛肉協定 (International Bovine Meat Agreement)，該協定已於 1997 年年底廢止

3. 部長級會議宣言與決議（共十二項）。

✤ 二、商品多邊貿易協定

（一）農業協定

主要內容如下：

1. 市場進入：

⑴關稅化與削減關稅：所有非關稅障礙，包括進口數量限制、變動進口稅、自動出口設限等均必須轉化為特定關稅。所有會員以 1986～1988 年關稅為基礎，先進國家在 6 年內，將農產品關稅平均削減 36%，每項產品最低須削減 15%；開發中國家在 10 年內，將農產品關稅平均削減 24%。許多受非關稅措施保護的農產品，除稻米等可適用特殊待遇外，須以關稅化方式開放市場。

⑵關稅配額：從未開放的產品可採取關稅配額逐年增加開放數量，配額內適用低關稅，配額外適用高關稅。先進國家第 1 年必須開放關稅配額 3%，逐年增加至第 6 年的 5%。

⑶特別防衛措施：農業協定第 5 條允許會員國對具有敏感性之進口產品課徵附加關稅，此等產品係於會員國之關稅減讓表標示 "SSG" 者。此等關稅之課徵須符合兩項要件：⒜進口量激增而超過特定的限度；⒝進口價格低於參考值或特別防衛措施中的啟動標準。

2.**境內支持**：將境內補貼政策分為 3 類，即綠色政策 (green box)、黃色政策 (amber box) 與藍色政策 (blue box)，並以各國貨幣換算成支持水準，僅黃色政策必須逐年削減；先進國家在 6 年內削減 20%，開發中國家在 10 年內削減 13.3%。

3.**出口補貼**：出口補貼削減採兩種方式進行：

⑴數量部分：以 1986～1990 年平均數量為準，先進國家在 6 年內削減 21%，開發中國家在 10 年內削減 14%。

⑵金額部分：以 1986～1990 年平均金額為準，先進國家在 6 年內削減 36%，開發中國家在 10 年內削減 21%。

4.**改革期間**：所有會員自 1995 年開始執行農業改革承諾，先進國家改革期間為 6 年，開發中國家 10 年。

（二）食品安全檢驗與動植物防疫檢疫措施協定

1.**目的**：本協定宗旨如下：「世界貿易組織之會員為保護人類、動植物生命或健康，可採取或執行必要之食品衛生檢驗與動植物檢疫措施，但該措施不得構成對其他會員任意或無理的歧視，或對國際貿易形成隱藏性的限制。」由此可知其目的在保護人類、動植物之生命或健康，避免遭受病菌、害蟲等有害生物之感染，及因農藥與動物用藥品之殘留以及毒素、添加物等所導致之風險。但有關環境保護、消費者權益及動物福利等措施則不在保護範圍內。

2.**主要內容**：

⑴調和：鼓勵會員應依據國際標準、準則與建議，如世界動物組織 (OIE)、國際植物保護公約 (IPPC) 架構內運作的國際組織、國際食品

標準委員會 (Codex Alimentarius Commission) 等所訂定者，以訂定其檢驗或防疫檢疫措施。但會員亦可依科學證據實施較高的保護水準之檢驗或防疫檢疫措施。

(2)同等效力：出口國之檢驗或防疫檢疫措施若能證明達到進口國所要求之適當保護水準，即使該措施與進口國不同，進口國亦應視該措施是與其所採行者具有同等效力 (equivalence) 並接受之。

(3)風險評估及適當的檢驗或防疫檢疫保護水準之決定：會員採取之檢驗或防疫檢疫措施應依人類、動植物生命或健康的風險所作之評估而決定，並以科學證據實施風險評估，同時將相關國際組織所發展的風險評估技術、相關經濟因素、人類健康風險等納入考量。

(4)地區性條件之適應：會員可向其他會員提出科學證據，證明其國境全部或一部分地區為某種害蟲或疫病的非疫區或低流行疫區 (Pest-or Disease-Free Areas and Areas of Low Pest or Disease Prevalence)，並提供合理管道，供進行檢查、測試或其他相關程序。

(5)透明化：會員應就其檢驗或防疫檢疫措施之訂定、變更提出通知，並依食品衛生檢驗與動植物檢疫措施協定附件 B 之通知程序通知其他會員。並應設置查詢點，以答覆其他會員提出之問題。

(6)管制、檢驗與核可程序：會員應遵守食品衛生檢驗與動植物檢疫措施協定及附件 C 之規定，以國民待遇原則執行管制、檢驗與核可等程序。

(7)特殊與差別待遇：會員制定與實施食品衛生檢驗與動植物檢疫措施時應顧及開發中國家會員的特別需求，並考量其在財政、貿易及發展上的需要，准許其享有本協定部分或全部之特定時限的例外。

(8)諮商與爭端解決：本協定下的爭端涉及科學或技術問題時，可透過諮商與爭端解決機制來解決。

（三）紡織品與成衣協定

主要內容如下：

1.基本原則：

(1)回歸或整合至強化之關稅暨貿易總協定中。

(2)以階段漸進方式取消配額限制。

(3)給予低度開發國家特殊待遇。

2.**過渡期間**：多邊纖維協定 (MFA) 下之「片面措施」須在 1 年內取消，至於「多邊配額措施」則分 10 年四階段逐步回歸至關稅暨貿易總協定中。

3.**漸進階段**：

　(1)回歸關稅暨貿易總協定：以 1990 年進口量為基準量，第一階段起（1995 年）回歸基準量 16%，第二階段起（1998 年）回歸基準量 17%，第三階段起（2002 年）回歸基準量 18%，第四階段（2005 年）後全部回歸關稅暨貿易總協定規範。

　(2)放寬配額限額：上述回歸進程僅規定產品範圍百分比。惟恐會員國尚未回歸產品緊縮配額，以達貿易限制效果，故規定配額須分階段提高成長率。以 1994 年為基準，第一階段起（1995 年）提高 16%，第二階段起（1998 年）提高 25%，第三階段起（2002 年）提高 27%，第四階段（2005 年）後回歸關稅暨貿易總協定規範。

4.**其他**：若會員國因特定產品進口量大增，致國內產業遭受嚴重損害或實質威脅時，可實施「過渡性防衛措施」(transitional safeguard)，最長期間 3 年，不得延期。

（四）技術性貿易障礙協定

1.**意義**：技術性法規與標準包括包裝、標記及標示規定，以及符合技術性法規❷與標準❸之符合性評估程序❹。由於產品、製程日益複雜，且消費者對

---

❷ 技術性法規規定產品特性或其相關產製方法，包括適用具強制性之管理規定文件。該文件亦得包括或僅規定適用於產品、製程或產製方法之專門術語、符號、包裝、標記或標示之規定。

❸ 標準 (standards) 係指經公認機構認可並供共同且重複使用，但不具強制性之產品或相關製程及生產方法之規則、指南或特性之文件。該文件亦得包括或僅規定適用於產品、製程或產製方法之專門術語、符號、包裝、標記或標示之規定。

❹ 符合性評估程序係指直接或間接用以判定是否符合技術性法規或標準相關之任何程序，包括取樣、試驗及檢查；評估、證明及符合性保證；登記、認證及認可。

國際貿易法規

於健康、安全及環保之要求愈來愈高，導致各方對於技術性規章與標準之需求逐漸提高，結果造成技術性或規制性措施的範圍持續擴大。而這些技術性法規與標準若對進口產品產生不當的限制作用，即構成技術性貿易障礙❺。

2.範圍：包括工業及農業產品在內之一切產品。

3.目的：本協定成立之目的，即在調和會員國間之技術性貿易障礙問題，在本協定序文中提到，各國為確保其進出口產品之品質，或保護人類及動植物之生命、健康，或保護環境及防止詐欺行為，有權採取其認為適當的措施，這些措施包括技術規則、標準及有關之符合性評估程序，但不得對國際貿易造成障礙。

4.原則：技術性貿易障礙協定第 2 條明確指出會員在制定技術性法規或標準方面應遵守的原則，除了引用 GATT 時代的不歧視性原則外，又引進調合性及等同性等新的原則，茲說明於下：

　⑴不歧視待遇：協定第 2 條規定各會員在制定、採行和適用其國家之技術規章時，應確保對於從任何會員國境內所輸入之產品，給予不低於對待本國同類產品及來自任何其他國家同類產品之待遇，以免對國際貿易造成不必要之障礙。

　⑵調和性原則：各會員應以已有之國際標準或其相關部分作為其技術性法規制定之依據，以降低生產者之成本，並確保消費者選擇種類多樣化、價格合理化。為擴大技術性法規之調和，各會員應在其資源範圍內，參與國際標準之擬訂。

　⑶等同性原則：其他會員之技術性法規若能適當達到本國技術性法規之目標者，雖與本國之法規不同，亦應積極考慮接受其為同等之技術性法規。

---

❺　烏拉圭回合多邊貿易談判中，各國認為國際標準及符合性評估體系對改善生產效率及促進國際貿易有重大貢獻，因而鼓勵該等國際標準及符合性評估體系之發展。並認為不宜阻止任何國家於該國認為適當之程度內，採取必要措施以確保該國輸出品之品質，或保護人類、動物、植物之生命、健康、環境或防止詐欺行為。但以該等措施之適用方式在各國間，於相同狀況下不致構成恣意或無理歧視之手段，或成為國際貿易之隱藏性限制為限。

（五）與貿易相關之投資措施協定

　　與貿易相關之投資措施包括：內、外銷比例要求、自製率規定、貿易平衡要求、技術移轉規定、強制授權規定、獎勵投資措施、外匯限制措施、製造規定、製造限制規定、指定產品強制外銷規定、外資比例上限等。

　　協定第 1 條規定，本協定範圍僅限於與貿易相關之投資措施。

　　協定第 2 條規定國民待遇與數量限制，各會員國不得採行與 GATT 1994 第 3 條第 4 項所規定之國民待遇之義務及第 11 條第 1 項所規定之普遍消除數量限制之義務相牴觸之投資措施，包括在國內法或行政命令下屬於強制性或屬於可予執行者、或以遵守該法令作為取得某項利益之必要條件者。

　　協定第 5 條規定，在 WTO 協定生效後 90 日內，會員應將其實施之所有與本協定相牴觸之措施通知貨品貿易理事會。已開發會員應在 WTO 生效 2 年內，開發中國家須在 5 年內，低度開發國家須在 7 年內，取消上述不符合規範之措施。

（六）反傾銷協定

　　1.原則：反傾銷協定第 1 條規定，反傾銷措施應在本協定規定之情況下方得實施，且其調查之展開與進行應符合本協定各項規定。反傾銷措施指會員依照反傾銷協定之相關規定進行調查，並認定進口貨品涉及傾銷，以及該等傾銷進口產品對國內生產類似產品之產業造成實質損害，所採取之片面救濟措施。

　　2.傾銷之認定：本協定第 2 條規定，傾銷指一國之產品以低於正常價格，輸往另一國家進行商業銷售之行為。

　　若出口國之國內市場無同類產品之銷售，或因市場情況特殊，或出口國國內市場銷售量過低，以致無法作適當之比較時，應以同類產品外銷至第三國可資比較且具代表性的價格，或以原產國之生產成本加上合理之管理、銷售及一般費用以及利潤，作為可資比較價格，以決定其傾銷差額。

　　若無出口價格，或主管機關鑑於出口商與進口商或第三者之間有特殊關係或有補償性約定之交易，而認為該價格不足採信時，可根據進口產品第一次轉售獨立買主之價格，推算出口價格。如產品未轉售獨立買主，或非以進口原狀

轉售,則主管機關可按其認定之合理依據決定出口價格。

3.**損害之認定**:本協定第 3 條規定,課徵反傾銷稅之實體要件除須有傾銷之存在外,亦必須國內產業受有實質損害、有實質損害之虞或實質阻礙國內產業之建立者,且前述產業之損害或損害之虞與進口產品之傾銷間具有因果關係。

實質損害之虞的認定應基於事實,而非基於單純之主張、臆測或無關聯之可能性。傾銷可能導致損害之情況變化,必須明顯具有可預見性及立即性。其考量因素如下:

　　(1)傾銷貨物輸入國內市場,其明顯的增加率顯示進口有大幅增加之可能。

　　(2)出口商之生產量得自由配置,或立即大幅擴充,顯示對進口會員國市場之傾銷出口有大幅增加之可能。但應同時考慮其他出口市場吸收此額外產量之能力。

　　(3)進口之價格是否對國內價格有明顯壓低或抑制之影響,且是否可能增加未來進口之需求。

　　(4)受調查貨物之庫存量。

4.**調查之展開及進行**:本協定第 5 條規定,決定傾銷之存在、程度與影響所為調查,應根據國內產業或其代表之書面申請,始能展開並進行調查。申請書應包括:(1)傾銷,(2)依本協定所解釋之 GATT 1994 第 6 條所稱之損害,及(3)傾銷之進口與損害間之因果關係等證據。未經相關證據證實之單純主張,不得被認定為符合本項之要件。

5.**暫時性措施之採行**:本協定第 7 條規定,各調查機關在就傾銷、損害及因果關係作成「初步確定認定」(preliminary affirmative determination) 後,可採取暫時性措施,亦即在尚未完成所有的調查程序前,即可先課徵臨時反傾銷稅,以防止產業之損害進一步擴大。

6.**價格具結**:出口商自動提出修正其價格或停止以傾銷價格輸出之具結,且進口國主管機關確信傾銷之損害影響可排除時,得暫停或終止調查程序而不採行臨時措施或課徵反傾銷稅。

7.**反傾銷稅之課徵**:如能以低於傾銷差額的稅額課徵,且又足以排除國內產業所受之損害時,各國主管機關應以該較低之稅額課徵。

課徵反傾銷稅時,應以不歧視的原則,對一切有傾銷並引起損害之所有來

源之貨物，依個案課徵適當之稅額，但依本協定條款提出價格具結而被接受者不在此限。

反傾銷稅額不得超過第 2 條所定之傾銷差額。

8.**反傾銷措施之期間、終止及檢討**：反傾銷稅應僅在於反制引起損害之傾銷所必要之期間及程度內實施。

於有正當理由時，或在反傾銷稅課徵經一段期間後，經利害關係人之請求並提出確有檢討必要之資料時，主管機關應檢討是否仍須繼續課徵反傾銷稅。利害關係人有權要求主管機關檢討是否有必要繼續課徵反傾銷稅以抵銷傾銷。

9.**公告**：公告之內容應包括：調查之展開、初步及最終裁決，以及價格具結等。

（七）關稅估價協定

1.**估價原則**：關稅估價協定第一篇第 1 條至第 8 條即規定關稅估價的基礎。

第 1 條規定，進口貨物之完稅價格應為其交易價格，亦即以銷售至進口國之進口貨物實付或應付之價格，作為估定應稅價值之基礎。第 8 條則規定，凡由買方負擔之某些特定價款，應為完稅價格之一部分，但未包括於實付或應付之進口貨物價格中時，則其實付或應付價格應予以調整。第 8 條亦規定，凡買方非以貨幣形態移轉其價值，亦即由買方以特定貨品或勞務提供賣方者，其價值應加計於交易價格中。故第 1 條應與第 8 條合併解釋。

第 2 條規定，若進口貨物完稅價格不能依第 1 條之規定核定時，則應以與相同產品之交易價格作為其完稅價格。

第 3 條規定，若進口貨物之完稅價格不能依第 1 條及第 2 條之規定核定時，則應以類似產品之交易價格作為其完稅價格。

第 4 條規定，若進口貨物之完稅價格不能依第 1 條、第 2 條及第 3 條之規定核定時，則可依第 5 條之規定予以核定，或如依第 5 條之規定亦不能核定時，則可依第 6 條之規定予以核定。第 5 條及第 6 條之適用順序得經進口人之請求變更之。

第 5 條規定，依本條規定核定之進口貨物完稅價格，係指該進口貨物、同樣或類似貨物於該進口貨物進口時或相近日期，在進口國按其進口之原狀售予

無特殊關係者，最大銷售數量之單位價格核計後，扣減下列費用：

　　⑴同級或同類進口貨物在進口國出售時，通常支付或同意支付之佣金，或通常加計之利潤與一般費用。

　　⑵貨物進口後，所發生之一般運費、保險費及其相關費用。

　　⑶合併於第 8 條第 2 項規定之成本與費用。及

　　⑷貨物進口繳納之關稅及其他稅捐。

　　第 6 條規定，進口貨物之完稅價格應以計算價格為基礎。所稱計算價格係指下列各項價款之總和：

　　⑴生產該進口貨物所需之材料，及製作或其他加工之成本或價值。

　　⑵由出口國生產銷售至進口國同級或同類別貨物之正常利潤與一般費用總額。

　　⑶會員依第 8 條第 2 項規定應加計之所有其他成本或費用。

　　第 7 條規定，進口貨物之完稅價格如不能依第 1 條至第 6 條之規定核定時，則應採用符合本協定與 GATT 1994 第 7 條之原則及一般條款規定之合理方法，並依據輸入國可取得之資料核定其完稅價格，但禁止採用下列各種估價方式或價格：

　　⑴進口國所生產之貨物之國內售價。

　　⑵兩種以上價格從高核估之關稅估價制度。

　　⑶貨物在出口國國內市場銷售之價格。

　　⑷依第 6 條規定核定之同樣或類似貨物之計算價格外之生產成本。

　　⑸輸往進口國以外國家之貨物價格。

　　⑹最低完稅價格。或

　　⑺獨斷或虛構之價格。

　　2.執行、諮商與爭端之解決：除本協定另有規定外，爭端解決瞭解書應適用於本協定之諮商與爭端之解決。

　　若任何會員認為他會員之措施，對其依本協定規定直接或間接應享有之權益予以剝奪或減損，或妨礙本協定任何目標之達成時，則該會員得要求與有關當事會員舉行諮商，以達成相互滿意之解決。任何會員對於他會員諮商之請求，應予以認真之考慮。

爭端解決小組得經爭端會員要求或主動成立，並得要求術委員會審查有關本協定爭端之任何技術性之問題。

（八）裝運前檢驗協定

裝運前檢驗 (pre-shipment inspection, PSI) 指在出口會員領域內進行實地查證進口貨品之品質、數量或價格之方式。裝運前檢驗協定之目的在於建立一項為各方同意之使用會員與出口會員之權利與義務之國際架構。

茲就協定第 1 條定義、第 2 條使用會員之義務、第 3 條出口會員之義務、及第 4 條獨立審查程序說明於下：

　1.**定義：**

　　⑴本協定適用於在會員領域內進行之所有裝運前檢驗活動。

　　⑵使用會員 (user member)，指由其政府或其任何政府機構以契約或以授權方式進行裝運前檢驗活動之會員。

　　⑶裝運前檢驗活動，指對預定出口至使用會員領域內之貨物，實施品質、數量、價格（含匯率與金融條款）及／或關稅稅則分類等查證活動。

　　⑷裝運前檢驗機構 (pre-shipment inspection entity)，指受會員以契約或授權方式委託，進行裝運前檢驗活動之機構。

　2.**使用會員之義務**：本協定第 2 條規定，使用會員在執行裝運前檢驗時應以不歧視、透明化之方式進行，並尊重 GATT 1994 第 3 條第 4 項之規定。檢驗地點均在貨物出口之關稅領域內進行，若無法在該關稅領域內進行，或經雙方同意者，則可在貨物製造之關稅領域內進行。檢驗標準應依買賣契約內所規定之標準；若無此項標準，應適用相關之國際標準。

使用會員應以商業機密處理所收受之資料，採取必要程序以避免主體間利益衝突，及避免不合理延遲。

使用會員為防止高價低報及低價高報而進行價格查證時，不得使用以下方式：⑴在進口國生產並在該國國內銷售之價格；⑵出口國以外之另一國家所出口之貨物價格；⑶生產成本；⑷獨斷或虛擬之價格或價值。

　3.**出口會員之義務**：出口會員在有關裝運前檢驗活動之法律與規章方面，應採不歧視及透明化之原則，並應要求以相互同意之條件，對使用會員提供技

術協助。

實務上，裝運前檢驗通常是開發中國家為維護其財政金融利益及彌補其行政基礎結構之不足，而委託私人公證公司於出口國對出口貨品進行品質、價格、數量、關稅分類及估價等檢查及檢驗作業之措施。

4.**獨立審查程序**：會員為鼓勵裝運前檢驗機構與出口商相互解決其爭端，應採取其可能之合理措施，設置獨立審查程序。

（九）原產地規則協定

在本協定的前文中指出，協定之目標在於調和及釐清原產地規則，以確保原產地規則本身對貿易不會產生不必要之障礙，各會員應以公平性、透明化、可預測性、一致性、及中立的方式訂定及適用原產地規則，使有一迅速、有效及公平解決之諮商機制及程序，以解決因本協定而產生之爭端。

1.**範圍**：本協定第 1 條規定，原產地規則指會員為確定貨品之原產地而適用之法律、規章、及具有一般效力之行政決定 (administrative determinations)；但在不適用 GATT 1994 第 1 條第 1 項之規定的情形下，以約定或自主性 (contractual or autonomous) 方式授予關稅優惠 (granting of tariff preference) 之貿易制度 (trade regimes)，則與原產地規則之規定無關。本協定僅適用非優惠性之貿易政策工具 (non-preferential commercial policy instruments)，如 GATT 1994 第 1、2、3、11 及 13 條之最惠國待遇、第 6 條之反傾銷與平衡稅、第 19 條之防衛措施、第 9 條之產地標示及任何歧視性數量限制或關稅配額等事項；並應包括使用於政府採購與貿易統計之原產地規則。

2.**原則**：依本協定第 9 條之規定，原產地規則之原則如下：

⑴原產地規則應同等適用於第 1 條所列之所有工具。

⑵原產地規則應規定特定貨品在一國生產、製造或在一國完全取得時，該國即為貨品之原產地；如該貨品之生產涉及兩國以上者，依實質轉型標準 (substantial transformation criterion) 決定完成該貨品最終實質轉型之國家，而以該國為貨品之原產地；而實質轉型標準之認定，原則上以「稅則號列之變更」為準，例外時，則以「從價百分比」或「製造或加工作業」之標準認定之。

⑶原產地規則應客觀、可瞭解及可預測。

⑷原產地規則亦不得對國際貿易造成限制、扭曲或干擾之影響，且不得採取不當之嚴格要求，或要求履行與製造或加工無關之特定條件作為認定原產地之必要條件。但在採用從價百分比標準時，與製造或加工無直接關連之成本可以列入計算。

⑸原產地規則之適用，應以一致、統一、公平及合理方式為之。

⑹原產地規則應具一貫性。

⑺原產地規則應採正面標準為基礎，惟為釐清正面標準時則可採負面標準。

（十）輸入許可程序協定

在本協定的前文中指出，其制定之目的為簡化國際貿易之管理程序與實務，並使其透明化，且確保該程序與實務之適用與管理能公平及合理；此外，並對本協定所引起之爭端提供諮商功能及快速、有效且公正之解決方法。

本協定第 1 條規定一般性之原則 (General Provisions)，第 2 條規定自動輸入許可 (Automatic Import Licensing)，第 3 條則規定非自動輸入許可 (Non-automatic Import Licensing)。茲就此說明於下：

1.**一般性之原則**：輸入許可指輸入許可制度運作所採用之行政程序規定，應向有關行政機關提出申請書或其他文件（報關目的以外之文件），作為貨物進入進口會員關稅領域 (customs territory of the importing member) 之先決條件。

⑴輸入許可程序規則在適用上應為中性，亦應以公平且公正的方式管理。

⑵申請表格及更改之表格應儘量簡化。

⑶申請程序及必要之更改程序應儘量簡化，且應准許申請人於合理期間內提出申請。

2.**自動輸入許可**：申請者如符合進口國之法律規定，且於任何工作天提出申請時，則主管機關應於收件後 10 個工作天內核准之。

自動輸入許可程序指在任何情況下均應給予核准，且符合本條第 2 項第(a)款規定之輸入許可程序。第 2 項第(a)款規定自動輸入許可程序之執行，不應對需要取得自動許可之進口貨品具有限制效果。除非是符合下列情形，否則自動

輸入許可程序應被視為具有貿易限制效果：

　　⑴任何個人、公司或機構，於符合進口會員對於從事應取得自動許可貨品之進口業務所訂之法定要件者，均應有相同之資格以申請與取得輸入許可證。

　　⑵辦理貨品通關之前，可於任何工作日提出許可證之申請。

　　⑶許可證之申請，經以適當且完備之格式提出申請者，在行政管理上之可能範圍內，應於收件時即予核准申請。但至多應於 10 個工作日內予以核准。

　3.**非自動輸入許可**：非自動輸入許可程序係指不屬於第 2 條第 1 項之輸入許可程序。

　　⑴非自動輸入許可程序不得有施行該限制所生效果以外之貿易限制或扭曲之效果。

　　⑵若許可之規定係為實施非數量限制之目的時，會員應公告充分之資訊予其他會員及貿易商，使其得知核准及／或分配許可證之依據。

　　⑶除會員無法控制之原因外，如屬申請案件已收件即予審查者，亦即先到先審方式，其審查之期間不得超過 30 日，如係對於所有申請案併同審查者，則不得超過 60 日。

　　⑷許可證應有合理之有效期限，不應過短而妨礙進口。

　　會員於管理配額時，不應妨礙依照已簽發之許可證辦理之進口，亦不應阻止配額之充分利用。

（十一）補貼暨平衡措施協定

　　補貼為許多國家發展產業及獎勵投資之措施，對國內產品之補貼亦可以抑制同類產品之進口，增強本國產品出口，故必須將其納入規範。本協定第一篇規定總則 (General Provisions)，其中第 1 條規定補貼之定義 (Definition of a Subsidy)，第 2 條規定特定性 (Specificity)，第二篇規定禁止性補貼 (Prohibited Subsidies)，第三篇規定可控訴補貼 (Actionable Subsidies)，第四篇規定不可控訴補貼 (Non-actionable Subsidies)，第五篇規定平衡措施 (Countervailing Measures)。茲說明於下：

1.**補貼之定義**：本協定第 1 條規定，下列情況應視為有補貼之存在：

　⑴會員（本協定簡稱為「政府」）境內有由政府或任何公立機構提供之財務補助者，或存有 GATT 1994 第 16 條所指任何形式之所得補貼或價格維持者。

　⑵因而獲得利益者。

2.**特定補貼**：特定補貼指提供補貼機關 (granting authority)，或該機關之運作所遵循之立法，明確限定一補貼僅適用於若干事業者，該補貼應屬特定補貼。

　⑴提供補貼機關，或該機關之運作所遵循之立法，有訂定接受補貼之資格及補貼金額之客觀標準或條件時，則無特定性。但以該適格性係自動給予，且該等標準及條件係嚴格受遵守者為限。該等標準或條件，應以法律、行政規章或其他官方文件明定之，以資查證。

　⑵限定於特定地理區域內之若干事業始可獲得之補貼，應屬具有特定性。

　特定性補貼再依可能對其他會員之貿易產生不利效果之程度，分為禁止性補貼、不可控訴補貼及可控訴補貼三類。

3.**禁止性補貼**：可分兩類：

　⑴法律上或事實上以出口實績為唯一條件或條件之一而提供之出口補貼，包括本協定附件一所例示者。協定附件一訂有一份出口補貼例示清單，以供各國參考。

　⑵以使用國內貨品而非進口貨品為唯一條件或條件之一，而提供之進口替代補貼。

4.**可控訴補貼**：指會員使用之任何補貼造成其他會員國內產業之損害，剝奪或減損其他會員依 GATT 1994 直接或間接享有之利益，特別是依 GATT 1994 第 2 條得享有之關稅減讓利益，或嚴重損害另一會員之利益。受不利影響之會員得課徵平衡稅，或向 WTO 爭端解決機制提出指控以尋求救濟。本條不適用於「農業協定」第 13 條規定之維持農產品之補貼。

5.**不可控訴補貼**：此等補貼包括以下三類：

　⑴對廠商或高等教育或研究機構與廠商簽約進行之研究活動補助，該補助不超過工業研究成本 75%，或競爭前發展活動成本 50%。

　⑵依據區域性發展之一般架構，對一會員境內之貧窮地區之補助，且其

於合格區域內非屬具有特定性之情形者。

(3)為促使現有設施配合法律及／或行政規章對新環境之要求，而造成廠商較大的限制及財務負擔所提供之補助。

　6.平衡措施：本協定第 10 條規定，進口國國內產業因出口國以補貼方式輸出貨品，而造成損害時得採行平衡措施，即課徵平衡稅，但會員應採取一切必要步驟，確保平衡稅之課徵均依據 GATT 1994 第 6 條之規定及本協定之規定處理。「平衡稅」指依 GATT 1994 第 6 條第 3 項所規定，為抵銷對任一產品之製造、生產或出口過程中，接受直接或間接之補貼所課徵之特別關稅。

　本協定第 11 條規定，除本條第 6 項另有規定外，為認定所稱之補貼是否存在及其程度與影響之調查，應由國內產業或其代表提出書面申請，始得展開。第 6 項另有規定，相關主管機關若於特殊情況，未收到國內產業提出或其代表之書面申請，而決定展開調查，則僅得在握有補貼、損害及因果關係存在之充分證據時，方足以支持展開調查之進行。

(1)若支持申請案之國內生產者總生產量，佔該國內同類產品總生產量（不論明示支持或反對申請案）之 50% 以上，則此申請應被視為「由國內產業或代表國內產業」所提出。但若表示支持申請案之國內生產者之產量，低於國內產業同類產品總生產量 25% 者，則不得展開調查。

(2)若補貼之金額微小，或受補貼之實際或可能之進口量或損害可以忽略，則應立即終止調查。補貼金額低於從價之 1% 時，應視為微量補貼。

(3)除有特殊情況外，調查應於展開後 1 年內結案，但最長不得超過展開調查後 18 個月。

（十二）防衛措施協定

防衛措施協定的前言指出其主要目的有四點：

(1)改進與強化以 GATT 1994 為準則之國際貿易制度。

(2)釐清和加強 GATT 之規範，特別是有關第 19 條針對特定產品進口之緊急行動之規範。

(3)重建對於防衛措施之多邊控制，消除逃避該控制之措施。

(4)鼓勵產業進行結構調整，增進國際市場非限制競爭。

茲就協定第 1 條一般規定 (General Provision)、第 2 條適用條件 (Conditions)、第 4 條嚴重損害或有嚴重損害威脅的認定 (Determination of Serious Injury or Threat Thereof)、第 5 條防衛措施之適用 (Application of Safeguard Measures)、第 6 條臨時性防衛措施 (Provisional Safeguard Measures)、第 7 條防衛措施之期間與檢討 (Duration and Review of Safeguard Measures)、第 8 條減讓及其他義務之水準 (Level of Concessions and Other Obligations) 及第 11 條特定措施之禁止及消除 (Prohibition and Elimination of Certain Measures)，說明於下：

1.**一般規定**：第 1 條規定，本協定建立適用 GATT 1994 第 19 條所規範之防衛措施之規則。

2.**適用條件**：第 2 條規定，防衛措施指一產品之進口，與國內生產比較，在絕對或相對上為數量增加之情況下進口，造成進口國內生產同類或直接競爭產品之產業嚴重損害或有嚴重損害威脅時所採取之防衛措施。對進口品採防衛措施應不論其來源。

3.**嚴重損害或有嚴重損害威脅的認定**：第 4 條規定：

　⑴嚴重損害指一國內產業受到重大的全面損害。

　⑵有嚴重損害威脅，指依本條第 2 項之規定有明顯立即之嚴重損害，其認定應基於事實，而非僅依當事人之主張、推測或輕微的可能而定。

　⑶國內產業，指在會員境內同類或直接競爭產品之生產者整體，或同類或直接競爭產品合計產量佔該等產品國內總生產的主要部分之生產者。

　⑷其認定必須依客觀證據之調查顯示，涉案產品之進口增加與嚴重損害或有嚴重損害威脅之間具有因果關係。

4.**防衛措施之適用**：第 5 條規定，防衛措施應僅能採取到防止或救濟嚴重損害，及促進調整所必要之程度。

5.**臨時性防衛措施**：第 6 條規定，依初步認定有明確證據顯示，增加之進口已造成嚴重損害或有嚴重損害威脅時，會員得採行臨時性防衛措施。臨時性防衛措施之實施期間不得超過 200 天，並以提高關稅之方式採行，其後依調查，並未認定增加之進口對國內產業已造成嚴重損害或有嚴重損害威脅，該增課之

關稅應即迅速退還。

6.**防衛措施之期間與檢討**：第 7 條規定，防衛措施僅得在防止或救濟嚴重損害及促進調整之必要期間內實施，故防衛措施為結構調整前之短期與暫時性措施。

7.**減讓及其他義務之水準**：第 8 條規定，擬採行防衛措施或尋求延長防衛措施之會員，應致力於維持存在於其與受防衛措施影響之出口會員間，在 GATT 1994 下之減讓及其他義務的實質均等水準 (substantially equivalent level)。相關會員得協議因防衛措施對貿易造成不利影響之貿易補償 (trade compensation) 的任何適當方法。

8.**特定措施之禁止及消除**：第 11 條規定，會員不得尋求、採行或維持任何自動出口設限 (any voluntary export restraints)、有秩序行銷協定 (orderly marketing arrangements) 或任何具保護作用之出口調節、出口價格或進口價格監視制度、出口或進口監督、強制性進口卡特爾，及具有行政裁量權之出口或進口許可發證體系之措施。

✸ 三、複邊貿易協定

資訊科技協定

1.成立背景

資訊科技協定 (Information Technology Agreement, ITA)，又稱資訊科技產品降稅方案，首先係由美國、歐盟、日本及加拿大之資訊科技業者於 1995 年 1 月向 G7 所提之一項建議案，其目的在藉由各國採認之一項多邊協定，以消除資訊科技產品之關稅。該建議案於 1996 年初獲得美國、歐盟、日本及加拿大四邊會議 (QUAD) 成員之支持，並曾在 APEC、OECD 及 WTO 等多邊架構論壇內討論。

1996 年 12 月 9 日到 13 日，世界貿易組織在新加坡召開第一次部長會議，通過「關於資訊科技產品貿易之部長宣言」 (Ministerial Declaration on Trade in Information Technology Products)，即資訊科技產品協定，簡稱「資訊科技協定」，為 WTO 的複邊貿易協定。共有二十九個國家或獨立關稅領域簽署。目的

在達到世界資訊科技貿易之最大自由化。

2. 生效條件

1997 年 1 月，各參與國在日內瓦世界貿易組織總部舉行談判。依據新加坡部長會議之「關於資訊科技產品貿易之部長宣言」，資訊科技協定的生效要件，須在 1997 年 4 月 1 日前，以占全球資訊科技產品貿易量 90% 以上之參與國 (Participants) 共同簽署為前提。新加坡部長會議時，只有二十九個國家或獨立關稅領域簽署，其資訊科技產品貿易總額約占全球的 83%。

同年 3 月各國間達成符合該宣言要求之協議，並簽署一份「資訊科技產品貿易部長宣言之執行」 (Implementation of the Ministerial Declaration on Trade in Information Technology Products) 法律文件，該文件並以部長宣言及各參與國之關稅減讓清單為附件，一般所稱資訊科技協定即指前述法律文件及其附件。其後陸續有許多國家聲明加入，如期達到生效要件，並於 1997 年 7 月 1 日正式生效，並開始執行資訊科技產品關稅減讓。

3. 涵蓋產品

資訊科技協定所涵蓋的產品包括資訊、通訊、半導體、電子零組件等電子產業（未含消費性電子產品）及半導體製程設備產業之上下游產品，各參與國原則上應將降稅清單內產品之關稅自 1997 年 7 月 1 日起以每年相同之降幅，平均分四個階段在 2000 年將關稅降為零。

4. 擴大資訊科技協定

資訊科技協定生效後，對促進世界資訊通訊 (Information and Communications Technology, ICT) 產品貿易的效果顯著，但資訊通訊產品的發展日新月異，資訊科技協定中所涵蓋的產品項目已不敷所需。故自 2011 年起由美國發起擴大資訊科技協定 (ITA II) 的協商，到 2014 年亞太經濟合作會議 (Asia-Pacific Economic Cooperation, APEC) 後，中美達成共識。

2015 年 12 月 16 日在肯亞奈洛比 (Nairobi) 舉行的世界貿易組織第十屆部長會議中，包括美國、歐盟、日本、中國大陸與臺灣在內的五十三個參與會員共同宣布完成擴大資訊科技協定 (ITA II) 的談判並在 2016 年 7 月生效。

ITA II 涵蓋 201 項產品，全球每年出口金額約 1.3 兆美元，占全球貿易總額的 10%，而參與會員占全球該類產品貿易額約達 90%。協定所涵蓋之產品包

括新一代半導體 (new-generation semiconductors)、GPS 導航系統、磁共振成像設備、印刷電路板、通訊衛星及觸控螢幕等。協定中亦訂有新增產品的複審條款 (review clause)，讓會員可定期檢視產品清單，並承諾解決非關稅貿易障礙。

ITA II 參與會員針對 201 項產品分四種期程削減關稅，包括立即降稅、分 3 年降稅、分 5 年降稅及分 7 年降稅。2016 年協定生效時，將有 65% 的項目立即降為零關稅，2019 年零關稅項目將達 80%，至 2023 年達 100%。僅少數敏感產品 (sensitive products) 分 5 年逐步降稅，特例項目可分 7 年降稅。

ITA II 生效後，日本將立即取消所有產品關稅，美國會在 3 年內取消所有產品關稅，韓國亦會在 3 年內取消絕大多數產品關稅。中國大陸則自 2016 年 9 月 15 日起逐步實施關稅減讓，除現行為零關稅的產品外，在 3 年後對 27% 的產品取消關稅、5 年後對 24% 的產品取消關稅、7 年後對 12% 的產品取消關稅。

ITA II 全面批准對近年 WTO 進展較顯著的環境商品協定 (Environmental Goods Agreement, EGA) 等複邊協定談判將具正面意義。

相較於已耗時 15 年的杜哈回合談判，ITA II 會員能以更短的時間達成協定，故近年 WTO 更聚焦於允許 WTO 會員有意參與的複邊協定談判，未來有可能進一步擴大成為多邊協定。

✸ 四、服務貿易總協定

（一）目　的

服務多係具有「生產與消費同步性」特點的交易型態。在服務貿易上，許多國家皆採取限制外國服務及服務提供者進入其國內市場的政策。本協定之目的在於期望依漸進式及透明化原則，建立服務業貿易規則之多邊架構，促進服務貿易自由化及各國之經濟發展。

（二）適用服務貿易總協定之服務

服務貿易總協定並未對「服務」作法律上之定義。基本上，應包括除「執行政府功能而提供之服務」以外之各行各業提供之「各項服務」。關稅暨貿易總

協定祕書處提出以下概括式的服務類別表。

　　1.**商業服務**：如專業人員律師、建築師、醫生與電腦及相關服務、研究發展服務、不動產服務、租賃服務及其他商業服務。

　　2.**通訊服務**：如郵政服務、遞送服務、電信服務及視聽服務。

　　3.**營建服務**。

　　4.**行銷服務**：如代理服務、批發服務、零售服務及連鎖服務。

　　5.**教育服務**：如初等、中等、高等及成人教育服務。

　　6.**環境服務**：如污水、廢棄物處理及公共衛生服務。

　　7.**金融服務**：如保險、銀行及其他金融服務。

　　8.**健康及社會服務**：如醫院、其他人類健康及社會服務。

　　9.**觀光及旅遊服務**。

　　10.**娛樂、文化及運動服務**。

　　11.**運輸服務**：如海上、內陸、航空、太空、鐵路、公路、管線運輸及運送輔助服務。

　　12.**其他服務**。

（三）服務貿易的型態

　　服務貿易總協定規定之服務貿易型態有四種模式：

　　1.**跨國提供服務 (cross border supply)**：服務提供者自其境內向其他會員境內提供服務，服務提供者或消費者本身並不移動，如遠距教學。

　　2.**國外消費服務 (consumption abroad)**：服務提供者在其境內對進入其境內之其他會員消費者提供服務，如觀光旅遊。

　　3.**商業據點呈現 (commercial presence)**：服務提供者在其他會員境內設立商業據點方式提供服務，如銀行設立分行。

　　4.**自然人呈現 (presence of natural persons)**：服務提供者在其他會員境內以自然人（個人）身分提供服務，如律師、醫師、建築師或不具技術之勞工進入其他會員國境內提供服務。

（四）一般性義務與規範

服務貿易總協定第二篇規定了適用於所有服務業別的規範，不論該服務業別是否納入會員國的承諾表。一般性義務可分為二類：(1)有關在一市場中經營的條件，如非歧視及透明化規定；(2)有關競爭之條件，無補貼及獨占行為。說明於下：

1.最惠國待遇 (most-favoured-nation treatment)。

2.法規透明化 (transparency) 及機密資訊之揭露 (disclosure of confidential information)。

3.增進開發中國家之參與 (increasing participation of developing countries)。

4.經濟整合 (economic integration) 與勞動市場整合協定 (labour markets integration agreements)。

5.國內法規 (domestic regulation)。

6.相互承認 (recognition)。

7.獨占及排他性服務提供者 (monopolies and exclusive service suppliers)。

8.商業行為 (business practices)。

9.緊急防衛措施 (emergency safeguard measures)。

10.支付與移轉 (payments and transfers)。

11.確保國際收支平衡之限制 (restrictions to safeguard the balance of payments)。

12.政府採購 (government procurement)。

13.一般性例外規定與國家安全之例外 (general exceptions and security exceptions)。

14.補貼 (subsidies)。

（五）特定承諾

特定承諾包括：

1.**市場進入**：服務貿易總協定並未對市場進入 (market access) 加以定義，但首次將市場進入之內涵獨立成文，構成一項法律義務。

2.**國民待遇**：服務貿易總協定之國民待遇原則並非屬於一般義務，會員國僅於其所承諾的範圍內，始受此原則之拘束。

3.**額外承諾**：會員國得就非屬市場進入與國民待遇以外影響服務貿易之措施，包括資格、標準、或證照等事項談判承諾內容。

❀ 五、與貿易相關之智慧財產權協定

「與貿易相關之智慧財產權協定」 (Agreement on Trade-related Aspects of Intellectual Property Rights, TRIPs) 於 1996 年 1 月 1 日生效，是 1994 年 GATT 的烏拉圭回合談判的主要成就之一，其在智慧財產議題上所達成的協議已超出與貿易相關的範圍，為現行國際上保護與貿易有關之智慧財產權種類最為完整之單一多邊協定。

本協定就其所包括的各個領域，為會員明確規定保護智慧財產權之最低標準、保護期間、保護之客體、例外規定；並藉由若干橋接條款 (bridging clauses) 的設計，引用世界智慧財產組織 (The World Intellectual Property Organization, WIPO) 下的巴黎、伯恩、羅馬及華盛頓等公約所採行的保護標準，針對其不足部分新增補充條款，並將其適用至與貿易相關之智慧財產權協定的世界貿易組織會員國。

本協定共有 73 條，詳細內容將於第十章中敘述。

❀ 六、爭端解決規則與程序釋義瞭解書

世界貿易組織以法律規則為基礎，訂定「爭端解決規則與程序釋義瞭解書」(Understanding on Rules and Procedures Governing the Settlement of Disputes, DSU)，作為爭端解決之規則及程序。本協定共有 27 條及四個附件，茲就其主要條款說明於下：

（一）範圍及適用

DSU 第 1 條規定，適用依本瞭解書附錄一所示之協定有關諮商及爭端解決之規定所引起之爭端，亦應適用於 WTO 會員就其在 WTO 協定所享之權利義務所生爭端之諮商與處理，及本瞭解書單獨或與其他附錄一所示之協定有關之

爭端之諮商與處理。附件一所列之本瞭解書所規範之協議包括：⑴成立世界貿易組織協定；⑵多邊貿易協定，包括：附件 1 A，商品多邊貿易協定，附件 1B，服務貿易總協定，附件 1C，與貿易相關智慧財產權協定；附件 2，爭端解決規則與程序瞭解書；⑶複邊貿易協定，包括：附件 4 之民用航空器貿易協定、政府採購協定、國際乳品協定、國際牛肉協定等四項協定。其中國際乳品協定與國際牛肉協定已於 1997 年底廢止。

（二）處理程序

依 DSU 第 2 條規定，得設立爭端解決機構 (Dispute Settlement Body, DSB)，以執行 DSU 之規則及程序。DSB 有權設立小組、通過小組及上訴機構 (appellate body) 之報告、監督裁決及建議之執行。

爭端解決程序目前採取二審制，首先由爭端解決小組作成裁決，提交 WTO 全體會員予以通過或否決。在「爭端解決小組」程序（第一審）後，並有機會對爭端解決小組之裁決上訴到「上訴機構」（第二審）。上訴機構的設計類似一國的最高法院，屬於「法律審」，只能依照第一審所認定的事實，決定適用法律有無錯誤，而不能自行認定事實。不過，如果上訴機構發現第一審的事實並不明確或仍有疑義時，若無法加以糾正或救濟，在法理上說不過去。故在 DSU 的談判中，有些國家認為應該設置一種如同國內訴訟的發回更審的「發回」程序。

爭端解決程序的重點在於當事國應儘可能地透過諮商方式解決爭端，爭端解決程序的第一個步驟即是諮商，即使在案件已進入整個程序的其他階段，仍隨時得以諮商和調解的方式解決爭端。

（三）諮　商

DSU 第 4 條規定，被指控國應在原告國提出諮商請求後 10 日內答覆，並於 30 日內以善意進行協商，以期獲致雙方滿意之解決。如會員未能於收到請求後 10 日內答覆，或 30 日內展開諮商，或於其他合意之期間內為之者，則請求諮商之會員得要求成立小組。如未能於收到請求諮商後 60 日內解決爭端，指控國得要求成立小組。

包括易腐品在內的緊急案件，會員應於收到請求後 10 日內展開諮商，如未

能於收到請求後 20 日內解決爭端，指控國得要求成立小組。

（四）斡旋、調解及調停

DSU 第 5 條規定，任一爭端當事國得隨時請求斡旋、調解及調停，並得隨時開始或終止。一經終止斡旋、調解及調停程序，指控國得要求設立小組。

如斡旋、調解及調停於收到請求諮商後 60 日內進行，指控國 (complaining party) 必須等 60 日後，才得要求成立小組，如爭端當事國均認為斡旋、調解及調停無法解決爭端時，指控國於 60 日期間內得要求成立小組。

（五）小組之成立

DSU 第 6 條規定，若指控國要求，成立爭端解決小組的提案最遲應於該項要求列入 DSB 議程後之下次會議時成立小組，但 DSB 於該會議中以共識決 (consensus) 決議不成立小組者，不在此限。

（六）小組之組成

DSU 第 8 條規定，除爭端當事國於小組成立後 10 日內同意增加至 5 名，否則小組應由 3 名成員組成，該成員應自爭端解決機構所通過的儲備名單中選任，且不得為爭端當事國的國民，並應就小組之組成立即通知會員。

DSU 第 12 條規定，為使爭議處理程序更有效率，小組之調查期間，原則上不得超過 6 個月。緊急案件時，應於 3 個月內向爭端當事國提出完成報告。若小組認為無法在 6 個月內或無法對緊急案件於 3 個月內提出報告時，應以書面告知 DSB 遲延之原因及提出報告之預估期間。但自小組成立起至向會員傳送報告之期間，不得超過 9 個月。

（七）小組報告之通過

DSU 第 16 條規定，爭端解決小組報告向會員傳送後 20 日，始得提交付 DSB 通過。對小組報告有異議之會員，應在 DSB 討論小組報告前 10 日，以書面解釋反對傳送之理由。小組報告傳送後 60 日內，除爭端當事國之一方正式通知 DSB 其決定上訴，或 DSB 以「共識決」不通過（即所謂負面共識決）小組

報告外，DSB 應在會議上通過該報告。若當事國之一方已通知其決定上訴，應在完成上訴後，才得認為 DSB 通過小組報告。通過程序不得損及會員對小組報告表示意見之權利。

（八）上訴程序

DSU 第 17 條規定，DSB 應設立一常設上訴機構 (standing appellate body)，以審理小組案件之上訴。上訴機構應由 7 人所組成，每一個案件應由其中 3 人處理。上訴機構成員應採取輪流方式處理案件，輪流方式應依上述機構作業程序之規定。

原則上，自爭端當事國之一方通知其決定上訴起至上訴機構作成決定止，不得超過 60 日。當上訴機構認為無法在 60 日內提出報告，應以書面告知 DSB 遲延之原因及提交報告之預估期間，但最長不得超過 90 日。上訴機構報告應經由 DSB 通過且當事國應無條件接受，通過程序不得損及會員對上訴機構報告表達意見之權利。

（九）執行監督

若被告國未能如期執行，則爭端解決機構應授權原告國進行合法的報復。報復項目原則上應儘量針對同一或同類產業，但亦可擴及至其他產業。

DSU 第 21 條規定，在通過小組或上訴機構報告之日後 30 日內所召開之 DSB 會議中，相關會員應通知其執行 DSB 所作之建議及裁決之意願。倘無法立即遵行該建議或裁決時，相關會員應有一段合理期間執行。

DSB 應監督所通過之建議或裁決之執行，建議或裁決之執行爭議應於決定合理期間之日後 6 個月內，列入 DSB 會議議程中討論，且應列入議題並應保留議題直至解決爭議為止。

DSU 第 22 條規定，建議或裁決未能於合理期間內執行時，得暫停補償及減讓或其他義務。暫停減讓或其他義務時，應以下列原則及程序為之：

　　⑴應先就已發現有牴觸或其他剝奪或損害之同一產業，要求暫停減讓或其他義務。

　　⑵若認為對同一產業暫停減讓或其他義務不切實際或無效，則得在同一

協定下對其他產業要求暫停減讓或其他義務。

　　⑶若認為在同一協定下對其他產業尋求暫停減讓或其他義務不切實際或無效，且其情況相當嚴重時，得對其他協定要求暫停減讓或其他義務。

　　上訴機構有 7 名常設法官，其裁決相當於 WTO 的 「終審判決」。 但自 2019 年 12 月 11 日起，上訴機構只僅剩下 1 名法官，已無法達到最低 3 人的議事和審查人數，其解決國家間貿易爭端的功能從 2019 年 12 月 11 日起已經正式停擺。

❀ 七、貿易政策檢討機制

　　本機制係針對所有會員之貿易政策及措施予以定期檢查，促使各會員之貿易決策更加透明化，其目的在加強對各國貿易政策之監督與協調。

　　各會員接受檢討之頻率視其佔全球貿易之比重而定，排名前 4 名之貿易體每 2 年接受一次檢討，次 16 名每 4 年接受 1 次檢討。除低度開發國家會員可訂一較長之期間（通常為 10 年）外，其他會員每 6 年檢討 1 次。我國於 2006 年 6 月 20 到 23 日、2010 年 7 月 5 日及 2014 年 9 月 16 日接受 3 次檢討。

❀ 八、世界貿易組織之決策程序

　　世界貿易組織以「共識」(consensus) 之方式作決策，若無法達成共識時，可以投票之方式進行表決，一會員一票，但到目前為止從未進行投票。投票方式如下：

　　1.**解釋條文時**：應獲得會員四分之三多數贊成票。

　　2.**豁免協定義務時**：應獲得會員四分之三多數贊成票。

　　3.**修改協定條文時**：協定條文之修改，應視各該條文之性質採應獲得全體會員之同意，或應獲得會員三分之二多數贊成票，或應獲得會員四分之三多數贊成票；但修改的結果僅適用於投票贊成之會員。

　　4.**接受新會員入會時**：1996 年 10 月的總理事會議中決議改以共識決為原則，但原條文由各國在部長會議或總理事會中以三分之二多數贊成票決定之規定仍然有效。

　　5.**複邊貿易協定之決策**：應依各該複邊貿易協定之規定辦理。

✻ 九、世界貿易組織之組織架構

依設立世界貿易組織協定第 IV 條規定，世界貿易組織之組織架構如下頁。

（一）部長會議

部長會議 (Ministerial Conference) 由所有會員國之代表組成，其任務在執行世界貿易組織各項多邊協定，為最高決策單位，可依會員之請求作成會議決議，並決定是否舉行新的多邊談判，且具有任命世界貿易組織秘書長之權力。部長會議至少每年應集會一次，每次集會約為時 1 週，每 2 年召開一次會議。

（二）總理事會

在部長會議休會期間，由總理事會 (General Council) 代為執行其職權，負責世界貿易組織之行政與常務工作並監督貨品貿易理事會、服務貿易理事會及與貿易相關之智慧財產權理事會之運作。可視實際需要召集「爭端解決機構」(Dispute Settlement Body, DSB) 及 「貿易政策檢討機構」 (Trade Policy Review Mechanism, TPRM)，以履行相關職責。大會由所有會員國之代表組成，並於適當時集會，且必須每年向部長會議提出報告。

大會下設三個理事會以協助大會之工作：

1.**貨品貿易理事會 (Council for Trade in Goods)**：下設有市場開放、農業、食品安全檢驗與動植物防疫檢疫措施、技術性貿易障礙、補貼暨平衡措施、反傾銷實務、關稅估價、原產地規則、輸入許可、與貿易相關之投資措施、防衛措施等十一個委員會。另有國營事業貿易與裝運前檢驗兩個工作小組。另外，複邊協定下設有資訊科技協定委員會。

2.**服務貿易理事會 (Council for Trade in Services)**：下設有金融服務業、特定承諾等二個委員會，另設有專業服務及服務業貿易總協定 (GATS) 規則等二個工作小組。

3.**與貿易相關之智慧財產權理事會 (Council for Trade related Aspects of Intellectual Property Rights)**。

4.**杜哈發展議程 (Doha Development Agenda)**：依 2001 年 11 月杜哈部長

▲世界貿易組織之組織架構▲

資料來源：The WTO Agreements Series, Agreement Establishing the WTO.

會議 (Doha Ministerial Conference) 授權總理事會成立貿易談判委員會 (Trade Negotiation Committee, TNC)，負責對指定議題進行新回合談判工作之執行。

貿易談判委員會在 「服務貿易理事會」、「與貿易相關之智慧財產權理事會」、「爭端解決機構」、「農業委員會」、「貿易與發展委員會」以及 「貿易與環境委員會」下成立特別會議 (special session)，負責談判工作之進行，並成立「市場進入」與「WTO 規則」工作小組負責相關談判之執行，其中「WTO 規則」包括反傾銷措施、補貼及平衡措施及區域貿易協定三者。

此外，大會另外設立了「貿易與環境」、「貿易與發展」、「區域貿易協定」、「國際收支」及「預算、財務與行政」等五個委員會，及 「入會」、「貿易與投資關係」、「政府採購透明化」及 「貿易與競爭政策互動」等四個工作小組直接向大會提出報告。

（三）祕書處

依成立世界貿易組織協定第 VI 條規定，世界貿易組織應設置祕書處 (secretariat)，以祕書長 (director general) 為其首長，其功能在執行世界貿易組織部長會議決議事項，負責處理世界貿易組織日常行政事務。

❀ 十、世界貿易組織之目的與功能

（一）目 的

世界貿易組織成立的目的是確保國際間自由貿易，透過多邊諮商建立規範，降低會員國間關稅與非關稅貿易障礙，提供會員國穩定及可預測的貿易環境，在市場開放、自由競爭的基本理念下達成下列目的：

　1.提升生活水準。

　2.確保充分就業。

　3.擴大並穩定實質所得與有效需求之成長。

　4.確保環境、生態保育及永續發展。

　5.協助開發中國家之經濟發展及消除貧窮。

（二）功 能

世界貿易組織之功能如下：

1.強化世界貿易組織協定之履行、管理、運作以及長遠目標之達成。

2.為複邊貿易協定之履行、管理與運作提供一個架構。

3.提供各會員進一步談判之論壇，以利成員間多邊貿易協商之進行。

4.監督爭端解決規則及程序處理瞭解書之實施。

5.監督「貿易政策檢討機制」(TPRM) 之實施。

6.適時地與國際貨幣基金 (IMF)、國際復興暨發展銀行（世界銀行）及其附屬機構密切合作，以尋求全球經濟政策之一致性，並與世界關務組織、世界智慧財產權組織等組織構成全世界最重要的多邊貿易體系。

✿ 十一、世界貿易組織之基本原則

世界貿易組織規範之基本原則如下：

1.最惠國待遇。

2.國民待遇。

3.消除數量限制及其他障礙。

4.漸進式自由化 (progressive liberalization)。

5.透明化及可預測性 (transparency and predictability)。

6.公平競爭 (level-playing field)。

7. 對開發中國家之優惠待遇 (more favorable treatment to developing countries)。

✿ 十二、世界貿易組織之入會程序

1.入會程序：依據成立世界貿易組織協定第 12 條規定。

2.完成入會雙邊諮商工作：申請會員應與各會員儘快完成入會雙邊諮商，並逐一簽署雙邊協議，協議之內容包括協議文、關稅與非關稅減讓表及服務業承諾表，並由當事國雙方及祕書處各執存乙份。

3.草擬工作小組報告及入會議定書：申請會員在各項雙邊諮商獲致具體進

展後，同時工作小組會議亦已接近完成階段時，世界貿易組織祕書處將根據雙邊諮商及歷次工作小組會議討論所獲得之結論，草擬工作小組報告及入會議定書草案。

4.**彙總及核驗關稅與非關稅減讓表及服務業承諾表**：申請會員應將其與各會員諮商獲致之各項關稅與非關稅減讓表及服務業承諾表予以彙編，並附加於工作小組報告及入會議定書草案成為該兩份文件之附錄。

5.**入會案的表決方式**：根據世界貿易組織總理事會於 1995 年 11 月 15 日所通過之決議，入會案應採共識決方式決定之，而不再訴諸投票表決。如世界貿易組織總理事會無法達成共識，就法理上而言仍然可以援引世界貿易組織協定第 12 條之規定付諸投票表決，惟在實務上尚未發生共識無法達成之情況。

6.**會員生效要件**：申請會員依憲法規定完成國內國會批准程序，並將前述各項文件連同批准確認函遞交世界貿易組織祕書處。上述函件在祕書處接獲 30 天之後將正式生效，申請會員即可成為世界貿易組織會員。

✸ 十三、我國加入世界貿易組織之效益

我國入世界貿易組織會案於 2001 年 11 月 11 日在卡達部長會議中採認通過，並於 2001 年 12 月 1 日存放我國入會文件至世界貿易組織祕書處，而於 2002 年 1 月 1 日成為世界貿易組織會員。加入世界貿易組織對我國而言有以下幾項效益：

（一）參與制定國際經貿規範，提升我國國際地位

1.與世界貿易組織其他會員共同參與世界貿易組織活動，制定國際經貿規範。

2.與世界貿易組織會員在議題方面之策略聯盟，發展區域性經濟結盟。

（二）利用世界貿易組織爭端解決機制，在平等基礎上解決經貿糾紛

1.過去許多國家可能基於其他經濟或政治的理由對我國出口產品採行歧視性措施。

2.現在各會員依據世界貿易組織規範，不能任意對我國產品採取不合理的貿易措施。

3.未來若有爭端，可訴諸世界貿易組織爭端解決機制，獲得公平合理的對待。

（三）推動參與其他國際經貿組織，擴大國際活動空間

1.透過世界貿易組織與相關國際組織的合作，間接參與其他國際組織的活動。

2.繼續推動參與其他國際經貿組織活動，提升我國際地位，確保我國經濟利益，爭取繼續成為經濟合作發展組織 (OECD) 貿易委員會及其他委員會觀察員。

第四節　杜哈回合談判

世界貿易組織第四屆部長會議於 2001 年 11 月在卡達首都杜哈召開，通過「杜哈發展議程」 (Doha Development Agenda, DDA)，並於部長宣言 (Ministerial Declaration) 中宣告展開為期 3 年的新回合多邊談判，一般稱為杜哈回合談判，預定於 2005 年 1 月 1 日前完成談判；不過因各會員國意見分歧，談判進展並不如預期，多項議題均陷入膠著，使得在 2003 年 9 月舉行的第五屆墨西哥坎昆部長會議無法順利完成期中檢討。

自第五屆墨西哥坎昆部長會議失敗後，世界貿易組織杜哈回合談判即陷入停滯；在各方折衷協調後，終於在 2004 年 8 月 1 日凌晨通過架構性協議，即「7 月套案」(July Package) 作為未來談判的基礎，並於 2004 年 9 月繼續進行談判，推動另一波的貿易自由化。預定 2005 年 1 月 1 日前完成談判的目標無法達成。第六屆部長會議於 2005 年 12 月 13 日到 18 日在香港召開，會後並發表了宣言。

2006 年 7 月，因農產品市場開放、境內支持，以及非農產品市場進入 (NAMA) 等三角議題使談判陷入僵局，談判暫時中止。

2007 年 2 月恢復談判，並在市場進入、境內支持與開發中國家特殊與差別

待遇等議題上取得重要進展。

2008 年 7 月提出的 7 月套案，建立農業與非農產品市場進入的減讓模式，包括關稅分段削減公式、非敏感性產品關稅上限、敏感性產品得指定比例及做為補償的關稅配額擴增、特殊產品得指定比例及平均減稅幅度、特別防衛機制最高稅率啟動基準等。但因特別防衛機制 (SSM) 議題之爭議，使會議破局。

2009 年 11 月 30 日到 12 月 2 日，第七屆部長會議在總部日內瓦舉行。會議中部長們重申要在 2010 年結束談判，除農業談判和非農產品市場進入談判外，並進行服務業、貿易規則和貿易便捷化等其他領域的談判。

2010 年 3 月對談判進展情況進行全面盤點會議。

2011 年 12 月 15 日到 17 日，第八屆部長會議在 WTO 總部日內瓦舉行。在會議之前，為加速杜哈回合的談判，總理事會提交一份包括杜哈議題、貿易與發展以及強調多邊體系與 WTO 重要性的政治指導要點 (Elements for Political Guidance) 以引導會員國在部長會議的討論方向與目標，但在沒有任何一方願意妥協讓步的情形下，談判陷入僵局。

第九屆部長會議於 2013 年 12 月 3 日到 7 日在印尼峇里島召開，共有一百五十九個國家的部長參與。會中通過「貿易便捷化協定」(Agreement on Trade Facilitation)，並在總理事會下成立一個「貿易便捷化籌備委員會」(Preparatory Committee on Trade Facilitation)，開放給所有會員以執行確保協定快速生效所可能必要之功能，並在協定生效時為其有效運行作準備。特別是，籌備委員會應對協定進行法律審查，收取會員的承諾通知，並制定一項修正議定書 (Protocol of amendment) 以便將本協定放入世界貿易組織協定的附件 1A 中。

總理事會應在 2014 年 7 月 31 日以前針對協定承諾通知書舉行會議，採用籌備委員會制定的議定書，並開放接納該議定書，直至 2015 年 7 月 31 日為止。議定書應依設立世界貿易組織協定 (Agreement establishing the World Trade Organization) 第 10–3 條規定生效。

貿易便捷化為 2004 年 8 月 1 日凌晨通過的「7 月套案」中納入談判的新加坡議題。貿易便捷化協定則為世界貿易組織成立以來首次達成的多邊貿易協定，其規定內容涉及關務行政的程序，經由透明化、電子化的方式，來加速貨品通關以減少進出口貿易商的成本。依經濟合作暨發展組織 (OECD) 2015 年的研究

顯示，貿易便捷化協定的實施，可降低全球貿易成本約 12.5% 到 17.5%。

雖然印度於 2014 年 7 月 2 日的 WTO 總理事會上發表聲明，表示在各會員國同意印度大規模糧食補貼計畫，並在糧食補貼議題上找到永久解決方案前，印度將不會簽署貿易便捷化協定，但印度之杯葛僅得到玻利維亞、委內瑞拉與古巴三國的支持，包括美國在內的多數已開發國家則對印度發出譴責。為了化解印度的杯葛，2014 年 11 月，美國同意在找到永久解決方案前，不會挑戰印度糧食安全計畫，亦不會將此措施之補貼爭議訴諸 WTO 的爭端解決程序，使印度同意簽署貿易便捷化協定。2014 年 11 月 27 日 WTO 總理事會通過貿易便捷化協定批准議定書。

依 WTO 的規定，在獲得三分之二以上會員的批准並存放接受書後 1 個月，貿易便捷化協定即可生效。WTO 目前共有 164 個會員，到 2017 年 2 月 21 日為止，已有一百一十二個會員提交接受書，WTO 於當天公布貿易便捷化協定正式生效，成為 WTO 首次生效的多邊貿易協定。

第十屆部長會議於 2015 年 12 月 15 日至 18 日在肯亞的奈洛比 (Nairobi) 舉行，並於同月 19 日通過奈洛比套案 (Nairobi Package)，內容包括五項議題：

　　1.農業協定。

　　2.對低度開發國家 (least-developed countries, LDCs) 之優惠。

　　3.杜哈回合前景。

　　4.擴大資訊科技協定 (ITA II)。

　　5.新會員入會議題。

其中第 4 項擴大資訊科技協定，將對所列 201 項產品削減關稅，該共識早在 2015 年 7 月已達成，詳細內容請參考本章第三節（三、複邊貿易協定：資訊科技協定）中之說明。第 5 項新會員阿富汗入會議題之決定已於 2015 年 11 月 11 日以共識決的方式通過。

第十一屆部長會議於 2017 年 12 月 10 日至 13 日在阿根廷首都布宜諾斯艾利斯舉行。本屆部長會議的主要目的為完成第十屆會議奈洛比套案中的農業議題的後續工作，並討論電子商務、微中小企業、投資便捷化等新興議題的未來工作計畫，並作成四項部長決議，包括：

　　1.小型經濟體工作計畫。

2.漁業補貼。

3.電子商務工作計畫：繼續凍結「電子傳輸課徵關稅」至第十二屆部長會議。

4.非違反與貿易有關之智慧財產權控訴：繼續凍結「非違反與貿易有關之智慧財產權控訴」至第十二屆部長會議。

第十二屆部長會議將於 2020 年 6 月 8 日至 11 日在哈薩克首府阿斯塔納舉行。

以下就「杜哈發展議程」的議題、2004 年 7 月套案的內容、2017 年 2 月 21 日正式生效的「貿易便捷化協定」、2015 年 12 月 19 日通過的奈洛比套案中三項主要議題、區域全面經濟夥伴協定 (Regional Comprehensive Economic Partnership, RCEP)、跨太平洋夥伴全面進展協定 (Comprehensive and Progressive Agreement for Trans-Pacific Partnership, CPTPP) 及日歐經濟夥伴協定 (Economic Partnership Agreement, EPA) 之主要內容說明。此外，並說明屬於複邊貿易協定的的環境商品協定 (Environmental Goods Agreement, EGA) 與服務貿易協定 (Trade in Services Agreement, TiSA) 目前談判的進程。

❀ 一、杜哈發展議程

「杜哈發展議程」中納入新回合談判的議題有九項，說明如下：

（一）農　業

農業主要談判議題如下：
1.改善市場進入。
2.削減出口補貼。
3.削減境內支持。
4.應反映特殊及差別待遇與發展需求。

（二）非農產品市場進入

「非農產品市場進入」(Non-agriculture Market Access, NAMA) 談判目的主要為降低工業產品及漁產品市場進入障礙，其主要談判議題如下：

1.**削減關稅**：包括產品範圍、關稅級距、關稅高峰、減讓模式等。

2.**消除非關稅障礙**：如技術性貿易障礙、檢驗檢疫措施、數量限制、輸入許可程序等。

3.**特殊及差別待遇**：指開發中國家應享有非充分互惠原則之「特殊及差別待遇」(Special & Differential treatment, S&D)。

（三）服務業

分市場開放與規則兩個議題：

1.市場開放以 "request and offer" 之方式進行；2002 年 6 月 30 日提出對他國市場開放之初始要求清單 (initial request)，2003 年 3 月 31 日提出本國市場開放之初始回應清單 (initial offer)；我國依時程提出初始要求與回應清單，至 2004 年 7 月底止，計提出四十四份初始回應清單。

2.服務貿易規則談判，包括服務貿易分類、緊急防衛措施、補貼、政府採購、國內規章與自然人移動等議題。

（四）貿易規則

談判議題如下：

1.釐清並改善反傾銷、補貼等協定之規範，包括考量漁業補貼之適用問題。

2.世界貿易組織現行條文適用區域貿易協定 (RTA) 之程序與原則。

（五）智慧財產權

1.**談判議題**：建立葡萄酒與烈酒的地理標示制度，美、加、澳、紐等會員主張自願性多邊制度；歐盟、瑞士等則主張強制性制度，兩方立場仍無共識。

2.**非談判議題**：低度開發國家 (LDC) 之藥品取得問題，已於 2003 年 8 月 30 日達成協議，部分會員國得以強制授權方式生產專利藥品，並出口至製藥能力不足或無製藥能力之會員國，使該等會員國得以因應 AIDS、肺結核等重大疾病所造成之國家緊急危難。

（六）爭端解決

原預定於 2003 年 5 月完成檢討及修改爭端解決程序之相關規定，但在建立「法庭之友」制度、考慮是否讓非政府組織能主動提供資料及表達意見，或考慮強化第三國全程參與訴訟的機會等多數議題上，會員之間仍無共識，經總理事會決議展延至 2004 年 5 月，亦未獲致協議，最後決定不再訂定期限。

（七）貿易與環境

其主要議題有三項：

1. 釐清世界貿易組織與多邊環境協定 (Multilateral Environmental Agreements, MEAs) 特別貿易義務 (Special Trade Obligations, STOs) 之關聯性。

2. 與多邊環境協定祕書處建立資訊交換管道、授予觀察員資格標準。

3. 削減或消除環保商品及環境服務業關稅及非關稅貿易障礙。

（八）貿易與發展

檢討各協定中給予開發中國家與低度開發國家特殊與差別待遇 (S&D) 之優惠條款，使其更具強制性及可行性。特殊與差別待遇條款從原始的「發展工具」轉為「適應工具」，已非全然為「扶植」的性質，而是提供一個過渡期間讓開發中與低度開發會員適應，並逐漸融入多邊貿易體系之中。其主要討論主題包括以下幾項：

1. 特定協定提案 (agreement-specific proposals)。

2. 跨領域議題 (cross-cutting issues)。

3. 監督機制 (the monitoring mechanism)。

4. 將特殊及差別待遇條款整合至世界貿易組織規範之架構中。

（九）新加坡議題

新加坡議題包括：貿易與競爭、貿易與投資、政府採購透明化及貿易便捷化四項。在 2004 年 8 月 1 日凌晨通過的「7 月套案」，決定將新加坡議題中的「貿易便捷化」納入談判。

✿ 二、2004 年 7 月套案

茲就其主要議題內容說明如下：

（一）農　業

農業議題是 2004 年 7 月套案的重心，農業談判有多達八個以上的主要國家集團分庭對峙，在廣納各方意見後，以較為模糊與原則性的文字來架構套案內容。未來談判的基本原則是市場保護程度愈高、貿易扭曲效果愈大的補貼及關稅，所應減讓的幅度必須愈大。對關稅與補貼將以分段公式削減，即依產品約束關稅及約束補貼水準之高低分為數個階層，每個階層採用不同的公式與比例削減。其主要內容如下：

1.境內支持措施：價格補貼部分應以分段公式削減，且第 1 年就必須削減 20%，並應對個別產品的價格補貼設定上限。限制生產前提下的補貼，則不能超過某一期間平均農業生產總值的 5%。國內生產補貼分三部分：

　⑴黃色政策：指對農業生產與農產品貿易造成明顯扭曲的政策，包括政府對農產品的直接價格干預與補貼，或對種子、肥料、農藥、灌溉等農業生產因素、農產品營銷貸款等補貼均是。農業協定中以這些補貼金額來計算農業生產綜合支持措施 (Aggregate Measurement of Support, AMS)❻，先進國家必須自 1995 年開始 6 年內削減 20%，開發中國家必須自 1995 年開始 10 年內削減 13%。我國以先進國家名義入會，故必須削減 20%。

　⑵藍色政策：指依據過去生產面積或牲畜頭數之補貼，與當期生產價格及數量無任何關係，且須實施生產限制措施。在烏拉圭回合談判末期，歐盟與美國在油菜籽爭端結束前，就其各自的生產補貼達成協議，一般稱之為 "Blair House" 協定；其中將歐盟在 1992 年共同農業政策中的補償性給付 (compensatory payment) 與美國的差額給付 (deficiency payment) 列入藍色政策。此兩項不必納入削減，此類政策基本上也會

---

❻　指就某一農產品提供基本農產品生產者以貨幣表示之年度支持水準。

扭曲生產與貿易,但較黃色政策為小,故暫時不將此類政策列入削減。但歐盟與其他國家均認為藍色政策是會員將黃色政策調整為綠色政策的最佳過渡性措施,故堅持不應納入談判。

(3)綠色政策:指對生產與貿易沒有扭曲或扭曲很少的措施,且這些補貼是由納稅人負擔而非消費者負擔,不會對生產者提供價格支持效果,故不必納入削減。

2.出口競爭:以階段方式逐步全面取消出口補貼;對於其他形式的補貼,如出口信貸以及對國營事業的出口補貼,也將訂立規範。此外,也將建立糧食援助規範,確保糧食援助不是在處理餘糧,以避免對商業活動產生衝擊。

3.市場開放:在考量開發中國家經濟成長的前提下,大幅度開放市場。一方面以分段方式調降關稅,另一方面則對關稅配額的實施及配額管理的方式,作原則性的規定。為避免對農業造成衝擊,7月套案中也給予各會員若干彈性,可選擇部分敏感的農業產品,享受開放幅度較小的優惠待遇。

(二)非農產品市場進入

以坎昆部長會議主席 Derbez 版本為基礎,針對工業及漁林產品等非農產品的關稅及非關稅障礙之削減進行談判。關稅方面,會員應依非線性公式,即關稅愈高則削減幅度愈大的方式逐項削減,同時應考量開發中及低度開發國家會員之特殊需要及給予其優惠待遇。非關稅貿易障礙方面,目前已有許多國家支持就特定產業所面臨之非關稅障礙展開實質談判。

(三)貿易與發展議題

提供開發中與低度開發國家與貿易有關之技術與能力建構,以協助其有效參與談判及執行世界貿易組織規範。

(四)服務業

2004 年 7 月套案中,除重申談判範圍不預先排除任一服務部門或服務提供型態外,應考量開發中會員利益,包含自然人移動在內,且予以技術協助,並要求會員提交開放清單與於 2005 年 5 月前提出修正清單。此外,也要求會員於

期限內完成服務貿易規則制定之談判，並由服務貿易理事會特別會議負責於第六屆部長會議時提交完整談判進展檢討與建議報告。

（五）其他談判小組

與貿易相關之智慧財產權理事會、爭端解決機構、貿易與環境委員會等特別會議及貿易規則談判小組應繼續進行談判，並向貿易談判委員會提交進度報告。

（六）新加坡議題

2004 年 7 月套案中僅將貿易便捷化納入談判，本項談判應著重澄清與改進貿易便捷化之相關規範，並提供開發中及低度開發國家會員執行談判結果之協助。目前各國關稅普遍下降，未來如能在貨品轉運、規費、通關等貿易程序及相關文件上更加簡化、標準化與透明化，將能有效降低貿易成本。

（七）其他項目

2004 年 7 月套案中也強調一些其他未列入談判事項的重要性，其中有許多議題是與開發中國家相關，並要求相關機構應於第六屆部長會議就其執行情形提出報告。

✳ 三、貿易便捷化協定

在貿易便捷化協定的前言中說明了其簽訂的原由，包括以下幾點：

1. 考量到杜哈回合的多邊貿易談判。

2. 回復並再確定杜哈部長宣言 27 節與 2004 年 8 月 1 日總理事會所採取的附件 D 杜哈工作計畫決定 (Decision of the Doha Work Programme) 以及香港部長宣言 33 節與附件 E 所包含的要求 (mandate) 與原則。

3. 需要以進一步加速包括運送中貨品的移動、放行和通關的目的來澄清並改進 1994 年關稅暨貿易總協定第 5 條、第 8 條及第 10 條之有關事項。

4. 承認開發中及尤其是低度開發國家會員之特殊需要，與在這些地區能力建設之加強協助與支持之需求。

5.承認在貿易便捷化與海關承諾 (customs compliance) 的議題上，需要會員間有效的合作。

貿易便捷化協定的內容包括兩個部分，說明於下：

（一）第一部分

規定有關實質性的義務，如出版與資訊之交流、上訴程序、貿易手續和貨物通關流程的簡化，機構的合作，以及跨境海關合作等等。內容包括：

第 1 條：資訊之出版與使用 (Publication and Availability of Information)

　　⑴出版 (Publication)

　　⑵透過網際網路使用之資訊 (Information Available Through Internet)

　　⑶詢問點 (Enquiry points)

　　⑷通知 (Notification)

第 2 條：生效前之說明與通知機會與磋商 (Opportunity to Comment, Information before Entry into Force and Consultation)

　　⑴生效前之說明與通知機會 (Opportunity to Comment and Information before Entry into Force)

　　⑵磋商 (Consultations)

第 3 條：事先裁定 (Advance Rulings)

第 4 條：上訴或審查程序 (Appeal or Review Procedures)

　　⑴上訴或審查的權利 (Right to Appeal or Review)

第 5 條：提升公平、非歧視與透明之其他措施 (Other Measures to Enhance Impartiality, Non-Discrimination and Transparency)

　　⑴加強控制或檢驗之通知 (Notifications for Enhanced Controls or Inspections)

　　⑵扣押 (Detention)

　　⑶測試程序 (Test Procedures)

第 6 條：進、出口或相關稅、費課徵之規則 (Disciplines on Fees and Charges Imposed on or in Connection with Importation and Exportation)

⑴進、出口或相關稅、費課徵之一般規則 (General Disciplines on Fees and Charges Imposed on or in Connection with Importation and Exportation)

⑵進、出口或相關稅、費課徵之特別規則 (Specific Disciplines on Fees and Charges Imposed on or in Connection with Importation and Exportation)

⑶處罰規則 (Penalty Disciplines)

第7條：貨品之放行與通關 (Release and Clearance of Goods)

⑴抵達前報關程序 (Pre-arrival Processing)

⑵電子付款 (Electronic Payment)

⑶放行與最後進口關稅、費用之決定分開處理 (Separation of Release from Final Determination of Customs Duties, Taxes, Fees and Charges)

⑷風險管理 (Risk Management)

⑸通關後審計 (Post-clearance Audit)

⑹平均放行時間之建立與公告 (Establishment and Publication of Average Release Times)

⑺經授權業者之貿易便捷措施 (Trade Facilitation Measures for Authorized Operators)

⑻快速裝運 (Expedited Shipments)

⑼易腐貨品 (Perishable Goods)

第8條：邊境機構合作 (Border Agency Cooperation)

第9條：在海關控制下進口貨品之移動 (Movement of Goods under Customs Control Intended for Import)

第10條：與進口和出口及過境有關之手續 (Formalities Connected with Importation and Exportation and Transit)

⑴手續與文件要求 (Formalities and Documentation Requirements)

⑵副本之接受 (Acceptance of Copies)

⑶使用國際標準 (Use of International Standards)

⑷單一窗口 (Single Window)

⑸裝運前檢驗 (Pre-shipment Inspection)

⑹使用報關行 (Use of Customs brokers)

⑺共同邊境程序與統一文件要求 (Common Border Procedures and Uniform Documentation Requirements)

⑻退運貨品 (Rejected Goods)

⑼臨時貨品許可／進口與出口程序 (Temporary Admission of Goods/Inward and Outward Processing)

第 11 條：過境自由 (Freedom of Transit)

第 12 條：海關合作 (Customs Cooperation)

⑴促進承諾與合作之措施 (Measures Promoting Compliance and Cooperation)

⑵資訊交流 (Exchange of Information)

⑶確認 (Verification)

⑷請求 (Request)

⑸保護與保密 (Protection and Confidentiality)

⑹提供資訊 (Provision of Information)

⑺請求之延遲與拒絕 (Postponement or refusal of a request)

⑻互惠 (Reciprocity)

⑼行政義務 (Administrative burden)

⑽限制 (Limitations)

⑾未經授權之使用與揭發 (Unauthorized use or disclosure)

⑿雙邊與區域協定 (Bilateral and Regional Agreements)

第 13 條：制度性安排 (Institutional Arrangements)

⑴貿易便捷化委員會 (Committee on Trade Facilitation)

⑵國家貿易便捷化委員會 (National Committee on Trade Facilitation)

（二）第二部分

包括十項對開發中國家和低度開發國家會員的特殊及差別待遇之條款 (10 special and differential treatment provisions for developing country members and least developed country members)，提供這些國家技術援助和能力建設。

在第二部分中的第 1 項的一般原則之 1.3 項中規定，低度開發國家會員可依照本身發展程度、財務及貿易需求或其行政與制度能力來決定承擔貿易便捷化協定規定責任的程度。

在第二部分中的 2.1 項中將開發中國家與低度開發國家會員劃分為 A、B、C 三個類別條款 (categories provisions)：

A 類別條款包括在貿易便捷化協定生效時，開發中國家或低度開發國家會員即須實施，或低度開發國家會員應於生效後一年內實施。

B 類別條款包括在貿易便捷化協定生效後，經一定過渡期間後實施。

C 類別條款則除過渡期間外，開發中國家與低度開發國家會員尚須他國能力建設之協助與支持，才能實施。

2.2 項規定中開發中國家與低度開發國家會員可依照本身的發展基礎，自行指定屬於那一類別條款。

7.1 項中規定開發中國家與低度開發國家會員可將原已指定的 B 類別條款轉換成 C 類別條款。

✵ 四、2015 年 12 月 19 日奈洛比套案

（一）農　業

農業議題主要涉及出口競爭 (export competition)、公共儲糧 (public stockholding) 與特別防衛機制 (special safeguard mechanism, SSM) 等三項議題：

1. 出口競爭

針對農業出口補貼的削減義務，依不同的會員國而異：

⑴已開發會員國，須立即消除其出口補貼；但由於瑞士與加拿大等會員國仍對於加工產品、酪農產品與豬肉採行出口補貼措施，因此該類已開發國家出口至低度開發國家之產品補助期限，例外延長至 2020 年。

⑵開發中會員國，除部分開發中會員國已通知農業委員會的出口補貼措施外，其他須在 2018 年底前消除其出口補貼；此外，若開發中國家所採之出口補貼係用於農業協定第 9.4 條下之運輸與行銷，則亦例外將期限延長至 2023 年。

⑶低度開發國家與淨糧食進口開發中國家 (net food-importing developing countries)，於 2030 年底前仍可持續享有農業協定第 9.4 條之優惠。

2. 公共儲糧

由於開發中會員國的能力有限，第九屆部長會議即決議，在第十一屆部長會議達成永久性解決方案之共識前，此段過渡期間即要求其他會員不得對實施

該措施之開發中會員訴諸爭端解決機制,予以開發中會員優惠待遇。若無法在第十一屆部長會議得出永久性解決方案,依據 2014 年 11 月 27 日之總理事會決議,將繼續適用該過度機制直到通過永久性解決方案;並且不在杜哈發展議程中處理此議題 , 而在農業委員會特別會期 (Committee on Agriculture in Special Session) 中處理。本屆部長會議中並未提出具體內容,僅重申前述之決議。

3.特別防衛機制

特別防衛機制為避免市場開放後,會員國內之農產品受進口衝擊過鉅而設計的進口防衛措施。第六屆香港部長會議在市場進入方面,允許各國保有自行設計適當的貨品稅目 (tariff lines) 的彈性,以作為特別防衛措施,並於面臨進口數量激增或達到啟動價格 (price triggers) 時,有權採行該機制。本屆會議中仍未對特別防衛機制 (SSM) 及其具體內容作進一步的說明,僅重申前述內容,並要求該議題須在農業委員會特別會期中繼續談判以及理事會定期檢視進展的義務。

(二)低度開發國家之相關議題

本次主要著重在優惠性原產地規則 (preferential rules of origin) 與服務貿易豁免之優惠待遇議題,說明如下:

1.低度開發國家之優惠性原產地規則

該議題的核心在於如何使低度開發國家能有效適用優惠性原產地規則,以協助其參與並融入國際貿易體制。本屆部長會議再次肯定第六屆香港部長會議與第九屆峇里部長會議通過的內容。此外,分別對判斷原產地的標準、適用該規則的文件要求、落實該規則方面予以規範。但僅在判斷原產地的標準中的實質轉型要求,及落實方面有所突破。

2.低度開發國家之服務豁免

為提升低度開發國家在服務貿易的參與,第八屆部長會議首次賦予會員於特定範圍內豁免服務貿易總協定第 II:1 條最惠國待遇義務之適用,允許非低度開發國家會員給予低度開發國家服務與服務提供者優惠待遇。截至該屆部長會議為止 , 承諾提交清單的二十二位會員國中,已有二十一位會員國提交通知 (notification),已涵蓋廣泛消除或減少限制的優惠待遇,以及對於低度開發國家

服務與服務提供者的特殊優惠程序。另外，考量服務豁免通知在 2015 年始提交，因而決議該豁免之起算時點延遲至 2015 年，而非以 2011 年第八屆部長會議通過服務豁免之時點作為起算點；由於服務業豁免期間為 15 年，故該豁免年限已由 2026 年推遲至 2030 年。

（三）杜哈回合的前景

關於是否繼續完成杜哈回合的談判，會員間仍無法達成一致的共識。在本屆部長宣言中，先強調區域貿易協定 (Regional Trade Agreements, RTAs) 係補充而非替代世界貿易組織，再次強調世界貿易組織的重要性；同時交由區域貿易協定委員會 (Committee on Regional Trade Agreements, CRTA) 討論區域貿易協定對多邊體系之系統性影響與世界貿易組織規則間之關係，可知區域貿易協定的地位亦不容忽視。

由於第四屆杜哈部長會議，確立單一承諾 (single undertaking) 條款，對於任何的談判成果，會員只能全體接受或不接受，不能就個別議題單獨表示意見，此條款恐將阻礙談判順利結束。許多已開發會員，包含美國與歐盟，已公開呼籲結束杜哈回合談判，以利會員在單一承諾外處理新的議題，如電子商務、投資與競爭等；而開發中會員如印度與中國，則認為由於世界貿易組織係以共識決運作的組織，因此堅持必須以共識決的方式結束杜哈回合談判。由於雙方無法達成共識，本屆部長會議載明雙方立場，為未來杜哈回合的發展留下討論空間；但決議只有所有會員達成共識始能展開新的議題之談判。

✹ 五、區域全面經濟夥伴協定

因世界貿易組織的杜哈回合談判不順利，為加速區域性的經濟整合，以東南亞國協 （簡稱東協） 十國為主體的 「區域全面經濟夥伴協定」 (Regional Comprehensive Economic Partnership, RCEP) 的談判因此加速進行。茲就東協的形成與「區域全面經濟夥伴協定」的談判過程簡述於下：

1954 年 9 月 8 日，澳大利亞、法國、英國、紐西蘭、巴基斯坦、泰國、菲律賓與美國在菲律賓首都馬尼拉通過東南集團防衛的馬尼拉公約 (Southeast Asia Collective Defense Treaty Manila Pact) ，並成立東南亞公約組織 (Southeast

Asia Treaty Organization)，開創東南亞國家合作的先例，該組織的主要功能在於建立軍事集體防衛系統，並未涉及經濟發展，在越戰結束後，該組織於 1977 年解散。

1961 年 7 月 31 日，馬來西亞、泰國和菲律賓在曼谷成立「東南亞協會」(Association of Southeast, ASA) 為東南亞國協的前身。

1963 年，馬來西亞和菲律賓因為領土問題斷交。1965 年 8 月，新加坡、馬來西亞分治，東南亞協會陷於癱瘓。

1967 年 8 月 6 日，印尼、馬來西亞、新加坡、菲律賓、泰國五國外交部長在曼谷舉行會議，尋求五國間合作的型態與方式，並於 8 月 8 日發表「東南亞國協宣言」(The ASEAN Declaration)，亦稱「曼谷宣言」(Bangkok Declaration)，成立東南亞國協 (Association of Southeast Asian Nations, ASEAN)，簡稱東協。

1976 年，東協會員國在印尼峇里島舉行首屆東協高峰會 (The First ASEAN Summit)，簽訂了「東南亞友好合作條約」(Treaty of Amity and Cooperation in Southeast Asia) 和「東協協調一致宣言」(Declaration of ASEAN Concord)，確立了東協的宗旨和原則。

1984 年 1 月 8 日汶萊獨立後加入東南亞國協，1995 年 7 月 28 日，越南加入，1997 年 7 月 23 日緬甸加入，1997 年 7 月 23 日寮國加入，1999 年 4 月 30 日柬埔寨加入，2006 年 7 月東帝汶提出申請加入東協。另外，巴布亞紐幾內亞為東協觀察員。

1992 年 1 月第四屆東協高峰會時，泰國提出成立東協自由貿易區 (ASEAN Free Trade Area, AFTA)，並提出「共同有效關稅」(Common Effective Preferential Tariff, CEPT) 的構想。會後印尼、馬來西亞、新加坡、菲律賓、泰國及汶萊六國首長簽訂「東協自由貿易區共同有效關稅方案協定」(Agreement on the Common Effective Preferential Tariff Scheme for AFTA)，預定在 2008 年以前成立自由貿易區。

1995 年第五屆東協高峰會時，加速自由貿易區成立的時間表，提前於 2003 年前成立自由貿易區。

1999 年 1 月，第三屆東協非正式高峰會議在菲律賓馬尼拉召開時，東協十個會員國加上應邀與會的中國大陸、日本及南韓三個國家元首，在會後發表共

同聯合公報，稱為「東協十加三」聯合宣言。

　　2007 年 11 月 20 日，東協十國元首在新加坡簽署「東協憲章」(Charter of the Association of Southeast Asia Nations)，並於 2008 年 12 月 15 日實行，由東協各會員國的外交部長於東協秘書處親證。東協憲章為東協提供合法的地位與制度架構，為達成東協共同體 (ASEAN Community) 的目標奠定穩固的基礎。東協憲章在效用上成為合法維繫東協十國的協定，同時也將依照聯合國憲章第 102 條第 1 段，在聯合國秘書處申請登錄。

　　2010 年，與中國大陸建立「中國－東協自由貿易區」，形成「東協加一」，為開發中國家規模最大的自由貿易區，其人口為全球最多。

　　2011 年 5 月 7～8 日於印尼雅加達召開第十八屆東協高峰會，各會員國領袖發表「全球國家共同體中的東協共同體」(ASEAN Community in a Global Community of Nations) 聯合聲明。

　　同年 11 月 17～19 日則於印尼峇里島舉行第十九屆東協高峰會，十國領袖共同發表「峇里第三協約」(Bali Concord III) 宣言，在推動 2015 年東協共同體的當前進展之上，宣誓帶領東協更進一步放眼全球，基於共同的區域利益，打造東協成為回應全球性議題的平台，並強化回應議題的能力及可能的貢獻。

　　2012 年 4 月 3～4 日在柬埔寨金邊召開第二十屆東協高峰會，各會員國領袖決議將為 2015 年建立東協共同體之目標持續努力，並且宣示追求更進一步東協整合成就之重要決心。

　　2012 年 11 月 15～20 日，第二十一屆東協高峰會在柬埔寨金邊舉行，2012 年 11 月 18 日，東協十國簽署了象徵人權領域合作成果的「東協人權宣言」，旨在保障本區域人民的人權，以作為未來人權合作的基本框架。

　　2013 年 5 月 9～13 日起，涵蓋中國大陸、澳大利亞、日本、韓國、印度與紐西蘭在內的亞洲十六國的「區域全面經濟夥伴協定」(Regional Comprehensive Economic Partnership, RCEP)，在汶萊的達魯薩蘭開始談判，並預定在 2015 年底前結束談判。後來因為多項談判議題未能達成共識，決議順延至 2016 年底，並於 2016 年 12 月在印尼舉行第 16 回合談判，2017 年 2 月在日本舉行第 17 回合談判，2017 年 5 月在菲律賓舉行第 18 回合談判，2017 年 7 月在印度海德拉巴舉行第 19 回合談判，2017 年 10 月在韓國仁川松島舉行第 20

回合談判。在日、澳、紐、星等 TPP 會員國爭取下，希望 RCEP 新的談判能參酌 TPP 的內容提高自由化的標準。若能如期完成談判與簽署並納入一部分 TPP 的原則。

2019 年 3 月 2 日，RCEP 部長會議在柬埔寨暹粒 (Siem Reap, Cambodia) 舉行，16 國發表聯合聲明稱「將盡最大努力」實現年內談妥的目標，最快將於 11 月領導人峰會上達成協議。

自 2012 年 11 月 20 日 RCEP 16 個會員在柬埔寨召開之東協高峰會議中，正式宣布於 2013 年初啟動 RCEP 相關談判，到 2019 年 9 月為止已進行 27 回合談判，並於 2019 年 9 月 8 日在泰國曼谷舉行第七屆部長會議中，發布聲明表示談判已進入最後關頭，重申在 2019 年達成協議的共識。

經過 7 年的談判，RCEP 15 個會員國在 2019 年 11 月 4 日宣布完成二十個章節和市場准入的談判，準備在 2020 年簽署，印度認為協定內容沒有回應印度的憂慮而不願加入。

RCEP 已完成經濟與技術合作、中小企業、關務程序及貿易便捷化、政府採購、體制性安排、食品安全檢驗與動植物防疫檢疫措施、以及標準、技術法規及符合性評鑑程序等七個章節，與電信服務、金融服務及專業服務等三個附件的談判。

RCEP 倡議實現後，將是全球最大的自由貿易協定，依 IMF 統計資料庫 (Oct. 2018) 公布數值，其人口 35 億，GDP 將占全球 1/3，約 27 兆美元。

RCEP 已成立貿易談判委員會 (Trade Negotiation Committee, TNC)，下設貨品、服務、投資、競爭政策、智慧財產權、經濟與技術合作、法律及制度性議題、電子商務、政府採購及貿易救濟等 10 個工作小組，並於貨品貿易工作小組下設立原產地規則、關務程序及貿易便捷化、食品安全檢驗與動植物防疫檢疫及技術性貿易障礙 (SPS/TBT)、標準、技術性規範及符合性評估程序 (Standards, Technical Regulations & Conformity Assessment Procedures (STRACAP) 等 4 個次級工作小組，另於服務貿易工作小組下增設「電信服務業次工作小組」(Sub-Working Group on Telecommunication Services) 及「金融服務業次工作小組」(Sub-Working Group on Financial Services)。

RCEP 談判議題共有 18 項，包括：貨品貿易、原產地規則、關務程序及貿

易便捷化、食品安全檢驗與動植物防疫檢疫措施、標準技術規範與符合性評估程序、貿易救濟、服務貿易、金融服務、電信服務、自然人移動、投資、競爭、智慧財產權、電子商務、中小企業、經濟與技術合作、政府採購、爭端解決等。已完成經濟與技術合作、中小企業、關務程序及貿易便捷化、政府採購、體制性安排、食品安全檢驗與動植物防疫檢疫措施、標準技術規範與符合性評估程序等七個章節，與電信服務、金融服務及專業服務等三個附件的談判。

　　2015 年 11 月 21 日，東協十國領導人在馬來西亞吉隆坡舉行年度高峰會，簽署了「吉隆坡宣言」，宣布「東協經濟共同體」(ASEAN Economic Community, AEC) 於 2015 年 12 月 31 日正式成立。

　　東協經濟共同體的構想是成為單一共同市場，在 2025 年前讓東協十國的貨品、服務、投資、資金與技術勞工等五大領域都能自由流通，以協助東協爭取海外投資。

✸ 六、跨太平洋夥伴全面進展協定（跨太平洋夥伴協定）

　　2005 年 5 月 28 日，汶萊、智利、紐西蘭及新加坡等四國協議發起跨太平洋夥伴關係，與澳洲、馬來西亞、秘魯、美國及越南等五國進行協商。

　　2010 年 11 月 14 日，亞太經合會議高峰會的閉幕當天，與會九國同意美國總統歐巴馬的提案，於 2011 年 11 月的亞太經合會議高峰會完成並宣布跨太平洋夥伴關係協定綱要。

　　2012 年亞太地區區域經濟整合繼續向前發展，由美國主導的「跨太平洋夥伴協定」(Trans-Pacific Partnership Agreement, TPP)，目前加入談判的成員，除上述九國外，還有墨西哥、加拿大與日本，共達十二國。臺灣與韓國亦表達加入意願，未來仍可能繼續擴大，是亞太地區目前涵蓋規模最大的整合體。

　　2016 年 2 月 4 日，歷經 5 年多的談判，美國、日本、澳洲、加拿大、墨西哥、越南、馬來西亞、汶萊、智利、秘魯、紐西蘭及新加坡等十二個締約國部長級代表在紐西蘭奧克蘭正式簽署「跨太平洋夥伴協定」。

　　協定簽署後，締約國開始啟動國內批准程序。各國國會有兩年的時間審批，至少須有六個締約國國會通過，且這六國的國內生產毛額 (GDP) 總額需占所有締約國的國內生產毛額的 85%，協定才正式生效。

依目前統計，十二國 GDP 占區內之比例如下：美 60.4%、日 17.7%、加 6.6%、澳 5.4%、墨 4.5%、其他七國合占 5.4%。這十二個國家的經濟產值佔全球經濟的 40%，待各國國會批准生效後，跨太平洋夥伴協定將成為全球最大的自由貿易區。

馬來西亞國會已批准協定，日本亦於 2016 年 12 月 9 日通過。但 2017 年 1 月 23 日美國新任總統川普簽署行政命令，決定退出「跨太平洋夥伴協定」，並任命反對美中貿易的經濟學家納瓦羅 (Peter Navarro) 擔任國家貿易委員會 (National Trade Council) 主任，並將 TPP 的資訊全部從美國貿易代表署 (USTR) 的官網中移除，改以「美國第一貿易政策」取代。

美國退出 TPP 後，美、日圍堵中國的壓力消除，越南等國取代中國傳統勞動密集型產業市場的壓力得到緩解。各國紛紛提出因應計畫，將重心轉移到由東盟十國和中國、日本、南韓、印度、澳州和新西蘭組成的 RCEP。2016 年 11 月 APEC 會員國還曾召開部長會議，同意研究規劃中的「亞太自由貿易區」(FTAAP)。FTAAP 計劃涵蓋 APEC 全數二十一個會員國，合作範疇包括電子商務、食品安全、通過海外自由貿易援助小企業等，二十一國元首此前已簽署計劃書。

2017 年 3 月 14 日到 15 日跨太平洋夥伴協定十一個會員國與美國駐智利大使及中國大陸、韓國、哥倫比亞等非 TPP 會員國在智利舉行首次會議，共商 TPP 的未來、環太平洋區域的自由貿易進程及全球各地興起的保護政策。TPP 會員國肯定 TPP 協定不僅是自由貿易協定，也是高品質之貿易協定，其內容包括投資者保護、環境保護以及勞動權益者的保護；其達成之成果有其價值，不應放棄。因此，美國除外之 TPP 會員國同意繼續對話，並指示各國貿易官員評估促進自由貿易與區域整合的不同選擇。

2017 年 11 月 10 日在亞太經合會議 (Asia-Pacific Economic Cooperation) 於越南峴港開會之際剩餘的十一國共同發表部長聲明宣布將「跨太平洋夥伴協定」改稱「跨太平洋夥伴全面進展協定」(Comprehensive and Progressive Agreement for Trans-Pacific Partnership, CPTPP)，CPTPP 在日本主導下，於 2018 年 2 月 21 日正式公布協定的最終版本，除凍結部分條文外，將原來 TPP 協定的內容條文納入 CPTPP 協定的條文，並列出 4 項需於簽署前達成的共識議題。CPTPP 的

會員國已於 2018 年 3 月 9 日在智利聖地牙哥簽署協定。

　　CPTPP 不需考量會員國 GDP 比重，僅需六個或半數以上簽署會員國通知並完成國內審議程序後 60 天便能生效。目前十一個會員國的國內生產毛額 (GDP) 共約 13 兆美元，在全球經濟體總量的占比約為 13.5%。

　　在新的版本中廢除或修改了超過 20 條原 TPP 協定的條文，包括由美國推動的各項貿易商品的智慧財產權規定在內。可望降低會員國彼此間 98% 的進口關稅。

　　CPTPP 已於 2018 年 12 月 30 日生效，最高決策單位為部長級會議。2019 年 1 月 19 日首次部長級會議在東京舉行，會中討論新會員入會程序、主席國輪流順序、會員國之間的糾紛處理程序等議題，會後發表共同聲明，重申 CPTPP 願意對理念相近的國家敞開大門，並繼續推行自由貿易。

✿ 七、日歐經濟夥伴協定

　　自 2013 年 3 月起日本與歐盟展開經濟夥伴協定的談判，歷時 4 年，終於在 2017 年 7 月 6 日達成架構協商，於 2018 年 7 月 17 日正式簽署「經濟夥伴協定」(Economic Partnership Agreement, EPA)，並於 2019 年 2 月 1 日生效，為全球規模最大的自由貿易協定。其區域內涵蓋人口約六億，國內生產毛額 (GDP) 為 21 兆美元，約占全球國內生產毛額的 28%。

　　依協定規定，歐盟在生效後 7 年內撤除日本車進口關稅，日本則同意在 15 年內對限量（3 萬 1 千噸）的歐盟進口軟起士撤除關稅。

　　歐盟決定針對日本產的汽車、汽車零組件等工業品、農產品、加工品等所有貿易品項的 99%，最終全面撤除關稅，在協並生效時，關稅為零的品項占比將達 95.9%。日本最終將撤除所有歐盟產工業製品的關稅，包括農產品在內的所有品項約有 95% 關稅全免。日歐堅持自由貿易體制。

　　日歐 EPA 共有 27 項議題，其中中小企業支援及簡化關稅程序等約 20 個領域已漸有共識，目前持續協商之領域包括關稅、公共採購、電子商務資訊保護，以及地理標誌 (Geographical Indication, GI) 等。至於企業與投資對象國的投資爭端解決程序，雙方則有較大分歧，預計於達成架構協定後再行談判。

　　關於農產品關稅，日本牛肉進口關稅為 38.5%，日本考慮於日歐 EPA 中設

定牛肉進口免關稅配額。日本政府認為日本自歐盟進口的牛肉，主要來自法國和波蘭，其進口占比僅 0.2%，免關稅配額對國內牛肉產業幾乎沒有影響；反之來自美澳的牛肉，市占率高達 90%，故日本並未給予其免關稅進口配額，但澳洲因有 FTA 優惠，可享低於 30% 的關稅。2016 年日本牛肉之出口達 1,900 噸，較前年成長 18.5%，主要出口市場包括香港及美國；出口歐盟僅約 100 噸，日本要求歐盟削減超過 12.8% 的牛肉進口關稅。

　　協定生效後，日歐貿易金額將再成長 24%，每年可能撤除 10% 的關稅。依日本政府的估算，日歐經濟夥伴協定的經濟效應，可使以 2016 年度為準的實質 GDP 提高 1%，成長約 5 兆 2,000 億日圓，可增加 29 萬人次的工作機會。

　　南韓早日本一步於 2011 年與歐盟簽署 FTA，歐盟至 2016 年對南韓撤除關稅，使韓國車在歐洲境內的占比從 2009 年的 4.1% 提高到 2016 年的 6.3%，日本車則因課徵 10% 的關稅，市占率 13.1% 降低到 12.7%。

✸ 八、環境商品協定的談判

　　環境商品之劃分，可分為六大類，包括：1.空氣污染控制 (air pollution control)；2.再生能源 (renewable energy)；3.廢棄物管理與水資源處理 (waste management and water treatment)；4.環境科技 (environmental technologies)；5.二氧化碳吸收與存取 (carbon capture and store)；6.其他 (others)。

　　WTO 成立後，即將貿易與環境議題納入談判，並成立「貿易與環境委員會」(Committee on Trade and Environment, CTE)。2014 年 1 月 24 日包括我國、澳洲、加拿大、中國大陸、哥斯大黎加、歐盟、香港、日本、韓國、紐西蘭、挪威、新加坡、瑞士、美國等十四個 WTO 的會員國在瑞士達沃斯 (Davos) 發表聯合宣言，宣示在 WTO 架構下推動環境商品貿易自由化。

　　聯合宣言的內容提到將以「亞太經濟合作會議」(APEC) 在 2015 年調降 54 項環境商品關稅至 5% 之基礎上，尋求進一步擴大產品範圍及撤除關稅，以達到共同推動環境商品進一步自由化之目標。在參與會員之貿易總額達到「關鍵多數」(critical mass) 時，對自所有 WTO 會員國進口之環境商品給予零關稅待遇，希望透過環境商品的貿易自由化作為對抗氣候變遷、促進綠色經濟成長與永續發展。並於 2014 年 7 月 8 日至 10 日展開第 1 回合的談判，討論議題包括

主席人選、談判模式、談判時程、海關稅則版本、制度安排、新會員加入、國際環境組織等外部團體之參與、透明化、檢討機制、未來談判時程規劃等。

2015 年 1 月 26 日至 30 日，以色列加入第 4 回合談判，參與會員合計十五國。邀請國際組織或各國專家就潔淨及再生能源、能源效率等環境類別進行簡報，以協助談判會員提列產品及說明環境特性；並討論產品清單、新會員加入及未來談判工作規劃等。

2015 年 3 月 16 日至 20 日，土耳其及冰島加入第 5 回合談判，參與會員合計達十七國。邀請國際組織或各國專家就環境友善、環境監測及資源利用效率等環境類別進行簡報，以協助談判會員提列產品。

2015 年 5 月 4 日至 8 日進行第 6 回合談判，談判進入第 2 階段，會員就環境商品協定 (Environmental Goods Agreement, EGA) 主席彙整清單約 650 項產品進行逐項討論，嘗試釐清產品之環境特性、環境效益、是否具有多重用途、稅則分類及海關如何執行邊境通關等，以利主席未來提出最終產品清單。

2016 年 11 月 27 日至 12 月 4 日，進行第 18 回合談判及 EGA 部長會議，本次部長會議未完成談判。 主要癥結為各會員尚難在 EGA 產品範圍達成總體平衡的共識。各會員也都體認到自由貿易及環境保護的重要性，希望在 2017 年底 WTO 第十一屆部長會議完成談判。

✿ 九、服務貿易協定的談判

服務業的產值占已開發國家國民所得 70%，占開發中國家國民所得 60%。從事服務業人口占已開發國家就業人口 70 至 80%，占開發中國家就業人口 50% 至 60%。WTO 杜哈回合談判雖停滯，但個別國家因自主性自由化政策規劃，或因洽簽 FTA，進一步開放國內服務業市場，以致多數 WTO 會員的實際市場開放程度，較其在 WTO 所承諾的開放範圍為高。

WTO 杜哈回合談判時，美國、歐盟、澳洲、瑞士、挪威、紐西蘭、加拿大、日本、韓國、香港、墨西哥、智利、巴基斯坦、哥倫比亞、新加坡及我國等十六個會員組成服務業「真正之友」(Really Good Friends of Services, RGF) 非正式談判團體，力倡服務業進一步自由化。

2011 年底 WTO 第八屆部長會議後，RGF 由美國及澳洲主導，倡議推動以

複邊協定的方式洽簽 「服務貿易協定」 (Trade in Services Agreement, TiSA)。RGF 成員於本年 6 月前陸續完成取得談判授權的國內程序，乃於 2013 年 6 月底召開之 RGF 會議中，宣布進入談判階段。目前共有二十三個 WTO 會員（新增以色列、土耳其、哥斯大黎加、祕魯、巴拿馬、冰島、巴拉圭、列支敦士登）加入談判，其服務貿易進口及出口合計占全球總值 70% 以上。

談判內容分為文本、新貿易規則，以及服務業市場開放減讓表三部分，包含所有服務業別及提供服務的模式，希望透過談判，提供進一步自由化的機會，並納入新的服務貿易監理規則，以落實市場開放，並確保公平競爭。

未來朝向將協定「多邊化」(Multilateralization)，成為 WTO 服務貿易總協定 (GATS) 的一部分，並爭取巴西、俄羅斯、中國大陸及印度等金磚四國 (BRICs) 加入。

 參考資料來源

1. 經濟部國際貿易局 (1992)，《GATT 答客問》。
2. 黃立、李貴英、林彩瑜 (2000)，《WTO 國際貿易法論》。臺北，元照出版。
3. The WTO Agreements Series, Agreement Establishing the WTO, WTO website: http://www.wto.org.
4. 郭懿美 (1995)，《國際貿易法規》。臺北，智勝文化。
5. 經濟部國際貿易局網站。
6. 中華經濟研究院（臺灣 WTO 中心）網站。
7. The Association of Southeast Asia Nations, ASEAN website: http://www.aseansec.org.

 習 題

一、關鍵詞彙解釋

1. TRIMs　　2. TPRM　　3. TRIPs　　4. NAMA　　5. S&D
6. amber box　7. blue box　8. green box　9. RCEP　　10. CPTPP
11. EPA

二、問答題

1. 世界貿易組織基本的課題有哪些？

2.世界貿易組織與關稅暨貿易總協定的區別為何？

3.世界貿易組織涵蓋範圍為何？

4.世界貿易組織之目的及主要功能有哪些？

5.何謂 GATS？其規定之服務貿易型態有幾種模式？

6.「杜哈發展議程」(Doha Development Agenda, DDA)，納入新回合談判的議題有幾項？

7.何謂 2004 年 7 月套案 (July Package)？

8.貿易便捷化協定 (Agreement on Trade Facilitation) 簽訂的原由與內容為何？

第三章
聯合國國際貨物買賣契約公約

第一節　概　說

　　一次大戰後，國際聯盟 (League of Nations) 為統一國際間有關私法的問題，由羅馬私法統一國際研究所 (The International Institute for the Unification of Private Law) 於 1930 年成立起草委員會，1934 年完成初步草案，由國際聯盟分送參加國及非參加國要求提出意見，並於 1938 年完成「關於有形動產國際買賣之統一法草案」 (Draft of a Uniform Law on the International Sales of Corporeal Movables)，並經 1939 年該研究所理事會承認，但因國際情勢演變而未能正式完成立法手續。

　　二次大戰後，聯合國特別委員會以 1934 年之原案為基礎，於 1957 年作成新草案分送各國研究，此草案係以日耳曼、斯堪的那維亞、拉丁及盎格魯撒克遜等法系之買賣法為基礎。該草案於 1964 年 4 月在荷蘭海牙簽訂，分別為「關於國際貨物買賣統一法公約」 (Convention Relating to a Uniform Law on the International Sale of Goods, ULIS) 及「關於國際貨物買賣契約成立統一法公約」 (Convention Relating to a Uniform Law on the Formation of Contracts for the International Sale of Goods, ULFIS) 兩個不同之公約❶。

　　該公約經英國、比利時、荷蘭、德國、義大利、以色列等國採用，並於 1972 年生效，但此公約主要以先進工業國家之法律為基礎，未充分考慮開發中國家或工業後進國家之立場，故未被擴大採用。

　　聯合國為統一國際貿易之法律，乃於 1966 年成立「國際貿易法委員會」

---

❶　梁滿潮 (1986)，《貨物契約與糾紛之預防》，第 17–19 頁。臺北，文友公司。

(United Nations Commission on International Trade Law, UNCITRAL)，並於該委員會設置「買賣法工作小組」，從事買賣法統一工作，制定有關國際貿易之公約及規則。1980 年聯合國在維也納訂定了「聯合國國際貨物買賣契約公約」(UN Convention on Contract for the International Sale of Goods，簡稱 UN Sales Convention, 1980)。

該公約分四部分共 101 條條文，包括：⑴「適用範圍及總則」；⑵「買賣契約之成立」；⑶「貨物之買賣」；⑷「最終規定」。

第二節　適用範圍及總則

一、適用範圍

第一部分共有二章，第一章為「適用範圍」(Sphere of Application)，共有 6 條條文。內容如下：

（一）交易主體

第 1 條規定：

⑴本公約適用於當事人間的營業場所分屬不同國家之貨物買賣契約，包括：

　⒜這些國家都為締約國時。

　⒝依國際私法原則，適用締約國之法律時。

⑵在當事人締結契約時或之前，若由契約或彼此間之交易，或公開之資料中，沒有顯示出當事人之營業場所分屬不同國家者，不適用本公約。

⑶不以當事人之國籍或契約之性質屬於民事或商事而決定本公約之適用。

（二）不適用之買賣

第 2 條規定，本公約不適用以下各項買賣：

⑴供個人、家庭或家屬使用所購買之貨物，但以賣方於訂約時或訂約前

所不知或無法得知買方係以上述目的而購買貨物者為限。

⑵拍賣 (auction)。

⑶基於強制執行或其他法律所規定之買賣。

⑷股票、股份、投資證券、流通票據 (negotiable instruments) 或金錢之買賣。

⑸船舶、氣墊船或飛機之買賣。

⑹電力之買賣。

（三）交易客體

第 3 條規定：

⑴使用於製造或生產之貨物供給契約者視為買賣契約，但訂貨之當事人承擔供應此類製造或生產所必要之原料主要部分者除外。

⑵本公約不適用於供給貨物之當事人的主要義務為提供勞力或其他服務之契約。

本公約之目的在規定國際貨物買賣雙方應盡之責任與義務，故交易客體應只限於買賣行為所產生之貨物，對當事人一方提供原料，經他方加工之純粹加工行為之契約不適用。

（四）以當事人之權利及義務為主

第 4 條規定，本公約僅規定買賣契約之訂定及基於該契約所產生之買方及賣方之權利及義務。除非另有明文規定，本公約不涉及：

⑴契約或其他任何規定或慣例之有效性。

⑵契約對已銷售之貨物所有權之影響。

（五）不適用貨物所致傷亡責任

第 5 條規定，本公約不適用於賣方因貨物所致人身傷亡之責任。

（六）任意變更與排除

第 6 條規定，當事人得排除本公約之適用、或限制或變更本公約任何規定

之效力，但第 12 條之規定不在此限。

本規定使雙方當事人得充分發揮當事人自治之原則，以符合不同國家及不同貨物的交易習慣。

✲ 二、總　則

第二章為「總則」(General Provision)，共有 7 條條文，規定一般性事項。內容如下：

（一）以誠信原則及國際私法規則為解釋基礎

第 7 條規定：

⑴解釋本公約時，應考慮其國際性質，並需促進其適用上之統一性及遵行國際貿易之誠信。

⑵關於本公約規定事項之問題，若無法依其規定處理時，應依其所根據之一般原則處理，若無此原則時，則依國際私法之規則所適用之法律處理。

（二）當事人之意思

第 8 條規定：

⑴當事人一方所表示之意思或其行為，若為他方已知或應知者，應依據其意思解釋。

⑵若無法依其意思解釋時，應依與他方同類之第三者在相同情況下所瞭解者解釋。

⑶決定當事人一方之意思或與他方同類之第三者應瞭解的事項時，應考慮在該情形下之所有有關的情況，包括雙方當事人協商的情形、雙方當事人所建立之任何習慣、慣例及雙方當事人以後的任何之行為。

（三）慣例之適用

第 9 條規定：

⑴當事人應受經雙方同意之慣例及雙方所共同建立的任何習慣所約束。

⑵除非另有約定，否則應認為當事人雙方默認其契約及契約之訂定，適用在該特定交易上被廣泛瞭解並經常遵行的已知或應知之國際貿易慣例。

（四）營業場所

第 10 條規定：

⑴若當事人有一處以上的營業場所時，則應考慮當事人在買賣契約訂定時或訂定前所知或可預期之情形下，與該契約及該契約之履行的關係最為密切的場所為其營業場所；

⑵當事人之一方若沒有營業場所時，以其通常的住所為營業場所。

（五）不需要書面契約

第 11 條規定 ： 買賣契約的訂定不需要以書面或以書面為憑 (evidenced by writing)，其格式並不受其他要件所約束，契約得以包括證人在內之任何方法證明之。

（六）適用締約國國內法之規定

依第 11 條規定，買賣契約不需以書面訂定，又依第 29 條規定，買賣契約只要經雙方當事人同意，不需以書面即可修改或終止，但依第 96 條規定，若締約國法律要求買賣契約及其修改或終止須以書面訂定或以書面為憑者，得隨時 (at any time) 可依本公約第 12 條之規定，排除第 11 條、第 29 條及第二部分之適用。

第 12 條規定：第 11 條、第 29 條或本公約第二部分之任何允許買賣契約或合約之修改或終止，或任何要約、承諾或其他意思表示等可以使用書面以外之方式為之之規定，並不適用於營業場所位於依本公約第 96 條作出聲明之締約國國內之任何當事人。雙方當事人不得減少或變更此條文之效力。例如英美之貨物買賣法規超過某一定金額之買賣須有書面契約。

（七）書面之解釋

第 13 條規定：書面包括電報 (telegram) 及電傳打字電報 (telex) 在內。

第三節　買賣契約之成立

第二部分規定買賣契約之成立，共有 11 條條文。內容如下：

✵ 一、要　約

（一）要約之意義

第 14 條規定：

⑴對特定之一人或數人充分明確表示訂定契約並於對方承諾時，要約人願受其拘束之意思者，構成要約。若指出貨物名稱及以明示或默示決定或以條文規定來決定貨物之數量及價格之行為，應認為充分明確之表示。

⑵對於特定之一人或數人以外之第三者表示時，僅認為要約之引誘 (invitation to make offers)。但表示者有明確相反的意思除外。

（二）要約之生效時間

第 15 條規定：

⑴要約於到達受要約人時生效。

⑵要約雖為不可撤銷，但得於要約到達受要約人時或之前撤回。

（三）要約之撤銷

第 16 條規定：

⑴契約未成立前，要約人得撤銷其要約。

⑵但有下列情形者，要約人不得撤銷其要約：

　(a)明示不可撤銷或記載固定之承諾期間者。

　(b)受要約人確信該要約為不可撤銷，且受要約人已就該要約有所作為者。

（四）要約之失效

第 17 條規定：要約雖為不可撤銷，但仍於受要約人之拒絕到達要約人時失其效力。

✺ 二、承　諾

（一）承諾之意義

第 18 條規定：

⑴受要約人所為聲明或其他行為顯示出其同意要約者為承諾，沉默或不作為 (inactivity) 不得視為承諾。

⑵承諾之表示於到達要約人時生效。承諾未於指定期間內到達要約人，或在無確定期限之指示時，應考慮包括要約人所使用通知方法之速度在內之交易情況，若未於合理期間內到達要約人，承諾不生效力。除非另有明示，口頭要約必須即時承諾。

⑶依要約之性質或依雙方當事人所建立之習慣或慣例，受要約人得以履行契約之行為表示同意，如未通知要約人而發送貨物或支付貨款，於該行為完成時，承諾生效，但以該行為於上述期限內完成者為限。

（二）修改要約內容之承諾

第 19 條規定：

⑴對於要約雖以承諾之意思回答，但含有附加、限制或其他修改者，視為拒絕要約，並構成相對要約 (counter offer)。

⑵然而，對要約雖以承諾之意思回答，但含有附加或不同條件但並不重大變更 (materially alter) 原要約之條件者，除非要約人迅速以口頭或書面通知表示異議，否則仍構成承諾。此時，契約之條款係以要約內容附加在承諾內之修改為準。

⑶對有關於價金、付款、貨物之品質與數量、交貨時間與地點、擴大一方對他方之義務或糾紛之處理等事項作附加或不同之條件者，視為重大變

更要約之條件。

（三）有效時間之起算

第 20 條規定：

⑴要約人所指定之承諾時間，若為電報或信件時，由該電報交付發送時或信件上之日期起算，或若無日期者，以信封上之日期起算。若要約人以電話、電傳打字、或其他同時交談之方法指定之承諾期間，由要約到達受要約人時起算。

⑵在承諾期間之公定休假日或非營業日，仍應計算在該期間內。但承諾之通知因最後期限日在要約人之營業地為公定休假日或非營業日之故，而無法於最終期限日送交要約人時，該期限順延至次營業日止。

（四）遲到之承諾

第 21 條規定：

⑴若要約人迅速以口頭或書面通知受要約人該承諾有效時，該遲到之承諾仍為有效。

⑵從含有遲到承諾之信件或其他文件中顯示，若於正常傳遞下應可適時到達要約人，該遲到之承諾視為有效；但要約人迅速以口頭或書面通知該受要約人該承諾已失效 (lapses) 者，不在此限。

（五）承諾之撤銷

第 22 條規定：若撤銷之通知於承諾生效時或之前到達要約人，承諾得撤銷。

❀ 三、契約之成立

第 23 條規定：要約之承諾依本公約之規定生效時，契約成立。

❀ 四、到　達

第 24 條規定：要約、承諾之聲明或其他任何意思表示，在對話當時，或使

用其他方法交付其本人、其營業場所或其郵遞地址、或其住所時，到達受通知者。

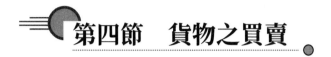

第四節　貨物之買賣

第三部分為「貨物之買賣」(Sale of Goods)，共有 64 條條文。分五章規定：第一章為「總則」(General Provisions)；第二章為「賣方之義務」(Obligations of the Seller)；第三章為「買方之義務」(Obligations of the Buyer)；第四章為「危險之移轉」 (Passing of Risk) ；第五章為 「賣方與買方義務之共同規定」(Provisions Common to the Obligations of the Seller and of the Buyer)。

❀ 一、總　則

（一）重大違約

第 25 條規定：當事人一方之違約，若造成剝奪他方當事人基於該契約有權期待之利益，且遭受實質損害者，為重大違約 (fundamental breach of contract)，但以違約之一方未曾預見，且合理之同類人處於相同情況下亦不能預見者為限。

（二）解除契約之生效

第 26 條規定：解除契約之聲明，只在對他方當事人通知時生效。

（三）通信遲延及錯誤之效力

第 27 條規定：除本公約在本部分另有明文規定外，當事人依本部分之規定所為之通知、請求或其他意思之傳達，若在該情況下為適當之傳達方法者，雖其意思之傳達有遲延、錯誤或未到達，該當事人並不喪失因信賴該傳達而得主張之權利。

（四）法院之管轄權

第 28 條規定：依本公約之規定，若一方當事人有權請求他方履行任何義務

者，除非法院得在其國內依非屬本公約所規範之類似買賣契約之法律行使強制
執行之判決，否則法院並無判決強制執行之義務。

（五）契約之修訂

第 29 條規定：

⑴契約得僅由雙方當事人之同意而修改或終止。

⑵書面契約含有任何需要以書面之同意修改或終止之條款者，不得以其他
方式之同意修改或終止；但當事人一方得在對方當事人所信賴範圍內之
行為，排除主張該條款之權利。

✿ 二、賣方之義務

（一）基本義務

第 30 條規定：賣方必須依契約所要求及本公約之規定交付貨物、提交有關
單據，並移轉貨物之所有權。

（二）交付貨物及單據

1.交貨地點：第 31 條規定：若賣方無須在任何其他特定地點交貨時，其交
貨義務完成於：

⑴若買賣契約涉及貨物之運送者，在將貨物交付第一運送人以運交給買
方時。

⑵非屬於前款情形下，若與契約有關之特定貨物，或由特定倉儲中提出
之非特定貨物，或有待製造或生產之非特定貨物，在訂定契約時，當
事人已知之貨物所在地、或製造或生產之特定地，將貨物置於買方之
支配下。

⑶其他情形，在成立買賣契約時，在賣方的營業場所將貨物置於買方之
支配下。

2.訂定運送契約及交貨通知：第 32 條規定：

⑴依契約或本公約規定，若賣方須將貨物交付運送人，且若不能以該貨

物上之標誌、貨運單據或其他方法辨識買賣之貨物者，賣方須對買方發出詳述該貨物之交貨通知。

(2)若賣方須安排貨物之運送時，賣方必須依該情況之運送方法，並基於該運送之一般條款，訂定運送該貨物至約定地點所必要之契約。

(3)若賣方不須投保有關該貨物之運送保險者，賣方必須依買方之請求，給予買方全部可取得之必要資料，使買方得以投保。

3.**交貨日期**：第 33 條規定，賣方必須於以下時日交付貨物：

(1)若日期已確定或由買賣契約可決定者，於該日。

(2)若期間已確定或由買賣契約可決定者，除非情況顯示由買方選定日期，否則在該期間之任何時間。

(3)任何其他情形時，於訂定買賣契約後合理時間內。

4.**交付單據**：第 34 條規定，若賣方負交付與貨物有關文件之義務時，必須於契約所定之時間、地點及方式交付之。若賣方於上述時間前交付文件時，得於該時間截止前，補齊任何欠缺之文件，但以賣方行使此權利不致使買方產生不合理之不便或負擔不合理之費用為限；但買方仍得保留依本公約所規定之請求損害賠償之權利。

（三）貨物之符合及第三者之請求權

1.**符合買賣契約之貨物及包裝**：第 35 條規定：

(1)賣方須交付符合契約所要求之品質、數量及明細之貨物，並依契約規定之方式裝入或包裝。

(2)除非當事人另有約定外，貨物必須具備下列情形：

(a)適合同類貨物通常使用目的。

(b)適合買賣契約訂定時，以明示或默示之方法使買方知道該貨物的特定效用；但依實際情況對賣方之技術及判斷，買方不予信賴或其信賴為不當者，不在此限。

(c)具備賣方對買方所提示之貨樣或模型之品質。

(d)以該貨物通常方法裝入或包裝，若無此種方法時，以保護該貨物之適當方法包裝者。

⑶若買方於訂定契約時明知或無法推諉為不知該不符合的情形時，賣方對前項(a)款至(d)款不負貨物不符合之責任。

2. **符合之時間標準**：第 36 條規定：

⑴依契約及本公約規定，賣方負擔危險移轉到買方時貨物所存在之任何不符合的責任，即使該不符合只於危險移轉後才顯著者亦同。

⑵賣方仍應負擔貨物於前款所指危險移轉後所生之不符合之責任，若該不符合係因賣方違反其義務所致，包括違反該貨物於特定期間內具有一般效用或特定效用或保有特定品質之任何保證在內。

3. **不符合之補正**：第 37 條規定，賣方於約定交貨日前交貨者，得於該日期屆滿前，交付所欠缺部分或補足其不足之數量，或另行交付貨物以取代已交付之不符合貨物，或補正已交付貨物之不符合部分；但實施此權利不得使買方發生不合理之不便或負擔不合理之費用；買方保留依本公約規定之請求損害賠償之權利。

4. **貨物之檢驗**：第 38 條規定：

⑴買方必須依實際情況，儘快檢驗貨物或使人檢驗貨物。

⑵若契約規定貨物必須交付運送，得延至貨物運抵目的地後才檢驗。

⑶若貨物需要轉運或由買方再發送，而買方無合理的機會檢驗貨物，且於買賣契約訂定時，賣方明知或應知該貨物有轉運或再發送者，得延至貨物運抵目的地後再檢驗。

我國民法亦有類似的規定，民法第 356 條規定：「買受人應按物之性質，依通常程序從速檢查其所受領之物。如發現有應由出賣人負擔保責任之瑕疵時，應即通知出賣人。買受人怠於為前項之通知者，除依通常之檢查不能發現之瑕疵外，視為承認其所受領之物。不能即知之瑕疵，至日後發現者，應即通知出賣人，怠於為通知者，視為承認其所受領之物。」

5. **不符合之通知及其請求時限**：第 39 條規定：

⑴買方於發現或應發現貨物不符合後合理期間內，未通知賣方指明該不符合之性質者，喪失因不符合所得主張之權利。

⑵自貨物實際交付買方日起 2 年內，若買方未通知貨物不符合者，喪失依貨物不符合所得主張之權利，但此期間限制與約定的保證期間相牴

觸者，不在此限。

民法第 365 條規定：「買受人因物有瑕疵，而得解除契約或請求減少價金者，其解除權或請求權，於買受人依第 356 條規定為通知後六個月間不行使或自物之交付時起經過五年而消滅。前項關於六個月期間之規定，於出賣人故意不告知瑕疵者，不適用之。」

6.**賣方之惡意**：第 40 條規定，若貨物不符合之事實為賣方所明知或不得推諉為不知，而賣方未告知買方者，賣方不得主張第 38 條及第 39 條所規定之權利。

7.**保證第三者無任何請求權**：第 41 條規定，賣方必須交付第三者對該貨物無任何權利或請求權之貨物；但買方同意受領第三者對其有權利或請求權之貨物者，不在此限。若該權利或請求權係基於工業財產或其他智慧財產者，賣方的義務受到第 42 條規定之約束。

8.**工業財產權與智慧財產權**：第 42 條規定：

　(1)賣方必須交付在買賣契約訂定時，賣方已知或不得推諉為不知之第三者對該貨物基於工業財產或其他智慧財產無任何權利或請求權之貨物；但以該權利或請求權係依工業財產或其他智慧財產取得者：

　　(a)若當事人在買賣契約訂定時意圖在該地將貨物轉售或作其他用途者，受貨物轉售地或其他使用地法律之管轄；或

　　(b)在任何其他情形下，受買方營業場所所在地法律之管轄。

根據成立世界智慧財產權組織 (The Convention Establishing the World Intellectual Property Organization, WIPO) 第 2 條第 8 款 (Article 2viii) 之規定，智慧財產權應包括以下有關創作活動之法律權利：

　1.文學、藝術與科學創作。

　2.表演人之表演、錄音與廣播。

　3.人類在各領域之努力發明。

　4.科學發現。

　5.工業設計。

　6.商標、服務標章及商業名稱與稱號。

　7.不公平競爭之保護。

8.其他來自於工業、科學、文學與藝術領域之創造活動。

智慧財產權通常分為兩大類別：工業財產權 (industrial property) 與著作權 (copyright)。文學、藝術與科學創作屬於著作權，而表演人之表演、錄音與廣播則稱為鄰接於著作權之鄰接權。其他（除科學發現外）均屬於工業財產權。

　　(2)前項所規定之賣方義務，並不包括下列情形：

　　　(a)買方於契約訂定時，已知或不得推諉為不知該權利或請求權者；或

　　　(b)該權利或請求權係基於賣方依照買方所提供之技術圖樣、設計、公式或其他此類規格所致者。

9.**買方對第三者權利或請求權之通知**：第 43 條規定：

　　(1)買方於發現或應發現第三者對該貨物具有權利或請求權後相當時間內，若未將其權利或請求權之性質通知賣方，喪失依第 41 條或第 42 條所主張之權利。

　　(2)若賣方已知第三者對該貨物之權利或請求權之性質，賣方不得主張前項之規定。

10.**買方疏於通知之補救**：第 44 條規定，不管第 39 條第(1)項及第 43 條第(1)項之規定，買方對其疏於必要之通知有相當理由者，仍得依第 50 條之規定減少其價金。

（四）賣方違約之救濟

1.**一般原則**：第 45 條規定：

　　(1)若賣方未依契約或本公約履行其義務，買方得：

　　　(a)行使第 46 條至第 52 條所規定之權利；

　　　(b)依第 74 條至第 77 條之規定，請求損害賠償之權利。

　　(2)買方之任何損害賠償請求權，不因其行使其他救濟之權利而被剝奪。

　　(3)買方請求違約之救濟時，法院或仲裁法庭 (arbitral tribunal) 不得給賣方寬緩期間 (period of grace)。

2.**貨物品質不符合之救濟**：第 46 條規定：

　　(1)買方得請求賣方履行其義務，但買方已請求之救濟與此項請求相牴觸者，不在此限。

⑵若貨物不符合契約者，買方得請求交付替換物，但以該不符合構成重大違約 (fundamental breach of contract)，且買方請求交付替換物之通知，須依第 39 條之規定或於合理時間內為之。

⑶若貨物不符合契約者，買方得請求賣方修補 (repair) 該不符合，除非在考慮到所有情況下，該修補為不合理。修補之請求必須依第 39 條之規定或於合理時間內為之。

3.**請求履行契約**：第 47 條規定：

⑴買方可訂定合理的額外期間，使賣方履行其義務。

⑵除非買方收到賣方不在該訂定的期間內履行之通知，否則於該期間內，買方不得請求違約之任何救濟；但買方並不因此喪失賣方遲延履行所生之損害賠償請求權。

4.**賣方之補正**：第 48 條規定：

⑴在第 49 條的規定下，賣方雖於交付日期後，仍得以自己費用補正其所未履行之義務，但以其補正不致有不合理之遲延，且不致使買方有不合理之不便，或不致使賣方對買方預付費用之償還成為不確定為限；買方保留依本公約之規定所得主張之損害賠償請求權。

⑵若賣方請求買方表示是否接受其履行，而買方未於合理期間內表示者，賣方得於其請求書內所指之時間內履行之；買方不得於該期間內，請求與賣方之履行相牴觸之救濟。

⑶賣方表示將於特定期間內履行之通知，推定該通知含有依前項要求買方表示其決定之請求在內。

⑷賣方依本條第 2 項或第 3 項之通知或請求，於到達買方時生效。

5.**解除買賣契約**：第 49 條規定：

⑴買方於下列情形下，得表示解除契約：

　⒜若賣方未依契約或本公約履行其義務而構成重大違約；或

　⒝在未交貨的情形下，若賣方未在買方依第 47 條第 1 項所指定額外期間內交付，或表示不願在該指定期間交付者。

⑵若賣方已交貨，買方喪失其解除契約之權利，但下列情形除外：

　⒜關於遲延交貨，於得知交貨後合理時間內主張解除者。

　　⒝關於遲延交貨以外之違約：

　　　⒤於知悉或應知悉違約後，合理時間內主張解除者。

　　　⒤⒤於買方依第 47 條第 1 項所指定額外期間屆滿後，或賣方表示無意於上述期間內履行其義務後；或

　　　⒤⒤⒤賣方依第 48 條第 2 項所定額外期間屆滿後，或買方已表示不願接受其履行後，合理時間內主張解除者。

　6.**請求減價**：第 50 條規定，若貨物不符合契約之約定，不論是否已支付價金，買方得就實際交付貨物之價值與符合契約約定應交付貨物價值之比率減少其價金。但賣方依第 37 條或第 48 條補正履行其未完成之義務，或買方拒絕賣方依該兩條規定補正者，買方得不減少價金。

　7.**部分交貨時**：第 51 條規定：

　　⑴若賣方僅交付一部分貨物或其交付之貨物僅有一部分符合契約者，該未交付或不符合之部分，適用第 46 條至第 50 條之規定。

　　⑵買方僅於賣方交付未完全或不符合契約，而構成重大違約時，始得解除全部契約。

　8.**買方之選擇權**：第 52 條規定：

　　⑴若賣方於約定日前交貨，買方得受領，亦得拒絕受領。

　　⑵若賣方之交貨數量較契約提供之數量多時，買方得受領其交付或拒絕受領超出之數量。若買方受領全部或部分超出數量時，應依約定比率支付之。

✸ 三、買方之義務

（一）基本義務

　　第 53 條規定：買方必須依契約及本公約之規定，支付貨款並受領貨物。

（二）付款義務

　　1.**付款手續**：第 54 條規定，買方支付價金之義務，包括採取依契約或任何法律或法規所規定之付款步驟，並符合其手續。

2.**價金之決定**：第 55 條規定，契約雖已有效成立，但未就價金之訂定或決定價金之方法作明示或默示之規定時，若無任何相反之指示，依契約訂定時該貨物在相關類似交易的情況下，銷售該商品所收取的價金。

3.**價金計算之基礎**：第 56 條規定，依貨物重量決定價金時，如有疑義，應以淨重決定。

4.**付款地點**：第 57 條規定：

　　⑴若買方不須在特定地點支付價金，則應於下列地點支付賣方：

　　　　(a)賣方營業場所；或

　　　　(b)若以交付貨物或單據而支付，在交付之地點。

　　⑵賣方於契約訂定後，改變營業場所而使買方增加付款費用時，賣方必須負擔增加之費用。

5.**付款時間**：第 58 條規定：

　　⑴若買方不須在特定時間支付價金，應於賣方依契約或本公約之規定，在貨物或處分貨物之單據置於買方處分下時支付價金；賣方得以支付價金作為其履行交付貨物或單據之條件。

　　⑵若契約包括貨物運送，賣方得以價金未支付前不交付貨物或處分貨物之單據為條件下發送貨物。

　　⑶買方在取得檢查貨物之機會前，不必支付價金，但當事人所同意之交貨或付款之程序與此檢查機會相牴觸者，不在此限。

6.**確定日期之付款**：第 59 條規定，買方必須依契約與本公約所約定日期或可確定日期支付價金，無需賣方任何請求或符合任何手續。

（三）受領貨物義務

第 60 條規定，買方受領交貨之義務包括：

　　⑴為其一切可合理預期的行為，使賣方得以交付貨物。

　　⑵收受該貨物。

（四）買方違約之救濟

1.**一般原則**：第 61 條規定：

⑴若買方未依契約或本公約履行其任何義務者，賣方得：

　　⒜依第 62 條至第 65 條之規定，行使其權利。

　　⒝依第 74 條至第 77 條之規定，請求損害賠償。

⑵賣方之任何損害賠償請求權，不因其行使其他救濟之權利而被剝奪。

⑶賣方請求違約之救濟時，法院或仲裁法庭不得給予買方寬緩期間。

2.請求履行買賣契約：

　　第 62 條規定，賣方得請求買方支付價金、受領交貨或履行其他義務，但賣方請求與此規定不同之救濟者，不在此限。

　　另外，第 63 條規定：

⑴賣方得訂定合理之額外期間，使買方履行其義務。

⑵除非賣方已接獲買方無意於該訂定之合理額外期間內履行其義務，否則賣方不得於該訂定之額外期間內請求違約之救濟。但賣方並不因此喪失買方遲延履行所生之任何損害賠償請求權。

3.解除買賣契約：第 64 條規定：

⑴賣方得聲明解除契約：

　　⒜若買方未依契約或本公約之規定履行其義務，而構成重大違約者；或

　　⒝若買方未於賣方依第 63 條第 1 項所訂定之額外期間內履行支付價金或受領交貨之義務，或買方已表示不願在該額外期間內履行者。

⑵若買方已支付價金，賣方喪失其解除契約之權利，但有下列情形者，不在此限：

　　⒜若買方遲延履行契約，而賣方在知道買方履行契約前解除契約；或

　　⒝買方遲延履行契約以外之任何違約，而於下列合理時間內：

　　　(i)賣方知悉或應知悉該違約後；或

　　　(ii)賣方依第 63 條第 1 項所規定額外期間屆滿後，或買方表示無意在該額外期間履行其義務後。

4.買方遲延其應指示事項之時間：第 65 條規定：

⑴若依契約，由買方指定貨物之型式、尺寸或其他性質，而買方未於約定日或收到賣方請求後合理時間內指定其規格者，賣方得依其所知之

買方需求自行決定規格。賣方之決定無損於其所有之任何其他權利。

⑵若賣方自行決定其規格者，應將其詳細內容通知買方，並須訂定相當期間使買方可以決定不同規格；買方收到通知後，若未於該期間內決定者，應受賣方決定之規格所約束。

四、危險之移轉

（一）危險與付款關係

第 66 條規定：買方支付價金之義務，不因貨物滅失或損壞在危險移轉給買方後才發生而取消，但滅失或損害起因於賣方之行為或疏忽者，不在此限。

（二）貨物之交運與危險之移轉

第 67 條規定：

⑴若買賣契約規定貨物必須運送且賣方不須在特定地交付，貨物之危險自賣方依買賣契約將貨物交付第一運送人運交買方時起移轉給買方。若賣方必須在特定地交付運送人，貨物之危險直到貨物在該特定地交付運送人後才移轉給買方。賣方保留支配貨物處分權之單據的事實並不影響危險的移轉。

⑵但在貨物之嘜頭 (markings of goods)、裝船文件 (shipping documents)、給買方之通知或其他方法可清楚辨認屬於契約貨物前，貨物之危險不移轉給買方。

（三）運送途中出售之貨物的危險移轉

第 68 條規定：運送途中出售的貨物，其危險於契約訂定時移轉給買方。若實際情況另有約定，貨物之危險自交付發行運送單據之運送人時推定由買方承擔；但訂定買賣契約時，賣方已知或應知貨物已滅失或損壞而未告知買方者，該滅失或損壞之危險仍由賣方負擔。

（四）不經運送之貨物的危險移轉

第 69 條規定：

(1)在不屬於第 67 條及第 68 條之情形下，貨物之危險自買方受領貨物時起移轉給買方，若買方未於適當時間受領，自貨物置於買方處理下而買方違約未受領交貨時，貨物之危險移轉給買方。

(2)若買方必須在賣方營業場所以外之地方受領貨物時，在完成交貨且買方知悉貨物已在該處置於其處理下時，貨物之危險移轉給買方。

(3)若為不特定貨物之契約，在貨物未清楚辨識為屬於契約貨物之前，不得視為貨物已置於買方處理下。

（五）賣方違約與危險之移轉

第 70 條規定：若賣方已有重大違約，第 67 條、第 68 條及第 69 條之規定，並不損害買方因違約所得行使之救濟。

✿ 五、賣方與買方義務之共同規定

（一）期前違約

期前違約 (anticipatory breach of contract) 指買賣契約所約定履行契約義務之時限尚未屆滿，而契約之一方當事人已發現他方當事人無法履行其契約義務而言，如買方破產已無付款能力，賣方已關閉其工廠，或工廠遭受天災地變而無法供應貨物等事項。其處理事項包括：

1.停止履行契約義務：第 71 條規定：

(1)契約訂定後，若他方基於下列因素將不履行其主要義務者，當事人之一方得中止履行其義務：

(a)他方履約能力或信用有重大減損者；或

(b)他方準備履行或履約之行為。

(2)賣方發送貨物後，前項規定所述之因素才成為明顯者，雖買方持有領取貨物之單據，賣方得阻止將貨物交付買方。

(3)不論於發貨之前或之後，中止履行之一方當事人，必須將中止事項迅速通知他方，若他方當事人就其履約提出相當保證者，需繼續履約。

2.**解除買賣契約**：第 72 條規定：

(1)契約履行期限屆滿前，若情況顯示當事人之一方將重大違約者，他方得解除買賣契約。

(2)若時間允許，意圖解除買賣契約之一方當事人必須合理的通知他方，使他方提供適當之履約保證。

(3)在他方當事人已表明不履行其義務者，前項規定之要求不適用。

3.**分期交貨之解除買賣契約**：第 73 條規定：

(1)分期交貨之契約，不論對任何一期，若當事人之一方未履行其義務者，構成對該期之重大違約，他方當事人得對該期解除契約。

(2)若當事人一方對任何一期未履行其義務，致使他方當事人有理由相信將來各期亦將重大違約者，他方當事人得對將來各期解除契約，但以在合理期間內解除為限。

(3)買方對任何一期交貨解除契約者，得同時解除已交付或將交付之契約，但以該交貨互有關連，其所交付貨物不能用於當事人訂定契約時所預期之目的為限。

（二）違約損害金額

1.**未解除契約之損害賠償**：第 74 條規定，當事人一方因違反契約之損害，其金額應等於他方當事人因違約所生之損失，包括其利益之損失。此損害金額，應斟酌該違約當事人於訂定契約時明知或應知違約之可能結果之事實及情形，不得超過違約當事人於訂定契約時所預知或應可預知之損失。

2.**解除契約之損害賠償**：第 75 條規定，解除契約後相當期間內，若買方以合理方法另購貨物以替代原貨物，或賣方以合理方法將貨物轉售，請求損害賠償之一方，得請求契約價格與替代交易價格之差價，及依第 74 條規定之任何進一步損害。

3.**市價與計算損害金額之依據**：第 76 條規定：

(1)若解除契約，而該貨物有時價，請求損害賠償之一方當事人未依第 75

條規定另購或轉售，得請求買賣契約約定之價格與解除買賣契約時之價格差額，及依其第 74 條規定之任何進一步損害。

⑵前項所指時價為貨物應交付地所流通之價格，若該地無時價，則以其他適當替代地之價格，但貨物之運送成本有不同則斟酌增減。

4.**被害人減少損失之義務**：第 77 條規定，行使違約救濟之一方，必須依情形採取合理措施以減少違約所致之損害，包括利益之損失，若未採取此措施者，違約之當事人得請求自其損害額中扣除應予減少之損失。

（三）利　息

第 78 條規定：當事人一方未支付價金或其他遲延未付之款項時，他方當事人在無損於第 74 條規定之權利下，有權請求該款項之利息。

（四）債務人之免責

1.**不可抗力事故所致之損害**：第 79 條規定：

⑴當事人若證明未履行其任何義務之原因為其能力所無法控制之事故所致，而於訂定契約時，無法合理地預期該事故之發生或結果、或不能避免、或克服該事故者，得免除其責任。

⑵若當事人未履約係因約定履行全部或部分契約之第三者未履行其義務所致，僅於下列情形下免除其義務：

(a)依前項規定免除者；且

(b)若依前項規定，約定之第三者亦適用免責者。

⑶本條所規定之免責，在事故存在期間內亦有其效力。

⑷未履約之當事人必須將該事故及對其履約能力之影響通知他方當事人。未履約之當事人若未在已知悉或應知悉事故發生後合理期間內通知他方當事人，對未收到通知所生之損害負賠償責任。

⑸本條之規定不影響任何一方當事人依本公約之規定行使損害賠償權以外之任何權利。

2.**他方之作為或疏失之所致**：第 80 條規定，一方當事人未履約之原因若為第一當事人之作為或疏失所致，該第一當事人在這範圍內不得行使救濟。

（五）解除契約之效力

1.免除債務及回復原狀：第 81 條規定：

⑴雙方當事人基於該契約之義務因契約解除而免除，但因契約所產生之損害不在此限；解除契約不影響契約中有關糾紛處理之規定，及有關契約解除後關於當事人權利與義務之任何契約規定之效力。

⑵當事人之一方若已履行契約之全部或部分者，得請求他方返還其依契約規定所為之給付或支付 ； 若雙方當事人必須將其給付或支付返還 (make restitution) 者，須同時為之。

2.買方契約解除權之喪失：第 82 條規定：

⑴若無法依其受領時之實際狀態返還貨物者，買方喪失解除契約或請求賣方交付替代物 (substitute goods) 之權利。

⑵前項之規定不適用於下列情形：

　⒜若不能返還貨物或不能依受領時之實際狀態返還貨物，非因買方之作為或疏失所致。

　⒝依第 38 條之規定檢查貨物，致貨物之全部或部分滅失 (perished) 或損壞 (deteriorated) 者；或

　⒞在買方發現或應發現貨物之瑕疵前，若貨物之全部或部分已於正常交易過程中出售或消費，或因買方在正常使用過程中改變其形狀者。

3.不能解除契約時買方之救濟：第 83 條規定，依第 82 條規定喪失解除契約或請求賣方交付替代物權利之買方，仍得主張依契約及本公約所規定之其他救濟。

4.利益及利息之返還：第 84 條規定：

⑴若賣方必須返還價金，亦必須支付自該價金支付日起之利息。

⑵買方須與賣方清算自貨物中所取得之全部或部分利益：

　⒜若買方必須返還全部或部分貨物時；或

　⒝若買方不能返還全部或部分貨物時，或不能依其受領時之實際狀態返還全部或部分貨物時，但仍解除契約或請求賣方交付替代物者。

（六）貨物之保管

1.**賣方占有或管理貨物之處理**：第 85 條規定，若買方遲延受領貨物時，或在支付價金與交貨同時履行的情形下，買方不支付價金且賣方占有貨物或能支配貨物之處理時，賣方必須依實際情形採取合理的措施保管貨物；賣方在買方償還保管貨物所支付之合理費用前，有權留置該貨物。

2.**買方占有或管理貨物之處理**：第 86 條規定：

　⑴若買方已受領貨物，且依契約或本公約之規定行使拒絕權時，必須依實際情形採取合理的措施保管貨物；買方在賣方償還其合理的費用前，有權留置該貨物。

　⑵若發送之貨物已在目的地置於買方處理下，而買方行使拒絕權時，在不支付價金及無不合理之不便或不合理費用之情形下，買方必須代理賣方占有該貨物；若賣方或賣方授權管理該貨物之人在目的地，本條規定不適用；若買方依本項之規定占有貨物，其權利與義務依前項規定。

3.**置於第三者倉庫之貨物保管**：第 87 條規定，負保管義務之一方當事人，得以他方當事人之費用將該貨物存放於第三者之倉庫 (a warehouse of a third person)，但以其所產生之費用非不合理為限。

4.**貨物之處分**：第 88 條規定：

　⑴依第 85 條或第 86 條之規定，負責保管貨物之當事人，因他方當事人不當延誤提取貨物或取回貨物，或支付保管費用有不合理之遲延時，得以適當方法將貨物出售，但以其出售之意見已合理通知他方當事人為限。

　⑵依第 85 條或第 86 條之規定，若貨物有快速損壞之可能，或保管費用過高時，負責保管貨物之當事人應採合理方法出售，並儘可能將其出售之意思通知他方當事人。

　⑶出售貨物之當事人，有權自出售貨款中扣除貨物保管及出售之費用；出售貨物者必須對他方清償餘款。

第五節　最終規定

第四部分為「最終規定」(Final Provisions)，共有 13 條條文。規定有關本公約之保管、加入、退出，以及與其他同類公約之關係等，為補充條款。茲就其重要部分說明於下：

一、本公約之保管人

第 89 條規定：指定聯合國秘書長為本公約之保管人。

二、與其他國際協定之關係

第 90 條規定：本公約之效力並不優先於任何與本公約規範事項有關之已存在或可能生效之國際協定 (international agreement)，但以當事人之營業場所位於該協定之締約國境 (Contracting States) 內為限。

三、簽署

第 91 條規定：

⑴本公約於聯合國國際貨物買賣契約大會締結會議時開放簽署，並於聯合國總部紐約持續開放給所有國家簽署，直到 1981 年 9 月 30 日為止。

⑵本公約須經簽署國批准 (ratification)、承諾 (acceptance) 或證實 (approved)。

⑶自開放簽署日起，本公約開放給所有非簽署國加入。

⑷批准書、承諾書或證實書及加入書由聯合國秘書長保存。

四、附條件加入

第 92 條規定：

⑴締約國於簽署、批准、承諾、證實或加入時，得聲明不受本公約第二部分或第三部分規定之約束。

⑵締約國依前項規定，對本公約第二部分或第三部分為聲明者，就該聲明所適用部分之規定事項，不適於本公約第 1 條第 (1) 項之締約國。

✿ 五、限制適用領域

第 93 條規定：

⑴若締約國有二個或二個以上之領域單位，依其憲法之規定，就本公約所規定事項，適用不同法律制度者，該國得於簽署、批准、承諾、證實或加入時，聲明本公約適用於其所有領域，或僅適用於一個或一個以上領域，且得隨時提出另一個聲明修改該聲明。

⑵此聲明應通知保管人且應明確指明適用本公約之領域單位。

⑶若依本條聲明之效力，本公約適用於締約國一個或一個以上，但非所有領域單位者，且若當事人之營業場所位於該國境內時，除非該營業場所位於適用本公約之領域單位內，否則依本公約之宗旨，不視為在締約國境內。

⑷若締約國未依本條第⑴項為聲明者，本公約適用於該國所有領域單位。

✿ 六、不適用本公約之聲明

第 94 條規定：

⑴二個或二個以上之締約國間，就本公約所規定之事項，有相同或密切相關之法律規則者，得隨時聲明在該國領域內有營業場所之當事人，其買賣契約或契約之訂定，不適用本公約之規定；其聲明得以共同 (jointly) 或交互之單方聲明 (reciprocal unilateral declarations) 為之。

⑵一締約國與一個或一個以上之非締約國間，就本公約所規定之事項，有相同或密切相關之法律規則者，得隨時聲明在該國領域內有營業場所之當事人，其買賣契約或契約之訂定，不適用本公約之規定。

⑶依前項規定所聲明之相對 (object) 國，若其後成為本公約之締約國時，該聲明得於本公約在該新締約國生效日起，視同具有本條第⑴項聲明之效力，但以該新締約國參加其共同或交互之單方聲明者為限。

✿ 七、排除公約第 1 條第⑴項第⒝款之適用

第 95 條規定：任何國家得於提存批准書 (instrument of ratification)、承諾書

(acceptance)、證實書 (approval) 或加入書 (accession) 時，聲明不受本公約第 1 條第⑴項第⒝款之拘束。

❀ 八、書面契約之適用

第 96 條規定：若締約國立法要求買賣契約須以書面訂定或證明時，得隨時依本公約第 12 條之規定，聲明本公約第 11 條、第 29 條、第二部分准許買賣契約，其修改、合意終止或任何要約、承諾或其他意思表示得使用非書面之其他方式為之規定，不適用於營業場所在該締約國領域內之當事人。

❀ 九、加入與退出

第 97 條規定：

⑴依本公約之規定所為之聲明，於簽署時應以批准、承諾或證實來確認。

⑵聲明與聲明之確認應以書面為之且應通知保管人。

⑶有關國家之聲明效力與本公約生效同時發生，但於本公約生效後保管人受領該正式通知之聲明，於保管人受領日後屆滿六個月之次月第一天起生效。依第 94 條所規定交互之單方聲明，於保管人受領最終聲明後屆滿六個月之次月第一天起生效。

⑷依本公約所為聲明之任何國家得隨時以正式書面通知向保管人撤回該聲明。該撤回於保管人受領通知之日後屆滿六個月之次月第一天起生效。

⑸依第 94 條所為之撤回聲明，自其撤回生效日起，由他國依該條規定所為之任何交互單方聲明失其效力。

❀ 十、禁止其他保留

第 98 條規定：除本公約明確授權者外，不得有保留。

❀ 十一、生效日及與 1964 年公約之關係

第 99 條規定：

⑴除本條第⑹項之規定者外，本公約自第 10 件批准書、承諾書、證實書或加入書，包括含有依第 92 條之規定所為之聲明，在提存日屆滿十二個月

後次月第一天起生效。

⑵於第 10 件批准書、承諾書、證實書或加入書提存日後才批准、承諾、證實或加入本公約之國家，排除部分例外，除本條第⑹項之規定者外，本公約自該國提存批准書、承諾書、證實書或加入書之日屆滿十二個月後次月第一天起生效。

⑶本公約之批准、承諾、證實或加入之國家亦為 1964 年 7 月 1 日於海牙之「關於國際貨物買賣契約締結統一法公約」（1964 年海牙締結公約） 與「關於國際貨物買賣統一法公約」（1964 年海牙買賣公約） 兩者或其中之一之加入國時，應依其情形，同時通知荷蘭政府退出「關於國際貨物買賣契約締結統一法公約」 與「關於國際貨物買賣統一法公約」 或兩者之一。

⑷1964 年海牙買賣公約之成員國批准、承諾、證實或加入本公約，並依第 92 條聲明或已聲明不受本公約第二部分拘束者，應於批准、承諾、證實或加入本公約時，通知荷蘭政府退出 1964 年海牙買賣公約。

⑸1964 年海牙締結公約之成員國批准、承諾、證實或加入本公約，並依第 92 條聲明或已聲明不受本公約第二部分拘束者，須於批准、承諾、證實或加入本公約時，通知荷蘭政府退出 1964 年海牙締結公約。

⑹為本條文之目的，1964 年海牙締結公約或 1964 年海牙買賣公約之成員國，對本公約之批准、承諾、證實或加入，應於退出該二公約後才發生效力。本公約之保管人應與 1964 年公約之保管人荷蘭政府協商，以確保其必要之合作。

✾ 十二、適用本公約之契約

第 100 條規定：

⑴本公約僅適用於契約之簽訂，依本公約第 1 條第⑴項第(a)款或同項第(b)款所指締約國自本公約對該國生效日或其後所為訂定買賣契約之要約 (proposal)；

⑵本公約僅適用於依本公約第 1 條第⑴項第(a)款或同項第(b)款所指締約國自本公約對該國生效之日或其後所訂定之買賣契約。

✤ 十三、本公約之退出

第 101 條規定：

(1)締約國得以正式書面通知保管人退出本公約或本公約第二部分或第三部分。

(2)於保管人收到通知之日起屆滿十二個月之次月第一天起，退出生效。但通知內容明示更長期限者，於保管人收到通知後更長期間屆滿時，退出生效。

參考資料來源

1.梁滿潮 (1981)，《國際貨物買賣公約與實務》。臺北，自版，大嘉公司印刷。

2.梁滿潮 (1986)，《貨物契約與糾紛之預防》。臺北，文友公司。

3.石裕泰 (1992)，《國際貿易法規》。臺北，五南圖書。

習　題

一、關鍵詞彙解釋

1. offer　　　2. acceptance

二、問答題

1.何謂要約？要約之引誘？承諾？

2.聯合國國際貨物買賣契約公約共分幾部分？其內容為何？

3.聯合國國際貨物買賣契約公約第 8 條對當事人之意思有何規定？

4.聯合國國際貨物買賣契約公約第 9 條對慣例之適用有何規定？

5.聯合國國際貨物買賣契約公約第 35 條對賣方交付之貨物有何規定？

6.聯合國國際貨物買賣契約公約第 38 條對貨物之檢查有何規定？

7.何謂重大違約 (fundamental breach of contract)？試就聯合國國際貨物買賣契約的規定說明之。

8.何謂期前違約 (anticipatory breach of contract)？其救濟措施為何？

第四章
美國貿易法

第一節　概　說

　　二次大戰後初期，美國的經濟繁榮，貿易發展快速，故實施自由貿易政策，並促使關稅暨貿易總協定 (GATT) 的簽訂。1970 年代以後，由於石油危機之衝擊，加上關稅暨貿易總協定在東京回合談判後，持續降低關稅障礙，達成多項非關稅規約，以及普遍化優惠關稅制度 (Generalized System of Preference, GSP) 的實施，部分開發中國家快速地擴展出口貿易，美國對外貿易開始產生重大的赤字，遂逐漸從自由貿易，走向貿易保護主義。1971 年 7 月國際貿易暨投資政策委員會 (Commission on International Trade and Investment Policy) 提出的 Williams 委員會報告，主張繼續開放美國對外貿易，既不偏向自由貿易，亦不走向完全的保護主義，而修正為自由與保護兼顧的「新貿易保護主義」❶。

　　自 1971 年美國出現二戰以來首次的國際貿易逆差後，其貿易逆差的金額越滾越大，目前已成為世界上最大的貿易逆差國和債務國。2008 年美國貿易逆差為 7,287 億美元，2017 年美國貿易逆差達到 5,660 億美元，但貨品貿易逆差更達到 8,100 億美元，其中，美中之間的貿易逆差達 3,752 億美元，占其貿易逆差的 46% 以上。

　　2017 年 3 月 1 日美國貿易代表署 (Office of the United States Trade Representative, USTR) 公布「2017 年總統貿易政策重點」(The President's 2017 Trade Policy Agenda) 指出要嚴格執行美國貿易法，以確保公平貿易。

　　2018 年 1 月 22 日美國貿易代表發布聲明指出，美國貿易代表署根據與貿

---

❶　黃慶源 (1982)，《美國貿易法》，第 3 頁。臺北，自版，三民書局經銷。

易政策委員會 (TPC)、美國國際貿易委員會 (ITC) 調查、公聽與協商的結果向總統提出建議，指出增加外國進口的洗衣機和晶矽太陽能電池和模組（crystalline silicon photovoltaic cells and modules，簡稱太陽能產品）是對美國國內廠商造成嚴重傷害的一個重要原因。美國總統接受建議，依據「201 條款」實施為期四年，以關稅配額為型式之貿易防衛救濟措施，對大型家用洗衣機和進口太陽能產品的進口徵收保護關稅，太陽能產品的保護關稅高達 30%。太陽能產品部份主要針對大陸的廠商，洗衣機則針對韓國廠商。

除了採取「201 條款」的貿易防衛救濟措施外，美國貿易代表署並針對已完成的，有關進口鋁和特定鋼鐵產品是否對美國國家安全構成威脅的「232 條款」，建議美國總統採取課高關稅或實施數量限制等方式之救濟措施。該建議於 2018 年 3 月 8 日由總統正式簽署並公告，將鋼鐵的關稅提高到 25%，鋁的關稅提高到 10%。並自 2018 年 3 月 23 日起實施。

此外，並針對中國大陸竊取美國智慧財產權啟動的「301 條款」調查結果，逐步採取關稅、配額等貿易制裁，及其他非貿易措施。

另依 2018 年 2 月 14 日英國《金融時報》的報導，美國政府可能考慮引用「國際緊急狀態經濟權力法」 (International Emergency Economic Powers Act, IEEPA)，由總統宣布全美進入與中國大陸貿易的緊急狀態，以減少對中國大陸的貿易逆差。

茲將美國貿易法重要沿革說明於下：

1. **1922 年制定關稅法 (Tariff Act of 1922)**：目的在應付迅速變動之經濟情勢，提供總統彈性調整關稅之權力。

2. **1930 年修改關稅法 (Tariff Act of 1930)**：目的在實施保護關稅制度，全面提高關稅稅率。

3. **1934 年制定貿易協定法 (The Trade Agreement Act of 1934)**：目的在結束保護關稅時代，降低關稅，與他國進行互惠貿易協定之談判，推行自由貿易政策。

4. **1945 年制定貿易協定延長法 (The Trade Agreement Extension Act of 1945)**：目的在推動多邊貿易協定之進行，並促成 1947 年關稅暨貿易總協定之簽訂。

5. 1962 年制定貿易擴張法 (The Trade Expansion Act of 1962)：目的在表現美國自由貿易精神，除了授權美國總統降低及取消關稅、嚴格規定逃避條款 (escape clause) 之適用基準，並訂立調整協助條款，以協助補償遭受損害之企業與勞工。

6. 1974 年制定貿易法 (The Trade Act of 1974)：1970 年代初期因石油危機導致美國的貿易赤字，乃通過自由與保護貿易互相妥協的貿易法，內容包括：

　　⑴授權美國總統對他國展開貿易談判，消除非關稅貿易障礙。

　　⑵放寬逃避條款及協助調整基準，產業受損不一定要因關稅降低所引起。

　　⑶修正反傾銷及平衡稅，增進保護產業之效果。

7. 1977 年制定國際緊急狀態經濟權力法 (International Emergency Economic Powers Act, IEEPA)：目的為讓美國總統在敵國對美國國家安全、外交政策及經濟貿易造成異乎尋常的嚴重威脅時，無須國會同意，即可頒布行政命令調查、限制、規範、廢止或禁止美國與敵國的貿易往來。

8. 1979 年制定貿易協定法 (The Trade Agreement Act of 1979)：目的為將關稅暨貿易總協定東京回合之協議納入法律中實施，並達成消除多項非關稅貿易障礙之協定。

9. 1984 年制定貿易暨關稅法 (The Trade and Tariff Act of 1984)：內容包括：

　　⑴授權美國總統對外貿易上採取公平互惠原則，擴大 1974 年貿易法中 301 條款之範圍。

　　⑵擴大平衡稅之適用，即加強 1974 年貿易法中 201 條款進口救濟法之採行。

　　⑶以公平貿易代替自由貿易。

10. 1988 年制定綜合貿易暨競爭力法 (The U.S. Omnibus Trade and Competitive Act of 1988)：目的在堅持自由貿易及公平互惠之原則且增加保護色彩，內容包括：

　　⑴對貿易對手國不公平的貿易措施採取更積極之對策。

　　⑵改善美國產業的競爭力，打開貿易對手國市場以促進出口，並保護遭受進口損害之美國產業，以縮小美國對外的貿易赤字。

(3)重視且積極保護美國之智慧財產權。

第二節　貿易法 201 條款

　　美國 1974 年貿易法中第二篇規定輸入競爭所造成損害之救濟，採取救濟措施，包括逃避條款（或稱防衛條款）救濟，以及對工人、廠商與社區提供財務及技術協助等。第 1 條規定美國有關進口救濟的 201 條款，主要是由國際貿易委員會 (International Trade Commission, ITC) 負責研究及調查的執行。

　　進口救濟法案產生的原因乃是由於關稅暨貿易總協定自由貿易政策之要求，使美國在關稅暨貿易總協定的東京回合談判後對外貿易更為開放，造成美國國內某些工業及勞工因進口產品的競爭而遭到經濟上的困境。

　　201 條款調查「決定某項美國進口產品數量之增加，是否為對生產類似產品，或直接與進口產品競爭的國內產業，造成嚴重損害或有造成嚴重損害之可能的重要原因。」若調查屬實，美國政府可以透過某些救濟措施來減輕進口所造成之傷害，這種措施，即稱為進口救濟。

　　1984 年貿易暨關稅法第二篇，對逃避條款作了兩項重要修訂：

　1.重新認定「嚴重損害」之標準。

　2.變更總統決定之決議方式，改為聯席決議之方式。

　　1988 年綜合貿易暨競爭力法中，亦對逃避條款救濟作了若干重要的修訂，如明訂「達到正面性調整之目標」對易腐性農產品提供緊急進口救濟，並增訂「有遭受嚴重損害之可能」之考慮因素，以及擴大總統採取行動的範圍等。

　　美國政府採取進口救濟的方法有下列幾種：

　1.課以關稅。

　2.對該產品宣布關稅配額。

　3.配額。

　4.貿易調整協助。

　5.國際減輕傷害協定。

　6.對外談判「有秩序行銷協定」(Orderly Marketing Agreement, OMA)。

　7.配額進口執照拍賣。

8. 由工業界作立法建議以協助調整。

9. 以總統之力量協助工業調整進口。

10. 以任何聯合方式採取上述行為。

第三節　關稅法 337 條款

1930 年美國關稅法第 337 條規定「外國所有人、進口商、受託人或代理人，採取不公平競爭方式及不公平行為在美國銷售其產品，若其效力或趨勢足以消滅或重大傷害有效及健全經營中之美國國內工業，或妨害此種工業之建立，或限制或獨占美國商業交易者，即可宣布該等不公平競爭方式及不公平行為違法。」

依 337 條款控訴之不公平貿易行為包括：(1)侵害智慧財產權；(2)贗品販賣；(3)虛偽廣告；(4)偽標原產地；(5)濫用商業秘密；(6)冒用商業包裝等。

依 337 條款中關於智慧財產權侵害之範圍包括：

1. 進口產品侵害美國產品或製程專利。

2. 進口產品侵害著作權或商標權。

3. 半導體晶片之進口對美國國內已註冊的半導體光罩作品造成傷害。

美國關稅法經過幾次的修正，尤其經 1988 年綜合貿易暨競爭力法修正後的「1930 年美國關稅法」第 337 條，其智慧財產權一經註冊後，原告並不須負舉證責任證明傷害的存在，因該修正法的立法原意認為，對智慧財產權的所有人不公平措施本身即造成對智慧財產權所有人的傷害。

美國國際貿易委員會經授權調查受控之不公平行為（其得依職權或應控訴之請求進行調查），並決定該受控之不公平行為有否違反關稅法第 337 條情事存在，如認定有違法情事，委員會須下令禁止涉案國外產品進口到美國，並通知財政部飭令海關執行，即頒發禁止進口命令，以禁止該項產品繼續進入美國市場。

為避免廠商因侵犯智慧財產權而被起訴，引起貿易糾紛，政府規定國內廠商受委託製造之貨物出口時，必須提示真正擁有該商標所有權之廠商所出具之商標授權文件證明。故以原廠委託代工 (OEM) 方式接單者，應在買賣契約上加

註「證明條款」，載明買方對該商品擁有合法之智慧財產權或業經合法授權，並符合我國及進口國所有智慧財產權法律之規定。此外，並應在買賣契約上約定「索賠條款」，若日後有侵犯到他人之智慧財產權時，所有訴訟及損害賠償之費用，全由買方負擔。茲列國貿局所提供之「證明條款」及「索賠條款」範例如下：

❀ 一、證明條款 (Representation or Certification Clause)

"The (buyer's name) hereby represents and certifies that it is authorized to place this order, and to the best of their knowledge, has complied with all intellectual property and other laws of the Republic of China and the other country of destination."

❀ 二、索賠條款 (Indemnity Clause)

"The (buyer's name) shall indemnity the (manufacturer's name) against and hold it harmless from any and all damage, loss, expense or fines, including reasonable attorney fees that the (manufacturer's name) may incur or suffer by reason of infringement of any copyright, patent, trademark or any other right of a third party. Each party shall notify the other of any claim, demand or lawsuit within one week after the assertion of the claim or demand or the service of process in the lawsuit."

第四節 貿易法 301 條款

❁ 一、301 條款

301 條款指美國 1974 年貿易法中第三篇「不公平貿易措施之救濟」，其中第 1 條規定美國政府對不公平貿易的報復權限，故一般稱 301 條款。該條款賦予美國總統在外國政府採取不正當、不合理或歧視性貿易政策、法律、或增加美國商業之負擔或限制時，得採取適當手段予以消除，以促進美國產品的國際競爭力。

所謂「不正當」措施係指該措施傷害美國在國際法上之權利，或違反與美國簽訂之貿易協定。此等措施經查屬實，即屬於強制報復事項。至於「不合理」或「歧視性」行為，則為行政裁量權，得由美國貿易代表 (United States Trade Representative, USTR) 與對手國諮商後，自行決定是否依 301 條款報復。依 301 條款，其執行機構可以行使以下之報復方式：

1. 暫時終止、撤除或取消該國應享之貿易協議利益。

2. 對該進口產品加徵進口關稅或設置其他進口限制。

3. 在美國境內限制或拒絕外國從事服務業之經營。

1979 年貿易協定法修訂如下：

1. 加強美國政府實施 301 條款的法律程序與步驟，對展開行動的法律程序與步驟都有具體的期限規定。

2. 規定美國政府應行使的權利，並增加對於對手國不遵守與美國簽訂的貿易協定時，得採取報復的因應措施。

1984 年貿易暨關稅法中再修訂如下：

1. 對不正當、不合理或歧視性的認定更明確，且涵蓋範圍擴大，如包括智慧財產權。

2. 擴大美國貿易代表署的權限，要求美國貿易代表署針對那些常對美國出口、服務業及海外投資設立明顯障礙的國家提出報告，並展開調查。

3. 授權總統召開高科技產業的談判，並修改有關此類產品的稅則。

1988 年綜合貿易暨競爭力法案中再修訂如下：

1.將原決策、執行機關由總統移轉至美國貿易代表署，一方面增加與貿易對手國的談判壓力，一方面減少來自其他政府部門非經濟因素干擾貿易報復。

2.將美國政府對外國政府的不公平貿易行為，得採取報復行為，改為應採取報復行為，以強迫美國政府進行貿易報復。

3.新增更為嚴格的執行程序要求，不但縮短處理的時限，也減輕訴願廠商舉證的負擔，並擴大控訴不公平貿易的範圍，增加政府採取貿易報復的選擇。

✸ 二、超級 301 條款（綜貿法第 1302 條）

1988 年綜合貿易暨競爭力法案將 301 條款適用對象，從外國某一部門或某一產業特定的貿易障礙，擴大至某一國一般性或系統性的限制美國產品進入該國市場。

美國貿易代表署每年發布「美國貿易評估報告」後 30 天內，對確有長期進口障礙和貿易扭曲行為且影響到美國出口之國家，列出其貿易障礙向國會報告，並於 21 天內展開 301 調查案。若與外國談判達成協議，則可在 3 年內消除對美之障礙。若經總統判定外國並未履行協議，則須重新展開調查，並可能採取報復。

✸ 三、特別 301 條款（綜貿法第 1303 條）

本條款乃針對保護智慧財產權而訂定之保護條款。根據美國綜合貿易法規定，被列為調查名單，而未在調查期限內與美方諮商者（特別 301 為半年，超級 301 為 1 年），美方可採取的報復措施包括：

1.對對手國進口產品課以高關稅。

2.禁止對手國產品進口。

3.要求對手國賠償。

4.暫停與對手國的貿易協定，且報復對象不限於貿易對手國被指控事項的相關產業。

特別 301 條款是修正 1974 年貿易法的第 182 條，美國貿易代表署應於提出年度報告之日起 30 天內，確認拒絕給予智慧財產權充分有效保護之國家，並提「優先國家」名單，進行 301 條款調查。

第五節　反傾銷法與平衡稅法

美國反傾銷法最早規定於 1916 年的歲入法 (Revenue Act of 1916)，該法規定從事傾銷者，如具有損害美國工業或限制貿易之意圖 (specific intent to restrain commerce)，應受刑事制裁，受害的私人並可請求 3 倍的損害賠償。不過，因傾銷的意圖難以證明，且法院對國外出口商不易取得管轄權，該法並未能有效阻止傾銷；因此在 1921 年制定反傾銷法，並將刑事制裁及 3 倍損害賠償之規定取消，改以行政救濟代之❷。1979 年的貿易協定法將反傾銷法與平衡稅法合併列為 1930 年之關稅法的一章。在 1984 年貿易暨關稅法及 1988 年的綜合貿易暨競爭力法中亦作了一些修正，並於 1994 年為配合關稅暨貿易總協定烏拉圭回合談判之反傾銷協定及平衡稅協定而再度修訂並通過。

反傾銷稅係針對國外出口商之產品以低於其本國國內價格，或低於該項產品銷往第三國之價格，或低於公平價格 (less than fair value) 在美國出售，而使美國生產該產品或類似產品之產業造成重大或有實質損害之虞 (likelihood of material injury)，或造成國內該產業之建立受到實質的阻礙 (materially retarded) 時，美國海關依法就相當於差價之部分，於一般關稅外，另加徵之關稅。

其調查程序如下：

（一）提出指控 (petition filed)

反傾銷調查可由美國商務部主動依職權提出或是由美國國內產業相關之利害關係人以書面方式同時向美國商務部及國際貿易委員會提出控訴。產業相關相關利害關係人包括：

　　1.美國同類產品之製造商、生產者或批發商。

　　2.該工業內具有代表性之工會或工人團體。

　　3.主要生產者之工業或商業同業公會。

　　4.廠商、工會及商業公會結合在一起而有獨立申請資格者。

---

❷　黃慶源 (1982)，《美國貿易法》，第 27～30 頁。臺北，自版，三民書局經銷。

（二）發動調查 (initiation of investigation)

收到控訴狀 20 日內，商務部應審查並決定該控訴狀申請人之適格性。

（三）國際貿易委員會初步裁定 (ITC preliminary determination)

國際貿易委員會應在接到商務部依職權自行展開調查之通知或美國產業利害關係人之控訴狀後 45 日內，依當時所可取得之最佳資料 (best information) 決定是否有合理證據顯示有重大損害之存在；同時提出控訴人應負有舉證責任。

（四）商務部發送問卷 (DOC send questionnaire)

商務部應對所有已知之涉案出口商或製造商進行問卷調查，若廠商數目過多，可採用有效之統計方法，或以占出口國涉案產品最大量之業者進行調查。

（五）商務部發布初步裁定 (DOC preliminary determination)

指控案提出後 160 日內，商務部應作成初步裁定並刊登於聯邦公報。如初步裁定屬於肯定，並應載明預估的傾銷差額 (dumping margin)。

（六）商務部之實地查證 (DOC on site verification)

商務部在作成傾銷差額初判後約 1 至 2 個星期內會派員至涉案國針對填答問卷之廠商進行為期約 4 至 5 個工作日之查證工作，以確認其正確性，並依查證結果發布實地查證報告。

（七）商務部發布最終裁定 (DOC final determination)

初步裁定發布後 75 日之內（得申請延長至 135 日），商務部應作成最後決定，即被調查產品是否以低於公平價格在美國銷售；如最後裁定屬於否定，調查即應終止，並廢除初判時發布之暫停完稅通關命令、退還預估的反傾銷稅、發還擔保物及擔保金等。如最後裁定屬於肯定，商務部應下令停止通關，涉案產品進口商須提供現金及債券擔保始准放行，同時並等候國際貿易委員會最終裁定的通知。

（八）國際貿易委員會發布損害之最終裁定 (ITC final determination)

如商務部的初步裁定屬於肯定，國際貿易委員會應在商務部作成初步裁定後 120 日內，或作成肯定的最終裁定 45 日內（以屆期較後者為準）作成是否對美國產業造成重大損害之最後裁定。如商務部的初步裁定為否定但最終裁定為肯定，國際貿易委員會應在商務部最後肯定裁定後 75 日內作成最終裁定。

（九）商務部發布反傾銷命令 (antidumping order)

商務部將於國際貿易委員會作成最終裁定 7 日內發布反傾銷稅命令，並通知海關對涉案產品之通關收取相等於終判傾銷差額的現金保證 (cash deposit)，如最終傾銷稅率低於初判稅率則應退還初判後所超收之保證金，反之如最終傾銷稅率高於初判稅率，其差額不得追補。

平衡稅則針對政府的補貼行為而採取的對抗措施，其目的在於抵銷該產品因為補貼所增加的競爭力。美國海關對該國輸入美國之相關產品，除一般關稅外所加徵之關稅，其數額相當於其所接受之補貼。

美國政府為加速完成 「跨太平洋夥伴協定」 (Trans-Pacific Partnership Agreement, TPP) 自由化的談判，2015 年初提出 「貿易促進授權」 (Trade Promotion Authorization, TPA) 法案的同時， 也修訂 「貿易調整協助計畫」 (Trade Adjustment Assistance Program, TAA) 加以平衡，以降低自由化對企業的衝擊，其中一項即修正「反傾銷及平衡稅」，這項修正將美國商務部的行政慣例明文化， 讓美國政府有更大的裁量權， 並減輕其行政負擔。 這項新規定已在 2015 年 6 月底正式上路。

第六節　貿易擴張法 232 條款

1962 年貿易擴張法第 232 條規定：就特定產品之進口是否影響美國國家安全，進行調查與認定。若認定進口產品對美國國家安全造成威脅，總統具有對該產品之進口採取調整措施之裁量權，可能採取之措施包括提高關稅、設定配

額或採取其他非貿易措施（如：研發補助等）。有關 232 國家安全調查條款之程序規定於「國家安全產業基礎規則」(National Security Industrial Base Regulations)。由商務部產業與安全局 (Bureau of Industry and Security, Department of Commerce) 負調查責。

相關的利害關係人、任何部會或機關之首長，都可提出調查申請。商務部長亦可基於職權主動展開調查。其流程如下：

1.商務部應於決定調查展開日起之 270 天內，向總統提出報告說明認定結果及建議因應作法，其重要工作包括：徵求公眾意見、召開公聽會、向生產者、進口商及終端使用者調查、與利害關係人召開會議、實地查訪、文獻查閱等。此外，商務部亦應立即通知國防部上述展開調查之決定，並與該部及其他相關機關就該案進行跨部會諮詢。商務部應綜合相關結果向總統提出報告說明該部之認定結果及建議因應之作法等內容。

2.倘商務部報告認定相關產品進口可能減損美國國家安全，總統應於收受商務部報告日起之 90 天內決定是否動用總統權力，採取調整相關進口之措施。總統並應於作出該決定之 30 天內向國會提出書面理由。

3.倘總統決定採取調整相關進口之措施，則須於 15 天內開始執行；另並須向國會提出最終報告。

調查應考量因素：

1.受調查產品之進口數量或其他相關調查產品之進口情形。

2.為達國家安全標準所需之國內產量與產能。

3.為生產受調查產品所需之既有與預期人力資源、產品、原料及其他資源。

4.受調查產品產業為符合國家安全標準所需之成長條件。

5.外國產品競爭對受調查產品產業之衝擊。

6.失業率、稅收減少、技能或投資流失，或其他嚴重效應。

7.弱化美國經濟之相關因素。

8.任何其他相關因素。

 參考資料來源

1. 石裕泰 (1992)，《國際貿易法規》。臺北，五南圖書。

2. 黃慶源 (1982)，《美國貿易法》。臺北，自版，三民書局經銷。

3. 郭懿美 (1995)，《國際貿易法規》。臺北，智勝文化。

 習　題

一、關鍵詞彙解釋

1. escape clause　　　2. USTR　　　3. ITC　　　4. OMA　　　5. IEEPA

二、問答題

1. 何謂 201 條款？

2. 何謂 232 條款？

3. 何謂 337 條款？

4. 何謂美國 301 條款？超級 301 條款？特別 301 條款？

5. 何謂反傾銷稅？何謂平衡稅？

第五章

國貿條規

第一節　價格條件的意義

國際間商品交易過程中最重要的就是簽訂買賣契約。國際商品買賣契約中除應約定商品之品質、數量、價格、付款、交貨及保險等主要條件及其附帶條件外，通常還約定包裝、專利、商標、檢驗、不可抗力、通知、索賠、仲裁、準據法及其他一般條件。

依以往的國際貿易實務經驗，在與國外客戶洽談交易時，報價前首先必須確定買賣標的物之品質、數量、交貨日期、付款方式，然後再依不同的交易價格條件 (trade terms)，即 FOB、CFR (CF)、CIF 等條件對買賣之標的物提出報價。因各國交易習慣不同，對交易價格條件的解釋也有差異，因此造成交易上之困擾並產生糾紛。

國際商會 (International Chamber of Commerce) 有鑑於此，乃於 1936 年制定了「交易價格條件國際釋義規則」（International Rules for the Interpretation of Trade Terms，簡稱 Incoterms），提供國際貿易業者一套有統一解釋規則之國際性「交易價格條件」(trade terms)，供業者在簽訂國際商品買賣契約時採用，以期解決這方面之困擾。國際商會中華民國總會 (Chinese Business Council of the ICC in Taipei) 於其出版之翻譯本上，將該規則之英文簡稱 "Incoterms" 翻譯成「國貿條規」。

其後，該規則於 1953 年修訂，又經 1967 年、1976 年及 1980 年三次增訂，再經 1990 年徹底大修訂、2000 年、2010 年及 2020 年修訂而成為「2020 年國貿條規」(Incoterms® 2020)，並於 2020 年 1 月 1 日正式施行。

國貿條規每次修訂之目的主要是為了配合並考慮下列事項：

　　1.特殊交易或港口習慣之規定。

　　2.運送方法及運送工具之改變。

　　3.通訊方法之改變與進步。

　　4.各國進出口管理制度之改變。

　　5.各國進口關稅制度之改變。

　　6.運送保險制度之改變。

　　如運送單據之種類除了陸、海、空三種外，尚包括內陸水運及依港口慣例所發行之單據等；而若經雙方同意，運送單據尚得以電子文件來取代；關於進口稅方面，尚有加值稅 (VAT) 之規定等。

　　最初制定之「1936 年國貿條規」共有十一種交易價格條件，1953 年修訂時減少二種成為九種；1967 年增加「邊境指定地交貨價格條件」 (Delivered At Frontier, DAF) 及「目的地稅後交貨價格條件」(Delivered Duty Paid, DDP) 二種；1976 年為配合航空貨物運送之普遍化，增加「機場交貨價格條件」 (FOB Airport, FOA) 一種；1980 年為配合貨櫃貨物運送之交易增加，又增訂「向運送人交貨價格條件」(Free Carrier, FCA) 及「運費、運送費及保險費付到指定目的地價格條件」(Freight, Carriage And Insurance Paid To, CIP) 二種條件而成為十四種交易價格條件。1980 年後，貨櫃運送已成為國際間貨物運送之主流，國際商會重視此種運送方式之演變，乃於 1990 年將國貿條規作徹底翻修，確定了四類十三種條件。此外，在 1990 年之大修訂中，並將賣方義務與買方義務各分十項規定，以作有系統之說明❶。2000、2010 及 2020 年之修訂中亦保留這種說明方式，但內容則有所不同。

　　「世貿組織」 (WTO) 於 1995 年正式成立，與「關稅暨貿易總協定」(GATT) 並存一年，1996 年開始正式運作；「歐體」 (EC) 先於 1993 年蛻變為「歐盟」(EU)，並自 1994 年起結合「歐洲自由貿易協會」(European Free Trade Association, EFTA)，而形成「歐洲經濟區」(European Economic Area, EEA)。

　　1994 年「北美自由貿易協定」 (North American Free Trade Agreement, NAFTA) 成立，並於 2019 年 12 月 11 日正式改名為「美加墨貿易協定」(United

---

❶　方宗鑫 (2000)，《國貿條規之研究》，第二版，第 13–27 頁。臺北，華泰文化。

States-Mexico-Canada Agreement, USMCA)。並於 2020 年 7 月 1 日生效。

2010 年東協十國 (Association of Southeast Asian Nations, ASEAN)，與中國大陸建立「中國－東協自由貿易區」，並進一步與澳洲、日本、韓國、印度與紐西蘭等國進行 「區域全面經濟夥伴協定」 (Regional Comprehensive Economic Partnership, RCEP) 的整合，該協定已於 2019 年 11 月 4 日完成二十個章節和市場准入的談判，預定在 2020 年簽署，印度因認為協定內容沒有回應其憂慮而不願加入，並於 2020 年 7 月初正式宣布退出 RCEP。

2016 年 2 月 4 日，美國、日本、澳洲、加拿大、墨西哥、越南、馬來西亞、汶萊、智利、秘魯、紐西蘭及新加坡等十二國締約國部長級代表在紐西蘭奧克蘭正式簽署 「跨太平洋夥伴協定」 (Trans-Pacific Partnership Agreement, TPP)，但因美國退出，在日本主導下改稱 「跨太平洋夥伴全面進展協定」 (Comprehensive and Progressive Agreement for Trans-Pacific Partnership, CPTPP)，該協定於 2018 年 3 月 9 日在智利聖地牙哥簽署。由上所述，「免關稅區」 (customs free zones) 的貿易型態已然形成。

此外，商品貿易的型態亦有很大的改變，高單價之科技產品之貿易量逐年增加，為縮短運送時間，快遞業者 (courier) 亦加入國際物流服務。加上各國紛紛採取貨物通關自動化 (cargo clearance automatic)，利用電子文件來傳遞訊息以提高進出口通關效率。

2016 年 7 月 1 日以來，依國際海上人命安全公約 (International Convention for the Safety of Life at Sea, SOLAS) 第二條 (Regulation 2) 規定，強制託運人在貨櫃裝運時有義務使用校準過 (calibrated) 且確定的設備去秤量已裝貨之貨櫃，或秤量貨櫃內裝物重量並加上空櫃重量。國際商會起草小組認為有關核實貨櫃重量的義務與成本太特別與複雜而決定不在 2020 年國貿條規條件中明文規定。

為順應這些貿易情勢之發展，國際商會乃再度修訂國貿條規，而有 2000、2010 及 2020 年國貿條規之修訂。

國際商會雖將「國貿條規」的交易價格條件之買賣雙方義務各分十項作詳細的規定；但此項規則本身並非國際法或條約，而是國際性慣例，本身並無法律上的約束力。但自 1936 年制定以來，經多次增修訂，其內容已日益詳實，在適用上頗為方便；不過，我國民法缺少如美國統一商法中關於交易價格條件之

規定，故在適用上若無特別留意，往往會產生不清楚要適用那一年度之國貿條規之問題，以致在解釋上有不一致或無法配合之問題。

因此，如 2010 年國貿條規之導文所述：「若要適用 2010 年國貿條規，應在契約內清楚記載『所選用的包括指定地在內的國貿條規規則係遵照 2010 年國貿條規』」(If you want the Incoterms® 2010 rules to apply, you should make this clear in the contract, through such words as, "the chosen Incoterms rule including the named place, followed by Incoterms® 2010")❷。1953 年、1980 年、1990 年及 2000 年的修訂導文中亦有類似之說明。由此可知國貿條規雖然屬於被一般國際貿易業者所廣泛採用且承認之國際性慣例，但是否屬於當事人間應默認之慣例，則仍有商榷之處，故並非當然適用於國際間之買賣，而是由買賣雙方當事人依其意願自由採用，且又有不同年度之國貿條規的版本，故宜在買賣契約中明白表示採用何年度之國貿條規。不過，在一般契約中常有如下約定：「本契約中有關交易價格條件之解釋依最新之國貿條規」(the interpretation of trade term in this contract is subject to the newest Incoterms)。

"Trade Terms" 一語在國內有若干不同的見解，"Trade" 本指「貿易」、「交易」、「買賣」而言，而 "Terms" 則指「條件」、「用語」、「術語」，故將「國貿條規」(Incoterms) 稱為「貿易術語」、「交易價格條件」、「交貨價條件」、「貿易條件」、「定型交易條件」等等❸。

買賣契約中的價格條件，通常會以 "CIF New York US$10.00/pc" 或 "FOB Keelung US$10.00/pc" 等形式來表示，包括該價格條件所使用之貨幣種類、金額、貨物數量單位及價格基礎四者。而 "FOB"、"CIF" 及其他「國貿條規」所規定之條件，即為該交易價格之基礎。

此外，在價格條件中尚有可能附帶其他條件，例如從交易成立到交貨為止，若匯率變動的幅度較大時，買賣雙方亦可能在契約中另行約定匯率變動條款，約定匯率變動幅度超過多少百分比時，由買方或賣方來承擔匯率變動之損失；如約定 "If exchange rate fluctuation is exceeding 5%, the exchange loss is for

❷ ICC Business Bookstore (2010). *Incoterms® 2010*. ICC Publication, No. 715E, p. 5. ICC Business Bookstore.

❸ 中華徵信所 (1999)，《國際貿易金融大辭典》，第 1030 頁。

buyer's or for seller's account"。

國際商會所制定之「國貿條規」，除了就 "EXW" 等不同價格基礎 (Basis of price) 之條件，來規定買賣雙方應負擔的成本及費用外，並對交貨、付款、檢驗、危險移轉等項目亦規定了買賣雙方各應負擔之最低責任與義務，故應屬於「定型交易條件」❹。

因此，在本文中除依國際商會中華民國總會之翻譯，把 "Incoterms" 一語翻譯為「國貿條規」以表示統一外，將 "Trade Terms" 一詞稱為「交易價格條件」，而對於各種不同之交易價格條件則採用「×××價格條件」來表示。

有關交易價格條件的慣例，除了國際商會所制定的「國貿條規」外，尚有華沙牛津規則與美國對外貿易定義兩種，但由於該兩種慣例所制定的年代很早，其中有些內容已不適合目前的貿易情況所需，故一般之國際貿易業者大都使用國際商會所制定的「國貿條規」。

第二節　2020 年國貿條規的架構與用詞說明

❀ 一、架　構

由於國貿條規實際上已獲得國際貿易業者普遍的認定，國際商會為落實這項認定，並使國貿條規中所使用之字語在使用上能正確而清楚地反映貿易實務 (trade practice) 之操作。

2000 年的修訂仍維持四類十三種交易價格條件的架構，簡稱維持不變，其中 DEQ 條件之英文全名略有修改，且為了配合貿易實務上之操作，將賣方在進口地辦理進口通關手續及繳交進口稅之義務改由買方負擔，FAS 條件將辦理出口通關手續之義務改由賣方負擔。

2010 年的修訂將國貿條規由 2000 年的十三種條件減為十一種條件，新增加 DAT 及 DAP 兩種條件來取代 2000 年國貿條規的 DAF、DES、DEQ 及 DDU

---

❹　朝岡良平 (1981)，《貿易賣買と商慣習》，第 50–51 頁。東京，布井出版株式會社。

等四種條件，並放棄 "E"、"F"、"C" 及 "D" 的分類方式，改採用「適用任何運送方式」及「僅適用海運及內陸水路運送」兩類條件。

在 2020 年的修訂中國際商會將 DAT 條件改為 DPU (Delivered at Place Unload) 並將 DAP 條件置於 DPU 條件之前。

2020 年的修訂仍維持十一種條件及分類方式。

茲將其詳細之英文全名、簡稱、中文譯名及使用方式列表於下：

適合任何運送方式的條件

1. 工廠交貨價格條件 EXW｜Ex Works

   EXW (insert named place of delivery) Incoterms 2020

2. 向運送人交貨價格條件 FCA｜Free Carrier

   FCA (insert named place of delivery) Incoterms 2020

3. 運送費付到指定目的地價格條件 CPT｜Carriage Paid To

   CPT (insert named place of destination) Incoterms 2020

4. 運送費及保險費付到指定目的地價格條件 CIP｜Carriage and Insurance Paid To

   CIP (insert named place of destination) Incoterms 2020

5. 指定目的地交貨價格條件 DAP｜Delivered at Place

   DAP (insert named place of destination) Incoterms 2020

6. 指定目的地卸貨交貨價格條件 DPU｜Delivered at Place Unloaded

   DPU (insert named place of destination) Incoterms 2020

7. 指定目的地稅後交貨價格條件 DDP｜Delivered Duty Paid

   DDP (insert named place of destination) Incoterms 2020

僅適用海運及內陸水運的條件

1. 出口港船邊交貨價格條件 FAS｜Free Alongside Ship

   FAS (insert named port of shipment) Incoterms 2020

2. 出口港船上交貨價格條件 FOB｜Free On Board

   FOB (insert named port of shipment) Incoterms 2020

3. 包括運費在內價格條件 CFR｜Cost and Freight

   CFR (insert named port of destination) Incoterms 2020

4.包括運保費在內價格條件 CIF │ Cost Insurance and Freight

　　CIF (insert named port of destination) Incoterms 2020

　　在賣方與買方義務方面，2020 年國貿條規仍維持 2000 及 2010 年之架構，將賣方與買方義務各分十項作有系統之規定，但將各項條文的順序重新安排以反映買賣交易之邏輯 (the logic of a sale transaction)。茲列表比較於下：

項目	2020 年賣方義務 (THE SELLER'S OBLIGATIONS)	2010 年賣方義務 (THE SELLER'S OBLIGATIONS)
A1	一般義務 (General obligations)	賣方之一般義務 (General obligations of the seller)
A2	交貨 (Delivery)	許可證、認可、安全通關與其他手續 (Licences, authorizations, security clearances and other formalities)
A3	危險之移轉 (Transfer of risks)	運送及保險契約 (Contracts of carriage and insurance)
A4	運送 (Carriage)	交貨 (Delivery)
A5	保險 (Insurance)	危險之移轉 (Transfer of risks)
A6	交貨／運送單據 (Delivery/transport document)	成本之分配 (Allocation of costs)
A7	出口／進口通關 (Export/import clearance)	通知買方 (Notices to the buyer)
A8	核對／包裝／標誌 (Checking/packaging/marking)	交貨單據 (Delivery document)
A9	成本之分配 (Allocation of costs)	核對、包裝、標誌 (Checking-packaging-marking)
A10	通知 (Notices)	資訊協助及相關成本 (Assistance with information and related costs)

項目	2020 年買方義務 (THE BUYER'S OBLIGATIONS)	2010 年買方義務 (THE BUYER'S OBLIGATIONS)
B1	一般義務 (General obligations)	買方之一般義務 (General obligations of the buyer)
B2	受領貨物 (Taking delivery)	許可證、認可、安全通關與其他手續 (Licences, authorizations, security clearances and other formalities)
B3	危險之移轉 (Transfer of risks)	運送及保險契約 (Contracts of carriage and insurance)

B4	運送 (Carriage)	受領貨物 (Taking delivery)
B5	保險 (Insurance)	危險之移轉 (Transfer of risks)
B6	交貨／運送單據 (Delivery/transport document)	成本之分配 (Allocation of costs)
B7	出口／進口通關 (Export/import clearance)	通知賣方 (Notices to the seller)
B8	核對／包裝／標誌 (Checking/packaging/marking)	交貨證明 (Proof of delivery)
B9	成本之分配 (Allocation of costs)	貨物之檢驗 (Inspection of goods)
B10	通知 (Notices)	資訊協助及相關成本 (Assistance with information and related costs)

✤ 二、用詞說明

綜觀國際商會歷年來的修改，在規定內容與使用詞彙之說明上都有很大的改進。1980 年國貿條規的賣方與買方義務之規定項目並不一致，亦無特別列舉應負擔義務之項目名稱，如 "EXW" 條件之賣方義務規定七項，但買方義務則僅規定五項。這些缺失在 1990 年國貿條規中已作徹底改進。

在 2000 年國貿條規中進一步對各項規定所使用之詞彙加以一致化，以避免使用不同的字語來表達相同的意義，並且盡可能與「聯合國國際貨物買賣契約公約」 (1980 UN Convention on Contracts for the International Sale of Goods, CISG) 中所使用的詞彙一致，但其中仍有使用相同的字語來表達不同的意義的例外情形，茲詳細說明於下：

（一）"shipper"

"shipper" 指將貨物交付運送之人或與運送人簽訂運送契約之人。 例如在 FOB 條件中，賣方將貨物交付運送人運送，而運送契約則由買方與運送人簽訂；而在 CIF 條件中，賣方與運送人簽訂運送契約並將貨物交付運送人運送。故這兩種人可能為同一人，亦可能非同一人。

（二）"delivery"

"delivery" 指賣方依其義務第四項規定交貨 (delivery)；亦指買方依其義務第四項規定受領貨物 (take or accept delivery)。規定買方有受領貨物之義務的主要目的，是為避免因買方不依規定提取貨物，而造成賣方額外增加的倉儲、利息及其他因此而衍生的費用。受領貨物的地點在各種不同的條件下，其規定各有不同，例如在 EXW 條件下，為「置於買方處理下」(placing the goods at the disposal of buyer)；而在 FCA 條件下，則依運送方式之不同，分為賣方場所 (seller's premises) 與非賣方場所 (anywhere other than seller's premises) 兩種。

（三）"usual"

在國貿條規的條文中經常使用「通常的」這個字語而不使用「合理的」這個字語，例如在 E 類條件中之交貨時間，及 C 類條件中賣方提供之文件及應取得之運送契約等地方，都以「通常的」代替「合理的」。其原因乃是對「合理的」 這個字語的評估牽涉到誠信原則與公平交易，而在貿易實務的操作 (practice) 上，很難評估什麼才是「合理的」。

（四）"charges"

在 2000 年國貿條規之 DDP 條件之賣方義務第六項中將 「官方費用」(official charges) 的 "official" 取消，改為「費用」(charges)。

這些費用指依進口規定，貨物進口通關所必須支付之官方費用，而不包括其他由私人所收取之額外費用，如倉儲 (storage) 費用。這個改變並沒有影響到其實質的意義，只是無法確定什麼費用是屬於「官方的」。

（五）"ports"、"places"、"points" 及 "premises"

以上的詞語均用來說明貨物之交運地。"ports" 指港口，用在 FAS、FOB、CFR、CIF、DES 及 DEQ 等六種純粹以海運運送貨物之條件中，如「裝運港」(port of shipment) 及「目的港」(port of destination)；而在 EXW、FCA、CPT、CIP、DAF、DDU 及 DDP 等七種條件中則使用「地方」(place)。而為方便賣方

交貨，則必須進一步指出在港口或地方之某一「地點」(point)，若在指定地沒有約定特定地點，或有數個地點可供使用時，依國貿條規中規定，賣方可選擇最適合其目的之地點為交貨地點。此外，若交貨地點為賣方營業所在地時，則使用「賣方之場所」(seller's premise)。

（六）"ship" 及 "vessel"

"ship" 與 "vessel" 皆指船舶；在 FAS、FOB 及 DES 等三種條件中都使用 "ship" 來代替 "vessel"，如使用 "Free Alongside Ship"、"passed the ship rail"、"Delivered Ex Ship" 來說明交貨地點與危險之移轉界限。

（七）"checking" 及 "inspection"

"checking" 有核對、檢查的意思，與 "inspection" 屬同義字；為區別買賣雙方之義務，將 "checking" 使用在賣方之交貨義務上，著重於核對的義務；而將 "inspection" 作為買方為確定所交運之貨物符合買賣契約或進出口國家政府規定所作之「交運前檢驗」(pre-shipment inspection)，故在賣方義務第 9 項 (A9) 使用 "Checking-packaging-marking" 的標題，而在買方義務第 9 項 (B9) 則使用 "Inspection of goods" 標題。

2010 年國貿條規中並增加對各項規定中所經常使用之用語 (terms) 作詳細說明，以協助使用者於單據中正確使用，茲說明如下：

（一）"carrier"

運送人 (carrier) 指與其訂定運送契約的當事人。

（二）"customs formalities"

通關手續 (customs formalities) 指要符合遵守「任何適用的海關條例」(any applicable customs regulations) 及可能包括單據、安全、資訊或實體檢驗等義務在內的要求。

（三）"delivery"

交貨 (delivery) 指貨物滅失或損害的危險由賣方移轉給買方。

（四）"delivery document"

交貨單據 (delivery document) 指證明已經完成交貨的單據。在許多 2010 年國貿條規的條件中，交貨單據為運送單據 (transport document) 或往來的電子記錄 (corresponding electronic record)。但在 EXW、FCA、FAS 及 FOB 等四種條件中，交貨單據可能只是一張收據 (receipt)。交貨單據亦有作為付款機能 (mechanism for payment) 的一部分功能。

（五）"electronic record or procedure"

電子記錄或程序 (electronic record or procedure) 是由一個或數個電子訊息以執行一項法定的功能為目的所組成的一套資訊，在功能上與往來的書面單據相同。

（六）"packaging"

包裝 (packaging) 指：⑴貨物的包裝遵守買賣契約的任何要求。⑵貨物的包裝適合運送要求。

第三節　2010 年國貿條規規定內容之修改

2010 年國貿條規在賣方與買方義務的架構上雖然維持不變，但其規定內容則作了部分修改。茲說明於下：

一、電子通訊

在 2000 年國貿條規的 A1、A8、A10、B8 及 B10 等條文中已經詳細說明可以電子資料交換訊息 (Electronic Data Interchange, EDI) 來取代的文件包括商業發票、交貨證明或運送單據及其他文件。但在 2010 年國貿條規的條文中，除了

將 A1 與 B1 的標題分別更改為「賣方之一般義務」與「買方之一般義務」外，並在條文中明文記載，只要當事人同意或依習慣，A1 到 A10 與 B1 到 B10 所涉及之任何文件可以為 「相當之電子記錄或程序」 (an equivalent electronic record or procedure)。這個規定使電子傳達工具 (electronic means of communication) 與書面傳達 (paper communication) 具有相同的效果並且促進了新電子程序的發展。

🌼 二、安全通關與所需資訊

2010 年國貿條規中將 A2 與 B2 的標題分別增加 「安全通關」 (security clearances) 的詞語。 其條文包括提供 「貨物安全通關所需之任何資訊」 (any information in the possession of the seller that is required for the security clearance of the goods)。此規定加強了對貨物移動的安全事項，以避免因恐怖份子的活動對生命或財產造成威脅。

🌼 三、保險契約

2010 年國貿條規中只有 CIF 及 CIP 兩種條件，賣方必須以買方之利益投保貨物運送保險。但因買方可能希望將運送途中之商品賣給後續買主，而後續買主再依次將商品銷售出去，故賣方可能不知道後續買主對保險的確定要求而投保適當的保險。

因此，傳統上賣方都選擇最基本的保險來投保，亦即投保「勞依茲市場協會 (Lloyd's Market Association, LMA) / 倫敦國際保險協會 (International Underwriting Association of London, IUA)」 所制定之 「協會貨物保險條款」 (Institute Cargo Clause, ICC) 中保險範圍最低之「C 條款」，但留給買方向賣方要求額外保險之可能性。「C 條款」並不適合製造品的保險，因偷竊、不適當處理或商品保管所產生的危險比「C 條款」所能提供的保障更多。

為了避免導致混淆，在 2000 年及 2010 年國貿條規中都將 CIF 及 CIP 兩種條件之賣方投保保險的義務訂定為 「C 條款」，沒有改變。2010 年國貿條規亦配合協會貨物保險條款 (ICC) 2009 年 1 月 1 日生效的新版本修改。

但在 2020 年國貿條規中則將 CIF 與 CIP 條件分別規定不同的最低程度保

險。CIF 條件比較可能使用於海運貨物貿易，故保留現狀，投保協會貨物保險 C 條款；CIP 條件，則改為賣方必須投保協會貨物保險 A 條款。

就 CIP 條件之買方而言，適合採用保障較高的「A 條款」。若有需要，買方應在買賣契約中與賣方約定另外投保額外保險，如加保「協會戰爭險」 (Institute War Clauses)、「協會罷工險」(Institute Strikes Clauses) 等。

2010 年國貿條規的 A3 與 B3 標題維持不變，但把原來放在 2000 年國貿條規 A10 與 B10 條文中的「有關保險資訊責任」 (information duties relating to insurance)，改放在 2010 年國貿條規的 A3 b) 項條文中，並更改一些當事人的義務。以 FCA 條件為例，賣方在提供保險資訊的過程中所發生的危險與費用改由買方負擔。

此外，在保險條款方面的文字說明亦作了部分修改，例如 CIF 條件在 2010 年國貿條規 A3 b) 項條文中明白規定賣方必須取得「至少符合協會貨物保險 C 條款（勞依茲市場協會／倫敦國際保險協會）或任何類似條款之最低保險之貨物保險」(cargo insurance complying at least with the minimum cover as provided by Clause (C) of the Institute Cargo Clauses (LMA/IUA) or any similar clauses)，並使用協會貨物保險條款修訂後的新條款。但在 2000 年國貿條規中 A3 b) 項條文中則僅規定取得「契約約定之貨物保險，若無明文約定，應投保協會貨物保險條款或任何類似條款之最低保險」。

✿ 四、交貨地點與危險之移轉

2010 年國貿條規對各條件的表示方法也有些改變，以 FCA 條件為例，在買賣契約中應以 "FCA (insert named place of delivery) Incoterms® 2010" 的方式表示。而在 2000 年國貿條規中則以 "Free Carrier (...named place)" 表示。

與 FCA 條件有關之運送契約相當多樣化，常導致當事人在選擇交貨地點時發生困難；因可能以在「賣方場所」(seller's premise) 裝載在買方所派出之收貨車上的方式交貨，亦可能必須以在買方指定之「貨運站」(terminal) 從賣方所派出的車輛上未卸載的方式交貨。國際商會考慮到這種情形，在 2000 年國貿條規中規定，當契約指定的交貨地為賣方場所時，在貨物裝載於買方所派出之收貨車上時完成交貨；而在其他情形下，則規定在賣方所派出之車輛上未卸載供買

國際貿易法規

方處理時完成交貨。在 2010 年國貿條規中則進一步要求「盡可能準確說明」(specify as precisely as possible) 交貨地方或交貨港，並舉例說明正確的使用方法，例如 "FCA 38 Cours Albert 1er, Paris, France Incoterms® 2010"。

在 2020 年國貿條規導文 (Introduction) 第三部分「如何最好地納入國貿條規條件」第 10 節亦舉例說明正確的使用方法，例如：CIF Shanghai Incoterms® 2020，或 DAP No 123, ABC Street, in Portland Incoterms® 2020。

2010 年國貿條規中的 EXW、FCA、DAT、DAP、DDP、FAS 及 FOB 等七種條件，指定地或指定港為交貨及危險由賣方移轉給買方的地方。其他 CPT、CIP、CFR 及 CIF 等四種條件，其成本的分配點雖在目的國，但並不屬於「目的地交貨契約」(arrival contract)，其指定地或指定港為運費已付之目的地，賣方只要負擔以「通常的路線」(usual route) 及「習慣的方式」(customary manner) 將貨物運送到指定地或指定港之「正常運送成本」(normal transport cost) 即可，而在貨物已經適當地交付運送人運送後的滅失或損害的危險，以及在貨物交付運送後因發生其他事件所增加之成本，則由買方負擔，其成本的分配地點與交貨地點及危險由賣方移轉給買方的地點不同。故應進一步在運送契約上詳細記載該指定地或指定港的確定地點以避免發生爭執。

2010 年國貿條規增加的 DAT 及 DAP 兩種條件為「目的地交貨」的條件，交貨發生於指定目的地，賣方除了負擔進口通關以外之所有成本，並負擔將貨物運送到指定目的地之危險。這兩種條件被設計來取代 2000 年國貿條規中的 DAF、DES、DEQ 及 DDU 等四種條件。DAT 條件以在指定貨運站「抵達的運送工具上卸載置於買方處理下」(at buyer's disposal unloaded from the arriving means of transport) 的方式交貨，DAT 條件的指定貨運站也可以是一個港口，故能取代 2000 年國貿條規的 DEQ 條件的使用；DAP 條件以在指定目的地「抵達的運送工具上準備好卸載置於買方處理下」(at the buyer's disposal, on the arriving means of transport ready unloading) 的方式交貨，DAP 的抵達車輛也可能是一艘船，指定目的地也可以是一個港口，故能取代 2000 年國貿條規的 DAF、DES 及 DDU 等三種條件的使用。

2010 年國貿條規第二類的 FAS、FOB、CFR 及 CIF 等四種條件，其交貨地點及貨物運送的目的地都是港口。FAS 的交貨地點與危險移轉地點仍然在「指

定裝運港買方指定的船舶邊」 (alongside the vessel nominated by the buyer at the named port of shipment)，亦即船舶邊的「碼頭或駁船上」(on a quay or a barge)。但在 FOB、CFR 及 CIF 等三種條件中，為避免危險的移轉點「在一條虛擬的直線上來回地擺動」(swinging to and fro across an imaginary perpendicular line)，並反映現代商業的實況，刪除了 2000 年國貿條規中作為「交貨地點的船舶欄杆」(the ship's rail as the point of delivery) 的規定。故 FOB 的交貨與危險移轉的地點改為在 「將貨物交運到指定裝運港買方指定的船舶上」 (delivers the goods on board the vessel nominated by the buyer at the named port of shipment) 或「取得已如此交運之貨物」(procures the goods already so delivered) 時。CFR 及 CIF 兩種條件的交貨與危險移轉地點改為「將貨物交運到船舶上」(delivers the goods on board the vessel) 或以 「取得已如此交運之貨物」 (procures the goods already so delivered) 時。

2020 年國貿條規導文第三部分第 12 節亦指明附在國貿條規條件後的指定地的重要性，依該節條文規定：

⑴除了 C 類條件以外的所有國貿條規條件，指定地意指交貨地，亦即危險由賣方移轉給買方的地方；

⑵D 類條件，指定地意指交貨地，也是目的地與賣方安排運送所抵達的地方。

⑶C 類條件，指定地意指賣方必須安排運送並支付運費所抵達的地方，但不是交貨地或交貨港。

第三部分第 13 與 14 節亦指明為避免留給買賣雙方當事人對 FOB 條件裝運港及 CPT 條件指定目的地不清楚之質疑，最好的方式就是依當事人所選擇的國貿條規條件，在指定港口、地方或地點時，盡可能地指明特定的地理位置。

第四部分「2020 年國貿條規條件中的交貨、危險與成本」第 16 節更說明附加於三個英文字母後的指定地或指定港，在 2020 年國貿條規條件的運作方式上的重要性 ， 如 CIP Las Vegas 或 CIF Los Angeles 等等。 依當事人所選用的 2020 年國貿條規條件，該指定地或指定港將確定為賣方考慮交貨給買方的地方或港口，即交貨地或交貨港；或賣方必須安排運送貨物所到達的地方或港口，亦即目的地或目的港。在 D 類條件時，則兩者皆是。

五、交貨方式

國際貿易中常發生買方向賣方購買在海上運送途中的貨物，其表示方式為在交易價格條件後面加上 "afloat" 這個英文字。這種交易方式在使用 CFR 及 CIF 兩種條件交易時會引起解釋上的困難，因依照 CFR 及 CIF 兩種條件的意義，貨物滅失或損害之危險在出口港裝船後已經移轉給買方承擔，而買賣契約發生效力則是在貨物裝船後。在此種情形下，依「聯合國國際貨物買賣契約公約」第 68 條之規定「若指明此種狀況，當貨物交給運送契約中簽發單據之運送人時，危險由買方承擔」。

在商品銷售過程中，普遍發生沿著一條銷售路線連續多次轉賣的情形，亦即所謂「連續銷售」(string sales) 的情形，故在 2010 年國貿條規中將 FAS、FOB、CFR 及 CIF 等四種條件的賣方交貨的方式包括「取得已交運之貨物」(procuring goods shipped)，如 FAS 條件中使用「取得已如此交運到目的地之貨物」(to procure goods already so delivered for shipment to the destination)。FOB、CFR 及 CIF 等三種條件的賣方義務中亦有類似的規定。居於這一條連續銷售路線中間的賣方因貨物已被第一個賣方「交運到目的地」，故不以「交運貨物」(shipping the goods) 的方式來履行其對買方的交貨義務，而是以「取得已交運之貨物」的方式來履行其對買方的交貨義務。

在 2020 年國貿條規導文第四部分第 24 節亦說明所有的七種 F 與 C 類條件，其交貨地在賣方預定運送這一端；危險移轉亦在主要運送的賣方這一端，以便賣方完成其交貨的義務，而不管貨物是否實際到達目的地。這個特性，交貨發生於運送循環初期的賣方端的裝運銷售 (shipment sales)，在 F 與 C 類條件很普遍，不論是在適用海運的國貿條規條件或是在適用任何運送方式的國貿條規條件。因此，「連續銷售」的情形，在 FCA、CPT 及 CIP 等三種條件也同樣普遍發生，故 2020 年國貿條規在此三種條件中，新增賣方交貨的方式包括「取得已交運之貨物」之方式。

六、成本之分配

2010 年國貿條規的 A6 及 B6 標題由「成本之劃分」(division of costs) 改為

「成本之分配」(allocation of costs)，文字說明雖略有不同，但內容大致不變。在「貨櫃場作業費」(terminal handling charges) 方面，為避免對同樣的一項服務重複收取兩次費用的情形發生，故在 CPT、CIP、CFR 及 CIF 等四種條件的條文中清楚說明成本的分配。

這四種條件依 2000 年國貿條規的 A6 條文規定，賣方必須支付有關運送的費用包括四項：⑴運費；⑵在出口港或出口地之裝船或裝貨費用；⑶在約定卸貨港 (agreed port of discharge) 或目的地 (place of destination) 之卸貨費用；⑷在運送契約上規定由賣方負擔之經他國轉運之費用。賣方之義務僅限於取得通常之運送契約。這四種條件的運費表面上由賣方支付，但實際上已包含在總售價中由買方支付。運送成本有時包括在港口內作業及移動貨物或使用貨櫃場設施 (container terminal facilities) 的成本，而運送人或貨運站營運人 (terminal operator) 可能在買方領取貨物時，再一次向買方收取這些成本。

因此，在 2010 年國貿條規這四種條件的 A6 與 B6 條文中對這些成本的分配作更清楚地說明，例如 CPT 條件在 A6 條文中增加「除 B6 所規定由買方支付者外」(other than those payable by the buyer as envisaged in B6)，以避免這種重複收取費用的情形發生。

但在 2020 年國貿條規中將「成本之分配」改列在 A9/B9 項條文中。在 2020 年國貿條規導文第四部分第 20 節規定 A2 項條款下的交貨地或交貨港標示 A9 項條款下賣方與買方成本分配的中心點。廣義言之，A9 項條款將交貨點之前的成本分配給賣方，交貨點之後的成本分配給買方。

✸ 七、通知買方與通知賣方

2010 年國貿條規 A7 及 B7 的標題維持「通知買方」與「通知賣方」不變。內容則配合交貨地點的規定，詳細說明該指定地或目的地的確定地點，通知事項的交貨地點也配合作文字上的修改，例如將 FCA 條件的 B7 之規定從 2000 年國貿條規規定「在貨物應交給當事人的地方內之地點」(the point within the place where the goods should be delivered to that party) 改為「在指定地內受領貨物之地點」(the point of taking delivery within the named place)。

但在 2020 年國貿條規中將「通知買方」與「通知賣方」改列在 A10/B10

項條文中，並更改標題為「通知」。

✿ 八、交貨單據與交貨證明

在 2010 年國貿條規中將 A8 的標題由「交貨證明、運送單據或相當之電子文件」(proof of delivery, transport document or equivalent electronic message) 改為「交貨單據」(delivery document)；B8 的標題則由「交貨證明、運送單據或相當之電子文件」改為「交貨證明」(proof of delivery)。

A8 的內容也配合 A1 與 B1 條文中明文記載從 A1 到 A10 與 B1 到 B10 所涉及之任何文件可以為相當之電子記錄或程序而大幅簡化，如 FCA、FAS 及 FOB 等三種條件中只規定賣方必須負擔費用提供買方依 A4 規定完成交貨之「通常證明」(usual proof)；CPT、CIP、CFR 及 CIF 等四種條件則規定賣方必須自擔費用提供買方依 A3 規定所訂定之「通常運送單據」(usual transport document)；DAT、DAP 及 DDP 等三種條件規定賣方必須自擔費用提供買方「使買方能依 A4/B4 規定受領貨物之單據」(a document enabling the buyer to take delivery of the goods as envisaged in A4/B4)。對於這些通常證明、通常運送單據、受領貨物之單據的名稱則並未詳細說明。

而在 2000 年國貿條規中則詳細列舉這些單據的名稱，如在 FCA 條件中規定「除非賣方提供的交貨證明為運送單據」(unless the document referred to in the preceding paragraph is the transport document)，否則賣方必須協助買方取得與運送契約有關之運送單據，而運送單據包括以下幾種：(1)可轉讓提單 (a negotiable bill of lading)；(2)不可轉讓海運貨單 (a non-negotiable sea waybill)；(3)內陸水路單據 (an inland waterway document)；(4)航空運貨單 (an air waybill)；(5)鐵路運貨單 (a railway consignment note)；(6)道路運貨單 (a road consignment note)；(7)複合運送單據 (a multimodal transport document)。

一般而言，運送單據若為提單，則必須為清潔提單 (clean B/L)。在運送單據之前頁標準化本文中，運送人通常拒絕在運送單據中加入對貨物之詳細說明作為對託運人之聲明 (declaration) 負責，而只以「據報」(said to be) 作為代替。在大部分適用法及原則下，運送人必須至少使用合理的工具來核對這些資訊之正確性，若未能做到這一點，則必須對收貨人負責。然而，在貨櫃運送之交易

上，運送人並沒有核對貨櫃內容之工具，除非運送人自己負責裝櫃。

B8 的內容也僅作文字修改，內容則不變。

但在 2020 年國貿條規中將 A8 項「交貨單據」與 B8 項「交貨證明」改列在 A6/B6 項條文中，除 EXW 條件的 B6 項標題仍為「交貨證明」外，其他條件的標題都改為「交貨／運送單據」。

九、核對、包裝、標誌與貨物之檢驗

2010 年國貿條規中 A9 與 B9 的標題都維持不變。

A9 的內容除了包裝方式略有差異外，其他內容則大致相同。2010 年國貿條規中規定包裝方式為「賣方得依適合運送之方式包裝貨物，除非在訂約前買方已通知賣方特別的包裝需求」(The seller may package the goods in the manner appropriate for their transport, unless the buyer has notified the seller of specific packaging requirement before the contract of sale is concluded)。而在 2000 年國貿條規中對於包裝方式的規定則為「賣方必須提供訂約前賣方已知之有關運送(例如方式、目的地) 所需之包裝」(The seller must provide packaging which is required for the transport of the goods, to the extent that the circumstances relating to the transport (for example modalities, destination) are made known to the seller before the contract of sale is concluded)。

B9 的內容則在「交運前檢驗」(pre-shipment inspection) 前加了「強制性」(mandatory)。

但在 2020 年國貿條規中將 A9 項「核對、包裝、標誌」與 B9 項「貨物之檢驗」改列在 A8/B8 項條文中，並將標題都改為「核對／包裝／標誌」。取消「貨物之檢驗」這一項規定。

十、資訊協助及相關成本

2010 年國貿條規中將 A10 與 B10 的標題都由「其他義務」(other obligations) 改為「資訊協助及相關成本」(assistance with information and related costs)。

在 A10 與 B10 條文中對買方與賣方取得「與安全有關的通關資訊」

(security-related clearances information) 之義務，例如對 「保管鏈資訊」 (chain-of-custody information) 之義務作了分配。

但在 2020 年國貿條規中將 A10 與 B10 項「資訊協助及相關成本」規定取消。其內容則分散到其他條款中。

第四節　2020 年國貿條規規定內容之修改

2020 年國貿條規在賣方與買方義務的架構上雖然維持不變，但其規定內容則作了大幅度的修改。茲說明於下：

一、有裝船註記的提單與 FCA 條件

在貨物以買賣契約中以 FCA 條件做為交易價格條件且以海運運送時，賣方或買方或可能是信用狀中的開狀銀行可能要求有裝船註記 (on-board notation) 的提單。但是在 FCA 條件下，交貨完成於貨物裝載在船舶上前。賣方絕不可能從運送人處取得裝船提單。在運送契約下，運送人可能被限制或有權只在貨物實際裝載在船舶上時才發行裝船提單。

為配合這種情形，國際商會在 2020 年國貿條規 FCA 條件的 A6/B6 項條款中提供一項額外的選擇。買賣雙方能約定買方將指示其安排的運送人在貨物裝載後發行一套裝船提單給賣方，而賣方則通常有義務經由銀行向買方提交提單。國際商會承認，裝船提單與 FCA 條件交貨之間的連結有些不適當，但這是為配合反映市場上提示提單之需求。但即使採取這種選擇性機能，就運送契約的條款而言，賣方對買方並不負擔任何義務。

二、列出成本清單

在重新排列的 2020 年國貿條規條件條款中，成本列在每一種國貿條規條件的 A9/B9 項條款。除更換排列位置外，還有其他明顯的改變。傳統上，不同的成本被分配在國貿條規條件的不同條款中。例如，2010 年 FOB 條件在 A8 項條款中提到有關取得交貨單據的成本，其條款的標題為 「交貨單據」，但不列在 A6 項條款「成本之分配」。

在 2020 年國貿條規條件中，在 A9/B9 項條款中列出每一種特定條件分配的所有成本。所以 2020 年國貿條規條件的 A9/B9 項條款內容比 2010 年國貿條規條件的 A6/B6 項條款的內容多。

其目的在於提供使用者一站式 (one-stop) 的成本清單，使賣方或買方在一個地方找到在特定國貿條規條件下，其所應負擔的所有成本。成本項目也在其母條款 (home article) 中說明；例如，FOB 條件取得單據的成本同時出現在 A6/B6 與 A9/B9 條款中。其用意在於使用者對於單據成本的分配的興趣比較傾向於與交貨單據有關的條款，而不是列出所有成本的一般條款。

✤ 三、CIF 與 CIP 條件涵蓋的保險範圍不同

在 2010 年國貿條規條件中，CIF 與 CIP 兩個條件的 A3 項條款都規定賣方自擔費用取得至少符合協會貨物保險 (Lloyd's Market Association/International Underwriting Association, LMA/IUA) C 條款的最低程度保險，或任何類似條款的義務。協會貨物保險 C 條款提供的保險範圍，除了不保項目外，為其所列出的危險項目；在另一方面，協會貨物保險 A 條款也在不保項目的約束下 (subject to itemised exclusions)，涵蓋「所有危險」(all risks)。

在 2020 年國貿條規條件的協商過程中，形成由協會貨物保險 C 條款轉移到協會貨物保險 A 條款的看法，因而增加賣方取得保險的範圍，而對買方有利。這當然也包括在保險費的附加成本內。相反的情形，包括海運貨物貿易業者同樣強烈支持停留在協會貨物保險 C 條款的保險範圍。經過起草小組 (drafting group) 內外反覆的討論後，決定對 CIF 與 CIP 條件規定不同最低程度保險。CIF 條件更有可能使用於海運貨物貿易，故保留現狀，仍維持投保協會貨物保險 C 條款，但開放給當事人約定更高程度的保險範圍。CIP 條件，則規定賣方必須取得協會貨物保險 A 條款的保險，但開放給當事人約定較低程度的保險範圍。

✤ 四、在 FCA、DAP、DPU 與 DDP 條件中以賣方或買方自有運送工具安排運送

2010 年國貿條規中，假設貨物運送全程是由賣方或買方依其使用的條件，

簽訂運送契約由第三運送人負責貨物的運送。但在 2020 年國貿條規的商議中考慮到在某些情況下，完全可以不須簽訂運送契約由第三運送人運送。例如，在 D 類條件下，賣方不將運送的業務外包給第三者，而使用自己的運送工具運送。同樣的情形，以 FCA 條件購買，買方使用其自有的車輛受領貨物並運送到其場所。

2010 年國貿條規中不考慮這些偶發事件 (eventualities)，但 2020 年國貿條規中則明文規定不但允許當事人簽訂運送契約運送貨物，亦允許當事人自行安排必需的貨物運送。

五、DAT 到 DPU 的三個英文字母的改變

2010 年國貿條規中，DAT 與 DAP 的唯一差別是，在 DAT 條件下，賣方必須將貨物運送到「貨運站」(terminal) 從抵達的運送工具上卸貨以完成交貨；而 DAP 條件下，賣方則是將貨物在抵達的運送工具上準備卸貨置於買方處理下完成交貨。2010 年國貿條規 DAT 條件的指導摘要中將「貨運站」這個詞 (terminal) 廣泛地定義為包括碼頭 (quay)、倉庫 (warehouse)、貨櫃場 (container yard) 或公路、鐵路或空運貨運站。

國際商會對 DAT 與 DAP 兩條件做兩項改變：

⑴將這兩種條件的順序改變，因 DAP 條件在卸貨前交貨，置於 DAT 條件之前；

⑵將 DAT 條件改為 DPU (Delivered at Place Unload)，以強調目的地可以是任何地方，而不只是「貨運站」(terminal) 的事實。但若該地方不是貨運站時，賣方應確定其意圖交貨之地方必須能夠卸貨。

六、在運送義務與成本中包括有關安全的要求

2010 年國貿條規條件中將有關安全的要求，放在每一種條件的 A2/B2 項與 A10/B10 項條款中。本世紀初，因恐怖分子的行為，有關安全的事項受到國際上普遍地關心，2010 年國貿條規為第一個列入有關安全要求的修訂版本。這些要求及相關的裝運慣例 (shipping practice) 現已建立起來。因其與運送要求相關，有關安全要求的義務在 2020 年版的國貿條規中已明確地分配在每一種條件

的 A4 與 A7 項條文中。這些安全要求所產生的成本在 2020 年版的國貿條規的 A9/B9 項「成本」的規定條文中佔有重要的地位。

✸ 七、使用者的解釋摘要

2010 年國貿條規的每一種條件前，都有一個「指導摘要」(Guidance Note)，2000 年國貿條規的每一種條件前也有同樣的說明，但並無指導摘要的標題。

指導摘要不屬於 2010 年國貿條規的一部分，只是協助使用者準確而有效率地在其交易上使用適當的國貿條規的條件。

2020 年版的國貿條規將 2010 年版的「指導摘要」改為「使用者的解釋摘要」(Explanatory Notes for Users)。這些摘要主要解釋每一種條件的基本原則，例如「何時使用」(when it should be used)、「危險何時移轉」(when risk passes) 及 「在賣方與買方間成本如何分配」 (how costs are allocated between seller and buyer) 等等。使用者的解釋摘要的目的有二：

⑴幫助使用者在特定的交易中正確與有效地使用適當的國貿條規條件；

⑵在與 2020 年國貿條規有關的爭端或契約的決定或建議，提供所需的解釋指導事項。

第五節　各條件的意義

✸ 一、適合任何運送方式

2020 年修訂的國貿條規中適合任何運送方式，包括使用於一種以上運送方式的條件共有以下七種：

（一）EXW｜Ex Works（工廠交貨價格條件）

◢2010 年國貿條規及 2020 年國貿條規表示方式之比較◣

2010 年國貿條規	以 "Ex Works"， "EXW (insert named place of delivery) Incoterms 2010" 的方式表示。
2020 年國貿條規	以 "EXW｜Ex Works"， "EXW (insert named place of delivery) Incoterms 2020" 的方式表示。

"Ex" 表示「自」(from; out of)，指自某地交貨或交付之意；"Works" 表示「工廠」、「廠房」或「倉庫」。2020 年國貿條規將 2010 年國貿條規的「指導摘要」(Guidance Notes) 改為「使用者的解釋摘要」(Explanatory Notes for Users)。茲就使用者解釋摘要說明使用本條件應注意事項：

1. 交貨與危險

本條件意指賣方以下列方式交貨給買方。

⑴當貨物在一個指定地（可能是一個工廠或倉庫）置於買方處理下 (at the disposal of the buyer)；

⑵該指定地可能是也可能不是賣方的場所。

交貨時，賣方不需裝載貨物到任何收貨車上，亦不需辦理貨物出口通關。

2. 運送工具

本條件得使用在任何使用一種或多種運送方式的情形。

3. 交貨地或詳細的交貨地點

當事人必須指定交貨地，也應盡可能在指定交貨地清楚地指明詳細的交貨地點。詳細的交貨地點為交貨及危險移轉的地點，亦表示成本由買方負擔的起點。若當事人未指定詳細交貨地點，則留給賣方選擇「最適合其目的」的地點。

4. 對買方的警告通知

本條件是國貿條規條件中賣方負擔最小義務的條件。因此，從買方的立場來看，依下述不同理由，應小心使用該條件。

5. 裝載危險

因賣方在其場所有可能擁有必需的裝載設備，或因適用安全或保全規則，防止不被授權的私人器物進入賣方場所，可能發生貨物必須在賣方場所由賣方執行裝載作業的情形，故國際商會建議當事人應事先約定，在裝載期間發生貨物滅失或損壞危險的責任負擔問題。若買方希望避免負擔在賣方場所貨物裝載期間發生的危險，買方應考慮選用 FCA 條件，在此條件下，若貨物在賣方場所交付，賣方對買方負有貨物裝載的義務，且在作業期間貨物滅失或損壞的危險由賣方負擔。

6. 出口通關

本條件下，不論是在賣方場所或在賣方轄區內或在相同的關稅同盟區內之

另外指定地點交貨,賣方沒有辦理貨物出口通關或經第三國轉運的通關手續的義務。

EXW 條件應比較適用於國內交易。

在出口通關方面,賣方只限於提供協助取得買方為出口貨物之目的所要求的單據與資訊。

若買方辦理出口通關有困難時,最好選用 FCA 條件,在該條件下,賣方辦理出口通關手續並負擔其成本。

(二)FCA │ Free Carrier(向運送人交貨價格條件)

▲2010 年國貿條規及 2020 年國貿條規表示方式之比較 ▲

2010 年國貿條規	以 "Free Carrier","FCA (insert named place of delivery) Incoterms 2010" 的方式表示。
2020 年國貿條規	以 "FCA │ Free Carrier","FCA (insert named place of delivery) Incoterms 2020" 的方式表示。

茲就使用者解釋摘要說明使用本條件應注意事項:

1. 交貨與危險

本條件指賣方以下列兩種方式之一交貨給買方。

⑴第一種,若指定地是賣方場所時,交貨完成於貨物裝載在買方安排的運送工具上。

⑵第二種,若指定地是其他地方,交貨完成於當貨物已經裝載在賣方的運送工具上,抵達指定之其他地方,且準備好從賣方的運送工具上卸載,及置於運送人或買方指定之其他人處理下。

無論選擇那一種交貨地,該地為危險移轉給買方的地方,且從那時起所發生之成本由買方負擔。

2. 運送工具

本條件得使用在任何一種運送方式且得使用於一種以上運送方式的情形。

3. 交貨地或交貨地點

本條件只有指定交貨地,在指定地並無指定詳細的交貨地點。但當事人應盡可能在指定交貨地內清楚地指定詳細的交貨地點。詳細的交貨地點為交貨及

危險移轉的地點，亦表示成本由買方負擔的起點。若當事人未指定詳細地點，賣方有權選擇「最適合其目的」的地點。

4.或取得如此交貨之貨物

此處所述「取得」(procure) 是指配合沿著一條銷售鏈（連續銷售）之多層次銷售。

5.出口／進口通關

本條件要求賣方辦理貨物出口通關，但賣方沒有義務辦理貨物進口或經第三國轉運之通關、支付任何進口關稅或完成任何進口通關手續。

6.以 FCA 條件銷售之附裝載註記提單

當賣方以 FCA Las Vegas 條件銷售時，有時因銀行收取或信用狀上之要求，賣方需要一套附有裝載註記的提單 (B/L with an on-board notation) 記載貨物已經在 Los Angeles 置放在船舶上，及在 Las Vegas 收取貨物以便運送。為配合這種要求，2020 年國貿條規 FCA 條件第一次提供一個選擇機制。若當事人在契約中如此約定，買方必須指示其運送人發行一套附有裝載註記的提單給賣方，但賦予運送人只應及有權發行一套貨物在 Los Angeles 裝船的提單的權力。

若當事人約定賣方提示買方一套只簡單記載貨物已經為運送而收取，而不是貨物已經裝船的提單，這個選擇機能就不必要了。

即使採用這個機制，就運送契約的條款而言，賣方不對買方負擔義務。若採用這個機制，內陸交貨日及裝船日必須不同，在信用狀下可能對賣方產生困難。

（三）CPT｜Carriage Paid To（運送費付到指定目的地價格條件）

◢2010 年國貿條規及 2020 年國貿條規表示方式之比較◣

2010 年國貿條規	以 "Carriage Paid To"，"CPT (insert named place of destination) Incoterms 2010" 的方式表示。
2020 年國貿條規	以 "CPT｜Carriage Paid To"，"CPT (insert named place of destination) Incoterms 2020" 的方式表示。

茲就使用者解釋摘要說明使用本條件應注意事項：

1.交貨與危險

本條件指賣方以下列方式將貨物交付及危險移轉給買方：

⑴將貨物移交給由賣方簽訂契約的運送人

⑵或取得已如此交貨之貨物。

賣方得給予運送人實體佔有貨物的方式及在適合使用運送工具的地方。

當貨物以移交給運送人的方式交給買方時，危險從賣方移轉給買方；但賣方必須簽訂從交貨地到約定目的地的貨物運送契約。例如，貨物在 Las Vegas（非港口）交給運送人運送到 Southampton（港口）或到 Winchester（非港口）。在這兩個例子裡，危險在 Las Vegas 交貨時移轉給買方，且賣方必須簽訂到 Southampton 或 Winchester 的運送契約。

　2.運送工具

本條件得使用在任何一種運送方式且得使用於一種以上運送方式的情形。

　3.交貨地及目的地（或地點）

CPT 條件下，有兩個重要的位置：

⑴危險移轉的交貨地或地點；及

⑵賣方承諾簽訂運送契約的貨物目的地或約定地點。

　4.詳細確定交貨地或交貨地點

在使用數個運送人，每一個運送人各自負責從交貨到目的地之間的不同運送過程的情況時，當事人應在買賣契約中盡可能詳細地確定這兩個地方，或在該地方內的確實地點。在這種情形下，且當事人未約定一個特定的交貨地或交貨地點，當貨物在一個完全由賣方選擇的地點交給第一運送人時，危險於一個不履約的地點 (default position) 移轉給買方，且買方無法控制。

若當事人希望在一個海港或河港，或在一個機場，或在一個海港或河港以外的內陸地點移轉危險給買方時，必須在買賣契約中確定，且應詳細考慮若貨物發生滅失或損壞的危險時，應如何處理的後果。

　5.盡可能詳細地確定目的地

當事人應在買賣契約中盡可能詳細地確定約定目的地的地點，因該地點是賣方承諾簽訂運送契約的貨物目的地或約定地點，且到該地點的運送成本由賣方負擔。

　6.或取得如此交貨之貨物

此處所述「取得」是指配合沿著一條銷售鏈（連續銷售）之多層次銷售。

7.在目的地的卸貨成本

若賣方在運送契約中發生有關在指定目的地的卸貨成本，除非當事人另有約定，賣方無權個別地從買方處收回這項成本。

8.出口／進口通關

本條件要求賣方辦理貨物出口通關，但沒有義務辦理貨物進口或經第三國轉運之通關，或支付任何進口關稅或完成任何進口通關手續。

（四）CIP｜Carriage and Insurance Paid To（運送費及保險費付到指定目的地價格條件）

▲2010 年國貿條規及 2020 年國貿條規表示方式之比較▲

2010 年國貿條規	以 "Carriage And Insurance Paid To"，"CIP (insert named place of destination) Incoterms 2010" 的方式表示。
2020 年國貿條規	以 "CIP｜Carriage and Insurance Paid To"，"CIP (insert named place of destination) Incoterms 2020" 的方式表示。

茲就使用者解釋摘要說明使用本條件應注意事項：

本條件的使用者解釋摘要除第 4 項「保險」外，其內容都與 CPT 條件的規定內容完全相同。

1.交貨與危險

內容同 CPT 條件。

2.運送工具

內容同 CPT 條件。

3.交貨地及目的地（或地點）

內容同 CPT 條件。

4.保險

賣方必須就買方對貨物滅失或損壞的危險投保，簽訂至少從交貨地點到目的地點的貨物運送保險契約。若目的地國家要求在當地購買保險時，當事人應考慮使用 CPT 條件銷售或購買。

在 2020 年國貿條規的 CIP 條件下，賣方必須投保符合協會貨物保險 (A) 條

款或類似條款的貨物運送保險，而不是涵蓋範圍較小的協會貨物保險 (C) 條款。但仍開放給當事人約定涵蓋範圍較小的保險。

5.詳細確定交貨地或交貨地點

內容同 CPT 條件。

6.盡可能詳細地確定目的地

內容同 CPT 條件。

7.或取得如此交貨之貨物

內容同 CPT 條件。

8.在目的地的卸貨成本

內容同 CPT 條件。

9.出口／進口通關

內容同 CPT 條件。

（五）DAP｜Delivered at Place（指定目的地交貨價格條件）

◤2010 年國貿條規及 2020 年國貿條規表示方式之比較◢

2010 年國貿條規	以 "Delivered At Place"，"DAP (insert named place of destination) Incoterms 2010" 的方式表示。
2020 年國貿條規	以 "DAP｜Delivered at Place"，"DAP (insert named place of destination) Incoterms 2020" 的方式表示。

本條件與 DAT 條件為 2010 年國貿條規的新增條件。茲就使用者解釋摘要說明使用本條件應注意事項：

1.交貨與危險

本條件指賣方以當貨物在指定目的地或在該地之約定地點，若已約定此地點，在抵達的運送工具上準備卸貨，置於買方處理下之方式交貨，及將危險移轉給買方。

賣方負擔貨物運送到指定目的地或該地之約定地點之所有危險。本條件下，在目的地交貨與抵達目的地的意義是相同的。

2.運送工具

本條件得使用在任何一種運送方式且得使用於一種以上運送方式的情形。

3.詳細地確定交貨／目的地的地方或地點

詳細地確定交貨／目的地的地方或地點的理由有三點：

⑴清楚知道貨物滅失或損壞的危險移轉給買方的關鍵地點；

⑵在交貨／目的地或地點之前的成本由賣方負擔，且在該地或地點之後的成本由買方負擔。

⑶賣方必須簽訂運送契約到或安排運送貨物到約定交貨／目的地或地點。否則，賣方將違反其義務，並對買方負擔任何因此發生的損失。例如，由運送人為任何附加中途轉運 (on-carriage) 所收取之任何附加成本。

4.或取得如此交貨之貨物

此處所述「取得」是指配合沿著一條銷售鏈（連續銷售）之多層次銷售。

5.卸貨成本

賣方不必從抵達的運送工具上卸貨，但若賣方在其運送契約中發生有關在交貨／目的地的卸貨成本，除非當事人另有約定，賣方無權個別地從買方處收回這項成本。

6.出口／進口通關

本條件要求賣方辦理貨物出口通關，但沒有義務辦理貨物進口或交貨後經第三國轉運之通關，或支付任何進口關稅或完成任何進口通關手續。

若當事人意圖賣方辦理貨物進口通關、支付任何進口關稅或稅捐及完成任何進口通關手續時，當事人應考慮使用 DDP 條件。

（六）DPU｜Delivered at Place Unloaded（指定目的地卸貨交貨價格條件）

◢ 2010 年國貿條規及 2020 年國貿條規表示方式之比較 ◣

2010 年國貿條規	以 "Delivered At Terminal"，"DAT (inserted named terminal at port or place of destination) Incoterms 2010" 的方式表示。
2020 年國貿條規	以 "DPU｜Delivered at Place Unloaded"，"DPU (insert named place of destination) Incoterms 2020" 的方式表示。

DPU 條件為 2020 年國貿條規的新增條件，從 2010 年國貿條規的 DAT 條件修改而來。2010 年國貿條規的 DAT 條件表示賣方在指定目的港或目的地的

「指定貨運站」(named terminal)，從抵達的運送工具上以將貨物卸載置於買方處理下之方式交貨的條件。貨運站包括碼頭 (quay)、倉庫 (warehouse)、貨櫃場 (container yard) 或公路、鐵路或空運貨運站。

　　在 2020 年國貿條規的修訂中，國際商會決定將 DAT 條件改為 "DPU｜Delivered at Place Unload"，並強調目的地可以是任何地方，而不只是「貨運站」(terminal) 的事實。但若該地方不是貨運站，賣方應確定其交貨之地方必須能夠卸貨。茲就使用者解釋摘要說明使用本條件應注意事項：

　　1.交貨與危險

　　本條件指賣方以當貨物在指定目的地或在該目的地之約定地點，若已約定此地點，從抵達的運送工具上卸貨，置於買方處理下之方式交貨，及將危險移轉給買方。

　　賣方負擔貨物運送到指定目的地及卸貨之所有危險。因此，在這種國貿條規條件下，在目的地交貨與抵達目的地的意義是相同的。

　　DPU 是國貿條規中唯一要求賣方在目的地卸貨的條件。因此賣方應確定在指定地一個安排卸貨的地點。若當事人不要賣方負擔卸貨的危險與成本時，應避免使用 DPU 條件，而應使用 DAP 條件。

　　2.運送工具

　　內容同 DAP 條件。

　　3.詳細地確定交貨／目的地的地方或地點

　　內容同 DAP 條件。

　　4.或取得如此交貨之貨物

　　內容同 DAP 條件。

　　5.出口／進口通關

　　內容同 DAP 條件。

（七）DDP｜Delivered Duty Paid　（指定目的地稅後交貨價格條件）

▲2010 年國貿條規及 2020 年國貿條規表示方式之比較▲

2010 年國貿條規	以 "Delivered Duty Paid"、"DDP (inserted named place of

	destination) Incoterms 2010" 的方式表示。
2020 年國貿條規	以 "DDP｜Delivered Duty Paid"，"DDP (insert named place of destination) Incoterms 2020" 的方式表示。

茲就使用者解釋摘要說明使用本條件應注意事項：

1.交貨與危險

本條件指賣方以當貨物在指定目的地或在該地之約定地點，若已約定此地點，已辦理進口通關，在抵達的運送工具上，準備卸貨，置於買方處理下之方式交貨，及將危險移轉給買方。

賣方負擔貨物運送到指定目的地或在該地之約定地點之所有危險。本條件下，在目的地交貨與抵達目的地的意義是相同的。

2.運送工具

內容同 DAP 條件。

3.對賣方的注意事項

DDP 條件，在目的地交貨且賣方負擔支付進口稅與適用的稅捐是國貿條規十一種條件中賦予賣方負擔最大的義務的條件。

從賣方的立場而言，本條件應小心使用，其不同的理由列在第 7 項中。

4.詳細地確定交貨／目的地的地方或地點

詳細地確定交貨／目的地的地方或地點的理由有三點：

⑴清楚知道貨物滅失或損壞的危險移轉給買方的關鍵地點；

⑵在交貨／目的地或地點之前的成本由賣方負擔，包括進口通關成本，且在該地或地點之後之成本，除進口成本外，由買方負擔。

⑶賣方必須簽訂運送契約到或安排運送貨物到約定交貨／目的地或地點。否則，賣方將違反其義務，並對買方負擔任何因此發生的損失。例如，由運送人為任何附加中途轉運 (on-carriage) 所收取之任何附加成本。

5.或取得如此交貨之貨物

內容同 DAP 條件。

6.卸貨成本

若賣方在其運送契約中發生有關在交貨／目的地的卸貨成本，除非當事人

另有約定，賣方無權個別地從買方處收回這項成本。

　　7.出口／進口通關

　　如第 3 項所述，本條件要求賣方辦理貨物出口通關，及進口通關並支付任何進口關稅或完成任何通關手續。

　　若賣方不能辦理進口通關，賣方應考慮選擇 DAP 或 DPU 條件。

�֍ 二、僅適用海運及內陸水路運送

　　2020 年修訂的國貿條規中僅適用海運及內陸水路運送的條件共有以下四種：

（一）FAS｜Free Alongside Ship（出口港船邊交貨價格條件）

◢2010 年國貿條規及 2020 年國貿條規表示方式之比較◣

2010 年國貿條規	以 "Free Alongside Ship"，"FAS(insert named port of shipment) Incoterms 2010" 的方式表示。
2020 年國貿條規	以 "FAS｜Free Alongside Ship"，"FAS (insert named port of shipment) Incoterms 2020" 的方式表示。

　　茲就使用者解釋摘要說明使用本條件應注意事項：

　　1.交貨與危險

　　本條件指賣方以下列方式向買方交貨：

　　⑴當貨物在指定裝運港，置放在買方指定的船舶邊（即在碼頭或駁船）；

　　⑵或當賣方取得已如此交貨之貨物。

　　當貨物置放在船舶邊時，貨物滅失或損壞的危險移轉給買方，且從那時起買方負擔所有成本。

　　2.運送工具

　　本條件僅使用在當事人意圖以置放在船舶邊之方式交貨的海運或內陸水路運送方式。

　　本條件不適合貨物在置放在船舶邊之前移交給運送人之方式，例如貨物在貨櫃貨運站 (container terminal) 移交給運送人。在該情形下，當事人應考慮使用 FCA 條件而不是 FAS 條件。

3.詳細地確定裝運地點

當事人應盡可能地清楚確定在指定港的裝運地點，在該地點貨物從碼頭或駁船上轉移到船舶上，而到該地點的成本與危險由賣方負擔，且這些成本與相關的處理費用可能依港口的實務情況而變動。

4.或取得如此交貨之貨物

本條件要求賣方交付貨物到船舶邊或取得如此交付裝運之貨物。此處所述「取得」(procure) 是指配合沿著一條銷售鏈（連續銷售）之多層次銷售。

5.出口／進口通關

本條件要求賣方辦理貨物出口通關。但賣方沒有義務辦理貨物進口或經第三國轉運之通關、支付任何進口關稅或完成任何進口通關手續。

（二）FOB｜Free On Board（出口港船上交貨價格條件）

◢2010 年國貿條規及 2020 年國貿條規表示方式之比較◣

2010 年國貿條規	以 "Free On Board"，"FOB (insert named port of shipment) Incoterms 2010" 的方式表示。
2020 年國貿條規	以 "FOB｜Free On Board"，"FOB (insert named port of shipment) Incoterms 2020" 的方式表示。

茲就使用者解釋摘要說明使用本條件應注意事項：

1.交貨與危險

出口港船上交貨價格條件指賣方以下列方式向買方交貨：

⑴在指定裝運港將貨物置放在買方指定的船舶上

⑵或取得已如此交貨之貨物。

當貨物置放在船舶上時，貨物滅失或損壞的危險移轉給買方，且買方從那時起負擔所有成本。

2.運送工具

本條件僅使用在當事人意圖以將貨物置放在船舶上之方式交貨的海運或內陸水路運送方式。

本條件不適合貨物在置放在船舶上之前移交給運送人之方式，例如貨物在貨櫃貨運站移交給運送人。在該情形下，當事人應考慮使用 FCA 條件而不是

FOB 條件。

　　3.或取得如此交貨之貨物

　　賣方被要求交付貨物到船舶上或取得如此交付裝運之貨物。此處所述「取得」(procure) 是指配合沿著一條銷售鏈（連續銷售）之多層次銷售。

　　4.出口／進口通關

　　本條件要求賣方辦理貨物出口通關。但賣方沒有義務辦理貨物進口或經第三國轉運之通關、支付任何進口關稅或完成任何進口通關手續。

（三）CFR｜Cost and Freight（包括運費在內價格條件）

◢ 2010 年國貿條規及 2020 年國貿條規表示方式之比較 ◣

2010 年國貿條規	以 "Cost And Freight"，"CFR (insert named port of destination) Incoterms 2010" 的方式表示。
2020 年國貿條規	以 "CFR｜Cost and Freight"，"CFR (insert named port of destination) Incoterms 2020" 的方式表示。

　　茲就使用者解釋摘要說明使用本條件應注意事項：

　　1.交貨與危險

　　包括運費在內價格條件指賣方以下列方式向買方交貨：

　　⑴將貨物置放在船舶上

　　⑵或取得已如此交貨之貨物。

　　當貨物置放在船舶上時，貨物滅失或損壞的危險移轉給買方，賣方就已執行其交貨之義務，而不管貨物是否真正地以良好的狀況，或實際上完全以約定數量抵達目的地。

　　本條件下，賣方對買方不負擔購買保險的義務；買方應自行購買保險。

　　2.運送工具

　　本條件僅使用在海運或內陸水路運送方式。若使用一種以上的運送方式，如普遍使用在貨櫃貨運站將貨物移交給運送人的情形，應使用 CPT 條件而不是 CFR 條件。

　　3.或取得如此交貨之貨物

　　此處所述「取得」是指配合沿著一條銷售鏈（連續銷售）之多層次銷售。

4. 交貨港與目的港

在本條件下，有兩個重要的港口：

(1)交貨港

(2)約定的貨物目的港。

在本條件下，當貨物放置在裝運港的船舶上交付給買方或取得如此交貨之貨物時，危險從賣方移轉給買方。但賣方必須簽訂從交貨到約定目的地的運送契約。例如，貨物從上海（港口）運送到南開普敦（港口），交貨發生於貨物置放在上海的船舶上時，危險亦從那時移轉給買方，而賣方必須簽訂從上海到南開普敦的運送契約。

5. 必須指定裝運港

若契約只有指定目的港，而沒有指定危險移轉的裝運港。如買方希望確定價格中的運費部分是不是合理，當事人應盡可能地在契約中明確指定裝運港。

6. 確定在卸貨港的目的地點

當事人應盡可能地確定在指定目的港的地點，因到該地點的成本由賣方負擔。賣方必須簽訂涵蓋從交貨到指定港或到該港在買賣契約中的約定地點之貨物運送契約。

7. 多個運送人

運送可能由海運的不同過程的運送人完成，例如，先由一個駁船運送人 (carrier operating a feeder vessel) 從香港運到上海，再從上海運到南開普敦。在這個案例中，產生危險移轉與交貨的問題，當事人應在買賣契約中明文約定。若無此約定，當貨物交給第一運送人時，危險移轉於一個不履約的位置 (default position)，例如在香港，因而增加買方遭受貨物滅失或損壞的危險期間。若當事人希望在上海移轉危險，則必須在買賣契約中約定。

8. 卸貨成本

若賣方在其運送契約中發生有關在目的港指定地點的卸貨成本，除非當事人另有約定，賣方無權個別地從買方處收回這項成本。

9. 出口／進口通關

本條件要求賣方辦理貨物出口通關。但賣方沒有義務辦理貨物進口或經第三國轉運之通關、支付任何進口關稅或完成任何進口通關手續。

（四）CIF｜Cost Insurance and Freight（包括運保費在內價格條件）

◢ 2010 年國貿條規及 2020 年國貿條規表示方式之比較 ◣

2010 年國貿條規	以 "Cost Insurance And Freight"，"CIF(insert named port of destination) Incoterms 2010" 的方式表示。
2020 年國貿條規	以 "CIF｜Cost Insurance and Freight"，"CIF (insert named port of destination) Incoterms 2020" 的方式表示。

茲就使用者解釋摘要說明使用本條件應注意事項：

1.交貨與危險

規定內容與 CFR 條件相比較，除「賣方對買方不負擔購買保險的義務：買方應自行購買保險。」的規定外，其餘內容完全相同。

2.運送工具

除適當的使用條件是 CIP 而不是 CIF 外，其餘規定內容與 CFR 條件相同。

3.或取得如此交貨之貨物

規定內容與 CFR 條件相同。

4.交貨港與目的港

規定內容與 CFR 條件相同。

5.必須指定裝運港

除「買方希望確定價格中的運費或保險費部分是不是合理」外，其餘規定內容與 CFR 條件相同。

6.確定在卸貨港的目的地點

規定內容與 CFR 條件相同。

7.多個運送人

規定內容與 CFR 條件相同。

8.保險

賣方亦必須就買方對貨物滅失或損壞的危險投保，簽訂至少從裝運港到目的港的貨物運送保險契約。若目的地國家要求在當地購買保險時，當事人應考慮以 CFR 條件銷售或購買。

在 2020 年國貿條規的 CIF 條件下，賣方必須投保符合協會貨物保險 (C) 條款或類似條款的貨物運送保險，而不是涵蓋範圍較大的協會貨物保險 (A) 條款。但仍開放給當事人約定涵蓋範圍較大的保險。

9.卸貨成本

規定內容與 CFR 條件相同。

10.出口／進口通關

規定內容與 CFR 條件相同。

第六節 十一種條件規定內容解說

國際商會在 2020 年國貿條規十一種條件的規定內容中，雖仍維持將賣方義務與買方義務各分十項作有系統之規定，且每一項義務都相互對應，但標題與前後順序則作了重大的改變。茲就各條件之賣方與買方義務逐項進行探討，並與 2010 年國貿條規之舊條款作比較分析。

一、一般義務

（一）賣方義務

2020 年國貿條規將賣方義務 A1 項的標題從 2010 年的「賣方之一般義務」改為「一般義務」。本項義務為賣方之基本義務，在 2020 年國貿條規的十一種條件中的規定都相同。

本項規定：

⑴賣方必須提供符合買賣契約之貨物與商業發票；及

⑵符合契約可能要求之任何其他證據；

⑶賣方提供的任何單據得以約定的書面或電子格式為之或，若無約定時，依慣例。

與 2010 年國貿條規之規定相比較，只有一點不同：

在上述第⑶點規定中，將 2010 年國貿條規之規定「若經雙方當事人約定或依慣例，從 A1 到 A10 各項所涉及之任何單據得為相當之電子記錄或程序」改為「賣方提供的任何

單據得以約定的書面或電子格式為之或，若無約定時，依慣例」。

其餘規定內容則完全相同。

此處所指符合買賣契約之貨物，應包括品質與數量均符合買賣契約的規定。若貨物由賣方或買賣契約指定之第三者檢查時，為確保貨物符合買賣契約規定，買方若不能親自前來驗貨，通常會指定第三者，如公證行或其他機構檢驗，並特別要求賣方提供貨物符合買賣契約規定之證明文件。

若買賣契約中明白規定賣方必須提供貨物符合規定之證明，而賣方所提供之證明文件不符合買賣契約規定者，買方可認為貨物不符合買賣契約之約定，而依 「聯合國國際貨物買賣契約公約」（UN Convention on Contracts for the International Sale of Goods, CISG，簡稱 UN Sales Convention, 1980） 第 46 條至第 52 條之規定處理，其處理方式包括：⑴貨物不符合之救濟，買方得請求交付替代物或請求賣方修補 （46 條）；⑵買方可訂定合理的額外時間請求賣方履行契約（47 條）；⑶買方得解除買賣契約，拒絕受領貨物（49 條）；⑷請求賣方減價（50 條） 等。

（二）買方義務

2020 年國貿條規將買方義務 B1 項的標題改為「一般義務」。本項義務為買方之基本義務，在 2020 年國貿條規十一種條件中都相同。

本項規定：

⑴買方必須支付依買賣契約提供之貨物價金。

⑵買方提供的任何單據得以約定的書面或電子格式為之或，若無約定時，依慣例。

與 2010 年國貿條規之規定相比較，只有一點不同：

在上述第⑵點規定中，將 2010 年國貿條規之規定「若經雙方當事人約定或依慣例，從 B1 到 B10 各項所涉及之任何單據得為相當之電子記錄或程序」改為「買方提供的任何單據得以約定的書面或電子格式為之或，若無約定時，依慣例」。其餘規定內容則完全相同。

依此規定，買方必須依買賣契約之約定付款方法、支付金額、支付時間及地點來支付買賣標的物之價金。

國際間買賣價金之支付方法較為複雜，且須受特別之法令規範❺。因此，

通常會在買賣契約書中明確約定付款方法，若買方不依買賣契約所約定之方式支付價金，將構成賣方不予交貨之抗辯或違反買賣契約之問題。

支付時間可分交貨前、交貨時或交貨後三種，若無特別約定，賣方交貨與買方付款應同時為之，使交貨與付款成為同時履行之關係，故支付時間應配合交貨時間。

買方支付貨款之地點須依付款方式而定。在 EXW 條件下，以在賣方工廠或倉庫支付買賣價金為原則。若買賣契約未約定付款地點，依法律上的觀點而言，應以在賣方所在地付款為原則。

買方應支付之金額，除依 B9 項條款「成本之分配」規定分配者外，應為實際交付貨物數量乘以單價之總額。若有特別約定匯率變動風險、貨物漲跌風險之負擔事項者，應依其約定算出總額。不過，通常賣方於交付貨物時，會依其義務對買方提出商業發票，而商業發票中會記載實際交付貨物之數量、單價、有關價格之特別約定事項、費用之分配及總金額。因此，買方應支付之總金額原則上為商業發票上所記載之金額。

✺ 二、交貨與受領貨物

（一）賣方義務

2020 年國貿條規將 2010 年國貿條規賣方義務 A4 項「交貨」改列在 A2 項「交貨」。依其規定，就各條件分別說明如下：

　1. EXW 條件規定：

　⑴賣方必須在指定交貨地的約定地點，若有，以不予裝載在任何收貨車上 (not loaded on any collecting vehicle) 將貨物置於買方處理下之方式交貨。

　⑵若在指定交貨地無約定特定地點，且有幾個地點可使用時，賣方得選擇最適合其目的之地點。

　⑶賣方必須在約定日或約定期間內交貨。

　與 2010 年國貿條規之規定內容完全相同。

---

❺　如我國之「管理外匯條例」及有關貨品輸出入之管理辦法等。

2. FCA 條件規定：

⑴賣方必須以在指定地，若有，在指定地點將貨物交給運送人或買方指定的其他人之方式交貨，或

⑵以取得如此交貨之貨物之方式交貨。

⑶賣方必須在約定日或買方依 B10⒝項規定通知的約定期間內或，

⑷若無此通知時間，則在約定期間之尾日交貨。

交貨完成於：

⒜若指定地為賣方之場所，當貨物已經裝載在買方提供的運送工具上；或

⒝在任何其他情形時 ， 當貨物在賣方的運送工具上準備卸貨 (ready for unloading) 置於運送人或買方指定之其他人處理下。

若買方未依 B10⒟項規定在指定交貨地通知指定地點，且若有數個可使用的地點時，賣方得選擇最適合其目的之地點。

與 2010 年國貿條規之規定相比較，有以下三點不同：

⑴增加「或以取得如此交貨之貨物之方式交貨」。

⑵將交貨時間從「約定的日期或約定期間內」改為「在約定日或買方依 B10⒝項規定通知的約定期間內或，若無此通知時間，則在約定期間之尾日」。

⑶刪除「除非買方另外通知賣方，賣方得依貨物數量及／或性質可能要求之方式將貨物交付運送」的規定。

3. CPT 與 CIP 條件都規定：

⑴賣方必須依 A4 項規定將貨物移交給約定的運送人之方式交貨，或

⑵以取得已如此交貨之貨物之方式交貨。

⑶無論那種方式，賣方必須在約定日或約定期間內交貨。

與 2010 年國貿條規之規定相比較，只有一點不同：

增加「或以取得已如此交貨之貨物之方式交貨」的規定。

4. DAP 條件規定：

⑴賣方必須在指定目的地，若有，在約定地點以將貨物在抵達的運送工具上準備卸貨置於買方處理下之方式交貨，或

⑵以取得如此交貨之貨物之方式交貨。

⑶無論那種方式，賣方必須在約定日或約定期間內交貨。

與 2010 年國貿條規之規定相比較，只有一點不同：

增加「或以取得已如此交貨之貨物之方式交貨」的規定。

5. DPU 條件規定：

⑴賣方必須在指定目的地，若有，在約定地點以將貨物從抵達的運送工具上卸貨並必須將其置於買方處理下之方式交貨或

⑵以取得如此交貨之貨物之方式交貨。

⑶無論那種方式，賣方必須在約定日或約定期間內交貨。

DPU 條件是從 2010 年國貿條規的 DAT 條件修改而來，與 DAT 條件之規定相比較，有兩點不同：

⑴增加「或以取得已如此交貨之貨物之方式交貨」的規定；

⑵將「在目的港或目的地於 A3 a) 項條款所提及之指定貨運站」改為「在指定目的地，若有，在約定地點」。

6. DDP 條件規定：

⑴賣方必須在指定目的地，若有，在約定地點以將貨物在抵達的運送工具上準備卸貨置於買方處理下之方式交貨，或

⑵以取得如此交貨之貨物之方式交貨。

⑶無論那種方式，賣方必須在約定日或約定期間內交貨。

與 2010 年國貿條規之規定相比較，只有一點不同：

增加「或以取得已如此交貨之貨物之方式交貨」之規定。

7. FAS 條件規定：

⑴賣方必須在指定裝運港（若有），在買方指定的裝載地點，以將貨物置放在買方指定的船舶邊之方式交貨，或

⑵以取得如此交貨之貨物之方式交貨。

⑶賣方必須在約定日或買方依 B10 項規定通知的約定期間內之時間或，

⑷若無此通知時間，則在約定期間之尾日交貨。

⑸且依港口之習慣的方式。

⑹若買方未指定特定的裝運地點，賣方得在指定裝運港，選擇最適合其目的之地點。

與 2010 年國貿條規的規定內容相比較，有三點不同：

⑴將交貨時間從「約定的日期或約定期間內」改為「在約定日或買方依 B10 項規定通知的約定期間內之時間或，若無此通知時間，則在約定期間之尾日」

(2)刪除「若當事人同意應在某一期間內交貨，買方有權選擇在該期間內之日期」的規定。

(3)將 "ship" 改為 "vessel"。

8. FOB 條件規定：

其規定內容與 FAS 條件僅有一點不同，即 FOB 條件的交貨方式為「置放在買方指定的船舶上」，而 FAS 條件的交貨方式為「置放在買方指定的船舶邊」。其餘規定內容則完全相同。

與 2010 年國貿條規 FOB 條件的規定內容相比較，有兩點不同：

(1)同 FAS 條件的第(1)不同點。

(2)同 FAS 條件的第(3)不同點。

9. CFR 與 CIF 條件都規定：

(1)賣方必須將貨物置放於船舶上之方式交貨，或

(2)以取得如此交貨之貨物之方式交貨。

(3)賣方必須在約定日或約定期間內交貨，

(4)依港口習慣的方式。

與 2010 年國貿條規的 CFR 與 CIF 兩條件的規定內容完全相同。

（二）買方義務

2020 年國貿條規將 2010 年國貿條規買方義務 B4 項規定「受領貨物」改列在 B2 項「受領貨物」。依其規定，就各條件分別說明如下：

1. EXW 條件規定：

(1)當貨物已依 A2 項規定完成交貨，

(2)並依 A10 項規定通知，買方必須受領貨物。

與 2010 年國貿條規之規定內容相比較，除文字修改，規定內容大致相同。

2. FCA 條件規定：

當貨物已依 A2 項規定完成交貨，買方必須受領貨物。

與 2010 年國貿條規的規定內容相比較，除文字修改，規定內容大致相同。

3. CPT 與 CIP 兩條件都規定：

(1)當貨物已依 A2 項規定完成交貨時，買方必須受領貨物，

(2)且在指定目的地或若約定，在該地方內的地點從運送人處領取貨物。

與 2010 年國貿條規之之規定內容相比較，只有一點不同：

在第(2)點規定中，將 2010 年國貿條規「在指定目的地」之規定改為「在指定目的地或若約定，在該地方內的地點」，其餘規定內容則相同。

4. DAP、DPU 與 DDP 等三條件都規定：

當貨物已依 A2 項規定完成交貨，買方必須受領貨物。

與 2010 年國貿條規的 DAT、DAP 與 DDP 三條件之規定內容相比較，除文字修改，規定內容大致相同。

5. FAS 與 FOB 兩條件都規定：

當貨物依 A2 項規定完成交貨時，買方必須受領貨物。

與 2010 年國貿條規的兩條件規定內容相比較，除文字修改，規定內容大致相同。

6. CFR 與 CIF 兩條件都規定：

當貨物依 A2 項規定完成交貨時，買方必須受領且在指定目的港從運送人處領取貨物。

與 2010 年國貿條規的兩條件規定內容相比較，除文字修改，規定內容大致相同。

🌼 三、危險之移轉

（一）賣方義務

2020 年國貿條規將 2010 年國貿條規賣方義務 A5 項「危險之移轉」改列在 A3 項「危險之移轉」。依其規定，就各條件分別說明如下：

EXW、FCA、CPT、CIP、DAP、DPU、DDP、FAS、FOB、CFR 及 CIF 等十一種條件都規定：

除 B3 項所說明的滅失或損壞情形外，賣方負擔依 A2 項規定完成交貨前貨物滅失或損壞之所有危險。

與 2010 年國貿條規相比較：除 B5 項改為 B3 項，A4 項改為 A2 項外，與 2010 年國貿條規之十一種條件規定內容完全相同。但因各條件的交貨地點不同，其危險移轉的地點亦有所不同。

（二）買方義務

2020 年國貿條規將 2010 年國貿條規買方義務 B5 項規定「危險之移轉」改

列在 B3 項「危險之移轉」。依其規定，就各條件分別說明如下：

1. EXW 條件規定：

(1)買方負擔依 A2 項規定完成交貨後，貨物滅失或損壞之所有危險；

(2)若買方未依 B10 項規定給予通知時，自約定交貨日或交貨期間尾日起負擔貨物滅失或損壞之所有危險，但以該貨物已經明確認定屬於契約貨物為限。

與 2010 年國貿條規之規定內容相比較，只有一點不同：

將上述第(2)點規定中之「交貨期間屆滿日」(the expiry date of the agreed period for delivery) 改為「交貨期間尾日」(the end of the agreed period for delivery)，其餘規定內容則大致相同。

買方未依 B10 項規定給予通知所導致的危險，應指買方保留交貨時間與地點而言。

貨物已經明確認定屬於契約貨物應指賣方將契約所約定的標的物與其他貨物分開，並在包裝箱上印上嘜頭，成為獨立的交貨單位 (delivery unit) 而言。

2. FCA 條件規定：

(1)買方負擔依 A2 項規定完成交貨後，貨物滅失或損壞之所有危險；

(2)若

(a)買方未依 A2 項規定指定運送人或其他人或依 B10 項規定給予通知；或

(b)買方依 B10(a)項規定指定之運送人或其他人未接管貨物，則買方

(i)自約定日起，或若無約定日，

(ii)自買方依 B10(b)項規定選定的日期起；或，若無此通知時間，

(iii)自任何約定交貨期間的尾日起，負擔貨物滅失或損壞之所有危險，但以該貨物已經明確認定屬於契約貨物為限。

與 2010 年國貿條規之規定內容相比較，只有一點不同：

將第(2)(b)(iii)點規定之「交貨期間屆滿日」改為「交貨期間的尾日」，其餘規定，除文字修改，內容大致相同。

3. CPT 與 CIP 兩條件都規定：

規定內容與 EXW 條件完全相同。

與 2010 年國貿條規之不同點與 EXW 條件相同。

4. DAP、DPU 與 DDP 三條件都規定：

買方負擔依 A2 項規定完成交貨後，貨物滅失或損壞之所有危險；若

⑷買方未依 B7 項規定履行其義務時，負擔所有因此產生之貨物滅失或損壞之危險；或

⑸買方未依 B10 項規定給予通知，自約定交貨日或交貨期間的尾日起負擔貨物滅失或損壞之所有危險，但以該貨物已經明確認定屬於契約貨物為限。

與 2010 年國貿條規的 DAT、DAP 與 DDP 等三條件之規定內容相比較，只有一點不同：

將上述第⑸點規定之「交貨期間屆滿日」改為「交貨期間的尾日」，其餘規定，除文字修改，內容大致相同。

三種條件的交貨方式與地點不同，故危險移轉的時間與地點不同。

5. FAS 條件規定：

⑴買方負擔依 A2 項規定完成交貨起，貨物滅失或損壞之所有危險；

⑵若：

  ⒜買方未依 B10 項規定給予通知；或

  ⒝買方指定的船舶未準時抵達使賣方能配合 A2 項規定交貨、未接管貨物，或比依照 B10 項規定通知時間提早截止收貨；則買方

    ⒤自約定日起，或若無約定日，

    ⒥自買方依 B10 項規定選定的日期起，或，若無此通知日期，

    ⒦自任何約定交貨期間的尾日起，負擔貨物滅失或損壞之所有危險，但以該貨物已經明確認定屬於契約貨物為限。

與 2010 年國貿條規的規定內容相比較，有三點不同：

⑴在上述第⑵⒝點規定中，將 2010 年國貿條規「未準時抵達」之規定改為「未準時抵達使賣方能配合 A2 項規定交貨」。

⑵增加上述第⑵⒝⒥點規定；

⑶在上述第⑵⒝⒦點規定中，將 2010 年國貿條規「交貨期間屆滿日」之規定改為「交貨期間的尾日」。其餘規定，除文字修改，內容大致相同。

6. FOB 條件規定：

其規定內容完全與 FAS 條件相同。

與 2010 年國貿條規的規定內容相比較，有二點不同：

⑴在上述第⑵⒝⒥點規定中，將 2010 年國貿條規「通知日期」之規定改為「選定的日期」，

⑵在上述第⑵⒝⒦點規定中，將 2010 年國貿條規「交貨期間屆滿日」之規定改為「交

貨期間尾日」。其餘規定，除文字修改，內容大致相同。

7. CFR 與 CIF 兩條件都規定：

⑴買方負擔依 A2 項規定完成交貨後，貨物滅失或損壞之所有危險；

⑵若買方未依 B10 項規定給予通知，則負擔自約定日起或約定裝運期間的尾日起貨物滅失或損壞之所有危險，但以該貨物已經明確認定屬於契約貨物為限。

與 2010 年國貿條規的規定內容相比較，只有一點不同：

在上述第⑵點規定中，將 2010 年國貿條規「交貨期間屆滿日」之規定改為「交貨期間尾日」。其餘規定，除文字修改，內容大致相同。

❋ 四、運　送

（一）賣方義務

2020 年國貿條規將 2010 年國貿條規賣方義務 A3 項「運送及保險契約」改列在 A4 項「運送」及 A5 項「保險」。依其規定，就各條件分別說明如下：

1. EXW 條件規定：

⑴賣方對買方無簽訂運送契約的義務。

⑵應買方之要求、負擔危險與成本下，賣方必須提供買方，為安排運送買方所需之任何賣方所擁有的任何資訊，包括與運送有關之安全要求。

與 2010 年國貿條規之規定內容相比較，只有一點不同：

增加上述第⑵項規定。

2. FCA 條件規定：

⑴賣方對買方無簽訂運送契約的義務；

⑵應買方之要求、負擔危險與成本下，賣方必須提供買方，為安排運送買方所需之賣方所擁有的任何資訊，包括與運送有關之安全要求；

⑶若已約定，賣方必須以買方之危險及成本，基於通常條件簽訂運送契約；

⑷賣方必須符合任何針對交貨之與運送有關之安全要求。

與 2010 年國貿條規之規定內容相比較，除上述第⑴項規定內容完全相同外，有三點不同：

⑴將上述第⑶項規定內容「若買方要求，或依商業習慣且於到期時買方未給予相反之

指示時」改為「若已約定」。

(2)新增上述第(2)與第(4)項規定內容。

(3)刪除「賣方得拒絕簽訂運送契約，若拒絕，應立即通知買方」的規定。

3. CPT 與 CIP 兩條件都規定：

(1)賣方必須簽訂或取得貨物從交貨地的約定交貨地點，若有，到指定目的地或，若約定，在該地之任何地點之運送契約。

(2)運送契約必須以賣方的成本依通常條件簽訂並提供依「正常使用於運送該類已售貨物」之習慣方式以通常途徑運送。

(3)若未約定或無法依慣例決定特定地點時，賣方得在指定目的地選擇最適合其目的之交貨地點。

(4)賣方必須符合任何為運送到目的地之與運送有關之安全要求。

與 2010 年國貿條規之規定內容相比較，有兩點不同：

(1)增加「正常使用於運送該類已售貨物」之規定。

(2)增加上述第(4)項之規定。

4. DAP、DPU 與 DDP 等三條件都規定：

(1)賣方必須自擔成本簽訂契約或安排到指定目的地或，若有，在指定目的地的約定地點之貨物運送。

(2)若未約定或無法依慣例決定特定地點時，賣方得在指定目的地選擇最適合其目的的地點。

(3)賣方必須符合任何為運送到目的地之與運送有關之安全要求。

DAP 條件與 2010 年國貿條規 DAP 條件之規定內容相比較，有兩點不同：

(1)增加「或安排」之規定。

(2)增加上述第(3)項之規定。

DPU 條件與 2010 年國貿條規 DAT 條件之規定內容相比較，有三點不同：

(1)增加「或安排」之規定。

(2)將貨物運送到目的港或目的地之「指定貨運站」(named terminal) 改為「指定目的地或，若有，在指定目的地的約定地點」。

(3)增加上述第(3)項之規定。

DDP 條件與 2010 年國貿條規 DDP 條件之規定內容相比較，有兩點不同：

(1)增加「或安排」之規定。

(2)增加上述第(3)項之規定。

5. FAS 與 FOB 兩條件都規定：

⑴賣方對買方無簽訂運送契約的義務；

⑵應買方之要求、負擔危險與成本下，賣方必須提供買方，為安排運送買方所需之賣方所擁有的任何資訊，包括與運送有關之安全要求；

⑶若已約定，賣方必須以買方之危險及成本，基於通常條件簽訂運送契約；

⑷賣方必須符合任何針對交貨之與運送有關之安全要求。

與 2010 年國貿條規兩條件的規定內容相比較，除上述第⑴項規定內容完全相同外，有三點不同：

⑴將上述第⑶項規定內容從 2010 年國貿條規之規定「若買方要求，或依商業習慣且於到期時買方未給予相反之指示時」改為「若已約定」。並將「費用」(expense) 改為「成本」(cost)。

⑵新增上述第⑵與第⑷項規定內容。

⑶刪除 2010 年國貿條規「賣方得拒絕訂定運送契約，若賣方拒絕時，應立即通知買方」之規定。

6. CFR 與 CIF 兩條件都規定：

⑴賣方必須簽訂或取得貨物從交貨地的約定交貨地點，若有，到指定目的港或，若約定，在該港之任何地點之運送契約。

⑵運送契約必須以賣方的成本依通常條件簽訂並提供依正常使用於運送該類已售貨物之型態的船舶以通常途徑運送。

⑶賣方必須符合任何為運送到目的地之與運送有關之安全要求。

與 2010 年國貿條規兩條件的規定內容相比較，有兩點不同：

⑴增加上述第⑶項規定外。

⑵將「費用」(expense) 改為「成本」(cost)。其餘規定內容完全相同。

（二）買方義務

2020 年國貿條規將 2010 年國貿條規買方義務 B3 項規定 「運送及保險契約」改列在 B4 項「運送」及 B5 項「保險」。

1. EXW 條件規定：

由買方決定自擔成本簽訂契約或安排從指定交貨地起之貨物運送。

2010 年國貿條規的 EXW 條件只規定「買方對賣方無簽訂運送契約的義務」。

2. FCA 條件規定：

⑴除依 A4 項規定運送契約由賣方簽訂者外，

⑵買方必須自擔成本簽訂契約或安排從指定交貨地起之貨物運送。

與 2010 年國貿條規之規定內容相比較，只有一點不同：

增加「或安排從指定交貨地起之貨物運送」，其餘規定，除文字修改，內容大致相同。

3. CPT、CIP、DAP、DPU 與 DDP 等五條件都規定：

買方對賣方無簽訂運送契約的義務。

與 2010 年國貿條規 CPT、CIP、DAT、DAP 與 DDP 等五條件之規定內容都相同。

4. FAS 與 FOB 兩條件都規定：

除依 A4 項規定由賣方簽訂運送契約外，買方必須自擔成本簽訂從指定裝運港起之貨物運送契約。

與 2010 年國貿條規之兩條件規定內容相比較，只有一點不同：

將「費用」改為「成本」。其餘規定，除文字修改，內容大致相同。

5. CFR 與 CIF 兩條件都規定：

買方對賣方無簽訂運送契約的義務。

與 2010 年國貿條規之兩條件規定內容完全相同。

❀ 五、保　險

（一）賣方義務

1. EXW、FCA 與 CPT 等三條件都規定：

⑴賣方對買方無簽訂保險契約的義務。

⑵應買方之要求、負擔危險與成本下，賣方必須提供買方為取得保險買方所需之賣方所擁有的資訊。

與 2010 年國貿條規等三條件之規定內容相比較，有兩點不同：

⑴將「費用」(expense) 改為「成本」(cost)。

⑵將提供「買方取得保險所需之資訊」改為「為取得保險買方所需之賣方所擁有的資訊」。

2. CIP 條件規定：

⑴除非另有約定或依特殊交易之慣例，賣方必須自擔成本，取得符合協會

貨物保險 A 條款（勞依茲市場協會／倫敦國際保險協會）或任何類似條款之貨物保險。

(2)應與信譽良好的保險人或保險公司簽訂保險契約，且使買方，或對貨物具有保險利益的任何其他人有權直接向保險人索賠。

(3)若買方要求，在買方提供任何賣方要求之必需資訊下，賣方必須以買方的成本提供任何附加險，若可取得，如符合協會貨物保險戰爭險條款及／或罷工險條款（勞依茲市場協會／倫敦國際保險協會）或任何類似條款（除非這些附加險已經包括在前節所述的貨物保險範圍內）。

(4)最低投保金額應為契約價格加 10%（即 110%）且以契約中所使用的通貨投保。

(5)保險範圍應涵蓋貨物依 A2 項規定自交貨地點起最少到指定目的地。

(6)賣方必須提供買方保險單或保險證明書或任何其他投保證明。

(7)賣方必須提供買方，應買方要求、負擔危險與成本下，為取得任何附加險所需之資訊。

與 2010 年國貿條規之規定內容相比較，有四點不同：

(1)上述第(1)項規定增加「除非另有約定或依特殊交易之慣例」，並將 C 條款改為 A 條款；

(2)上述第(3)項規定，為配合上述第(1)項取得 A 條款的規定，將 2010 年國貿條規中所規定「以買方的費用提供任何附加險」所包括的協會貨物保險 A 或 B 條款刪除，只保留協會貨物保險戰爭險條款及／或罷工險條款。並將「費用」改為「成本」。

(3)上述第(6)項規定增加提供「保險證明書」之規定。

(4)上述第(7)項規定內容中，將「費用」(expense) 改為「成本」(cost)。

3. DAP、DPU 與 DDP 等三條件都規定：

賣方對買方無簽訂保險契約的義務。

與 2010 年國貿條規等三條件之規定內容相比較，只有一點不同：

刪除「應買方之要求、負擔危險與費用下（若有），賣方必須提供買方為取得保險所需之資訊」之規定。

4. FAS、FOB 與 CFR 等三條件都規定：

(1)賣方對買方無簽訂保險契約的義務。

(2)應買方之要求、負擔危險與成本下，賣方必須提供買方，為取得保險買

方所需之賣方所擁有的資訊。

與 2010 年國貿條規的 FAS、FOB 與 CFR 等三等條件的規定內容相比較，只有一點不同：

將提供「買方取得保險所需之資訊」改為「為取得保險買方所需之賣方所擁有的資訊」。

5. CIF 條件規定：

(1)除非另有約定或依特殊交易慣例，賣方必須自擔成本取得符合協會貨物保險 C 條款（勞依茲市場協會／倫敦國際保險協會）或任何類似條款之貨物保險。

(2)應與信譽良好的保險人或保險公司簽訂保險契約，且使買方，或對貨物具有保險利益的任何其他人有權直接向保險人索賠。

(3)若買方要求，在買方提供任何賣方要求之必需資訊下，賣方必須以買方的成本提供任何附加險，若可取得，如符合協會貨物保險戰爭險條款及／或罷工險條款（勞依茲市場協會／倫敦國際保險協會）或任何類似條款（除非這些附加險已經包括在前節所述的貨物保險範圍內）。

(4)最低投保金額應為契約價格加 10%（即 110%）且以契約中所使用通貨投保。

(5)保險範圍應涵蓋貨物依 A2 項規定自交貨地點起最少到指定目的港。

(6)賣方必須提供買方保險單或保險證明書或任何其他投保證明。

(7)賣方必須提供買方，應買方要求、負擔危險與成本下，為取得任何附加險所需之資訊。

與 2010 年國貿條規 CIF 條件的規定內容相比較，有四點不同：

(1)上述第(1)項規定內容增加 「除非另有約定或依特殊交易之慣例」，並將 「費用」(expense) 改為「成本」(cost)。

(2)上述第(3)項規定將 2010 年國貿條規中所規定的「任何附加保險」中的 A 或 B 條款刪除，只保留協會貨物保險戰爭險條款及／或罷工險條款。

(3)上述第(6)項規定內容增加提供「保險證明書」。

(4)上述第(7)項規定內容中，將「費用」(expense) 改為「成本」(cost)。

CIF 條件在保險方面與 CIP 條件之規定內容有兩點不同：

(1)保險範圍因買方受領貨物及危險移轉的地點不同。CIP 條件的保險範圍應包括「自交貨地點」至少到「指定目的地」，而 CIF 條件的保險範圍則應包括「自交貨地點」至少到「指定目的港」。

⑵CIF 條件投保協會貨物保險 C 條款，而 CIP 條件投保協會貨物保險 A 條款。

（二）買方義務

1. EXW 與 FCA 兩條件都規定：

買方對賣方無簽訂保險契約的義務。

與 2010 年國貿條規中此兩種條件之規定內容完全相同。

2. CPT 條件規定：

買方對賣方無簽訂保險契約的義務。

與 2010 年國貿條規之規定內容相比較，只有一點不同：

刪除「買方必須應要求，提供賣方為取得保險所需之資訊」之規定。

3. CIP 條件規定：

⑴買方對賣方無簽訂保險契約的義務。

⑵買方必須提供賣方，應要求，買方依 A5 項規定要求賣方取得任何附加保險之任何必需資訊。

與 2010 年國貿條規之規定內容相比較，除文字修改，內容大致相同。

4. DAP、DPU 與 DDP 等三條件都規定：

⑴買方對賣方無簽訂保險契約的義務。

⑵買方必須提供賣方，應賣方要求、負擔危險與成本，為取得保險賣方所需之資訊。

與 2010 年國貿條規之 DAT、DAP 與 DDP 等三條件之規定內容相比較，只有一點不同：

將「應要求」改為「應賣方要求、負擔危險與成本」，其餘規定內容則相同。

5. FAS 與 FOB 兩條件都規定：

買方對賣方無簽訂保險契約的義務。

與 2010 年國貿條規中此兩種條件的規定內容完全相同。

6. CFR 條件規定：

買方對賣方無簽訂保險契約的義務。

與 2010 年國貿條規的規定內容相比較，只有一點不同：

刪除「買方必須提供賣方，應要求，取得保險所需之資訊」外，其餘規定內容相同。

2010 年國貿條規中的這項規定應為多餘之規定，或是因筆誤所致，故在

2020 年國貿條規的 **CFR** 條件中刪除。

7. CIF 條件規定：

⑴買方對賣方無簽訂保險契約的義務。

⑵買方必須提供賣方，應要求，買方依 **A5** 項規定要求賣方取得任何附加保險之任何必需資訊。

與 2010 年國貿條規的規定內容相比較，除文字修改，內容大致相同。

✸ 六、交貨／運送單據

（一）賣方義務

2020 年國貿條規將 2010 年國貿條規賣方義務 **A8** 項規定「交貨單據」改列在 **A6** 項「交貨／運送單據」。

1. EXW 條件規定：

賣方對買方無義務。

與 2010 年國貿條規之規定內容完全相同。

2. FCA 條件規定：

⑴賣方必須自擔成本提供買方，貨物已依 **A2** 項規定完成交貨的通常證明。

⑵應買方之要求、負擔危險與成本下，賣方必須提供協助買方，取得運送單據。

⑶當買方已依 **B6** 項規定指示運送人向賣方發行運送單據時，賣方必須提供任何此類單據給買方。

與 2010 年國貿條規之規定內容相比較，有兩點不同：
⑴將「費用」改為「成本」。
⑵增加上述第⑶項之規定。

3. CPT 與 CIP 兩條件都規定：

⑴若依慣例或應買方之要求，賣方必須提供買方，自擔成本，依 **A4** 項規定簽訂的運送契約之通常運送單據。

⑵運送單據必須涵蓋契約貨物並在約定期間內裝運。

⑶若已約定或依慣例，單據也必須使買方能在指定目的地從運送人處提取

貨物且使買方能以單據移轉給下一個買方或以通知運送人之方式銷售運送途中之貨物。

⑷當運送單據以可轉讓形式發行且有數份正本時，必須向買方提示全套正本。

與 2010 年國貿條規兩條件之規定內容相比較，只有一點不同：

將「費用」改為「成本」。

4. DAP、DPU 與 DDP 等三條件都規定：

賣方必須自擔成本提供買方，使買方能接管貨物所要求之任何單據。

與 2010 年國貿條規之規定內容相比較，有兩點不同：

⑴將「費用」改為「成本」。

⑵將提供的單據從「使買方能依 A4/B4 項之規定受領貨物之單據」改為「使買方能接管貨物所要求之任何單據」。

5. FAS 與 FOB 兩條件都規定：

⑴賣方必須自擔成本提供買方貨物已依 A2 項規定完成交貨的通常證明。

⑵除非這項證明是運送單據，賣方必須提供協助買方，應買方要求、負擔危險與成本下，取得運送單據。

與 2010 年國貿條規兩條件的規定內容相比較，只有一點不同：

將「費用」(expense) 改為「成本」(cost)。其餘規定內容完全相同。

6. CFR 與 CIF 兩條件都規定：

⑴賣方必須，自擔成本，提供買方到約定目的港的通常運送單據。

⑵運送單據必須涵蓋契約貨物，在約定期間內裝運；

⑶使買方能在目的港從運送人處提取貨物且，除非另有約定，使買方能以單據移轉給下一個買方或以通知運送人之方式銷售運送途中之貨物。

⑷當運送單據以可轉讓形式發行且有數份正本時，必須向買方提示全套正本。

與 2010 年國貿條規兩條件的規定內容相比較，只有兩點不同：

⑴將「費用」(expense) 改為「成本」(cost)。

⑵在上述第⑴項規定中刪除「迅速」(without delay)。其餘規定內容完全相同。

（二）買方義務

2020 年國貿條規將 2010 年國貿條規買方義務 B8 項規定「交貨證明」改列在 B6 項「交貨／運送單據」。除 EXW 條件的 B6 項標題為「交貨證明」外，其他條件的 B6 標題都為「交貨／運送單據」。依其規定，就各條件分別說明如下：

1. EXW 條件規定：

買方必須提供賣方已受領貨物之適當證明。

與 2010 年國貿條規之規定內容完全相同。

2. FCA 條件規定：

⑴買方必須受領貨物已依 A2 項規定完成交貨的證明。

⑵若當事人已如此約定，買方必須自擔成本與危險，指示運送人發行記載貨物已經裝載（如有裝載註記的提單）的運送單據給賣方。

與 2010 年國貿條規之規定內容相比較，有兩點不同：

⑴將 2010 年國貿條規之規定「依 A8 項規定提供之交貨證明」改為「已依 A2 項規定完成交貨的證明」。

⑵增加「若當事人已如此約定，買方必須自擔成本與危險，指示運送人發行記載貨物已經裝載（如有裝載註記的提單）的運送單據給賣方。」之規定。

3. CPT 與 CIP 兩條件都規定：

買方必須受領依 A6 項規定提供的運送單據，若其符合契約規定。

與 2010 年國貿條規之規定內容相比較，只一點不同：

將 2010 年國貿條規之規定「依 A8 項規定提供之運送單據」改為「依 A6 項規定提供的運送單據」。

4. DAP、DPU 與 DDP 等三條件都規定：

買方必須受領依 A6 項規定提供之單據。

與 2010 年國貿條規之規定內容相比較，只有一點不同：

將 2010 年國貿條規之規定「依 A8 項規定提供之交貨單據」改為「依 A6 項規定提供之單據」。

CPT 與 CIP 兩條件買方所接受的為運送單據，而 DAP、DPU 與 DDP 等三種條件買方所接受的為交貨單據 (delivery document)，其差別應為交貨地點不同

所致，DAP、DPU 與 DDP 等三種條件的交貨地為目的地或目的港，故所接受的單據應該是買方可以領取貨物的「提貨單」(delivery order)。

5. FAS 與 FOB 兩條件都規定：

買方必須受領依 A6 項規定提供之交貨證明。

與 2010 年國貿條規的此兩種條件的規定內容大致相同。

6. CFR 與 CIF 兩條件都規定：

買方必須受領依 A6 項規定提供的運送單據，若其符合契約規定。

與 2010 年國貿條規的此兩種條件的規定內容大致相同。

FAS 與 FOB 兩條件買方接受的是交貨證明 (proof of delivery)，而 CFR 與 CIF 兩條件買方接受的則是運送單據 (transport document)。 其原因是 FAS 與 FOB 兩條件由買方安排船舶，而 CFR 與 CIF 兩條件則由賣方安排船舶。

❀ 七、出口／進口通關

（一）賣方義務

2020 年國貿條規將 2010 年國貿條規賣方義務 A2 項規定「許可證、認可、安全通關與其他手續」改列在 A7 項「出口／進口通關」。除了改標題外，國際商會並將其內容作大幅度的修改，列出單據的名稱與通關手續的目的。

除了 EXW 條件由買方辦理所有出口／轉運／進口通關手續及支付費用，DDP 條件由賣方辦理所有出口／轉運／進口通關手續及支付費用外，都由賣方辦理出口，買方辦理轉運與進口通關手續及支付費用。依其規定，就各條件分別說明如下：

1. EXW 條件規定：

應買方之要求、負擔危險與成本下，賣方必須協助買方，取得出口／轉運／進口國家所要求之任何單據及／或有關所有出口／轉運／進口通關手續之資訊，如：

- 出口／轉運／進口許可證；
- 出口／轉運／進口安全通關；
- 裝運前檢驗；及

‧任何其他官方認可。

2. FCA、CPT、CIP、FAS、FOB、CFR 與 CIF 等七條件都規定：

⒜出口通關

賣方必須完成出口國家所要求之所有出口通關手續並支付費用，如：

‧出口許可證；

‧出口安全通關；

‧裝運前檢驗；及

‧任何其他官方認可。

⒝協助進口通關

應買方之要求、負擔危險與成本下，賣方必須協助買方取得任何轉運或進口國家所需之任何單據及／或有關所有轉運／進口通關手續之資訊，包括安全要求與裝運前檢驗。

3. DAP 與 DPU 兩條件都規定：

規定內容與 FCA、CPT 與 CIP 條件相比較，只有增加「任何轉運國家（進口國家以外）所要求之所有出口及轉運通關手續及費用」。其餘規定內容則完全相同。

4. DDP 條件規定：

賣方必須完成出口、轉運及進口國家所要求之所有出口／轉運／進口通關手續並支付費用，如：

‧出口／轉運／進口許可證；

‧出口／轉運／進口安全通關；

‧裝運前檢驗；及

‧任何其他官方認可。

這些條件在 2010 年及 2020 年國貿條規的規定內容中都特別註明「有適用時」(where applicable)。其原因是歐盟 (European Union) 或其他自由貿易區域 (free trade areas) 內之國家對貨物進出口都已採取免證措施而不再需要出口、進口許可證，且已不須再支付關稅。

官方認可單據應指動植物檢疫證明、健康證明等；非官方單據如公證報告、商會所發行之產地證明等。

（二）買方義務

2020 年國貿條規將 2010 年國貿條規買方義務 B2 項規定「許可證、認可、安全通關與其他手續」改列在 B7 項「出口／進口通關」。除了改標題外，國際商會並將其內容作大幅度的修改，列出單據的名稱與通關手續的目的。依其規定，就各條件分別說明如下：

1. EXW 條件規定：

由買方決定完成出口／轉運／進口國家所要求之所有出口／轉運／進口通關手續並支付費用，如：

・出口／轉運／進口許可證；

・出口／轉運／進口安全通關；

・裝運前檢驗；及

・任何其他官方認可。

2. FCA、CPT、CIP、FAS、FOB、CFR 與 CIF 等七條件都規定：

⒜協助出口通關

買方必須應賣方之要求、負擔危險與成本下，協助賣方取得出口國家所需之任何單據及／或有關所有出口通關手續之資訊，包括安全要求與裝運前檢驗。

⒝進口通關

買方必須完成任何轉運國家與進口國家所要求之所有手續並支付費用，如：

・進口許可證與轉運所要求之任何許可證；

・進口與任何轉運安全通關；

・裝運前檢驗；及

・任何其他官方認可。

3. DAP 與 DPU 兩條件都規定：

⒜協助出口與轉運通關

買方必須應賣方之要求、負擔危險與成本下，協助賣方取得出口及任何轉運國家（進口國家以外）所需之任何單據及／或有關所有出口／轉運通關手續之資訊，包括安全要求與裝運前檢驗。

⒝進口通關

買方必須完成進口國家所要求之所有手續並支付費用，如：

‧進口許可證；

‧進口安全通關；

‧裝運前檢驗；及

‧任何其他官方認可。

4. DDP 條件規定：

買方必須協助賣方，應賣方之要求、負擔危險與成本下，取得出口／轉運／進口國家所要求之有關所有出口／轉運／進口通關手續之任何單據及／或資訊，如：

‧出口／轉運／進口許可證；

‧出口／轉運／進口安全通關；

‧裝運前檢驗；及

‧任何其他官方認可。

這些條件在 2010 年及 2020 年國貿條規的規定內容中都特別註明「有適用時」(where applicable)。其原因如同賣方義務 A7 項所述。

✿ 八、核對／包裝／標誌

（一）賣方義務

2020 年國貿條規將 2010 年國貿條規賣方義務 A9 項規定「核對、包裝、標誌」 改列在 A8 項 「核對／包裝／標誌」，並將十一種條件的規定內容完全統一。

依其規定：

⑴賣方必須支付依 A2 項規定交貨之目的所需之核對作業成本 （如核對品質、丈量、過磅、計數）。

⑵賣方必須自擔成本包裝貨物，除非在該特定交易上，通常運送不包裝出售之貨物。

⑶賣方必須依適合運送之方式包裝及標示貨物，除非當事人約定特別的包裝或標示需求。

與 2010 年國貿條規的 EXW 條件規定內容相比較，只有一點不同：

將「賣方得依適合運送之方式包裝貨物，除非在買賣合約簽訂前買方已通知賣方特別的包裝需求。包裝須適當地標示之」之規定改為「賣方必須依適合運送之方式包裝及標示貨物，除非當事人約定特別的包裝或標示需求」。

2010 年國貿條規的 FCA、CPT、CIP、DAT 與 DAP 等條件多了一項「出口國主管機關所強制之任何交運前檢驗之成本」之規定，DDP 條件多了一項「出口與進口國主管機關所強制之任何交運前檢驗之成本」之規定。這項規定在 2020 年國貿條規中都已刪除。

此處所規定之核對工作，其範圍應限於賣方為交貨而自行辦理之核對工作，並不包括買方所指定之檢查或檢驗工作在內，因買方所指定之檢查或檢驗係買方為接受貨物之需要所實施者，應由買方自行負責，而不屬於賣方之義務。

賣方須負責將貨物包裝後交付買方是理所當然之事，除非依交易習慣貨物得不施予包裝而交付者外，賣方應負擔成本將貨物施予適當包裝後始交予買方。不包裝出售之貨物，應指依交易習慣對貨物不施予包裝者，如大宗物資（黃豆、小麥等）、礦產品（如煤、石油等）。

適合運送之方式之包裝應考慮到貨物之運送情況，包括運送工具、貨物裝卸及目的地之處理（如搬運）等情形及因貨物性質之不同而可能在運送過程中受到之影響等問題在內。

貨物經包裝之後，在包裝箱外所做適當的標示，一般稱為箱外嘜頭 (case mark)。箱外嘜頭的目的有兩點：

⑴使買方知悉包裝內所含貨物，不必開箱就知悉該貨物之供應者、種類、規格、花樣、尺寸及顏色等事項；

⑵提供運送人有關貨物之製造國，卸貨港或目的地及收貨人等事項，使運送人能順利完成交貨責任。

依我國海商法第 69 條規定，對「標誌不足或不符」所發生之毀損或滅失，運送人或船舶所有人，不負賠償責任（第 13 款）。

同時，依聯合國國際貨物買賣契約公約第 67 條第 2 項規定，貨物之危險在貨物之嘜頭 (markings of goods)、裝船文件 (shipping documents)、給買方之通知或其他方法可清楚辨認屬於買賣契約貨物前，貨物之危險不移轉給買方。因此，貨物包裝之標示實為確定貨物屬於交付貨物之一種正當方式，亦為從不特定貨物 (unascertained goods) 成為特定貨物 (ascertained goods)，以及貨物危險由賣方

移轉給買方的條件。

（二）買方義務

2020 年國貿條規將 2010 年國貿條規買方義務 B9 項規定「貨物之檢驗」改為「核對／包裝／標誌」，列在 B8 項，並將十一種條件的規定內容完全統一。

依其規定：

買方對賣方無義務。

在 2010 年國貿條規中買方義務 B9 項「貨物之檢驗」中規定「買方必須支付貨物交運前之任何強制性檢驗成本，包括由出口國主管機關所強制的交運前檢驗。」

各國對於出口貨物之檢驗，一般都以法令明定其應施檢驗之事項，未經法令規定檢驗合格者，原則上不能裝運出口。我國對於出口貨物之檢驗，制有商品檢驗法，由經濟部標準檢驗局負責辦理。

我國民法第 356 條就買方檢查貨物之義務規定：「買受人應按物之性質，依通常程序從速檢查其所受領之物。」 聯合國國際貨物買賣契約公約第 38 條規定：「⑴買方須依其實際情況於短時間內檢驗貨物或使人檢驗之；⑵若契約規定貨物必須交運者，檢驗得延至貨物運抵目的地後為之；⑶若貨物需要轉運或由買方再發送，而買方無合理機會檢驗貨物，且於買賣契約締結時賣方明知或應知該貨物有轉運或再發送者，檢驗得延至貨物運抵新目的地時為之。」

檢驗貨物為買方之權利亦為買方之義務，賣方必須給予買方檢驗貨物之合理機會，否則不能認為買方受領貨物。買賣雙方通常都會在買賣契約中以明文規定貨物的檢驗與公證條款以避免產生貿易糾紛。

依慣例，貨物出口前的貨物檢驗通常由賣方負責並支付費用，買方並不支付此項費用，2020 年國貿條規中的此項規定並無多大的實質意義，故將其刪除。

✿ 九、成本之分配

（一）賣方義務

2020 年國貿條規將 2010 年國貿條規賣方義務 A6 項規定「成本之分配」改列在 A9 項「成本之分配」。依其規定，就各條件分別說明如下：

1. EXW 條件規定：

除依 B9 項規定由買方支付者外，賣方必須支付已經依 A2 項規定完成交貨前有關貨物之所有成本。

與 2010 年國貿條規之規定內容相比較，除文字修改，內容大致相同。

2. FCA 條件規定：

賣方必須支付的成本包括下列四項：

(a)除依 B9 項規定由買方支付者外，已依 A2 項規定完成交貨前有關貨物之所有成本；

(b)提供買方貨物已經依 A6 項規定完成交貨的通常證明的成本；

(c)依 A7 (a)項規定有關出口通關之關稅、稅捐及任何其他成本；及

(d)買方依 B7 (a)項規定有關提供協助取得單據與資訊之所有成本與費用。

與 2010 年國貿條規之規定內容相比較，增加(b)及(d)項成本。其餘規定，除文字修改，內容大致相同。

3. CPT 條件規定：

賣方必須支付的成本包括下列七項：

(a)除依 B9 項規定由買方支付者外，已依 A2 項規定完成交貨前有關貨物之所有成本。

(b)因 A4 項規定所產生之運送及其他成本，包括裝載貨物成本及與運送有關之安全成本；

(c)在運送契約中由賣方支付之在約定目的地之任何卸貨費用；

(d)在運送契約中由賣方支付之轉運成本；

(e)提供買方貨物已經依 A6 項規定完成交貨的通常證明的成本；

(f)依 A7 (a)項規定有關出口通關之關稅、稅捐及任何其他成本；

(g)買方依 B7(a)項規定有關提供協助取得單據與資訊之所有成本與費用。

與 2010 年國貿條規之規定內容相比較，增加上述(b)項中的「與運送有關之安全成本」及(e)項與(g)項成本。其餘規定除文字修改，內容大致相同。

4. CIP 條件規定：

賣方必須支付的成本包括八項，只比 CPT 條件多了一項「依 A5 項規定所產生之保險成本」。其餘規定完全相同。

與 2010 年國貿條規之規定內容相比較，其不同點參照 CPT 條件。

5. DAP 條件規定：

賣方必須支付的成本包括下列五項：

(a)除依 B9 項規定由買方支付者外，已經依 A2 項規定完成交貨前有關貨物及其運送之所有成本。

(b)在運送契約中由賣方支付之在目的地之任何卸貨費用；

(c)依 A6 項規定提供交貨／運送單據之成本；

(d)依 A7(a)項規定有關出口及任何轉運通關之關稅、稅捐及任何其他成本；

(e)買方依 B5 及 B7(a)項規定與提供協助取得單據與資訊有關之所有成本與費用。

與 2010 年國貿條規之規定內容相比較，增加(c)及(e)項成本。其餘規定，除文字修改，內容大致相同。

6. DPU 條件規定：

賣方必須支付的成本包括下列四項：

(a)除依 B9 項規定由買方支付者外，已依 A2 項規定完成卸貨與交貨前有關貨物及其運送之所有成本。

(b)同 DAP 條件之(c)項；

(c)同 DAP 條件之(d)項；

(d)同 DAP 條件之(e)項。

與 2010 年國貿條規的 DAT 條件之規定內容相比較，增加(b)及(d)項成本。其餘規定，除文字修改，內容大致相同。

7. DDP 條件規定：

賣方必須支付的成本包括五項，除了(d)項外，其餘四項的規定內容與 DAP 條件完全相同。

⒟依 A7 項規定有關出口、轉運及進口通關之關稅、稅捐及任何其他成本。本項內容只比 DAP 條件多了「進口通關之關稅、稅捐及任何其他成本」。

與 2010 年國貿條規之規定內容相比較，其不同點與 DAP 條件相同。

8. FAS 與 FOB 兩條件都規定：

賣方必須支付的成本包括下列四項：

⒜除依 B9 項規定由買方支付者外，已依 A2 項規定完成交貨前有關貨物之所有成本；

⒝提供買方貨物已依 A6 項規定完成交貨的通常證明的成本；

⒞依 A7⒜項規定有關出口通關的關稅、稅捐及任何其他成本；

⒟買方依 B7⒜項規定有關提供協助取得單據與資訊之所有成本與費用。

與 2010 年國貿條規的兩種條件的規定內容相比較，增加⒝及⒟項成本。其餘規定，除文字修改，內容大致相同。

9. CFR 條件規定：

賣方必須支付的成本包括下列七項：

⒜除依 B9 項規定由買方支付者外，已依 A2 項規定完成交貨前有關貨物之所有成本；

⒝因 A4 項規定所產生之運費及所有其他成本，包括裝載貨物到船舶上的成本及與運送有關之安全成本；

⒞在運送契約中由賣方支付之在約定卸貨港之任何卸貨費用；

⒟在運送契約中由賣方支付之轉運成本；

⒠提供買方貨物已經依 A6 項規定完成交貨的通常證明的成本；

⒡依 A7⒜項規定有關出口通關之關稅、稅捐及任何其他成本；

⒢買方依 B7⒜項規定有關提供協助取得單據與資訊之所有成本與費用。

與 2010 年國貿條規的規定內容相比較，增加⒝項中的「與運送有關之安全成本」與⒠及⒢項成本。其餘規定除文字修改，內容大致相同。

10. CIF 條件規定：

賣方必須支付的成本包括八項，只比 CFR 條件多了一項「依 A5 項規定所產生之保險成本」。其餘規定完全相同。

與 2010 年國貿條規的規定內容相比較，其不同點參照 CFR 條件。

這些條件，在進、出口通關及交貨前經他國運送之成本方面，都特別註明「有適用時」，其原因詳如前述，在此不再重複說明。

（二）買方義務

2020 年國貿條規將 2010 年國貿條規買方義務 B6 項規定「成本之分配」改列在 B9 項「成本之分配」。依其規定，就各條件分別說明如下：

1. EXW 條件規定：

買方必須

(a)支付從已經依 A2 項規定完成交貨起有關貨物之所有成本；

(b)償還賣方依 A4、A5、或 A7 項規定提供協助與資訊所發生之所有成本及費用。

(c)支付所有關稅、稅捐及其他費用，及辦理出口通關所支付的成本；及

(d)未於貨物置於其處理下時受領貨物所發生或未依 B10 項規定給予適當通知所發生之任何附加成本；但以該貨物已經明確認定屬於契約貨物為限。

與 2010 年國貿條規之規定內容相比較，只有一點不同：

將 2010 年國貿條規的「償還賣方依 A2 項規定給予協助之全部成本及費用」改為「償還賣方依 A4、A5、或 A7 項規定提供協助與資訊所發生之所有成本及費用」，其餘規定，除文字修改，內容大致相同。

2010 年國貿條規的 A2 項規定「許可證、認可、安全通關與其他手續」，2020 年國貿條規的 A4 項規定「運送」，A5 項規定「保險」，A7 項規定「出口／進口通關」。

2. FCA 條件規定：

買方必須支付

(a)除依 A9 項規定由賣方支付者外，從已依 A2 項規定完成交貨起有關貨物之所有成本；

(b)賣方依 A4、A5、A6 及 A7 (b)項規定有關提供協助取得單據與資訊之所有成本及費用；

(c)依 B7 (b)項規定有關轉運或進口之關稅、稅捐及其他任何成本；及

(d)因下列所發生之任何附加成本：

(i)買方未依 B10 項規定指定運送人或其他人

(ii)買方依 B10 項規定指定運送人或其他人未接管貨物；但以該貨物已經明確認定屬於契約貨物為條件。

與 2010 年國貿條規之規定內容相比較，有兩點不同：

(1)增加上述(b)項的成本及費用，

(2)在上述(d)項任何附加成本中刪除了「買方未給予適當通知之任何附加成本」。

其餘規定，除文字修改，內容大致相同。

3. CPT 條件規定：

買方必須支付

(a)除依 A9 項規定由賣方支付者外，從已經依 A2 項規定完成交貨起有關貨物之所有成本；

(b)轉運成本，除非該成本在運送契約中由賣方支付；

(c)卸貨成本，除非該成本在運送契約中由賣方支付；

(d)賣方依 A5 及 A7(b)項規定有關提供協助取得單據與資訊之所有成本及費用；

(e)依 B7(b)項規定有關轉運或進口通關之關稅、稅捐及任何其他成本；及

(f)若未依 B10 項規定給予通知，自約定裝運日或裝運期間尾日起所發生之任何附加成本；但以該貨物已經明確認定屬於契約貨物為限。

與 2010 年國貿條規之規定內容相比較，有三點不同：

(1)增加上述(d)項的成本及費用；

(2)在上述(e)項中將 2010 年國貿條規規定「辦理進口貨物所付之所有關稅、稅捐及其他費用，通關之成本，及除已包括在運送契約中的成本外，經任何國家轉運之成本」改為「依 B7(b)項規定有關轉運或進口通關之關稅、稅捐及任何其他成本」。

(3)上述(f)項中將「交貨期間屆滿日」改為「裝運期間尾日」。

其餘規定，除文字修改，內容大致相同。

4. CIP 條件規定：

買方必須支付的成本包括七項，只比 CPT 條件多了一項「應買方要求依 A5 及 B5 項規定取得之任何附加險成本」。其餘規定則完全相同。

與 2010 年國貿條規之規定內容相比較，其不同點與 CPT 條件相同。

5. DAP 條件規定：

買方必須支付

⒜從已依 A2 項規定完成交貨起有關貨物之所有成本；

⒝在指定目的地從抵達的運送工具上受領貨物所需之所有卸貨成本，除非該成本在運送契約中由賣方支付；

⒞賣方依 A7 ⒝項規定有關提供協助取得單據與資訊之所有成本及費用。

⒟依 B7 ⒝項規定有關進口通關之關稅、稅捐及任何其他成本；及

⒠若買方未依 B7 項規定履行其義務或依 B10 項規定給予通知時，賣方所發生之任何附加成本；但以該貨物已經明確認定屬於契約貨物為限。

與 2010 年國貿條規之規定內容相比較，只有一點不同：

增加上述⒞項之規定。

其餘規定，除文字修改，內容大致相同。

6. DPU 條件規定：

買方必須支付的成本包括下列四項：

⒜同 DAP 條件的⒜項；

⒝同 DAP 條件的⒞項；

⒞同 DAP 條件的⒟項；

⒟同 DAP 條件的⒠項。

與 2010 年國貿條規 DAT 條件之規定內容相比較，只有一點不同：

增加上述⒝項之規定，其餘規定，除文字修改，內容大致相同。

7. DDP 條件規定：

買方必須支付包括下列三項：

⒜同 DAP 條件的⒜項；

⒝同 DAP 條件的⒝項；

⒞同 DAP 條件的⒠項。

與 2010 年國貿條規的 DDP 條件之規定內容相比較，除文字修改，內容大致相同。

8. FAS 與 FOB 兩條件都規定：

買方必須支付

⒜除依 A9 項規定由賣方支付者外，從已依 A2 項規定完成交貨起有關貨物之所有成本；

(b)賣方依 A4、A5、A6 及 A7 (b)項規定有關提供協助取得單據與資訊之所有成本及費用。

(c)依 B7 (b)項規定有關轉運或進口通關之關稅、稅捐及任何其他成本；

(d)因下列所發生之任何附加成本：

(i)買方未依 B10 項規定給予通知，或

(ii)買方依 B10 項規定指定之船舶未準時抵達，未接管貨物或比依 B10 項規定通知時間提早截止收貨；但以該貨物已經明確認定屬於契約貨物為限。

與 2010 年國貿條規的規定內容相比較，有三點不同：

(1)將 2010 年國貿條規中(a)項「除出口通關手續成本及 A6 b) 項條款所涉及之出口時所支付之所有關稅、稅捐及其他費用外」之規定改為「除依 A9 項規定由賣方支付者外」。

(2)增加上述(b)項的成本及費用。

(3)將 2010 年國貿條規中(b)(i)項「買方未依 B7 項規定給予適當通知」之規定改為「買方未依 B10 項規定給予通知」。

其餘規定，除文字修改，內容大致相同。

9. CFR 條件規定：

買方必須支付

(a)除依 A9 項規定由賣方支付者外，從已依 A2 項規定完成交貨起有關貨物之所有成本；

(b)轉運成本，除非該成本在運送契約中由賣方支付；

(c)包括接駁費與碼頭費用在內的卸貨成本，除非該成本與費用在運送契約中由賣方支付；

(d)賣方依 A5 及 A7 (b)項規定有關提供協助取得單據與資訊之所有成本及費用；

(e)依 B7 (b)項規定有關轉運或進口通關之關稅、稅捐及任何其他成本；及

(f)若未依 B10 項規定給予通知，自約定裝運日或裝運期間尾日起所發生之任何附加成本；但以該貨物已經明確認定屬於契約貨物為限。

與 2010 年國貿條規的規定內容相比較，有三點不同：

(1)增加上述(d)項的成本及費用；

(2)在上述(e)項中將 2010 年國貿條規「辦理進口貨物所付之所有關稅、稅捐及其他費

用，與及通關之成本，及除已包括在運送契約中的成本外，經任何國家轉運之成本」之規定改為「依 B7 ⒝項規定有關轉運或進口通關之關稅、稅捐及任何其他成本」。

⑶上述⒡項中將 2010 年國貿條規「交貨期間屆滿日」之規定改為「裝運期間尾日」。其餘規定，除文字修改，內容大致相同。

10. CIF 條件規定：

買方必須支付的成本包括七項，只比 CPT 條件多了一項「應買方要求依 A5 及 B5 項規定取得之任何附加險成本」。其餘規定則完全相同。

與 2010 年國貿條規的規定內容相比較，其不同點參照 CFR 條件。

以上除 DDP 條件外，在進、出口通關及交貨前經他國運送之成本方面，都特別註明「有適用時」(where applicable)，其原因詳如前述，在此不再重複說明。

❊ 十、通　知

（一）賣方義務

2020 年國貿條規將 2010 年國貿條規賣方義務 A7 項規定「通知買方」改列在 A10 項「通知」。依其規定，就各條件分別說明如下：

1. EXW 條件規定：

賣方必須給予買方，使買方受領貨物 (take delivery of the goods) 所需之任何通知。

與 2010 年國貿條規的規定內容完全相同。

2. FCA 條件規定：

賣方必須給予買方貨物已經依 A2 項規定完成交貨，或買方指定之運送人或其他人未在約定時間內提取貨物 (take the goods) 之充分通知。

與 2010 年國貿條規之規定內容相比較，只有一點不同：

刪除「以買方之危險與費用」。其餘規定內容完全相同。

充分通知之事項應包括：⑴迅速時間；⑵適當方法；⑶受通知人；⑷貨物名稱；⑸契約號碼；⑹貨物數量；⑺交貨時間與地點；⑻貨物包裝狀況，例如箱數、嘜頭等等。充分通知的事項雖無絕對之標準，但應有基本之標準❻。

3. CPT 與 CIP 兩條件都規定：

⑴賣方必須通知買方貨物已經依 A2 項規定完成交貨。

⑵賣方必須給予買方，使買方領取貨物 (receive the goods) 所要求之任何通知。

與 2010 年國貿條規的 CPT 與 CIP 兩條件之規定內容相比較，只有一點不同：

將「使買方能在正常情形下採取必要措施以提取貨物 (take the goods) 所需」改為「使買方領取貨物 (receive the goods) 所要求」。其餘內容完全相同。

4. DAP、DPU 與 DDP 等三條件都規定：

賣方必須給予買方，使買方領取貨物所要求之任何通知。

與 2010 年國貿條規的 DAT、DAP 與 DDP 等三條件之規定內容相比較，只有一點不同：

將「為容許買方在正常情形下採取必要措施以受領貨物所需」改為「使買方領取貨物所要求」。

5. FAS 條件規定：

賣方必須給予買方貨物已依 A2 項規定完成交貨或船舶未在約定時間內受領貨物之充分通知。

與 2010 年國貿條規的規定內容相比較，只有一點不同：
刪除「以買方之危險與費用」。其餘內容完全相同。

6. FOB 條件規定：

賣方必須給予買方貨物已經依 A2 項規定完成交貨或船舶未在約定時間內提取貨物之充分通知。

與 2010 年國貿條規的規定內容相比較，只有一點不同：
刪除「以買方之危險與費用」。其餘內容完全相同。

FOB 與 FAS 條件規定內容的唯一差別是 FAS 條件使用「受領貨物」(take delivery of the goods)，而 FOB 條件則使用「提取貨物」(take the goods)。其餘規定內容完全相同。

其差別在於交貨地點不同所致。FAS 條件交貨地點為船舶邊，故使用受領貨物，而 FOB 條件交貨地點為船舶上，故使用提取貨物。在 2010 年國貿條規的規定內容中則都使用「提取貨物」(take the goods)。

---

❻ 方宗鑫 (2000)，《國貿條規之研究》，第二版，第 76–78 頁。臺北，華泰文化。

7. CFR 與 CIF 兩條件都規定：

⑴賣方必須通知買方貨物已依 A2 項規定完成交貨。

⑵賣方必須給予買方使買方能領取貨物所需之任何通知。

與 2010 年國貿條規的 CFR 與 CIF 兩條件規定內容相比較，有兩點不同：

⑴增加上述第⑴項規定內容。

⑵將 2010 年國貿條規 「使買方能在正常情形下採取必要措施以提取貨物 (take the goods) 所需」之規定改為「使買方能領取貨物 (receive the goods) 所需」。其餘內容完全相同。

2020 年國貿條規將 2010 年國貿條規賣方義務 A10 項規定「資訊協助及相關成本」刪除，其內容則分散到其他條款中。

（二）買方義務

2020 年國貿條規將 2010 年國貿條規買方義務 B7 項規定「通知賣方」改列在 B10 項「通知」。依其規定，就各條件分別說明如下：

1. EXW 條件規定：

若約定買方有權決定在約定期間內之提貨時間及／或在指定地之提貨地點時，買方必須給予賣方充分的通知。

與 2010 年國貿條規之規定內容相比較，只有一點不同：

增加「若約定」(it is agreed)。

其餘規定，除文字修改，內容大致相同。

2. FCA 條件規定：

買方必須通知賣方的事項有四：

⒜在充分的時間內，通知指定運送人或其他人的名稱，以便賣方能依 A2 項規定交貨；

⒝若有，指定運送人或指定人在約定交貨期間內，領取貨物的選定時間 (selected time)；

⒞指定運送人或指定人使用的運送方式，包括任何與運送有關的安全要求；及

⒟在指定交貨地領取貨物之地點。

與 2010 年國貿條規之規定內容相比較，有兩點不同：

⑴上述(c)項中，將 2010 年國貿條規所規定的「指定人」改為「運送人或指定人」，並
增加「包括任何與運送有關的安全要求」之規定；

⑵上述(d)項中，將 2010 年國貿條規所規定的「在指定地受領貨物之地點」改為「在
指定交貨地領取貨物之地點」。其餘規定，除文字修改，內容大致相同。

3. CPT 與 CIP 兩條件都規定：

若已約定買方有權決定貨物發送時間及／或在指定目的地領取貨物的地點
時，買方必須給予賣方充分通知。

與 2010 年國貿條規的 CPT 與 CIP 兩條件之規定內容相比較，有兩點不同：

⑴增加「已約定」(it is agreed)；

⑵將「指定目的地或在該地領取貨物之地點」改為「在指定目的地領取貨物的地點」。
其餘內容完全相同。

4. DAP、DPU 與 DDP 等三條件都規定：

若已約定買方有權決定在約定期間內的時間及／或在指定目的地內受領貨
物的地點時，買方必須給予賣方充分通知。

與 2010 年國貿條規的 DAT、DAP 與 DDP 等三條件的規定內容相比較，只有一點不
同：

增加「已約定」(it is agreed) 的規定。

5. FAS 與 FOB 兩條件都規定：

買方必須給予賣方充分通知的事項有二：

⑴任何與運送有關的安全要求、船舶名稱、裝載地點，

⑵在約定期間內之選定的交貨日期。

與 2010 年國貿條規的規定內容相比較，有兩點不同：

⑴增加「任何與運送有關的安全要求」之規定；

⑵將「交貨時間」(delivery time) 改為「交貨日期」(delivery date)。其餘規定內容完全
相同。

6. CFR 與 CIF 兩條件都規定：

若已約定買方有權決定裝運貨物時間及／或在指定目的港領取貨物的地點
時，買方必須給予賣方充分通知。

充分通知之事項，詳如賣方義務 A10 所述。

與 2010 年國貿條規的 CFR 與 CIF 兩條件之規定內容相比較，只有一點不同：

增加「已約定」(it is agreed) 的規定，其餘內容完全相同。

2020 年國貿條規將 2010 年國貿條規買方義務 B10 項規定「資訊協助及相關成本」刪除，其內容則分散到其他條款中。

第七節　建　議

國貿條規制定之目的係針對國際間之貨物買賣，但在世界上許多地區，如歐盟地區，現存的邊界手續 (border formalities) 已經變得無意義，因此在 2010 年國貿條規 EXW 條件的指導摘要中正式承認適用於國際及國內買賣契約，在 2020 年國貿條規 EXW 條件的使用者的解釋摘要中亦說明該條件可能適用於國內貿易。在我國，不但國際貿易業者將「國貿條規」各項條件使用於對外交易，出口商、進口商與國內製造廠商間之買賣契約中亦經常使用國貿條規的各種條件。茲就以下幾點提出使用上的建議：

一、國貿條規變形之使用考慮

在國際貿易實務上，經常發生契約當事人在國貿條規所規定之條件後另加一些詞語來改變所使用的國貿條規的條件，例如，在 "FOB" 條件後加 "Stowed" 而成為 "FOB Stowed" 條件，在 "EXW" 條件後加 "Loaded" 而成為 "EXW Loaded" 條件。這種變型條件之使用，將賣方的義務延伸到包括將貨物實際裝載到船舶上或車輛上之成本及貨物「堆積」(stowage) 或「裝載」(loading) 時所可能發生之意外滅失或損壞 (fortuitous loss or damage) 的危險在內。

在 2000 年國貿條規的導文 (Introduction) 中，對使用「定期船」(liner) 及「傭船契約」(charter party) 運送之交易，明白說明買賣雙方當事人必須在運送契約及買賣契約中確定使用這些變型條件時的不同義務，並在買賣契約中明確分配這些成本的歸屬。例如，在傭船契約中常使用的 "FOB Stowed" 及 "FOB Stowed and Trimmed" 等條件有時也在買賣契約中被用來作為確認在 FOB 條件下，賣方必須完成貨物在船舶上之「堆積」及「平艙」(trimming) 之義務。故加上這些詞語時，必須同時在買賣契約中確定是否只增加成本之負擔，或增加包括成本及危險在內之負擔。

　　2010 年的國貿條規並不禁止這種改變，但認為這種處理方式是危險的。當事人對於賣方是否應該負擔貨物裝載之成本以及是否應該負擔裝載之危險應加以確認，並在契約中清楚說明成本分配及危險移轉的地點是否因而改變。

　　2020 年的國貿條規與 2010 年的國貿條規同樣不禁止這種改變，但亦認為這種處理方式是危險的。為了避免任何不受歡迎的意外，當事人應該在契約中將這些改變的預期效果清楚地說明。例如，若在 2020 年的國貿條規條件的成本分配已在契約中改變，當事人也應該清楚地說明危險移轉的地點是否因而改變。

❀ 二、港口或特殊貿易習慣及地方法律之考慮

　　2000 年國貿條規的導文中曾指出雖然國貿條規對不同的貿易商及貿易地區提供了一套可使用的條件，但不可能對當事人間之義務作很明確的規定，還需要參考各港口或某些特殊的貿易習慣，或當事人在前次交易中已建立之習慣。「聯合國 1980 年制定之國際貨物買賣契約公約」(United Nations Convention on Contracts for the International Sale of Goods, CISG) 第 9 條規定：「(1)當事人應受經同意之任何慣例及經雙方建立之任何習慣約束；(2)除非另有約定，應認為當事人默認其所締結之契約，適用已知悉或應知悉之該類交易在國際交易上被廣泛瞭解並經常遵守之慣例。」故在買賣契約簽訂前，買賣雙方應將這些習慣告知對方，並應於買賣契約中以適當的條款明白約定。在個別契約中，這些特別條款的效力比國貿條規所規定之事項優先，甚或改變國貿條規中已建立之解釋規則。

　　在 2010 年國貿條規的導文中亦指出當事人應注意到國貿條規在契約中的解釋可能受到使用港口或地方的特別習慣所影響。國貿條規的條件並不是一份完整的買賣契約，而只是說明買賣契約當事人誰有義務安排運送及保險，賣方何時交貨，及各當事人應負擔那些成本；對於買賣價金之支付、支付方法、貨物所有權之移轉及違約之結果等事項並未加以說明。這些事項通常在買賣契約或相關法律中明文規定。故當事人應注意並考慮到具有強制性的地方法律可能對買賣契約及國貿條規的條件產生影響而改變其結果。

　　在 2020 年國貿條規導文第二部分第 8 節亦指明當事人有許多事項需要在買賣契約中以特別條款約定，未能如此約定，事後若因履約與違約的問題發生

爭端,可能引起問題。

簡言之,2020 年國貿條規條件並非買賣契約,當其條件被載入一份契約中,就成為契約的一部分。國貿條規條件亦不提供買賣契約的法律適用依據。就適用買賣契約的法律體制而言,有國際公約,如國際貨物買賣契約公約(CISG);或國內強制法,例如有關健康與安全或環境的法律等等。

三、國貿條規條件不處理的事項

國貿條規條件本身並不取代買賣契約,只是反映非特定型態的任何商品的貿易實務。可以使用於鐵礦砂之大宗物資交易,亦可使用於以貨櫃運送的電子設備或以空運運送的鮮花等交易。

國貿條規條件不處理的事項如下:

(1)是否有買賣契約;

(2)已售商品的規格;

(3)價金支付的時間、地點、方式或貨幣;

(4)買賣契約違約時的尋求救濟;

(5)契約義務履行時的遲延與其他違約之結果;

(6)制裁的效果;

(7)關稅課徵;

(8)出口或進口禁止;

(9)不可抗力或艱困情形 (hardship);

(10)智慧財產權;或

(11)違約之爭端解決的方式、管轄地或法律。

更重要的是,國貿條規條件強調不處理已售商品的財產／權利／所有權之移轉事項。

四、國貿條規與買賣契約及其他契約之關係

在 2020 年國貿條規導文第六部分討論到國貿條規條件在運送契約,或甚至在保險契約與信用狀等買賣契約以外的其他契約中,扮演什麼角色的問題。

國際商會認為國貿條規條件只適用在買賣契約的特定方面並受到買賣契約

的約束。在納入其他契約的內容後，並不構成這些契約的一部分，但不表示國貿條規條件對這些其他契約沒有影響。

貨物經由契約網路 (network of contracts) 出口與進口，在理想的情形下，應該與其他契約互相配合。因此，若買賣契約要求提示一份由運送人依運送契約簽發給賣方／託運人的運送單據，且在以信用狀為付款方式下，賣方／託運人／受益人可能依此運送單據要求銀行付款。若這三個契約能彼此互相配合，則運作順利；若不能互相配合，則運作不順，便會發生問題。

國貿條規條件在 A4/B4 及 A6/B6 項中對「運送」及「運送單據」的規定，或在 A5/B5 項中對「保險」的規定，並不構成對運送人或保險人或任何銀行具有約束力。因此，當與其他當事人簽訂的運送契約有要求時，運送人只是有義務簽發運送單據，但對簽發符合國貿條規條件的運送單據並不具有約束力。

同理，保險人有義務簽發與購買保險的當事人約定的條件的保險單，而不是符合國貿條規條件的保險單據。最後，押匯與付款銀行只檢視信用狀上所要求的單據，而不是買賣契約所要求的單據。

五、如何使用適當的國貿條規條件

2010 年國貿條規的導文中建議所選用國貿條規的條件必須考慮到適合貨物的性質、運送工具及當事人是否意圖對賣方或對買方增加額外的義務，如簽訂運送或保險的義務。在有些國貿條規的條件的指導摘要中建議使用或不使用某些條件，特別是有關 FOB 與 FCA 條件之選擇。

但許多商人仍在完全不適合的情況繼續使用 FOB 條件，因而導致賣方增加不必負擔的危險。FOB 條件只適用於預定將貨物交付到船舶上時使用；而不適合將貨物交付給運送人，然後再進入船舶時使用。例如在「駛進—駛出」(roll on-roll off) 的情形下，賣方在將貨物存放在貨櫃，或裝載到卡車上或裝載到鐵路收貨車上完成其交貨義務，在這種情形下，應使用 FCA 條件而不適合使用 FOB 條件。

在 2020 年國貿條規導文第七部分「2020 年國貿條規十一種條件——『海運與內陸水運』及『任何運送方式』：正確使用」條文內詳細地說明各種條件的特性以引導國際貿易業者選用適當的條件。

　　國貿條規條件經常只被視為價格指標是其被經常誤用的理由，如 EXW、FOB 或 DAP 價格。使用在國貿條規條件的字母縮寫 (initials) 是使用在價格計算公式的方便縮寫。但國貿條規條件絕對不只是價格指標而已。在買賣契約中，國貿條規是一張賣方與買方彼此負擔的一般義務的清單，其主要任務是指明危險移轉的交貨港、地方或地點。

　　茲就以下幾點原則提出使用適當的國貿條規條件的建議：

（一）考慮業者本身的條件與能力

　　若賣方本身的營業規模較大，且在進口地已設有分支機構，或已建立代理商、經銷商等行銷通路，賣方可採用 DAP、DPU 及 DDP 等三種條件，可使產銷合一，並加強服務，提升競爭力。

　　若買方之營業規模較大，且在出口地可能已設有分支機構，或已建立採購代理商之採購管道，買方可採用 EXW 及 FCA 兩種條件，以加強品質之控管。

（二）依不同的運送方法使用不同的條件

　　1. 以海運運送：使用 FAS、FOB、CFR 及 CIF 等四種條件。
　　2. 以空運運送：使用 FCA、CPT、CIP、DAP、DPU 及 DDP 等六種條件。
　　3. 以貨櫃運送：使用 FCA、CPT、CIP、DAP、DPU 及 DDP 等六種條件。
　　4. 以郵政包裹運送：使用 CPT 及 CIP 兩種條件。

（三）大宗物資採購使用的條件

　　大宗物資係指包括黃豆、小麥、玉米、棉花、礦產品、砂石及水泥等在內，其數量通常以千、萬噸為單位，而運送貨物之船舶則採租船方式運送。若由買方租船時，應使用 FOB 及 FAS 兩種條件；若由賣方租船時，應使用 DAP 及 DPU 兩種條件。

（四）考慮買賣雙方國家之運送與保險制度

　　若出口國家之運送制度較好者，應使用 CFR 及 CIF 兩種條件，而由賣方安排貨物運送；若進口國家之運送制度較好者，則應使用 FOB 條件，由買方安排

船舶。

　　若出口國家之保險制度較完善者，應使用 CIF 及 CIP 兩種條件，由賣方投保保險；若進口國家之保險制度較完善者，則應使用 FOB、CFR、FCA 及 CPT 等四種條件，由買方負責投保保險。

（五）適合三角貿易之條件

　　就三角貿易之中間業者而言，其立場介於出口國與進口國之間，應以 FOB 條件採購而以 CIF 條件出售，自行安排辦理貨物之運送及保險。

（六）使用自行安排運送與保險之條件

　　與相對落後國家之業者進行交易時，應使用 FCA、FAS 及 FOB 等三種條件採購，而使用 CIF、CIP、DAP、DPU 及 DDP 等五種條件銷售，盡量由我國業者安排運送與保險較為安全。

（七）買方信用不良者避免使用 FOB 及 FCA 兩種條件

　　FOB 及 FCA 兩種條件，貨物之運費為「到付」(collect)，若買方之信用良好，買方會辦理提貨而支付運費。若買方之信用不良，當進口國家之景氣不佳或市場情況不好時，買方可能會借用各種理由拒絕付款及拒提貨物。

（八）賣方安排載貨船舶時不宜採用 FOB 條件

　　FOB 條件下，由買方負責安排載貨船舶，並支付運費。若由賣方安排載貨船舶，賣方與運送人將成為運送契約之當事人，若買方不予提貨時，運送人將會對賣方請求支付運費。

（九）配合政府政策使用之條件

　　各國政府有時基於節省外匯支出與發展航運業等因素，特別規定進口貨物使用 FOB 條件，而出口貨物則使用 CIF 條件。

（十）採購自用設備應使用之條件

採購生產設備之買賣契約可分「承包契約」(turn key contract) 及一般交易契約兩種。採用承包契約之方式時，賣方須負擔一切危險及責任，將貨物安全運抵指定目的地，並加以安裝試車後交給買方，若貨物在運送途中或安裝試車期間發生任何毀損，均由賣方自行負責。

若買方採用一般交易契約之方式採購自用設備時，應使用 DAP、DPU 及 DDP 等三種條件。若在免稅區內時，使用 DAP 及 DPU 兩種條件；若在課稅區內時，則使用 DDP 條件。若賣方不同意採用此兩種交易價格條件時，亦應使用 CIF 及 CIP 兩種條件，並於契約內約定適當的條款，若發生保險事故時，由買方協助賣方取得公證報告，並於提供公證報告後，由賣方請求保險公司理賠，再交付相同之貨物。

若賣方主張採用 FOB、FCA、CFR 及 CPT 等四種條件時，除必須約定由賣方負責安裝試車外，並應另行增加約定「若發生保險事故時，得以理賠金額再向賣方採購相同貨物」之條款，以免因物價上漲而無法以原價購得原所採購之設備。

（十一）國內交易使用之條件

國內交易指製造商或供應商與出口商之間之交易，或進口商與國內業者(製造廠商或批發商) 之間之交易。

1.出口商與製造商間之交易

應使用 EXW 條件，若使用 FOB、CFR 及 CIF 等三種條件時，應注意付款方式及由誰辦理出口報關裝船手續，而在買賣契約上做適當之約定。

2.進口商與國內業者間之交易

進口商與國內業者間之買賣，應採用 DAP、DPU 及 DDP 等三種條件，將貨物在指定地點交付國內業者；若採用 FOB、FCA、CFR、CIF、CPT 及 CIP 等六種條件時，則可能產生危險移轉及交貨地點等問題，應在買賣契約上做適當之約定。

3.配合付款方式使用不同的條件

以新臺幣付款時，應使用 EXW 條件出口，而使用 DAP、DPU 及 DDP 等三種條件進口。不宜使用 FOB、CFR 及 CIF 等三種條件。

使用信用狀付款時，若出口商將信用狀轉讓給國內製造商，並由國內製造商辦理出口手續者，則可使用 FOB、CFR 及 CIF 等三種條件。

4.與國內外客戶間之交易價格條件配合

居於國外客戶與國內客戶間之貿易業者，往往使用相同之交易價格條件訂定兩種交易之契約，例如進口商與國外供應商使用 CFR 條件，而與國內客戶間之買賣契約亦使用相同之交易價格條件。此時，必須注意貨物之進口手續及運送保險由誰負責投保，以免產生漏保運送保險之糾紛。

（十二）適合貨櫃運送使用之條件

貨櫃運送是屬於複合運送 (combined transport or multimodal transport) 方式，運送人之責任是始於承運 (taking in charge) 貨物時起，而終於貨物運抵目的地 (place of destination) 止。適合貨櫃運送之條件有 FCA、CPT 及 CIP 等三種條件。

若使用 FOB、CFR 及 CIF 等三種條件，必須考慮船期、內陸運送費用以及保險目的地等問題。在 2010 年國貿條規的 FAS、FOB、CFR 及 CIF 等四種條件的指導摘要中明文指出，使用貨櫃運送的貨物不適合使用 FAS、FOB、CFR 及 CIF 等四種條件，而應使用 FCA、CPT、CIP、DAP、DPU 及 DDP 等六種條件。

（十三）適合信用狀付款使用之條件

信用狀付款方式是以單據交付為原則，應使用 CFR、CIF、CPT 及 CIP 等四種條件，因為這四種條件皆以單據交易為基礎。其中尤以 CIF 及 CIP 兩種條件最適合使用信用狀付款之交易。

 參考資料來源

1.方宗鑫 (2000)，《國貿條規之研究》，第二版。臺北，華泰文化。

2. *Incoterms 2000*. ICC Publication, No. 560.

3. *Incoterms 2010*. ICC Publication, No. 715E.

4. *Incoterms 2020*. ICC Publication, No. 723E.

 習 題

一、關鍵詞彙解釋

1. Incoterms　　2. EXW　　3. FCA　　4. FAS　　5. FOB　　6. CFR

7. CIF　　8. CPT　　9. CIP　　10. DAP　　11. DPU　　12. DDP

二、選擇題

(　　) 1. 目前通行的國貿條規 (Incoterms) 是國際商會於哪一年修訂的？　(A) 1953 年　(B) 2000 年　(C) 2010 年　(D) 2020 年

(　　) 2. 以下何者不是有關貿易條件之慣例？　(A)國貿條規　(B)美國對外貿易定義　(C)信用狀統一慣例　(D)華沙牛津規則

(　　) 3. 目前通行的國貿條規 (Incoterms) 共有幾種貿易條件？　(A) 13 種　(B) 14 種　(C) 6 種　(D) 11 種

(　　) 4. 在 2020 年國貿條規中，以下何者不是在出口地交貨的貿易條件？　(A) EXW　(B) FAS　(C) FOB　(D) DDP

(　　) 5. 在 2020 年國貿條規中，以下何者不屬於目的地交貨的貿易條件？　(A) FAS　(B) DAT　(C) DAP　(D) DDP

(　　) 6. 在 2020 年國貿條規中，以下何者賣方之義務最輕？　(A) EXW　(B) FOB　(C) CIP　(D) DDP

(　　) 7. 在 2020 年國貿條規中，以下何者賣方之義務最重？　(A) EXW　(B) FOB　(C) CIP　(D) DDP

(　　) 8. 在 2020 年國貿條規中，以下何者之貨物運輸保險由賣方負責？　(A) FOB　(B) CFR　(C) CIF　(D) CPT

(　　) 9. 在 2020 年國貿條規中，以下何者之貨物自起運港至目的港之運費歸買方負擔？　(A) FOB　(B) CFR　(C) DPU　(D) DAP

(　　) 10. 若買方無法取得輸出許可證及辦理出口報關，則不宜使用　(A) EXW　(B) FOB　(C) CPT　(D) CIP

(　　) 11. 若賣方無法取得輸入許可證及辦理進口報關，則不宜使用　(A) FAS　(B) FOB　(C) DPU　(D) DDP

(　　) 12. 在 2020 年國貿條規中，以下何者賣方須將運送單據 (transport document) 交給買

方？　(A) CPT　(B) DPU　(C) DAP　(D) DDP

（　　）13.在 2020 年國貿條規中，以下何者僅適用於海運及內陸水路運送？　(A) DDP　(B) FOB　(C) CPT　(D) CIP

（　　）14.在 2020 年國貿條規中，以下何者適用於海、陸、空及複合運送等任何運送方式？　(A) FCA　(B) FAS　(C) CFR　(D) CIF

（　　）15.在 2020 年國貿條規中，以下何者為所有貿易條件下買方之共同義務？　(A)負擔貨物運送危險　(B)支付買賣價金　(C)辦理進口報關及支付進口稅捐　(D)向賣方發出裝貨通知

（　　）16.在 2020 年國貿條規中，以下何者賣方負責貨物危險直到貨物送達起運點交予運送人接管為止？　(A) EXW　(B) FCA　(C) CIF　(D) DDP

（　　）17.在 2020 年國貿條規中，以下何者賣方負責貨物危險直到貨物送達目的地交買方處置為止？　(A) DDP　(B) CIP　(C) FCA　(D) CIF

（　　）18.在 2020 年國貿條規中，以下何者賣方負責貨物危險直到貨物送達裝運港的船舶上？　(A) FCA　(B) FAS　(C) FOB　(D) DDP

（　　）19.在 2020 年國貿條規中，以下何者賣方須將標明運費已付之運送單據交予買方？　(A) FOB　(B) FAS　(C) CFR　(D) EXW

（　　）20.在 2020 年國貿條規中，以下何者之貨物經第三國之過境費用由賣方負擔？　(A) FOB　(B) FAS　(C) FCA　(D) DPU

三、問答題

1. 2020 年國貿條規中共有幾種交易價格條件？各代表何種意義？
2. 國貿條規每次修訂之目的主要是為了配合並考慮那些事項？
3. 2020 年國貿條規中賣方義務與買方義務各分那幾項？
4. 試列表說明 2020 年國貿條規 11 種條件中那些條件僅適用於海運運送？那些則適用於任何運送方式？
5. 何謂商業發票？具有那兩種用途？
6. FCA 條件下，賣方必須給予買方充分通知的事項包括那幾項？
7. 使用適當的國貿條規條件之原則有那些？試說明之。

第六章

信用狀統一慣例

第一節　概　說

「信用狀統一慣例」　為國際商會 (International Chamber of Commerce) 於 1933 年所制定，其原名為「商業跟單信用狀統一慣例」(Uniform Customs and Practice for Commercial Documentary Credit)，後經 1951 年、1962 年、1974 年、1983 年、1993 年幾次修訂並改名而為「1993 年版跟單信用狀統一慣例」(Uniform Customs and Practice for Documentary Credits, 1993 Revision，簡稱 UCP 500)。

2003 年 5 月，國際商會授權給其銀行技術與實務委員會 (ICC Commission on Banking Technique and Practice) 修訂 UCP 500。其目標在於提出有關銀行、運送及保險等行業的發展情況，並審視信用狀統一慣例所使用的語言 (language) 及文體 (style)，以排除在適用及解釋上可能導致牴觸的措辭 (wording)。

「2007 年版跟單信用狀統一慣例」(Uniform Customs and Practice for Documentary Credits, 2007 Revision，簡稱 UCP 600)　於 2006 年 10 月 25 日通過，2007 年 7 月 1 日正式生效。

跟單信用狀統一慣例為處理信用狀業務的最主要國際慣例，該慣例未經任何國家以國內立法方式加以承認，故對所有當事人並不具有約束力，若當事人同意適用本慣例，必須在信用狀內記載受其約束之字句，本慣例才對所有當事人具有約束力。

為配合電子文件 (electronic documents) 的使用，國際商會制定了「信用狀統一慣例補篇——電子提示」(UCP Supplement for Electronic Presentation，簡稱

eUCP)，亦即「電子信用狀統一慣例」，補充信用狀統一慣例之不足。電子信用狀統一慣例並非取代信用狀統一慣例之適用，兩者之間可以共同運作。

此外，依「1993 年版跟單信用狀統一慣例」(UCP 500) 第 13 條 a 項之規定：「銀行須以合理的注意審查信用狀規定之所有單據，以確定該單據就其表面所示與信用狀之條款是否相符。所規定之單據表面所示與信用狀條款之相符性，應由本慣例所反映之國際標準銀行實務決定。」但當時並未具體說明何謂「國際標準銀行實務」(International Standard Banking Practice, ISBP)。因而自信用狀統一慣例 (UCP 500) 適用以來，各國因國情不同，對該慣例之解讀各有不同，導致各地作法分歧；為解決有關信用狀統一慣例 (UCP 500) 應用上的許多問題，國際商會銀行委員會 (ICC Banking Commission) 於 2002 年 10 月在羅馬開會核准「國際標準銀行實務——跟單信用狀項下單據之審查」(International Standard Banking Practice (ISBP) for the examination of documents under documentary credits)，簡稱「國際標準銀行實務」，並經投票表決通過成為國際商會之正式文件 (Publication No. 645)。

為配合 UCP 600 的施行，ISBP 修改為 2007 年版「國際標準銀行實務——跟單信用狀項下單據之審查」(International Standard Banking Practice for the examination of documents under documentary credits)，國際商會出版品編號為 681 號 (Publication No. 681)，以使其內容與新規則的涵義及文體一致。2007 年版之國際標準銀行實務將舊版之 200 條修改為 185 條，除了因應 UCP 600 中將「海洋／海運提單」改為「提單」，將「複合運送單據」改為「涵蓋至少兩種不同運送方式之運送單據」及將「保險單據」與「保險單據之發行人」合併為「保險單據及承保範圍」外，並對舊版之若干條文作刪除與修改。

因 2007 年版之國際標準銀行實務只有刪除 2002 年版之部分條文以配合 UCP 600 的條文修改，在內容上並未作重大的改變，亦未增加新的內容，故並不能真正反映 UCP 600 的條文。有鑑於此，國際商會乃著手進行國際標準銀行實務的內容改造，並於 2013 年 4 月投票表決通過「國際標準銀行實務——UCP 600 項下單據之審查」(International Standard Banking Practice for the examination of documents under UCP 600)，國際商會出版品編號為 745E 號 (ICC Publication No. 745E)，以下稱 ISBP 745E。

「國際標準銀行實務」(ISBP) 之內容詳述如何將該規則應用在日常的信用狀業務處理上，以彌補現行規則與日常處理跟單信用狀業務的差異，並在決定單據與信用狀條款的相符性方面，對信用狀統一慣例做了實務性的補充。

本章擬就「1993 年版跟單信用狀統一慣例」與「2007 年版跟單信用狀統一慣例」之異同點作一比較，並就「2007 年版跟單信用狀統一慣例」、「電子信用狀統一慣例」及 2013 年版之「國際標準銀行實務」之內容加以說明、分析，最後並探討銀行單據審查之應注意事項。

第二節　UCP 500 與 UCP 600 異同點之比較

❀ 一、新舊條文對照表

UCP 600 共有 39 條條文，UCP 500 共有 49 條條文，舊條文有部分刪除，有部分併到其他條文內，編排次序亦有不同，茲就其內容列表比較說明於下：

▲UCP 500 與 UCP 600 之比較▲

UCP 600	UCP 500
第 1 條　統一慣例之適用	第 1 條　統一慣例之適用
第 2 條　定義	
	第 2 條　信用狀之意義
第 3 條　解釋	
第 4 條　信用狀與契約	第 3 條　信用狀與契約
第 5 條　單據與貨物、勞務或履約行為	第 4 條　單據與貨物／勞務／履約行為
	第 5 條　信用狀開發／修改之指示
第 6 條　使用性、提示之有效期限及地點	（見 UCP 500 第 10 條及第 42 條）
	第 6 條　可撤銷與不可撤銷信用狀
	第 7 條　通知銀行之義務
	第 8 條　信用狀之撤銷
第 7 條　開狀銀行之義務	第 9 條　開狀銀行與保兌銀行之義務
第 8 條　保兌銀行之義務	
第 9 條　信用狀及修改書之通知	（見 UCP 500 第 7 條）
	第 10 條　信用狀之型式

第 10 條　修改書	
第 11 條　電傳與預告信用狀及修改書	第 11 條　電傳信用狀與預告信用狀
	第 12 條　不完全或不明確之指示
第 12 條　指定	
第 13 條　銀行間補償之安排	（見 UCP 500 第 19 條）
第 14 條　審查單據之標準	第 13 條　審查單據之標準
	第 14 條　瑕疵單據與通知
第 15 條　符合提示	
	第 15 條　單據有效性之免責
	第 16 條　訊息傳送之免責
第 16 條　瑕疵單據、拋棄及通知	（見 UCP 500 第 14 條）
第 17 條　正本單據及副本	
	第 17 條　不可抗力
	第 18 條　受託者行為之免責
	第 19 條　銀行間補償之安排
第 18 條　商業發票	（見 UCP 500 第 37 條）
	第 20 條　含糊之單據簽發人用語
	第 21 條　未規定單據簽發人或內容
	第 22 條　單據簽發日期與信用狀日期
第 19 條　涵蓋至少兩種不同運送方式之運送單據	（見 UCP 500 第 26 條）
第 20 條　提單	第 23 條　海運／海洋提單
第 21 條　不可轉讓海運貨單	第 24 條　不可轉讓之海運貨單
第 22 條　備船提單	第 25 條　備船提單
	第 26 條　複合運送單據
第 23 條　航空運送單據	第 27 條　航空運送單據
第 24 條　公路、鐵路或內陸水路運送單據	第 28 條　公路、鐵路或內陸水路運送單據
第 25 條　快遞收據、郵政收據或投郵證明	第 29 條　快遞及郵政收據
	第 30 條　承攬運送人簽發之運送單據
第 26 條　甲板上、託運人自裝自計、據託運人所報內裝及附加於運費之費用	第 31 條　甲板上、託運人自裝自計、發貨人名稱
第 27 條　清潔運送單據	第 32 條　清潔運送單據
	第 33 條　運費應付／預付之運送單據
第 28 條　保險單據及承保範圍	第 34 條　保險單據
	第 35 條　保險承保範圍之種類
	第 36 條　全險之承保範圍
	第 37 條　商業發票

		第 38 條	其他單據
第 29 條	有效期限或提示末日之展延	（見 UCP 500 第 44 條）	
第 30 條	信用狀金額、數量及單價之寬容度	第 39 條	信用狀金額、數量及單價之寬容範圍
第 31 條	部分動支或部分裝運	第 40 條	部分裝運／部分動支
第 32 條	分期動支或分期裝運	第 41 條	分期裝運／分期動支
		第 42 條	有效期限及單據提示地
		第 43 條	有效期限之限制
		第 44 條	有效期限之展延
第 33 條	提示時間	第 45 條	提示時間
		第 46 條	裝運日之一般用語
		第 47 條	裝運期間之日期用語
第 34 條	單據有效提示時間	（見 UCP 500 第 15 條）	
第 35 條	傳送及翻譯之免責	（見 UCP 500 第 16 條）	
第 36 條	不可抗力	（見 UCP 500 第 17 條）	
第 37 條	受託者行為之免責	（見 UCP 500 第 18 條）	
第 38 條	可轉讓信用狀	第 48 條	可轉讓信用狀
第 39 條	款項之讓與	第 49 條	款項之讓與

✿ 二、UCP 500 未納入條文

1. 第 5 條，信用狀開發／修改之指示。
2. 第 6 條，可撤銷與不可撤銷信用狀。
3. 第 8 條，信用狀之撤銷。
4. 第 12 條，不完全或不明確之指示。
5. 第 30 條，承攬運送人簽發之運送單據。
6. 第 38 條，其他單據 (other documents)。

✿ 三、新增條款

1. UCP 600 第 2 條，對信用狀統一慣例中常用的名詞加以重新定義。
2. UCP 600 第 3 條，對信用狀統一慣例中常用的名詞加以解釋。
3. UCP 600 第 15 條，增加符合提示。

✤ 四、將部分 UCP 500 的內容合併到 UCP 600 內容

1. UCP 500 第 2 條信用狀之意義，納入 UCP 600 第 2 條定義中。

2. UCP 500 第 9 條開狀銀行與保兌銀行之義務，分別納入 UCP 600 第 7 條開狀銀行之義務及第 8 條保兌銀行之義務中。

3. UCP 500 第 10 條信用狀之型式的部分內容，納入 UCP 600 第 2 條定義中。

4. UCP 500 第 10 條信用狀之型式、第 42 條有效期限及單據提示地的部分內容，合併納入 UCP 600 第 6 條使用性、提示之有效期限及地點中。

5. UCP 500 第 11 條電傳信用狀與預告信用狀的部分內容，納入 UCP 600 第 11 條電傳與預告信用狀及修改書中。

6. UCP 500 第 20 條含糊之單據簽發人用語的部分內容，納入 UCP 600 第 3 條解釋中。

7. UCP 500 第 21 條未規定單據簽發人或內容的部分內容，納入 UCP 600 第 14 條審查單據之標準 g 項中。

8. UCP 500 第 22 條單據簽發日期與信用狀日期的部分內容，納入 UCP 600 第 14 條 i 項中。

9. UCP 500 第 33 條運費應付／預付之運送單據的 b 項部分內容，納入 UCP 600 第 25 條快遞收據、郵政收據或投郵證明 b 項中。

10. UCP 500 第 34 條保險單據、第 35 條保險承保範圍之種類、第 36 條全險之承保範圍，合併納入 UCP 600 第 28 條保險單據及承保範圍中。

11. UCP 500 第 46 條裝運日之一般用語、第 47 條裝運期間之日期用語部分內容，合併納入 UCP 600 第 3 條解釋中。

▅◗ 第三節　信用狀統一慣例規定條文解說 ●

1993 年版之跟單信用狀統一慣例 (UCP 500)，內容共分七部分 49 條，包括：(1)總則與定義 5 條；(2)信用狀之類型與通知 7 條；(3)責任與義務 7 條；(4)單據 19 條；(5)雜項規定 9 條；(6)可轉讓信用狀 1 條；(7)款項之轉讓 1 條。

「2007 年版跟單信用狀統一慣例」(UCP 600) 則無此分類，共有 39 條，茲就「2007 年版跟單信用狀統一慣例」條文重要者分述於下：

✿ 一、信用狀統一慣例之適用

信用狀統一慣例雖然不是法律，但依 UCP 600 第 1 條之規定，若在信用狀內文記載 「本信用狀依據信用狀統一慣例發行」 (issued subject to Uniform Customs and Practice for Documentary Credit) 之字句者，該慣例即成為信用狀之一部分，而在處理信用狀業務時，所有當事人必須遵守該慣例之規定。依本慣例第 2 條之規定，信用狀 (credit) 指任何不可撤銷之安排，無論其名稱或描述為何，且由此構成開狀銀行兌付符合提示的確定義務。

不過，在第 1 條後段中又規定「其各條文約束所有當事人，但信用狀內明文修改或排除者，不在此限」。故當事人雖然必須遵守信用狀統一慣例之規定，但信用狀內若有不同的規定時，以其規定為優先，而該慣例則居於補充的地位。

另依 SWIFT User Handbook 所載，除非另有敘明，否則適用開發信用狀當時所沿用之信用狀統一慣例。

✿ 二、定 義

UCP 600 第 2 條對信用狀統一慣例中常用的名詞加以重新定義，包括：通知銀行 (advising bank)、申請人 (applicant)、銀行營業日 (banking day)、受益人 (beneficiary)、符合提示 (complying presentation)、保兌 (confirmation)、保兌銀行 (confirming bank)、信用狀 (credit)、兌付 (honor)、開狀銀行 (issuing bank)、讓購 (negotiation)、指定銀行 (nominated bank)、提示 (presentation)、提示人 (presenter)。

✿ 三、解 釋

UCP 600 第 3 條對信用狀統一慣例中常用的名詞加以解釋，說明如下：
1.單數形式之用語包括複數，且複數形式之用語包括單數。
2.信用狀為不可撤銷。
3.單據得以手寫 (handwriting)、複製簽字 (facsimile signature)、打洞式簽字

(perforated signature)、圖章 (stamp)、符號 (symbol) 或以任何其他機械或電子之確認方式 (any other mechanical or electronic method of authentication) 簽署之。

4.若單據須經公證 (legalized)、簽證 (visaed)、證明 (certified) 或類似之要求，則以單據上之任何署名 (signature)、記號 (mark)、圖章 (stamp) 或標誌 (label) 顯示符合該項要求即可。

5.一銀行在不同國家之分行，認其為個別之銀行。

6.以「一流的」(first class)、「著名的」(well known)、「合格的」(qualified)、「獨立的」(independent)、「正式的」(official)、「有資格的」(competent) 或「本地的」(local) 等用語來說明單據之簽發人時，除受益人以外之任何人都可簽發該單據。

7.除非被要求使用於單據上，如「速即」(prompt)、「立即」(immediately) 或「儘快」(as soon as possible) 等字語將不予理會。

8.「在或大約」(on or about) 解釋為某特定日前 5 日到後 5 日。

9.用於確定裝運時間時，"to"、"until"、"till"、"from"、"between" 等字包含該日，"before"、"after" 等字不包含該日。

10.用於確定到期日時，"from" 及 "after" 等字不包含該日。

11.「上半月」(first half) 及「下半月」(second half) 指該月之第 1 日至第 15 日，及第 16 日至末日。

12.「上旬」(beginning)、「中旬」(middle) 及「下旬」(end) 指該月之第 1 日至第 10 日、第 11 日至第 20 日，及第 21 日至末日。

❀ 四、信用狀與契約

依 UCP 600 第 4 條 a 項規定，信用狀雖然以買賣契約為基礎，但兩者不僅在規定之事項及內容上有許多差別，在本質上亦完全不同。銀行在處理信用狀業務時，不受該契約之約束。

同條 b 項更規定開狀銀行應勸阻申請人將基礎契約 (underlying contract)、預示發票 (proforma invoice) 及類似之副本載入，作為信用狀之一部分的任何意圖，使信用狀業務的處理單純化與獨立化。

在信用狀業務處理上，相關當事人除了開狀銀行及通知銀行外，還有保兌

銀行、指定銀行及開狀申請人與受益人等。依 UCP 600 第 2 條規定，開狀銀行指應申請人請求或為其本身目的而開發信用狀之銀行；通知銀行指受開狀銀行委託通知信用狀之銀行；保兌銀行指受開狀銀行授權或委託，對信用狀附加其保兌之銀行；指定銀行指可在該銀行使用信用狀之銀行，或在信用狀可供任何銀行使用之情形下，為任何銀行。申請人指請求開發信用狀之當事人；受益人指信用狀之簽發使其受益之當事人。

銀行參與信用狀業務之處理，可能是基於往來契約 (correspondent agreement) 的關係，或是總行與分行或分行之間的實質關係。無論是基於何種關係，在處理信用狀業務時，其立場互相獨立。因此，在 UCP 600 第 3 條規定，一銀行在不同國家之分行，認其為個別之銀行 (branches of a bank in different countries are considered to be separate banks)，使銀行於處理信用狀業務時，能充分發揮其獨立的立場，使處理工作單純化，不必顧慮他行之見解或立場，並於發生問題時，能迅速處理，以避免複雜化。

開狀銀行受申請人委託，依申請書開發信用狀，其與申請人之間乃是委任契約的關係，信用狀之條件、內容應以申請書之條件及內容為依據，故除非開狀銀行因過失開出與申請書記載之條件或內容不同之信用狀，或依據實際需要或法令規定增加若干條款，否則信用狀所記載者應與開狀申請書完全符合。而申請人於申請書所記載之事項是以其與受益人間之買賣契約為基礎，故信用狀內容應符合買賣契約之規定。

若開狀銀行因疏忽而開出與申請書不一致之條款，且其條款與買賣契約不一致時，受益人雖有權請求開狀申請人申請修改信用狀，使其條款符合買賣契約，但不得以申請人申請開發信用狀有誤而不遵守信用狀條款。同時，若信用狀之條款與買賣契約不一致之原因係由於開狀申請人之過失所致者亦然。故受益人不得以申請人與開狀銀行間之契約關係作為處理信用狀業務時之依據或抗辯。

❀ 五、信用狀與單據

依 UCP 600 第 5 條之規定，在信用狀業務之處理上，是以受益人提示符合信用狀所規定之單據為依據，而與該單據可能有關之契約上所約定之貨物

(goods)、勞務 (services) 及／或其他履行行為 (performances) 無關。

六、信用狀使用方式

依 UCP 600 第 6 條 b 項規定，信用狀必須指定其使用方式為即期付款 (sight payment)、延期付款 (deferred payment)、承兌 (acceptance) 或讓購 (negotiation)。c 項並且規定開發信用狀時，不得以申請人作為匯票之付款人。

七、單據提示銀行

依 UCP 600 第 2 條規定，提示指遞交單據給開狀銀行或指定銀行或指依此遞交之單據 (the documents so delivered)。提示人指作出提示之受益人、銀行或其他當事人。

依單據提示銀行之不同，信用狀可分特別信用狀 (special credit) 與一般信用狀 (general credit) 兩種。特別信用狀必須向信用狀所指定之銀行提示；而在一般信用狀的情形下，則可向任何銀行 (any bank) 提出。依 UCP 600 第 6 條 a 項規定，信用狀必須指定可使用之指定銀行或可在任何銀行使用。在指定銀行使用之信用狀亦可在開狀銀行使用。

在通常情形下，開狀銀行與受益人往往處在不同的國家。因此，在一般信用狀的情形下，受益人會向其往來銀行提示單據；而在特別信用狀的情形下，受益人則會向指定使用銀行提示單據，或經其往來銀行以轉押匯的方式再向信用狀指定使用銀行提示單據，然後由指定使用銀行或受益人之往來銀行向開狀銀行提示單據，請求依信用狀之規定兌付。無論採取直接或間接之方式，受益人依信用狀之規定所準備之單據，最後仍會向開狀銀行提出，使開狀銀行履行其責任。

八、單據須於信用狀規定之有效期限及地點提示

開狀銀行開出信用狀之後，並非無限期承擔信用狀所指定之兌付或讓購之責任，故信用狀原則上會規定有效日期 (expiry date)。

依 UCP 600 第 2 條規定，兌付指：(1)對即期付款之信用狀即期付款；(2)對延期付款之信用狀承擔延期付款義務且於到期日付款；(3)使用承兌方式之信用

狀，對受益人簽發之匯票承兌且於到期日付款。讓購指由指定銀行以對受益人墊款 (advancing) 或同意墊款 (agreeing to advance) 方式買入符合提示之匯票（以指定銀行以外之銀行為付款人）及／或單據。

依 UCP 600 第 6 條 d 項 i 款規定，信用狀必須指定提示之有效期限 (A credit must state an expiry date for presentation)，而兌付或讓購之有效期限即為提示之有效期限。同時，該條 e 項規定除依第 29 條 a 項展延者外，單據須於最後有效日期或之前提出。

而依 UCP 600 第 29 條 a 項規定，若信用狀之最後有效日期或運送單據提示之最終日，遇到不可抗力事項以外之理由致使銀行不對外營業者，該日期順延至下個營業日。這些規定限制受益人提示單據請求兌付或讓購之期限，否則將構成遲延提示 (late presentation) 而會被銀行拒絕受理。

依 UCP 600 第 6 條 d 項 ii 款規定，提示地包括：開狀銀行、信用狀指定之使用銀行或任何銀行。

※ 九、開狀銀行與保兌銀行承擔兌付之責任

開狀銀行開出信用狀，當依信用狀之記載，對受益人承諾，若受益人提出符合信用狀所規定之單據，即承擔兌付之責任。因此，受益人得向開狀銀行提示單據，請求開狀銀行履行兌付之承諾。依 UCP 600 第 7 條 a 項及 b 項之規定，在提示信用狀規定之單據，且構成符合提示的條件下，開狀銀行承擔信用狀所記載之兌付或讓購之不可撤銷之責任，而依 UCP 600 第 8 條 a 項及 b 項之規定，保兌銀行亦然。

保兌銀行為依開狀銀行之請求，對信用狀加以保兌之銀行。依 UCP 600 第 2 條規定，保兌指保兌銀行對符合提示兌付或讓購的確定義務。另依 UCP 600 第 8 條 d 項規定，若一銀行經開狀銀行授權或委託對信用狀保兌，但卻無意保兌時，須儘速告知開狀銀行，且得不加保兌而通知該信用狀。若保兌銀行同意保兌，該保兌銀行即負擔與開狀銀行相同之責任。一般而言，信用狀需經其他銀行保兌之主要原因有三點：

1.開狀銀行規模不大或信譽不佳，致使其開發之信用狀未能被廣泛承認或接受。

2.開狀銀行之國家政情不穩，國家風險較大，致使受益人所在地之銀行不願接受。

3.開狀銀行外匯不充裕，支付外匯之能力有限，致使受益人所在地之銀行不願接受。

因此，保兌銀行可能為開狀銀行國內之較大規模的銀行，或在開狀銀行國以外，政情穩定、外匯充裕之國家的銀行。不管是在何種情形，信用狀經保兌銀行保兌之後，保兌銀行即與開狀銀行相同而可承擔履行信用狀所規定之兌付責任。

✾ 十、通知銀行不負擔信用狀所承擔之責任

依 UCP 600 第 9 條規定，非保兌銀行之通知銀行係在不負擔信用狀之兌付或讓購之義務下通知該信用狀。本條規定係由 UCP 500 第 7 條通知銀行之義務修改而來，其不同點如下：

1.刪除通知銀行應以合理的注意力 (reasonable care) 查對其所通知的信用狀或修改書外觀之真實性。

2.增加通知銀行得使用另一銀行（第二通知銀行）之服務，向受益人通知該信用狀及任何修改書。

通知銀行居於開狀銀行與受益人間，受開狀銀行之委託，將信用狀轉寄受益人，雖不負擔信用狀所載或承諾事項之責任與義務，但其地位與立場甚為重要。因開狀銀行與受益人兩者相互間並不具有任何關係，而通知銀行則在受益人所在地之銀行，雖然與受益人不一定具有任何往來關係，但對受益人而言，則比開狀銀行接近；同時，開狀銀行與通知銀行原則上具有往來契約 (correspondent agreement) 的關係，因通知銀行之介入其間而提高了處理信用狀業務的潤滑性。

一般而言，開狀銀行於開發信用狀後，經受益人所在地之往來銀行將信用狀交付受益人，其目的有下列幾點：

1.確保信用狀順利送達受益人，尤其是以電訊開發之信用狀更有必要經通知銀行通知。

2.信用狀若有必要保兌者，得經通知銀行通知並同時保兌。

3. 通知銀行較暸解受益人的情形。

4. 指定通知銀行為押匯銀行（指定銀行）。

5. 通知銀行得居間對信用狀內容作初步的核對。

6. 提高受益人對開狀銀行之信心及對信用狀之信賴。

✹ 十一、通知銀行應核對信用狀外觀之真實性

通知銀行接受開狀銀行關於信用狀通知之委託後，得決定是否通知或拒絕通知。若通知銀行與開狀銀行之間已有往來契約者，當依契約處理；若開狀銀行與受託銀行之間無任何約定者，該受託銀行得自行決定是否通知或拒絕通知。

依 UCP 600 第 9 條 b 項規定，若通知銀行通知信用狀或修改書，即表示通知銀行已確信信用狀或修改書外觀之真實性 (apparent authenticity)，且該通知書正確反映信用狀或修改書之條款。

通知銀行核對信用狀外觀之真實性時，只要就其外觀之真實性確認是否由委託通知之開狀銀行開出即可，而外觀之真實性應指信用狀上所記載之開狀銀行署名、密碼或暗號是否與其所保有者符合。若通知銀行與開狀銀行之間已有往來契約關係者，其相互間保存對方有關確認信用狀之署名、密碼或暗號，使對方於受通知之委託時，得就此核對其真實性。此種核對方法應屬於外觀之核對，而不必進一步查對或查問是否確實由該銀行所開出，以免通知銀行承擔實質責任而影響其通知工作。

✹ 十二、通知銀行不予通知時應告知開狀銀行

若銀行決定不予通知時，依 UCP 600 第 9 條 e 項規定，應迅速通知開狀銀行，其目的有以下幾點：

1. 使開狀銀行儘早知道受託銀行不予通知之決定與理由，以便考慮補救的方法，及時作進一步的處理。

2. 使開狀銀行早日與拒絕通知之銀行商量處理方法。

3. 使開狀銀行得早日通知申請人，以盡善良管理人之責任。

銀行不予通知的理由有五點：

1. 無法證實信用狀。

2.信用狀內容不明確而開狀銀行不予提供資料。

3.受益人已倒閉或停止營業。

4.與開狀銀行無往來。

5.其他因銀行認為不宜通知之事由。

開狀銀行負擔依開狀申請書開發信用狀並通知受益人之義務，而受開狀銀行委託之銀行係代理開狀銀行履行將信用狀通知受益人之義務，故若該銀行決定不予通知時，開狀銀行應將不予通知之事實告知申請人，否則將違反對申請人委託開發信用狀之意思，而負擔因此所產生之損害賠償責任，因申請人將負擔未依約定開發信用狀或將信用狀交付受益人所產生之責任。若銀行拒絕通知而受益人無法收到信用狀時，除非因申請人之過失所致，否則申請人得免除此種責任。

✿ 十三、無法確認信用狀之真實性時須告知開狀銀行

接受開狀銀行委託之銀行通知信用狀而於收到信用狀時，應負擔證實信用狀真實性之義務，依 UCP 600 第 9 條 f 項的規定，如銀行被要求通知信用狀或修改書，但其自身無法確信該信用狀、該修改書或該通知書確實由開狀銀行所開出者，應迅速告知開狀銀行。通知銀行無法確認信用狀之真實性的原因有三點：

1.信用狀經過偽造（非開狀銀行所開出）。

2.信用狀上之署名、密碼或暗號已經變更，而開狀銀行未告知通知銀行。

3.通知銀行非開狀銀行之往來銀行。

若信用狀經過偽造，通知銀行就善良管理人的立場，應即告知委託通知信用狀之銀行，以確認該信用狀之問題所在。若確認該信用狀並非信用狀所記載之銀行所開出者，該通知銀行應即將信用狀退還，以防範因偽造可能引起之問題。

若開發信用狀之銀行確實為開狀銀行，但因作業疏忽或延誤，未及時將已經變更之署名、密碼或暗號告知通知銀行者，將可經確認而證實信用狀之真實性。

若開狀銀行並非通知銀行之往來銀行，而無保存任何開狀銀行之署名、密

碼或暗號者，經告知開狀銀行後，將可經確認而證實信用狀之真實性。

✿ 十四、無法證實而決定通知受益人時須告知受益人

通知銀行無法確認信用狀之真實性時須告知開狀銀行。此時，若該銀行決定不予通知，必須告知開狀銀行，但若決定要通知受益人，依 UCP 600 第 9 條 f 項規定，需要將其無法證實之事項告知受益人。在通常情形下，通知銀行通知信用狀時會附信用狀通知書 (advise of irrevocable credit)，而在通知書上記載通知銀行核對信用狀之署名、密碼或暗號等是否符合，以供受益人參考。因此，通知銀行在實際作業上已能符合信用狀統一慣例之要求。此規定之主要目的在於使受益人能確實把握信用狀之真實性，以防範信用狀之偽造而造成受益人及其他有關當事人遭受損害。

✿ 十五、受益人對信用狀修改書同意之通知

依 UCP 600 第 10 條 a 項規定，除依第 38 條規定經轉讓者外，信用狀未經開狀銀行或保兌銀行（若經保兌者）及受益人同意，不得修改或取消，受益人對信用狀之修改具有同意或拒絕之權利。

另依 UCP 600 第 10 條 c 項前段之規定，在受益人未對通知銀行表示接受其修改時，原信用狀條款對受益人仍然有效，而受益人應給予接受或拒絕之通知 (The beneficiary should give notification of acceptance or rejection of an amendment)。故受益人於收到信用狀之修改時，無論接受或拒絕，應迅速對通知銀行表示。若受益人未表示接受信用狀之修改，而依修改提出單據請求兌付或讓購者，依第 10 條 c 項後段之規定，視為於提出時同意修改以補救之。但受益人依未經修改之原信用狀提出單據者，當視為信用狀未經修改。一般而言，若信用狀之修改係依據受益人之要求者，應當不會有問題，但若其修改係依開狀申請人單方面意思者，受益人有拒絕之可能。

✿ 十六、修改書部分接受視為拒絕

依 UCP 600 第 10 條 e 項規定，對修改書部分接受視為對該修改書拒絕。另依同條 f 項規定，若修改書內記載「除非由受益人在某段時間內拒絕，否則

該修改書將生效。」這類字句時，應不予理會。

十七、電傳信用狀之適用性

開狀銀行開發或修改信用狀之方法，依開狀申請人之指示可分為正式的郵遞信用狀 (mail credit) 及電傳信用狀 (teletransmitted credit) 兩種。前者具備全部形式或內容自然可作為辦理信用狀業務之憑據；而後者依信用狀統一慣例第 11 條 a 項規定，若該電傳信用狀或修改為經證實 (authenticated) 者，當然可作為可使用之信用狀或修改 (the operative credit or amendment)，故使用電傳開發或修改之信用狀原則上可作為辦理押匯之依據，以配合使用電傳開發或修改之方便。但若在電傳上加記「全部細節另寄」(full details to follow) 者，不在此限。

十八、指定銀行不負擔兌付或讓購之義務

指定銀行分兩種情形：

1.經開狀銀行於信用狀上指定，承擔履行信用狀所規定兌付或讓購之銀行。
2.未經信用狀指定而准予自由讓購之任何銀行。

若信用狀所指定之銀行為受益人之往來銀行，受益人可直接向該銀行提示，但若信用狀所指定之銀行並非受益人之往來銀行，受益人可直接向該指定銀行提示，亦可經其往來銀行採取轉押匯之方式提示。若信用狀未指定銀行，則受益人得向往來銀行提示，並不受到任何限制。

依 UCP 600 第 12 條 a 項及 c 項規定，對非保兌銀行之指定銀行授權兌付或讓購，並由該指定銀行收受或審查及遞交單據，並不表示強制該指定銀行有兌付或讓購之義務，除非該指定銀行同意。

十九、開狀銀行保證補償指定銀行

依 UCP 600 第 12 條 b 項規定，開狀銀行經由指定銀行承兌匯票 (accept a draft) 或承擔延期付款義務 (incur a deferred payment) 之方式，授權該指定銀行預付 (prepay) 或買入 (purchase) 由該指定銀行所承兌之匯票或承擔之延期付款義務；亦即開狀銀行允許指定銀行對延期付款的貼現，並應於到期日對符合提示補償。

另依 UCP 600 第 7 條及第 8 條 c 項規定，開狀銀行與保兌銀行保證補償業已兌付或讓購之指定銀行。信用狀之使用方式為承兌或延期付款時，提示金額之補償係於到期日支付，而不論指定銀行是否於到期日前預付或買入。開狀銀行對指定銀行補償義務係獨立於開狀銀行對受益人之義務之外。

✿ 二十、補償銀行之費用由開狀銀行負擔

補償銀行 (reimbursing bank) 指依信用狀之規定，代替開狀銀行對付款、承兌或讓購之求償銀行 (claiming bank) 履行補償義務之銀行。

依 UCP 600 第 13 條 a 項規定，若信用狀指定由指定之求償銀行向另一補償銀行求償時，該信用狀須指明是否受國際商會之銀行間補償規則之拘束。若未指明受國際商會之銀行間補償規則之拘束時，依 UCP 600 第 13 條 b 項規定，補償銀行之費用由開狀銀行負擔。若補償銀行之費用由受益人負擔時，開狀銀行應於信用狀及補償授權書中作此聲明。該項同時又規定補償銀行之費用由受益人負擔時，該等費用由應付予求償銀行之金額中扣除，而求償銀行則當然於受益人辦理押匯時收取。如補償銀行未依信用狀條款於一經請求時即予補償，開狀銀行將對任何利息損失，連同任何已發生之費用負責。

✿ 二十一、銀行應以單據表面審查

依 UCP 600 第 14 條 a 項規定，銀行僅需就單據「表面所示」(on their face) 審查以決定是否構成符合提示。刪除 UCP 500 第 13 條 a 項規定中「合理的注意」(reasonable care)，並明確定義「符合提示」。為避免將單據「表面所示」誤解為單據正面，故「表面所示」只在審單單據標準中保留，而在其他條款中刪除。

單據表面與信用狀條款之相符，係指單據在文字上與信用狀規定之條款在外觀上相符合。

✿ 二十二、應在合理時間內審查

UCP 500 第 13 條 b 項規定銀行審查單據的時間，應在收到單據後「不超過7 個營業日」之合理時間 (reasonable time)，改為「最多 5 個營業日」，刪除合理

時間之規定。依 UCP 600 第 14 條 b 項規定，銀行應自提示日後最多 5 個營業日以決定提示是否符合。該等期間於提示日或其後不因任何有效期限或提示最後日之存在而縮短或受其影響。

❀ 二十三、正本運送單據須於交運後 21 天內提示

依 UCP 600 第 14 條 c 項規定，包括一份或一份以上之正本運送單據，須由受益人或其代表於不遲於裝運日後 21 個曆日內作出提示，但不得遲於信用狀之有效期限。本條原規定於 UCP 500 第 43 條 a 項中，而在 UCP 600 中另行安排在第 14 條審查單據之標準內。

❀ 二十四、各單據彼此牴觸視為與信用狀條款不符

依 UCP 600 第 14 條 d 項與 f 項規定，在依該信用狀、該單據本身以及國際間標準銀行實務之本文解讀時，單據內之資料與該單據、任何其他規定之單據或該信用狀之資料，不須完全一致，但彼此間不得牴觸。

❀ 二十五、明確規範提示之單據

依 UCP 600 第 14 條 f 項規定，提示之單據包括運送單據、保險單據、商業發票及其他單據，只要單據內容顯示符合信用狀所要求單據之功能，且各單據內容彼此不牴觸，銀行將接受所提示之單據。

❀ 二十六、單據可於開狀前製作

依 UCP 600 第 14 條 i 項規定，單據之開發日期得早於信用狀之開發日期，但不得加註單據提示日後之日期。故若無違反信用狀之規定，受益人得在開發信用狀之前先準備各種單據。

❀ 二十七、單據之地址與聯絡明細

依 UCP 600 第 14 條 j 項規定，單據中之受益人及申請人之地址與信用狀所提及相關地址，無須相同，只要在同一國家即可，聯絡明細（傳真、電話、電子信箱或類似者）可不予理會。但運送單據上以申請人之地址及聯絡明細為

收貨人及被通知人細節之一部分時，則必須與信用狀內所指明者相符合。

✸ 二十八、單據原則上得以受益人外之第三者為託運人

UCP 600 第 38 條規定，信用狀原則上為不可轉讓，但受益人並不一定要以本身之名義為託運人，依 UCP 600 第 14 條 k 項規定，單據上得以受益人以外之第三者為託運人 (shipper) 或發貨人 (consignor)。

✸ 二十九、單據之簽發人

依 UCP 600 第 14 條 ℓ 項規定，運送單據得由運送人 (carrier)、船東 (owner)、船長 (master) 或傭船人 (charterer) 以外之其他人簽發。

另依 UCP 600 第 3 條規定，以「一流的」、「著名的」、「合格的」、「獨立的」、「正式的」、「有資格的」或「本地的」等用語來說明單據之簽發人時，可以受益人以外之任何人簽發該單據。

✸ 三十、符合提示

依 UCP 600 第 2 條規定，符合提示 (complying presentation) 指提示符合信用狀條款、本慣例之規定以及國際間標準銀行實務。依 UCP 600 第 15 條規定，若提示符合，開狀銀行須為兌付；保兌銀行須為兌付或讓購，且遞交單據至開狀銀行；指定銀行須為兌付或讓購，且遞交單據至保兌銀行或開狀銀行。

✸ 三十一、得拒絕接受不符合之提示

依 UCP 600 第 16 條 a 項規定，如銀行決定 (determine) 提示不符合，指定銀行、保兌銀行，或開狀銀行得拒絕兌付或讓購。

✸ 三十二、若拒絕通知應在合理時間內發出

依 UCP 600 第 16 條 c 項及 d 項規定，指定銀行、保兌銀行，或開狀銀行決定拒絕兌付或讓購，須對提示人發出通知。通知須於提示日後第 5 個營業日終了前以電傳 (telecommunication) 或其他快捷方式 (other expeditious means) 發出。瑕疵須一次指明。

指定銀行、保兌銀行、或開狀銀行依第 16 條 c iii a) 或 b) 項之要求提供通知之後，得於任何時間將單據退還提示人。

三十三、正本單據的認定

依 UCP 600 第 17 條規定，信用狀上所規定之每一種單據至少必須提示一份正本。除單據本身指明非正本外，任何外觀上載有單據簽發人之原始簽字 (original signature)、標誌 (mark)、圖章 (stamp) 或標籤 (label) 之單據，銀行應視為正本。非押匯用副本 (non-negotiable copy) 的提單即使在其上加蓋 "original" 或重新手簽，亦不得視為正本。

此外，除單據本身另有指明外，銀行將受理以下列方式製作的單據為正本單據：

1.由單據簽發人以親手書寫 (written)、打字 (typed)、打孔 (perforated) 或蓋章 (stamped) 方式。或

2.在單據簽發人之原始信箋 (original stationery) 之上。或

3.指明其為正本，除非該聲明顯示出與所指提示之單據不符合。

三十四、副本單據之提示

依 UCP 600 第 17 條 d 項及 e 項規定，如信用狀要求單據副本之提示，則允許正本單據及副本之提示。除於單據本身另有指明外，如信用狀使用「一式兩份」(in duplicate)、「兩份」(two fold) 或「兩份」(two copies) 之用語要求複式單據 (multiple documents) 之提示，則至少提示一份正本，其餘份數為副本。

三十五、商業發票原則上不必署名

商業發票 (commercial invoice) 是信用狀受益人（賣方）於交付貨物後，請求開狀申請人（買方）付款之文件。因此，無論是 FOB, CFR, CIF 或國貿條規中之其他條件，賣方必須提供買方商業發票；而買方於辦理貨物進口報關時，通常依規定需要提供商業發票給海關作為核定關稅之依據。商業發票通常由受益人製作後，並經受益人署名。

依 UCP 600 第 18 條 a 項規定，商業發票須由受益人以申請人的名義及與

信用狀相同的貨幣簽發；除非信用狀另有規定須經署名（如 signed commercial invoice），否則商業發票不必署名。因此，進口商須特別注意商業發票之署名問題，而於開狀申請書上作明確的指示。

⚙ 三十六、商業發票上之金額不得超過信用狀上之金額

信用狀所載金額為開狀銀行應負責之最高金額，故原則上受益人不得請求支付超過信用狀之金額。不過，事實上受益人請求支付之實際金額，在各種不同的情形下，可能會超過信用狀上之金額，例如匯率變動之風險由買方負擔，而當幣值上升時。

依 UCP 600 第 18 條 b 項規定，除非信用狀另有規定，指定銀行、保兌銀行或開狀銀行得接受所簽發金額超過信用狀所允許金額之商業發票，但以該銀行並未兌付或讓購超過信用狀所允許金額為條件；亦即銀行得拒絕簽發金額超過信用狀所准許金額之商業發票。

⚙ 三十七、商業發票上之說明應符合信用狀上之說明

依 UCP 600 第 18 條 c 項規定，商業發票中貨物、勞務或履約行為之說明，必須與信用狀上的說明相符合。

⚙ 三十八、共有七種運送單據

UCP 600 將承攬運送人簽發之運送單據取消，改在第 14 條 ℓ 項規定運送單據得由運送人、船東、船長或傭船人以外之人簽發。但以該運送單據符合本慣例第 19、20、21、22、23 或 24 條規定為條件，並將 UCP 500 第 26 條複合運送單據 (multimodal transport document) 取消，改為涵蓋至少兩種不同運送方式之運送單據 (transport document covering at least two different modes of transport)，UCP 500 第 23 條海運／海洋提單 (marine/ocean bill of lading) 改為提單 (bill of lading)。故從第 19 到 25 條所規定之運送單據有七種，包括：涵蓋至少兩種不同運送方式之運送單據、提單、不可轉讓海運貨單、傭船提單、航空運送單據、公路、鐵路或內陸水路運送單據、快遞收據、郵政收據或投郵證明。

✽ 三十九、起運地及目的地之表示方式

涵蓋至少兩種不同運送方式之運送單據，要表明信用狀指定之發送地、接管地或裝運地 (the place of dispatch, taking in charge or shipment) 及最終目的地 (the place of final destination)。提單要表明由信用狀指定之裝載港裝運至信用狀指定之卸貨港。傭船提單要表明由信用狀指定之裝載港裝運至信用狀指定之卸貨港。卸貨港亦得如信用狀所指明，顯示為數個港口之範圍或某一地理區域。航空運送單據要表明信用狀指定之起運機場及目的地機場。公路、鐵路或內陸水路運送單據要表明信用狀指定之裝運地及目的地。快遞收據要表明信用狀規定貨物將予裝運之地方。郵政收據或投郵證明要表明信用狀指定貨物將予裝運之地方。

✽ 四十、提單上之裝載註記

依 UCP 600 第 20 條 a 項 ii 款規定，以預先印定 (pre-printed wording) 之措辭，或裝載註記 (on board notation) 表明貨物業已裝船之日期。提單的簽發日期將視為裝運日期；若提單含有裝載註記，裝載註記上指明之日期將視為裝運日期。

如提單含有「預定之船舶」(intended vessel) 之用語，裝載註記必須指明裝運日期 (date of shipment) 及實際船舶 (actual vessel) 的名稱。

另依 a 項 iii 款規定，表明由信用狀指定之裝載港裝運至信用狀上指定之卸貨港，如提單未表明信用狀上指定之裝載港為裝載港，或若提單含有「預定裝載港」之用語，則裝載註記必須表明信用狀指定之裝載港、裝運日期及船舶名稱。

本條規定取消 UCP 500 中提單上有關收貨地 (place of receipt) 或接管地 (taking in charge) 與裝運港 (port of loading) 不同時，所須加註之裝載註記，改以如提單未表明信用狀指明之裝載港為裝載港，或若提單有關裝載港含有「預定」之表示或類似保留用語，則裝載註記必須表明信用狀指明之裝載港、裝運日期及船舶名稱。

✤ 四十一、貨物原則上可轉運

依 UCP 600 第 19 條至第 24 條之規定，除非信用狀條款禁止轉運者外，原則上銀行將受理表示貨物將予轉運之運送單據，但該運送單據必須表示貨物之全部運送過程。亦即運送單據上表示信用狀之裝載或交貨地及卸貨地或最終目的地者，雖然該單據上表示貨物經過轉運，銀行仍予以受理。而且，依第 19 條 c 項、第 20 條 c 項、第 21 條 c 項、第 23 條 c 項、第 24 條 e 項規定，即使信用狀禁止轉運，銀行仍可受理表示貨物得或將轉運之運送單據。

✤ 四十二、運送單據不得表示貨物裝載於甲板上

貨物裝載於船舶之甲板上 (on deck) 將引起以下問題：(1)貨物容易受損害；(2)發生共同海損時，最先被拋棄；(3)該貨物並不屬於一般運送之貨物；(4)該貨物需要投保甲板險等；而對銀行及開狀申請人（通常為收貨人）而言甚為不便或不利。因此，UCP 600 第 26 條 a 項規定，運送單據不得表明貨物將裝載於甲板上，即甲板提單 (on deck B/L)；但運送單據上註明貨物得 (may) 裝載於甲板上之條款，則可以接受。

✤ 四十三、運送單據原則上得表示託運人自裝自計或據託運人所報

在整櫃貨物 (CY cargo) 運送的情形下，運送人常在運送單據上記載「託運人自裝自計」(shipper's load and count) 或「據託運人所報內裝」(said by shipper to contain) 或內容不知 (content unknown) 等不知條款 (unknown clause)。此種條款依 UCP 600 第 26 條 b 項規定，運送單據上記載此類字句者，原則上銀行將予接受，而不會構成瑕疵單據。

✤ 四十四、運送單據原則上為無瑕疵

在併櫃貨物 (CFS cargo) 運送的情形下，貨物交付運送人時，若其本身或包裝有瑕疵者，運送人將於運送單據上記載其瑕疵，例如「3 箱破損」(3 cases broken) 或「生鏽」(with rust)。依 UCP 600 第 27 條規定，清潔運送單據 (clean transport document) 係指未載有明示貨物或其包裝之瑕疵狀況之條款或註記者，銀行將僅接受清潔運送單據。雖然信用狀要求運送單據必須「清潔且已裝載」(clean and on board)，但「清潔」(clean) 一字無需顯示於運送單據上。

四十五、保險單據得以保險證明或聲明取代

依 UCP 600 第 28 條 a、c 及 d 項規定，銀行將受理基於統保單 (open cover) 所發行之保險證明書 (insurance certificate) 或聲明書 (declaration)。不過，該統保單係由保險公司 (insurance companies) 或保險人 (underwriters) 或其代理人事先署名 (pre-signed) 者。事實上，貨物之保險得事先向保險業者投保，取得統保單或預保單 (provisional policy)，而於貨物實際交運後，再向保險業者作「確定的聲明」(definite declaration)，取得保險證明書或聲明書。此兩種文件都由保險業者或其代理人發行，為正式的保險單據，故銀行得受理。至於投保通知單 (cover notes) 銀行將不予接受。

四十六、保險單據之日期不得遲於裝運日期

保險單據上必須表示貨物自裝運日起已經生效，否則銀行將因無法確保理賠之權益而拒絕受理。因此，UCP 600 第 28 條 e 項規定，保險單據之日期不得遲於裝運日期，除非保險單據上顯示其生效日期不遲於裝運日期。

四十七、保險單據上之貨幣種類須與信用狀上之貨幣　　　種類相同

若保險單據上使用之貨幣與信用狀上之貨幣不同時，可能因貨幣或匯率之變動而發生實際取得理賠金額之誤差，故 UCP 600 第 28 條 f 項 i 款規定保險單據必須表明保險承保之金額，且與信用狀上之貨幣相同，以便向保險公司辦理理賠時，不致因貨幣之不同而遭受到幣值變動之損失。

四十八、最低投保金額之規定

除非信用狀另有規定受益人須投保之保險金額比率外，依 UCP 600 第 28 條 f 項 ii 款規定，在 CIF 或 CIP 條件下，應為各該值加 10%；無法知悉 CIF 或

CIP 值時 ，以兌付或讓購金額或商業發票總額兩者選擇較大者之 110% 為保險金額。

🌼 四十九、原則上可受理附有免賠額條件之保險單據

發生保險事故時，保險人賠付金額的情形，可分為在投保金額內全部賠償與在某比率以內之損失不予賠償兩種。依 2009 年勞依茲市場協會／倫敦國際保險協會 (LMA/IUA) 所制定之「協會貨物保險條款」(Institute Cargo Clause) 的三種基本險條款中，除了投保「A 條款」(clause A)，不管貨物之損失發生多少，保險人都必須賠償外，其他 B 條款及 C 條款均屬於受免賠額 (franchise) 限制之條款。依 UCP 600 第 28 條 j 項規定，銀行將受理表明其承保範圍適用免賠額或僅賠超額（扣除免賠額）之保險單據。

🌼 五十、「通常危險」或「習慣上危險」等字語之使用

刪除 UCP 500 第 35 條信用狀上不應使用「通常危險」(usual risks) 或「習慣上危險」(customary risks) 等不明確字語之規定。依 UCP 600 第 28 條保險單據及承保範圍 g 項之規定，信用狀上如使用「通常危險」或「習慣上危險」等字語，保險單據將照單全收，而對其所未承保之任何危險不予理會。

🌼 五十一、單據須於信用狀有效期間內提示

開狀銀行開出信用狀之後，並非無限期承擔信用狀所指定之付款、承兌或讓購之責任，故信用狀原則上會規定有效日期 (expiry date)。依 UCP 600 第 29 條 a 項規定，如信用狀有效期限或提示之末日，適逢銀行因不可抗力事項之外的理由而休業，則有效期限或提示之末日，將展延至次一營業日。另依 c 項規定，最遲裝運日將不依 a 項之結果而展延。

🌼 五十二、以重量或體積來表示貨物交付數量單位者得 增減 5%

賣方交付之貨物，若依貨物之性質必須以重量或體積來表示貨物交付之數量，而實際上可能無法確實依照約定之數量來交付，例如鋼筋、黃豆、小麥及

液體物等貨物。因此，UCP 600 第 30 條 b 項規定，除非信用狀規定特定貨物之數量不得增減，及除以包裝單位 (packing units) 或個別件數 (individual items) 來規定貨物數量者外，貨物數量得在上下 5% 範圍內增減。不過，原則上商業發票之金額不得超過信用狀金額，故實際上僅能減少 5%（降低單價者除外）。

五十三、原則上可少取款 5%

信用狀上之金額雖然表示開狀銀行應負責之最高金額，但依信用狀統一慣例第 30 條 c 項規定，若信用狀上無特別規定、限制或金額前加「大約」(about) 等字句，受益人原則上得少收取 5% 之金額。

若信用狀金額或信用狀所指明之數量或單價前加「約」或「大概」等字，則解釋為容許有 10% 上下之寬容度。

五十四、部分裝運

依 UCP 600 第 31 條 a 項規定，允許部分裝運。而第 31 條 b 項及 c 項更規定，提示一套以上的運送單據，並顯示由同一運送方式，使用一個以上之運送工具裝運，將認為是部分裝運，縱使該運送工具於同日出發前往同一目的地時亦同。至於郵政收據 (post receipt) 或快遞收據 (courier receipt)，只要顯示同一地點及日期蓋妥圖章或經簽署且送往同一目的地者，將不認為是部分裝運。

五十五、分期裝運

依 UCP 600 第 32 條規定，如信用狀規定，在所訂各期間內辦理分期動支或裝運，若有一期未在期間內動支或裝運，信用狀對該期及其後之任何期別中止使用。

五十六、銀行審查單據之免責

銀行審查的單據包括商業發票、運送單據、保險單據以及其他單據，如檢驗證明書、產地證明書、領事發票等等。銀行對這些單據之格式 (form)、充分性 (sufficiency)、正確性 (accuracy)、真實性 (genuineness)、偽造 (falsification) 或法律效力 (legal effect)，或對單據上所規定或加註之一般或特別條款，以及對這

些單據之發行人，如發貨人、運送人、承攬運送人、收貨人或保險人等償債能力 (solvency)、履約能力 (performance) 或信用狀況 (standing) 等事項無法去逐一查證，或有查證上之困難。因此，依 UCP 600 第 34 條規定，銀行對此不負義務或責任。

五十七、訊息傳送及翻譯之免責

任何訊息 (message)、信函 (letter) 或單據 (document) 在傳送過程中不可避免地會造成遲延 (delay)、殘缺 (mutilation) 或其他錯誤 (error)，故依信用狀統一慣例第 35 條規定，銀行對此不負義務或責任。

為了避免對專門術語 (technical terms) 翻譯或解釋的錯誤，銀行對此亦不負義務或責任，並保有不經翻譯通知信用狀之權利。

五十八、因不可抗力而遲延之不履行信用狀責任

銀行若因發生不可抗力事故而無法對外營業時，受益人當然無法按時使用信用狀辦理單據之提示；此時，若信用狀無任何明示有關在不可抗力事故後，銀行得受理單據者，依 UCP 600 第 36 條規定，銀行因天災 (acts of God)、暴動 (riots)、內亂 (civil commotions)、叛變 (insurrections)、戰爭 (wars)、恐怖行動 (acts of terrorism)，或因罷工 (strikes)、或營業場所封閉 (lockouts)、或任何其他非其所能控制 (beyond its control) 之事由，而導致營業中斷所產生之後果，不負義務或責任。銀行恢復其營業時，對營業中斷期間過期之信用狀，將不兌付或讓購。UCP 600 對不可抗力事故的規定，增加一項恐怖行動 (acts of terrorism)。

五十九、受託者行為之免責

在信用狀的處理過程中，開狀銀行為達成信用狀申請人之指示，必須委託出口地之分行或往來銀行或其他銀行提供通知信用狀或押匯、付款之服務。受委託之銀行，可能由信用狀申請人指定，或由開狀銀行主動選定。依 UCP 600 第 37 條 b 項規定，若受委託的銀行不執行開狀銀行之委託，開狀銀行對此不負義務或責任。

✺ 六十、可轉讓信用狀可全部或部分轉讓

　　信用狀之受益人不一定需要親自使用信用狀，尤其是在三角貿易或由國內工廠出口貨物時，居於中間之貿易商可能需要利用信用狀之轉讓，將進口商開來之信用狀轉讓給貨物供應國之出口商或國內工廠，而由信用狀受讓人交運貨物出口。

　　UCP 600 刪除信用狀僅於開狀銀行明示其為「可轉讓」(transferable) 時，才可轉讓的規定。依 UCP 600 第 38 條 b 項規定，可轉讓信用狀指特別指明其為「可轉讓」之信用狀。可轉讓信用狀且得依受益人（第一受益人）之請求，使該信用狀之全部或部分可由其他受益人（第二受益人）使用。

✺ 六十一、可轉讓信用狀限轉讓一次

　　依 UCP 600 第 38 條 d 項規定，可轉讓信用狀僅能轉讓一次；但轉讓一次係指第二受益人（受讓人）不得再轉讓，若是重行轉讓給第一受益人，並不構成本條所禁止之轉讓。其目的在於確保受益人之信譽與履約交貨能力，使信用狀不因任意轉讓而喪失對受益人之控制。

　　若信用狀允許分批交運 (partial shipment are allowed)，第一受益人得轉讓給一個以上之第二受益人。

✺ 六十二、轉讓銀行可直接向開狀銀行提示

　　轉讓銀行指轉讓信用狀之指定銀行；若信用狀可在任何銀行使用，轉讓銀行則指經開狀銀行特別授權轉讓信用狀之銀行，而開狀銀行亦得為轉讓銀行。依 UCP 600 第 38 條 i 項規定，轉讓銀行有權將收自第二受益人之單據交付開狀銀行，而對第一受益人不再負責。

　　另依 UCP 600 第 38 條 k 項規定，由第二受益人或其代表所為之單據提示須向轉讓銀行為之。

✺ 六十三、第一受益人辦理信用狀轉讓時須表示是否保留修改之拒絕權

依 UCP 600 第 38 條 e 項規定，第一受益人必須指示轉讓銀行，是否保留拒絕或准許轉讓銀行將修改書通知第二受益人之權利。

若第一受益人對轉讓銀行表示拒絕將修改書通知第二受益人，則第二受益人無法知道信用狀之修改事項。此為第一受益人保護其本身權利所作之決定；若第二受益人不能按照修改內容提出單據，其責任由第一受益人負擔。

若第一受益人准許轉讓銀行將修改書通知第二受益人，在全額轉讓的情形下，第一受益人已無保留信用狀之權利，得完全由第二受益人決定是否接受修改。若信用狀轉讓給一個以上之第二受益人，而第一受益人與第二受益人對於修改事項見解不一致者，依 UCP 600 第 38 條 f 項規定，各受益人得就其受讓部分個別表示是否同意修改。對拒絕接受修改之任何第二受益人，該已轉讓信用狀將仍屬未修改。對接受修改之任何第二受益人，該已轉讓信用狀將仍依修改書之內容。

✺ 六十四、轉讓費用之負擔

可轉讓信用狀於轉讓時，由第一受益人請求轉讓銀行辦理，而轉讓費用應由轉讓人或受讓人負擔，雖不是很大的問題，但為確保轉讓銀行的權益，依 UCP 600 第 38 條 c 項規定，信用狀之轉讓費用包括佣金 (commissions)、規費 (fees)、工本費 (costs) 或支出 (expenses) 均由第一受益人支付，而在轉讓費用未支付前，轉讓銀行無辦理轉讓之義務。

可轉讓信用狀於開狀銀行開出時，要在信用狀上明示可轉讓，但信用狀之轉讓係依受益人之要求而由開狀申請人於開狀申請書內規定，故實際上是應受益人之需要而由開狀銀行記載該詞語。因此轉讓費用當由請求轉讓之受益人負擔。

✺ 六十五、保留商業發票替代權者須及時替代之

可轉讓信用狀經轉讓時，依 UCP 600 第 38 條 h 項規定，第一受益人有權

以其本身之發票或匯票替代第二受益人之發票或匯票。

第一受益人於信用狀轉讓時保留商業發票（及匯票）之替代權，其主要目的有二：

1.為避免開狀申請人與第二受益人彼此知道其名稱及地址。

2.為避免開狀申請人及第二受益人知道第一受益人之實際售價及／或實際取得之金額。

可轉讓信用狀之使用，乃因原受益人並非實際履行買賣契約之當事人，而由原受益人轉讓給第二受益人，並由第二受益人擔任買賣契約之實際履行者。例如在三角貿易時，居間之貿易商將買方（實際進口者）所申請開出之可轉讓信用狀轉讓給貨物之實際供應商（實際出口者），而居間之貿易商（第一受益人）以本身之發票及匯票替代實際出口商（第二受益人）之發票及匯票，以避免實際進口商知道實際出口商。又如在同一國內之出口商將工廠之貨物出口而使用可轉讓信用狀時，若使用此種替代方法，亦可避免國外進口商知道國內工廠為何者，將可避免第二受益人與原受益人直接交易。在以上的情形下，除了使用可轉讓信用狀外，若使用背對背信用狀 (back to back credit) 由中間者以收到之信用狀為擔保，另請銀行開出信用狀，亦可達到相同之目的。不過，此兩種情形就法律及實務的觀點而言，則不完全一樣。因為可轉讓信用狀之使用，第一受益人不必安排開發信用狀之手續，且其費用之負擔亦不同，但要受到轉讓之各種限制；而若是開發另一張信用狀，原受益人將具有開狀申請人及原信用狀之受益人兩種身分，其應負擔之責任亦不同。

UCP 600 第 38 條 g 項規定，信用狀轉讓時，雖以原信用狀之條款為基礎，但信用狀金額 (the amount of the credit)、任何單價 (any unit price)、有效日 (the expiry date)、提示期間 (the period for presentation)、最遲裝運日 (the latest shipment date) 或指定之裝運期間 (given period for shipment)，得減少或縮短，且依同條 h 項規定，第一受益人以其本身之發票或匯票替代第二受益人之發票或匯票時，若有差額，得動支該差額。

✹ 六十六、可將應得款項讓與他人

依 UCP 600 第 39 條規定，信用狀雖未表示可轉讓，但受益人仍可依準據

法 (applicable law) 的規定，將其基於該信用狀下可得或將得的款項讓與他人。

第四節　電子信用狀統一慣例

近年來，由於電子商務的興起，在國際貿易及金融方面造成很大的變化，電子貿易 (electronic trade) 的型態已成為未來發展的趨勢，電子文件 (electronic documents) 的使用也日益增加。為了配合這些發展趨勢，國際商會乃制定「信用狀統一慣例補篇 —— 電子提示 1.0 版」 (UCP Supplement for Electronic Presentation, Version 1.0)，簡稱「電子信用狀統一慣例」(eUCP)，並自 2004 年 4 月 1 日起實施。

在 UCP 600 起草過程中，國際商會各國委員會 (national committees) 表示仍應保留 eUCP 作為 UCP 之一項補充，因此將 eUCP 更新為 1.1 版，新版本僅反應 UCP 600 有關提示用語及語法之修改。

「電子信用狀統一慣例 1.1 版」共有 12 條，第 e1 條「電子信用狀統一慣例之範圍」(Scope of the eUCP)，第 e2 條「電子信用狀統一慣例對信用狀統一慣例之關係」 (Relationship of the eUCP to the UCP)，第 e3 條 「定義」 (Definitions)，第 e4 條「格式」(Format)，第 e5 條「提示」(Presentation)，第 e6 條「審查」(Examination)，第 e7 條「拒絕之通知」(Notice of Refusal)，第 e8 條「正本及副本」(Original and Copies)，第 e9 條「簽發日期」(Date of Issuance)，第 e10 條「運送」(Transport)，第 e11 條「電子記錄提示後之毀損」(Corruption of an Electronic Record after Presentation)，第 e12 條「依電子信用狀統一慣例所提示電子記錄之額外免責」 (Additional Disclaimer of Liability for Presentation of Electronic Records under eUCP)。茲擇其要點簡述之。

❀ 一、電子信用狀統一慣例之適用

依 eUCP 第 e1 條規定，「電子信用狀統一慣例」 的制定係補充 (supplement) UCP 的不足而非取代 (replacement) UCP 的適用，二者可共同運作。

依 eUCP 第 e2 條 a 項規定，適用 eUCP 之電子信用狀亦適用 UCP，而無需在信用狀內明示。

✿ 二、信用狀統一慣例用語之定義

依 eUCP 第 e3 條 a 項規定，為配合電子記錄之提示能適用 UCP，使用於 UCP 的用語，應具有以下意義：

1. **就其表面所示 (appears on its face)**：原指銀行審核書面單據時，單據表面的文義應符合信用狀上之規定而言，為配合電子提示，此類用語應適用於電子記錄資料內容之審查。

2. **單據 (document)**：除包含書面單據外，還包含電子記錄。

3. **提示地 (place for presentation)**：電子記錄之提示地指電子地址。

4. **簽署 (sign)**：包括書面簽字與電子簽字。

5. **附加 (superimposed)、註記 (notation) 或加蓋圖章 (stamped)**：指在電子記錄內一些附加或註記，其外觀上係補充性質之資料。

✿ 三、電子信用狀統一慣例用語之定義

依 eUCP 第 e3 條 b 項規定，在 eUCP 中，若使用以下用語，其意義如下：

1. **電子記錄 (electronic records)**：指以電子方式 (electronicmeans) 製作 (created)、產生 (generated)、發送 (sent)、傳遞 (communicated)、收受 (received)、或儲存 (stored) 之資料；可以發送人之外觀上身分及其內涵蓋資料之外觀上來源給予確認，以及得以確認其是否保持完整並未經修改；且可以審查是否與電子信用狀之條款相符。

2. **電子簽字**：意指附加於或邏輯上附加於電子記錄之資料處理，且由某人為辨識該人身分所簽署或採用，及指明電子記錄的該人之確認。

3. **格式**：意指表達電子記錄或其參照之資料架構。

4. **紙面單據**：意指傳統紙張形式之單據。

5. **收到**：意指電子記錄以能為該系統接收之形式，進入適當收受人之資訊系統時。任何收到之簽認，並不意含依據電子信用狀的電子記錄之接收或拒絕。

✿ 四、電子記錄提示之格式

依 eUCP 第 e4 條之規定，電子信用狀必須規定提示電子記錄之格式。若無

規定，則得以任何格式提示。

❀ 五、銀行系統在營業中無法收到電子記錄之處理

eUCP 解決了一些電子提示 (electronic presentation) 的問題。依 eUCP 第 e5 條 e 項規定，如被提示之銀行係於營業中，但其系統無法在規定之有效期限及／或裝運日後提示期間終止前，收到已傳送之電子記錄，該銀行將被視為休業，而提示日及／或有效期限應順延至該銀行能收到電子記錄之次一營業日。

如唯一待提示之電子記錄為提示完成之通知，該通知得以電傳 (telecommunications) 或紙面單據方式 (paper document) 發出，且將視其為及時，但以在該銀行能收到電子記錄前發出者為限。

❀ 六、對於電子記錄的審查

依 eUCP 第 e6 條 a 項規定，如電子記錄含有超連結至外部系統 (hyperlink to an external system)，或提示中表明電子記錄得引用外部系統 (reference to an external system) 予以審查，則在該系統之電子記錄應視為待審查之電子記錄。審查時若該系統未能提供登入所要求之電子記錄者，應構成瑕疵。

依 eUCP 第 e6 條 b 項規定，如指定銀行依指定傳送電子記錄，則表示對電子記錄之外觀真實性已審查過。

依 eUCP 第 e6 條 c 項規定，若開狀銀行、保兌銀行無法依所要求之格式審查，或若未要求格式時，無法就所提示之格式審查，則不能拒絕所提示之電子記錄。

❀ 七、對於電子記錄的拒絕通知

依 eUCP 第 e7 條 b 項規定，如開狀銀行、保兌銀行或代理之指定銀行對電子記錄之提示提出拒絕通知，但自拒絕通知日起 30 個曆日內，未接到對方處置電子記錄之指示時，銀行應將先前未退還之任何紙面單據退還提示人，但得以適當方式處置電子記錄而不負任何責任。

❀ 八、電子記錄遭到病毒或其他缺失而毀損之處理

依 eUCP 第 e11 條 a 項規定，如開狀銀行、保兌銀行或另一指定銀行收到之電子記錄在外觀上顯示遭受毀損，銀行得告知提示人，並得請求重新提示該電子記錄。

第五節　國際標準銀行實務——跟單信用狀項下單據之審查

ISBP 745E 將 2007 年版之 185 條大幅增至 298 條，其內容幾乎重新改寫，並增加許多新單據的製作與審查，如不可轉讓海運貨單、裝箱單、重量單等等。

ISBP 745E 共分十六部分，比 2007 年版增加五部分 (7、13、14、15、16)，內容包括：

1. 開狀前應考慮之事項 (preliminary considerations)。

2. 一般性原則 (general principles)。

3. 匯票與到期日之計算 (drafts and calculation of maturity date)。

4. 發票 (invoices)。

5. 涵蓋至少兩種不同運送方式之運送單據 (transport document covering at least two different modes of transport)。

6. 提單 (bill of lading)。

7. 不可轉讓海運貨單 (non-negotiable sea waybill)。

8. 傭船提單 (charter party bills of lading)。

9. 航空運送單據 (air transport document)。

10. 公路、鐵路或內陸水路運送單據 (road, rail or inland waterway transport documents)。

11. 保險單據與承保範圍 (insurance document and coverage)。

12. 原產地證明書 (certificate of origin)。

13. 裝箱單、記錄或附件 (packing list, note or slip)。

14. 重量單、記錄或附件 (weight list, note or slip)。

15.受益人證明書 (beneficiary's certificate)。

16.分析、檢驗、健康、植物檢疫、數量、品質及其他證明書 (analysis, inspection, health, phytosanitary, quantity, quality and other certificates)。

茲就其重要內容說明於下：

❀ 一、開狀前應考慮之事項

國際標準銀行實務首先針對信用狀之申請與開發提出一些必須審慎注意之事項，供開狀申請人及開狀銀行注意，以避免或解決審查單據過程中所出現之問題。

1. ISBP 745E 增加說明其內容應配合 UCP 600 的內容研讀，不能作單獨解釋。ISBP 745E 所敘述的實務強調，在信用狀或其任何修改書中未能明確修正或排除 UCP 600 的適用時，該如何解釋與適用 UCP 600 的條文。

2.申請人及受益人為避免或解決審查單據時產生問題，應仔細考量要求提示那些單據、單據由何人簽發、單據資料內容及提示期限等事項。

3.申請人應承擔因開發或修改信用狀之指示不明確所導致的風險。開狀銀行得對該指示作必要的補充 (supplement) 或使其更完整 (develop)，以確保其簽發之信用狀或修改書的條款無不清楚或互相牴觸之處。

4.申請人必須充分瞭解 UCP 600 中各條文之規定，以避免發生預想不到的後果。如依 UCP 600 第 20 條 c 項之規定，雖然信用狀禁止轉運，但銀行將接受表明有關貨物將裝載於貨櫃、拖車及／或子船 (LASH barge) 中予以轉運，及註明運送人保留轉運權利條款之提單。故若信用狀要求提示提單且禁止轉運時，必須同時註明排除 UCP 600 第 20 條 c 項之適用，才能使禁止轉運發生效力。

5.信用狀或其修改書內不應要求提示由開狀申請人簽發 (issued)、簽署 (signed) 或副署 (countersigned) 之單據。若有此要求，受益人應確定其符合該要求之能力或尋求適當的修正。

❀ 二、一般原則

ISBP 745E 在一般原則中分 19 項 41 條 (A1–A41) 規定，比 2007 年版 15 項 37 條 (6–42)，增加 4 項 4 條，包括：⑴ UCP 600 第 19 條至第 25 條所包含之運

送單據副本；⑵有關發送單據、通知等之快遞收據、郵政收據與投郵證明；⑶單據與填滿格位、欄位或空位之要求；⑷非單據條件與資料牴觸。此外，並將「證明與宣告」的標題改為「證明書、證明、宣告與聲明」。茲就其重要者說明於下：

1. 縮寫字 (abbreviations)：

⑴使用一般接受之縮寫字，如 "Ltd" 取代 "Limited"、"Int'l" 取代 "International" 等。

⑵置於兩字之間表示任取一字均可之短斜線（即 "/"）或逗號（即 ","），不應作為一個單字的替代使用，若本文中使用短斜線或逗號，但內容不明時，亦解釋為容許單一或更多的選擇。

與 2007 年版 (ISBP 681) 相比：⑵為新增說明。

2. 證明書、證明、宣告與聲明 (certificates, certifications, declarations and statements)：

⑴信用狀要求的證明書、證明、宣告與聲明，應經簽署。

⑵證明書、證明、宣告與聲明應視其類型、要求之文字與單據內所顯示的文字來決定是否要加註日期。

與 2007 年版 (ISBP 681) 相比：ISBP 745E 中⑴增加「信用狀要求的證明書、證明、宣告與聲明，應經簽署」；⑵增加「應視其類型、要求之文字與單據內所顯示的文字來決定是否要加註日期」；⑶刪除「證明、聲明或類似單據，得為個別單據，亦可包含於信用狀要求之其他單據內」。

3. UCP 600 第 19 條至第 25 條所包含之運送單據副本：

⑴規定若信用狀條款要求提示 UCP 600 第 19 條至第 25 條所包含之運送單據之副本時，則該條款並不適用，因第 19 條至第 25 條僅適用於正本單據。

⑵運送單據副本的任何資料，不得與該單據、任何其他單據或信用狀中之資料相牴觸。

⑶運送單據副本不受 UCP 600 第 14 條 c 項所規定之 21 個曆日或其他信用狀上任何提示期間的限制，但不得遲於信用狀之有效日期。

與 2007 年版 (ISBP 681) 相比：ISBP 745E 將「UCP 600 運送條款不適用之單據」改分為

「UCP 600 第 19 至第 25 條所包含之運送單據副本」 與 「UCP 600 運送條款不適用之單據」兩項規定，並重新規定內容。

　4.更正與更改 (correction and alteration)：

　　⑴除匯票外，由受益人自己簽發之單據：

　　　⒜不必經過公證、簽證與證明之單據：無須確認更正的資料。

　　　⒝業已公證、簽證與證明之單據：應由一位公證、簽證與證明之當事人確認更正的資料。

　　⑵由受益人以外之其他人簽發之單據：

　　　⒜不必經過公證、簽證與證明之單據：應由簽發人或其代理人確認更正的資料。此項確認應加蓋含有其名稱的圖章，或於簽字旁加註確認人的名稱。由代理人確認時，應表明其代理人的身份。

　　　⒝業已公證、簽證與證明之單據：除至少應由一位公證、簽證與證明之當事人確認更正的資料外，並應加蓋含有其名稱的圖章，或於簽字旁加註確認人的名稱。

　　　⒞無須確認副本單據更正的資料。

　　　⒟由受益人以外之其他人簽發之單據若含有一處以上的更正時，應個別確認，或以單一確認指明其適用所有更正。

　　　⒠若同一份單據中含有多種字體、字型或手寫字，則就單據本身而言，不表示更正。

與 2007 年版 (ISBP 681) 相比：ISBP 745E 作大幅度地修改。

　5.有關發送單據、通知等之快遞收據、郵政收據與投郵證明：只應依信用狀條款或 UCP 600 第 14 條 f 項審查，而不依 UCP 600 第 25 條審查。

與 2007 年版 (ISBP 681) 相比：ISBP 745E 增加「只應依信用狀條款或 UCP 600 第 14 條 f 項審查，而不依 UCP 600 第 25 條審查」。

　6.日期 (dates)：即使信用狀上未要求：

　　⑴匯票應加註簽發日期。

　　⑵保險單據應加註簽發日期或承保範圍之有效日期。

　　⑶若正本運送單據須依 UCP 600 第 19 條至第 25 條審查，則依其適用情形，應加註簽發日期、裝載註記上加註日期、裝運日期、為裝運而受

領之日期、發送或運送日期、接管日期或提取或收受日期。

⑷除匯票、保險單據或正本運送單據以外的單據,若有加註日期的要求,
則以註明簽發日期、參照其他一同提示之單據上日期或在規定單據上
顯示事件發生之日期即可。

⑸分析證明書、檢驗證明書或煙燻證明書等單據,得加註裝運日後之日
期。

⑹若信用狀要求裝運前檢驗證明書,則應於裝運日當天或之前簽發。

與 2007 年版 (ISBP 681) 相比:ISBP 745E 刪除「單據之簽發日不可在提示日後」、「匯票、
保險單據或正本運送單據以外的其他單據是否需要加註日期,視其單據性質與內容而定」,
並作大幅度地修改。

　　7. **單據與填滿格位、欄位或空格之要求** (documents and the need for
completion of a box, field or space):不一定要將格位、欄位或空格填滿。

與 2007 年版 (ISBP 681) 相比:ISBP 745E 增加「不一定要將格位、欄位或空格填滿」。

　　8. **UCP 600 運送條款不適用之單據** (documents for which the UCP 600
Transport Articles do not apply):

⑴送貨單、提貨單、貨物收據、承攬運送人收貨證明、承攬運送人裝運
證明、承攬運送人運送證明、承攬運送人貨物收據及大副收據等非
UCP 600 第 19 條至第 25 條定義之運送單據,只能依信用狀上之明文
規定或依 UCP 600 第 14 條 f 項的規定審查。

⑵單據必須於信用狀規定之有效期限之前提示。

⑶UCP 600 第 14 條 c 項所規定之 21 個曆日的違反提示期間,僅適用於
UCP 600 第 19 條至第 25 條所涵蓋的一份或數份正本運送單據。

⑷信用狀上應特別指明在個別單據簽發日後提示,或在該單據所提到的
日期後若干日提示。

與 2007 年版 (ISBP 681) 相比:ISBP 745E 刪除「這些單據不代表運送契約」,在⑴項中增
加「送貨單與貨物收據兩種」、「依信用狀上之明文規定審查」;⑶及⑷為新增的規定。

　　9. **UCP 600 未定義之詞語** (expressions not defined in UCP 600):

⑴裝運單據 (shipping documents):指除匯票、電傳報告與證明單據傳送
之快遞收據、郵政收據或投郵證明外,信用狀所要求之一切單據。

⑵陳舊單據可接受 (stale documents acceptable)：只要在信用狀有效期限內提示，就可接受在裝運日後 21 個曆日後才提示之單據。

⑶第三者單據可接受 (third party documents acceptable)：除匯票外的所有單據，包括商業發票在內，都可由受益人以外之其他人簽發。

⑷第三者單據不可接受 (third party documents not acceptable)：無意義且應不予理會。

⑸出口國家：表示受益人住所之國家、貨物原產地之國家、運送人接受貨物所在之國家、貨物裝運或發送之國家。

⑹船公司：船公司使用於有關運送單據之證明書、證明或聲明時，指運送人、船長、傭船人或其代理人為有關運送單據之證明書、證明或宣告之簽發人。

⑺照單接受 (documents acceptable as presented)：在信用狀有效期限內提示，且動用金額不超過信用狀上可使用金額時，提示得包含一項或多項規定的單據。該單據不再依信用狀或 UCP 600 的規定審查。

與 2007 年版 (ISBP 681) 相比：ISBP 745E 在⑴中增加「除電傳報告與證明單據傳送之快遞收據、郵政收據或投郵證明的單據」；⑵中增加「亦適用於信用狀在提示期間附加『陳舊單據可接受』」；⑷中增加「無意義且應不予理會」；⑹中增加「運送人、船長、傭船人或其代理人為有關運送單據之證明書、證明或宣告之簽發人」；⑺為新增的規定。

10.單據之簽發人 (issuer of documents)：當信用狀要求單據由指定之個人或實體簽發，則單據上只要顯示由指定之個人或實體簽發即可，不一定要印有該指定之個人或實體之名稱。

與 2007 年版 (ISBP 681) 相比：ISBP 745E 此項規定只有使用文字略有不同外，內容大致相同。

11.語文 (language)：

⑴當信用狀規定提示單據之語文時，信用狀與 UCP 600 所要求之資料應使用該語文。

⑵當信用狀未規定提示單據之語文時，單據得以任何語文簽發。

⑶當信用狀上容許可兩種或兩種以上接受語文時：

　⒜保兌銀行或指定銀行得以限制可接受的語文數量作為其在信用狀的

約定條件，且單據上所包含的資料僅能以可接受的語文說明。

(b)若保兌銀行或指定銀行未限制可接受的語文數量時，必須就單據上以所有可接受的語文顯示的資料予以審查。

(4)資料不以信用狀所要求或允許之語文記載者，銀行不予審查。

(5)個人或實體名稱、圖章、認證、背書或其他類似者，以及單據上所顯示的預先印好的本文，則得使用信用狀所要求以外的語文。

與 2007 年版 (ISBP 681) 相比：ISBP 745E 在(1)中刪除「受益人應使用信用狀上之語言來簽發單據」，增加「當信用狀規定提示單據之語文時，信用狀與 UCP 600 所要求之資料應使用該語文」；(2)～(5)為新增的規定，但(3)中刪除「當信用狀上規定可接受兩種以上語文之單據時，指定銀行於通知信用狀時，得以限制可接受的語文數量作為其在信用狀的約定條件」。

12.**數學計算**：銀行僅審查金額、數量、重量或包裝件數等項的總額，是否未與信用狀或其他規定單據相牴觸。

與 2007 年版 (ISBP 681) 相比：ISBP 745E 刪除「銀行對單據上數學計算之明細不予查核，僅負責核對信用狀及其他單據上之總金額是否符合」，增加「銀行僅審查金額、數量、重量或包裝件數等項的總額，是否未與信用狀或其他規定單據相牴觸」。

13.**拼錯或打字錯誤**：若拼錯或打字錯誤並不影響該字或該句之意義時，不構成單據瑕疵。如貨物說明將 "machine" 拼作 "mashine"、"fountain pen" 拼作 "fountan pen" 或 "model" 拼作 "modle" 時，都不視為與 UCP 600 第 14 條 d 項之資料相牴觸。但如貨物說明將 "model 123" 寫成 "model 321" 時，則不應視為打字錯誤，而應視為與 UCP 600 第 14 條 d 項之資料相牴觸。

與 2007 年版 (ISBP 681) 相比：ISBP 745E 將舊條款規定的「構成單據瑕疵」改為「與 UCP 600 第 14 條 d 項之資料相牴觸」，其餘規定則相同。

14.**多頁數及附件或追加條款 (multiple pages and attachments or riders)**：

(1)多頁數單據指必須可以將其認定為屬於同一份單據之包含一頁以上的單據。除單據另有規定外，實質裝訂在一起且按順序編號或含內部交叉參照註記之多頁單據，即使其中有若干頁為附件或追加條款，都應視為符合該項要求，並以一份單據審查。

(2)當需要在包含一頁以上之單據上簽署或背書，且信用狀或單據並未指明在何處簽署或背書時，可在該單據上之任何地方簽署或背書。

與 2007 年版 (ISBP 681) 相比：ISBP 745E 在⑴中將舊條款規定的「除信用狀或單據另有規定外」改為「除單據另有規定外」，並增加「追加條款」；⑵中刪除「通常在該單據之第一頁或最後一頁簽署或背書」。

16. **非單據條件與資料牴觸 (non-documentary conditions and conflict of data)：**

　　⑴非單據條件指信用狀上規定某一條件（如以木箱包裝），但未指明那些單據符合該條件之要求。

　　⑵任何信用狀規定必須提供的單據上無須註明非單據條件，但其所包含的資料不應與非單據條件相牴觸。

與 2007 年版 (ISBP 681) 相比：ISBP 745E 增加上述規定。

16. **正本與副本：**

　　⑴除了單據上記載該單據為副本外，正本單據指記載簽發人的原始簽字、標示、圖章或標籤的單據。記載這些確認方式的任何單據即符合 UCP 600 第 17 條的要求。

　　⑵ "original"（第一份正本）、"duplicate"（第二份正本）、"triplicate"（第三份正本）、"first original"（第一正本）、"second original"（第二正本）等表示簽發一份以上的正本單據。

　　⑶正本單據提示之份數，至少應符合信用狀或 UCP 600 所要求之份數。

　　⑷除正本航空運送單據與公路、鐵路或內陸水路運送單據外，應依運送單據與保險單據上記載的已簽發正本份數提示。

　　⑸當信用狀要求少於全套正本運送單據之提示，但未對其餘正本單據作任何處置的指示時，得提示全套正本運送單據。

　　⑹當信用狀上要求提示下列單據時：

　　　⒜ "invoice"、"one invoice"、"invoice in 1 copy"、"invoice–1 copy"，都解釋為要求提示一份正本發票。

　　　⒝ "invoice in 4 copies"、"invoice in 4 fold" 表示提示至少一份正本，其餘為副本。

　　　⒞ "photocopy of invoice" 或 "copy of invoice" 表示提示影本或副本都可以，若信用狀上不禁止，亦可提示一份正本。

(d) "photocopy of a signed invoice" 表示提示已經簽署之正本發票的影本或副本都可以,若信用狀上不禁止,亦可提示一份已經簽署之正本發票。

(7)若信用狀上指明「不能接受以正本發票代替副本發票」或類似禁止提示正本單據之用詞時,則應僅提示正本發票之影本或標示為副本之發票。

(8)若信用狀上要求提示一份運送單據之副本,且對所有單據之處理有指示時,則不應提示這類單據之正本。

(9)若信用狀或 UCP 600 有要求時,正本單據必須簽署。

(10)副本單據無須簽署或加註日期。

與 2007 年版 (ISBP 681) 相比:(1)、(3)、(4)、(5)、(6)(c)、(6)(d)為 ISBP 745E 新增的規定;ISBP 745E 在(6)中刪除「"one copy of invoice" 表示提示一份副本,亦可接受一份正本代替一份副本」;在(7)中將舊條款規定的「若不能接受以正本代替副本,則信用狀必須禁止提示正本」改為「若信用狀上指明『不能接受以正本發票代替副本發票』或類似禁止提示正本單據之用詞時,則應僅提示正本發票之影本或標示為副本之發票」。

17.裝船嘜頭:

(1)當信用狀規定嘜頭之詳細資料時,載有嘜頭之單據必須顯示該規定之詳細資料。但單據上記載之嘜頭資料不必與信用狀或其他規定單據上所顯示的排列順序相同。

(2)單據上的裝船嘜頭資料可能以「附加資訊」(addition of information) 的方式顯示出比通常所考慮到或信用狀上所規定的裝船嘜頭明細還多的資料,如有關貨物之型態、處理易碎物的警語或貨物的淨重與毛重。

(3)以貨櫃運送之運送單據,常僅於「裝船嘜頭」或類似標題下顯示貨櫃號碼、加註或未加註封條號碼,而其他單據上則顯示較多的嘜頭詳細資料,這類的貨櫃運送單據並不與其他單據的內容相牴觸。

(4)某些單據上顯示出上述的附加資訊,而其他單據上則未顯示的情形,並不視為與 UCP 600 第 14 條 d 項規定之資料相牴觸。

與 2007 年版 (ISBP 681) 相比:ISBP 745E 在(1)中刪除「額外之資訊可以接受,但以與信用狀條款不相牴觸為條件」,增加「單據上記載之嘜頭資料不必與信用狀或其他規定單據上所顯示的排列順序相同」;在(2)中刪除「某些單據顯示附加資訊,而其他單據無顯示,

並不構成瑕疵」；⑷為新增的規定。

18.簽字 (signatures)：

⑴單據上的簽字除手寫外，亦得以複製簽字（如預先印好或掃描的簽字）、打孔式簽字、圖章、符號（如戳記）或任何機械式或電子確認方式。

⑵若單據上有「此單據業經電子確認」或「經電子方式產生的單據且無需簽字」之聲明，並不表示其為 UCP 600 第 3 條規定之電子確認方式簽字。

⑶單據上有「經由一個特別參照的網站 (URL) 證實或取得確認」之聲明，表示其為 UCP 600 第 3 條規定之電子確認方式簽字。

⑷除非另有聲明，否則認為在指定個人或實體的信箋上之簽字，是該指定個人或實體之簽字。簽字之後無須再重複指定個人或實體之名稱。

⑸代表簽發人分支機構之簽字，其簽字視為簽發人之簽字。

⑹不一定要將單據上供簽字之格位、欄位或空格填滿。

⑺若單據上指明「除非經指定個人或實體副署，否則本單據無效」或類似用語時，應在可適用之格位、欄位或空格簽字，並填入副署單據之指定個人或實體之名稱。

與 2007 年版 (ISBP 681) 相比：ISBP 745E 在⑴中增加「複製簽字指預先印好或掃描的簽字」；⑵、⑶為新增的規定；⑷中將舊條款規定的「公司」改為「指定個人或實體」；⑸中增加「代表簽發人分支機構之簽字，其簽字視為簽發人之簽字」；在⑺中將舊條款規定的「若單據內容要求必須簽字才產生效力，則必須簽字」改為「若單據上指明『除非經指定個人或實體副署，否則本單據無效』或類似用語時，應在可適用之格位、欄位或空格簽字，並填入副署單據之指定個人或實體之名稱」，並刪除「即使信用狀未規定，匯票、證明書及聲明書，依其性質均要求簽字。運送單據及保險單據則必須依 UCP 600 的規定簽字」。

19.單據名稱與合併單據：

⑴只要單據內容符合所要求之功能，則其可選擇是否要冠上信用狀要求之名稱、相似之名稱或不冠上名稱。

⑵信用狀上所要求的單據應以個別之單據提示，如採用將兩份不同的單據合併在一起的方式提示時，單據內容必須同時記載該兩份單據的內

容明細。

(3)信用狀上要求涵蓋一種以上功能之單據時，得以顯示符合每一項功能之單一單據或個別單據提示。

與 2007 年版 (ISBP 681) 相比：ISBP 745E 在(1)中將舊條款規定的「所列載」改為「所要求」；(3)為新增的規定。

⊛ 三、匯票與到期日之計算

1.基本要求：

(1)匯票應以信用狀上記載之銀行為付款人。

(2)銀行僅就以下 2.~8. 的範圍內審查匯票。

與 2007 年版 (ISBP 681) 相比：(1)、(2)為 ISBP 745E 新增的規定。

2.票期之認定：

(1)例如以提單日後×××日表示票期，則以裝載日為提單日，即使該裝載日早於或遲於提單之簽發日。

(2)若提單上顯示出有一個以上之裝載註記，則以其中最早之裝載註記之日期為提單日。

(3)若同一張匯票提示一套以上之提單，則以其中最遲一套提單上之日期為提單日。

3.到期日：若匯票上以實際日期表示到期日，該日期應反映信用狀之條款；若匯票上以「見票後 60 日」表示到期日：

(1)若單據符合：到期日為提示匯票至被發票銀行（即開狀銀行、保兌銀行或指定銀行）後 60 日。

(2)若單據不符合：

(a)當付款銀行未拒絕時：到期日為提示日後 60 日。

(b)當付款銀行為開狀銀行且給予拒絕通知時：到期日為開狀銀行接受申請人放棄日後最遲 60 日。

(c)當付款銀行為非開狀銀行且給予拒絕通知時：到期日為開狀銀行接受通知日後最遲 60 日。若付款銀行不同意依開狀銀行接受通知處理時，則由開狀銀行承擔於到期日兌付之責任。

⑶上述⑴、⑵有關票期與到期日之計算方法，亦適用於延期付款或未要求受益人提示匯票之讓購的情形。

與 2007 年版 (ISBP 681) 相比：ISBP 745E 在⑴中將舊條款規定的「付款銀行」改為「被發票銀行（即開狀銀行、保兌銀行或指定銀行)」；⑵為新增的規定。

4.**銀行營業日、寬限期、匯款延遲**：到期日在付款地若非銀行營業日，應於到期日後之次一銀行營業日付款。延遲匯款之寬限期不應超過匯票或單據上所同意之到期日。

5.**匯票之簽發與簽名：**

⑴匯票必須由受益人簽發並簽署，且須註明簽發日。當受益人或第二受益人已變更名稱，且信用狀提及舊名稱時，得以新名稱簽發匯票，但必須表明其舊名稱。

⑵當信用狀上僅指明匯票付款人之 SWIFT 銀行位址 (address of a bank) 時，匯票得以同樣的說明或銀行全名來顯示該付款銀行。

⑶當信用狀以由指定銀行或其他銀行以讓購方式使用時，匯票應以指定銀行以外之銀行為付款人。

⑷當信用狀以由任何銀行承兌之方式使用時，匯票應以同意承兌並願意作為指定之銀行為付款人。

⑸當信用狀以由指定銀行或任何銀行承兌之方式使用時，匯票應以該指定銀行為付款人。若該銀行不依指定處理時：

(a)受益人可選擇以保兌銀行作為匯票付款人，將該提示單據寄交保兌銀行。

(b)將該提示單據寄交同意以其為付款人之另一銀行。

(c)不論是否附有以開狀銀行為付款人之匯票，受益人得要求將該提示單據寄交給開狀銀行。

⑹當信用狀以由保兌銀行承兌之方式使用，而匯票以保兌銀行為付款人，但提示不符合，且保兌銀行決定不再承擔其保兌之責任時，不論是否附有以開狀銀行為付款人之匯票，受益人得要求將該提示單據寄交給開狀銀行。

與 2007 年版 (ISBP 681) 相比：ISBP 745E 將此項規定作大幅度的修改，並將舊條款標題

「如何簽發匯票」改為「匯票之簽發與簽名」；在(1)中增加「匯票必須簽署與註明簽發日」、「當受益人或第二受益人已變更名稱，且信用狀提及舊名稱時，得以新名稱簽發匯票，但必須表明其簽名稱」；(2)為新增的規定；(3)中將舊條款規定的「匯票並須以信用狀規定之人為付款人」改為「當信用狀以由指定銀行或其他銀行以讓購方式使用時，匯票應以指定銀行以外之銀行為付款人」；(4)、(5)為新增的規定；(6)中增加「當信用狀以由保兌銀行承兌之方式使用，而匯票以保兌銀行為付款人，但提示不符合，且保兌銀行決定不再承擔其保兌之責任時」。

6.金額：

(1)匯票應依提示所要求之金額簽發。

(2)匯票上同時顯示文字金額與數字金額時，以文字表示之金額必須與數字金額相符，且須表明信用狀上所指明之幣別。當兩者相牴觸時，應以文字金額作為所要求之金額予以審查。

與 2007 年版 (ISBP 681) 相比：ISBP 745E 在此項規定中僅作小幅度的文字修改；在(1)中將「匯票金額必須與發票金額相符」改為「匯票應依提示所需求之金額簽發」；(2)中刪除「除 UCP 600 第 18 條 b 項情形外」，增加「當兩者相牴觸時，應以文字金額作為所要求之金額予以審查」。

7.背書：若有必要，匯票必須背書。

8.更正及更改：

(1)匯票資料上之任何更正，必須顯示業經受益人簽署或「簡單簽署」之確認。

(2)當匯票不允許更正資料時，開狀銀行應於信用狀上作適當的規定。

與 2007 年版 (ISBP 681) 相比：ISBP 745E 在此項規定中僅作小幅度的文字修改。

9.以申請人為付款人之匯票：

(1)當信用狀要求提示以申請人為付款人之匯票作為要求的單據時，不應開發使用以申請人為付款人之匯票的信用狀。

(2)若信用狀要求提示以申請人為付款人之匯票作為要求的單據時，應僅依信用狀上之明文規定審查，否則須依 UCP 600 第 14 條 f 項之規定審查。

與 2007 年版 (ISBP 681) 相比：ISBP 745E 將原標題由「匯票之限制」改為「以申請人為付款人之匯票」；在(2)中增加「應僅依信用狀上之明文規定審查」。

✺ 四、發　票

1.發票名稱：

(1)當信用狀只要求提示發票，而未進一步說明時，則可提示包括商業發票、海關發票、領事發票等在內之任何型式之發票，但發票名稱不可有「臨時」(provisional)、「預示」(pro-forma) 或類似之用語。

(2)當信用狀要求提示「商業發票」時，則可提示含有「發票」名稱之單據，即使該單據包含以稅務目的而簽發之聲明亦可。

與 2007 年版 (ISBP 681) 相比：ISBP 745E 在(2)中增加「即使該單據包含以稅務目的而簽發之聲明亦可」的規定。

2.發票之簽發人：

(1)發票應由信用狀之受益人簽發，但在可轉讓信用狀的情形下，應由第二受益人簽發。

(2)當受益人或第二受益人已變更名稱，且信用狀提及舊名稱時，得以新名稱簽發發票，但必須表明其舊名稱。

與 2007 年版 (ISBP 681) 相比：此為 ISBP 745E 新增的規定。

3.貨物、勞務或履約行為之說明及其他與發票有關之事項：

(1)發票上對貨物、勞務或履約行為之說明應與信用狀上之說明相符合，但無須完全一致。

(2)發票上的說明應反映實際已經裝運、交運或提供之貨物、勞務或履約行為。

(3)發票上得同時指明有關該貨物、勞務或履約行為之附加資料，但該資料在性質、分類或種類上必須相同。

(4)發票上應指明：

　　(a)已裝運、交運或提供之貨物、勞務或履約行為之價值。

　　(b)當信用狀上有記載單價時，應指明單價。

　　(c)與信用狀相同之通貨。

　　(d)信用狀所要求之折扣。

(5)發票得載明預付款、折扣等信用狀上未載明之事項。

⑹若貿易條件係信用狀上貨物說明之一部分，或與貨物金額連在一起說明，則發票必須表明該特定條件之來源。如信用狀上註明 "CIF SingaporeIncoterms®2010" ，則發票上不可以只表明 "CIF Singapore Incoterms"。

⑺與單據、運費或保險費有關之附加費用與成本，應包含在發票上所顯示之貿易條件的價值內。

⑻發票上無須簽署或加註日期。

⑼發票上之貨物總量與重量或材積不應與其他單據上之相同資料牴觸。

⑽除 UCP 600 第 30 條 b 項規定者外，發票上不得指明「超裝」或信用狀上未要求之貨物、勞務或履約行為。

⑾信用狀上要求之數量得增減 5%，但提示要求支付的金額不可超過信用狀上之金額。若信用狀明文規定數量不得增減以及規定一定數量之裝箱單位或個別項目時，不適用數量增減 5% 的寬容度。

⑿當信用狀未記載貨物數量且禁止分批裝運時，發票金額可比信用狀金額少 5%。

與 2007 年版 (ISBP 681) 相比：ISBP 745E 在⑵中增加「交運」的規定，以適合不同的運送方式；⑶、⑺為新增的規定；⑻中刪除「除非信用狀要求」；⑽中增加「勞務或履約行為」；⑿中刪除「但以全數裝運且信用狀上記載之單價未減少為條件」。

4.分期動用或裝運：

⑴當信用狀規定在既定期間內分期動用或裝運時，若在分期期間內有任何一期未動用或裝運，則信用狀停止該期及其後任何分期之使用。

⑵當允許分批動用或裝運時，表示允許在每一分期內任何數目的動用或裝運。

⑶當信用狀上僅指明若干最遲日期作為動用或裝運表，而不是既定期間時：

  ⒜不適用 UCP 600 第 32 條規定，應另依有關動用或裝運表之指示及 UCP 600 第 31 條規定提示。

  ⒝當允許分批動用或裝運時，表示允許在每一動用或裝運發生之最遲日或之前，任何數目的動用或裝運。

與 2007 年版 (ISBP 681) 相比：ISBP 745E 中將分期裝運的規定從貨物、勞務或履約行為之說明及其他與發票有關之事項中分出來，並將標題改為「分期動用或裝運」；(1)、(3)為新增的規定；在(2)中將舊條款規定的「若信用狀要求分期裝運，則必須依分期表裝運」改為「當允許分批動用或裝運時，表示允許在每一分期內任何數目的動用或裝運」。

❀ 五、涵蓋至少兩種不同運送方式之運送單據

1. UCP 600 第 19 條之適用：

⑴信用狀要求提示涵蓋至少兩種不同運送方式之運送單據時，適用 UCP 600 第 19 條之規定。

⑵複合或聯合運送單據不應指明只使用一種運送方式來裝運或發送，但得不說明使用哪些運送方式。

⑶複合或聯合運送單據不應包含任何傭船之註記。

⑷當信用狀要求提示複合或聯合運送單據以外之單據，且從信用狀所述之貨物路徑，很明顯地需要使用一種以上之運送方式時，適用 UCP 600 第 19 條之規定來審查單據。

⑸複合運送單據亦包括聯合運送單據。然而，所提示之運送單據上不必註明複合運送單據、聯合運送單據或類似詞語之名稱。

與 2007 年版 (ISBP 681) 相比：ISBP 745E 在此項規定中作小幅度的文字修改，並刪除「且若運送單據清楚地顯示其裝運從信用狀上所提到之接管地或港口、機場或裝載地到最終目的地」；(4)為新增的規定。

2. 複合運送單據之簽發、運送人，運送人之確認與簽署：

⑴複合運送單據得由運送人或船長以外之任何實體簽發，但必須符合 UCP 600 第 19 條之要求。

⑵若信用狀指明「可接受運送承攬人之複合運送單據」或「可接受『分複合運送單據』(house multimodal transport documents)」，則簽發實體簽署時，無需指明其身分或運送人名稱。

⑶除非信用狀提供複合運送單據應如何簽發及簽署之明確要求，否則就複合運送單據的名稱、格式、內容或簽署之本文而言，信用狀上「不可接受運送承攬人之複合運送單據」 或 「不可接受 『分複合運送單據』」 或類似文字的規定毫無意義。若無此要求，則應依 UCP 600 第

19 條之要求審查所提示之複合運送單據。

⑷複合運送單據應依 UCP 600 第 19 條 a 項 i 款規定之方式簽署，並指明運送人之名稱，確認其為運送人。

⑸當複合運送單據由運送人之指定分支機構簽署時，其簽署視為運送人所為。

⑹當代理人代表運送人簽署複合運送單據時，必須確認其為代理人。

⑺當船長簽署複合運送單據時，其簽字必須被確認是船長。

⑻當代理人代表船長簽署複合運送單據時，必須確認其為代理人。

與 2007 年版 (ISBP 681) 相比：ISBP 745E 將「複合運送單據之簽署」的標題增加「簽發、運送人，運送人之確認」；⑴為新增規定；⑵中增加「或可接受分複合運送單據」的規定；⑶、⑸為新增規定。

3.**裝載註記，裝運日期，收取、發送、接管地，裝載港或起運機場：**

⑴複合運送單據之簽發之日期，無論是在單據簽發日之前或之後，均視為收取、發送、接管、或裝船日期及裝運日期。

⑵若第一段運送過程為海運時，複合運送單據必須在裝載註記上指明日期。

⑶若信用狀要求自一港口起航，該指定港口應顯示在裝載港的欄位，或記載在收取地或類似說明的欄位，但以裝載註記上證明已裝船為條件。

⑷若信用狀上指明收取地、發送地、接管地，裝載港或起運機場及其分別所在之國家時，複合運送單據上無需記載國家名稱。

⑸複合運送單據必須指明在信用狀上所記載之地理區域或範圍內之實際收取地、發送地、接管地、裝載港或起航機場。

與 2007 年版 (ISBP 681) 相比：ISBP 745E 將「裝載註記」的標題增加「裝運日期，收取、發送、接管地，裝載港或起運機場」；在⑴中增加「收貨」；⑵~⑷為新增的規定；⑸中增加「實際收取地」、「起航機場」。

4.**最終目的地、卸貨港或目的地機場：**

⑴複合運送單據應在卸貨港欄位顯示指定之卸貨港。

⑵「指定卸貨港」得記載在「最終目的地」的欄位，但須以註記證明其為卸貨港。

(3)若信用狀上指明最終目的地、卸貨港或目的地機場及其分別所在之國家時，複合運送單據上無需記載國家名稱。

(4)複合運送單據必須指明在信用狀上所記載之地理區域或範圍內之實際最終目的地、卸貨港或目的地機場，但無須指明該地理區域為何。

與 2007 年版 (ISBP 681) 相比：ISBP 745E 將「目的地」的標題改為「最終目的地、卸貨港或目的地機場」；⑴、⑵為新增的規定；⑶中增加 「複合運送單據上無需記載國家名稱」；⑷中增加「但無須指明該地理區域為何」。

5.**正本複合運送單據**：複合運送單據必須載明已簽發正本之份數。

與 2007 年版 (ISBP 681) 相比：ISBP 745E 將「全套正本」的標題改為「正本複合運送單據」，並將「UCP 600 第 19 條規定之運送單據必須載明已簽發正本之份數」改為「複合運送單據必須載明已簽發正本之份數」，且刪除「複合運送單據無須標示正本亦能接受」。

6.**收貨人、指示人、託運人與背書、及被通知人**：

(1)當信用狀要求複合運送單據以記名式簽發，該複合運送單據不可有「憑指示」或「憑指定實體指示」之措詞。

(2)當複合運送單據以「憑指示」或「憑託運人指示」之形式簽發時，該複合運送單據必須經託運人或其代理人背書。

(3)當信用狀要求複合運送單據以憑指定實體指示交付時，單據上不應指明貨物直接交付該指定實體。

(4)當信用狀規定一個以上之被通知人之詳細資料時，複合運送單據上亦得指明其詳細資料。

(5)當信用狀未規定被通知人之詳細資料時，則複合運送單據得以任何方式指明任何被通知人詳細資料；但若複合運送單據上顯示包括申請人地址與詳細連絡資料時，則不應與信用狀規定上之記載相牴觸。

(6)當信用狀要求複合運送單據上顯示貨物交付給開狀銀行、申請人、依其指示，或通知申請人、開狀銀行時，複合運送單據上應指明其名稱，但不須指明信用狀上記載之個別地址或任何詳細連絡資料。

(7)當申請人之地址與詳細連絡資料屬於收貨人或被通知人之詳細資料的一部分時，則不應與信用狀規定上之記載牴觸。

與 2007 年版 (ISBP 681) 相比：ISBP 745E 在⑴中將「指定人」改為「指定實體」；⑶~⑺為新增的規定。

7.**轉運，部分裝運與提示多套複合運送單據提示期間之認定：**

　(1)複合運送必然會發生轉運的情形。轉運指無論是否使用不同運送方式，只要是貨物在運送過程中，從一個運送工具上卸下再裝上另一運送工具之行為，皆可稱之為轉運。

　(2)貨物裝載於一種以上之運送工具（如超過一輛的卡車／拖車、船舶、航空器等）運送，即使該等運送工具在同一日開往同一目的地，仍構成部分裝運。

　(3)當信用狀上禁止部分裝運，且提示一套以上之正本複合運送單據時：

　　(a)每一套複合運送單據應指明，其涵蓋之貨物雖自一個以上之起點收取、發送、接管或裝運，但由同一航次的同一運送工具運往同一目的地。

　　(b)若貨物收取、發送、接管或裝運的記載日期不同，應以其中最遲日期作為提示任何期間之計算，且這些日期不得遲於信用狀上規定的日期。

　(4)當信用狀允許部分裝運，且提示一套以上之正本複合運送單據作為「在單一表件上之提示」的部分，並記載在不同的運送工具，不同的貨物收取、發送、接管或裝運日期時，應以其中最早的日期作為提示任何期間之計算，且這些日期不得遲於信用狀上規定的日期。

與 2007 年版 (ISBP 681) 相比：ISBP 745E 在(3)中僅作小幅度的文字修改，並增加 「收取」；(4)為新增的規定。

8.**清潔複合運送單據：**

　(1)複合運送單據上不應指明貨物或其包裝有瑕疵之條款或註記，亦即不能接受不清潔複合運送單據。

　(2)即使信用狀上要求「清潔裝船」或「清潔」複合運送單據，複合運送單據上無須顯示「清潔」之字樣。

　(3)複合運送單據上「清潔」字樣之刪除不代表明示貨物或其包裝有瑕疵。

與 2007 年版 (ISBP 681) 相比：ISBP 745E 僅作小幅度的文字修改；(2)為新增的規定。

　9.**貨物說明：**複合運送單據上對貨物的說明，得使用不與信用狀規定相牴觸之統稱。

與 2007 年版 (ISBP 681) 相比：*ISBP 745E 此項規定與舊條款相同。*

　　10.**在目的地交貨代理人名稱與地址之表示**：當信用狀上要求複合運送單據須指明最終目的地或卸貨港之交貨代理人的名稱、地址與詳細連絡資料時，其地址無須位於最終目的地、卸貨港或在最終目的地或卸貨港之同一國內。

與 2007 年版 (ISBP 681) 相比：*此為 ISBP 745E 新增的規定。*

　　11.**更正與更改：**

　　　⑴複合運送單據上之資料更正與更改應經過確認。

　　　⑵複合運送單據不可轉讓副本之更正無須確認。

與 2007 年版 (ISBP 681) 相比：*ISBP 745E 在⑴中刪除「簽署」。*

　　12.**運費與附加費用：**

　　　⑴複合運送單據上顯示運費支付的聲明不須與信用狀上之記載完全相同，但不能與任何其他規定之單據或與信用狀內容相牴觸。例如當信用狀要求複合運送單據上標示「運費在目的地支付」時，得標示「運費到付」。

　　　⑵當信用狀記載不接受附加於運費之費用時，複合運送單據上不可指明已發生或將發生之該費用。

　　　⑶附加於運費之註記得以明文參照附加費用，或使用與裝卸貨費用有關之貿易條件表示，如「裝貨船方免責」(FI)、「卸貨船方免責」(FO)、「裝卸貨船方免責」(FIO) 及「裝、卸貨、堆積船方免責」(FIOS) 等條件。

　　　⑷因卸貨中或卸貨後可能加徵之延滯費或因貨櫃延遲返還之滯留費的註記，不屬於附加費用之指示。

與 2007 年版 (ISBP 681) 相比：*ISBP 745E 在此項規定中僅作小幅度的文字修改，並刪除*「申請人及開狀銀行應明確說明所要求之單據顯示運費為預付或到付」*；⑴為新增的規定。*

　　13.**應提交一份以上複合運送單據放行貨物**：除非所有相關之複合運送單據都為同一張信用狀之同一提示的部分，否則複合運送單據不應明文記載其所涵蓋之貨物，將僅於該單據與其他一套或多套複合運送單據一起提交時才予放行。例如貨櫃內之貨物若涵蓋一張以上之複合運送單據，則所有與此貨櫃有關之複合運送單據須一併提示，貨櫃始能放行。

與 2007 年版 (ISBP 681) 相比：ISBP 745E 將「包含一套以上複合運送單據的貨物」的標題改為「應提交一份以上複合運送單據放行貨物」，並僅作小幅度的文字修改。

✳ 六、提　單

（一）ISBP 745E 的規定

1. UCP 600 第 20 條之適用。
2. 提單之簽發、運送人，運送人之確認與簽署。
3. 裝載註記、裝運日期、運送前、收取地與裝載港。
4. 卸貨港。
5. 正本提單。
6. 收貨人、指示人、託運人與背書、與被通知人。
7. 轉運，部分裝運與提示多套提單提示期間之認定。
8. 清潔提單。
9. 貨物說明。
10. 在卸貨港交貨代理人名稱與地址之表示。
11. 更正與更改。
12. 運費與附加費用。
13. 應提交一份以上提單放行貨物。

（二）與其他單據相比

ISBE 745E 對於提單部分的內容說明大致與複合運送單據的規定一致，其不同點如下：

1. 運送方式：
   ⑴複合運送單據：涵蓋使用至少兩種不同運送方式。
   ⑵提單：只有一種運送方式。若信用狀要求提示僅涵蓋海上運送之提單，則適用 UCP 600 中第 20 條之規定。提單上必須顯示涵蓋港至港運送，但不必註明海運提單、海洋提單、港至港提單之名稱。
2. 簽發日期之規定方式：

⑴複合運送單據：其簽發日期為收取、發送、接管、裝船日期及裝載日期。

⑵提單：

　　⒜以預先印好「已裝載」之提單提示：提單的簽發日期即為裝船日期。

　　⒝若另有裝載註記之日期：該日期為裝船日期。

※裝載註記的表示方式：

⑴收取地與裝載港相同且無指示運送前工具，或收取地與裝載港不同且無指示運送前工具：

　　⒜提單以預先印好「已裝載」方式簽發：簽發日期即為裝載日期，無須再加上裝載註記。

　　⒝提單以預先印好「已收取待運」方式簽發：須再加上裝載註記，裝載註記上之日期為裝載日期。

⑵收取地與裝載港不同且有指示運送前工具，或收取地未指明且有指示運送前工具：不論提單以預先印好「已裝載」或「已收取待運」方式簽發：都應加註日期與船舶名稱，及信用狀上記載之裝載港。

3.裝載地點的表示方式：

⑴複合運送單據：收取地、發送地、接管地、裝載港或起航機場。

⑵提單：裝載港。

4.目的地的表示方式：

⑴複合運送單據：最終目的地、卸貨港或目的地機場。

⑵提單：使用卸貨港，其欄位可改以最終目的地或類似用語之欄位取代，但以在該欄位所記載之港口裝載及卸貨為條件。

5.轉運：

⑴複合運送單據：轉運必然會發生。

⑵提單：須注意是否有排除 UCP 600 第 20 條 c 項之適用，否則依 UCP 600 第 20 條 c 項的規定，即使信用狀上禁止轉運，若提單上顯示貨物已裝運於貨櫃、拖車或子母船之子船，表明將轉運或可能轉運之提單，仍可接受。

✸ 七、不可轉讓海運貨單

（一）ISBP 745E 的規定

1. UCP 600 第 21 條之適用。

2. 不可轉讓海運貨單之簽發、運送人，運送人之確認與簽署。

3. 裝載註記、裝運日期、運送前、收取地與裝載港。

4. 卸貨港。

5. 正本不可轉讓海運貨單。

6. 收貨人、指示人、託運人與背書、與被通知人。

7. 轉運，部分裝運與提示多套提單提示期間之認定。

8. 清潔不可轉讓海運貨單。

9. 貨物說明。

10. 在卸貨港交貨代理人名稱與地址之表示。

11. 更正與更改。

12. 運費與附加費用。

與 2007 年版 (ISBP 681) 相比：此為 ISBP 745E 新增的規定。

（二）與其他單據相比

ISBE 745 對於不可轉讓海運貨單的內容說明大致與提單的規定一致，其不同點如下：

1. 適用條文：

(1)提單：只能以海運運送，適用 UCP 600 中第 20 條之規定，且提單上不必註明海運提單、海洋提單、港至港提單之名稱。

(2)不可轉讓海運貨單：只能以海運運送，適用 UCP 600 中第 21 條之規定，但無不必註明不可轉讓海運貨單名稱之規定。

2. 收貨人表示方式：

(1)複合運送單據或提單對收貨人規定：

(a)以記名式簽發：不可有憑指示或憑指定實體指示之措詞。

　　⒝以憑指示或憑託運人指示之形式簽發：必須經託運人或其代理人背書。

　　⒞信用狀要求以憑指定實體指示交付：單據上不應指明貨物直接交付給該指定實體。

　⑵不可轉讓海運貨單對收貨人規定：

　　⒜以記名式簽發：與複合運送單據和提單對收貨人之規定大致相同。

　　⒝當信用狀要求不可轉讓海運貨單顯示「憑指定實體指示」交付：得指明貨物交付該實體，而不必註明「憑指示」。

　　⒞當要求顯示「憑指示」交付，而未指明該指定之實體時：應指明貨物交付給開狀銀行或申請人，而不必註明「憑指示」。

　3.**貨物放行**：不可轉讓海運貨單無「應提交一份以上單據才能放行貨物」的規定。

✵ 八、傭船提單

（一）ISBP 745E 的規定

　1. UCP 600 第 22 條之適用。

　2.傭船提單之簽署。

　3.裝載註記、裝運日期、運送前、收取地與裝載港。

　4.卸貨港。

　5.正本傭船提單。

　6.收貨人、指示人、託運人與背書，與被通知人。

　7.部分裝運與提示多套提單提示期間之認定。

　8.清潔傭船提單。

　9.貨物說明。

　10.更正與更改。

　11.運費與附加費用。

　12.應提交一份以上傭船提單放行貨物。

　13.傭船契約。

（二）與其他單據相比

ISBP 745E 對於備船提單的內容說明大致與複合運送單據的規定一致，其不同點如下：

1.適用條文：

　⑴複合運送單據：信用狀要求提示涵蓋至少兩種不同運送方式之運送單據時，適用 UCP 600 第 19 條之規定。

　⑵備船提單：

　　㈎當信用狀要求或容許備船提單之提示時，適用 UCP 600 中第 22 條之規定。

　　㈏備船提單指包含依據或參照備船契約指示的運送單據；運送單據上「依備船契約所載日期支付運費」或「依備船契約支付運費」之字句為依備船契約之指示。

　　㈐未進一步指示或參照備船契約，只包含通常與備船契約結合的代碼名稱或格式名稱，如「康金提單」(congenbill) 或「油輪提單」(tanker bill of lading) 等名稱之運送單據，本身並不表示對備船契約之指示或參照。

2.備船提單之簽署：

　⑴複合運送單據：複合運送單據得由運送人或船長以外之任何實體簽發，但必須符合 UCP 600 第 19 條之要求。

　⑵備船提單中：只規定簽署而未規定簽發、運送人與運送人之確認。其規定如下：

　　㈎正本備船提單必須依 UCP 600 第 22 條 a 項 i 款規定款式簽署。

　　㈏若船長、備船人或船東簽署備船提單，必須確認簽署人是船長、備船人或船東。

　　㈐若代理人代表船長、備船人或船東簽署備船提單，代理人必須被確認是船長、備船人或船東的代理人。無須載明船長的名稱，但備船人或船東的名稱必須顯示在備船提單上。

3.卸貨港：

⑴複合運送單據與提單：必須指明在信用狀上所記載之地理區域或範圍內之實際卸貨港，但無須指明該地理區域。

⑵傭船提單：得指明在信用狀上地理區域或範圍內之實際卸貨港，或得顯示該地理區域或範圍內之港口為卸貨港。

4.**轉運**：傭船提單無轉運之規定。

5.**部分裝運與提示多套提單提示期間之認定**：

⑴提單：

　　⒜當信用狀禁止部分裝運時，提單應指明其涵蓋之貨物是由同一船舶、同一航次運送且運往或同一卸貨港。

　　⒝雖然信用狀上禁止部分裝運，且提示一套以上之正本提單，並記載不同的貨物裝運日期時，應以其中最遲日期作為提示期間之計算，但該日期不得遲於信用狀上規定的日期。

⑵傭船提單：

　　⒜應指明其涵蓋之貨物是由同一船舶、同一航次運送且運往同一卸貨港、地理區域或範圍內之港口。

　　⒝當信用狀上禁止部分裝運，且提示一套以上之正本傭船提單，並記載不同的裝運日期，或提示一套之正本傭船提單，並在傭船提單上記載不同的貨物裝運日期時，應以其中最遲裝運日期作為提示期間之計算，但該日期不得遲於信用狀上規定的日期。

　　⒞當信用狀上允許部分裝運時，其規定與提單之規定相同。

6.**貨物說明**：傭船提單比提單多一項「得以參照『無隔離』、『混合』或類似文字指明貨物為裝載於指定船舶上大批貨物之部分」的規定。

7.**在卸貨港交貨代理人名稱與地址之表示**：傭船提單無此規定。

8.**更正與更改**：傭船提單比提單多一項「由船長、船東、傭船人或其指定代理人確定」的規定。

9.**運費與附加費用**：傭船提單在本項規定中與提單的規定大致相同，僅少一項「因貨櫃延遲返還之『滯留費』」的規定。

10.**應提交一份以上傭船提單放行貨物**：

⑴提單：使用貨櫃或裝箱單位。

⑵傭船提單：使用貨物。

11.**傭船契約**：傭船提單增加「除非特別排除 UCP 600 第 22 條 b 項之規定，且信用狀上特別指明必須審查，即使該契約為信用狀上所規定之單據，銀行對傭船契約之任何內容不予審查」的規定。

🌼 九、航空運送單據

ISBP 745E 在航空運送單據的內容說明大致與複合運送單據的規定一致，其不同點如下：

1. **UCP 600 第 23 條之適用**：航空運送單據必須顯示涵蓋機場至機場之運送，與複合運送單據不同。適用 UCP 600 中第 23 條之規定。航空運送單據無須標示航空提單 (air waybill) 或航空託運單 (air consignment note)。

2.**航空運送單據之簽發、運送人，運送人之確認與簽署**：

⑴航空運送單據得由運送人以外之任何實體簽發，但要符合 UCP 600 中第 23 條的要求。複合運送單據則多了「或船長」的規定。

⑵若信用狀規定可接受承攬運送人之航空貨運單 (freight forwarder's air waybill)，或可接受航空貨運分提單 (house air waybill)，或類似用語時，簽發實體簽署時無需指明其身份或運送人名稱。與複合運送單據的規定相似，只有單據名稱不同。

⑶航空運送單據必須依 UCP 600 第 23 條 a 項 i 款規定款式簽署。

⑷運送人應以其名稱確認身份，而不是以國際航空運輸協會 (IATA) 的代號確認身份。

⑸航空運送單據無「船長或代理人代表船長簽署複合運送單據」的規定。

3.**貨物受領待運、裝運日期，及對實際裝運日期之要求**：

⑴航空運送單據應指明貨物已為運送而受領或類似文字。此與複合運送單據之裝載註記不同。

⑵航空運送單據應指明簽發日期，除非航空運送單據上有實際裝運日期的特別註記，該簽發日期將視為裝運日期。在有特別註記的情形下，不論日期在航空運送單據簽發日之前或之後，該日期將視為裝運日期。此與複合運送單據之裝載日期的規定類似。

⑶在未含有實際裝運日期的特別註記的情形時，任何其他在航空運送單
　　據上有關的資訊都不應作為裝運日期。

4. **起運機場與目的地機場：**

⑴航空運送單據必須指明信用狀上規定之起運機場與目的地機場，但無
　　須記載國家名稱。

⑵機場全名可以國際航空運輸協會 (IATA) 代碼取代。

⑶當信用狀指明起運機場與目的地機場的地理區域或範圍時，航空運送
　　單據上應指明在該地理區域或範圍內之實際起運機場與目的地機場，
　　但無須記載該地理區域。

5. **正本航空運送單據：**航空運送單據應顯示簽發給發貨人或託運人之正本。
當信用狀要求全套時，只要提示一份給發貨人或託運人之正本即可。

6. **收貨人、指示人與被通知人：**

⑴當信用狀要求航空運送單據顯示貨物「憑指定實體指示」交付時，得
　　指明貨物交付給該指定實體，無須提及「憑指示」。

⑵當信用狀要求航空運送單據顯示貨物「憑指示」交付，而無指定貨物
　　交付之實體時，應指明貨物交付給開狀銀行或申請人，無須提及「憑
　　指示」。

⑶當信用狀規定一位以上之被通知人之詳細資料與當信用狀未規定被通
　　知人之詳細資料時，其規定內容與複合運送單據的規定相同。

⑷當信用狀要求航空運送單據上顯示貨物交付開狀銀行或申請人，或通
　　知申請人或開狀銀行時，其規定內容與複合運送單據的規定大致相同，
　　只有少了「或依其指示」的敘述。

⑸當申請人之地址與詳細連絡資料屬於收貨人或被通知人之詳細資料的
　　一部分時，則不應與信用狀規定上之記載牴觸。與複合運送單據的規
　　定內容相同。

⑹航空運送單據無背書之規定。

7. **轉運，部分裝運與提示多套航空運送單據提示期間之認定：**

⑴轉運指貨物從信用狀上記載的起運機場到目的地機場的運送過程中，
　　從一架飛機上卸下再重裝上另一架飛機之行為。當航空運送單據上未

指明在這兩機場間卸下再重裝，則不屬於 UCP 600 第 23 條 b 項與 c 項的轉運。複合運送單據多了一項複合運送必然會發生轉運的情形。

⑵構成部分裝運的規定與複合運送單據的規定內容相同，只有運送工具不同的差別。

⑶禁止部分裝運的規定與複合運送單據的規定內容相同，只有運送工具不同與收貨方式不同的差別。

⑷當信用狀允許部分裝運且提示一套以上之航空運送單據作為在單一表件上之提示，與複合運送單據的規定內容相同，只有將「在不同的運送工具，不同的貨物收取、發送、接管或裝運日期」改為「不同的發送日期或不同航班」。

8.**清潔航空運送單據**：與複合運送單據的規定內容相同，只有運送方式不同的差別。

9.**貨物說明**：與複合運送單據的規定內容相同。

10.**更正與更改**：與複合運送單據的規定內容大致相同。複合運送單據規定由運送人、船長或其任何一位指定代理人確認，航空運送單據則規定由運送人或其任何一位指定代理人確認。副本方面，複合運送單據使用不可轉讓副本，航空運送單據則只使用副本。

11.**運費與附加費用**：

⑴航空運送單據上顯示運費支付的聲明不須與信用狀上之記載完全相同，但不能與任何規定之單據或信用狀牴觸。此項規定與複合運送單據的規定內容相同。

⑵當信用狀上要求航空運送單據顯示運費已付或在目的地支付時，在標題「運費已付」或「運費到付」之欄位上作註記或其他類似文字，即符合其要求。複合運送單據無此項規定。

⑶當信用狀上記載不接受附加於運費之額外費用時，則航空運送單據上不可指明附加於運費之額外費用已發生或將發生。此項規定與複合運送單據的規定內容相同。

⑷無附加於運費註記之規定。

⑸因卸貨中或卸貨後可能加徵之費用的註記，不屬於附加費用之指示。

複合運送單據在此項註記中多「或因貨櫃延遲返還之滯留費」之規定。

12.無在目的地交貨代理人名稱與地址之表示與應提交一份以上複合運送單據放行貨物之規定。

✿ 十、公路、鐵路或內陸水路運送單據

ISBP 745E 在公路、鐵路或內陸水路運送單據的內容說明大致與複合運送單據的規定一致，其不同點如下：

1. UCP 600 第 24 條之適用：公路、鐵路或內陸水路運送單據涵蓋公路、鐵路或內陸水路等運送方式，與複合運送單據不同。適用 UCP 600 中第 24 條之規定。

2.公路、鐵路或內陸水路運送單據之運送人，運送人之確認與簽署：

　⑴公路、鐵路或內陸水路運送單據沒有簽發的規定，只有簽署的規定。

　⑵除鐵路運送單據得載有鐵路公司或鐵路起運站之日期章外，公路、鐵路或內陸水路運送單據必須依 UCP 600 第 24 條 a 項 i 款的規定款式簽署，且指明運送人名稱，確認其為運送人。

　⑶當公路、鐵路或內陸水路運送單據由運送人之指定分支機構簽署時，其簽署視為運送人所為。此項規定與複合運送單據的規定內容相同，只有運送方式不同的差別。

　⑷運送人包括「簽發運送人」、「實際運送人」、「後繼運送人」以及「簽約運送人」等。

　⑸收取貨物之任何簽字、圖章或註記應顯示出指明由以下人員所為：

　　⒜運送人，確認其為運送人。

　　⒝指定代理人以運送人或代表運送人簽署且指明運送人名稱，確認其為運送人。

　　⒞由鐵路公司或起運鐵路站。

　⑹運送人無須顯示於簽字線上，但運送單據應顯示由運送人或指定代理人代表運送人簽署，且該運送人已於運送單據上其他地方，確認其為運送人。

　⑺鐵路運送單據得載有鐵路公司或鐵路起運站之日期章，無須指明運送

人或代表運送人簽署之指定代理名稱。

3. **裝運地與目的地：**

(1)公路、鐵路或內陸水路運送單據應指明信用狀上規定之裝運地與目的地，但無須記載國家名稱。

(2)當信用狀指明裝運地與目的地的地理區域或範圍時，公路、鐵路或內陸水路運送單據上應指明在該地理區域或範圍內之實際裝運地與目的地，但無須記載該地理區域。

4. **公路、鐵路或內陸水路運送單據之第一份正本與第二份正本：**

(1)鐵路或內陸水路運送單據，無論其是否標示為正本，皆視為正本。

(2)公路運送單據應指明簽發給發貨人 (consigner) 或託運人 (shipper) 之正本，或未記載指明單據為何人準備之註記 (marking)。

(3)當信用狀要求提示全套相關運送單據時，只要提示給發貨人或託運人之公路運送單據第一份正本或第二份鐵路運送單據即可。

(4)以鐵路公司或鐵路起運站之簽字或圖章確認之第二份鐵路運送單據視為正本。

5. **收貨人、指示人與被通知人：**

(1)當信用狀要求公路、鐵路或內陸水路運送單據顯示貨物「憑指定實體指示」交付，或「憑指示」交付，而無指定貨物交付之實體時，其規定與航空運送單據的規定相同。

(2)單據除了以提單格式簽發外，當信用狀要求內陸水路運送單據時，適用前項的規定；在此情形下，收貨人欄位應依信用狀上要求填寫。

(3)當信用狀上規定一個以上之被通知人之詳細資料與當信用狀上未規定被通知人之詳細資料時，其規定內容與航空運送單據的規定相同。

(4)當信用狀上要求公路、鐵路或內陸水路運送單據上顯示貨物交付開狀銀行或申請人，或通知申請人或開狀銀行時，其規定內容與複合運送單據的規定相同。

(5)當申請人之地址與詳細連絡資料屬於收貨人或被通知人之詳細資料的一部分時，則不應與信用狀上規定之記載相牴觸。與複合運送單據的規定內容相同。

⑹公路、鐵路或內陸水路運送單據無託運人與背書的規定。

6.**轉運，部分裝運與提示多套公路、鐵路或內陸水路運送單據提示期間之認定：**

⑴轉運指貨物從信用狀上記載的裝運地、發送地或運送地到目的地的運送過程中以相同運送方式（卡車／拖車、火車、駁船等）從一運送工具上卸下再重裝上另一運送工具之行為。當公路、鐵路或內陸水路運送單據上未指明在這兩地間卸下再重裝，則不構成 UCP 600 第 24 條 d 項與 e 項的轉運。其規定內容與航空運送單據相同，只是運送工具不同。

⑵構成部分裝運的規定與複合運送單據的規定內容相同，只有運送工具不同的差別。複合運送單據使用卡車／拖車、船舶、飛機等；公路、鐵路或內陸水路運送單據則使用卡車／拖車、火車、駁船等。

⑶禁止部分裝運的規定與複合運送單據的規定內容相同，只有運送工具不同與收貨方式不同的差別。

⑷當信用狀上允許部分裝運且提示一套以上之公路、鐵路或內陸水路運送單據作為在單一表件上之提示，與複合運送單據的規定內容相同，只有將「在不同的運送工具，不同的貨物收取、發送、接管或裝運日期」改為「在不同的運送工具或相同的運送工具，不同的裝運日期」。

7.**清潔公路、鐵路或內陸水路運送單據：**與複合運送單據的規定內容相同，只有運送方式不同的差別。

8.**貨物說明：**與複合運送單據的規定內容相同。

9.**更正與更改：**與複合運送單據的規定內容大致相同。複合運送單據規定由運送人、船長或其任何一位指定代理人確認，公路、鐵路或內陸水路運送單據則規定由運送人或其任何一位指定代理人確認。副本方面，複合運送單據使用不可轉讓副本，公路、鐵路或內陸水路運送單據則只使用副本。

10.**運費：**

⑴公路、鐵路或內陸水路運送單據上顯示運費支付的聲明不須與信用狀上之記載完全相同，但不能與任何規定之單據或信用狀牴觸。與複合運送單據的規定內容相同。

⑵當信用狀上要求公路、鐵路或內陸水路運送單據指明運費已付或在目的地支付時，在標示 "Franco"（運費已付）或 "Non Franco"（運費到付）的欄位上完成填寫，即符合其要求。複合運送單據無此項規定。

⑶無附加於運費之註記的規定。

11.無在目的地交貨代理人名稱與地址之表示與應提交一份以上複合運送單據放行貨物的規定。

✳ 十一、保險單據與承保範圍

1. **UCP 600 第 28 條之適用**：信用狀要求提示保險單據，如保險單、統保單下之保險證明書或聲明書，則適用 UCP 600 第 28 條之規定。

2. **保險單據之簽發人、簽署與正本**：

⑴保險單據應顯示由保險公司、保險人或其代理人 (agent or proxy) 簽發並簽署。

⑵保險單據上不須指明保險公司或保險人。

⑶保險單據可以保險經紀人之信箋簽發，但以該保險單據業經保險公司、保險人或其代理人簽署為條件。

⑷除非保險公司或其代理人的名稱已在單據之其他地方表明者，否則由代理人簽署的保險單據應指明保險公司或保險人的名稱。

⑸當保險單據要求由簽發人、被保險人或指定實體副署時，必須副署。

⑹保險單據上的簽名欄位得只顯示保險公司的商業名稱，但以保險公司的名稱已在單據之其他地方表明者為條件。

⑺指明由一位以上之保險人所提供之保險單據，得由一位單一代理人或一位保險人代表所有保險人簽署；該保險單據無須顯示每一位保險人的名稱或每一保險人承保的比率。

⑻當信用狀要求簽發一份以上正本保險單據，或當保險單據指明簽發一份以上正本時，所有正本都應提示並簽署。

3. **日期**：

⑴保險單據上不應指明任何索賠提示之有效日期。

⑵保險單據上不應指明其生效日期在裝運日期之後。

⑶當保險單據上指明簽發日期在裝運日期之後，應以附加或註記方式清楚指明其生效日期在裝運日期之前。

⑷保險單據上指明承保範圍自「倉庫至倉庫」或類似文字，且註明日期在裝運日期之後，該註記並不代表其承保生效日期在裝運日期之後。

⑸未記載任何其他簽發日期或保險生效日期時，副署日期視為保險生效日期之證明。

4. 承保金額與百分比：

⑴當信用狀上未指明簽發金額時，保險單據應以信用狀上之貨幣簽發，且至少依 UCP 600 第 28 條 f 項 ii 款指明之金額簽發。但未規定投保的最高百分比。

⑵保險單據得指明受「免賠額」或「僅賠超額」（扣除免賠額）條款之約束。當信用狀要求保險範圍為 「不論損害百分比」 (irrespective of percentage, IOP) 時，保險單據不得含有「免賠額」或「僅賠超額」（扣除免賠額）之條款。保險單據不須記載「不論損害百分比」。

⑶當從信用狀或從提示中顯示要求之金額只代表貨品總金額之部分時，保險金額應以顯示於發票上或信用狀上之貨品總金額計算，且受 UCP 600 第 28 條 f 項 ii 款之要求約束。

⑷除非提示一份以上保險單據指明部分承保，且每一份單據上清楚地以百分比或以下幾種方式表示，否則同一批裝運之同一危險應以一份保險單據承保。

　⒜每一保險人承保之價值。

　⒝每一保險人將承擔之個別責任的份額，且不受到與該批裝運有關之任何其他可能已經生效之保險單據上承保的 「先決條件」 (pre-conditions) 之約束。

　⒞單據上之個別承保範圍， 於總計時 ， 至少應等於信用狀上或 UCP 600 第 28 條 f 項 ii 款要求之保險金額。

5. 承保危險：

⑴保險單據上應承保信用狀上要求之危險。

⑵即使信用狀上對承保危險已可能明確的規定，保險單據仍得附有除外

條款的指示。

(3)當信用狀上要求投保「全險」時，則不論單據上是否有記載「全險」的標題，或指明排除某種危險，只要提示任何載明「全險」的條款或註記之保險單據都符合該要求。保險單據指明其承保協會貨物保險 A 條款，或在空運運送時，指明其承保協會貨物航空險條款之保險單據都符合信用狀上「全險」條款或註記之要求。

6.**被保險人與背書**：

(1)保險單據應以信用狀上要求之格式製作，有必要時，且由要求賠償支付或受益之實體背書。

(2)信用狀上不應要求以「憑持單人」或「憑指示」簽發之保險單據。信用狀上應指明被保險人之名稱。

(3)若信用狀要求以「憑指定實體指示」簽發之保險單據時，單據上不須指明「憑指示」，但以該指定實體為被保險人或賠償支付之對象，且未明文禁止背書轉讓為限。

(4)當信用狀上未明白記載被保險人時，除了單據由受益人或該實體背書，或以開狀銀行或申請人為受益人，或使用空白背書的情形下外，保險單據上不應顯示賠償應付給受益人或依其指示，或開狀銀行或申請人以外之任何實體。

(5)保險單據應以開發或背書的方式，使領取給付之權利於交付單據時或交付前移轉。

7.**保險單據之一般條款**：銀行不審查保險單據之一般條款。

8.**保費**：除非保險單據指明保險費未支付前無效，且記載保險費未支付之敘述，否則無須理會保險單據上有關保險費支付之任何記載。

✸ 十二、原產地證明書

1.**基本要求與符合功能**：

(1)當信用狀要求提示原產地證明書時，提示一份顯示與發票之貨物相關且證明其原產地之業經簽署之單據即可。

(2)當信用狀要求提示「普遍化優惠制度格式 A」(GSP Form A) 之特別格

式原產地證明書時，應僅提示以該特別格式製作的單據。

2.原產地證明書之簽發人：

⑴原產地證明書應由信用狀上所記載之實體簽發。

⑵當信用狀上未指明簽發人之名稱時，任何實體都得簽發原產地證明書。

⑶當信用狀要求提示由受益人、出口商或製造商簽發之原產地證明書時，則提示由商會或類似組織，如工業公會、工業協會、經濟公會、海關當局與貿易部門或類似單位簽發之指明受益人、出口商或製造商之原產地證明書即可。

⑷當信用狀要求提示商會簽發之原產地證明書時，則提示由工業公會、工業協會、經濟公會、海關當局與貿易部門或類似單位簽發之原產地證明書即可。

3.原產地證明書之內容：

⑴原產地證明書之貨物說明應符合信用狀上之貨物說明、使用不與信用狀上之貨物說明相牴觸之通稱，或參照其他規定單據或原產地證明書附件上之貨物說明。

⑵原產地證明書上收貨人之資訊不可與運送單據上之收貨人之資訊相牴觸。當信用狀要求運送單據以「憑指示」、「憑託運人指示」、「憑開狀銀行指示」、「憑指定銀行或押匯銀行指示」或「開狀銀行為收貨人」簽發時，原產地證明書得顯示除受益人外之「信用狀指定之任何實體」為收貨人。當信用狀業經轉讓，則得以第一受益人為收貨人。

⑶原產地證明書得指明信用狀之受益人，或任何其他規定單據上之託運人外之一個實體，作為發貨人或出口商。

⑷當信用狀指明貨物之原產地而未規定提示原產地證明書時，規定單據上任何原產地之參照不應與記載之原產地相牴觸。

⑸若原產地證明書上之出口商或發貨人等簽發人並非受益人，則原產地證明書得與一份或多份其他規定單據上所指明之發票號碼、發票日期與運送途徑有所不同。

❀ 十三、裝箱單、記錄或附件

此為 ISBP 745E 新增的規定，其內容包括：

1.**基本要求與符合功能**：當信用狀上要求提示裝箱單時，則提示一份包含貨物裝箱之所有資訊表示完成裝箱單功能之單據即可，該單據得標有信用狀上要求之名稱或類似之名稱或不標有名稱皆可。

2.**裝箱單之簽發人**：

⑴裝箱單應由信用狀上記載之實體簽發。

⑵當信用狀上未指定簽發人時，任何實體都得簽發裝箱單。

3.**裝箱單之內容**：

⑴當信用狀上有特別裝箱要求，但未規定符合這些要求之單據，則提示時，裝箱單上與貨物包裝有關之任何資料，不應與這些要求相牴觸。

⑵若裝箱單上之出口商或發貨人等簽發人並非受益人，則裝箱單得與一份或多份其他規定單據上所指明之發票號碼、發票日期與運送途徑有所不同。

⑶銀行僅審查總數量、總重量、總材積或總裝箱數等項的總額，是否未與信用狀或其他規定單據相牴觸。

❀ 十四、重量單、記錄或附件

此為 ISBP 745E 新增的規定，除將「十三、裝箱單、記錄或附件」之「裝箱單」改為「重量單」外，其餘內容皆相同。

❀ 十五、受益人證明書

此為 ISBP 745E 新增的規定，其內容包括：

1.**基本要求與符合功能**：當信用狀上要求提示受益人證明書時，則提示一份標有信用狀上要求名稱，或記載反映證明形式或不記載之以包含信用狀上要求之資料與證明表示完成其功能之署名單據即可。

2.**受益人證明書之簽署**：受益人證明書應由受益人或其代理人簽署。

3.**受益人證明書之內容**：

⑴受益人證明書上所提及之資料不應與信用狀上之要求相牴觸。

⑵受益人證明書上所提及之資料不須與信用狀上要求相同，但應清楚指明信用狀上所規定之要求已經完成。

⑶受益人證明書上所提及之資料不須包括貨物說明，或任何參照信用狀或其他規定單據之表示。

❀ 十六、分析、檢驗、健康、植物檢疫、數量、品質與其他證明書

此為 ISBP 745E 新增的規定，其內容包括：

1.基本要求與符合功能：

⑴當信用狀上要求提示這類證明書時，則提示一份標有信用狀上要求名稱，或記載類似名稱或不記載之以確認達成要求之行為，如分析、檢驗、健康、植物檢疫、數量、品質評估結果等表示完成其功能之署名單據即可。

⑵當信用狀上要求提示與證明書有關之行為在裝運時或裝運前發生之證明書時，證明書應指明：

　⒜簽發日在裝運日前；或

　⒝該行為發生於裝運前或裝運時之文句。在這種情形下，簽發日得在裝運日後，但不可遲於該證明書提示日；或

　⒞該行為之標題，如「裝運前檢驗證明書」。

2.證明書之簽發人：

⑴證明書應由信用狀上記載之實體簽發。

⑵當信用狀上未指明簽發人之名稱時，包括受益人在內之任何實體皆可簽發證明書。

⑶當信用狀上以「獨立的」、「正式的」、「有資格」或類似的文句作為證明書簽發人之參照時，證明書得由受益人以外之任何實體簽發。

3.證明書之內容：

⑴證明書上得指明：

　⒜所要求之貨品，只有一件樣品已經測試、分析或檢驗。

⒝數量比信用狀或任何其他規定單據上所記載的多。

⒞船艙 (hold)、隔艙 (compartment)、貯槽 (tank) 號碼比提單或傭船提單上所記載的多。

⑵當信用狀上以規定或未規定單據指明符合這些要求的方式來指明有關分析、檢驗、健康、植物檢疫、數量、品質評估或類似之特別要求時，在證明書或任何其他規定單據上所提及關於分析、檢驗、健康、植物檢疫、數量、品質評估或類似之資料不應與這些要求相牴觸。

⑶當信用狀上未明白記載在證明書上顯示特別內容，包括但不限於任何用以決定分析、檢驗或品質評估結果所要求之標準時，證明書得包括「不適合人類消費」(not fit for human consumption)、「化學成份可能不符合所需之要求」 (chemical composition may not meet required needs) 或類似效果之聲明，但這些聲明不可與信用狀、任何其他規定單據或 UCP 600 相牴觸。

⑷收貨人之資訊不可與運送單據上之收貨人之資訊相牴觸。當信用狀要求運送單據以「憑指示」、「憑託運人指示」、「憑開狀銀行指示」、「憑指定銀行或押匯銀行指示」或「開狀銀行為收貨人」方式簽發時，證明書得顯示除受益人外之信用狀上之任何指定實體為收貨人。當信用狀業經轉讓時，則得以第一受益人為收貨人。

⑸證明書得指明信用狀之受益人或任何其他規定單據上之託運人外之實體作為發貨人或出口商。

⑹若證明書上之出口商或發貨人等簽發人並非受益人，則證明書得與一份或多份其他規定單據上所指明之發票號碼、發票日期與運送途徑有所不同。

第六節　銀行單據審查之應注意事項

　　2007 年版的信用狀統一慣例 (UCP 600)、 2013 年版的國際標準銀行實務 (ISBP) 與舊版有很多差異。本文擬就 UCP 600 與 2013 年版的 ISBP 745E 中之規定事項，探討銀行單據審查之應注意事項。

✺ 一、申請開狀之規定

申請開發信用狀為買賣契約中之買方義務，而信用狀為開狀申請書之翻版，申請書之內容及條款決定買方與銀行間之權利義務關係，亦為銀行單據審查之最主要依據。申請書之指示不可過於簡單、疏漏或不清，亦不可過於冗贅，導致困惑或誤解。國際標準銀行實務中之第一部分即規定「開狀前應考慮之事項」，針對信用狀之申請與開發提出一些必須審慎注意之事項，供開狀申請人及開狀銀行注意，以避免或解決在審查單據過程中所出現之問題。茲說明如下：

（一）信用狀申請書內應載條款

在 ISBP 745E 中「開狀前應考慮之事項」部分之第 4 條即規定「申請人及受益人應就要求提示那些單據、單據由何人簽發、單據資料內容及提示期限等事項作仔細考量，以避免審查單據時所產生之問題」。

一般而言，信用狀申請書內應指定信用狀種類、受益人、金額、匯票之種類及必須提示之單據等。若買方未依買賣契約規定之種類開發信用狀，將構成不完全給付，而造成買方違約，賣方可向買方要求損害賠償。

實務上，信用狀通常由開狀銀行透過或其分行或往來銀行 (correspondent bank) 來通知受益人，故有必要指定受益人。而基於相對人信賴不能移轉之原則，亦不得不指定受益人。受益人於辦理出口押匯時亦同時提示匯票，故在信用狀上必須明示一定金額之限制及匯票之種類，以維護買方之利益。

與信用狀業務有關之費用有開狀手續費、通知費、押匯費及補償費 (reimbursing charge) 四種。開狀手續費由信用狀申請人負擔，通知費及押匯費由受益人負擔應無異議。但補償費係因開狀銀行指定其他補償銀行 (reimbursing bank) 代為償付其應支付之信用狀款項，依 UCP 600 第 13 條 b 項 iv 款規定「補償銀行之費用由開狀銀行負擔。但如該項費用係由受益人負擔者，開狀銀行應於信用狀及補償授權書 (reimbursement authorization) 上指明。」

（二）申請書指示不明確之風險

ISBP 745E 中「開狀前應考慮之事項」部分之第 5 條規定「申請人應承擔

因開發或修改信用狀之指示不明確所導致的風險。開狀銀行得對該指示作必要的補充 (supplement) 或使其更完整 (develop)，以確保其簽發之信用狀或修改書的條款無不清楚或互相牴觸之處」。UCP 600 第 4 條 b 項中亦明確規定「開狀銀行應勸阻申請人將基礎契約 (underlying contract)、預期發票 (proforma invoice) 及類似之副本之內容載入信用狀」。

（三）申請人必須對信用狀統一慣例之規定充分瞭解

如 UCP 600 第 20 條 c 項規定，雖然信用狀上記載禁止轉運，但銀行將接受表明有關貨物將裝載於貨櫃、拖車及／或子船中予以轉運及含有註明運送人保留轉運權利條款之提單。故買方若要求受益人提示禁止轉運之海運提單，必須同時在信用狀上排除 UCP 600 第 20 條 c 項之適用，才能使禁止轉運發生效力。

（四）由開狀申請人簽發及／或副署之單據

信用狀上若規定受益人提示之單據必須由開狀申請人 （即買方） 簽發 (issued)、簽署或副署 (countersigned)，往往造成買方藉機對賣方為難，在信用狀到期日之前，故意不簽發或副署單據，使賣方無法順利押匯取款，而造成貿易糾紛。

ISBP 745E 中「開狀前應考慮之事項」部分之第 7 條規定「信用狀或其修改書內不應要求提示由開狀申請人簽發、簽署或副署之單據。若有此要求，受益人應確定其符合該要求之能力或尋求適當的修正」。

✹ 二、單據審查之一般原則

依 UCP 600 第 5 條規定：「銀行所處理者為單據，而非與該等單據可能有關之貨物、勞務或履約行為」。銀行如違反其審核單據之責任，將無法從信用狀之申請人（即買方）獲得補償 (reimbursement)。從另一方面來看，若銀行能夠確實審核單據，在買方拒絕給付或陷於給付不能時，因單據之真實性與可靠性，將使銀行之債權受到保障，而免除其所負擔之危險。依 UCP 600 第 14 條之規定，銀行審查單據之一般原則包括：

（一）就單據之表面所示決定是否構成符合提示

UCP 600 第 14 條 a 項之規定，指定銀行 (a nominated bank acting on its nomination)、保兌銀行及開狀銀行必須就單據表面 (appear on their face) 決定是否構成「符合提示」(complying presentation)。

依 UCP 600 第 2 條規定，所謂「符合提示」是指提示之單據符合信用狀條款、信用狀統一慣例之規定以及國際標準銀行實務之規定。另依 UCP 600 第 15 條規定，若提示符合，開狀銀行須為兌付 (honor)；保兌銀行須為兌付或讓購 (negotiation)，且遞交單據至開狀銀行；指定銀行須為兌付或讓購，且遞交單據至保兌銀行或開狀銀行。

（二）銀行對單據之實質及空洞形容詞之使用不負責任

UCP 600 第 34 條規定，銀行對任何單據之格式、充分性、正確性、真實性、偽造或法律效力，或對單據上所規定或增加註記之一般或特別條款，不負義務或責任；對任何單據所表示之貨物、勞務或其他履約行為之說明、數量、品質、狀況、包裝、交貨、價值或存在，或對貨物之發貨人、運送人、運送承攬人、收貨人、保險人、或其他任何人之誠信或行為或缺失、償債能力、履約能力或信用狀況，亦不負任何義務或責任。

UCP 600 第 3 條亦規定，如「一流的」(first class)、「著名的」(well known)、「合格的」(qualified)、「獨立的」(independent)、「正式的」(official)、「有資格的」(competent) 或「本地的」(local) 等用語如使用於說明單據之簽發人，除受益人外，銀行允許其他任何人簽發單據。

（三）應於提示後五個營業日內審查

依 UCP 600 第 14 條 b 項規定，銀行應自提示日後最多五個營業日內決定單據是否符合提示。該等期間於提示日或其後不因任何有效期限或提示最後日之存在而縮短或受其影響。

（四）不接受過時運送單據

「過時運送單據」(stale transport documents) 指信用狀受益人雖於信用狀規定之有效時間內提示單據，但無法使單據在貨物到達目的地之前先行到達目的地。過時運送單據對買方甚為不利，因貨物已到而單據未到，不但無法處理貨物，又須負擔額外的倉租。對賣方而言，已確實履行買賣契約與信用狀上之規定，且信用狀申請書中並無拒絕受領過時運送單據之規定，銀行無權拒絕受領。

依 UCP 600 第 14 條 c 項規定，受益人或其代表人須於裝運日後 21 曆日提示，且提示不得遲於信用狀之有效期限。另依 ISBP 745E 第 A19 條 b 項之規定，過時單據可接受 (stale documents acceptable)，只要在信用狀有效期限內，可接受遲於裝運日後 21 日始提示之單據。故為避免糾紛，最好於信用狀上明確規定「裝運日後多少天內」必須提示單據，使提示之時間明確。

（五）單據中之資料不得互相牴觸

依 UCP 600 第 14 條 d 項規定，單據中之資料不須與該單據、任何其他規定之單據及信用狀中之資料完全一致，但不得互相牴觸。

（六）其他一般原則

ISBP 745E 在一般原則中列了 41 項，比 2007 年版增加 25 項，請參考本章第五節「二、一般原則」之說明。

❀ 三、匯票之審查原則

依 UCP 600 第 2 條規定，「押匯」指在以信用狀為付款條件下，信用狀上之受益人（出口商）於貨物裝運出口後，即簽發以開狀銀行為付款人之匯票並以運送單據為擔保，在信用狀有效期限之前，由出口地之指定銀行以墊款或同意墊款的方式，買入符合提示項下之匯票及／或單據。

依票據法第二章「匯票」第 24 條規定：「匯票應記載下列事項，由發票人簽名：⑴表明其為匯票之文字；⑵一定之金額；⑶付款人之姓名或商號；⑷受款人之姓名或商號；⑸無條件支付之委託；⑹發票地；⑺發票年、月、日；⑻

付款地；⑼到期日。未載到期日者，視為見票即付。未載付款人者，以發票人為付款人。未載受款人者，以執票人為受款人。未載發票地者，以發票人之營業所、住所或居所所在地為發票地。未載付款地者，以付款人之營業所、住所或居所所在地為付款地。」除此之外，在信用狀所使用之匯票，通常還記載匯票編號、發票條款 (drawn clause) 及被發票人 (drawee) 等事項。

ISBP 745E 部分請參考本章第五節「三、匯票與到期日之計算」之說明。

四、商業發票之審查原則

商業發票係賣方於交付貨物後，由賣方製作，用以記載有關交付貨物之事項，並請求買方付款之私文件，屬於通常在交易上所稱之帳單 (bill)。其格式並無特定，亦不具有特定之項目，但在國際間買賣所使用之商業發票，通常會記載下列事項，以表明其並未違反買賣契約之義務：⑴當事人之名稱與地址；⑵製作日期；⑶貨物名稱與規格；⑷貨物單價、數量與金額（實際交付）；⑸運送工具名稱（船名、運送人、航次等）；⑹起運地（啟航港）與目的地（卸貨港）；⑺交運或裝載日期；⑻預定運抵目的地日期；⑼信用狀號碼；⑽其他有關事項（尤其依信用狀所規定及法定事項）；⑾發行者署名（若信用狀未特別要求，不一定須要署名）。

依 UCP 600 第 18 條 a 項規定，除了在可轉讓信用狀 (transferable credits) 的情形外，商業發票須由信用狀受益人簽發，並以申請人為抬頭人 (made out in the name of the applicant)。同條 b 項規定，商業發票之金額不能超過信用狀所允許之金額，否則銀行得予拒絕。同條 c 項規定，商業發票上所記載之事項中有關貨物、勞務或履約行為之記述 (description of goods, services or performance) 必須與信用狀上有關貨物之記述相同，否則銀行將認為商業發票有瑕疵而拒絕受理。因此，信用狀上有關貨物之記述，原則上須與買賣契約相同，否則賣方將無法提供符合買賣契約及信用狀所規定之商業發票。

ISBP 745E 部分請參考本章第五節「四、發票」之說明。

❀ 五、運送單據之審查原則

載貨證券或稱運送單據，指運送人 (carrier) 發給託運人 (shipper) 表示受領及處理運送物所使用的一種有價證券，其功能包括以下幾點：⑴作為運送人收到待運送貨物之收據；⑵作為運送契約的憑證；⑶作為代表貨物所有權之物權證券 (document of title)。運送單據為押匯文件中最重要的單據，為銀行審查單據之重點。

依 UCP 600 第 19 到 25 條規定，稱運送單據共有七種，包括：⑴涵蓋至少兩種不同運送方式之運送單據 (transport document covering at least two different modes of transport) 又稱複合或聯合運送單據 (multimodal or combined transport document)；⑵提單 (bills of lading)；⑶不可轉讓海運貨單 (non-negotiable sea waybill)；⑷傭船提單 (charter party bills of lading)；⑸航空運送單據 (air transport documents)；⑹公路、鐵路或內陸水路運送單據 (road, rail or inland waterway transport documents)；⑺快遞收據、郵政收據或投郵證明 (courier receipt, post receipt or certificate) 等。

依海商法第 54 條前段規定：「載貨證券，應載明下列各款事項，由運送人或船長簽名：⑴船舶名稱；⑵託運人之姓名或名稱；⑶依照託運人書面通知之貨物名稱、件數或重量，或其包裝之種類、個數及標誌；⑷裝載港及卸貨港；⑸運費交付；⑹載貨證券之份數；⑺填發之年月日。」

茲以海商法所規定之載貨證券應載明事項探討銀行審查運送單據應注意事項：

（一）運送人或船長簽名

UCP 600 第 19 條 a 項 i 款規定，複合運送單據必須由運送人 (carrier) 或船長 (master) 或其指定之代理人簽名。

ISBP 745E 第 D5 條 a 項中亦規定正本複合運送單據必須依 UCP 600 第 19 條 a 項 i 款規定款式簽署，並指明運送人之名稱，確認其為運送人。

其他運送單據亦有類似之規定，只是運送人與簽署方式不同而已。ISBP 745E 第 J4 條 b 項規定，蓋有鐵路公司或鐵路出發站日期章之鐵路運送單據可

以接受且單據上無須顯示運送人或其指定代理之名稱；第 J3 條 c 項規定，公路、鐵路或內陸水路運送單據所使用的運送人包括：簽發運送人、實際運送人、後繼運送人及簽約運送人等；第 D2 條規定，運送單據上無須加上「複合運送或聯合運送」之名稱；第 E2 條規定，提單上無須加上「海運」、「海洋」、「港至港」或類似之名稱；第 H2 條規定，航空運送單據無須加上「航空提單」、「航空託運單」或類似之名稱。

（二）裝載地及目的地

UCP 600 第 19 條 a 項 ii 款規定，複合運送單據必須表明貨物「已經在信用狀上記述之地方發送、接管或裝船」 (have been dispatched, taken in charge or shipped on board at the place stated in the credit)，運送單據之簽發日期將視為發送、接管或裝船之日期。

ISBP 745E 第 D6 條「裝載註記」中補充規定，單據上「證明已在信用狀記載之地方、港口或機場收取、發送、接管或裝船之個別日期註記」之記載，無論其日期是在複合運送單據簽發日前或日後，該註記日期視為裝運日期。由此可知，銀行並不接受對僅表明貨物已收到之備運載貨證券 (received transport document)。

ISBP 745E 第 D10 條規定，當信用狀上指明在「一個地理區域或範圍」或收取地、發送地、接管地、裝船港或起運機場之範圍時，複合運送單據必須指明在信用狀上指明的地理區域或範圍內之實際收取地、發送地、接管地、裝船裝船港或起運機場，但無須指明該地理區域。

ISBP 745E 第 D14 條規定，當信用狀上指明在「一個地理區域或範圍」或最終目的地、卸貨港或目的地機場之範圍時，複合運送單據必須指明在信用狀上指明的地理區域或範圍內之實際最終目的地、卸貨港或目的地機場，但無須指明該地理區域。

其他運送單據亦有類似之規定，只有用詞不同之差別而已。如提單上使用裝貨港與卸貨港，而航空運送單據上則使用起運機場與目的地機場 (airports of departure and destination)。

提單上使用「已裝載」(shipped on board)，而航空運送單據上則使用「已

經受領貨物待運」(have been accepted for carriage)。航空運送單據的簽發日期將視為裝運日期;若單據上顯示個別之飛行日期註記,飛行日期將視為裝運日期。

（三）對貨物之說明

依海商法第 54 條後段規定:「前項第 3 款之通知事項,如與所收貨物之實際情況有顯著跡象,疑其不相符,或無法核對時,運送人或船長得在載貨證券內載明其事由或不予載明。」由此段規定可知,運送人實際上可能無法從貨物表面上之包裝來判斷託運人所交運之貨物是否符合託運人書面通知之內容,尤其在貨櫃運送的情形下,就實務作業而言,運送人根本無法核對貨櫃中所裝貨物之內容,故在貨櫃提單上常有「不知條款」(unknown clause) 之記載。

UCP 600 第 14 條 e 項及 ISBP 745E 第 D26 條均規定,複合運送單據上之貨物說明得使用與信用狀之記述不相牴觸之通稱。故銀行審查單據時,如運送單據上對貨物之說明與信用狀並無衝突,且從其裝運標誌 (shipping mark) 上可以辨識所裝運之貨物與信用狀上所記載之貨物相符合,即可接受該運送單據。

其他運送單據之說明亦同,不再贅述。

（四）清潔運送單據

UCP 600 第 27 條之規定,清潔運送單據 (clean transport document) 係指未記載貨物或其包裝有瑕疵情形 (defective condition) 之條款或註記之運送單據。所謂「瑕疵情形」,係指貨物表面及外在 (external and appearance) 的情形而言,如包裝破損、紙箱受潮或件數與書面通知不符合等情形,而不是指貨物之品質。依 UCP 600 第 5 條規定,銀行所處理者為單據,故銀行必須對單據表面上所呈現之狀況加以注意。單據表面有瑕疵,即表示貨物有狀況,不是因包裝破損而導致貨物品質受到損壞就是交付之貨物有短少的情形,這些都會造成買方的權利受損而減低買方付款的意願。故不論是就買方或銀行的立場而言,都應拒絕接受不清潔運送單據。UCP 600 第 27 條更明確規定銀行僅接受清潔運送單據。

ISBP 745E 第 D24 條規定不能接受「明示貨物及／或包裝有瑕疵之條款或註記」之複合運送單據;第 D25 條則規定運送單據上無須顯示「清潔」(clean)之字樣。

其他運送單據亦有類似之規定，不再贅述。

（五）轉　運

UCP 600 第 19 條 b 項將轉運定義為 「自一種運送工具 (one means of conveyance) 卸下再重裝至另一運送工具之行為 ， 而不論是否為不同的運送方式」。ISBP 745E 第 D21 條中亦指出在複合運送下必然會發生轉運。故 UCP 600 第 19 條 c 項 i 款規定運送單據得表明貨物將轉運或可能轉運，同條 c 項 ii 款更規定即使信用狀規定禁止轉運，仍可接受表明貨物將轉運或可能轉運之運送單據。

其他運送單據對轉運的規定則略有不同，提單的運送方式僅只有海運，則不一定會發生轉運。UCP 600 第 20 條 b 項將轉運定義為「在信用狀上所記述之裝貨港與卸貨港之運送期間自一艘船舶 (one vessel) 卸下再重裝至另一艘船舶之行為」。同條 c 項 i 款規定提單得表明貨物將轉運或可能轉運，但同一張提單必須涵蓋全部運送行程 (entire carriage)。同條 c 項 ii 款規定，即使信用狀規定禁止轉運，仍可接受表明貨物已裝載於貨櫃、拖車或子母船之子船，將轉運或可能轉運之提單。同條 c 項 iii 款更規定，對記載運送人保留轉運權利之提單不予理會。

ISBP 745E 第 E17 條中對轉運之定義同 UCP 600 第 20 條 b 項之規定 ， 但增加補充說明「若不是在兩個港口運送過程中卸下再重裝，則不認為是轉運行為」。

不可轉讓海運貨單對轉運之規定與提單相同。

傭船提單、郵政收據與快遞收據或投郵證明則無轉運之規定。

航空運送單據與公路、鐵路或內陸水路運送單據對轉運之規定與複合運送單據不同處僅在於運輸工具由船舶改為飛機 (aircraft) 、 卡車 (truck) 、 拖車 (lorry)、火車 (train) 或船舶。

（六）甲板載貨

甲板貨 (on deck cargo) 一般而言有下列問題：⑴貨物容易受損害；⑵若發生共同海損時，該貨物將最先被拋棄；⑶該貨物應屬於特殊貨物；⑷該貨物須

加保甲板險等。貨物裝於甲板上，對銀行及開狀申請人（通常為買方）而言，甚為不便或不利。

因此，UCP 600 第 26 條 a 項規定，運送單據不得表明貨物「將裝載於甲板上」 (will be loaded on deck)，即銀行可以拒絕所謂的 「甲板提單」 (on deck B/L) ；但運送單據之條款上若 「註明貨物得裝載於甲板上」 (stated that the goods may be loaded on deck)，則可以接受，因為在貨櫃運送的情形下，實際上貨櫃都是堆放在船舶的甲板上。

（七）部分或分期裝運

賣方於買賣契約簽訂後，理應於約定之期限內交付約定之所有貨物，但實際上可能因貨物數量過於龐大或倉儲問題，賣方無法一次交貨，或因買方市場需要而要求部分或分期裝運 (partial or installment shipments)。 在國際貿易習慣上，除非契約另有約定，否則賣方得為分期裝運。我國民法亦有類似之規定，依民法第 318 條之規定：「債務人無為一部清償之權利。但法院得斟酌債務人之境況，許其於無甚害於債權人利益之相當期限內，分期給付，或緩期清償。」

UCP 600 第 31 條 a 項規定，允許部分裝運。而同條 b 項更規定，提示一套以上的運送單據，並顯示由同一運送方式，使用一個以上之運送工具裝運，將認為是部分裝運，縱使該運送工具於同日出發前往同一目的地時亦同。

UCP 600 第 32 條規定 ，如規定在信用狀上指定之 「既定期數」 (given periods) 內辦理動用或裝運 (drawing or shipment)，若有任何一期未在期間內動用或裝運，信用狀對該期及任何其後之期別都中止使用。

ISBP 745E 第 D23 條規定，提示一套以上之正本複合運送單據，只要其涵蓋之貨物由同一運送工具、同一航次運送且運往同一目的地，則雖然信用狀上禁止部分裝運，該運送單據仍可接受；第 D22 條規定，貨物裝載於一種以上之運送工具，即使該等運送工具在同一日期開往同一目的地，仍構成部分裝運。

其他運送單據對部分或分期裝運的規定與複合運送單據之不同處僅在於運送工具不同而已。

至於郵政收據 (post receipt) 或快遞收據 (courier receipt)，依 UCP 600 第 31 條 c 項規定，只要顯示同一地點及日期「蓋妥圖章」(stamped) 或經簽署且送往

同一目的地者，不認為部分裝運。

（八）貨物數量或重量之記載

　　UCP 600 及 ISBP 745E 對運送單據上之貨物數量並無規定，但依 UCP 600 第 30 條 b 項之規定，除非信用狀規定特定貨物之數量不得增減外，除以包裝單位 (packing units) 或個別件數 (individual items) 規定貨物數量者外，貨物數量得在約定數量上下 5% 範圍內增減。不過，UCP 600 第 18 條 b 項規定商業發票之金額不得超過信用狀所允許之金額，故實際上貨物數量僅能減少 5%（除非賣方降低商品單價）。因此，信用狀上規定載貨證券上須列貨物之數量者，當應記載。信用狀上若僅規定商業發票上應記載數量者，而未規定載貨證券上應作重量之記載時，若實際提貨時發生數量或重量不足，仍可能產生貿易糾紛，故載貨證券上對貨物之數量或重量仍應與商業發票作同一記載。

（九）載貨證券之份數

　　UCP 600 第 19 條 a 項 iv 款規定，複合運送單據必須為「唯一正本運送單據」(sole original transport document)，如簽發一份以上之正本，則在運送單據上須指明「全套」(full set)。

　　ISBP 745E 第 D15 條規定，複合運送單據必須表明已簽發正本之份數。銀行接受無標明「正本」(original) 之複合運送單據。

　　提單、不可轉讓海運貨單與傭船提單對載貨證券之份數之規定與複合運送單據相同。

　　ISBP 745E 第 H12 條規定，航空運送單據只要提示一份指名給發貨人或託運人之正本單據即可；第 H3 條 b 項規定，若信用狀規定可接受航空貨運分提單或運送承攬運送人之空運貨運單，或類似用語，簽發實體簽署時無需指明其身份或運送人名稱。

　　ISBP 745E 第 J7 條 a 項規定，公路、鐵路或內陸水路運送單據，無論其是否標示為正本，均作為正本而予以接受。公路運送單據必須顯示其為簽發給發貨人或託運人之正本，或未記載單據係為何者所製作之標示。

（十）指示式複合運送單據

ISBP 745E 第 D17 條 a 項規定，當複合運送單據以「憑指示」或「憑託運人指示」之形式簽發，應由託運人背書。提單、不可轉讓海運貨單與傭船提單對此都有相同的規定。

航空運送單據與公路、鐵路或內陸水路運送單據都不屬於物權證書 (documents of title)，其規定有所不同。ISBP 745E 第 H13 條 a 項與 b 項中規定，當信用狀要求航空運送單據顯示貨物「憑指定實體指示」與「憑指示」交付時，無須提及「憑指示」；第 J8 條 a 項與 b 項，公路、鐵路或內陸水路運送單據亦有類似的規定。

（十一）運費及額外費用

UCP 600 第 26 條規定，運送單據得以圖章記載或其他方式記載「運費以外之費用」(charges additional to the freight)。

ISBP 745E 第 D30 條規定，當信用狀要求在複合運送單據上標示「運費在目的地支付」時，得標示「運費到付」(freight collect)。

ISBP 745E 第 D31 條 a 項規定，當信用狀規定不接受附加於運費外之費用，則複合運送單據上不可顯示運費以外之其他已發生或將發生之額外費用；同條 c 項規定，複合運送單據上提及因貨物卸載或貨物卸載後之遲延，而可能加徵費用之註記，如涵蓋貨櫃遲延返還費用，則不屬於額外費用之顯示。

提單、不可轉讓海運貨單、傭船提單與航空運送單據與對運費及額外費用之規定與複合運送單據相同。

ISBP 745E 第 J20 條 b 項規定，當信用狀要求公路、鐵路或內陸水路運送單據指明運費已付或在目的地支付時，在印有 "Franco"（運費已付）或 "Non Franco"（運費到付）的欄位上完成填寫，即符合其要求。

UCP 600 第 25 條 b 項規定，若信用狀上要求快遞費用已付或到付，可以接受由快遞業者所簽發證明快遞費用由「非收貨人」(a party other than the consignee) 負擔之運送單據。

（十二）同一貨櫃涵蓋多張複合運送單據

ISBP 745E 第 D32 條規定，除非所有相關之複合運送單據都為同一張信用狀上提示時，複合運送單據不應明文記載其所涵蓋之貨物將僅於該單據與其他一套或多套複合運送單據一起提交時才予放行。如貨櫃內之貨物涵蓋多張複合運送單據，則所有與此貨櫃有關之複合運送單據須一併提示，貨櫃始能放行；第 E28 條亦有相同之規定。

不可轉讓海運貨單、航空運送單據、公路、鐵路或內陸水路運送單據與快遞收據、郵政收據或投郵證明無貨櫃內之貨物涵蓋多張運送單據之規定。

🌼 六、保險單據之審查原則

保險法第二章「保險契約」第 43 條規定：「保險契約，應以保險單或暫保單為之。」國際貿易實務上所使用之保險單據為依據財產保險中之海上保險及陸空保險所簽發之貨物運輸保險契約，其與一般的保險契約相同。包括以下幾種：⑴保險單；⑵保險證明書；⑶暫保單。

保險單 (insurance policy) 為保險公司所簽發之確認保險契約成立之正式保險契約。保險證明書或聲明書 (insurance certificate or declaration) 為在預約保險的情形下，由保險公司所簽發，證明貨物由預約保險單 (open policy, open cover) 承保之證明書。「投保通知書」或稱「暫保單」(cover note)、TBD 保單 (to be declared policy)，為保險公司未發行正式保險單前，由保險經紀人 (insurance broker) 所簽發證明承諾保險責任之臨時文件，為非正式保險契約。除保險單外，依 UCP 600 第 28 條 c 項規定，銀行不接受投保通知書，d 項規定銀行可以接受保險證明書或聲明書。

依保險法第二章「保險契約」第 55 條規定：「保險契約，除本法另有規定外，應記載下列事項：⑴當事人之姓名及住所；⑵保險之標的物；⑶保險事故之種類；⑷保險責任開始之日、時及保險期間；⑸保險金額；⑹保險費；⑺無效及失權之原因；⑻訂約之年、月、日。」另依第三章「財產保險」第 87 條規定：「保險契約，除記載第 55 條規定事項外，並應記載下列事項：⑴運送路線及方法；⑵運送人姓名或商號名稱；⑶交通及取貨地點；⑷運送有期限者，其

期限。」

茲就保險契約應載明事項探討銀行審查保險單據應注意事項：

（一）保險人簽名

UCP 600 第 28 條 a 項規定，保險單、依預約保險單所簽發之保險證明書必須由保險公司 (insurance companies)、保險人 (underwriters) 或其代理人 (agent or proxy) 簽發並簽署。

ISBP 745E 第 K3 條規定，可以接受以「保險經紀人之信箋」(an insurance broker's stationery) 所簽發之保險單據 (insurance document)，但該保險單據必須由保險公司、保險人或其代理人簽名。

（二）投保日期

UCP 600 第 28 條 e 項規定，保險單據上的日期必須在裝運日之前或顯示自裝運日之前生效。保險人對貨物裝運後，保險生效前之危險不負責任，故銀行不接受生效日期遲於裝運日期之保險單據。

ISBP 745E 第 K9 條規定，保險單據上不應指明任何索賠提示之有效日期；第 K10 條規定，保險單據上不應指明其生效日期在裝運日期之後；第 K11 條規定，未記載任何其他簽發日期或保險生效日期時，副署日期視為保險生效日期之證明。

（三）保險金額及貨幣

信用狀上所使用之保險單據之保險金額包括兩個部分：⑴現有利益；⑵期待利益。保險法第 14 條規定：「要保人對於財產上之現有利益，或因財產上之現有利益而生之期待利益，有保險利益。」保險法第 15 條規定：「運送人或保管人對於所運送或保管之貨物，以其所負之責任為限，有保險利益。」而期待利益指保險法第 20 條所規定之 「凡基於有效契約而生之利益，亦得為保險利益。」

UCP 600 第 28 條 f 項 i 款規定，保險單據必須指明金額，並以信用狀上之貨幣簽發。UCP 600 第 28 條 f 項 ii 款規定，若信用狀未指明，保險金額至少必

須為貨物之 CIF 或 CIP 價格之 110%；若無法從單據上確認 CIF 或 CIP 價格時，則從要求「兌付」或「讓購」之金額，或從商業發票上之貨物總金額中擇較高者為最低投保金額。

ISBP 745E 第 K12 條規定，保險單據必須以信用狀上之貨幣，且至少依 UCP 600 第 28 條 f 項 ii 款指明之金額簽發。

UCP 600 第 28 條 j 項規定，保險單據得指明其承保範圍適用「免賠額」或「僅賠超額」的規定。但 ISBP 745E 第 K14 條規定，若信用狀要求保險承保範圍為「不論損害百分比」(irrespective of percentage, IOP) 時，保險單據上不得含有適用「免賠額」或扣除「免賠額」而「僅賠超額」的條款。

ISBP 745E 第 K15 條規定，當從信用狀或從提示中顯示要求之金額只代表貨品總金額之部分時，保險金額應以顯示於發票上或信用狀上之貨品總金額計算，且受 UCP 600 第 28 條 f 項 ii 款之要求約束。

（四）保險類別

2009 年協會貨物保險條款之「基本險」共有三種：⑴協會貨物保險 A 條款 (Institute Cargo Clauses (A)) 與舊條款「全險」 (All Risks) 條款類似；⑵協會貨物保險 B 條款 (Institute Cargo Clauses (B)) 與舊條款 「水漬險」 (WPA) 條款類似；⑶協會貨物保險 C 條款 (Institute Cargo Clauses (C)) 與舊條款 「平安險」 (FPA) 條款類似。

這三種基本險對戰爭及罷工事故均除外不保。而 B 款險與 C 款險僅就所列舉之事故承保，若投保人認為保障不足時，「勞依茲市場協會／倫敦國際保險協會」(LMA/IUA) 另外制定兩種「附加險」供投保人加保。包括：⑴協會貨物戰爭險條款 (Institute War Clauses (Cargo))；⑵協會貨物罷工險條款 (Institute Strike Clauses (Cargo))。

另外針對航空貨物的運送，在基本險部分，制定「協會貨物航空險條款（郵包險除外）」 (Institute Cargo Clauses (Air) (Excluding Sending by Post))，其內容主要依據協會貨物保險 A 條款作修改；在附加險部分，制定「協會航空貨物戰爭險條款 （郵包險除外）」 (Institute War Clauses (Air Cargo) (Excluding Sending by Post)) 與「協會航空貨物罷工險條款」(Institute Strikes Clauses (Air Cargo))，

並針對以郵政包裹寄送的貨物增訂「協會戰爭險條款（郵包險）」(Institute War Clauses (Sending by Post))。

UCP 600 第 28 條 g 項規定，信用狀上應記載應保險的種類及必須加保之危險。如信用狀使用「通常危險」(usual risks) 或「習慣上之危險」(customary risks) 等不明確之用語，銀行對未保之危險不予理會，並接受保險單據。

若信用狀上要求投保「全險」(all risks)，依 UCP 600 第 28 條 h 項規定，銀行將接受任何包含「全險」之註記或條款之保險單據，不論該保險單據是否有「全險」之標題 (heading)，並對其所「記載之任何不予承保危險」(any risks stated to be excluded) 不予理會。同條 i 項並同時規定保險單據得包含任何除外條款 (exclusion clause) 之附註。ISBP 745E 第 K18 條亦有同上所述之類似規定，且補充規定保險單據上指明承保協會貨物保險 A 條款；或在航空運送時，指明承保協會貨物航空險條款之保險單據，即符合信用狀上「全險」條款或註記之要求。

（五）保險區間

UCP 600 第 28 條 f 項 iii 款規定，保險單據上至少必須指明所承保危險涵蓋信用狀上所記載之接管或裝運地與卸貨或目的地間之範圍。若要求保險範圍涵蓋自賣方倉庫到買方倉庫間之範圍，亦即倉庫到倉庫條款 (warehouse to warehouse clause)，可在信用狀上作此要求。

（六）保險單據之背書

ISBP 745E 第 K19 條規定，保險單據應以信用狀要求之格式製作，必要時，由有權要求賠償支付或受益之實體背書；第 K20 條規定，信用狀上不應要求以「憑持單人」或「憑指示」簽發之保險單據。信用狀上應指明被保險人之名稱。當信用狀上要求以「憑指定實體指示」簽發之保險單據時，單據上不須指明「憑指示」，但以該指定實體為被保險人或賠償支付之對象，且未明文禁止背書轉讓為限。

七、其他單據之審查原則

　　信用狀條款中，除以上所述之單據外，可能還要求提示其他單據，如原產地證明書 (certificate of origin)、領事發票 (consular invoice)、檢驗證明書 (certificate of inspection) 等。信用狀上若有指定單據之簽發人，自無異議；若無指定，銀行在單據處理上勢必產生困擾。產地證明書有由民間之商會簽發，亦有由標準檢驗局簽發。檢驗證明書有由賣方簽發，亦有由政府機關或學術團體簽發。

　　依 UCP 600 第 14 條 f 項規定，若信用狀上要求運送單據、保險單據或商業發票以外的單據提示，而未規定該單據由誰簽發或單據之資料內容，銀行將照單全收，但其內容應符合所要求單據之功能，且單據中之資料不得與其他規定之單據或信用狀中之資料互相牴觸。同條 g 項規定，信用狀上未要求提示之單據，將不予理會並得退回給提示人。

　　ISBP 745E 對上述其他單據之提示，除了領事發票外，都有詳細規定，說明請參考本章第五節「十二、原產地證明書」、「十三、裝箱單、記錄或附件」、「十四、重量單、記錄或附件」、「十五、受益人證明書」、「十六、分析、檢驗、健康、植物檢疫、數量、品質與其他證明書」之說明。

 參考資料來源

1. 張錦源 (2003)，《信用狀理論與實務》。臺北，三民書局。

2. ICC Publishing S.A. (1993). Uniform Customs and Practice for Documentary Credits 1993 Revision. *ICC Publication*, No. 500. ICC Publishing S.A.

3. ICC Publishing S.A. (2007). Uniform Customs and Practice for Documentary Credits 2007 Revision and Supplement for Electronic Presentation (eUCP). Version 1.1, *ICC Publication* No. 600.

4. ICC Publishing S.A. (2003). International Standard Banking Practice (ISBP) for the examination of documents under documentary credits 2003. *ICC Publication*, No. 645. ICC Publishing S.A.

5. ICC Publishing S.A. (2007). International Standard Banking Practice for the Examination of Documents under Documentary Credits, 2007 Revision for UCP 600. *ICC Publication*, No.

681. ICC Publishing S.A.

6. ICC Publishing S.A. (2013). International Standard Banking Practice for the Examination of Documents under UCP 600. *ICC Publication*, No. 745E. ICC Publishing S.A.

 習 題

一、關鍵詞彙解釋

1. UCP　　　2. eUCP　　　3. ISBP　　　4. issuing bank　　　5. advising bank
6. confirming bank　　　7. reimbursing bank

二、選擇題

(　　) 1. 依 UCP 之規定，信用狀的轉讓以　(A)一次　(B)二次　(C)三次　(D)四次　為限

(　　) 2. 補償銀行之費用應由　(A)押匯銀行　(B)受益人　(C)申請人　(D)開狀銀行　負擔

(　　) 3. 下列何種提單，銀行將予以接受？　(A) on board B/L　(B) on deck B/L　(C) unclean B/L　(D) received B/L

(　　) 4. 信用狀之修改，不須經過下列何者的同意？　(A)通知銀行　(B)受益人　(C)保兌銀行　(D)開狀銀行

(　　) 5. 若商業發票金額為 US$10,000，若在金額項下扣除 charge US$500，則發票淨額成為 US$9,500，匯票金額亦為 US$9,500，請問應投保之最低金額應為　(A) US$9,500　(B) US$10,000　(C) US$10,500　(D) US$11,000

(　　) 6. 下列何種慣例、條規或規則不適用於擔保或商業信用狀？　(A) URC 522　(B) UCP 600　(C) ISBP　(D) ISP 98

(　　) 7. 保兌銀行係受下列何者之委託或授權，對不可撤銷信用狀加諸其保兌責任？　(A)押匯銀行　(B)開狀銀行　(C)轉讓銀行　(D)通知銀行

(　　) 8. 有關信用狀之轉開，下列敘述何者正確？　(A)主信用狀 (master L/C) 需為可轉讓信用狀　(B)主信用狀稱為憑轉信用狀　(C)轉開信用狀又稱為背對背信用狀 (back to back L/C)　(D)轉開信用狀的申請人稱為第二受益人

(　　) 9. 在信用狀作業上，有關各方所處理者為下列何者？　(A)訂單　(B)契約　(C)貨物　(D)單據

(　　) 10. 有關進口單據之審查原則，下列敘述何者正確？　(A)信用狀統一慣例之規定為審查唯一依據　(B)審查範圍為信用狀所規定之一切單據及未規定之單據　(C)審查時間為自收到單據之日後不超過 5 個營業日之相當時間內　(D)單據表面顯示與事實不符者應追究原因

(　　) 11. 依 UCP 600 之規定，進口貨品如以重量計算者，除信用狀另有規定外，將允許有

多少寬容範圍？　(A)加減 3%　(B)加減 5%　(C)加減 7%　(D)加減 10%

(　　) 12.依 UCP 600 之規定，開狀銀行應透過下列何者為信用狀修改書之通知？　(A)任何銀行　(B)押匯銀行　(C)補償銀行　(D)原信用狀通知銀行

(　　) 13.貿易條件為 CIP 時，此提示保險單據之最低投保金額，原則上應為商業發票金額之若干？　(A) 90%　(B) 100%　(C) 110%　(D) 120%

三、問答題

1. UCP 600 可接受之運送單據共有幾種？

2. 依 UCP 600 第 2 條規定，兌付與讓購係指何而言？

3. 依 UCP 600 第 36 條對不可抗力事故的規定事項有那些？

4. 開狀銀行經受益人所在地之往來銀行將信用狀交付受益人之目的為何？

5. 第一受益人於信用狀經轉讓時要保留商業發票（及匯票）之替代權，其主要目的為何？

6. 依 eUCP 第 e3 條 b 項規定，電子記錄意義為何？

7. 依 eUCP 第 e3 條 b 項規定，電子簽字意義為何？

8. 銀行審查單據之一般原則有哪些？試說明之。

國際擔保函慣例

第一節　概　說

在國際間商品貿易、政府採購、工程履約或銀行融資的作業上，常發生到期日因一方無法履行其交貨、完工或償還銀行貸款而造成他方權益受損的情形，為預防此種狀況之發生，乃有獨立性的保證契約產生。這種保證契約由銀行擔任保證人，負擔一經請求 (on first demand) 即需付款之責任，保證人不需請示主債務人之同意，亦不需調查主債務人是否有不履行契約的事實存在。這種擔保形式主要以擔保信用狀 (standby L/C) 或擔保函 (standby) 的型態出現。

擔保信用狀主要用於借款保證、押標保證及履約保證等方面。該信用狀規定開狀申請人，即借款人未於規定日期償還借款本息時，貸款銀行即可就其本息開出即期匯票向開狀銀行求償。押標及履約保證則為防止得標人於得標後，拒絕簽約或拒繳履約保證金或不履行契約。

擔保函則用於保證金錢借貸或預付款，於到期日或違約時，或某一不確定事件發生或不發生時的付款義務。依其功能之不同，擔保函一般可分下列幾種❶：

1.**履約擔保函 (performance standby)**：保證申請人在交易過程中一方之違約而引起他方損害的賠償。

2.**預付款擔保函 (advance payment standby)**：保證申請人收到受益人墊款後應承擔的義務。

---

❶ ICC Publishing S.A(1998).The International Standby Practices-ISP 98, Preface. *ICC Publication* , No. 590.

3.押標金／投標金擔保函 (bid bond/tender bond standby)：保證申請人在得標後執行契約的義務。

4.相對擔保函 (counter standby)：保證申請人對受益人所簽發之另一獨立擔保函或其他承諾之義務。

5.財務擔保函 (financial standby)：保證申請人支付金錢之義務，包括償還借款之義務。

6.直接付款擔保函 (direct pay standby)：保證申請人到期付款，而不論是否違約。

7.保險擔保函 (insurance standby)：保證申請人的保險或再保險義務。

8.商業擔保函 (commercial standby)：保證申請人以其他方法逃避付款時，承擔對貨物或勞務 (goods and services) 的付款義務。

過去，「擔保函」乃依據「信用狀統一慣例」的條款簽發，但信用狀統一慣例的條款對所有擔保函並不完全適用，即使只是單純要求提示匯票的擔保函，都存在一些「信用狀統一慣例」所無法解決的問題。「信用狀統一慣例」(UCP 600) 第 36 條規定，銀行因不可抗力事故而中止營業，於其恢復營業後，對在中止期間無法向其提示單據的信用狀不再承擔付款責任，此規定對擔保信用狀的受益人並不公平，擔保信用狀是針對開狀申請人未履行義務，而發生提示單據請求付款的情形，故不應該由其負擔不可抗力之風險。因而國際商會乃制定「國際擔保函慣例」(International Standby Practices–ISP 98) 以解決這些需求。

有關國際擔保的國際慣例及公約，包括國際商會制定的「契約保證統一規則」 (Uniform Rules for Contract Guarantee, URCG 1978)、「即付保證函統一規則」(Uniform Rules for Demand Guarantees, URDG 758 2010 Revision)、「信用狀統一慣例」 中的擔保信用狀、「契約保證函統一規則」 (Uniform Rules for Contract Bonds, URCB) 及 「國際擔保函慣例」。此外，聯合國國際貿易委員會也於 1995 年制定 「獨立保證函及擔保信用狀統一公約」 (The Convention on Independent Guarantees and Standby Letter of Credits)，作為有關擔保及獨立保證的一項有用且實際的基本法架構。

「國際擔保函慣例」 (ISP 98) 反映出經普遍接受的擔保信用狀的實務與慣例，為擔保信用狀提供一套獨立使用的規則。

擔保函往往在發生糾紛或申請人無力清償時使用，其內容需要受到某種程度的檢視，因此「國際擔保函慣例」不僅要受到銀行界及商業界的肯定，亦需要積極參與擔保法律及實務的公司財務人員、授信主管、信評機構、政府機關及監理官員、基金管理人、以及其他顧問的接受；故在文體及方法上都與「信用狀統一慣例」有所不同。此外，「國際擔保函慣例」亦撰擬了一些供律師及法官們解釋擔保實務之指引。

「國際擔保函慣例」將擔保函的撰寫簡單化、標準化及合理化，並對一些共同的問題提出清楚且廣為一般所接受的解答。因擔保與商業兩者的實務基本上相同，而「國際擔保函慣例」與「信用狀統一慣例」之間有些根本的類似，即使規則有重疊，但「國際擔保函慣例」的說明仍較為精確，因為「國際擔保函慣例」將隱含在「信用狀統一慣例」規則中的意思清楚說明，故在對「動支」(drafting) 或「兌付」(honor) 有疑慮時，使用擔保函更可靠。

與「信用狀統一慣例」及「契約保證統一規則」(URCG) 一樣，「國際擔保函慣例」適用於簽發獨立承諾 (independent undertaking)。在獨立保證及許多情形下，援用「國際擔保函慣例」可避免自商業信用狀中確認並區分出擔保函的工作。當事人可選擇使用「國際擔保函慣例」於某些類型的擔保函，「信用狀統一慣例」用於別的類型，而「契約保證統一規則」則使用於其他的類型。

「國際擔保函慣例」 並非設計使用於如從屬保證 (accessory guarantees) 及保險契約 (insurance contracts) 之類的附屬承諾 (dependent undertaking)，但在某些情況下，依當地法令可能被認為附屬性質的特定承諾 (particular undertaking)，於表明其為獨立性質時，「國際擔保函慣例」也許可以使用。

依「國際擔保函慣例」第 1 條第 1 項 b 款規定，擔保信用狀或其他類似承諾，不論其名稱或描述為何，不管用於國內或國際，都得藉明示援用而適用本慣例。援用「國際擔保函慣例」於擔保函時，承諾書 (undertaking) 得以下列措詞而適用本慣例：

　1. 承諾書係適用 "ISP 98" 而簽發。

　2. 適用 "ISP 98" (subject to ISP 98)。

雖然「國際擔保函慣例」的規定可依擔保函的本文予以變更，但其提供可為多數情況接受的中性規則，並於其他情況下，可用於議約時的原始藍本，可

節省當事人（包括簽發銀行、保兌銀行、或擔保函的受益人）在議約及草擬擔保函條款時可觀的時間及費用。

「國際擔保函慣例」可與「聯合國獨立保證及擔保信用狀公約」相容，且在法令 (statutory) 或司法 (judicial) 上都能與當地的法律並行不悖，並將擔保信用狀的實務，納入該法律之下。若本慣例在款項的讓與或法定轉讓等問題上與強制法律 (mandatory law) 有所牴觸，則以準據法優先，不過這些問題絕大部分很少受制於當地法律，進步的商事法律將經常參考如「國際擔保函慣例」中所載錄的實務，作為某些情況下的指針，尤其是有關跨國承諾的情形。依慣例第 1 條規定，本慣例在準據法未禁止之範圍內補充該法律。因此，「國際擔保函慣例」將補充當地法律而不是與其相牴觸。

「國際擔保函慣例」亦意圖使用於仲裁及司法訴訟 (judicial proceeding)，如由「國際信用狀仲裁中心」(International Center for Letter of Credit Arbitration, ICLOCA) 所發展以專業為基礎的信用狀仲裁制度、或國際商會的一般商業仲裁、或與解決爭端的其他方法配合。選擇這類方法時應明確表示且須適當，如本承諾函係適用 "ISP 98" 而簽發，且因其而引起或與其有關的一切爭議均適用依「ICLOCA 1996 年規則」的仲裁。

第二節　國際擔保函慣例規定條文解說

1998 年之國際擔保函慣例，內容共有 10 條條文，包括：⑴總則 (General Provisions)；⑵義務 (Obligations)；⑶提示 (Presentation)；⑷審查 (Examination)；⑸通知、排除及單據之處置 (Notice, Preclusion, and Disposition of Documents)；⑹轉讓、讓與及法定轉讓 (Transfer, Assignment, and Transfer by Operation of Law)；⑺取消 (Cancellation)；⑻補償義務 (Reimbursement Obligations)；⑼期間之計算 (Timing)；⑽聯合簽發／權益出售 (Syndication/ Participation)。

一、總　則

1.本慣例適用於擔保信用狀，包括履約、財務與直接付款之擔保信用狀。

2.擔保信用狀或其他類似的承諾 (undertaking)，不論其名稱或描述為何，不管適用於國內或國際，均得以明示方式適用本慣例。

3.適用本慣例之承諾，得對本慣例之條款明文表示修改或排除其適用。

4.適用本慣例之承諾，以下稱其為「擔保函」(standby)。

5.本慣例在準據法未禁止之範圍內補充該法律。擔保信用狀同時適用任何其他實務規則的情形下，如其規定與本慣例相牴觸，本慣例優先適用。

6.擔保函一經簽發即為不可撤銷 (irrevocable)、獨立 (independent)、跟單 (documentary) 及具有拘束力之承諾 (binding undertaking)，且無需在擔保函中說明。

7.由於擔保函係不可撤銷，除非依擔保函之規定，或經由可對修改或取消有所主張者之同意，否則擔保函項下簽發人之義務不得由簽發人修改或取消。

✤ 二、義　務

1.簽發人依本慣例，並輔以標準擔保實務，對受益人承諾，提示之單據，若表面上顯示符合擔保條款，則承擔兌付之義務。

2.擔保函兌付的方式可分為：

⑴即期方式兌付 (payment at sight)。

⑵承兌匯票 (accepting the draft) 並於到期日付款。

⑶延期付款 (deferred payment) 並於到期日付款。

⑷讓購 (negotiation)。

3.除非清楚載明尚未簽發 (issued) 或尚未可執行 (enforceable)，否則擔保函一經脫離簽發人控制，即為已簽發。生效採取發信主義。

4.若擔保函中明白指明，該擔保函可使用金額的增加或減少、有效期限的展延、或類似者而自動修改，則該項修改不須任何進一步之通知或同意，即自動生效。

✤ 三、提　示

1.擔保函可部分動支，可多次提示。

2.不論是否禁止部分動支或多次提示，對已排定或允許的數件提示，未能

為其中任一次的提示，不影響或損害作出另一次提示或及時再提示的權利。

3.大概、約、大約或類似用語，解釋為不超過該用語所指金額的 10% 上下的差異。

4.及時提示指在擔保函簽發後至有效期限屆滿前之提示。

5.若擔保函正本遺失、遭竊、殘缺或毀損，簽發人無需補發，或放棄要求提示擔保函正本。

6.若擔保函規定提示地，在提示的最後營業日因任何理由不營業，而導致未能及時提示時，除擔保函另有規定外，最後提示日自動展延至該提示地恢復營業後 30 個曆日。

7.允許以電子媒體方式提示。

✿ 四、審　查

1.提示的單據是否符合，係依擔保函的條款，輔以標準的擔保函實務 (standard standby practice) 所解讀的本慣例作為解釋及補充，就所提示的單據作表面的審查。

2.若擔保函要求提示聲明書 (statement)，而未明確指定精確措詞 (precise wording)，則所提示的單據在表面上必須傳達與擔保函所要求相同意思的措詞。

3.擔保函中以使用引號 (quotation marks)、大寫字母 (blocked wording)、或附樣或格式 (attached exhibit or form) 的方式來記載措詞，並規定單據須記載完全相同或完全一致的措詞時，則所提示單據的措詞必須完全重複該項規定。

4.簽發人或被指定人只需在擔保函規定的範圍內，審查單據彼此間是否不一致。無關之單據無需審查，且得退回提示人，或隨同其他提示之單據轉出去，而不負責任。

5.擔保函項下的單據，應依本慣例項下的擔保實務予以審查，縱使該單據類型（例如商業發票、運送單據、保險單等）在信用狀統一慣例中已有詳細規定。

6.擔保函單據的類型包括以下幾種：

⑴兌付要求 (demand for payment)。

⑵違約或其他動支事由之聲明書 (statement of default or other drawing event)。

⑶可轉讓單據 (negotiable documents)，指單據得在有追索權或無追索權的前提下簽發或轉讓。

⑷法律或司法單據 (legal or judicial documents)，指政府簽發之單據 (government-issued document)、法院命令 (court order)、仲裁判斷 (arbitration award) 或類似單據。

⑸其他單據 (other documents)，指擔保函要求非本慣例規定內容之單據。

⑹簽發獨立承諾之要求 (request to issue separate undertaking)，指擔保函中要求受益人簽發其本身對另一人之獨立承諾。

擔保函一般不要求提示貨運單據，「國際擔保函慣例」並未對此加以規定，若擔保函要求此類單據，依「國際擔保函慣例」第 1 條規定：「若擔保信用狀亦適用其他慣例規則，而其規定與本慣例牴觸者，優先適用本慣例。」簽發人只需依照「國際擔保函慣例」中有關單據審查之相關規定審查，而不必理會「信用狀統一慣例」之規定。

❀ 五、通知、排除及單據之處置

1.拒付之通知應於收到提示單據後 3 個營業日內發出，超過 3 個營業日，則為不合理。

2.怠於擔保函或本慣例規定時間，以規定方式發出拒付通知，並列明瑕疵，即不得就所保留或經再提示而含有該瑕疵的任何單據主張任何瑕疵。

3.拒付的單據必須依提示人的合理指示，予以退回、保留或處置。若拒付通知中未能就單據的處置予以通知，並不排除簽發人得以其他有利的主張表示拒付。

4.對簽發人不符提示之兌付，申請人須以迅速方式 (prompt means) 發出及時通知 (timely notice)，提出及時異議。收到單據後非不合理時間 (not reasonable) 內即視為及時。

❀ 六、轉讓、讓與及法定轉讓

1.擔保函原則上為不可轉讓 (non-transferable)，此點與信用狀統一慣例的規定相同。

2.擔保函若記載可轉讓，可多次轉讓，但不得部分轉讓，且應由受益人直接向簽發銀行、保兌銀行或指定銀行申請轉讓。此點與信用狀統一慣例的規定不同，信用狀統一慣例規定可轉讓信用狀僅可轉讓一次，但可部分轉讓，且不限定向銀行申請轉讓，亦可私下轉讓，惟私下轉讓時受讓人可能面臨信用狀偽造或遭動支過之風險。

3.擔保函項下的款項之讓與 (assignment) 應向簽發銀行或被指定銀行申請並經簽認，該項簽認並未賦予受讓人有關擔保函的任何權利，受讓人僅有受讓款項的權利，且其權利可能因修改或取消擔保函而受影響。

4.當繼承人、遺產代理人、清算人、受託人、破產（財產）管理人、存續（繼承）公司或類似的當事人，主張其係依法繼受受益人權益，而以其自身名義提示單據者，視為經受益人授權之受讓人。

❀ 七、取　消

擔保函原則上不可撤銷，但若在到期前，擔保函之義務已完成，或已由其他擔保函取代時，則可取消。

❀ 八、補償義務

1.簽發人於指定兌付銀行或指定支付對價銀行對符合規定之提示付款時，須對其補償，申請人於簽發人對符合規定之提示付款時，須對簽發人補償。

2.補償包括因擔保函所產生的各項費用及成本。

3.簽發人審查單據後，如決定拒付，則獲得補償之被指定銀行必須返還求償的金額與利息。

4.補償之任何指示或授權，適用國際商會銀行間補償的標準規則。

❀ 九、期間之計算

1.擔保函必須載明有效期限，或允許簽發人以合理的預先通知或付款方式終止擔保函的效力。

2.被指定銀行如在有效期限前，已對符合規定的提示付款，則雖然在單據送達簽發人時，擔保函已屆期，被指定銀行不受影響，仍有權獲得補償。

✸ 十、聯合簽發／權益出售

1.具有一個以上簽發人之擔保函，即聯合簽發 (syndication)，若未指明提示對象，則得向任一簽發人提示，並對所有簽發人具有約束力。

2.簽發人得部分讓售其對申請人及任何提示人之權益 (participation)，並不影響擔保函項下該簽發人之義務，或於受益人及任何參與人之間創設任何權利或義務。

 ### 參考資料來源

1. 張錦源 (2002)，《信用狀理論與實務》。臺北，三民書局。
2. ICC Publishing S.A(1998).The International Standby Practices-ISP 98, *ICC Publication*, No. 590.

 ### 習 題

一、關鍵詞彙解釋

1. standby L/C　　2. standby　　3. drafting　　4. honor　　5. syndication
6. independent undertaking

二、問答題

1.擔保函依其功能可分幾種？
2.在轉讓方面的規定，國際擔保函慣例與信用狀統一慣例的規定有何異同點？
3.國際商會總共制定了幾種國際擔保工具的慣例？
4.擔保函兌付的方式可分為幾種？
5.擔保函單據的類型包括幾種？

託收統一規則

第一節　概　說

自 1950 年代開始，臺灣的經濟進入復興時期，國際貿易開始蓬勃發展，六十年來，付款方式也逐漸出現明顯的變化，從早期以信用狀作為主要的付款方式已逐漸減少，而以託收作為付款方式的比率則有了明顯的增長。在這種背景下國際商會於 1956 年制定了託收統一規則，其原名為「商業票據託收統一規則」(Uniform Rules for the Collections of Commercial Paper)，後經 1967 年、1978 年及 1995 年之修訂並改稱為「託收統一規則」，目前使用者為 1995 年修訂本（Uniform Rules for the Collections 1995 Revision，簡稱 URC 522）。

當事人若同意適用本規則，必須在「託收指示」(collection instruction) 本文內記載受其約束，本規則才對所有當事人具有約束力。

1995 年修訂之託收統一規則，內容共分七部分 26 條，包括：(1)總則與定義；(2)託收之類型與結構；(3)提示之型式；(4)義務與責任；(5)付款；(6)利息、費用與支出；(7)其他規定。

第二節　託收統一規則規定條文解說

一、總則與定義

總則與定義 (General Provisions and Definitions) 係規定適用該慣例之一般性事項及託收之定義，共有 3 條，其中第 1 條規定「託收統一規則之適用」(Application of URC 522)，第 2 條規定「託收之定義」(Definition of Collection)，

第 3 條規定「託收之當事人」(Parties to a Collection)。

　　茲就以上條文重要者分述於下：

（一）託收統一規則之適用

　　如同信用狀統一慣例一樣，託收統一規則不是法律，當事人若同意適用本規則，必須在「託收指示」本文內記載受其約束，本規則才對所有當事人具有約束力。

　　但託收指示內「另有規定或與不得違反之一國、一州或地方法律及／或規章有所牴觸者」，不在此限。故當事人雖然必須遵守託收統一規則之規定，但託收指示內若有不同的規定時，以其規定為優先，而該規則居於補充的地位。此外，在託收統一規則內則增加「與不得違反之一國、一州或地方法律及／或規章有所牴觸者」 (contrary to the provision of a national, state or local law and/or regulation which cannot be departed from)。

（二）託收之定義

　　託收付款方式，乃是指賣方交貨後委託第三者向買方收取貨款的行為。雖然以信用狀為付款方式的情形，同樣委託第三人（開狀銀行）向買方收取貨款，但兩者有顯著的不同。以信用狀為付款方式，有開狀銀行保證付款的承諾；以託收為付款方式亦有可能透過銀行來完成，但託收銀行並不保證一定能收到貨款。

　　一般而言，國際貿易以託收作為付款方式有三種型態：

　　1.**委託運送人向買方收款**：即賣方於貨物裝船後，將有關的單據交給運送人 (carrier)，委託運送人在貨物運抵目的地時，憑交付貨物與單據向買方收款。此種方式亦稱「貨到付款」(cash on delivery, COD)❶。

　　2.**委託國際應收帳款收買者向買方收款**：其流程為賣方先與國際應收帳款收買者 （通常為銀行） 簽訂國際應收帳款收買契約 (international factoring agreement)，再將其客戶名單交給國際應收帳款收買者進行徵信，並於核准後，

---

❶　張錦源 (2011)，《國際貿易實務詳論》，第 181 頁。臺北，三民書局。

賣方於貨物裝船後，將有關的單據交給國際應收帳款收買者 (international factor)，代向買方收款。

3.**委託銀行向買方收款**：其流程為賣方（委託人）於貨物裝船後，將有關的單據交給出口地銀行（託收銀行）委託收取貨款，出口地銀行則將有關的單據寄交進口地銀行（代收銀行），委託其依託收指示向買方（付款人）提示並收取貨款。此即依託收統一規則所規定的銀行託收。依託收統一規則第 2 條規定：「託收意指銀行依所受之指示，處理本條 b 項所界定之單據，冀求：(i)獲得付款及／或承兌，或(ii)憑付款及／或承兌交付單據，或(iii)依其他條件交付單據。」

（三）託收之當事人

依託收統一規則第 3 條及第 25 條規定，當事人包括：

1.**委託人 (principal)**：指委託銀行處理託收之一方，一般指國際貿易之賣方，即出口商。

2.**託收銀行 (remitting bank)**：又稱寄單銀行，指受委託人委託處理託收之銀行，亦即直接接受委託人委託處理託收業務之銀行，此銀行與委託人通常有往來關係，一般為出口地銀行。

3.**代收銀行 (collecting bank)**：指託收銀行外，涉及託收處理之任何銀行。託收銀行接受委託向國外進口商收取貨款後，通常會委託其國外分行或往來銀行代為執行託收業務。

4.**提示銀行 (presenting bank)**：為向付款人辦理提示之代收銀行，亦即直接向付款人提示託收單據之銀行。

5.**付款人 (drawee)**：為依託收指示，提示之對象，一般指國際貿易之買方，即進口商。

6.**預備人 (case of need)**：為委託人在進口地預先安排的代表，作為託收過程中買方拒絕付款或拒絕承兌時，代委託人出面處理者。

❀ 二、託收之類型與結構

託收之類型與結構 (Form and Structure of Collection) 係規定託收指示，共有 1 條。

依託收統一規則第 4 條 b 項規定，託收指示書應記載以下事項：

1.所由收受託收銀行之明細，包括全名、郵遞及 SWIFT 地址、電傳、電話、傳真號碼及案號。

2.委託人明細，包括全名、郵遞地址、及（如適用時）電傳、電話、傳真號碼。

3.付款人明細，包括全名、郵遞地址、或向其提示營業所，及（如適用時）電傳、電話、傳真號碼。

4.如有提示銀行時，其明細包括全名、郵遞地址、及（如適用時）電傳、電話、傳真號碼。

5.託收金額及幣別。

6.隨附單據之清單及每一單據之份數。

7.(1)獲得付款及／或承兌之條件。

　(2)交付單據之條件憑：

　　(a)付款及／或承兌；

　　(b)其他條件。

　　製作託收指示書之一方應負責將交付單據之條件清楚且正確地敘明，否則銀行將對因而所致之任何後果不負責任。

8.待收之費用，表明得否放棄。

9.待收之利息（如適用時），表明得否放棄，包括：

　(1)利率。

　(2)利息期間。

　(3)適用之計算基礎（例如 1 年為 360 天或 365 天）。

10.付款方法及付款通知方式。

11.拒絕付款、拒絕承兌及／或未遵循其他指示時之指示。

❀ 三、提示之型式

提示之型式 (Form of Presentation) 共有 4 條，其中第 5 條規定「提式」(Presentation)，第 6 條規定「即期／承兌」(Sight/Acceptance)，第 7 條規定「商業單據之交付／承兌交單與付款交單」(Release of Commercial Documents/

Documents Against Acceptance (D/A) vs. Documents Against Payment (D/P))，第 8 條規定「單據之製作」(Creation of Documents)。

依託收統一規則第 6 條及第 7 條規定，託收可以分兩種方式：(1)付款交單 (document against payment, D/P)；(2)承兌交單 (document against acceptance, D/A)。

（一）付款交單

在付款交單的情形下，買方只要下訂單給賣方，賣方就開始生產、出貨，並於出貨後，將有關的單據及委託指示書交給跟他有往來的託收銀行，委託其向買方取款。這些單據依託收統一規則第 2 條 b 項規定可分兩種：

1. **財務單據 (financial documents)**：指匯票 (bills of exchange)、本票 (promissory notes)、支票 (cheques) 或其他用以收取款項之類似文據。

2. **商業單據 (commercial documents)**：指發票 (invoices)、運送單據 (transport documents)、物權書證 (documents of title) 或其他類似單據、或非屬財務單據之其他任何單據。

賣方地的託收銀行收到這些單據後會將單據寄到買方地的代收銀行，委託該銀行代為執行託收業務，該銀行收到單據後就會依託收指示書的指示通知買方來交付貨款並領取單據。在有商品交易的情形下，稱為跟單託收 (documentary collection)，買方所領取的單據通常包括財務單據及商業單據，但亦有只領取商業單據而未附財務單據的情形。光票託收 (clean collection) 則稱只領取財務單據而未附商業單據的情形。

買方把貨款付給買方地的代收銀行後，代收銀行從貨款中扣掉其應得的手續費後，會把其餘貨款交給賣方地的託收銀行，賣方地的託收銀行亦從貨款中扣掉其應得的手續費後，再把其餘的貨款交給賣方（委託人）。買方拿到商業單據中的運送單據，就可到船公司換取提貨單 (delivery order) 辦理報關提貨，而完成整個託收流程。

代收銀行通知買方來付款贖單時，若因市場行情下跌、貨幣貶值、資金周轉不靈、倒閉，或其他原因而沒有能力來付款贖單時，代收銀行並不負責。故這種付款方式對賣方極為不利，有收不到貨款的風險；對買方而言，則是相對

地安全。買方若不去付款贖單，賣方可能的處理方式就是儘快在進口地或鄰近國家找到另外一個買主，將該批貨物轉賣出去。若賣方一時找不到買主接手，其最壞的情形就是將這一批貨物復運回來。此時賣方所可能遭受的損失就是兩次運費、兩次保險費、兩次報關費、及利息損失，再加上貨物搬運所造成的損壞，以及倉儲費用與折價轉賣的損失等等；故付款交單對賣方有極大的風險，賣方對買方的信用必須有所瞭解，或交易金額不大，且賣方願意承擔風險，或賣方有其他確保債權的措施才有可能採用這種付款條件，通常賣方都透過投保輸出保險的方式來確保其債權。在付款交單的時候，銀行雖有介入，但是介入的程度不深，僅只代為向買方收款；若收不到貨款，銀行並不負責。

在付款交單的時候，買方所領取的財務單據通常是即期匯票，即期匯票是見票即付，也就是當這張匯票隨商業單據到了買方地的代收銀行，代收銀行通知買方來付款贖單的時候，買方見到這張匯票必須馬上付款。理論上，因為這張匯票的存在，賣方得以將其對買方的債權具體化成一個信用流通工具，使其在買方付款前，得憑以在金融市場上獲得資金的融通。亦即銀行將裝船文件交給買方時，買方馬上要付款，並領取裝船文件。在付款交單的情形下，買方並未得到融資。

（二）承兌交單

承兌交單的過程與付款交單頗為類似。其不同點為在承兌交單的情形下，買方只要簽字承諾在日後一個特定的時間會到銀行兌現付款的責任，代收銀行就將單據交給買方；而在付款交單的情形下，買方必須將貨款付給代收銀行後才可領取單據。因為在承兌交單的情形下，買方可先從代收銀行領取運送單據辦理報關提貨，故買方可獲得資金的融通。

依買方獲得融資期間的長短，承兌交單一般可以分為 30 天、60 天、90 天、120 天或 180 天期，但事實上只要買賣雙方同意，任何天期都可以。這些天期可以從買方拿到單據時起算，也有從提單上的裝船日 (on board date) 起算。

承兌交單對買方相當有利，因為買方在收到運送單據後，甚至在收到貨物後才付款，所以相當安全，資金融通也非常方便。相反地，這種付款條件對賣方而言風險就相當大。在承兌交單的情況下，賣方會有兩層風險：第一層風險

與付款交單一樣，可能產生買方不贖單的風險；第二層的風險更大，因在承兌交單時，買方只要簽字即可領取運送單據而提取貨物，若買方提走貨物後，於承兌之到期日不向代收銀行付款，賣方可能損失所有的貨款；故承兌交單必須在賣方對買方的信用有充分的瞭解，非常相信買方的情形下才有可能採用。承兌交單的情形下，銀行雖有介入，但介入的程度也僅止於協助收款，到時若收不到貨款，銀行亦不須負責。

在承兌交單的情形下，賣方所開出的匯票是遠期匯票 (tenor drafts)，遠期匯票是見票後若干天付款。遠期匯票的天數會與承兌交單的天數一致，所以 30 天期的承兌交單會附有 30 天期的遠期匯票，180 天期的承兌交單會附有 180 天期的遠期匯票附隨運送單據寄到代收銀行。

以 180 天期的遠期匯票而言，當代收銀行通知買方贖單，買方贖單時必須簽字承諾 180 天後會付款。買方簽字承諾付款就是在匯票上面簽字，在匯票上簽字即表示買方「接受」(accept) 這個付款命令，承諾 180 天後會回來付款，在我國把 "accept" 譯為「承兌」。買方在匯票上面承兌後，此匯票就成為「承兌過匯票」(accepted draft)，該匯票會寄給受款人。賣方地託收銀行如果願意融通資金給賣方，在賣方辦理託收時就可以先墊款給賣方，然後在承兌匯票寄回後，以背書轉讓的方式向其他銀行取得融資。

✸ 四、義務與責任

義務與責任 (Liabilities and Responsibilities) 共有 7 條，其中第 9 條規定「誠信與相當之注意」(Good Faith and Reasonable Care)，第 10 條規定「單據與貨物／勞務／履約行為」(Documents vs. Goods/Services/Performances)，第 11 條規定「受託者行為之免責」(Disclaimer for Acts of an Instructed Party)，第 12 條規定「收受單據之免責」(Disclaimer on Documents Received)，第 13 條規定「單據有效性之免責」(Disclaimer on Effectiveness of Documents)，第 14 條規定「傳送中遲延、滅失及翻譯之免責」(Disclaimer on Delays, Loss in Transit and Translation)，第 15 條規定「不可抗力」(Force Majeure)。

以上幾條規定與信用狀統一慣例 (UCP 600) 中的規定類似，詳細請參閱第六章之說明，在此不再贅述。

✽ 五、付　款

付款 (Payment) 共有 4 條，其中第 16 條規定 「儘速付款」 (Payment without Delay)，第 17 條規定「以當地貨幣付款」(Payment in Local Currency)，第 18 條規定「以外國貨幣付款」 (Payment in Foreign Currency)，第 19 條規定「部分付款」(Partial Payments)。

（一）儘速付款

同信用狀統一慣例 (UCP 600) 之規定一樣，國際商會並未對儘速 (without delay) 之規定作進一步的定義。

（二）以當地貨幣付款

第 17 條規定若提示書上指定以付款國當地貨幣付款，則須以當地貨幣付款，始可交付單據。

（三）以外國貨幣付款

第 18 條規定若提示書上指定以付款國以外之貨幣付款，則須以能立即匯出之外國貨幣付款，始可交付單據。

（四）部分付款

第 19 條規定：

1.光票託收時，在付款地現行許可下得以接受部分付款，財務單據則僅於收妥全部款項時，才交給付款人。

2.跟單託收時，僅於託收指示書特別授權時，始得受理部分付款。但除另有指示外，提示銀行僅於收妥全部款項後始得將單據交給付款人。提示銀行對因遲延交付單據所致之後果不予負責。

✽ 六、利息、費用及支出

利息、費用及支出 (Interest, Charges and Expenses) 共有 2 條，其中第 20 條

規定「利息」(Interest)，第 21 條規定「費用與支出」(Charges and Expenses)。

第 20 條及第 21 條規定如託收指示書明確記載利息不得拋棄，託收費用及／或支出由付款人支付，而付款人拒絕支付該利息及費用或支出時，提示銀行將不交付單據，且對任何遲延交付單據所致之後果不予負責。當拒絕支付利息時，提示銀行須儘速 (without delay) 以電傳或其他快捷方式 (expeditious means)，通知對其發出委託指示之銀行。

✸ 七、其他規定

其他規定 (Other Provisions) 共有 5 條，其中第 22 條規定「承兌」(Acceptance)，第 23 條規定「本票及其他文據」(Promissory Notes and Other Instruments)，第 24 條規定「拒絕證書」(Protest)，第 25 條規定「預備人」(Case-of-Need)，第 26 條規定「通知」(Advices)。

（一）承　兌

提示銀行應負責檢視匯票之承兌，其外觀型式是否完整而正確，但對簽字之真實性及承兌者是否已得到授權不負責任。

（二）本票及其他文據

提示銀行對簽發本票、收據或其他文據之任何簽字人之權限或任何簽字之真實性不負責任。

（三）拒絕證書

拒絕證書乃證明執票人曾經依法行使票據權利而未達到目的，或無從行使票據權利的要式公證書，由公證人應執票人要求，依票據法規定之格式所作成。在買方拒絕付款或拒絕承兌而賣方已投保輸出保險的情況下，賣方必然轉而向保險人要求理賠，在理賠過程中保險公司會要求提出拒絕證書，故本條規定在託收指示書上對拒絕證書應特別指示。若無該項指示，與託收有關之銀行並無義務為之。

（四）預備人

託收指示書上應清楚而完整地表明預備人之權限，如無該項指示，銀行將不接受預備人之任何指示。

（五）通 知

第 26 條規定代收銀行對託收結果的通知，包括：

1.代收銀行對託收銀行之通知須記載適當的細節，包括託收銀行記載於託收指示書上的指示 (reference)。

2.託收銀行應指示代收銀行有關付款、承兌、拒絕付款及／或拒絕承兌的通知方法，若無指示，代收銀行將自己選擇通知的方法。

3.付款的通知應詳列所收金額及扣除之費用、支出等明細；承兌的通知應儘速通知託收銀行。遭拒絕付款及／或拒絕承兌時，提示銀行應設法查明其理由並儘速通知託收銀行。託收銀行接到通知後，須給提示銀行下一步單據應如何處理之指示，若於通知後 60 天內無此指示，提示銀行得將單據退回託收銀行，不負任何責任。

 參考資料來源

1.張錦源 (2011)，《國際貿易實務詳論》。臺北，三民書局。

2. ICC Publishing S.A(1995). ICC Uniform Rules for Collections 1995. *ICC Publication*, No. 522.

 習 題

一、關鍵詞彙解釋
1. D/P   2. D/A   3. tenor drafts   4. accept

二、選擇題
(   ) 1.託收指示書上如載明「未獲付款時，須作成拒絕證書 (protest)」者，依我國票據法之規定，應於幾日內向當地法院請求作成拒絕證書？ (A) 2 日 (B) 4 日 (C) 5 日 (D) 7 日

（　　）2.所謂「進口託收／記帳融資」，下列敘述何者正確？　(A)限以 L/C 方式出口貨物之出口商辦理　(B)限以 L/C 方式進口貨物之進口商辦理　(C)為以 D/A, D/P, O/A 等方式出口貨物之出口商提供融資　(D)為以 D/A, D/P, O/A 等方式進口貨物之進口商提供融資

（　　）3.代收銀行於辦理進口託收案件時，下列敘述何者錯誤？　(A)D/P 案件在進口商未結付全部貨款及國外費用前不可交單　(B)D/A 案件在進口商未在匯票正面蓋章承兌前不可交單　(C)依照託收銀行託收指示書上之指示及遵守 URC522 辦理　(D)對於託收指示須辦理貨物通關、存倉或保險，若無法代辦亦應克服萬難努力達成

（　　）4.進口託收匯票經承兌後，到期未獲付款時，其處理方式下列何者正確？　(A)徵得國外銀行同意展延的函電後，由進口商在匯票上重新承兌　(B)逕行將文件退回出口商　(C)縱使託收指示書未指示須作成拒絕證書，銀行亦應立即作成拒絕證書　(D)立即通知船公司，將貨物退回出口商

（　　）5. URC 522 中所稱之財務單據，不包括下列何者？　(A)匯票　(B)本票　(C)支票　(D)商業發票

（　　）6.進口託收之匯票付款期限為 "×× DAYS AFTER SIGHT"，則匯票到期日係以何日期之次日起算？　(A)商業發票日　(B)承兌日　(C)匯票簽發日　(D)裝運日

（　　）7.依 URC 522 之規定，如託收指示書載明利息或費用不得拋棄時，倘付款人拒絕支付，則下列敘述何者正確？　(A)代收銀行不得交單　(B)代收銀行得交單　(C)託收銀行不得交單　(D)託收銀行得交單

（　　）8. URCG 係為下列何者之英文縮寫？　(A)即付保證統一規則　(B)國際擔保函慣例　(C)契約保證統一規則　(D)信用狀統一慣例

（　　）9.國內多數銀行受理開發擔保信用狀，除承擔風險外，尚收取下列何種費用以為銀行收入？　(A)利息　(B)手續費　(C)承兌費　(D)貼現費

三、問答題

1.請根據 URC 總則及定義 b 項規定說明託收之定義。

2.試說明託收之種類。

3.託收銀行之免責事項有哪些？

4.何謂拒絕證書 (protest)？

第九章
協會貨物保險條款

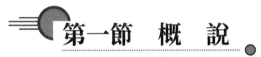

第一節　概　說

　　臺灣的經濟型態屬於小規模開放式，國際貿易為經濟發展的命脈。進出口貨物大都經由海上從賣方（出口商）倉庫運送到買方（進口商）倉庫。在海上的運送過程中所遭遇的危險，如惡劣氣候、閃電雷擊、颱風、地震、火災、浮冰、火山等自然災害，以及戰亂、海盜、爆炸、暴動、強奪、縱火、偷竊等人為災害，故必須投保海上貨物運送保險以維護貿易商人的資產安全與營業利益，並促進國際貿易的順利進行。

　　近代海上保險始創於英國，世界各國的保險業者在擬訂保險契約條款時，亦多引用英國的保險法與慣例。英國的「海上保險法」(Marine Insurance Act, 1906) 共有 94 條條文，另有兩項附錄，包括「勞依茲船、貨保險單格式」(Form of Lloyd's S. G. Policy) 以及「保險單構成法則」(Rules for Construction of Policy)。

　　1906 年英國「海上保險法」第 1 條規定：「海上保險契約，指保險人依約定方式及限度，對海上損失，亦即海上冒險所發生之損失，向被保險人允諾負擔賠償責任之契約」。勞依茲船、貨保險單對保險人所承保之危險種類採取列舉方式，其種類幾乎包括歷來海上可能遭遇之危險，詳如下列：(1)海難 (perils of the seas)；(2)戰艦 (men-of-war)；(3)火災 (fire)；(4)敵人 (enemies)；(5)海盜及遊劫者 (pirates and rovers)；(6)暴力竊盜 (thieves)；(7)投棄 (jettisons)；(8)拿捕許可狀及其報復 (letters of mart and countermart)；(9)突襲 (surprisals)；(10)海上拿捕 (taking at sea)；(11)無論任何國家、情形或性質，所有國王、王侯及人民之逮捕、禁制及扣留 (arrests, restraints and detainments of all kings, princes and people, of what nation, condition, or quality soever)；(12)船長及船員之惡意行為 (barratry of the master and mariners)；(13)得損及上述船舶貨物及商品或任一部分之一切其他危險及不幸 (all other perils, losses, and misfortunes that have or shall come to the hurt, detriment or damage of the said goods and merchandise and ship, etc., or any part thereof)。

另依 1906 年英國「海上保險法」第 55 條第 1 項的規定：「依本法規定，除非保險單上另有規定外，保險人對近因承保危險所致之任何損失負賠償責任，但對非近因承保危險所致之任何損失不負賠償責任」此規定又消極限制保險人承擔之危險。因此，基本的海上保險單都列有不予承保之特殊額外危險，除非有特約附加險，否則保險人不負賠償責任。

因海上貨物運送日益發展，貿易業者所面臨的各種危險，已超過基本保險單所列舉的危險項目，乃有「附加險」(extraneous risk) 的產生。但因附加條款過多，且仍有許多危險項目未在承保範圍之內，故有「全險」的基本險條款產生。

「倫敦保險人協會」(ILU) 有鑑於這些保險環境的改變，乃於 1963 年制定「協會貨物保險條款」 (Institute Cargo Clauses) 將上述各種危險改為選擇性承保，並刪除部分不適合承保之危險，留下六種基本承保之危險，稱為「單列危險」(enumerated perils)，包括：(1)海難；(2)火災；(3)暴力竊盜；(4)投棄；(5)船長及船員之惡意行為；(6)其他一切危險等❶。部分「特殊危險」 (extraneous perils) 經由個別洽商方式以「附加險」的方式承保；有些為保險人原則上不願承保之危險則列為「除外危險」(excluded perils)。

1963 年的協會貨物保險條款將基本險分為三種，包括：(1)全險條款 (All Risks Clause, AR Clause)；(2)水漬險條款 (With Particular Average Clause, WPA Clause)；(3)平安險條款 (Free from (of) Particular Average Clause, FPA Clause)，又稱單獨海損不賠條款。

三種基本險條款各分 14 條說明，其內容除第 5 條為承保範圍彼此不同外，其餘內容則完全相同。茲分述於下：

---

❶ 周詠棠 (2002)，《海上保險原理與案例》，第 37–38 頁。臺北，三民書局。

第 1 條：運送條款 —— 包括倉庫至倉庫條款 (Transit Clause (Incorporating Warehouse to Warehouse Clause))

第 2 條：航程終止條款 (Termination of Adventure Clause)

第 3 條：駁船等條款 (Craft, etc. Clause)

第 4 條：航程變更條款 (Change of Voyage Clause)

第 5 條：各險種個別適用之承保範圍條款，分為：

　　　　⑴全險條款

　　　　⑵水漬險條款

　　　　⑶平安險條款

第 6 條：推定全損條款 (Constructive Total Loss Clause)

第 7 條：共同海損條款 (General Average Clause)

第 8 條：承認適航能力條款 (Seaworthiness Admitted Clause)

第 9 條：受託人條款 (Bailee Clause)

第 10 條：不受益條款 (Not to Insure Clause)

第 11 條：雙方過失碰撞條款 (Both to Blame Collision Clause)

第 12 條：捕獲扣押不保條款 (Free of Capture and Seizure Clause, FC&S Clause)

第 13 條：罷工、暴動及民眾騷擾 (Strikes, Riots and Civil Commotions Clase, SR&CC Clause)

第 14 條：合理迅速處置條款 (Reasonable Despatch Clause)

　　1963 年「協會貨物基本險條款」的第 12 條及第 13 條分別規定「捕獲扣押不保條款」及「罷工、暴動及民眾騷擾」兩種不保的危險。為補充此兩種基本險條款所不保的特殊危險，倫敦保險人協會並於 1963 年制訂「協會罷工、暴動及民眾騷擾險條款」 (Institute Strikes, Riots and Civil Commotions Clauses) 及於 1971 年制訂「協會戰爭險條款」(Institute War Clauses) 兩種附加險條款。這兩種附加險條款各分 8 條說明，但條文前並未顯示標題名稱。

　　1982 年 1 月 1 日倫敦保險人協會修訂「協會貨物基本險條款」時，將基本險條款改分為 A 條款 (Clauses A)、B 條款 (Clauses B)、C 條款 (Clauses C) 三種，A 條款即為 1963 年協會貨物保險條款的全險；B 條款為水漬險；C 條款為平安險。A 條款、B 條款與 C 條款各分八個部分共 19 條。茲說明於下：

1. 承保範圍 (RISKS COVERED)，A、B、C 條款各有 3 條：

   第 1 條：危險條款 (Risks Clause)

   第 2 條：共同海損條款 (General Average Clause)

   第 3 條：雙方過失碰撞條款 (Both to Blame Collision Clause)

2. 除外事項 (EXCLUSIONS)，共 4 條：

   第 4 條：一般除外條款 (General Exclusions Clause)

   第 5 條：不適航及不適運除外條款 (Unseaworthiness and Unfitness Exclusion Clause)

   第 6 條：戰爭除外條款 (War Exclusion Clause)

   第 7 條：罷工除外條款 (Strikes Exclusion Clause)

3. 保險期間 (DURATION)，共 3 條：

   第 8 條：運送條款 (Transit Clause)

   第 9 條：運送契約終止條款 (Termination of Contract of Carriage Clause)

   第 10 條：航程變更條款 (Change of Voyage Clause)

4. 索賠事項 (CLAIMS)，共 4 條：

   第 11 條：保險利益條款 (Insurable Interest Clause)

   第 12 條：轉運費用條款 (Forwarding Charges Clause)

   第 13 條：推定全損條款 (Constructive Total Loss Clause)

   第 14 條：增值條款 (Increased Value Clause)

5. 保險權益 (BENEFIT OF INSURANCE)，共 1 條：

   第 15 條：不受益條款 (Not to Insure Clause)

6. 減輕損失 (MINIMISING LOSSES)，共 2 條：

   第 16 條：被保險人義務條款 (Duty of Assured Clause)

   第 17 條：放棄條款 (Waiver Clause)

7. 遲延之避免 (AVOIDANCE OF DELAY)，共 1 條：

   第 18 條：合理迅速處置條款 (Reasonable Despatch Clause)

8. 法律及慣例之適用 (LAW AND PRACTICE)，共 1 條：

   第 19 條：英國法律及慣例條款 (English Law and Practice Clause)

　　1982 年「協會貨物基本險條款」第 6 條所規定的「戰爭除外條款」即從 1963 年「協會貨物基本險條款」第 12 條「捕獲扣押不保條款」修改而來；第 7

條所規定的「罷工除外條款」即從第 13 條「罷工、暴動及民眾騷擾」修改而來。

　　修改基本險條款時，倫敦保險人協會並一併修改附加險條款，將「協會戰爭險條款」改為「協會貨物戰爭險條款」(Institute War Clauses (Cargo))；將「協會罷工、暴動及民眾騷擾險條款」改為「協會貨物罷工險條款」(Institute Strikes Clauses (Cargo))。

　　1982 年「協會貨物戰爭險條款」分八個部分共 14 條，每一條文前並列有標題名稱。茲說明於下：

1. 承保範圍，共 2 條：
   第 1 條：危險條款
   第 2 條：共同海損條款
2. 除外事項，共 2 條：
   第 3 條：一般除外條款
   第 4 條：不適航及不適運除外條款
3. 保險期間，共 3 條：
   第 5 條：運送條款
   第 6 條及第 7 條：航程變更條款
4. 索賠事項，共 2 條：
   第 8 條：保險利益條款
   第 9 條：增值條款
5. 保險權益，共 1 條：
   第 10 條：不受益條款
6. 減輕損失，共 2 條：
   第 11 條：被保險人義務條款
   第 12 條：放棄條款
7. 遲延之避免，共 1 條：
   第 13 條：合理迅速處置條款
8. 法律及慣例之適用，共 1 條：
   第 14 條：英國法律及慣例條款

1982 年「協會貨物罷工險條款」亦分八個部分共 14 條，其中僅有將第 6 條標題改為運送契約終止條款外，其餘各部分的標題都相同。

1982 年倫敦保險人協會除修改基本險與附加險條文外，並重新設計新保險單格式，新保險單只具有保險契約之架構，而將所承保之危險另外列載於個別條款內。保險人於承保時，只需將該條款附貼於保險單上，即可成為一份完整的保險契約。

1998 年 12 月 31 日「倫敦保險人協會」(ILU) 與「倫敦國際保險與再保險市場協會」 (London International Insurance and Reinsurance Market Association, LIRMA) 合併為「倫敦國際保險協會」(International Underwriting Association of London, IUA)。「勞依茲市場協會」(Lloyds' Market Association, LMA) 與「倫敦國際保險協會」 (IUA) 所屬的「聯合貨物保險委員會」 (Joint Cargo Committee, JCC) 再度於 2009 年 1 月 1 日修訂協會貨物保險條款，稱為「2009 年協會貨物保險條款」。「2010 年國貿條規」(Incoterms® 2010) 中有關保險契約之規定亦配合其修訂而改為採用「2009 年協會貨物保險條款」。

第二節　2009 年協會貨物保險條款之架構與用詞說明

一、2009 年協會貨物保險條款之架構

2009 年協會貨物保險條款基本險與附加險仍維持 1982 年的架構，將基本險分為 A 條款、B 條款與 C 條款三種；戰爭險與罷工險的名稱亦維持不變。2009 年協會貨物保險條款與 1982 年協會貨物保險條款比較，在條次安排、條款數目以及主要內容方面仍有許多相同之處，但對於許多有關保險單之用語、詞語釋義與保險契約雙方權益之調整等方面則有許多修訂之處。

（一）基本險

2009 年協會貨物保險 A、B、C 三種條款仍各分八個部分共 19 條，但將部分條文的標題取消。茲說明於下：

1. 承保範圍，A、B、C 三種條款各有 3 條：

  第 1 條：危險

  第 2 條：共同海損

  第 3 條：雙方過失碰撞條款

2. 除外事項，共 4 條（第 4 到 7 條），標題取消。

3. 保險期間，共 3 條：

  第 8 條：運送條款

  第 9 條：運送契約終止

  第 10 條：航程變更

4. 索賠事項，共 4 條：

  第 11 條：保險利益

  第 12 條：轉運費用

  第 13 條：推定全損

  第 14 條：增值

5. 保險權益，共 1 條（第 15 條），標題取消。

6. 減輕損失，共 2 條：

  第 16 條：被保險人義務

  第 17 條：放棄

7. 遲延之避免，共 1 條（第 18 條），標題取消。

8. 法律及慣例之適用，共 1 條（第 19 條），標題取消。

（二）附加險

1. 戰爭險：

2009 年協會貨物戰爭險條款（又稱協會貨物兵險條款）分八個部分共 14 條，但將部分條文的標題取消。茲說明於下：

1. 承保範圍，共 2 條：

  第 1 條：危險

  第 2 條：共同海損

2.除外事項，共 2 條（第 3 到 4 條），標題取消。

3.保險期間，共 3 條：

　第 5 條：運送條款

　第 6 條及第 7 條：航程變更

4.索賠事項，共 2 條：

　第 8 條：保險利益

　第 9 條：增值

5.保險權益，共 1 條（第 10 條），標題取消。

6.減輕損失，共 2 條：

　第 11 條：被保險人義務

　第 12 條：放棄

7.遲延之避免，共 1 條（第 13 條），標題取消。

8.法律及慣例之適用，共 1 條（第 14 條），標題取消。

2.罷工險：

　　2009 年協會貨物罷工險條款亦分八個部分共 14 條，其中僅有將第 6 條標題改為運送契約終止外，其餘各部分的標題都相同。

✹ 二、2009 年協會貨物保險條款之用詞說明

　　在 2009 年協會貨物保險條款中將一些在 1982 年協會貨物保險條款中使用的用語做了修改。包括：

（一）將 "affreightment" 改為 "carriage"

　　依我國海商法第 38 條規定：「貨物運送契約為下列二種：⑴以件貨之運送為目的者；⑵以船舶之全部或一部供運送為目的者。」 其中，"contract of affreightment" 即指「件貨運送契約」，屬於定期運送的形態，運送人將許多貨主之貨物，集中裝載於同一艘船舶，並由各貨主分別支付其運費，且為簡化手續，並不簽訂運送契約書，而只作成「訂載單」(booking order)，於收到貨物或貨物裝船後，由運送人另外發行提單 (B/L) 作為運送契約；"contract of carriage" 則泛指將所有貨物或旅客由一地移動到另一目的地的運送契約。

1982 年協會貨物保險條款中 "contract of affreightment" 與 "contract of carriage" 並存，其用詞不一致可能造成保險契約當事人混淆，且 "affreightment" 一詞並未出現在英美語辭典中，在實務上造成進出口商之不易瞭解，故在 2009 年協會貨物保險條款中將所有的 「運送契約」 都改以 "contract of carriage" 表示，以求其一致性，但不影響保險人的承保範圍。

（二）將 "underwriters" 改為 "insurers"

"underwriter" 一詞起源於倫敦的 「勞依茲公司保險業者」 (underwriter at Lloyd's)，與 "insurer" 一詞同義，但前者譯為「保險業者」，後者則譯為「保險人」，兩者皆可作為保險人。2009 年協會貨物保險條款將 "underwriters" 改為 "insurers"，其用意應為將保險專業術語統一化，以避免造成混淆。依我國保險法第 2 條規定：「本法所稱保險人，指經營保險事業之各種組織，在保險契約成立時，有保險費之請求權；在承保危險事故發生時，依其承保之責任，負擔賠償之義務。」

（三）將 "servants" 改為 "employees"

依 《韋氏辭典》 (*Webster's New World College Dictionary*) 之解釋，"servants" 指受僱於他人而提供服務之「佣人」或「受僱人」(a person employed to perform services for another)；"employees" 指為他人或企業工作以賺取工資或薪資的「受僱人」(a person hired by another, or by a business firm, etc., to work for wages or salaries)。我國民法第 482 條規定：「稱僱傭者，謂當事人約定，一方於一定或不定之期限內為他方服勞務，他方給付報酬之契約。」

由於船長、船員及其他為海上航行或船舶管理提供服務之人員等屬於為運送人提供服務之受僱人，因此 2009 年協會貨物保險條款將 "servants" 改為 "employees"，以期明確定義其適用之對象。

（四）將 "shipowners" 改為 "carriers"

"shipowners" 中文譯作 「船東或船舶所有人」；"carriers" 則可譯作 「運送人」。

依我國海商法第 21 條第 2 項規定：「船舶所有人，包括船舶所有權人、船舶承租人、經理人及營運人。」

依我國民法第 622 條規定：「稱運送人者，謂以運送物品或旅客為營業而受運費之人。」

依 1968 年海牙威士比規則第 1 條(a)款規定，運送人涵蓋與託運人訂立運送契約之船舶所有人或傭船人 (carrier including the owner or the charterer who enters into a contract of carriage with a shipper)。

另依「2010 年國貿條規」(Incoterms® 2010) 序文 (Introduction) 中的說明，運送人指與其訂定運送契約的當事人 (the carrier is the party with whom carriage is contracted)。

由此可知運送人包括船舶所有人及傭船人，若承攬運送人 (freight forwarder) 以運送人之名義與託運人 (shipper) 訂立運送契約，即符合運送人之定義。

依上述之規定，船舶所有人 (shipowners) 應僅限於實際擁有船舶、授權登記而擁有船舶抑或擁有部分船舶股份之人，而非實際與託運人洽定運送契約以及實際營運船舶之當事人；運送人 (carriers) 除包括與託運人締結運送契約之當事人，還包括船舶所有人、傭船人以及以運送人之名義與託運人訂立運送契約之承攬運送人等。故 2009 年協會貨物保險條款將 "shipowners" 改為 "carriers" 的目的乃為擴大其適用範圍。

（五）將 "goods"、"cargo" 改為 "subject-matter insured"

「被保險標的物」(subject-matter insured) 指保險單上所記載之財產或潛在責任，或「可保利益」(insurable interest) 所依存的財產、人身、利益或責任。2009 年協會貨物保險條款將原條款中之「貨物」(goods or cargo) 統一改為「被保險標的物」，用來指被保險人具有可保利益且暴露於危險中之標的物，如海上保險以貨物為被保險標的物。此修訂回歸保險的正式用語，在解釋上亦較為周延，對條款內容並未有實質影響。

第三節　2009 年協會貨物保險基本險條款之內容

✸ 一、承保範圍

（一）危　險

1. 2009 年協會貨物保險 A 條款 (ICC(A))：

2009 年 ICC(A) 係依據 1963 年制訂的協會貨物全險條款修改而來，所承保的危險範圍在三種基本險中為最大，其第 1 條規定：「除第 4、5、6 及 7 條所列之除外事項外，承保所有造成被保險標的物滅失或損壞之危險。」

與 1982 年協會貨物保險 A 條款的規定相比：除文字說明略有不同外，其規定內容大致相同。

依其內容規定，並非對所有的基本承保之危險所造成的滅失或損壞都給予賠償，而是仍須受到「危險」定義的限制，亦即必須是可歸因於意外的危險所造成的滅失或損壞，才可向保險人索賠；若是因無可避免的危險所造成的滅失或損壞，仍不得依「全險條款」向保險人索賠。

依 1963 年協會貨物全險條款第 5 條規定：「本保險承保被保險標的物滅失或損壞之全部危險，但絕不視為延伸承保包括因遲延 (delay)、固有瑕疵 (inherent vice) 或被保險標的物本質 (nature of the subject-matter insured) 所致之滅失、損壞或費用在內，依本條款所提出之索賠，得不計百分比予以賠付。」

1906 年英國海上保險法第 55 條第 2 項(a)、(b)、(c)款亦規定，除非保險單另有約定，因被保險人的故意不當行為 (wilful misconduct)、遲延、正常耗損 (ordinary wear and tear)、正常滲漏與破損 (ordinary leakage and breakage)、被保險標的物固有的瑕疵或本質、蟲鼠 (rats or vermin) 或機器之任何損傷所引起的損害，不得視為一種危險事故 (peril) 向保險人索賠。

這些規定在 2009 年 ICC(A) 中，被規定於第 4 條一般除外事項內。

2. 2009 年協會貨物保險 B 條款 (ICC(B))：

2009 年 ICC(B) 係依據 1963 年協會貨物水漬險條款修改而來，所承保的危險範圍次之，其第 1 條規定：

「除第 4、5、6 及 7 條所列之除外事項外，其承保範圍包括三個部分：

1.1 可合理歸因於以下事故所造成之被保險標的物之滅失或損壞，包括六項：

1.1.1 火災或爆炸。

1.1.2 船舶或駁船 (craft) 擱淺 (stranded)、觸礁 (grounded)、沉沒 (sunk) 或翻覆 (capsized)。

1.1.3 陸上運送工具傾覆 (overturning) 或出軌 (derailment)。

1.1.4 船舶或駁船或其他運送工具與水以外之任何外界物體相碰撞 (collision) 或觸撞 (contact)。

1.1.5 於遇難港卸貨。

1.1.6 地震、火山爆發 (volcanic eruption)、雷擊 (lightning)。

1.2 因以下原因所造成之被保險標的物之滅失或損壞，包括三項：

1.2.1 共同海損犧牲。

1.2.2 投棄或海浪掃落 (washing overboard)。

1.2.3 海水、湖水、河水進入船舶、駁船、艙間 (hold)、運送工具、貨櫃或儲貨處所。

1.3 任何一件貨物於裝卸船舶或駁船時落海或掉落之全部損失。」

與 1982 年協會貨物保險 B 條款的規定相比：除文字說明略有不同外，只有在 1.2.3 項刪除「托盤車廂」(liftvan) 一詞，其餘內容則不變。刪除此一字之目的應是為了避免爭議，因為無論從法律或貿易的角度來看，對 "liftvan" 都無法有一致的定義。

依 1963 年協會貨物水漬險條款的第 5 條規定：「除非共同海損或承運之船舶或駁船曾經擱淺、沉沒或火燒外，本保險對未達本保險單所載明之百分比的單獨海損不予賠償；但對貨物在裝載、轉船或卸貨時所發生之整件滅失依該件保險金額賠償；同時對可合理歸因於火災、爆炸、碰撞或因承運之船舶或駁船或其他運送工具與水以外之任何外界物體（包括冰在內）觸碰，或在避難港卸貨之貨物滅失或損壞，負賠償責任。本條款在保險單承保的全部期間內適用。」

水漬險的英文名稱為 "Average Clause" 或 "Particular Average Clause"。

"Average" 的本意為部分損失 (partial loss)，部分損失又分共同海損與單獨海損。本條款的 "Average" 即專指單獨海損而言，故本條款的真正英文名稱應為 "With Particular Average Clause"。水漬險條款的內容在 1982 年及 2009 年 ICC(B) 中改以列舉方式將保險人所承保的危險做明確的規定。條款內所稱的單獨海損的「百分比」即一般所謂的「免賠額」(franchise)，如所發生的單獨海損未達此百分比，保險人免責；但如所發生的單獨海損超過此百分比，保險人必須全部賠償。此與「僅賠超額」(deductible) 不同，「僅賠超額」在發生的單獨海損超過此百分比時，保險人只須賠償超過特定百分比的部分。

　　3. 2009 年協會貨物保險 C 條款 (ICC(C))：

　　2009 年 ICC(C) 係依據 1963 年協會貨物平安險條款修改而來，所承保的危險範圍最小，其第 1 條規定：

　　「除第 4、5、6 及 7 條所列之除外事項外，其承保範圍包括兩個部分：

1.1 可合理歸因於以下事故所造成之被保險標的物之滅失或損壞，包括五項：

　　1.1.1 火災或爆炸。

　　1.1.2 船舶或駁船擱淺、觸礁、沉沒或翻覆。

　　1.1.3 陸上運送工具傾覆或出軌。

　　1.1.4 船舶或駁船或其他運送工具與水以外之任何外界物體相碰撞或觸撞。

　　1.1.5 於遇難港卸貨。

1.2 因以下原因所造成之被保險標的物之滅失或損壞：

　　1.2.1 共同海損犧牲。

　　1.2.2 投棄。」

與 1982 年協會貨物保險 C 條款的規定相比：除文字說明略有不同外，其規定內容大致相同。

與 ICC(B) 的第 1.1 條規定相比：少了 1.1.6 項的規定。

與 ICC(B) 的第 1.2 條規定相比：⑴在 1.2.2 項中少了海浪掃落；⑵少了 1.2.3 項的規定。

　　平安險條款的實際意義即為單獨海損不賠條款，依 1963 年協會貨物平安險條款的第 5 條規定：「除非承運之船舶或駁船曾經擱淺、沉沒或火燒外，本保險

對單獨海損不予賠償；但對任何貨在裝載、轉船或卸貨時所發生之整件貨物之全部滅失，依其保險金額賠償；亦對可合理歸因於火災、爆炸、碰撞或因承運之船舶或駁船或其他運送工具與水以外之任何外界物體（包括冰在內）觸碰，或在避難港卸貨之貨物滅失或損壞，負賠償責任，同時對在中途港或避難港因上岸 (landing)、倉儲 (warehousing) 及轉運 (forwarding) 所發生的特別費用而為標準英國海上保險單有效的水漬險條款之保險人所認賠者負賠償責任。本條款在保險單承保的全部期間內適用。」

平安險條款的內容在 1982 年及 2009 年 ICC(C) 中與 ICC(B) 同樣改以列舉方式將保險人所承保的危險做明確的規定。

依 1906 年英國海上保險法第 76 條第⑴項規定：「以單獨海損不賠條件投保時，除非保險單上之契約規定被保險標的物可以劃分者，被保險人因共同海損犧牲 (general average sacrifice) 以外之部分損失，不能獲得賠償；但若契約規定可以劃分者，被保險人得以任何可劃分部分 (apportionable part) 的全部損失獲得賠償。」

由其內容可知，若被保險標的物係由多數可劃分部分所組成，此部分被保險標的物受到單獨海損之損失時，雖然以平安險條件投保，亦得以該損失部分之全部損失獲得賠償。

同條第⑵項規定：「被保險標的物不管是以全部或特約比例單獨海損不賠條件投保時，保險人對為避免所承保危險之損失而依損害防止條款 (suing and laboring clause) 規定所適當發生之施救費用 (salvage charges) 及單獨費用 (particular charges) 負責賠償。」

但要區別此項損害防止費用是用在避免單獨海損或是用在避免因承保危險可能發生之損失非常困難，故在平安險條款規定：「同時對在中途港或避難港因上岸、倉儲及轉運所發生的特別費用而為標準英國海上保險單有效的水漬險條款之保險人所認賠者負賠償責任。」

同條第⑶項規定：「除非保險單上另有規定，當被保險標的物是以特定比例 (specified percentage) 單獨海損不賠償條件投保時，共同海損損失不得加於單獨海損損失，以求達到該特定比例。」

同條第⑷項規定：「為確定是否已達到特約比例，只考慮被保險標的物實際

所遭受之損失。為確定及證明該損失而隨之發生之單獨費用應予除外。」

（二）共同海損

1. 1963 年協會貨物保險條款：第 7 條「共同海損條款」
2. 1982 年協會貨物保險條款：第 2 條「共同海損條款」
3. 2009 年協會貨物保險條款：第 2 條「共同海損」

2009 年 ICC(A)、(B)、(C) 的第 2 條都規定：「本保險承保依據運送契約及／或適用之法律與慣例所理算 (adjusted) 或認定 (determined) 之共同海損與施救費用 (salvage charges)，而其發生係為了避免或有關避免除第 4、5、6 及 7 條所列除外事項外之原因所致之損失。」

與 1982 年協會貨物保險條款的第 2 條共同海損規定相比：只有將運送契約的英文名稱由 "contract of affreightment" 改為 "contract of carriage"。

依 1963 年協會貨物基本險的共同海損條款規定：「共同海損及施救費用依『外國理算書』(Foreign Statement) 理賠，或如運送契約規定，則依『約克安特衛普規則』(York-Antwerp Rules) 理賠。」 1982 年及 2009 年協會貨物基本險 A、B、C 三種條款的第 2 條將「外國理算書」及「約克安特衛普規則」改為「適用之法律與慣例」(the governing law and practice)，較為符合現實的情況。

依 1906 年英國海上保險法第 65 條第(2)項規定：「施救費用指依海事法 (maritime law) 規定無契約關係之施救人所可獲得補償之費用。施救費用不包括被保險人或其代理人或任何僱用人為避免發生保險事故所提供之施救性質的服務費用在內。適當發生之該項費用，得按發生時之情況以單獨費用或共同海損損失獲得補償。」依其規定，保險人對施救費用之賠償責任乃基於海事法之規定，而非保險單上之規定，故被保險人必須主張因某種保險事故而發生此項費用之支付，且保險人之賠償責任僅以投保金額為限。依 1906 年英國海上保險法第 64 條第(2)項規定，單獨費用為被保險人或其代理人為保全被保險標的物所發生之不屬於共同海損及施救費用之費用，如「損害防止費用」(sue and labour charges)。

依 1906 年英國海上保險法第 66 條第(1)項規定:「共同海損損失指因共同海損行為所導致或直接造成之損失,包括共同海損費用及共同海損犧牲兩種。」同條第(2)項規定:「共同海損行為指於共同冒險期間遭遇危難時,為保全陷於危險狀況的財物,而自願及合理所為或發生之非常犧牲及費用 (extraordinary sacrifice or expenditure)。」共同海損犧牲指投棄、貨物被救火之水濺溼損害或貨物被充當燃料之損失等情形而言。共同海損費用指船舶擱淺時,僱用駁船拖拉減輕船重之費用,或船舶因遭遇暴風雨所發生之貨物重新裝載之費用,或為此項施救行動所致之貨物損害,或船舶遇難時,僱用拖船拖入避難港的費用❷。

發生共同海損費用及共同海損犧牲時,依 1906 年英國海上保險法第 66 條第(4)項規定:「在保險單上明文規定的條件下,被保險人發生共同海損費用時,得按損失比例自保險人處取得賠償;並且,在共同海損犧牲的情形時,得按其總損失自保險人處取得賠償,而不須先履行其要求其他有義務分攤之當事人分攤之權利。」

(三)雙方過失碰撞條款

1. 1963 年協會貨物保險條款:第 11 條「雙方過失碰撞條款」
2. 1982 年協會貨物保險條款:第 3 條「雙方過失碰撞條款」
3. 2009 年協會貨物保險條款:第 3 條「雙方過失碰撞條款」

2009 年 ICC(A)、(B)、(C) 的第 3 條都規定:「本保險依保險契約中所承保之危險,對運送契約中依『雙方過失碰撞條款』所應負的責任對被保險人予以補償。倘若運送人依據該條款索賠時,被保險人同意立即通知保險人,保險人得自費為被保險人對該項索賠提出抗辯。」

與 1982 年協會貨物保險條款的規定相比:共有四點不同:(1)依 1982 年雙方過失碰撞條款之規定,將補償貨主因船舶碰撞所應負之責任視為延伸承保,故使用「延伸」 (extended to) 的用語;而 2009 年的條款則將「延伸」這個用語刪除,直接在保險條款中包含相關船

---

❷ 周治正 (1981),《海上貨物保險人之危險承擔責任》,第 67–69 頁。臺北,聯經。

舶碰撞責任保險之賠償責任；(2)將運送契約的英文名稱由 "contract of affreightment" 改為 "contract of carriage"；(3)將「船東或租船人」(shipowners or charterer) 改為「運送人」(carriers)；(4)將保險人的英文名稱由 "underwriters" 改為 "insurers"。

運送人為免除發生船舶碰撞損失之責任，通常在提單上都載有「雙方過失碰撞條款」，其內容規定當發生兩船都有過失之碰撞情形時，本船貨主向他船索賠後，他船將該項賠償損失復向本船索賠，收到他船賠償之相關貨主應負擔補償本船因此所付出的賠償損失之責任。因此本條規定保險人對運送契約中依「雙方過失碰撞」條款所應負的責任對被保險人予以補償。但依本條後半段之規定，被保險人接到運送人向其提出上述索賠時，應立即通知保險人，以便保險人對運送人提出抗辯，以維護其利益。

❀ 二、除外事項

（一）一般除外事項

1. 1963 年協會貨物保險條款：無規定
2. 1982 年協會貨物保險條款：第 4 條「一般除外條款」
3. 2009 年協會貨物保險條款：第 4 條標題取消

ICC(A) 規定的一般除外事項共有 7 項；ICC(B)、(C) 的內容相同，各有 8 項。其中 ICC(B)、(C) 的第 8 項與 ICC(A) 的第 7 項相同，只有第 7 項為 ICC(B)、(C) 所獨有。茲依 ICC(A) 之內容作說明，再單獨說明 ICC(B)、(C) 的第 7 項。

2009 年 ICC(A) 的第 4 條規定：

「本保險不承保：

4.1 因被保險人故意的不當行為所致的滅失、損壞及費用。」

不當行為應指船東默許或授意船長將船舶鑿沉之類似行為。依 1906 年英國海上保險法第 55 條第 2 項(a)款之規定，保險人只對因承保危險的「近因」

(proximate cause) 所致的損失負責賠償，即使該損失乃因船長或船員之不當行為或過失 (negligence) 所致。

與 1982 年協會貨物保險 A 條款的規定相比：其規定內容完全相同。

「4.2 被保險標的物之正常的滲漏、失重或失量、或耗損。」

本項規定係依據 1906 年英國海上保險法第 55 條第 2 項(c)款規定而來，依其規定：「除非保險單另有規定，對正常耗損、滲漏與破損、被保險標的物的固有瑕疵或本質，蟲、鼠近因所致的任何損失或非海上危險事故近因 (not proximately caused by maritime perils) 所致的任何機器損失，保險人不負賠償責任。」

與 1982 年協會貨物保險 A 條款的規定相比：其規定內容完全相同。

「4.3 由被保險人或其受僱人所完成或在本保險生效前因被保險標的物的包裝／配備不良或不適合抵抗運送途中所發生的正常事故所致的滅失、損壞或費用。(本條款所謂的「包裝」應視為包括在貨櫃內之裝載，而受僱人不包括獨立訂約人)」

與 1982 年協會貨物保險 A 條款的規定相比：共有四點不同：(1)明確規定被保險標的物之包裝或配備是由被保險人或其受僱人所完成，或在本保險生效前完成。故包裝或配備不良或不適合所致的損害責任明確；(2)將保險標的物之包裝或配備不良或不適合的標準確定為「無法抵抗運送途中發生的正常事故」 (to withstand the ordinary incidents of the insured transit)；(3)刪除 「托盤車廂」 (liftvan) 一詞以避免爭議；(4)將受僱人的英文名稱由 "servants" 改為 "employees"，並明確規定「受僱人」(employees) 並不包括「獨立訂約人」 (independent contractor) 在內，以避免爭議。

「4.4 被保險標的物之固有瑕疵或本質所致的滅失、損壞或費用。」

此項損害並非因外在因素而產生，完全因內在因素所致，故不在保險單所承保的範圍內。

與 1982 年協會貨物保險 A 條款的規定相比：其規定內容完全相同。

「4.5 因遲延所致的滅失、損壞或費用，即使該遲延是因承保之危險事故所致。(依第 2 條可賠付之費用則不包括在內)」

與 1982 年協會貨物保險 A 條款的規定相比：其規定內容完全相同。

「4.6 在被保險標的物裝船時，被保險人已知或被保險人在正常業務經營中應知因船舶之船東、經理人、傭船人或營運人的無力清償

(insolvency) 或債務不履行 (financial default) 所致的滅失、損壞或費用；此種無力清償或債務不履行會導致正常的航程取消。

本除外條款不適用於保險契約已經轉讓給在有約束力的契約下善意購買或同意購買被保險標的物的有求償權利的當事人。」

與 1982 年協會貨物保險 A 條款的規定相比：共有兩點不同：⑴對被保險標的物裝船時，船舶之船東、經理人、傭船人或營運人的無力清償或債務不履行等情形，增加被保險人已知或被保險人在正常業務經營中應知且此種無力清償或債務不履行會導致正常的航程取消之規定；⑵基於保護善意第三者的立場，增加規定如保險契約業已轉讓，或保險契約之善意受讓者已購買或同意購買被保險標的物時，其權益不受影響。

「4.7 因使用任何原子 (atomic) 或核子 (nuclear) 分裂及／或融合或其他類似反應或放射性物質的武器或設備所直接或間接導致或引起造成的滅失、損壞或費用。」

與 1982 年協會貨物保險 A 條款的規定相比：共有兩點不同：⑴增加規定因直接或間接因素所導致 (directly or indirectly caused by) 的滅失、損壞或費用；⑵將「戰爭武器」(weapon of war) 改為「武器或設備」(weapon or device)。

隨著現代戰爭、政治形勢和恐怖主義的發展，保險人很難控制在正常航行途中所面臨的戰爭危險，故在新條款中明確規定戰爭除外責任。

2009 年 ICC(B)、(C) 的第 7 項額外規定的除外事項規定：「因任何人之錯誤行為，對被保險標的物或其任何部分造成的蓄意損壞或破壞 (deliberate damage or destruction)。」

與 1982 年協會貨物保險 B、C 條款的規定相比：其規定內容完全相同。

（二）不適航及不適運除外事項

1. 1963 年協會貨物保險條款：第 8 條「承認適航能力條款」
2. 1982 年協會貨物保險條款：第 5 條「不適航及不適運除外條款」
3. 2009 年協會貨物保險條款：第 5 條標題取消

2009 年 ICC(A)、(B)、(C) 的第 5 條都規定：

「5.1 本保險不包括下列危險事故所致的滅失、損壞或費用：

5.1.1 船舶或駁船不適航，或船舶或駁船不適合安全運送被保險標的物。而此種不適航或不適運，在被保險標的物裝船時，已為被保險人所知者。

5.1.2 貨櫃或運送工具不適合安全運送被保險標的物的情形，發生於本保險生效前或被保險人或其受僱人已經開始裝船或完成裝船時，而此種不適合在裝船時已為被保險人或其受僱人所知者。

5.2 上述 5.1.1 除外條款不適用保險契約已經轉讓給在有約束力的契約下善意購買或同意購買被保險標的物的有求償權利的當事人。

5.3 保險人放棄任何違反船舶具備適航能力及船舶適合運送被保險標的物到目的地的默示保證。」

與 1982 年協會貨物保險條款的規定相比：⑴刪除「托盤車廂」(liftvan) 一詞以避免爭議；⑵將受僱人的英文名稱由 "servants" 改為 "employees"；⑶將保險人的英文名稱由 "underwriters" 改為 "insurers"；⑷將被保險人之「受僱人」排除於裝船時已知船舶或駁船不適航或不適運之適用規定。實務上被保險人對於船舶是否適航或適運已有可能不知情的情形下，其受僱人更可能不知情，故將「受僱人」刪除；⑸增加規定貨櫃或運送工具不適合安全運送的除外情形，除了被保險人或其受僱人在貨物裝船時已知情者外，還包括在本保險契約生效前已經開始裝船或完成裝船的情形在內；⑹基於保護善意第三者的立場，增加規定如保險契約已經轉讓給善意受讓者時，不得引用不適航或不適運為理由進行抗辯；⑺在保險人放棄任何違反船舶具備適航能力及船舶適合運送被保險標的物到目的地的默示保證這部分的規定，刪除「除非被保險人或其受僱人對不適航或不適運事先已知情」之但書。亦即不論被保險人或其受僱人是否知情，當被保險標的物發生滅失時，保險人皆放棄其默示保證 (implied warranties)，仍須賠償被保險人。

（三）戰爭除外事項

1. 1963 年協會貨物保險條款：第 12 條「捕獲扣押不保條款」
2. 1982 年協會貨物保險條款：第 6 條「戰爭除外條款」
3. 2009 年協會貨物保險條款：第 6 條標題取消

2009 年 ICC(A)、(B)、(C) 的第 6 條都規定：

「本保險不承保下列危險事故所致的滅失、損壞或費用：

6.1 戰爭 (war)、內戰 (civil war)、革命 (revolution)、叛變 (rebellion)、叛亂 (insurrection) 或由其引起之內爭 (civil strife)，或交戰國雙方之敵對行為。

6.2 因捕獲 (capture)、扣押 (seizure)、逮捕 (arrest)、禁阻 (restraint) 或扣留 (detainment)（海上劫掠 (piracy) 除外），及其結果或任何企圖恐嚇。

6.3 遺棄之水雷 (mines)、魚雷 (torpedoes)、炸彈 (bomb) 或其他遺棄的戰爭武器。」

與 1982 年協會貨物保險條款的規定相比：其規定內容完全相同。

（四）罷工除外條款

1. 1963 年協會貨物保險條款：第 13 條「罷工、暴動及民眾騷擾條款」
2. 1982 年協會貨物保險條款：第 7 條「罷工除外條款」
3. 2009 年協會貨物保險條款：第 7 條標題取消

2009 年 ICC(A)、(B)、(C) 的第 7 條都規定：

「本保險不承保下列危險事故所致的滅失、損壞或費用：

7.1 由罷工工人、停工工人，或參與工潮、暴動或民眾騷擾之人員所致者。

7.2 由罷工、停工、工潮、暴動或民眾騷擾所發生之結果者。

7.3 因任何代表恐怖主義行為之人或與恐怖主義行為相聯繫之組織，透過暴力直接推翻或影響法律上或非法律上承認之政府的行為。

7.4 任何人因政治、信仰或宗教動機之行為所致者。」

與 1982 年協會貨物保險條款的規定相比：共有兩點不同：⑴對「恐怖主義」(terrorism) 做出定義，將定義範圍內的行為一併納入除外不保的範圍；⑵增訂「任何人因政治、信仰或宗教動機之行為所致的滅失、損壞或費用不負賠償責任」的規定。

❀ 三、保險期間

（一）運送條款

1. 1963 年協會貨物保險條款：第 1 條「運送條款──包括倉庫至倉庫條款」
2. 1982 年協會貨物保險條款：第 8 條「運送條款」
3. 2009 年協會貨物保險條款：第 8 條「運送條款」

2009 年 ICC(A)、(B)、(C) 的第 8 條都規定：

「8.1 在下列第 11 條的規定下，本保險自被保險標的物最初移入倉庫或在儲存處所（本保險契約所載地點）以便立即裝載到運送車輛 (carrying vehicle) 或其他運送工具 (conveyance) 上開始起運時生效，並於正常運送過程中繼續生效，直到下列情形終止：

8.1.1 在本保險契約所載最終倉庫或目的地的儲存處所，從運送車輛或其他運送工具完成卸貨時。

8.1.2 在本保險契約所載目的地或之前之任何其他倉庫或儲存處所，從運送車輛或其他運送工具完成卸貨時，上述任何其他倉庫或儲存處所是由被保險人或其受僱人選擇使用於正常運送過程外之儲存、分配或分派；或

8.1.3 在正常運送過程外，被保險人或其受僱人選擇用於儲存之任何運送車輛或其他運送工具或任何貨櫃時；或

8.1.4 自被保險標的物在最終卸貨港自海船上完成卸載後 60 天。

上述四種情形以先發生者為終止效力時。

8.2 如在最終卸貨港自海船上完成卸載後，但在本保險期間終止前，將被保險標的物轉運 (forwarded) 至非保險單所載目的地時，除仍受 8.1.1 至 8.1.4 之約束外，本保險將於被保險標的物開始移動以便運送到其他目的地時終止效力不再延長。

8.3 本保險單（在 8.1.1 至 8.1.4 及第 9 條終止條款的條件下）在被保險人所無法控制下之延遲、任何偏航 (any deviation)、被迫卸貨 (forced discharge)、重新裝載 (reshipment) 或轉船 (transshipment)，及因運送人行使運送契約所授權之任何變更航程期間的情形下仍維持有效。」

與 1982 年協會貨物保險條款的規定相比：共有五點不同：⑴將保險責任的起點從自貨物「離開」(leave) 保險單所載地點之倉庫或儲存處所開始起運時生效，提早到自被保險標的物「最初移入」(first moved) 倉庫或在儲存處所「以便立即裝載」(for the purpose of the immediate loading) 時生效。將「最初移入」與起運前「立即裝載」緊密聯結起來；⑵保險責任的終點由三個增為四個，並作以下修訂：①將「運送至」(on delivery to) 本保險單所載目的地之收貨人或其他最終倉庫或儲存處所延長至從運送車輛或其他運送工具「完成卸貨」(on completion of loading) 時；②將「運送到」在本保險單所載目的地或在其前之任何其他倉庫或儲存處所而由被保險人選擇使用於正常運送過程外之儲存或分配或分派時延長至「完成卸貨」時，並增加或「其受僱人」(their employees)；③增訂「在正常運送過程外，被保險人或其受僱人選擇用於儲存之任何運送車輛或其他運送工具或任何貨櫃時」的新終點，以限制被保險人或其受僱人在正常運送過程外的臨時倉儲；⑶將「貨物 (goods)」改為「被保險標的物」(subject-matter insured)；⑷將「船東或租船人」(shipowners or charterers) 改為「運送人」(carriers)；⑸將運送契約的英文名稱由"contract of affreightment"改為"contract of carriage"。

依勞依茲船、貨型式保險單之規定，保險效力自貨物在保險單所載的裝貨港實際裝上海船時開始，直到在保險單所載的目的港卸下並安全上岸時為止。倉庫至倉庫條款又將保險效力進一步擴大到自起運地碼頭倉庫運出開始，直到進入目的港倉庫為止。1963 年協會貨物條款修訂時將倉庫至倉庫條款併入運送條款中，並加以延伸到自起運地碼頭倉庫運出開始，經正常海運途徑，直到貨物進入最終倉庫，或在目的地或在其前中途港倉庫或儲存處所儲存或準備分配或分派，或在最終卸貨港卸載後屆滿 60 天為止。2009 年的修訂又進一步延伸保險責任的起點與終點。

保險效力雖然延伸，但在損害發生時被保險人是否能獲得賠償的要件，仍決定於被保險人是否持有可保利益。若運送途徑包括內陸運送在內時，必須特別註明，以避免不在保險單所載港口範圍內而無法獲得賠償的危險。

本條款的保險責任雖包括被保險標的物卸載後 60 天的危險在內，但並非被保險人可以當然利用，而是指在不得已情形下之通融時間。依本條款第 18 條的

規定，自被保險標的物卸載後，被保險人應作合理的迅速處理，故不得因有 60 天的通融期間而擱置不理。如卸載後之處理需要超過 60 天的特殊情形，應事先與保險人協商加保以免過期無法獲得理賠。

海上保險契約之內容包括明示條件 (express condition) 與默示條件 (implied condition)。在航程進行中如發生不合理的遲延，將影響到保險人的責任，故在 1906 年英國海上保險法第 42 條第 1 項中規定，訂定保險契約時，船舶應於「適當期間內」(within a reasonable time) 起航為雙方當事人之默示條件，若未依此起航，即發生航程開始之遲延，保險人即得解除 (avoid) 保險契約。但同條第 2 項之規定，如顯示出此項遲延係因契約訂立前保險人已知之環境所導致者 (caused by circumstances known to the insurer)，或保險人放棄 (waived) 權利者，保險人即無權解除保險契約。

船舶應航行於保險單所記載的航線或習慣上的航線，此為保險契約的默示條件。若違反此規定，而航行於非通常公認或不適當的航線時，即發生「偏航」(deviation) 的情形。

同法第 46 條第 1 項規定：「凡船舶無『合法正當理由』(lawful excuse) 自保險單所記載航程上偏航，保險人自偏航時解除其責任，即使在任何損失發生前船舶已回復其航線亦同。」而「合法正當理由」指依第 49 條所列之情形，包括：(a)保險單上特別條款所授權者；(b)非船長或其雇主控制之環境所導致者；(c)為遵守明示或默示保證條款所合理必須者；(d)為船舶或被保險標的物之安全所合理必須者；(e)以拯救人命，或救助受難船舶中處於危險之人命為目的者；(f)為取得船舶中任何人員之醫藥或外科協助 (medical or surgical aid) 之目的所合理必須者；(g)因船長或船員之惡意行為所導致者，但以惡意行為為保險單所承保的危險為限。

同法第 46 條第 2 項規定：「偏航的情形包括：(a)離開保險單上指定航程之航線者；(b)保險單上指定航程之航線，但脫離通常 (usual) 及習慣上 (customary) 之航線者。」同條第 3 項規定：「保險人只於船舶已脫離航線時解除其契約之責任，如僅有脫離航線之企圖則無影響。」

一般的海上貨物保險單只承保同一船舶之特定航程，如貨物在中途港轉船，即構成另一航程的開始，故除非保險單上明示允許轉船或原承運船舶發生故障

無法將貨物運抵目的地，否則保險單所承保的危險即告中止。

　　同法第 59 條規定：「航程因承保危險所致而於中途港或地方中斷時，無論運送契約 (contract of affreightment) 上之特別規定，船長應將貨物或其他動產上岸 (landing)、重新裝載 (reshipment) 或轉船運送到其目的地，保險人對上岸及轉船仍須繼續負責。」

　　故若發生被保險人所無法控制之遲延、任何偏航、被迫卸貨、重新裝載或轉運，及因運送人行使運送契約所授權之任何變更航程期間的情形，被保險人在將被保險標的物託運後，已完全委託船東或其受僱人全權處理，對航行並無控制力，故予以承保。

（二）運送契約終止

1. 1963 年協會貨物保險條款：第 2 條「航程終止條款」
2. 1982 年協會貨物保險條款：第 9 條「運送契約終止條款」
3. 2009 年協會貨物保險條款：第 9 條「運送契約終止」

　　2009 年 ICC(A)、(B)、(C) 的第 9 條都規定：「若因被保險人無法控制的情形，運送契約在其所記載的目的地外之港口或地方中止時，或運送未能依上述第 8 條規定在被保險標的物卸貨 (unloading of the subject-matter insured) 前中止時，本保險效力亦同時中止，但在被保險人立即通知保險人並在保險人要求增加保險費的條件下要求繼續保險時，本保險應維持有效：

　　9.1 到被保險標的物在該港口或地方出售並交付時，或除非另有特別約定，到被保險標的物抵達該港口或地方後屆滿 60 天時，以先發生者為效力終止時。或

　　9.2 如被保險標的物在 60 天期限內（或任何約定之展延期間）被轉運至保險契約所載之目的地或任何其他目的地時，到依上述第 8 條之規定終止時。」

　　本條款允許被保險標的物在 60 天期限內轉運至保險契約所載之目的地或

任何其他目的地，主要乃是為了方便在運送契約取消，或買方因故不來提貨的情形下，船東不得不將貨物轉運到其他市場時所作的權宜措施。故在被保險人加繳保險費後，保險效力繼續生效到被保險標的物在中途轉售並交付時。

與 1982 年協會貨物保險條款的規定相比： 共有三點不同：⑴將「交付」(delivery) 改為「卸載」(unloading)；⑵將「保險人」的英文名稱由 "underwriters" 改為 "insurers"；⑶將「貨物」(goods) 改為「被保險標的物」(subject-matter insured)。

（三）航程變更

1. 1963 年協會貨物保險條款：第 4 條「航程變更條款」
2. 1982 年協會貨物保險條款：第 10 條「航程變更條款」
3. 2009 年協會貨物保險條款：第 10 條「航程變更」

2009 年 ICC(A)、(B)、(C) 的第 10 條都規定：

「10.1 當被保險人在保險生效後變更目的地時，應立即通知保險人並約定保險費率和條件。如損失在達成合約前發生，只能提供在合理商業市場上所允許之保險條件及保險費率的保障。

10.2 當被保險標的物依本保險的預定航程開始航行時（與 8.1 一致），但在被保險人或其受僱人對該船舶駛向另一目的地不知情的情形下，本保險仍視為在這航程開始時生效。」

與 1982 年協會貨物保險條款的規定相比： 共有三點不同：⑴將保險人的英文名稱由 "underwriters" 改為 "insurers"；⑵對被保險人在變更航程後雖已通知保險人，但尚未就變更後的費率及條件達成協定前所發生的保險事故所造成損失的賠償問題作出只能提供在合理商業市場上所允許之保險條件及保險費率的保障的規定；⑶增加對善意被保險人利益的保護，對被保險人或其受僱人對該船舶駛向另一目的地不知情的情形下，仍然得到本保險的保障。

🏵 四、理賠事項

（一）保險利益

　　保險利益條款係依據 1906 年英國海上保險法第 5 條 「保險利益」 (Insurable Interest) 修訂而來，依其規定，將保險利益定義如下：「⑴在本法之各項規定條件下，凡在海上航程 (marine adventure) 中受益之人，都有保險利益。⑵特別是與該航程或在該航程中可能造成危險的任何可保財物有任何合法或正當之關係，而因可保財物安全或正常到港而受益，或因其滅失、損壞或遭受扣留而受損，或因這些事故而須負擔責任之在海上航程中受益之當事人。」

　　我國保險法第 14 條規定：「要保人對於財產上之現有利益，或因財產上之現有利益而生之期待利益，有保險利益。」第 15 條規定：「運送人或保管人對於所運送或保管之貨物，以其所負之責任為限，有保險利益。」第 20 條規定：「凡基於有效契約而生之利益，亦得為保險利益。」

　　由以上的定義可知，船東對其船舶，貨主對其貨物以及運送人對其運費都具有保險利益。

1. 1963 年協會貨物保險條款：無規定
2. 1982 年協會貨物保險條款：第 11 條「保險利益條款」
3. 2009 年協會貨物保險條款：第 11 條「保險利益」

　　2009 年 ICC(A)、(B)、(C) 的第 11 條都規定：

　　「11.1 為能得到本保險之補償，被保險人在被保險標的物發生損失時必須具有保險利益。

　　11.2 在上述第 11.1 條的規定條件下，雖然損失發生於保險契約簽訂前，被保險人有權要求補償於保險期間內發生之損失，除非被保險人事先已知損失發生而保險人不知者。」

與 1982 年協會貨物保險條款的規定相比：只有將保險人的英文名稱由 "underwriters" 改為 "insurers"。

（二）轉運費用

1. 1963 年協會貨物保險條款：無規定
2. 1982 年協會貨物保險條款：第 12 條「轉運費用條款」
3. 2009 年協會貨物保險條款：第 12 條「轉運費用」

2009 年 ICC(A)、(B)、(C) 的第 12 條都規定：「如因本保險承保的危險所產生之結果，致使承保之運送航程在本保險承保之被保險標的物預定到達之港口或地點外中止時，保險人將補償被保險人因被保險標的物卸載 (unloading)、倉儲 (storing) 及轉運到承保目的地所發生之適當且合理的額外費用。

第 12 條規定不適用於共同海損或施救費用，應受上述第 4、5、6 及 7 條除外不保之限制，且不包括被保險人及其僱用人的過失、疏忽 (negligence)、無力清償或債務不履行所引起的費用。」

與 1982 年協會貨物保險條款的規定相比：共有兩點不同：⑴將保險人的英文名稱由 "underwriters" 改為 "insurers"；⑵將受僱人的英文名稱由 "servants" 改為 "employees"。

（三）推定全損

1. 1963 年協會貨物保險條款第 6 條「推定全損條款」及英國海上保險法第 60 條「推定全損之定義」
2. 1982 年協會貨物保險條款：第 13 條「推定全損條款」
3. 2009 年協會貨物保險條款：第 13 條「推定全損」

2009 年 ICC(A)、(B)、(C) 的第 13 條都規定：「除非因被保險標的物之實際全部損失顯然已不可避免，或因其恢復、整修及運往保險單記載之目的地的費用將超過其到達目的地時之價值而經『合理委付』(reasonably abandoned) 外，不得以推定全損為由請求賠償。」

與 1982 年協會貨物保險條款的規定相比：只有將「貨物」(goods) 改為「被保險標的物」(subject-matter insured)。

1906 年英國海上保險法第 60 條第 2 項第 3 款規定：「下列情形為推定全損：……⑶貨物損壞之修復 (repairing) 及運往其目的地的費用將超過其到達目的地時之價值。」其內容與協會貨物條款的推定全損內容大致相同。

因世界各國對於推定全損之規定內容多有不同，但對於以推定全損為名義進行索賠都須經「委付」的規定則較為一致。本條款制定的目的係為避免法律適用之爭執以排除各國不同法律規定之適用。

條文中的「委付」指在海上貨物保險中，被保險貨物發生推定全損時，被保險人得將被保險標的物的一切權利移轉給保險人，而請求支付該被保險標的物的全部保險金額的行為。我國海商法第 144 條對於貨物的委付規定如下：「被保險貨物有下列各款情形之一時，得委付之：一、船舶因遭難，或其他事變不能航行已逾二個月而貨物尚未交付於收貨人、要保人或被保險人時。二、裝運貨物之船舶，行蹤不明，已逾二個月時。三、貨物因應由保險人負保險責任之損害，其回復原狀及繼續或轉運至目的地費用總額合併超過到達目的地價值時。」

（四）增　值

增值保險指對同一保險標的物，在向第一位保險人投保後，同時又向其他保險人投保的情形。有些商品的國際市場價格波動幅度較大，貨物在裝船後價格上漲，若裝船時按原價投保，而在途中發生意外損失時，保險人只能按原投保金額賠償，無法對商品上漲的部分賠償。在這種情形下，被保險人為求慎重起見，往往採取增值保險方式投保，以便在發生損失時，增值部分亦可獲得賠償。

在增值保險的情形下，第一保險人應負之責任為其承保金額占被保險人為被保險標的物所投保之總金額之比率。其餘保險人所應負之責任亦同。

1. 1963 年協會貨物保險條款：無規定

2. 1982 年協會貨物保險條款：第 14 條「增值條款」

3. 2009 年協會貨物保險條款：第 14 條「增值」

2009 年 ICC(A)、(B)、(C) 的第 14 條都規定：

「14.1 若被保險人對本保險所承保之被保險標的物另行投保任何增值保險，則該被保險標的物之約定價值將視為已增加到本保險與所有承保相同損失之增值保險金額之總和，而本保險之責任將依本保險金額占總保險金額之比例而定。

索賠時，被保險人必須提供保險人所有其他保險之保險金額證明。

14.2 若本保險為增值保險則應適用下列條款：

被保險標的物之約定價值將視為等於被保險人為被保險標的物投保之原始保險與所有承保相同損失之增值保險之總金額，而本保險之責任將依本保險金額占總保險金額之比例而定。

索賠時，被保險人必須提供保險人所有其他保險之保險金額證明。」

條文中的約定價值 (agreed value) 指保險當事人對該保險標的物所共同承保的總價值，保險人通常按該價值全部承保，或只承保其部分價值。

與 1982 年協會貨物保險條款的規定相比：共有兩點不同：⑴將「貨物」(goods) 改為「被保險標的物」 (subject-matter insured)；⑵將保險人的英文名稱由 "underwriters" 改為 "insurers"。

🌼 五、保險權益

1. 1963 年協會貨物保險條款：第 10 條「不受益條款」

2. 1982 年協會貨物保險條款：第 15 條「不受益條款」

3. 2009 年協會貨物保險條款：第 15 條標題取消

2009 年 ICC(A)、(B)、(C) 的第 15 條都規定：

「15.1 本保險保障的被保險人包括依有效保險契約提出索賠之當事人、或其代表人或其受讓人 (assignee)。

15.2 除非另有規定，本保險不延伸對運送人或其他受託人 (bailee) 權益之保障。」

與 1982 年協會貨物保險條款的規定相比：只有擴大被保險人之範圍，將受讓人包括在內。

一般的運送契約都附有「保險權益條款」(Benefit of Insurance Clause)，規定託運之貨物遇到必須由運送人負責之損失時，如該貨物有保險保障，運送人得享有保險權益。不受益事項規定的主要目的在於對抗運送契約的這種保險權益條款，不允許運送人或其他受託人藉此來逃避其應負之責任。

✸ 六、減輕損失

（一）被保險人義務

1. 1963 年協會貨物保險條款：第 9 條「受託人條款」
2. 1982 年協會貨物保險條款：第 16 條「被保險人義務條款」
3. 2009 年協會貨物保險條款：第 16 條「被保險人義務」

2009 年 ICC(A)、(B)、(C) 的第 16 條都規定：

「關於可自本保險獲得損失補償之被保險人及其僱用人及代理人應負之義務如下：

16.1 採取這些可能的合理措施以防止或減輕這些損失；及

16.2 確保所有可對抗運送人、受託人或其他第三者之權利得以適當地維護與行使。

除了任何可自本保險獲得損失補償外，保險人將補償被保險人因履行這些義務而適當且合理發生之任何費用。」

與 1982 年協會貨物保險條款的規定相比：共有兩點不同：(1)將受僱人的英文名稱由 "servants" 改為 "employees"；(2)將保險人的英文名稱由 "underwriters" 改為 "insurers"。

1906 年英國海上保險法第 78 條 「損害防止條款」 (Suing and Laboring Clause) 第 4 項亦規定：「被保險人及其代理人之義務為在所有情形下採取這些可能的合理措施以防止或減輕損失。」不過，在條文中並未規定誰應支付這些費用。

我國保險法第 33 條亦有類似的規定：「保險人對於要保人或被保險人，為避免或減輕損害之必要行為所生之費用，負償還之責。其償還數額與賠償金額，合計雖超過保險金額，仍應償還。保險人對於前項費用之償還，以保險金額對於保險標的之價值比例定之。」

我國海商法第 130 條亦有類似的規定：「保險事故發生時，要保人或被保險人應採取必要行為，以避免或減輕保險標的之損失，保險人對於要保人或被保險人未履行此項義務而擴大之損失，不負賠償責任。保險人對於要保人或被保險人，為履行前項義務所生之費用，負償還之責，其償還數額與賠償金額合計雖超過保險標的之價值，仍應償還之。保險人對於前項費用之償還，以保險金額為限。但保險金額不及保險標的物之價值時，則以保險金額對於保險標的之價值比例定之。」

（二）放　棄

1. 1963 年協會貨物保險條款：無規定
2. 1982 年協會貨物保險條款：第 17 條「放棄條款」
3. 2009 年協會貨物保險條款：第 17 條「放棄」

2009 年 ICC(A)、(B)、(C) 的第 17 條都規定：「被保險人或保險人為拯救 (saving)、保護 (protecting) 或恢復 (recovering) 被保險標的物所採取之措施不得視為放棄 (waiver) 或接受委付 (acceptance of abandonment)，或在其他方面侵害 (prejudice) 雙方權益。」

與 1982 年協會貨物保險條款的規定相比：只有將保險人的英文名稱由 "underwriters" 改為 "insurers"。

1906 年英國海上保險法第 62 條第 4 項規定：「委付通知適當發送後，被保險人之權利不因保險人拒絕接受委付之事實而有所影響。」

本條款的制定目的為消除第 13 條「推定全損條款」與第 16 條「被保險人義務條款」所可能發生之牴觸而規定，鼓勵保險當事人於保險事故發生後盡全力拯救、保護或回復被保險標的物。

✸ 七、遲延之避免

1. 1963 年協會貨物保險條款：第 14 條「合理迅速處置條款」
2. 1982 年協會貨物保險條款：第 18 條「合理迅速處置條款」，另增加「遲延之避免」的部分標題
3. 2009 年協會貨物保險條款：第 18 條標題取消

2009 年 ICC(A)、(B)、(C) 的第 18 條都規定：「本保險之條件為被保險人在其控制的所有情形下應作合理的迅速處理。」

與 1982 年協會貨物保險條款的規定相比：其規定內容完全相同。

✸ 八、法律及慣例之適用

1. 1963 年協會貨物保險條款：無規定，但仍應參考有關海上保險的英國法律及慣例
2. 1982 年協會貨物保險條款：第 19 條「英國法律及慣例條款」
3. 2009 年協會貨物保險條款：第 19 條標題取消

2009 年 ICC(A)、(B)、(C) 的第 19 條都規定：「本保險受到英國法律及慣例之約束。」

與 1982 年協會貨物保險條款的規定相比：其規定內容完全相同。

2009 年 1 月 1 日經「聯合貨物保險委員會」重新修訂後，協會貨物保險條

款的內容已日漸臻於完善，但在我國實際適用上，除了須受英國有關海上保險的法律與慣例的規範外，尚須受到我國的民法、保險法及海商法的規範。

我國民法第 1 條規定：「民事，法律所未規定者，依習慣，無習慣可依者，依法理。」第 2 條規定：「民事所適用之習慣，以不背於公共秩序或善良風俗者為限。」對有關保險單之內容適用英國法律及慣例，亦得依民法第 1 條之規定將其視為法理而加以適用，且又不違背第 2 條適用習慣之限制。故有關海上保險的英國法律、慣例及其法院之判例亦可適用於我國之海上保險案件。

在涉外海上保險案件中，如果英國法律及慣例規定與我國法律規定不同時，亦得依涉外民事法律適用法來決定其適用之法律。

❋ 九、注　意

1. 1963 年協會貨物保險條款：文末「注意」
2. 1982 年協會貨物保險條款：文末「注意」
3. 2009 年協會貨物保險條款：文末「注意」

2009 年 ICC(A)、(B)、(C) 的文末注意：「依第 9 條規定要求繼續保險或依第 10 條規定被通知變更目的地時，被保險人有義務立即通知保險人，而此繼續保險的權利即決定於該項義務之履行。」

與 1982 年協會貨物保險條款的注意相比：共有兩點不同：⑴將被保險人立即通知保險人的條件由「當得知有可在本保險下繼續保險的事件時」改為「依第 9 條規定要求繼續保險或依第 10 條規定被通知變更目的地時」，並將「必須」(necessary) 改為「有義務」(there is an obligation)；⑵將「保險人」的英文名稱由 "underwriters" 改為 "insurers"。

第四節　2009 年協會貨物保險附加險條款之內容

罷工、暴動及民眾騷擾險有許多項目與戰爭險所承保之危險在性質上非常

類似，很難判斷其所造成之損失應歸屬於戰爭險或罷工、暴動及民眾騷擾險，故在我國的保險市場常將罷工險與戰爭險合併承保，故在本節中將此兩種附加險條款合併在一起討論。

　　2009 年協會貨物保險條款附加險仍維持 1982 年的架構，戰爭險與罷工險的名稱亦維持不變。茲說明如下：

❀ 一、承保範圍

（一）危　險

1.戰爭險：

1. 1971 年協會貨物戰爭險條款：第 1 條無標題
2. 1982 年協會貨物戰爭險條款：第 1 條「危險條款」
3. 2009 年協會貨物戰爭險條款：第 1 條「危險」

　　1971 年協會戰爭險條款第 1 條分(a)與(b)兩項規定：(a)項規定為 1963 年協會貨物保險條款基本險條款所不保的部分，詳如第三節戰爭除外事項所述；(b)項則規定：「因下列事項所引起的被保險利益 (interest insured) 滅失或損壞的危險：

　　(i)敵對、類似戰爭行為、內戰、革命、叛變、叛亂或由其所引起的內爭。

　　(ii)水雷、魚雷、炸彈或其他武器。

　　但已由載有捕獲扣押除外條款之英國標準海上保單（如第 1 條(a)項所示）所承保的危險除外。」

　　由以上內容可知(b)項規定承保一切因現代的戰爭方式所導致而不屬於保單上以印刷字句明白表示加以限制危險範圍之損失，這部分損失不是直接由於交戰權力的敵對行為所致的碰撞等海難。

　　2009 年協會貨物戰爭險條款的第 1 條規定：

「除下列第 3 及 4 條所列之除外事項外，本保險承保被保險標的物因下列危險事故所致的滅失或損壞之危險：

　　1.1 戰爭、內戰、革命、叛變、叛亂或由其引起之內爭，或交戰國雙方之敵對行為。

　　1.2 因上述 1.1 條款所引起的捕獲、扣押、逮捕、禁阻或扣留，及其結果或任何企圖恐嚇。

　　1.3 遺棄之水雷、魚雷、炸彈或其他遺棄的戰爭武器。」

與 1982 年協會貨物戰爭險條款的第 1 條規定相比：除文字說明略有不同外，其規定內容大致相同。

　　2. 罷工險：

> 1. 1963 年協會罷工、暴動及民眾騷擾險條款：第 1 條無標題
> 2. 1982 年協會貨物罷工險條款：第 1 條「危險條款」
> 3. 2009 年協會貨物罷工險條款：第 1 條「危險」

　　1963 年的協會罷工、暴動及民眾騷擾險條款第 1 條分(a)與(b)兩項規定：(a)項規定為 1963 年協會貨物保險條款基本險條款所不保的部分，詳如第三節罷工除外事項所述；(b)項則增加規定惡意行為者所致的滅失或損壞。

　　2009 年協會貨物罷工險條款的第 1 條規定：

「除下列第 3 及 4 條所列之除外事項外，本保險承保被保險標的物因下列危險事故所致的滅失或損壞之危險：

　　1.1 由罷工工人、停工工人，或參與工潮、暴動或民眾騷擾之人員。

　　1.2 因代表恐怖主義行為之任何人或與恐怖主義行為相聯繫之任何組織透過暴力直接推翻或影響法律上承認的或非法律上承認的政府的任何行為。

　　1.3 任何人因政治、信仰或宗教動機之行為所致者。」

與 1982 年協會貨物罷工險條款的第 1 條規定相比：除了 1.1 的規定完全相同外，尚有兩點不同：(1)對「恐怖主義」(terrorism) 做出定義，並將定義範圍內的行為一併納入保險的範

圍；⑵將 1982 年協會貨物罷工險條款 1.2 規定的「任何恐怖分子或任何人因政治動機」所致的滅失或損壞之危險改為「任何人因政治、信仰或宗教動機」所致的滅失或損壞之危險。

（二）共同海損

1. 1971 協會貨物戰爭險條款、1963 年協會罷工、暴動及民眾騷擾險條款：第 5 條無標題
2. 1982 年協會貨物戰爭險與罷工險條款：第 2 條「共同海損條款」
3. 2009 年協會貨物戰爭險與罷工險條款：第 2 條「共同海損」

　　2009 年協會貨物戰爭險與罷工險兩種條款的第 2 條都規定：「本保險承保依據運送契約及／或適用之法律與慣例所理算或認定之共同海損與施救費用，而其發生係為了避免或有關避免除本條款所承保的危險事故所致之損失。」**與 1982 年協會貨物戰爭險與罷工險兩種條款的第 2 條規定相比**：只有將「運送契約」的英文名稱由 "contract of affreightment" 改為 "contract of carriage"。

　　詳細說明請參照本章第三節有關共同海損之說明。

✺ 二、除外事項

（一）一般除外事項

1.戰爭險：

1. 1971 年協會貨物戰爭險條款：第 3 條無標題
2. 1982 年協會貨物戰爭險條款：第 3 條「一般除外條款」
3. 2009 年協會貨物戰爭險條款：第 3 條標題取消

　　2009 年協會貨物戰爭險條款的第 3 條共有 8 項，依其規定：本保險不承保下列事項：

「3.1 因被保險人故意的不當行為所致的滅失、損壞或費用。」

與 1982 年協會貨物戰爭險條款的第 3 條規定相比：其規定內容完全相同。

「3.2 被保險標的物之正常的滲漏、正常的失重或失量、或正常的耗損。」

正常滲漏、失重、減重或耗損屬於風浪正常作用之損害，是海上冒險期間一種可以預見之必然事故，不屬於保險單所承保的海上之意外或不幸。

與 1982 年協會貨物戰爭險條款的第 3 條規定相比：其規定內容完全相同。

「3.3 由被保險人或其受僱人所完成或在本保險生效前因被保險標的物的包裝／配備不良或不適合抵抗運送途中所發生的正常事故所致的滅失、損壞或費用。(本條款所謂的「包裝」應視為包括在貨櫃內之裝載，而受僱人不包括獨立訂約人)」

與 1982 年的協會貨物戰爭險條款的第 3 條規定相比：共有四點不同：⑴明確規定被保險標的物之包裝或配備是由被保險人或其受僱人所完成，或在本保險生效前完成；故包裝或配備不良或不適合所致的損害責任明確；⑵將確定保險標的物之包裝或配備不良或不適合的標準確定為「無法抵抗運送途中發生的正常事故」(to withstand the ordinary incidents of the insured transit)；⑶刪除「托盤車廂」(liftvan) 一詞以避免爭議；⑷將「受僱人」的英文名稱由 "servants" 改為 "employees"，並明確規定「受僱人」(employees) 並不包括「獨立訂約人」(independent contractor) 在內，以避免爭議。

「3.4 被保險標的物之固有瑕疵或本質所致的滅失、損壞或費用。」

與 1982 年協會貨物戰爭險條款的第 3 條規定相比：其規定內容完全相同。

「3.5 因遲延所致的滅失、損壞或費用，即使該遲延是因承保之危險事故所致（依以上第 2 條可賠付之費用除外）。」

與 1982 年協會貨物戰爭險條款的第 3 條規定相比：其規定內容完全相同。

「3.6 在被保險標的物裝船時，被保險人已知或被保險人在正常業務經營中應知之因船舶之船東、經理人、傭船人或營運人的無力清償 (insolvency) 或債務不履行 (financial default) 所致的滅失、損壞或費用，此種無力清償或債務不履行會導致正常的航程取消。

本除外條款不適用於保險契約已經轉讓給在有約束力的契約下善意購買或同意購買被保險標的物的有求償權利的當事人。」

與 1982 年協會貨物戰爭險條款的第 3 條規定相比：共有兩點不同：⑴對被保險標的物裝船時，船舶之船東、經理人、傭船人或營運人的無力清償或債務不履行等情形，增加被保險人已知或被保險人在正常業務經營中應知且此種無力清償或債務不履行會導致正常的

航程取消之規定；⑵基於保護善意第三者的立場，增加規定如保險契約業已轉讓，或保險契約之善意受讓者已購買或同意購買被保險標的物時，其權益不受影響。

「3.7 任何基於航程或冒險行為所致損失或取消之索賠。」

協會貨物戰爭險條款所賠償的範圍為因戰爭所致的滅失、損壞或費用，故對因航程 (voyage) 或冒險行為 (adventure) 所致之損失或取消 (frustration) 所引起的索賠不予賠償。

與 1982 年協會貨物戰爭險條款的第 3 條規定相比：其規定內容完全相同。

「3.8 因使用任何原子或核子分裂及／或融合或其他類似反應或放射性物質的武器或設備所直接或間接導致或引起造成的滅失、損壞或費用。」

本項規定係依據 1971 年「協會戰爭險條款」第 3 條修改而來，依該條款規定：「本保險對於使用以原子或核子分裂及／或其他類似之反應或放射性物質融合所作成戰爭武器之任何敵對行為所引起之滅失、損壞或費用予以除外不保。」

與 1982 年協會貨物戰爭險條款的第 3 條規定相比：共有兩點不同：⑴新條款明確規定造成損失的原因增加規定無論是直接或間接導致或引起 (directly or indirectly caused by or arising from)，都屬於除外責任的範圍；⑵新條款以「戰爭武器」(weapon of war) 改為「武器或設備」(weapon or device)，擴大除外責任的範圍。

　　2.罷工險：

1. 1963 年協會罷工、暴動及民眾騷擾險條款：第 2 條無標題

2. 1982 年協會貨物罷工險條款：第 3 條「一般除外條款」

3. 2009 年協會貨物罷工險條款：第 3 條標題取消

2009 年的協會貨物罷工險條款的第 3 條共有 10 項，其中第 3.1 到 3.6 項與協會貨物戰爭險條款的第 3.1 到 3.6 項的規定完全相同；第 3.8 與 3.9 項與協會貨物戰爭險條款的第 3.7 與 3.8 項的規定完全相同。其餘兩項規定如下：本保險不承保下列事項：

「3.7 因任何罷工、停工、工潮、暴動或民眾騷擾所致之任何性質勞工缺席、缺乏或制止所引起的滅失、損壞或費用。」

本項規定係依據 1963 年「協會罷工、暴動及民眾騷擾險條款」的第 2 條⒜

(ii)項修改而來。

與 1982 年協會貨物罷工險條款的第 3 條規定相比：其規定內容完全相同。

「3.10 因戰爭、內戰、革命、叛變、叛亂、或由其引起之內爭，或交戰國雙方之敵對行為所致的滅失、損壞或費用。」

本項規定係依據 1963 年「協會罷工、暴動及民眾騷擾險條款」的第 2 條(c)項修改而來。

與 1982 年協會貨物罷工險條款的第 3 條規定相比：其規定內容完全相同。

（二）不適航及不適運除外事項

> 1. 1963 年協會貨物三種基本險條款：第 8 條「承認適航能力條款」
> 2. 1982 年協會貨物戰爭險與罷工險條款：第 4 條「不適航及不適運除外條款」
> 3. 2009 年協會貨物戰爭險與罷工險條款：第 4 條標題取消

2009 年的不適航及不適運除外規定內容及其與 1982 年協會貨物戰爭險與罷工險條款第 4 條規定內容之七點不同都與基本險的不適航及不適運除外事項之規定與說明相同，詳細請參閱本章第三節之說明。

❀ 三、保險期間

1982 年及 2009 年協會貨物戰爭險條款在保險期間這部分共有第 5 條運送條款、第 6 條及第 7 條航程變更條款等 3 條。

1982 年及 2009 年協會貨物罷工險條款在保險期間這部分的規定則略有不同，其規定第 5 條運送條款、第 6 條運送契約終止條款及第 7 條航程變更條款。茲分別說明於下：

（一）運送條款

1.戰爭險：

1. 1971 年協會貨物戰爭險條款：第 2 條無標題
2. 1982 年協會貨物戰爭險條款：第 5 條「運送條款」
3. 2009 年協會貨物戰爭險條款：第 5 條「運送條款」

2009 年協會貨物戰爭險條款的第 5 條規定：

「5.1 本保險

　　5.1.1 只在被保險標的物及其任何部分裝載在海船上時生效；及

　　5.1.2 在下列 5.2 及 5.3 的條件下，在被保險標的物及其任何部分在最終卸貨港口或地方從海船卸下時或在海船抵達最終卸貨港口或地方當天午夜 12 時起算屆滿 15 天後，依先發生者為保險效力終止點；

　　然而，在立刻通知保險人並加付保險費的條件下，

　　5.1.3 在被保險標的物未在最終卸貨港或卸貨地卸貨的條件下，當船舶從此地啟航時本保險重新生效；及

　　5.1.4 在下列 5.2 及 5.3 的條件下，在被保險標的物及其任何部分在最終（或替代）卸貨港口或地方從船舶卸下時，或在船舶再次抵達最終卸貨港口或地方或船舶抵達替代卸貨港口或地方當天夜半 12 時起算屆滿 15 天後，依先發生者為保險效力終止點。

5.2 若在保險航程期間海船抵達中途港口或地方卸下被保險標的物，另以其他海船或飛機繼續運送或被保險標的物在避難港從船舶卸下，則在下列 5.3 的規定及要求加付保險費的條件下，本保險的效力持續到船舶抵達替這些卸貨港口或地方當天午夜 12 時起算屆滿 15 天後終止；但在這以後，當被保險標的物及其任何部分被裝上繼續運送的海船或飛機時，保險重新生效。在這卸貨後 15 天的期間內，只有當被保險標的物及其任何部分停留在這些卸貨港口或地方時，本保險才維持有效。

若被保險標的物在上述的 15 天內被繼續運送，或依 5.2 條款規定重新生效時，

5.2.1 當以海船繼續運送時，在本條款的條件下，本保險繼續生效；

5.2.2 當以飛機繼續運送時，現行的協會戰爭險條款（空運貨物）（郵寄

者除外）視為本保險契約的構成部分，並應該改為適用航空繼續
運送的保險契約。

5.3 若運送契約的航程在約定目的地以外的港口或地方中止，這些港口或地
方應被視為最終卸貨港，本保險並依照 5.1.2 的規定終止效力。若被保
險標的物繼續再航行到原來的目的地或任何其他目的地，則在後續運送
開始前通知保險人並加付保險費的條件下，

5.3.1 在被保險標的物已經完成卸貨的情形下，被保險標的物及其任何
部分被裝上繼續運送航行的船舶上時本保險重新生效；

5.3.2 在被保險標的物未完成卸貨的情形下，當船舶從這些被視為最終
卸貨港啟航時本保險重新生效；

在此之後，本保險依照 5.1.4 的規定終止。

5.4 本保險所承保的水雷與遺棄的魚雷的危險，不論是漂浮或浸在水中，延
伸到被保險標的物或其任何部分放在運送到海船或自海船運送出來的
駁船上，但除非保險人特別同意，決不超過自海船上卸貨後屆滿 60 天。

5.5 在立刻通知保險人並要求加保費的條件下，本保險在任何偏航或因運送
人行使運送契約所授權之任何變更航程等條款規定的期間內仍維持有
效。

本條所指的『到達』，應視為船舶在港口授權區域的碼頭或地方下錨、泊定
或牢牢地固定住。若無此碼頭或地方可使用，當船舶在預定的卸貨港口或地方
或面海的地方開始下錨、泊定或牢牢地固定住時，應視為已經『到達』。

本條所指的『海船』可視為自一個港口或一個地方運送貨物經過海上航程
航行至另一個港口或地方的船舶。」

與 1982 年協會貨物戰爭險條款的第 5 條規定相比：共有五點不同：(1)將「貨物」(goods)
改為被保險標的物 (subject-matter insured)；(2)將 「船東或租船人」 (shipowners or
charterers) 改為 「運送人」 (carriers)；(3)將 「運送契約」 的英文名稱由 "contract of
affreightment" 改為 "contract of carriage"；(4)將「保險人」的英文名稱由 "underwriters" 改
為 "insurers"；(5)將「這些保險」(such insurance) 改為「本保險」(this insurance)。

2. 罷工險：

1. 1963 年協會罷工、暴動及民眾騷擾險條款：第 3 條無標題
2. 1982 年協會貨物罷工險條款：第 5 條「運送條款」
3. 2009 年協會貨物罷工險條款：第 5 條「運送條款」

2009 年協會貨物罷工險條款的第 5 條規定：

「5.1 在下列第 8 條的規定條件下，本保險自被保險標的物最初移入倉庫或在儲存處所（本保險契約所載地點）以便立即裝載到運送車輛 (carrying vehicle) 或其他運送工具 (conveyance) 上開始起運時生效，並於正常運送過程中繼續生效，於下列情形時終止：

5.1.1 在本保險契約所載最終倉庫或目的地的儲存處所，從運送車輛或其他運送工具完成卸貨時；

5.1.2 在本保險契約所載目的地或之前之任何其他倉庫或儲存處所，從運送車輛或其他運送工具完成卸貨時，上述任何其他倉庫或儲存處所是由被保險人或其受僱人選擇使用於正常運送過程外之儲存或分配或分派；或

5.1.3 在被保險人或其受僱人選擇使用於正常運送過程外之儲存之任何運送車輛或其他運送工具或任何貨櫃時；或

5.1.4 自被保險標的物在最終卸貨港自海船上完成卸載後屆滿 60 天。以先發生者為本保險效力終止點。

5.2 如在最終卸貨港自海船上完成卸載後，但在本保險期間效力終止前，將被保險標的物轉運 (forwarded) 至非保險單所載目的地時，除仍受 5.1.1 至 5.1.4 條款效力終止條件之約束外，本保險將於被保險標的物在開始移動以便運送到這些其他目的地時終止效力不再延長。

5.3 本保險（在上述 5.1.1 至 5.1.4 及下列第 6 條終止條款的規定條件下）在被保險人所無法控制之延遲、任何偏航、被迫卸貨、重新裝載或轉船期間內，及因運送人行使運送契約所授權之任何變更航程期間的期間內仍維持有效。」

與 1982 年協會貨物罷工險條款的第 5 條規定相比：共有五點不同：⑴將保險責任的起點從自貨物「離開」(leave) 保險單所載地點之倉庫或儲存處所開始起運時生效，提早到自被

保險標的物「最初移入」(first moved) 倉庫或在儲存處所「以便立即裝載」(for the purpose of the immediate loading) 時生效。將「最初移入」與起運前「立即裝載」緊密聯結起來；⑵保險責任的終點由三個可能的終點增為四個，並作以下修訂：①將 「運送至」 (on delivery to) 本保險單所載目的地之收貨人或其他最終倉庫或儲存處所延長至從運送車輛或其他運送工具「完成卸貨」(on completion of loading) 時；②將「運送到」在本保險單所載目的地或在其前之任何其他倉庫或儲存處所而由被保險人選擇使用於正常運送過程外之儲存或分配或分派時延長至「完成卸貨」時，並增加或「其受僱人」(their employees)；③增訂「在被保險人或其受僱人選擇使用於正常運送過程外之儲存之任何運送車輛或其他運送工具或任何貨櫃時」的新終點，以限制被保險人或其受僱人在正常運送過程外的臨時倉儲；第(3)、(4)及(5)點不同與戰爭險的第(1)、(2)及(3)點不同所述者相同。

本部分的修改經過及說明與基本險條款的修改經過相同，詳細請參照本章第三節中有關運送條款的說明。

（二）運送契約終止

1.戰爭險：

1. 1971 年協會貨物戰爭險條款：無規定
2. 1982 年協會貨物戰爭險條款：無規定
3. 2009 年協會貨物戰爭險條款：無規定

2.罷工險：

1. 1963 年協會罷工、暴動及民眾騷擾險條款：第 4 條無標題
2. 1982 年協會貨物罷工險條款：第 6 條「運送契約終止條款」
3. 2009 年協會貨物罷工險條款：第 6 條「運送契約終止」

2009 年協會貨物罷工險條款的第 6 條規定：

「若因被保險人無法控制的情形，運送契約在其所記載的目的地外之港口

或地方終止，或運送未能依上述第 5 條在被保險標的物卸貨 (unloading of the subject-matter insured) 前終止，則本保險應同時終止效力，在保險人要求加保費的條件下，在立即通知保險人並要求繼續承保的情形下，本保險應維持有效：

　6.1 直到被保險標的物在該港口或地方出售並交付為止，或除非另有特別約定，直到被保險標的物抵達該港口或地方後屆滿 60 天，以先發生者為效力終止時；或

　6.2 若被保險標的物在該 60 天的期限內（或任何約定之展延期間）被轉運至保險契約所指定目的地或任何其他目的地，直到依上述第 5 條規定終止效力。」

與 1982 年協會貨物罷工險條款的第 6 條規定相比：共有三點不同：⑴將 「交付」 (delivery) 改為 「卸載」 (unloading)；⑵將 「保險人」 的英文名稱由 "underwriters" 改為 "insurers"；⑶將「貨物」 (goods) 改為 「被保險標的物」 (subject-matter insured)。

　　海上貨物保險不但要承保貨物發生海難時所遭受的滅失與損壞的危險，還須承保航程的完成，因此若非通常的航程為被保險人所能控制者，保險人大多不願意承保。但航程常因戰爭爆發或地區局勢不安定等因素，而被迫在中途港停泊以避免危險，這不是被保險人所能控制的因素，對此，保險人則常以增加保費之方式加以承保。

　　本條款允許被保險標的物在 60 天期限內轉運至保險契約所指定目的地或任何其他目的地，主要乃是為了方便在船東因運送契約取消，或買方因故不來提貨，不得不轉運到其他市場所作的權宜措施。故在被保險人加繳保費後，保險效力繼續有效到被保險標的物在中途轉售並交付為止。

（三）航程變更

1.戰爭險：

1. 1971 年協會貨物戰爭險條款：第 7 條無標題
2. 1982 年協會貨物戰爭險條款：第 6 條及第 7 條 「航程變更條款」
3. 2009 年協會貨物戰爭險條款：第 6 條及第 7 條 「航程變更」

2009 年協會貨物戰爭險條款的第 6 條規定：

「6.1 當被保險人在本保險開始生效後變更目的地時，應立即通知保險人以約定保險費率和條件。如損失在這合約達成前發生，只能提供在合理商業市場上所允許之保險條件及保險費率的保障。

6.2 當被保險標的物依本保險的預定航程開始航行時　（與上述第 5.1 條一致），但在被保險人或其受僱人對該船舶駛向另一目的地不知情的情形下，本保險仍視為在這航程開始時生效。」

與 1982 年協會貨物戰爭險條款的第 6 條規定相比：共有三點不同：⑴將「保險人」的英文名稱由 "underwriters" 改為 "insurers"；⑵對被保險人在變更航程後雖已通知保險人，但尚未就變更後的費率及條件達成協定前所發生的保險事故所造成損失的賠償問題作出只能提供在合理商業市場上所允許之保險條件及保險費率的保障的規定；⑶增加對善意被保險人利益的保護，對被保險人或其受僱人對該船舶航向另一目的地不知情的情形下，仍然得到本保險的保障。

2009 年協會貨物戰爭險條款的第 7 條為增訂條款，依其規定：「如保險單上任何規定與本條款第 3.7 條、第 3.8 條或第 5 條規定相牴觸者無效。」

與 1982 年協會貨物戰爭險條款的第 7 條規定相比：其規定內容大致相同。

2.罷工險：

1. 1963 年協會罷工、暴動及民眾騷擾險條款：第 7 條無標題
2. 1982 年協會貨物罷工險條款：第 7 條「航程變更條款」
3. 2009 年協會貨物罷工險條款：第 7 條「航程變更」

2009 年協會貨物罷工險條款的第 7 條規定：

「7.1 當被保險人在本保險生效後變更目的地時，應立即通知保險人以約定保險費率和條件。如損失在這合約達成前發生，只能提供在合理商業市場上所允許之保險條件及保險費率的保障。

7.2 當被保險標的物依本保險的預定航程開始航行時　（與上述第 5.1 條一致），但在被保險人或其受僱人對該船舶駛向另一目的地不知情的情形下，本保險仍視為在這航程開始時生效。」

與 1982 年協會貨物罷工險條款的第 7 條規定相比：共有三點不同：⑴將「保險人」的英文名稱由 “underwriters” 改為 “insurers”；⑵對被保險人在變更航程後雖已通知保險人，但尚未就變更後的費率及條件達成協定前所發生的保險事故所造成損失的賠償問題作出只能提供在合理商業市場上所允許之保險條件及保險費率的保障的規定；⑶增加對善意被保險人利益的保護，對被保險人或其受僱人對該船舶駛向另一目的地不知情的情形下，仍然得到本保險的保障。

✱ 四、理賠事項

（一）保險利益

> 1. 1971 年協會貨物戰爭險條款、1963 年協會罷工、暴動及民眾騷擾險條款：第 6 條無標題
> 2. 1982 年協會貨物戰爭險與罷工險條款：第 8 條「保險利益條款」
> 3. 2009 年協會貨物戰爭險與罷工險條款：第 8 條「保險利益」

2009 年協會貨物戰爭險與罷工險兩種條款的第 8 條都規定：

「8.1 為能得到本保險之補償，被保險人在被保險標的物發生損失時必須具有保險利益。

8.2 在上述第 8.1 條的規定條件下，雖然損失發生於保險契約簽訂前，被保險人有權要求補償於保險期間內發生之損失，除非被保險人事先已知損失發生而保險人不知者。」

與 1982 年協會貨物戰爭險與罷工險兩種條款的第 8 條規定相比：只有將「保險人」的英文名稱由 “underwriters” 改為 “insurers”。

（二）增　值

> 1. 1971 年協會貨物戰爭險條款、1963 年協會罷工、暴動及民眾騷擾險條款：無規定

2. 1982 年協會貨物戰爭險與罷工險條款：第 9 條「增值條款」

3. 2009 年協會貨物戰爭險與罷工險條款：第 9 條「增值」

2009 年協會貨物戰爭險與罷工險兩種條款的第 9 條都規定：

「9.1 若被保險人對本保險所承保之被保險標的物另行投保任何增值保險，
則該被保險標的物之約定價值將視為已增加到本保險與所有承保相
同損失之增值保險金額之總和，而本保險之責任將依本保險金額占總
保險金額之比例而定。

索賠時，被保險人必須提供保險人所有其他保險之保險金額證明。

9.2 若本保險為增值保險則應適用下列條款：

被保險標的物之約定價值將視為等於被保險人為被保險標的物投保
之原始保險與所有承保相同損失之增值保險之總金額，而本保險之責
任將依本保險金額占總保險金額之比例而定。

索賠時，被保險人必須提供保險人所有其他保險之保險金額證明。」

條文中的約定價值 (agreed value) 指保險當事人對該保險標的物所共同承
保的總價值，保險人通常按該價值全部承保，或只承保其部分價值。

與 1982 年協會貨物戰爭險與罷工險兩種條款的第 9 條規定相比：共有兩點不同：⑴將「貨
物」(goods) 改為「被保險標的物」(subject-matter insured)；⑵將「保險人」的英文名稱由
"underwriters" 改為 "insurers"。

✵ 五、保險權益

1. 1963 年協會貨物保險基本險條款：第 10 條「不受益條款」

2. 1982 年協會貨物戰爭險與罷工險條款：第 10 條「不受益條款」

3. 2009 年協會貨物戰爭險與罷工險條款：第 10 條標題取消

2009 年協會貨物戰爭險與罷工險兩種條款的第 10 條都規定：

「10.1 本保險保障的被保險人包括依有效保險契約提出索賠之當事人、或

其代表人或其受讓人。」

10.2 本保險不延伸或以其他方式保障運送人或其他受託人之權益。」

與 1982 年協會貨物戰爭險與罷工險兩種條款的第 10 條規定相比：只有擴大被保險人之範圍，包括受讓人 (assignee) 在內。

本條款主要目的在對抗一般的運送契約中所附的「保險權益條款」，不允許運送人或其他受託人藉保險來逃避其應負之責任。

❀ 六、減輕損失

（一）被保險人義務

> 1. 1971 年協會貨物戰爭險條款、1963 年協會罷工、暴動及民眾騷擾險條款：無規定
> 2. 1982 年協會貨物戰爭險與罷工險條款：第 11 條「被保險人義務條款」
> 3. 2009 年協會貨物戰爭險與罷工險條款：第 11 條「被保險人義務」

2009 年協會貨物戰爭險與罷工險兩種條款的第 11 條都規定：

「關於可自本保險獲得損失補償之被保險人及其僱用人及代理人應負之義務如下：

11.1 採取這些可能的合理措施以防止或減輕這些損失，及

11.2 確保所有可對抗運送人、受託人或其他第三者之權利得以適當地維護與行使。

除了任何可自本保險獲得損失補償外，保險人將補償被保險人因履行這些義務而適當且合理發生之任何費用。」

與 1982 年協會貨物戰爭險與罷工險兩種條款的第 11 條規定相比：共有兩點不同：⑴將受僱人的英文名稱由 "servants" 改為 "employees"；⑵將「保險人」的英文名稱由 "underwriters" 改為 "insurers"。

有關 1906 年英國海上保險法第 78 條「損害防止條款」(Suing and Laboring Clause) 之規定及我國保險法第 33 條與海商法第 130 條之相關規定，請參照第三節中有關被保險人義務的說明。

（二）放　棄

1. 1971 年協會貨物戰爭險條款、1963 年協會罷工、暴動及民眾騷擾險條款：無規定
2. 1982 年協會貨物戰爭險與罷工險條款：第 12 條「放棄條款」
3. 2009 年協會貨物戰爭險與罷工險條款：第 12 條「放棄」

　　2009 年協會貨物戰爭險與罷工險兩種條款的第 12 條都規定：「被保險人或保險人為拯救 (saving)、保護 (protecting) 或回復 (recovering) 被保險標的物所採取之措施不得視為放棄 (waiver) 或接受委付 (acceptance of abandonment)，或在其他方面侵害 (prejudice) 雙方權益。」

與 1982 年協會貨物戰爭險與罷工險兩種條款的第 12 條規定相比：只有將「保險人」的英文名稱由 "underwriters" 改為 "insurers"。

　　有關本條之說明，請參照本章第三節中有關放棄的說明。

✸ 七、遲延之避免

1. 1971 年協會貨物戰爭險條款、1963 年協會罷工、暴動及民眾騷擾險條款：第 8 條無標題
2. 1982 年協會貨物戰爭險與罷工險條款：第 13 條「合理迅速處置條款」
3. 2009 年協會貨物戰爭險與罷工險條款：第 13 條標題取消

　　2009 年協會貨物戰爭險與罷工險兩種條款的第 13 條都規定：「本保險之條件為被保險人在其控制的所有情形下應作合理的迅速處理。」

與 1982 年協會貨物戰爭險與罷工險兩種條款的第 13 條規定相比：其規定內容大致相同。

✸ 八、法律及慣例之適用

1. 1971 年協會貨物戰爭險條款、1963 年協會罷工、暴動及民眾騷擾險條款：無規定
2. 1982 年協會貨物戰爭險與罷工險條款：第 14 條「英國法律及慣例條款」
3. 2009 年協會貨物戰爭險與罷工險條款：第 14 條標題取消

　　2009 年協會貨物戰爭險與罷工險兩種條款中的第 14 條都規定：「本保險受到英國法律及慣例之約束。」

與 1982 年協會貨物戰爭險與罷工險兩種條款的第 14 條規定相比：其規定內容完全相同。

　　有關本條之說明，請參照本章第三節中有關法律及慣例之適用的說明。

✸ 九、注　意

1.戰爭險：

1. 1971 年協會貨物戰爭險條款：文末無注意之文字
2. 1982 年協會貨物戰爭險條款：文末「注意」
3. 2009 年協會貨物戰爭險條款：文末「注意」

　　2009 年協會貨物戰爭險條款的文末「注意」規定：「依第 5 條規定要求保險重新生效或依第 6 條規定通知變更目的地時，被保險人有義務立即通知保險人，而此保險重新生效的權利即決定於該項義務之履行。」

與 1982 年協會貨物戰爭險條款的注意相比：其內容完全相同。

2.罷工險：

1. 1963 年協會罷工、暴動及民眾騷擾險條款：文末「注意」

2. 1982 年協會貨物罷工險條款：文末「注意」

3. 2009 年協會貨物罷工險條款：文末「注意」

2009 年協會貨物罷工險條款的文末「注意」規定：「依第 6 條規定要求保險繼續生效或依第 7 條規定通知變更目的地時，被保險人有義務立即通知保險人，而此繼續保險的權利即決定於該項義務之履行。」

與 1982 年協會貨物罷工險條款的注意相比：其內容完全相同。

2009 年協會貨物戰爭險與罷工險兩種條款規定相比：只有「保險重新生效」(reattachment of cover) 與「保險繼續生效」(continuation of cover) 的不同。

第五節　2009 年協會貨物航空險條款（郵包險除外）之內容

1982 年 1 月 1 日倫敦國際保險協會修訂「協會貨物基本險條款」時，根據協會貨物保險 A 條款為基礎訂定 「協會貨物航空險條款 （郵包險除外）」(Institute Cargo Clauses (Air)(Excluding Sendings by Post))，分八個部分共 16 條。其中第 7 條的標題將「航程變更條款」(Change of Voyage Clause) 改為「運送變更條款」(Change of Transit Clause)。

與 1982 年協會貨物保險 A 條款規定相比：共少了 3 條條文：⑴承保範圍少了「共同海損條款」與「雙方過失碰撞條款」；⑵除外事項少了「不適航及不適運除外條款」。

2009 年 1 月 1 日「聯合貨物保險委員會」修訂「協會貨物航空險條款（郵包險除外）」時仍維持 1982 年的架構，分八個部分，名稱亦維持不變，但在承保範圍部分增列第 2 條「施救費用」(Salvage Charges)，共 17 條，但將部分條文的標題取消，原第 7 條「運送變更條款」改為第 8 條「運送變更」。詳細條文名稱請參閱協會貨物保險 A 條款。茲就其內容不同處說明如下：

🏵 一、承保範圍

（一）危　險

2009 年「協會貨物航空險條款（郵包險除外）」的第 1 條危險規定：「除第 3、4、5 及 7 條所列之除外事項外，承保所有造成被保險標的物滅失或損壞之危險。」

與 2009 年 ICC(A) 的第 1 條規定相比：其規定內容完全相同。

（二）施救費用

2009 年「協會貨物航空險條款（郵包險除外）」的第 2 條施救費用規定：「本保險承保為避免或有關避免除第 3、4 及 5 條所列除外事項外之原因所發生之施救費用 (salvage charges)。」

與 2009 年 ICC(A) 的第 2 條共同海損規定相比：刪除「依據運送契約及／或適用之法律與慣例所理賠或認定之共同海損」。

🏵 二、除外事項

（一）一般除外事項

2009 年「協會貨物航空險條款（郵包險除外）」的第 3 條規定一般除外事項，共有 8 項，其中 3.1、3.2、3.3、3.4 與 3.8 項與 2009 年 ICC(A) 的 4.1、4.2、4.3、4.4 與 4.7 項之規定完全相同。茲就其餘三項說明如下：

1. 3.5 項：

本項規定係將 2009 年 ICC(A) 的 5.1.1 與 5.1.2 項合併並修改而來，依其規定：「本保險不承保因飛機、運送工具或貨櫃不適合安全運送被保險標的物所致的滅失、損壞或費用；而此不適合安全運送發生於本保險生效前或發生於被保險人或其受僱人正在裝載或完成裝載時且在裝載時已為其所知者。本除外條款不適用於保險契約已經轉讓給在有約束力的契約下善意購買或同意購買被保險標的物的有求償權利的當事人。」

與 2009 年 ICC(A) 的 5.1.1 與 5.1.2 項規定相比：共有兩點不同：⑴將「船舶或駁船不適航與不適合安全運送」改為「飛機不適合安全運送」；⑵基於保護善意第三者的立場，增加規定如保險契約業已轉讓，或保險契約之善意受讓者已購買或同意購買被保險標的物時，其權益不受影響。

　　2. 3.6 項：

與 2009 年 ICC(A) 的 4.5 項規定相比：只有刪除「（依第 2 條可賠付之費用除外）」，其餘內容則完全相同。

　　3. 3.7 項：

與 2009 年 ICC(A) 的 4.6 項規定相比：共有兩點不同：⑴將「船舶」(vessel) 改為「飛機」(aircraft)；⑵將「航程」(voyage) 改為「運送」(transit)。

（二）戰爭除外事項

　　2009 年「協會貨物航空險條款（郵包險除外）」的第 4 條規定戰爭除外事項。

與 2009 年 ICC(A) 的第 6 條規定相比：其規定內容完全相同。

（三）罷工除外條款

　　2009 年「協會貨物航空險條款（郵包險除外）」的第 5 條規定罷工除外事項。

與 2009 年 ICC(A) 的第 7 條規定相比：其規定內容完全相同。

✸ 三、保險期間

（一）運送條款

　　2009 年「協會貨物航空險條款（郵包險除外）」的第 6 條規定運送條款。

與 2009 年 ICC(A) 的第 8 條規定相比：共有五點不同：⑴將「倉庫或儲存處所」改為「倉庫、場所 (premuses) 或儲存處所」，增加「場所」；⑵將「最終卸貨港」改為「最終卸貨地」；⑶將「海船」改為「飛機」；⑷將「卸載後 60 天」改為「卸載後 30 天」；⑸將「運送人」改為「航空運送人」。

（二）運送契約終止

2009 年「協會貨物航空險條款（郵包險除外）」的第 7 條規定運送契約終止。

與 2009 年 ICC(A) 的第 9 條規定相比：共有兩點不同：⑴將「港口或地方」改為「地方」；⑵將「屆滿 60 天」改為「屆滿 30 天」。

（三）運送變更

2009 年「協會貨物航空險條款（郵包險除外）」的第 8 條規定運送變更。

與 2009 年 ICC(A) 的第 10 條規定相比：只有將「船舶航向」(ship sails for) 另一目的地改為「飛機航向」(aircraft leaves for) 另一目的地。

❀ 四、理賠事項

（一）保險利益

2009 年「協會貨物航空險條款（郵包險除外）」的第 9 條規定保險利益。

與 2009 年 ICC(A) 的第 11 條規定相比：其規定內容完全相同。

（二）轉運費用

2009 年「協會貨物航空險條款（郵包險除外）」的第 10 條規定轉運費用。

與 2009 年 ICC(A) 的第 12 條規定相比：共有兩點不同：⑴將「港口或地方」改為「地方」；⑵將「共同海損或施救費用」改為「施救費用」。

（三）推定全損

2009 年「協會貨物航空險條款（郵包險除外）」的第 11 條規定推定全損。

與 2009 年 ICC(A) 的第 13 條規定相比：其規定內容完全相同。

（四）增　值

2009 年「協會貨物航空險條款（郵包險除外）」的第 12 條規定增值。

與 2009 年 ICC(A) 的第 14 條規定相比：其規定內容完全相同。

✵ 五、保險權益

2009 年「協會貨物航空險條款（郵包險除外）」的第 13 條規定保險權益。
與 2009 年 ICC(A) 的第 15 條規定相比：其規定內容完全相同。

✵ 六、減輕損失

（一）被保險人義務

2009 年「協會貨物航空險條款（郵包險除外）」的第 14 條規定被保險人義務。
與 2009 年 ICC(A) 的第 16 條規定相比：其規定內容完全相同。

（二）放　棄

2009 年「協會貨物航空險條款（郵包險除外）」的第 15 條規定放棄。
與 2009 年 ICC(A) 的第 17 條規定相比：其規定內容完全相同。

✵ 七、遲延之避免

2009 年「協會貨物航空險條款（郵包險除外）」的第 16 條規定遲延之避免。
與 2009 年 ICC(A) 的第 18 條規定相比：其規定內容完全相同。

✵ 八、法律及慣例之適用

2009 年「協會貨物航空險條款（郵包險除外）」的第 17 條規定法律及慣例之適用。
與 2009 年 ICC(A) 的第 19 條規定相比：其規定內容完全相同。

✵ 九、注　意

2009 年「協會貨物航空險條款（郵包險除外）」的文末有注意的文字。
與 2009 年 ICC(A) 的注意相比：其內容完全相同。

第六節　2009年協會航空貨物附加險條款（郵包險除外）之內容

1982年1月1日倫敦保險人協會修改附加險條款時，並同時制定「協會航空貨物戰爭險條款（郵包險除外）」(Institute War Clauses (Air Cargo)(Excluding Sendings by Post)) 與「協會航空貨物罷工險條款」(Institute Strikes Clauses (Air Cargo))，各分八個部分共12條，並將「航程變更條款」(Change of Voyage Clause) 改為「運送變更條款」(Change of Transit Clause)。

與1982年協會貨物戰爭險及協會貨物罷工險條款的規定相比：共少了2條條文：(1)承保範圍少了「共同海損條款」；(2)除外事項少了「不適航及不適運除外條款」。

　　1.戰爭險：

2009年1月1日「聯合貨物保險委員會」修訂「協會航空貨物戰爭險條款（郵包險除外）」時，仍維持1982年的架構，分八個部分，名稱亦維持不變，但在承保範圍部分增列第2條「施救費用」(Salvage Charges) 共13條，但將部分條文的標題取消，條次亦有調整，詳細條文名稱請參閱協會貨物戰爭險條款。

　　2.罷工險：

2009年1月1日「協會航空貨物罷工險條款」仍維持1982年的架構，分八個部分，名稱亦維持不變，但在承保範圍部分增列第2條「施救費用」(Salvage Charges) 共13條，但將部分條文的標題取消，條次亦有調整，詳細條文名稱請參閱協會貨物罷工險條款。

　　茲就兩者內容不同處加以說明如下：

一、承保範圍

（一）危　險

2009年「協會航空貨物戰爭險條款（郵包險除外）」與「協會航空貨物罷工險條款」的第1條都規定危險，依其規定：「除第3條所列之除外事項外，承保所有造成被保險標的物滅失或損壞之危險。」

與 2009 年協會貨物戰爭險及罷工險條款的第 1 條規定相比：其規定內容完全相同。

（二）施救費用

　　2009 年「協會航空貨物戰爭險條款（郵包險除外）」與「協會航空貨物罷工險條款」的第 2 條都規定施救費用，依其規定：「本保險承保為避免或有關避免除第 3 條所列除外事項外之原因所發生之施救費用。」

與 2009 年協會貨物戰爭險及罷工險條款的第 2 條共同海損之規定相比：只有刪除「依據運送契約及／或適用之法律與慣例所理賠或認定之共同海損」。

✻ 二、除外事項

（一）協會航空貨物戰爭險條款（郵包險除外）

　　2009 年「協會航空貨物戰爭險條款（郵包險除外）」的第 3 條規定一般除外事項，共有 9 項。

　　1. 3.1、3.2、3.3、3.4 與 3.9 項：

與 2009 年協會貨物戰爭險條款的 3.1、3.2、3.3、3.4 與 3.8 項規定相比：其規定內容完全相同。

　　2. 3.5 項：

　　本項規定係依據 2009 年的協會貨物戰爭險條款之 4.1.1 與 4.1.2 項合併並修改而來，依其規定：「本保險不承保因飛機、運送工具或貨櫃不適合安全運送被保險標的物所致的滅失、損壞或費用；而此不適合安全運送發生於本保險生效前或發生於被保險人或其受僱人正在裝載或完成裝載時且在裝載時已為其所知者。本除外條款不適用於保險契約已經轉讓給在有約束力的契約下善意購買或同意購買被保險標的物的有求償權利的當事人。」

　　3. 3.6 項：

與 2009 年協會貨物戰爭險條款的 3.5 項規定相比：只有刪除「（依第 2 條可賠付之費用除外）」，其餘內容則完全相同。

　　4. 3.7 項：

與 2009 年協會貨物戰爭險條款的 3.6 項規定相比：共有兩點不同：⑴將「船舶」改為「飛機」；⑵將「航程」改為「運送」。

5. 3.8 項：

與 2009 年協會貨物戰爭險條款的 3.7 項規定相比：只有將「航程」改為「運送」。

（二）協會航空貨物罷工險條款

2009 年「協會航空貨物罷工險條款」的第 3 條規定一般除外事項，共有 11 項。

1. 3.1、3.2、3.3、3.4、3.8、3.10 與 3.11 項：

與 2009 年協會貨物罷工險條款的 3.1、3.2、3.3、3.4、3.7、3.9 與 3.10 項規定相比：其規定內容完全相同。

2. 3.5、3.6、3.7 與 3.9 項：

不同點之說明，請參照上述協會航空貨物戰爭險條款（郵包險除外）之說明。

❀ 三、保險期間

（一）運送條款

1.協會航空貨物戰爭險條款（郵包險除外）：

2009 年「協會航空貨物戰爭險條款（郵包險除外）」的第 4 條規定運送條款。

與 2009 年協會貨物戰爭險條款的第 5 條規定相比：共有十點不同：⑴將「裝載在海船上」(loaded on an oversea vessel) 改為　「裝載在飛機上開始被保險的航空運送」 (loaded on the aircraft for the commencement of the air transit insured)；⑵將「最終卸貨港或卸貨地」改為「最終卸貨地」；⑶將「海船」改為「飛機」；⑷將「或被保險標的物在避難港或地從船舶上卸貨」刪除；⑸將「在這港口或地方」(at such port or place) 改為「在這中途地方」(at such intermediate place)；⑹將「航程」改為「航空運送」；⑺將「轉載」(reshipped) 到原來的目的地改為「交付」(consigned) 到原來的目的地；⑻將「運送人」改為「航空運送人」；⑼將 2009 年協會貨物戰爭險條款第 5.4 條有關承保水雷與遺棄魚雷之危險的規定刪除；⑽將「抵達」(arrival) 的定義說明刪除。

2.協會航空貨物罷工險條款：

2009 年「協會航空貨物罷工險條款」的第 4 條規定運送條款。

與 2009 年協會貨物罷工險條款的第 5 條規定相比：共有五點不同：(1)將「倉庫或儲存處所」改為「倉庫、場所 (premuses) 或儲存處所」，增加「場所」；(2)將「最終卸貨港」改為「最終卸貨地」；(3)將「海船」改為「飛機」；(4)將「卸載後 60 天」改為「卸載後 30 天」；(5)將「運送人」改為「航空運送人」。

（二）運送契約終止

1.協會航空貨物戰爭險條款（郵包險除外）：

2009 年「協會航空貨物戰爭險條款（郵包險除外）」沒有運送契約終止的規定。

2.協會航空貨物罷工險條款：

2009 年「協會航空貨物罷工險條款」的第 5 條規定運送契約終止。

與 2009 年協會貨物罷工險條款的第 6 條規定相比：共有兩點不同：(1)將「港口或地方」改為「地方」；(2)將「屆滿 60 天」改為「屆滿 30 天」。

（三）運送變更

1.協會航空貨物戰爭險條款（郵包險除外）：

2009 年「協會航空貨物戰爭險條款（郵包險除外）」的第 5 條及第 6 條規定航程變更。

第 5 條與 2009 年協會貨物戰爭險條款的第 6 條規定相比：只有將「船舶航向」(ship sails for) 另一目的地改為「飛機航向」(aircraft leaves for) 另一目的地的一點不同。

第 6 條與 2009 年協會貨物戰爭險條款的第 7 條規定相比：其規定內容大致相同。

2.協會航空貨物罷工險條款：

2009 年「協會航空貨物罷工險條款」的第 6 條規定航程變更。

與 2009 年協會貨物罷工險條款的第 7 條規定相比：只有將「船舶航向」另一目的地改為「飛機航向」另一目的地的一點不同。

✸ 四、理賠事項

（一）保險利益

2009 年「協會航空貨物戰爭險條款（郵包險除外）」與「協會航空貨物罷

工險條款」兩種條款的第 7 條都規定保險利益。

與 2009 年協會貨物戰爭險及罷工險兩種條款的第 8 條規定相比：其規定內容完全相同。

（二）增　值

2009 年「協會航空貨物戰爭險條款（郵包險除外）」與「協會航空貨物罷工險條款」兩種條款的第 8 條都規定增值。

與 2009 年協會貨物戰爭險及罷工險兩種條款的第 9 條規定相比：其規定內容完全相同。

❀ 五、保險權益

2009 年「協會航空貨物戰爭險條款（郵包險除外）」與「協會航空貨物罷工險條款」兩種條款的第 9 條都規定保險權益。

與 2009 年協會貨物戰爭險及罷工險兩種條款的第 10 條規定相比：其規定內容完全相同。

❀ 六、減輕損失

（一）被保險人義務

2009 年「協會航空貨物戰爭險條款（郵包險除外）」與「協會航空貨物罷工險條款」兩種條款的第 10 條都規定被保險人義務。

與 2009 年協會貨物戰爭險及罷工險兩種條款的第 11 條規定相比：其規定內容完全相同。

（二）放　棄

2009 年「協會航空貨物戰爭險條款（郵包險除外）」與「協會航空貨物罷工險條款」兩種條款的第 11 條都規定放棄。

與 2009 年協會貨物戰爭險及罷工險兩種條款的第 12 條規定相比：其規定內容完全相同。

❀ 七、遲延之避免

2009 年「協會航空貨物戰爭險條款（郵包險除外）」與「協會航空貨物罷工險條款」兩種條款的第 12 條都規定遲延之避免。

與 2009 年協會貨物戰爭險及罷工險兩種條款的第 13 條規定相比：其規定內容完全相同。

✤ 八、法律及慣例之適用

2009 年「協會航空貨物戰爭險條款（郵包險除外）」與「協會航空貨物罷工險條款」兩種條款的第 13 條都規定法律及慣例之適用。

與 2009 年協會貨物戰爭險及罷工險兩種條款的第 14 條規定相比：其規定內容完全相同。

✤ 九、注　意

2009 年「協會航空貨物戰爭險條款（郵包險除外）」與「協會航空貨物罷工險條款」兩種條款的文末都有注意的文字。

與 2009 年協會貨物戰爭險及罷工險兩種條款的注意相比：其內容大致相同。

第七節　2009 年協會戰爭險條款　（郵包險）之內容

2009 年 3 月 1 日「聯合貨物保險委員會」針對以郵政包裹寄送的貨物增訂「協會戰爭險條款（郵包險）」(Institute War Clauses(Sendings by Post))。分八個部分，共 11 條，除在承保範圍部分第 2 條規定「共同海損」與 2009 年「協會航空貨物戰爭險條款（郵包險除外）」的第 2 條規定「施救費用」不同外，在保險期間部分沒有規定運送變更，在理賠事項部分沒有規定增值。茲就其與 2009 年「協會航空貨物戰爭險條款（郵包險除外）」規定內容不同處說明如下：

✤ 一、承保範圍

（一）危　險

2009 年協會戰爭險條款（郵包險）的第 1 條規定危險。

與 2009 年協會航空貨物戰爭險條款（郵包險除外）的第 1 條規定相比：其規定內容完全相同。

（二）共同海損

　　2009 年協會戰爭險條款（郵包險）的第 2 條共同海損規定：「本保險承保依據運送契約及／或適用之法律與慣例所理賠或認定之共同海損與施救費用，而其發生係為了避免或有關避免本條款所承保之危險所致之損失。」

與 2009 年協會航空貨物戰爭險條款（郵包險除外）的第 2 條施救費用之規定相比：只有增加「依據運送契約及／或適用之法律與慣例所理賠或認定之共同海損」。

✿ 二、除外事項

　　2009 年協會戰爭險條款（郵包險）的第 3 條規定一般除外事項，共有 7 項。

　　1. 3.1、3.2、3.3、3.4 與 3.7 項：

與 2009 年協會航空貨物戰爭險條款（郵包險除外）的 3.1、3.2、3.3、3.4 與 3.9 項規定相比：其規定內容完全相同。

　　2. 3.5 項：

與 2009 年協會航空貨物戰爭險條款（郵包險除外）的 3.6 項規定相比：只有增加「（依第 2 條可賠付之費用除外）」，其餘內容則完全相同。

　　3. 3.6 項：

與 2009 年協會航空貨物戰爭險條款（郵包險除外）的 3.8 項規定相比：只有將「運送」改為「航程」。

✿ 三、保險期間

　　2009 年協會戰爭險條款（郵包險）的第 4 條及第 5 條規定運送條款，依第 4 條規定：「本保險只在被保險標的物及其部分最初移入保險契約指定地的寄送者 (sender) 場所以便立即運送時生效，但除被保險標的物在包裝者場所停留的任何期間外，並持續到被保險標的物及其部分送到郵政包裹上之地址時本保險終止效力。」

　　本條款係為郵寄包裹所設計，與航空貨物運送不同，故運送方式不同。

第 5 條規定與 2009 年「協會航空貨物戰爭險條款（郵包險除外）」的第 6 條規定相比：其規定內容大致相同。

✿ 四、理賠事項

2009 年協會戰爭險條款（郵包險）的第 6 條規定保險利益。

與 2009 年協會航空貨物戰爭險條款（郵包險除外）的第 7 條規定相比：其規定內容完全相同。

✿ 五、保險權益

2009 年協會戰爭險條款（郵包險）的第 7 條規定保險權益。

與 2009 年協會航空貨物戰爭險條款（郵包險除外）的第 9 條規定相比：只有刪除「本保險保障的被保險人包括依有效保險契約提出索賠之當事人、或其代表人或其受讓人」。

✿ 六、減輕損失

（一）被保險人義務

2009 年協會戰爭險條款（郵包險）的第 8 條規定被保險人義務。

與 2009 年協會航空貨物戰爭險條款（郵包險除外）的第 10 條規定相比：其規定內容完全相同。

（二）放　棄

2009 年協會戰爭險條款（郵包險）的第 9 條規定放棄。

與 2009 年協會航空貨物戰爭險條款（郵包險除外）的第 11 條規定相比：其規定內容完全相同。

✿ 七、遲延之避免

2009 年協會戰爭險條款（郵包險）的第 10 條規定遲延之避免。

與 2009 年協會航空貨物戰爭險條款（郵包險除外）的第 12 條規定相比：其規定內容完全相同。

✿ 八、法律及慣例之適用

2009 年協會戰爭險條款（郵包險）的第 11 條規定法律及慣例之適用。

與 2009 年協會航空貨物戰爭險條款（郵包險除外）的第 13 條規定相比：其規定內容完全相同。

 九、注　意

2009 年協會戰爭險條款（郵包險）的文末沒有注意之文字。

 參考資料來源

1. http://www.if-insurance.com.
2. 周治正 (1981)，《海上貨物保險人之危險承擔責任》。臺北，聯經。
3. 周詠棠 (2002)，《海上保險原理與案例》。臺北，三民書局。

習　題

一、關鍵詞彙解釋

1. ICC(A)　　　2. ICC(B)　　　3. ICC(C)　　　4. Institute War Clauses (Cargo)
5. Institute Strikes Clauses (Cargo)　　　6. IOP
7. Institute Cargo Clauses (Air)(Excluding Sendings by Post)
8. Institute War Clauses (Sendings by Post)

二、選擇題

(　　) 1. 海上貨物運送保險所承保之危險是　(A)基本危險與特殊危險　(B)國家危險　(C)政治危險　(D)信用危險

(　　) 2. 2009 年協會貨物保險條款之保險費率負擔最高的是　(A) ICC(C)　(B) ICC(B)　(C) ICC(A)　(D)視保險貨物內容而定

(　　) 3. 貨物或船舶發生海損雖未達全部滅失但受損過鉅，救援或修理費用高於其價值者稱為　(A)共同海損　(B)單獨海損　(C)推定全損　(D)全損

(　　) 4. 由海難事故所造成的共同海損應由　(A)貨主負擔　(B)船東負擔　(C)貨主與船東比例分擔　(D)由肇事船隻分擔

(　　) 5. 海上貨物運輸基本險之保險責任的終止係以　(A)保險單所記載之目的地收貨人倉庫或儲存處所　(B)保險單所記載之目的地之倉庫或儲存處所為正常運送過程以外的儲存　(C)被保險貨物自貨輪於最終卸貨港卸載完畢之日起屆滿 60 天　(D)以上三種終止情形以先發生者為準

( ) 6. 在海上發生緊急危難時，船長為了避免船舶及貨物的共同危險所作處分而直接發生的犧牲及費用稱為　(A)共同海損　(B)實際全損　(C)單獨海損　(D)分損

( ) 7. 下列何者不屬於海上貨物運送的基本危險？　(A)戰爭　(B)火災　(C)投棄　(D)觸礁

( ) 8. 船貨在海上遇險時，若經由第三人非契約的任意施救行為而獲救時，其所支付該第三人的報酬，稱為　(A)施救費用　(B)單獨費用　(C)額外費用　(D)共同海損分擔

( ) 9. 投保協會貨物戰爭險時，保險人之責任是終止於貨物在最終卸貨港卸離海船或到達最終卸貨港當日午夜起算屆滿　(A)45天　(B)30天　(C)15天　(D)5天

( ) 10. 以 CIF 或 CIP 條件出口時，出口商應於下列何時辦理投保手續，才能獲得充分的保障？　(A)貨物裝船後　(B)辦理押匯同時　(C)貨物交運前或裝船前　(D)船舶駛離裝船港

( ) 11. 2009 年航空貨物保險條款，其保險效力係貨物自載運飛機於最終目的地機場卸載完畢之日起屆滿多少天終止？　(A)10天　(B)15天　(C)30天　(D)60天

( ) 12. 2009 年 ICC(B) 與下列何者的承保範圍相類似？　(A)戰爭險　(B)水漬險　(C)全險　(D)平安險

( ) 13. 平安險的承保範圍與下列哪一協會貨物保險條款相似？　(A) 2009 年 ICC(A)　(B) 2009 年 ICC(B)　(C) 2009 年 ICC(C)　(D) Institute Cargo Clauses (Air)

( ) 14. 下列何者不屬於 2009 年 ICC(A) 條款之除外不保的事項？　(A)保險標的物之固有瑕疵　(B)被保險人故意惡行所致的毀損滅失　(C)地震、火山爆發、雷擊等　(D)罷工暴動或內亂

( ) 15. 全險的承保範圍與下列哪一協會貨物條款相似？　(A) 2009 年 ICC(A)　(B) 2009 年 ICC(B)　(C) 2009 年 ICC(C)　(D) Institute Cargo Clauses (Air)

( ) 16. Institute Cargo Clauses (Air)(Excluding Sendings by Post)，其承保範圍與下列何種條款大致相同？　(A)罷工險　(B) ICC(A)　(C) ICC(C)　(D) ICC(B)

( ) 17. 海上貨物運輸保險的保險單都以「倉庫至倉庫」方式承保，其所指之倉庫係為　(A)出口商的發貨倉庫　(B)出口商受領貨物的倉庫　(C)保險單載明的航程起、訖運地點之倉庫　(D)供貨廠商的倉庫

( ) 18. 以 FOB 或 CFR 條件進口時，進口商應於下列何時辦理投保手續，才能獲得完整的保障？　(A)貨物裝運後　(B)申請開發信用狀前或貨物裝運前　(C)提領貨物時　(D)船舶抵達進口港時

( ) 19. 貨物運輸保險之賠款地點，除非另有規定外，通常是在何地？　(A)買方或貨物運送的最終目的地　(B)賣方或貨物出口地　(C)買賣雙方自行決定　(D)保險人決定

( ) 20. Insurance Policy 與 Insurance Certificate 兩者之敘述下列何者錯誤？　(A) Insurance Policy 可用以向保險人索賠　(B) Insurance Certificate 為有效的保險證明　(C)兩者之保險效力不同　(D)兩者均可供做押匯之用

三、問答題

1. 2009 年 ICC(A) 承保的危險有那些？

2. 2009 年 ICC(B) 承保的危險有那些？

3. 2009 年 ICC(C) 承保的危險有那些？

4. 何謂推定全損？可視為推定全損的情形有那些？

5. 何謂分損？分損可分為那幾種？

6. 何謂共同海損損失？包括那些？

7. 何謂施救費用？

8. 2009 年 ICC(A) 規定的一般除外事項共有幾項？

9. 何謂增值保險？

10. 何謂保險利益？

第十章
與貿易相關之智慧財產權協定

第一節　概　說

❀ 一、智慧財產權的意義與性質

「智慧財產權」 (intellectual property rights) 係指受法律保障之人類智慧產物，為無形的財貨。智慧財產權具有以下幾項共通性：

1. 排他性 (monopoly)。
2. 新穎性 (novelty)。
3. 進步性 (inventiveness)，指專利權。
4. 原創性 (originality)，指著作權。
5. 獨特性 (distinctiveness)，指商標。
6. 地域性 (territory or jurisdiction)。
7. 時間性 (expiration)。
8. 經濟性 (ownership)。

因智慧財產權帶有強烈的公共財特性，為確保發明或創新者能獲得適當的報酬，並對未來的發明工作提供充分的誘因，故需要國家以公權力介入，提供必要之保護。

依 1993 年 12 月 15 日所達成之 「與貿易相關之智慧財產權協定」 (Agreement on Trade-Related Intellectual Property Rights, TRIPs Agreement) 中之規定❶，智慧財產權係指以下的相關權利：

---

❶ See Part 2 of the Agreement on Trade-Related Aspects of Intellectual Property Rights.

1.著作權及其相關權利 (Copyright and Related Rights)。

2.商標 (Trademarks)。

3.地理標示 (Geographical Indications)。

4.工業設計 (Industrial Designs)。

5.專利 (Patents)。

6.積體電路之電路布局 (Layout-Designs (Topographies) of Integrated Circuits)。

7.未經公開資訊之保護 (Protection of Undisclosed Information)。

8.與契約授權相關之反競爭行為之防制 (Control of Anti-Competitive Practices in Contractual Licences)。

🏵 二、有關智慧財產權之國際性公約

在關稅暨貿易總協定 (GATT) 的烏拉圭回合談判之前,有關智慧財產權的國際性公約或協定,主要有「巴黎公約」、「伯恩公約」與「羅馬公約」等。

根據成立世界智慧財產權組織 (The Convention Establishing the World Intellectual Property Organization, WIPO) 第 2 條第 8 款 (Article 2viii) 之規定,智慧財產權應包括以下有關創作活動之法律權:

1.文學、藝術與科學創作 (literary, artistic and scientific works)。

2.表演人之表演、錄音與廣播 (performances of performing artists, phonograms, and broadcasts)。

3.人類在各領域之努力發明 (inventions in all fields of human endeavor)。

4.科學發現 (scientific discoveries)。

5.工業設計 (industrial designs)。

6.商標、服務標章及商業名稱與稱號 (trademarks, service marks, and commercial names and designations)。

7.不公平競爭之保護 (protection against unfair competition)。

8.其他來自於工業、科學、文學與藝術領域之創造活動 (all other rights resulting from intellectual activity in the industrial, scientific, literary or artistic fields)。

智慧財產權通常分為兩大類別：工業財產權 (industrial property) 與著作權 (copyright)。文學、藝術與科學創作屬於著作權，而表演人之表演、錄音與廣播則稱為鄰接於著作權之鄰接權。其他（除科學發現外）均屬於工業財產權。

「巴黎公約」(Paris Convention) 係為保護工業財產權之公約，於 1883 年生效，內容包括專利、商標及工業財產權的協議。保護範圍包括專利、實用新型、新式樣、商標、服務標章、商號名稱、產地標示或原產地名稱、不正當競爭之制止等。巴黎公約賦予會員國相當的自由，得依其利益或優先考量事項來立法規範工業財產權。有關商標之取得採取使用主義或註冊主義，註冊之申請應否經審查以及有關的程序等，皆由各會員國自行決定。「與貿易相關之智慧財產權協定」 條文中所引用的 「巴黎公約」，係指 1967 年 7 月 14 日之斯德哥爾摩 (Stockholm) 協定。

「伯恩公約」(The Berne Convention for the Protection of Literary and Artistic Works) 於 1886 年 9 月 9 日正式通過，為著作權領域內歷史最早的保護文學與藝術作品的國際公約。「與貿易相關之智慧財產權協定」條文中所引用的「伯恩公約」，係指 1971 年 7 月 24 日之巴黎協定。

「羅馬公約」 (Rome Convention) 係指 1961 年 10 月 26 日於羅馬通過的保護表演人、錄音物製作人及廣播機構之羅馬公約。

「積體電路智慧財產權條約」 (Treaty on Intellectual Property in Respect of Integrated Circuits, IPIC)，係指 1989 年 5 月 26 日於華盛頓特區通過之積體電路智慧財產權條約。

由於國際公約並不能提供有效的、包含具體規則的國際規範，因此，有關智慧財產權的保護要件及程序規定，僅得由各國自行決定。各國亦都立法給予保護，對於違反者課以重罰，如美國 1988 年 「綜合貿易暨競爭力法」 (Omnibus Trade and Competitiveness Act of 1988) 中增訂之「特別 301」(Special 301) 條款中，規定美國貿易談判代表署 (USTR) 每年應針對智慧財產權作成年度報告，並對美國貿易談判代表署判定之未適當保護智慧財產權的國家，取消其優惠關稅及其他貿易利益。

美國關稅法中之 337 條款亦規定，凡進口者以不公平競爭方法 (unfair method of competition) 或採取不公平的行為 (unfair acts)，將產品輸入到美國銷

售，而導致美國產業遭受重大損害或限制美國企業與商業的發展，即構成違反337 條款之規定。不公平競爭行為包括侵害商標、專利及著作權。美國貿易委員會 (International Trade Commission, ITC) 對違反者可採取三項行政命令：

　　1. 一般排除命令。

　　2. 暫時排除命令。

　　3. 停止及禁止命令。

　　此外，1984 年的「普遍化優惠關稅法案」(GSP Renewal Act of 1984) 中更增列智慧財產權的保護（如保護範圍、救濟程序、外國政府執行等），作為開發中國家輸美產品享受免稅待遇的考量標準。

　　「與貿易相關之智慧財產權協定」 是 1994 年 GATT 的烏拉圭回合談判的主要成就之一，其在智慧財產權議題上所達成的協議已超出與貿易相關的範圍。本協定就其所包含的各個領域，為會員明確規定保護智慧財產權之最低標準、保護期間、保護之客體、例外規定等。本協定並藉由若干「橋接條款」(bridging clauses) 的設計，引用「世界智慧財產組織」(World Intellectual Property Organization, WIPO)❷下的巴黎、伯恩、羅馬及華盛頓等公約所採行的保護標準，針對其不足部分新增補充條款，並將其適用至與貿易相關之智慧財產權協定的世界貿易組織會員國。

　　本協定共有 73 條，包括：⑴總則及基本原則 (General Provisions and Basic Principles)；⑵智慧財產權之效力、範圍及使用之標準 (Standards Concerning the Availability, Scope and Use of Intellectual Property Rights)；⑶智慧財產權之執行 (Enforcement of Intellectual Property Rights)；⑷智慧財產權之取得、維護及相關程序 (Acquisition and Maintenance of Intellectual Property Rights and Related *Inter-Partes* Procedures)；⑸爭端之防止及解決 (Dispute Prevention and Settlement)；⑹過渡性安排 (Transitional Arrangements)；⑺機構性安排；最終條

❷　世界智慧財產組織是聯合國體系下十六個專門機構中的一個特殊性質的組織。1967 年 7 月，五十一個國家在斯德哥爾摩簽訂的「斯德哥爾摩公約」，獲得巴黎同盟的十個會員國和伯恩同盟的七個會員國批准之後，「建立世界智慧財產組織公約」(Convention Establishing the World Intellectual Property Organization)，於 1970 年 4 月 26 日正式生效，世界智慧財產組織也正式生效，其總部設在日內瓦。

款 (Institutional Arrangements; Final Provisions) 等七篇。

　　其特點有三：

　　　1.就本協定所包含的各個智慧財產權領域設定最低保護標準，但各國得自行設定較高之保護標準。例如發明專利期間不得少於申請日起 20 年，但各國得規定較該期間長的保護標準，不過若未符合該規定則需修改國內法。

　　　2.明定執行力事項：詳細規定民事、行政救濟、暫時性措施、邊境管制措施、刑事程序等關於權利執行時之特殊要求，以落實權利保護。

　　　3.爭端解決：設立智慧財產權理事會及引入關稅暨貿易總協定爭端解決程序。

第二節　總則及基本原則

❋ 一、智慧財產權公約

　　與貿易相關之智慧財產權協定第 2 條規定，會員應遵守 1967 年巴黎公約第 1 條至第 12 條及第 19 條之規定，並不免除會員依巴黎公約、伯恩公約、羅馬公約及積體電路智慧財產權條約應盡之既存義務。

❋ 二、國民待遇

　　即本、外國人平等原則，與貿易相關之智慧財產權協定第 3.1 條規定：「除 1967 年巴黎公約、1971 年伯恩公約、羅馬公約及積體電路智慧財產權公約所規定之例外，每一會員國給予其他會員國民之待遇不得低於其給予本國國民之待遇。對表演人、錄音物製作人及廣播機構，本項義務僅及於本協定所規定之權利。任何會員國如有行使 1971 年伯恩公約第 6 條或羅馬公約第 16 條第 1 項 b 款規定時，應依各該規定通知與貿易相關之智慧財產權理事會。」

❋ 三、最惠國待遇

　　即本、外國人平等原則，與貿易相關之智慧財產權協定第 4 條規定：「就智慧財產權之保護，任一會員國對其他國民之任何利益、優惠、特權或豁免權，

應立即無條件給予所有其他會員國之國民。」

但有下列情形之一者，免除本義務：

1.衍生自一般性之司法協助或法律執行，而非局限於智慧財產權所簽訂之國際協定者。

2.依據 1971 年伯恩公約或羅馬公約之授權所給予之待遇，而該等待遇非基於國民待遇之功能而授予者。

3.關於本協定所未規定之表演人、錄音物製作人及廣播機構之權利者。

4.衍自較世界貿易組織協定更早生效之關於智慧財產保護之國際協定者，惟此項協定須通知與貿易相關之智慧財產權理事會，且不得對其他會員之國民構成任意或不正當之歧視。

四、耗　盡

「智慧財產權利耗盡原則」(exhaustion principle of intellectual property rights) 指智慧財產權利人於首次將產品交易流通後，即失去對該產品的控制權。例如專利權人自己製造、販賣或同意他人製造、販賣之專利物品（即真品），在第一次流入市場後，就表示專利權人已經行使其專利權，其真品之權利已經耗盡，專利權人不再具有權利，無論以何種方式實施該真品，專利權人都無權干預。其目的在避免智慧財產權利人企圖控制整個銷售體系。

與貿易相關之智慧財產權協定第 6 條標題為「耗盡」(exhaustion)，但實際上並未就此議題進行實體規範，其內容規定：「就本協定爭端解決之目的而言，並受本協定第 3 條及第 4 條拘束之前提下，本協定不得被用以處理智慧財產權耗盡之原則。」

依此規定，與貿易相關之智慧財產權協定雖承認智慧財產權耗盡為一「爭議事項」(issue)，但將相關規範完全留給會員國自行決定，其原因應為各會員國間對最適的處理方法尚無法達成共識之故。權利耗盡原則分為國內耗盡原則與國際耗盡原則二種：

1.國內耗盡原則：專利權只會因將專利物品投入國內市場而權利耗盡，不因在國外實施而耗盡。專利權人仍享有進口權，不允許真品自國外平行輸入。他人未經專利權人同意而進口真品於國內，則構成侵權。

2.國際耗盡原則：即使專利權人將專利物品投入國外市場，亦造成包括進口權之權利耗盡，無法禁止他人進口該專利物品。故雖未取得專利權人同意，專利權人對於真品之進口，不得主張進口權。若本國境內之專利權人與外國專利權人非同一人時，即使他人在外國合法取得專利物品，仍不得進口至我國境內銷售，否則將構成侵權。

已開發國家在其國內法制中通常偏好採行 「智慧財產權領域耗盡」 (a territorial exhaustion of intellectual property rights) 原則，而開發中國家則偏好採行「權利國際耗盡」。採取「權利國際耗盡」原則，可使平行輸入成為可能，可促進自由貿易，鼓勵競爭。

依我國專利法第 59 條第 6 項規定：「專利權人所製造或經其同意製造之專利物販賣後，使用或再販賣該物者。上述製造、販賣，不以國內為限。」

依我國商標法第 36 條第 2 項規定：「附有註冊商標之商品，由商標權人或經其同意之人於國內外市場上交易流通，商標權人不得就該商品主張商標權。但為防止商品流通於市場後， 發生變質、 受損或有其他正當事由者，不在此限。」依此規定，我國係採行「權利國際耗盡」原則。

對於專利物品之平行輸入，我國採國際耗盡原則後，因專利權已耗盡。所以國外上市流通之專利物品，貿易商之進口行為雖未取得專利權人同意，專利權人亦不得主張進口權，亦即不得禁止真品之平行輸入。

✹ 五、宗　旨

與貿易相關之智慧財產權協定第 7 條規範智慧財產權的宗旨，其規定：「智慧財產權之保護及執行必須有助於技術發明之提升、技術之移轉與散播、及技術知識之創造者與使用者之相互利益，並有益於社會及經濟福祉，及權利與義務之平衡。」

✹ 六、原　則

與貿易相關之智慧財產權協定第 8 條規範智慧財產權的原則，其規定：

1.會員於訂定或修改其國內法律及規則時，為保護公共衛生及營養，並促進對社會經濟及技術發展特別重要產業之公共利益，得採行符合本協定之必要

措施。

2.會員承認,為防止智慧財產權權利人濫用其權利,或不合理限制貿易或對技術之國際移轉有不利之影響,而採行符合本協定之適當措施者,可能有其必要。

第三節　智慧財產權之效力、範圍及使用之標準

一、著作權及其相關權利

(一)與伯恩公約之關係

會員應遵守 1971 年伯恩公約第 1 條至第 21 條及附錄之規定,但會員依本協定所享有之權利及所負擔之義務,不及於伯恩公約第 6-1 條之規定所賦予或衍生之權利。

著作權所保護者僅及於表達方式,不及於觀念、程序、操作方式或數學概念。

(二)電腦程式及資料之編輯

電腦程式,不論係原始碼或目的碼,均應以 1971 年伯恩公約所規定之文學著作保護之。

資料或其他素材之編輯,不論係藉由機器認讀或其他形式,如其內容之選擇或編排構成智慧之創作者,即應予保護。但該保護不及於資料或素材本身,且對該資料或素材本身之著作權不生影響。

(三)出租權

電腦程式及電影著作之著作人及其權利繼承人,有授權或禁止他人將其著作或重製物向大眾作商業性出租之權利。

就電腦程式而言,如電腦程式本身並非出租之主要標的者,而是被附入某

一項產品之中，而該產品係出租行為的主要對象，則會員對該項出租，不須賦予出租權。

　　但在電影著作方面，除非此項出租導致該項著作在會員之國內廣遭重製，實質損害著作人及其權利繼受人之專有重製權外，會員得不受前揭義務之限制。

　　此外，與貿易相關之智慧財產權協定第 14.3 條尚承認錄音物的出租權。

（四）保護期間

　　著作之保護期間，除攝影著作或應用美術著作以外，在不以自然人之生存期間為計算標準之情況下，應自授權公開發表之年底起算至少 50 年，如著作完成後 50 年內未授權公開發表者，應自創作完成之年底起算 50 年。

　　電腦程式，不論是原始碼或目的碼，均應以伯恩公約所規定之文學著作而受到著作權的保護，其保護期間應為終生及死後 50 年。非自然人的保護期間為公開日起 50 年。

（五）限制及例外

　　會員就專屬權所為限制或例外之規定，應以不違反著作之正常利用，且不至於不合理損害著作權人之合法權益之特殊情形為限。

（六）鄰接權

　　著作鄰接權 (neighboring rights)，係指鄰接於著作權的一種權利。由於表演人、錄音物製作人及廣播事業對文化的散播有所貢獻，故以著作鄰接權加以保護，保護程度略低於著作權。

　　表演人有權防止未經授權的下列行為：

　1.將其未附著於媒介物之表演予以附著。

　2.重製此一附著物。

　3.以無線方式播送其現場表演及向公眾傳達該表演，但其無權阻止以有線方式加以廣播。

　　錄音物製作人享有授權或禁止將其錄音物直接或間接重製之權利。在未經其同意下，他人亦不得對錄音物及其重製物為商業性出租行為。

廣播事業有權禁止未經授權的下列行為：

1.將廣播加以附著。

2.重製廣播附著物。

3.將廣播以無線電方式再公開播送。

4.將播出之電視節目再向公眾傳達。

✺ 二、商　標

（一）保護客體

任何足以區別不同企業之商品或服務之任何標識或其組合，應足以構成商標。此類標識，特別是包括人名之文字、字母、數字、圖形和顏色組合，及此類標識之組合，應得註冊為商標。至於視覺上無法認知的項目，如氣味、聲音，可以不保護包括商品商標與服務商標。

會員得以使用作為商標註冊要件，但商標之實際使用不得作為提出申請註冊之要件。

會員應於註冊前或註冊後立即公告每件註冊之商標，並應提供申請撤銷該註冊之合理機會。會員亦得提供對商標註冊提出異議之機會。

（二）商標專用權

註冊商標之專用權人應享有專用權，以防止他人在交易過程中，未經其同意，使用與其註冊商標相同或近似之標識於同一或類似之商品或服務上，而有混淆之虞。凡使用相同標識於相同商品或服務者，即推定有混淆之虞。上述權利不得侵害任何既存之權利，亦不得影響會員基於使用而賦予權利之可能性。

巴黎公約第 6-1 條之規定「準用」(mutatis mutandis) 於服務的情形。會員國應考慮該商標在相關公眾之知名度，包括因商標之宣傳而在該會員國所取得之知名度，來決定某一商標是否為著名商標。

有關將他人註冊之商標使用於不類似之商品或服務的情形，準用巴黎公約第 6-1 條之規定。但以該商標使用於不類似的商品或服務，而使公眾將該等商品或服務與商標專用權人產生聯想，且以該商標專用權人之利益有受到侵害之

虞者為限。

（三）例　外

　　會員得對商標專用權做有限度的例外規定，如說明性用語的合理使用；但此種例外規定需考慮商標專用權人及第三人之合法權益。

（四）保護期間

　　商標首次註冊及每次延展註冊的期間，均不得少於 7 年，以免保護期間過短，增加註冊人延展註冊之負擔。商標之註冊應可無限次延展。

（五）使用要件

　　若以使用為維持註冊之要件，須商標專用權人無正當事由繼續 3 年以上未使用，始得撤銷其註冊。但商標專用權人證明未使用係基於正當事由者，不在此限。商標未使用係不可歸責於商標專用權人之事由，如對該商標指定使用商品或服務進口之限制或其他之政府規定，應認為未使用之正當事由。

　　如他人使用商標係在商標專用權人監督下，則該使用應視為維持商標註冊之使用。

（六）其他要件

　　在交易過程中，商標之使用不應受特殊要求之不合理妨礙，例如須與其他商標一起使用、須以特別的形式使用、或須以減損商品或服務來源識別性的方式使用。此規定並不排除要求將生產該商品或服務之企業標識，與該企業所指定使用於特定商品或服務之商標一起使用，但不得要求將此二者組合使用。

（七）授權與移轉

　　會員得規定商標授權與移轉之要件，惟不得制定商標之強制授權。無論所屬營業是否一併移轉，商標專用權人應有移轉其註冊商標之權利。

❀ 三、地理標示

（一）地理標示之保護

本協定所稱之地理標示係指為辨別一商品係產自一會員之領域，或其領域內之某一地區或地點之標示，而該商品之特定品質、聲譽或其他特性，主要係歸因於其地理來源者。

會員國應提供利害關係人法律途徑，以防止以下情形：

1.使用任何方式明示或暗示某一商品係產自非該商品實際產地之外的其他地理區域，而使公眾誤認該商品之產地。

2.使用構成巴黎公約第 10-2 條所稱「不公平競爭」之任何行為。

若在該會員國內使用帶有地理標示之商標於指定之商品，且足以使公眾誤認該商品之實際產地者，該會員可基於國內法規，依職權 (ex officio)，或據利害關係人之要求 (request)，不准此等商標之註冊或評定其註冊無效。

（二）葡萄酒和烈酒地理標示之進一步保護

會員國應提供利害關係人法律途徑，以防止將葡萄酒或烈酒 (wines and spirits) 之地理標示使用在非產自該地理標示所指明的地區之葡萄酒或烈酒，即使其標示商品之真實產地，或者其係以翻譯之方式使用，或伴以「同類」、「同型」、「同風格」、「相仿」或其他類似的說明者，亦同。

葡萄酒之地理標示若屬同名，且未向公眾不實地表示該商品係產自其他領域者，各標示均應保護之。各會員應在考量確保相關生產者獲得公平待遇，及消費者不致被誤導的前提下，訂定區別同名地理標示之可行性規定。

（三）例 外

會員國於執行本節規定時，不得減損世界貿易組織協定生效前已於該國存在之地理標示之保護。

不得要求會員國禁止其國民或居民，以類似之方式繼續使用另一會員國之葡萄酒或烈酒的地理標示，但以在該會員境內已連續使用此地理標示於相同或

類似之商品或服務，並合於下列情事之一者為限：

　　1.在 1994 年 4 月 15 日以前，已達 10 年以上者。

　　2.於以上日期前係善意使用者。

　　若商標之申請或註冊係屬善意，或商標專用權係在本協定對該國生效前，或地理標示在該原產國受保護之前因善意使用而取得，則不得因該商標相同或近似於地理標示，而損及此商標註冊之資格或有效性，或商標使用之權利。

　　任何其他會員國有關葡萄酒商品之地理標示，若與世界貿易組織協定生效日時已存在於另一會員國領土內之葡萄品種的習用名稱相同，則該會員國對其他會員國的相關地理標示無保護義務。

　　原產地境內未獲得保護或已停止受保護之地理標示，或於該國已不使用之地理標示，本協定並無保護之義務。

　　依我國商標法第 30 條第 1 項第 9 款對地理標示有以下規定：「相同或近似於中華民國或外國之葡萄酒或蒸餾酒地理標示，且指定使用於與葡萄酒或蒸餾酒同一或類似商品，而該外國與中華民國簽訂協定或共同參加國際條約，或相互承認葡萄酒或蒸餾酒地理標示之保護者，不得註冊。」

四、工業設計

（一）保護要件

　　會員應對獨創之工業設計具新穎性或原創性者，予以保護規定。會員得規定，工業設計與已知之設計的結合無顯著差異時，為不具新穎性或原創性。會員得規定，此種保護之範圍，不及於基於技術或功能性之需求所為的設計。

　　會員應確保對紡織品設計之申請保護要件，不致因費用、審查或公告程序，不當損害尋求或取得此項保護之機會。會員得以工業設計法或著作權法提供此項保護。

（二）權利保護範圍

　　工業設計所有權人有權禁止未經其同意之第三人，基於商業目的而製造、販賣、或進口附有其設計或近似設計之物品。

會員得規定工業設計保護之例外規定，但以於考量第三人之合法權益下，其並未不合理地抵觸該權利之一般使用，且並未不合理侵害權利人之合法權益者為限。

權利保護期限至少應為 10 年。

五、專　利

（一）專用權保護客體

任何技術領域的發明，無論其形式為產品發明或方法發明，只要該發明具有新穎性、進步性 (inventive step) 以及可供產業之利用，應給予專利保護，且權利範圍不得因發明地、技術領域、或產品是否為進口或在本地製造，而有差異。

若發明之商業利用將損害到公共秩序或公共道德，或人類、動物或植物之生命或健康，或環境時，會員國對該發明得不授予專利。

會員得不予專利保護之客體包括：

1.對人類或動物疾病之診斷、治療及手術方法。

2.微生物以外之植物與動物，及除「非生物」(non-biological) 及「微生物」(microbiological) 方法外之動物、植物產品的主要生物育成方法。

會員應規定以專利法、或單獨立法或前二者組合之方式給予植物品種保護。本款於世界貿易組織協定生效 4 年後予以檢討。

（二）所授與之權利

專利權人享有下列專屬權：

1.物品專利權人得禁止未經其同意之第三人製造、使用、要約販賣 (offering for sale)、販賣或為上述目的而進口其專利物品。

2.方法專利權人得禁止未經其同意之第三人使用其方法，並得禁止使用、要約販賣、販賣或為上述目的而進口其方法直接製成之物品。

專利權人得讓與、繼承、及授權使用其專利。

（三）專利申請人之條件

會員應規定專利申請人須以清晰及完整之方式，揭露其發明，達於熟習該項技術者可據以實施之程度，會員並得要求申請人在申請日或優先權日（若有主張優先權者），表明其所知悉實施其專利之最有效方式。

會員得要求申請人提供就同一發明在外國提出申請及獲得專利之情形。

（四）專利權之例外規定

會員得規定專利權之例外規定，但以其於考量第三人之合法權益下，並未不合理抵觸專屬權之一般使用，並未不合理侵害專利權人之合法權益者為限。

（五）未經權利人授權之其他使用——強制授權

會員國之法律允許不經專利權人之授權而為其他實施者，或經政府特許之第三人實施其專利之情形者，應符合下列規定：

1.此類特許實施必須基於個案之考量。

2.特許實施申請人曾就專利授權事項以合理之商業條件與權利人極力協商，如仍無法於合理期間內取得授權者，方可准予特許實施。會員得規定國家緊急危難或其他緊急情況或基於非營利之公益考量下，可不受前揭限制而准予特許實施。其因國家緊急危難或其他緊急情況而准予特許實施時，須儘可能速予通知專利權人。如係基於非營利之公益使用者，政府或其承攬人於未經專利檢索之情況下，即可知或有理由可知有效之專利內容為或將為政府所使用，或基於政府之需要利用者，應即刻通知專利權人。

3.特許實施之範圍及期間應限於所特許之目的，如有關半導體技術則以非營利之公益使用，或作為經司法或行政程序確定之反競爭措施之救濟為限。

4.特許之實施應無專屬性。

5.特許移轉或善意實施者外之實施權，除與特許實施有關之營業一併移轉外，不得讓與。

6.特許實施應以供應會員國內市場需要為主。

7.於不損害特許實施權人之合法利益下，特許實施之原因消滅且回復可能

性不高時，特許實施應予終止。專利主管機關於申請時，應審查特許實施之原因是否繼續存在。

8.在考慮各個專利的經濟價值下，針對各別情況給付相當報酬予權利人。

9.特許實施之處分合法性，應由會員之司法機關審查，或由其上級機關為獨立之審查。

10.有關權利金之決定，應由會員司法機關審查，或由其上級機關為獨立之審查。

11.會員於依司法或行政程序認定具有反競爭性，而以特許實施作為救濟時，得不受第 2 項與第 6 項之拘束。補償金額度得考量糾正反競爭行為之需要。特許實施原因有可能再發生時，主管機關應有權不予終止特許實施。

12.某一專利權（第二專利）必須侵害另一專利權（第一專利）始得實施時，得特許其實施。但必須符合下列要件：

　　⑴第二專利之發明，相對於第一專利權申請專利範圍，應具相當程度經濟上意義之重要技術改良。

　　⑵第一專利權人應有權在合理條件下以交互授權之方式，使用第二專利權。

　　⑶第一專利權之特許實施權，除與第二專利權一併移轉外，不得移轉。

強制授權在世界各國原本很少發生，但因非洲國家付不起愛滋病與瘧疾等疾病之專利醫藥品費用，而成為「與貿易相關之智慧財產權協定」討論的熱門議題。

（六）撤銷或失權

對撤銷或失權之決定，應提供司法審查。

（七）專利保護期限

專利權期間自申請日起，至少 20 年。

（八）方法專利：舉證責任

協定第 28 條（所授予之權利）第 1 項第 2 款之專利權受侵害之民事訴訟

中，若該專利為製法專利時，司法機關應有權要求被告舉證其係以不同製法取得與專利方法所製相同之物品。會員應規定，有下列情事之一者，非專利人同意下製造之同一物品，在無反證時，視為係以該方法專利製造。

　　1.專利方法所製成的產品為新的。

　　2.被告物品有相當的可能係以專利方法製成，且原告已盡力仍無法證明被告確實使用之方法。

　　會員得規定第 1 項所示之舉證責任僅在符合第 1 款時始由被告負擔，或僅在符合第 2 款時始由被告人負擔。

　　在提出反證之過程，有關被告之製造及營業祕密之合法權益應列入考量。

✳ 六、積體電路之電路布局

（一）有關積體電路布局智慧財產權條約

　　會員同意依照積體電路智慧財產權條約之第 2 條至第 7 條（不包括第 6 條第 3 項）、第 12 條及第 16 條第 3 項保護積體電路電路布局，並遵守協定第 36、37 及第 38 條之規定。

（二）保護範圍

　　在受協定第 37 條第 1 項規定拘束之前提下，會員應視未經權利人授權之下列行為為違法，包括：進口、販賣、或基於商業目的而散布受保護之電路布局、或其內積體電路含有不法複製電路布局之物品。但後者之情形以其仍含有此種不法複製電路布局者為限。

（三）不需權利人授權之行為

　　縱有第 36 條之規定，對含有不法複製之電路布局的積體電路，或其內積體電路含有不法複製電路布局之物品的規定，如行為人於取得該積體電路或含有該積體電路之物品時，並不知且無適當理由可得而知有包含不法複製電路布局情事者，會員不得視其行為違法。會員應規定該行為人於被充分告知電路布局係不法複製後，仍可處理其擁有之存貨及被告知前之訂單，惟必須支付權利人

相當於在自由協議該電路布局授權之情形下，所應支付之合理權利金。

第 31 條第 1 至 11 項之規定，準用非自願授權之實施；或自政府使用或為政府而使用且未經授權者。

（四）權利保護期間

會員以註冊為權利保護要件時，電路布局保護期限，自註冊申請日或於世界任何地方首次商業利用之日起，至少 10 年。

當會員不以註冊為保護要件時，電路布局應自世界任何地方首次商業利用之日起，至少 10 年。

縱有前二項情事時，會員得規定權利保護期間為自該電路布局創作後 15年。

❋ 七、未經公開資訊之保護

「未經公開之資訊」 (undisclosed information)，又稱 「營業祕密」 (trade secret)，為依巴黎公約第 10–2 條有效保護智慧財產權及防止不公平競爭，會員應就符合下列第 2 項所規定之未經公開之資訊，及第 3 項所規定之提交政府或政府相關機構之資訊，予以保護。

自然人及法人對其合法持有之資料，應有防止被洩露或遭他人「以有違商業誠信方法」(in a manner contrary to honest commercial practices) 取得或使用之可能，但該資訊須：

1.具有祕密性質，且不論由其整體或細節之配置及成分之組合視之，該項資訊目前仍不為一般處理同類資訊之人所得知悉或取得者。

2.因其祕密性而具有商業價值。且

3.業經資訊合法持有人以合理步驟使其保持祕密性。

會員為核准新化學原料之醫藥品或農藥品上市，而要求提供業經相當努力完成且尚未公布之測試或其他相關資訊，應防止該項資訊被不公平的使用於商業之上。此外，除基於保護公眾之必要，或已採取措施以確實防止該項資訊被不公平商業使用外，會員國應保護該項資訊並防止洩露。

八、與契約授權相關之反競爭行為之防制

「與契約授權相關之反競爭行為之防制」的規定目的在規範會員國處理智慧財產權授權中所發生的反競爭行為。會員國同意，有些限制競爭之智慧財產權授權行為或條件，可能對貿易產生負面影響，與阻礙技術之移轉及交流。

會員國得於立法時明定某些授權行為或條件，係屬對相關市場之競爭產生負面影響之智慧財產權的濫用。依照以上規定，任何會員得在其國內相關之法律與規章中，採行與本協定其他條款不相抵觸之適當方法，以防止或管制此等授權行為，例如：專屬性之回頭授權、禁止對權利的有效性提出異議及強制性之包裹授權等。

第四節　智慧財產權之執行

「與貿易相關之智慧財產權協定」第三篇規定國際智慧財產權執行時的相關程序與最低標準，以達到充分有效的執行，確保權利人有效執行智慧財產權，並避免濫用執行程序。

一、一般義務

1.相關執行程序應能有效防止侵害行為及對進一步之侵害行為產生遏阻之救濟措施。

2.執行程序應公平且正當，其程序不得過於複雜、或花費過高、或無保障的遲延。

3.法院就案件實體內容所作之裁決必須依據當事人可獲得之證據為之，應儘可能以書面為之，並載明理由，而且至少應使涉案當事人均能迅速取得該書面。

4.當事人應有權請求司法機關就其案件最終行政決定為審查，並至少在合於會員國有關案件重要性的管轄規定條件下，請求司法機關就初級司法實體判決之法律見解予以審查。但會員並無義務就已宣判無罪之刑事案件提供再審查之機會。

會員國並無義務於其現有之司法執行系統之外，另行建立一套有關智慧財產權之執行程序；亦不影響會員執行其一般國內法律之能力。

二、民事與行政程序暨救濟

（一）公平且正當之程序

會員應賦予權利人行使本協定所涵蓋之智慧財產權之民事訴訟程序之權利。

被告有被及時以書面詳細告知其被告之理由及其他相關細節之權利。

雙方當事人均得委任獨立之律師代理訴訟，且訴訟程序於當事人必須親自到庭之相關規定上，不得使當事人增加無謂之負擔。

訴訟當事人均應有權提出證據及陳述理由；訴訟程序於不違反憲法規定之原則下，應提供認定與保護祕密資訊之措施。

（二）證　據

當一方已提出合理可以獲得之充分證據支持其主張，且指明相關重要證據為對造所持有時，司法機關有權命對造提出該證據，但必須受有確保祕密資訊保護之限制。

當事人一方在合理時間內自願且無正當理由而拒絕提供、或未提供必要資訊、或明顯地阻礙執行程序，會員得授權司法機關依據已被提出之資訊，包括因他方拒絕提供資訊而受不利影響之當事人所提出之指控及主張，為肯定或否定之初步或最終判決。但應給予當事人就主張或證據辯論之機會。

（三）禁制令

司法機關應有權命當事人停止侵害行為，特別是在於涉有侵害智慧財產權之進口物品，於結關後立即阻止其進入司法管轄區域內之商業管道。會員並無義務使前述司法禁制令適用於非因明知或可得而知之情況下，致侵害他人智慧財產權之情形。

（四）損害賠償

司法機關對於明知或可得而知之情況下，侵害他人智慧財產權之行為人，應令其對權利人因其侵權行為所受之損害，給付相當之賠償。司法機關亦應有權命令侵害人賠償權利人相關費用，該費用得包括合理之律師費；而於適當之情況下，會員並得授權其司法機關，命侵害人賠償權利人因其侵害行為所失之利益及／或支付預先設定的損害金額，縱使侵害人於行為當時，不知或無可得知其行為係屬侵害他人權利時亦同。

（五）其他救濟

為有效遏阻侵害情事，司法機關對於經其認定為侵害智慧財產權之物品，應有權在無任何形式之補償下，以避免對權利人造成任何損害之方式，命於商業管道外處分之，或在不違反其現行憲法之規定下，予以銷毀。司法機關對於主要用於製造侵害物品之原料與器具，亦應有權在無任何形式之補償下，以將再為侵害之危險減至最低之方式，命於商業管道外處分之。在斟酌前述請求時，侵害行為之嚴重性，所命之救濟方式及第三人利益間之比例原則應納入考量。關於商標仿冒品，除有特殊情形外，單純除去物品上之違法商標並不足以允許該物品進入商業管道。

❀ 三、暫時性措施

司法機關應有權採取迅速有效之暫時性措施以：

1.防止侵害智慧財產權之情事發生，特別是防止侵害物進入管轄區域內之商業管道，包括業經海關通關放行之進口物品在內。

2.保全經主張為與侵害行為相關之證據。

❀ 四、與邊界措施相關之特殊規定

與邊界措施相關之特殊規定係針對「仿冒與剽竊」（counterfeiting and piracy）而設。

（一）海關暫不放行措施

會員國應依照下述規定，訂定程序，以使有正當理由懷疑進口物品有仿冒商標或侵害著作權之權利人，得以書面向行政或司法主管機關提出申請，要求海關對此類物品暫不放行。會員國得將此種申請程序適用於涉及智慧財產權其他行為之物品，但應符合與邊界措施有關之特殊規定。會員國亦可提供類似程序，由海關對於自其領域出口之侵權物品暫不予放行。

仿冒商標物品係指任何之物品（含包裝），附有與有效註冊使用於該類物品相同之商標，或與該註冊商標主要部分無法區別，而未經授權，致依照進口國之法律對商標專用權人之權利造成侵害者。

侵害著作權貨品，係指任何物品，於生產國未經授權或其合法授權人同意而製造，且係直接或間接自某項物品製造，而其製造依進口國法律已構成侵害著作權或相關權利者。

（二）申　請

協定第 52 條規定，會員應要求權利人於依協定第 51 條規定提出申請(application) 時，需向主管機關提出足以推定在進口國法律之下有侵害權利人智慧財產權之表面證據，並就有關物品提供詳細說明，使海關易於辨認。

（三）保證金或相當之擔保

主管機關應有權要求申請人 (applicant) 提供足夠之保證金或相當之擔保，以保護被告及主管機關，並防止其濫用權利。

（四）暫不放行之期限

自申請人受暫不放行通知送達後 10 個工作日內，海關未被告知該案已由被告以外之一方就該案之實體部分提起訴訟，或該案業經法律授權機關採取臨時措施予以延長留置期間時，如該項物品已符合其他進口或出口之規定者，海關應予放行。

（五）對進口商及物主之賠償

因錯誤扣押或扣押後未起訴而放行，以致對進口商、收貨人及物主造成損害者，相關機關應令申請人給付適當之賠償。

（六）檢視權利

會員國應授權主管機關，於不損及保護機密資料之情況下，給予權利人或進口商充分之機會，對海關所查扣之物品進行檢視，以證實其指控。

（七）依職權之行為

若會員國要求其主管機關主動採取措施，並要求其對於表面證據顯示有侵害智慧財產權之貨品暫不放行者：

1. 主管機關得隨時要求權利人提供資料，以協助其行使職權。

2. 採取暫不放行措施時，應立即通知進口商及權利人。

3. 會員國應僅於主管機關及公務員基於善意採行或意圖採行適當救濟措施時，始得免除其法律責任。

（八）救濟措施

在不損及權利人採取其他訴訟之權利，以及被告尋求司法機關審查之權利的前提下，主管機關有權命依照協定第 46 條（其他救濟）所規定之原則銷毀或處置侵害智慧財產權之物品。對於仿冒商標物品，主管機關除特殊情況外，不得允許該侵權物品未作改變狀態下，適用不同之海關程序再出口。

（九）微量進口

會員對於旅客個人行李或小包寄送無商業性質之少量物品，得免除上述條款之適用。

❀ 五、刑事程序

會員至少應對具有商業規模而故意仿冒商標或侵害著作權之案件，訂定刑

事程序及罰則。

救濟措施應包括足可產生嚇阻作用之徒刑及／或罰金，並應和同等程度之其他刑事案件之量刑一致。

必要時，救濟措施亦應包括對侵權物品以及主要用於侵害行為之材料及器具予以扣押、沒收或銷毀。

會員亦得對其他侵害智慧財產權之案件，特別是故意違法並具商業規模者，訂定刑事程序及罰則。

第五節 爭端之防止及解決

✵ 一、透明化

1.各會員所訂有效之法律、規則、最終司法判決及一般適用之行政決定等，凡與本協定實體內容相關者（智慧財產權之有效性、範圍、取得、執行及防止濫用），均應以其官方語言公告，但公告於實際上不可行時，應使其內容可以公開取得，以使各國政府及權利人對之熟悉。任一會員與其他會員之政府或政府機構間所訂立與本協定實體內容有關之有效協定，亦應公告。

2.各會員均應將前項有關之法律、規則通知與貿易相關之智慧財產權理事會，以使該理事會審查本協定之執行。理事會在與世界智慧財產權組織就成立各項法律、規則之一般登記方式諮商成功時，應儘可能減輕會員履行上述義務之負擔，並得決定免除會員將有關法律、規則直接通知委員會之義務。委員會亦應考量本協定所為之各項通知義務係源自於巴黎公約第 6 條之規定的關連性。

3.各會員因其他會員書面之要求，應提供第 1 項所列之各項資料。一會員如有理由相信，智慧財產權之某一特定司法判決或行政決定或雙邊協定等，影響其在本協定之權益時，得以書面要求取得或被告知前揭事項之詳細內容。

4.前三項規定並不要求會員公開足以阻礙法律執行、違反公共利益或損害特定公有或私人企業合法商業利益之機密資料。

❀ 二、爭端解決

爭端解決瞭解書所解釋及適用之 GATT 1994 第 22 條及第 23 條，應適用於本協定之爭端諮商與解決。但本協定另有規定者，不在此限。

GATT 1994 第 23 條第 1 項 b 款與 c 款，於 WTO 協定生效後 5 年內不適用之。

前項期間內，與貿易相關之智慧財產權理事會應依本協定審理有關 GATT 1994 第 23 條第 1 項 b 款與 c 款之控訴範圍暨型態，並將其建議送交部長級會議通過。無論通過該建議或延長前項期間，部長級會議應以共識決作決定；且通過之建議，其效力及於全體會員，不待其為進一步正式接受之程序。

 參考資料來源

1.黃立、李貴英、林彩瑜 (2000)，《WTO 國際貿易法論》。臺北，元照出版。

2.吳嘉生 (2002)，《智慧財產權之理論與應用》。臺北，五南圖書。

3. Agreement on Trade-Related Aspects of Intellectual Property Rights.

4.經濟部國際貿易局網站。

 習　題

一、關鍵詞彙解釋

1. TRIPs   2. Paris Convention   3. Berne Convention   4. IPIC

5. WIPO   6. Copyright   7. Patent

二、問答題

1.智慧財產權具有那些共通性？

2.「與貿易相關之智慧財產權協定」之規定內容有何特點？

3.何謂「耗盡原則」？

4.何謂著作鄰接權 (neighboring rights)？試說明之。

5.商標構成條件為何？

6.何謂地理標示 (geographical indication)？

7.工業設計的保護要件為何？

8.專利權保護的客體為何?不予專利保護之客體有那些?

9.未經公開之資訊 (undisclosed information) 要具有那些條件,才給予保護?

10.智慧財產權在執行程序上之一般義務為何?

第十一章
與貿易相關之環保法規

第一節　概　說

　　1972 年聯合國於瑞典斯德哥爾摩 (Stockholm) 舉行「聯合國人類環境會議」(United Nations Conference on Human Environment)，集合工業化與開發中國家，企圖就環境問題給予國際性的規範，會中提出人類環境宣言，認為世界各國雖然有權利開發利用其國內之資源，但亦有義務保證其開發活動不會破壞到其他國家之環境。此次會議對全球人類居住環境之提升以及保存建立了一個共同之遠景及原則，會後並成立 「聯合國環境規劃署」 (United Nations Environment Programme, UNEP)，負責整合國際環保之行動，並協調會員國間之環境爭議。

　　1990 年聯合國設立環境與發展大會 (United Nations Conference on Environment and Development, UNCED)，1992 年 6 月該會在巴西里約熱內盧 (Rio de Janeiro) 舉行世界第一屆「地球高峰會」(Earth Summit)，其目的在調整國際經濟秩序，改變生產與消費方式，修正各國政策並加強國際約束及規範，以保護地球環境，使經濟能永續發展。會後發表里約宣言 (Rio Declaration)、氣候變化綱要公約 (Framework Convention on Climate Change, FCCC)、生物多樣化公約 (Convention on Biological Diversity)、 森林原則 (Forest Principles) 及 21 世紀議程 (Agenda 21) 等五大文件。

　　2002 年 8 月接著在南非約翰尼斯堡 (Johannesburg) 進行「世界永續發展高峰會」，亦即「第二屆地球高峰會」或稱「里約加十（年）」會議。其主題為「人民」(people)、「繁榮」(prosperity) 與「地球」(planet)。會後發表「約翰尼斯堡永續發展宣言」，重申對環境議題的承諾、呼籲全球共同努力，加強建構有效的夥伴關係及積極的對話；會中共通過了 152 項「行動計畫」，同時訂定了達成的

期程。

2012 年 6 月的 「聯合國永續發展大會」 (United Nations Conference on Sustainable Development, UNCSD) 在巴西里約熱內盧舉行「第三屆地球高峰會」或稱「里約加二十（年）」會議，邀請世界各國元首共同討論及檢討全球及人類推動永續發展所面臨的問題及展望。其兩大討論議題為：(1)在永續發展與消除貧窮的關係下之綠色經濟 (Green Economy within the context of Sustainability Development and Poverty Eradication)；(2)永續發展的體制架構 (Institutional Framework for Sustainable Development)。

本次高峰會的目標有三點：(1)對永續發展重新作出政治承諾；(2)檢討已執行之永續發展進展及差距；(3)處理新浮現的挑戰。規劃長達十年的架構協定來促進永續消費、生產及知識的累積。

由於國際間對於環保的意識日漸高漲，各國乃就大氣臭氧層 (Ozone Layer) 遭破壞、氣候變遷、危險廢棄物處理、危害生物多樣性及保護瀕臨絕種動、植物等議題，簽署了以貿易手段來達成環境保護目的之國際公約。

以下就華盛頓公約、巴塞爾公約、生物多樣性公約、蒙特婁議定書、聯合國氣候變化綱要公約及京都議定書等加以說明。

第二節　華盛頓公約

「瀕臨滅絕野生動植物國際貿易公約」(Convention on International Trade in Endangered Species of Wild Fauna and Flora, CITES)，簡稱華盛頓公約。本公約於 1973 年 3 月 3 日在美國首府華盛頓簽署，1975 年 7 月 1 日正式生效，並於 1979 年 6 月 22 日在德國伯恩 (Bonn) 修訂。至目前為止，共有一百八十三個締約國。

國際間野生動植物的貿易金額每年達到數 10 億美元之多，交易範圍包括活的動植物 (live animals and plants) 到由其衍生而來的各種野生生物產品 (wildlife products)，包括食品、皮革製品、樂器、木材及藥品等達千百萬種。由於野生動植物國際貿易的高度發展，加上自然棲息地的喪失 (habitat loss) 等因素，造成部分野生動植物族群快速的消失，其生存受到嚴重的威脅。為能永續

使用這些資源，在 1963 年「世界保育聯盟」(World Conservation Union) 的會議中，開始著手制定野生動植物國際貿易管制的公約。

　　許多野生的物種並不會因貿易而瀕臨滅絕，華盛頓公約的精神在於管制而非完全禁止野生動植物的國際貿易，CITES 規範了超過 35,000 種動植物的國際貿易，包括其產品和衍生物，透過物種分級與許可證的方式以確保野生動、植物標本 (specimens) 的國際貿易不會對其生存造成威脅，達到永續利用的目的。

　　2016 年 10 月華盛頓公約召開第十七屆會員國大會，一百五十二國代表通過許多創新的法律規範，並針對野生動植物資源的永續利用與監管做出許多重大決議。因辛巴威 (Republic of Zimbabwe)、納米比亞 (The Republic of Namibia)、南非共和國 (Republic of South Africa) 及波扎那 (Republic of Botswana) 等四國之國際象牙貿易禁令於 2017 年到期，此四國於會中積極推動象牙貿易決策機制 (Decision–Making Mechanism, DMM) 做為未來的貿易機制。但會中僅通過廢除國內合法象牙市場的提案。

　　2019 年 8 月 17 至 28 日，華盛頓公約在日內瓦召開第十八屆締約國大會，討論 500 多種受威脅動植物物種的保護，決定增加對許多瀕危物種的監測和管制，並通過附錄 I 和附錄 II 的修正案。如 Tokay 壁虎，其野生種群正因醫療目的而被大量殺害，現已被列入附錄 II；印度星龜從附錄 II 轉移到附錄 I，長頸鹿列入附錄二。

　　本公約共有 25 條及三個附錄，其主要內容包括：⑴定義 (Definitions)；⑵基本原則 (Fundamental Principles)；⑶附錄一物種標本的貿易管制 (Regulation of Trade in Specimens of Species included in Appendix I)；⑷附錄二物種標本的貿易管制 (Regulation of Trade in Specimens of Species included in Appendix II)；⑸附錄三物種標本的貿易管制 (Regulation of Trade in Specimens of Species included in Appendix III)；⑹許可與證明 (Permits and Certificates)；⑺義務之免除及其他有關貿易之特別規定 (Exemptions and Other Special Provisions Relating to Trade)；⑻締約國採取之措施 (Measures to be Taken by the Parties)；⑼管理及科學機構 (Management and Scientific Authorities)；⑽與非締約國之貿易 (Trade with States not Party to the Convention)；⑾締約國大會 (Conference of the Parties)；⑿國際措施 (International Measures)；⒀國內法律之效力與國際公約

(Effect on Domestic Legislation and International Conventions)；⒁爭端解決 (Resolution of Disputes) 等。茲就其定義、基本原則、許可與證明、締約國採取 之措施、管理及科學機構及締約國大會的內容簡要說明。

❀ 一、定　義

公約第 1 條就文內所使用之名詞定義如下：

1.物種 (species)：指任何生物物種、生物亞種 (subspecies) 及地理上之個別 群體 (geographically separate population)。

2.標本 (specimen)：指任何活的或死的動物或植物，包括附錄一、附錄二 及附錄三之物種，其任何容易辨認之部分 (any readily recognizable part) 或衍生 物品 (derivative)。

3.貿易 (trade)：指出口、再出口、進口及經由海路傳入。

4.再出口 (re-export)：指將已進口之任何標本出口。

5.經由海路傳入 (introduction from the sea)：指任何物種的標本採取海路運 送方式，而不是經由任何國家管轄區進入另一個國家。

6.科學機構 (scientific authority)：指依公約第 9 條 (Article IX) 指定之國家 科學機構。

7.管理機構 (management authority)：指依公約第 9 條 (Article IX) 指定之國 家管理機構。

8.締約國 (party)：指目前公約中已生效之國家。

❀ 二、基本原則

公約第 2 條將國際貿易的物種，分成三項附錄物種：

1.附錄一 (Appendix I) 包括繼續貿易可能會導致滅絕威脅的物種 (species threatened with extinction)，必須嚴格管制此類物種的貿易以維持其生存。附錄 一物種的標本禁止進行國際貿易，除非進口的目的不是商業性的，例如用於科 學研究，只要獲得進口許可證和出口許可證（或再出口證書）的授權，就可以 進行貿易。

2.附錄二 (Appendix II) 包括目前雖無滅絕危機，但需要在貿易上嚴格管制

以維持其生存的物種，並包括「相似物種」，即貿易標本看起來像所列物種的物種。附錄 II 物種的標本的國際貿易可以通過頒發出口許可證或再出口證書來授權。

　　3.附錄三 (Appendix III) 是各國為預防或限制開發 (preventing or restricting exploitation) 之目的在其領域內管制，並需要其他會員國合作管制貿易的所有物種。

　　目前約有五千種動物物種及二萬八千種植物物種列在華盛頓公約受保護的附錄中。

　　公約第 3 條、第 4 條及第 5 條分別就附錄一、附錄二及附錄三所列物種之標本規定貿易管制。

❀ 三、許可與證明

　　為達到永續利用野生動植物的目的，依公約第 3、4 條及第 5 條認可的許可證與證明書，必須依公約第 6 條之規定辦理。

　　出口許可證應記載附錄四 (Appendix IV) 上陳列的式樣資訊，並於核准日後 6 個月出口。

　　每張許可證或證明書必須記載目前公約之標題 (the title of present Convention)、管理機構核准的證明章或簽字、及管理機構的管制號碼。

❀ 四、締約國採取之措施

　　締約國應對受保護標本之非法貿易或佔有，採取以下措施：

　1.處以罰款 (penalize)。

　2.充公 (confiscation)、或退回 (return) 原出口國。

❀ 五、管理及科學機構

　　依公約第 9 條規定，各締約國應設有：

　1.一個以上的管理機構負責簽審 (grant) 許可證或證明書。

　2.一個以上的科學機構負責收集物種生態族群與分布等資料，並提供各項技術諮詢服務。

✲ 六、締約國大會

公約第 11 條規定，締約國大會每 2 年召開一次，應檢討目前公約之執行情形，並對附錄一、二及三所包括之物種之保育 (restoration and conservation) 措施的進行做檢討，及依公約第 15 條規定修訂附錄一及附錄二。

第三節　巴塞爾公約

1980 年代以來，工業國家嚴格的環境法規 (tightening of environmental regulations) 導致危險廢棄物處理 (hazardous waste disposal) 的代價增加。為尋求較便宜的廢棄物處理方式，一些工業國家的企業開始偷偷地將危險廢棄物越境運送到開發中及東歐國家丟棄。這些活動曝光後引起國際公憤，為遏止危險廢棄物越境轉移及處理，聯合國環境規劃署於 1989 年 3 月 22 日在瑞士巴塞爾召開的世界環境保護會議上，通過「控制危險廢棄物越境轉移及其處置巴塞爾公約」 (Basel Convention on the Control of Transboundary Movements of Hazardous Wastes and Their Disposal)，簡稱「巴塞爾公約」(Basel Convention)，於 1992 年 5 月正式生效，並於 1995 年進行修訂。到 2014 年 6 月底為止，共有一百八十個締約國。

茲就其締約國大會 (Conference of Parties, COP) 之重要決議說明如下：

1.第一屆締約國大會 (COP1) 於 1992 年 12 月在烏拉圭召開，確認公約未來的發展方向，要求工業化國家禁止將有害廢棄物運送至開發中國家，並禁止經濟合作暨發展組織 (OECD) 國家把有害廢棄物運送至其他國家。

2.第二屆締約國大會 (COP2) 於 1994 年 3 月在瑞士日內瓦召開，共做出二十七項決議。正式禁止經濟合作暨發展組織國家將有害廢棄物運送至其他國家作最終處理，並應於 1997 年底以前完全禁止。

3.第三屆締約國大會 (COP3) 於 1995 年 9 月在瑞士日內瓦召開，會中將 COP2 中之非強制性禁令修改為強制性禁令。

4.第四屆締約國大會 (COP4) 於 1998 年 2 月在馬來西亞召開，會中通過技術工作組所擬定之廢棄物項目清單 A 及清單 B。

5. 第五屆締約國大會 (COP5) 於 1999 年 12 月在瑞士日內瓦召開，會中通過並公布「關於無害環境管理的宣言草案和決議草案」、「關於危險廢棄物越境轉移及其處置所造成損害的責任與賠償問題議定書」、「2000 年至 2002 年宣言與決議的執行之優先活動表」等多項決議。

6. 第六屆締約國大會 (COP6) 於 2002 年 12 月在瑞士日內瓦召開，會中通過在塞內加爾、南太平洋、阿拉伯地區分別設立訓練與技術移轉之區域中心，並通過了「促進締約國遵守公約之執行機制」。

7. 第七屆締約國大會 (COP7) 於 2004 年 10 月 25 日在瑞士日內瓦召開，會中通過宣示公約範圍擴大至廢棄物的產出，整體管理與處理處置，不限於廢棄物之越境轉移。

8. 第八屆締約國大會 (COP8) 於 2006 年 11 月 27 日在肯亞奈若比召開，重點議題在探討不斷增多的電子廢棄物 (e-waste) 處理與管理策略。大會作出數項決議外，並發表宣言如下：

　　⑴提升電子廢棄物清潔生產技術、綠色設計及減少電子產品的有害物質含量。

　　⑵鼓勵已開發國家將技術轉移給開發中國家，國家、區域及國際間的電子廢棄物無害化管理之行動；支持巴賽爾公約的夥伴關係計畫。

　　⑶經由建立國家政策、法律及嚴格執行，改善廢棄物的管理。

　　⑷防止電子廢棄物非法運送。

9. 第九屆締約國大會 (COP9) 於 2008 年 6 月 23 日在印尼峇里島召開，會中通過手機技術準則（包括綠色設計、回收、再使用、再利用以及越境轉移管理），另外則宣布電腦夥伴計畫正式成立。

10. 第十二屆締約國大會 (COP12)：聯合國環境署巴塞爾公約、鹿特丹公約及斯德哥爾摩公約聯合秘書處，於西元 2015 年 5 月 4 日至 5 月 15 日在瑞士日內瓦召開「巴塞爾第十二屆、鹿特丹第七屆及斯德哥爾摩第七屆三公約聯合締約國」大會。本屆大會會議重點包括：

　　⑴卡塔基納廢棄物預防宣言。

　　⑵舊廢電子廢棄物越境轉移技術指引—區隔廢棄物及非廢棄物（草案）。

　　⑶國家報告。

　　(4)法律用語明確性。

　　(5) 2016 至 2017 年工作計畫。

　　11.第十四次締約國大會 (COP14)：於 2019 年 5 月 10 日在瑞士日内瓦召開大會，其目的在於控制有害廢棄物越境轉移及其處置，由日本與挪威聯合提出修正案。

　　修正案規定的有害廢棄物，在未加入公約的對方國家同意之前，禁止出口。締約國被要求將塑料垃圾的產生縮減到最小限度，並儘可能在其國內處理。

　　本公約共有 29 條及九個附件 (Annex)，茲就其目的、廢棄物類別及定義簡要說明。

❋ 一、目　的

　　巴塞爾公約主要目的在建立一套控制危險廢棄物越境轉移的架構 (framework)，其目的如下：

　　1.減少有害廢棄物之產生，遏止越境轉移危險廢棄物，特別是向開發中國家出口和轉移危險廢棄物造成環境的污染。

　　2.提倡就地處理有害廢棄物，以減少跨國運送。

　　3.妥善管理有害廢棄物之跨國運送，防止非法運送行為。

　　4.提升有害廢棄物處理技術，促進無害環境管理之國際共識。

　　本公約要求締約國把危險廢棄物數量減到最低限度，並嚴格控制其儲存 (storage)、運送 (transport)、處理 (treatment)、再利用 (reuse)、回收再利用 (recycling)、收回 (recovery) 及最後處置 (final disposal)，以保護人類健康與環境，並發展「環境安全管理」(environmentally sound management)。

❋ 二、廢棄物類別

　　公約附件一列出「應加控制的廢棄物類別」(categories of wastes to be controlled)。

　　附件二列出「須加特別考慮的廢棄物類別」(categories of wastes requiring special consideration)。

　　附件三列出「危險特性的清單」(list of hazardous characteristics)，清單中說

明危險廢棄物指國際上普遍認為具有爆炸性 (explosive)、易燃性 (flammable)、氧化 (oxidizing)、急性毒性 (poisonous(acute))、傳染性 (infectious)、腐蝕性 (corrosives)、與空氣或水接觸後釋放有毒氣體 (liberation of toxic gases in contact with air or water)、慢性毒性 (toxic(delayed or chronic))、生態毒性 (ecotoxic)、及經處置後能以任何方式產生具有上列任何特性之另一種物質 (capable, by any means, after disposal, of yielding another material, e.g., leachate, which posses any of the characteristics listed above)。

依公約第 1 條規定，危險廢棄物指下列廢棄物：

1.屬於附件一所載任何類別的廢棄物，除非其不具備附件三所列之任何特性。

2.不包括在第 1 項內，但被出口、進口或過境的締約國的國內法定義為或視為危險廢棄物的廢棄物。

越境轉移屬於附件二所載任何類別的廢棄物，即為其他廢棄物。

✵ 三、定　義

公約第 2 條將公約內所使用之名詞加以定義 (definitions)，說明於下：

1.**廢棄物 (wastes)**：指被處置、或準備被處置、或依國家法律規定必須處置的物質 (substances) 或物品 (objects)。

2.**管理**：指對危險廢棄物或其他廢棄物的收集、運送或處置，包括對處置場所的事後處理。

3.**越境轉移 (transboundary movement)**：指危險廢棄物或其他廢棄物從一國之管轄區移至或通過另一國管轄區之任何轉移，或移至或通過非任何國家管轄區之任何轉移，但該轉移須至少包括兩個國家。

4.**處置 (disposal)**：指本公約附件四所規定之任何作業 (operation)。

5.**核准場地或設施 (approved site or facility)**：指經該場地或設施所在國的有關當局授權或批准，從事危險廢棄物或其他廢棄物處置作業之場地或設施。

6.**主管當局 (competent authority)**：指由一締約國指定，在該國認為適當的地理範圍內，負責接收第 6 條（締約國間之越境轉移）所規定危險廢棄物、或其他廢棄物越境轉移通知及任何有關資料，並負責對此類通知作出答覆的政

府當局。

7. **聯絡點 (focal point)**：指第 5 條所指有關締約國內負責接收和提交第 13 條及第 15 條所規定資料之一個實體 (entity)。

8. **危險廢棄物或其他廢棄物的環境安全管理 (environmentally sound management of hazardous wastes or other wastes)**：是指採取一切可行步驟，確保以保護人類健康和環境的方式管理危險廢棄物或其他廢棄物，以免發生這類廢棄物可能導致的不利影響。

9. **一國之管轄區 (area under the national jurisdiction of a state)**：指任何陸地 (land)、海域 (marine area) 或空間 (airspace)，在該區域內，一國依國際法關於 (in regard to) 人類健康或環境保護之規定，履行其行政和管理上的責任。

10. **出口國 (state of export)**：指計畫從或已經從該處將危險廢棄物或其他廢棄物越境轉移之締約國。

11. **進口國 (state of import)**：指計畫作為或已經作為危險廢棄物或其他廢棄物越境轉移之目的地的締約國，以便在該國進行處置或裝運到非一國管轄區之區域內進行處置。

12. **過境國 (state of transit)**：指除出口國或進口國以外之危險廢棄物或其他廢棄物越境轉移中，計畫通過或通過之任何國家。

13. **相關國家 (states concerned)**：指出口或進口締約國，或不論是否締約國之過境國。

14. **人 (person)**：指任何自然人或法人。

15. **出口商 (exporter)**：指在出口國管轄下安排危險廢棄物或其他廢棄物出口之任何人。

16. **進口商 (importer)**：指在進口國管轄下安排危險廢棄物或其他廢棄物進口之任何人。

17. **運送人 (carrier)**：指從事危險廢棄物或其他廢棄物運送之任何人。

18. **產生人 (generator)**：指其活動產生危險廢棄物或其他廢棄物運送之任何人，或若不知此人為何人，指擁有及／或控制那些廢棄物的人。

19. **處置者 (disposer)**：指裝運危險廢棄物或其他廢棄物，及處置該廢棄物之任何人。

20. **政治及／或經濟整合組織 (political and/or economic integration organization)**：指由一些主權國家組成之組織，該組織受到其成員國授權處理與本公約有關之事項，並依其內部程序正式授權簽署、批准、接受、核准、正式確認或加入本公約。

21. **非法運送 (illegal traffic)**：指第 9 條所指的對危險廢棄物或其他廢棄物的任何越境轉移。

第四節　生物多樣化公約

「生物多樣化公約」 (Convention on Biological Diversity) 於 1992 年 6 月在「里約地球高峰會」(Rio Earth Summit)，共有一百九十六個國家及區域經濟組織代表簽署。本公約承認生物多樣化，包括植物、動物、微生物 (micro organisms) 及生態系統 (ecosystems)，並關心人類生存所需的食品安全、藥品、新鮮空氣及水、居住地 (shelter) 及乾淨健康的生活環境。

2018 年 11 月下旬，第十四屆「生物多樣化公約」締約國大會（Convention on Biological Diversity COP14，簡稱 CBD COP14） 在埃及沙姆沙伊赫 (Sharm El-Sheikh) 召開，通過將生物多樣化納入能源和採礦、基礎建設、製造和加工部門、都市規劃，以及商業和金融等部門的數項決議，「鼓勵」政府及利害關係人在基礎建設、能源和採礦的計畫中將考量生物多樣化，並執行早期規劃 (upstream planning) 和減緩層級 (mitigation hierarchy)。

本公約共有 42 條，主要內容包括：⑴目標 (Objectives)；⑵用語 (Use of Terms)；⑶原則 (Principle)；⑷管轄範圍 (Jurisdictional Scope)；⑸合作 (Cooperation)；⑹保護和持久使用方面的一般措施 (General Measures for Conservation and Sustainable Use)；⑺就地保護 (In-situ Conservation)；⑻移地保護 (Ex-situ Conservation)；⑼鼓勵措施 (Incentive Measures)；⑽公眾教育與認識 (Public Education and Awareness)；⑾遺傳資源的取得 (Access to Genetic Resources)；⑿技術的取得與轉讓 (Access to and Transfer of Technology)；⒀技術與科學合作 (Technical and Scientific Cooperation)；⒁生物技術的處理及利益之分配 (Handling of Biotechnology and Distribution of its Benefits)；⒂資金來源

(Financial Resources) 等等。茲就成立目標、用語及原則簡要說明。

✳ 一、目　標

公約第 1 條規定，依本公約相關條款，達成以下目標：

1.保護地球上生物多樣化 (the conservation of biological diversity)。

2.持久使用其組成部分 (the sustainable use of its components)。

3. 公平合理分享由利用遺傳資源而產生的利益 (the fair and equitable sharing of the benefits arising out of the utilization of genetic resources)。

包括適當取得遺傳資源及適當移轉相關技術，並對這些資源和技術的所有權利提供適當資金。

✳ 二、用　語

公約第 2 條規定用語，對公約中使用之一些專業用語作定義：

1. **生物多樣化 (biological diversity)**：指所有來源的生物體 (living organisms) 之差異性 (variability)，這些來源包括陸地 (terrestrial)、海洋 (marine) 和其他水生生態系統 (aquatic ecosystems)、及其所構成的生態綜合體 (ecological complexes)；包括物種內部 (within species)、物種之間 (between species) 及生態系統的多樣化。

2. **生物資源 (biological resources)**：指對人類具有實際或潛在用途或價值的遺傳資源 (genetic resources)、生物體或其部分、生物群體 (populations)、或生態系統中任何其他生物組成部分 (biotic component)。

3. **生物技術 (biotechnology)**：指使用生物系統、生物體或其衍生物 (derivatives) 的任何技術應用，以製造或修改產品或過程以供特定使用 (specific use)。

4. **遺傳資源的原產國 (country of origin of genetic resources)**：指具有遺傳資源原地條件 (genetic resources in in-situ conditions) 的國家。

5. **提供遺傳資源的國家 (country providing genetic resources)**：指供應遺傳資源的國家，此種遺傳資源可能是取自原地，包括野生和馴養物種 (wild and domesticated species) 的群體、或取自移地來源 (ex-situ sources)，不論是否原產

於該國。

6.馴養或培殖物種 (domesticated or cultivated species)：指人類為滿足自身需要而影響了其演化進程的物種。

7.生態系統 (ecosystem)：指植物 (plant)、動物 (animal) 和微生物群體 (micro-organism communities) 及其無生命環境 (non-living environment)，作為一個機能單位 (functional unit) 交互作用 (interacting) 所形成的一個動態複合體 (dynamic complex)。

8.移地保護 (ex situ conservation)：指將生物多樣化的組成部分 (components of biological diversity) 在其自然棲息地 (natural habitats) 外保護。

9.遺傳材料 (genetic material)：指來自植物、動物、微生物或其他來源的任何含有遺傳功能單位 (functional units of heredity) 的材料。

10.遺傳資源 (genetic resources)：指具有實際或潛在價值的遺傳材料。

11.棲息地 (habitat)：指生物體或生物群體自然產生的地方 (place) 或地點 (type of site)。

12.原地條件 (in situ conditions)：指遺傳資源生存於生態系統及自然棲息地內的條件；對馴養或培殖的物種而言，指發展出其明顯特性 (distinctive properties) 的環境 (surrounding)。

13.原地保護 (in situ conservation)：指對生態系統和自然棲息地的保護，以及在其自然環境中維持和恢復有生存力的物種群體。

14.保護區 (protected area)：是指一個為達到特定保護目標而指定 (designated) 或管制 (regulated) 和管理 (managed) 的地理界限區域 (geographically defined area)。

15.區域經濟整合組織 (regional economics integration organization)：指由一特定區域 (a given region) 的主權國家 (sovereign States) 組成的組織，其成員國將處理本公約範圍內事務的權力轉移給該組織，並正式授權該組織依照內部程序簽署、批准、接受、核准或加入本公約。

16.持久使用 (sustainable use)：指以不會導致生物多樣化的長期衰落的方式和速度使用生物多樣化組成部分，從而維持其滿足現在及未來世代的需要 (needs) 和期望 (aspiration) 的潛力。

17.技術 (technology)：包括生物技術。

❋ 三、原　則

公約第 3 條規定原則，依照聯合國憲章和國際法原則，各國具有按照其環境政策開發其資源的主權權利，同時亦負有責任以確保在其管轄或控制範圍內的活動，不致對其他國家或國家管轄範圍以外地區的環境造成損害。

生物多樣化公約對臺灣生技產業的發展影響很大，不但會影響到生物資源及技術的取得，並會影響到相關產品銷售的管道。

第五節　蒙特婁議定書

臭氧層 (ozone layer) 在大氣層 (atmosphere) 中所佔的部分雖然很少，但其隔離了陽光中對人體有害的紫外輻射線 (harmful ultraviolet radiation)，對人類的健康卻是非常必要。1970 年代中期發現人類生產使用在冰箱及冷氣機的氟氯碳化物 (chlorofluorocarbons, CFCs) 化學品能破壞臭氧，使臭氧層稀薄，造成地球表面所承受的紫外輻射線增加，導致皮膚癌 (skin cancer) 及眼球白內障 (eye cataracts) 病變發生的機率增加。

臭氧減少 (ozone depletion) 的問題於 1976 年在「聯合國環境規劃署」(UNEP) 的相關會議上開始進行討論，並於 1977 年設立「臭氧層協調委員會」(Coordinating Committee of the Ozone Layer, CCOL)。1985 年 3 月簽署「保護臭氧層維也納公約」(Vienna Convention for the Protection of the Ozone Layer)，簡稱「維也納公約」。本公約主要目的在促進國際間政府對臭氧層觀察研究、監視氟氯碳化物的生產及資訊交流的合作。

限制破壞臭氧層物質的蒙特婁議定書 (Montreal Protocol on Substances that Deplete the Ozone Layer)，簡稱「蒙特婁議定書」，是由聯合國環境規劃署於 1987 年 9 月在加拿大蒙特婁召開的保護臭氧層會議中通過，並於 1989 年 1 月 1 日起正式生效。其內容乃根據 1985 年簽署的維也納公約的精神及要求制定。

蒙特婁議定書共有 20 條及五個附件，經締約國倫敦會議 (London, 27–29 June 1990)、哥本哈根會議 (Copenhagen, 23–25 November 1992)、維也納會議

(Vienna, 5–7 December 1995)、蒙特婁會議 (Montreal, 15–17 September 1997) 及北京會議 (Beijing, 29 November–3 December 1999) 的大幅修改，比 1987 年所提出的原案複雜很多，但原則及精神仍大致保留不變，主要目的為限制氟氯碳化物 (CFCs) 及海龍 (Halons) 等破壞臭氧層化學品的使用。說明如下：

一、締約國倫敦會議

　　1990 年 6 月 27 至 29 日在英國倫敦召開，擴大列管物質，除原有列管項目之外，另增加 CFC–13 等 10 種物質、四氯化碳以及三氯乙烷，共計 12 種化學物質，並要求加速提前於 2000 年完全禁用 CFC 和海龍（附件 A 第 1 組、第二組和附件 B 第一組）等物質。

二、哥本哈根會議

　　1992 年 11 月 23 至 25 日在哥本哈根召開，將 34 種氫溴氟烴加入受控物質清單中，不再稱氫氯氟烴為過渡物質，要求已開發國家和開發中國家分別在 2030 年和 2040 年之前停止氫氯氟烴的生產和使用，將已開發國家氯氟烴和海龍的生產消費停止期限提前了 4 年。

三、第七次締約國會議

　　1995 年 12 月 5 至 7 日在維也納召開，通過提出甲基溴淘汰的時間表，允許開發中國家推遲 10 年完成 CFC 和海龍等物質的淘汰。

四、蒙特婁會議

　　1997 年 9 月 15 至 17 日在蒙特婁召開，禁止締約國向非締約國出口各類消耗臭氧層物質，並建立進出口許可證制度以監督和約束締約方之間的管控物質進出口活動。將甲基溴的淘汰期限從原來的 2010 年／2020 年提前到 2005 年/2015 年。

五、北京會議

　　1999 年 11 月 29 日在北京召開，將溴氯甲烷加入管控物質清單中，規定了氫氯氟烴的進出口限制。調整 CFC 類物質的淘汰時間表。

六、第十九次締約國會議

　　2007 年 9 月通過第六次調整案，將氫氯氟烴的淘汰年限提前了 10 年，規定已開發國家和開發中國家分別應當在 2030 和 2040 年之前實現氫氯氟烴的完全淘汰。

在議定書前文中 (Preamble) 指出，締約國應針對改變或可能改變臭氧層之人類活動採取適當的措施 (take appropriate measures)，以保護人類的健康及環境。在措施方面，應以科學知識 (scientific knowledge) 為基礎，並以技術及經濟為考量。為顧慮到開發中國家的發展需求，並成立信託基金協助開發中國家進行技術轉移。

國際上主要依據蒙特婁議定書的規定管制破壞臭氧層物質，我國雖無法正式簽署聯合國之與環境保護有關之公約，但為避免在貿易上受到抵制，並提升環境保護之形象，應積極管制破壞臭氧層物質的消費量，並遵守聯合國環境保護公約之規定。

第六節　聯合國氣候變化綱要公約

氣候系統 (climate system) 為國際所共享的資源，由於二氧化碳 (carbon dioxide) 及其他溫室氣體 (greenhouse gases) 的排放，造成地球溫室效應，形成氣候暖化的現象，人類生存的環境因而受到極大的威脅。聯合國大會設立之「政府間氣候變化綱要公約談判委員會」，於 1992 年通過「聯合國氣候變化綱要公約」(United Nations Framework Convention on Climate Change, UNFCCC) 建立了一套政府間處理氣候變化 (climate change) 所帶來的問題的全面性架構 (overall framework)。

聯合國氣候變化綱要公約於 1997 年於日本京都舉行第三屆締約國會議 (COP3) 時通過「京都議定書」(Kyoto Protocol)，針對包括二氧化碳在內之氟氯碳化物等六種溫室氣體，定出具體減量目標。到 2009 年 10 月為止，共有一百九十六個締約國。

聯合國氣候變化綱要公約於 2015 年 12 月在巴黎召開 C 第二十一屆締約國大會 (COP21) 中，通過「巴黎協定」(Paris Agreement)。依本公約各國政府應承擔的義務為：

　1.蒐集並與締約國分享溫室氣體排放的資訊、國家政策 (national policies)、及最好的實地應用經驗 (best practices)。

　2.對溫室氣體排放可預見的衝擊提出國家策略，包括對開發中國家提供財

務上及技術上的支持。

　　3.與締約國共同合作準備適應氣候變化的衝擊。

　　本公約於 1994 年 3 月 21 日正式生效，共有 26 條，茲就其定義、目標、原則作簡要說明。

🏵 一、定　義

　　1.氣候變化之不利影響 (adverse effects of climate change)：指氣候變化對物質環境 (physical environment) 或地區生物 (biota)，在其組成 (composition)、恢復 (resilience) 或自然及管理的生物系統 (ecosystems) 的生產力，或人類健康及幸福的社會經濟系統的操作上，造成有害的影響。

　　2.氣候變化 (climate change)：指因人類的活動直接或間接改變地球大氣層的組成，及依可比較的期間觀察，增加自然氣候的變化性。

　　3.氣候系統 (climate system)：指大氣層 (atmosphere)、水氣層 (hydrosphere)、生物圈 (biosphere)、地表 (geosphere) 及其交互作用 (interactions) 的總合。

　　4.排放 (emissions)：指在特定區域及特定時間釋放溫室氣體及／或其先端分子 (precursors) 進入大氣層。

　　5.溫室氣體 (greenhouse gases)：指包括自然及人為 (anthropogenic) 在內的大氣層中吸收及再放出 (re-emit) 紅外輻射線 (infrared radiation) 的氣體成分 (gaseous constituents)。

　　6.區域經濟整合組織 (regional economic integration organization)：指由一特定區域的主權國家組成的組織，其成員國將處理本公約範圍內事務的權力轉移給該組織，並正式授權該組織依照內部程序簽署、批准、接受、核准或加入本公約。

　　7.貯存庫 (reservoir)：指氣候系統中貯存溫室氣體或溫室氣體先端分子的成分 (component)。

　　8.碳匯 (sink)：指將溫室氣體、煙霧質 (aerosol) 或溫室氣體先端分子，從大氣層中移除的任何過程 (process)、活動 (activity) 或機能 (mechanism)。

　　9.來源 (source)：指溫室氣體、煙霧質或溫室氣體先端分子進入大氣層的

任何過程或活動。

✵ 二、目　標

依公約第 2 條規定，本公約之目標為達成將溫室氣體在大氣層的濃度 (concentrations)，穩定在防止氣候系統受到危險的人為干擾 (dangerous anthropogenic interference) 的水準。此一水準應在一個時間架構 (time-frame) 內使生物系統能自然地適應氣候變化，以確保糧食生產不受到威脅，並使經濟發展能穩定地進行。

✵ 三、原　則

為達到上述目標，公約第 3 條提出五大原則：

1.締約國應在平等及依照其共同但有差異性的責任及個別能力的基礎上，為人類目前及未來世代的利益保護氣候系統。

2.應完全考量開發中國家的特殊需求與情況，特別是易受氣候變化不利影響的締約國，及其他在本公約中承受不適當或不正常負擔的開發中國家。

3.締約國應採預防性的措施去處理、預防、或將氣候變化的因素降為最小，並緩和其不利的影響。受到嚴重或不能改變的損壞威脅的地方，不可以缺少科學的確定性 (scientific certainty) 為由延遲採用這些措施，有關氣候變化的政策及措施應具有成本效率 (cost-effective)，以可能的最低成本來確保全球的利益。為達到此目的，這些政策及措施應考慮到不同的社會經濟背景，應具有廣泛性 (comprehensive)，包括所有相關的來源 (relevant sources)、溫室氣體與改造物 (adaptation) 的排放及貯存，並包含所有經濟部門。針對氣候變化的努力可由有利益的締約國合作完成。

4.締約國有權且應促進實質的經濟發展。為保護氣候系統所採取之誘導人類改變生活方式的政策及措施，應適合每一個締約國的特殊情況，並應與國家經濟發展計畫整合，使人民瞭解到針對氣候變化採取措施對經濟發展是必要的。

5.締約國應合作促進一個受支持的及開放的國際經濟系統，以引導所有締約國的實質經濟成長與發展，特別是開發中的締約國，才能使其更有能力處理氣候變化的問題。包括片面措施在內的對抗氣候變化的措施，不應造成任意的

(arbitrary)、不合理的 (unjustifiable) 歧視，或對國際貿易作虛假的限制 (disguised restriction)。

第七節 京都議定書

在聯合國氣候變化綱要公約中依「共同但有差異性的責任」(common but differentiated responsibilities) 原則及「公平」(equity) 原則，將締約國分為「附件一成員」及「非附件一成員」兩種，各自承擔不同責任，共同管制全球二氧化碳的排放量，以降低溫室效應。但公約簽訂後全球二氧化碳濃度仍不斷上升，締約國並未認真執行減量目標，為了使全球溫室氣體排放量達到預期水準，於是形成制定具有法律強制力的議定書的共識。

1997 年 12 月在日本京都的「第三屆締約國大會」(COP3) 中簽署了「聯合國氣候變化綱要公約京都議定書」(Kyoto Protocol to the United Nations Framework Convention on Climate Change)，京都議定書是在氣候變化綱要公約的基礎上詳細規定具有法律強制力的減量目標，共有 28 條及二個附件。

附件 A 列出六種管制的溫室氣體，包括：二氧化碳 (carbon dioxide, CO_2)、甲烷 (methane, CH_4)、氧化亞氮 (nitrous oxide, N_2O)、氫氟碳化物 (hydrofluorocarbons, HFCs)、全氟碳化物 (perfluorocarbons, PFCs) 及六氟化硫 (sulphur hexafluoride, SF_6)；附件 B 列出包括歐盟在內承諾限制或減少排放的三十八個國家。茲就京都議定書的定義、目標及未來發展與因應措施作簡要說明。

❀ 一、定 義

議定書第 1 條將文中一些名詞作以下定義：

1.締約國大會 (Conference of the Parties)：指公約締約國大會。

2.公約 (Convention)：指 1992 年 5 月 9 日通過的聯合國氣候變化綱要公約。

3.政府間氣候變化專門委員會 (Intergovernmental Panel on Climate Change, IPCC)：指世界氣象組織 (World Meteorological Organization) 和聯合國環境規劃署在 1988 年聯合設立的政府間氣候變化專門委員會。

4.蒙特婁議定書 (Montreal Protocol)：指 1987 年 9 月 16 日在蒙特婁通過，後經調整和修正的破壞臭氧層物質的蒙特婁議定書。

5.出席並參加表決的締約國 (Parties present and voting)： 指出席會議並投贊成票或反對票的締約國。

6.締約國 (Party)：指本議定書締約國，除非文中另有說明。

7.附件一所列締約國 (Party included in Annex I)：指公約附件一所列，包括可能作出修正的締約國，或依據公約第 4 條第 2 款(g)項作出通知的締約國，包括工業化國家及東歐經濟轉型國家在內。

❋ 二、目 標

議定書第 3 條規定，附件一所列的締約國應個別地或共同地確保，其在附件 A 中所列溫室氣體的人為二氧化碳當量 (anthropogenic carbon dioxide equivalent) 的總排放量，不超過按附件 B 中所載「量化的限制或減少排放的承諾」 (Quantified emission limitation or reduction commitment) 和依據本條規定所計算的分配量，使其在 2008 年到 2012 年承諾期內，將附件 A 所列溫室氣體全部排放量從 1990 年的水準至少減少 5.2%。

依議定書第 25 條規定，本議定書應獲五十五個以上公約締約國批准，且其合計二氧化碳排放量至少佔附件一締約國 1990 年二氧化碳排放總量的 55%，議定書才能正式生效。

2002 年 7 月簽署國八十四國 ，批准國七十五國 。依據京都議定書網站資料，七十五國的排放總量只累積到 36%，未達生效條件。當時全球二氧化碳排放量中，美國占 36%，歐盟占 24%，俄羅斯占 18%。2004 年 10 月 22 日俄羅斯國會通過批准「京都議定書」，2004 年 11 月俄羅斯正式簽署「京都議定書」後，「京都議定書」於 2005 年 2 月生效。

京都議定書生效後 UNFCCC 第十一屆締約國大會暨京都議定書第一屆締約國會議 (COP11/CMP1) 於 2005 年 11 月 28 日至 12 月 10 日在加拿大蒙特婁召開 。會中通過包括跨國減量機制 、植樹造林等十九項京都議定書運作規則 (rulebook) ，並決議在京都議定書架構下展開「考量後續減量承諾」 (consider further commitment) 的協商 ，以及在氣候變化綱要公約架構下展開不具法律約

束力的 「加強執行公約以因應氣候變遷之長期合作行動對話」 (Dialogue on Long-term Cooperative Action to Address Climate Change Implementation of the Convention)，將以 2 年時間討論後京都時期 (post-Kyoto) 的規範。

UNFCCC 第十二屆締約國大會暨京都議定書第二屆締約國會議 (COP12/CMP2) 於 2006 年 11 月 6 日至 17 日在肯亞奈洛比召開。 會中決議 2008 年開始進行 2013 年至 2017 年第二次承諾期的減量行動之談判。

2007 年 11 月政府間 IPCC 發表第四次評估報告，更加確信人為溫室氣體排放是造成全球平均溫度上升的原因，報告中除模擬減量目標及相關經濟影響外，亦提出適應及減緩方案。

UNFCCC 第十三屆締約國大會暨京都議定書第三屆締約國會議 (COP13/CMP3) 於 2007 年 12 月 3 日至 15 日在印尼峇里島召開。 會中依據 IPPC 的報告開啟後京都減量架構的談判，除重申迫切需要採取進一步的行動，以減少開發中國家毀林及森林退化所導致的碳排放量，並決議以兩年的時間推動峇里路線圖 (Bali roadmap)。

UNFCCC 第十四屆締約國大會暨京都議定書第四屆締約國會議 (COP14/CMP4) 於 2008 年 12 月 1 日至 13 日在波蘭波茲南 (Poznan) 召開。會中除確認後續談判的時程外，並無多少具體成就。

京都議定書原訂於 2012 年到期，國際社會期望 2009 年 12 月在丹麥首都哥本哈根的會議中能通過新條約以規範全球溫室氣體的排放減量。

在波茲南的會議中，墨西哥、巴西與秘魯等國承諾提高溫室氣體減量目標並全力推動森林復育。歐盟各成員國領袖亦於 2008 年 12 月 12 日在比利時首都布魯塞爾的高峰會上通過 "20-20-20" 目標：以 1990 年的排放量為基準，在 2020 年之前將溫室氣體減量 20%，可再生能源的比重達到 20%、化石燃料消耗量減少 20%。

UNFCCC 第十五屆締約國大會暨京都議定書第五屆締約國會議 (COP15/CMP5) 於 2009 年 12 月 7 日至 18 日在丹麥哥本哈根 (Copenhegen) 召開。本屆大會主要議題有長期合作行動與修訂京都議定書兩項，涉及的協議包括：調適政策 (adaptation policies)、減排政策 (mitigation policy)、減少因毀滅森林與森林退化所導致之排放量 (reducing emission from deforestation and forest degradation, REDD)、京都機制 (Kyoto mechanism) 以及財務與技術移轉 (financial and technology transfer) 等。會中通過聯合國氣候變化綱要公約的十二項決議,以及京都議定書的十項決議,但沒有完成後京都第二次減量承諾的協議。

　　UNFCCC 第十六屆締約國大會暨京都議定書第六屆締約國會議 (COP16/CMP6) 於 2010 年 11 月 29 日至 12 月 11 日在墨西哥坎昆 (Cancun) 召開。會中在技術轉讓、資金管理、森林、量測與查證方面獲得部分成果,並達成坎昆協議,包括聯合國氣候變化綱要公約的十二項決議,以及京都議定書的八項決議;但關於工業化國家加速溫室氣體減少排放的議題,協議中僅表示各國對科學家有關工業化國家以 1990 年為基準,在未來 10 年間應減少排放溫室氣體 25% 到 40% 之建議已經「知悉」(recognized),但並未對此項建議作出正式決議。

　　UNFCCC 第十七屆締約國大會暨京都議定書第七屆締約國會議 (COP17/CMP7) 於 2011 年 11 月 28 日至 12 月 11 日在南非德班 (Durban) 召開。會中通過聯合國氣候變化綱要公約的十九項決議,以及京都議定書的十七項決議,並決議將京都議定書的有效期展延 5 年,讓締約國有充裕的時間在 2015 年前簽訂涵蓋美國、中國大陸及印度在內的新協議。

　　UNFCCC 第十八屆締約國大會暨京都議定書第八屆締約國會議 (COP18/CMP8) 於 2012 年 11 月 26 日至 12 月 8 日在卡達首都杜哈 (Doha) 召開。會議的目的在討論第二版京都議定書的內容。會中通過聯合國氣候變化綱要公約二十六項決議及京都議定書十三項決議,內容涵蓋全球因應氣候變遷新協議的諮商談判推展時程、綠色氣候基金財務機制、技術移轉、調適、森林與減少毀林、新市場機制、碳捕捉封存等多面向議題。會中並決議將第二版的京都議定書的有效期延到 2020 年,自 2013 年 1 月 1 日起生效。包括澳洲、歐盟各國、烏克蘭、瑞士及挪威在內的三十五個工業化國家要減少碳排放量。會中並定下工作時程,2015 年在巴黎必須討論出一份有具體法律約束力的全球協議,對象包括美國、中國大陸及印度在內。第一次談判訂在 2013 年 4 月在德國波昂舉行,在 2014 年 4 月 30 日各國必須訂出自己的減量標準,2020 年新協議可以生效。

UNFCCC 第十九屆締約國大會暨京都議定書第九屆締約國會議 (COP19/CMP9) 於 2013 年 11 月 11 日至 11 月 22 日在波蘭首都華沙 (Warsaw) 召開。會中通過聯合國氣候變化綱要公約二十七項決議及京都議定書十項決議，主要包括進一步提升德班平臺 (Durban Platform)、綠色氣候基金 (Green Climate Fund) 及長期融資 (long-term finance)、增加「減少因毀滅森林與森林退化所導致之排放量」 (REDD) 之華沙架構、滅失與損害之華沙國際機制 (Warsaw International Mechanism for Loss and Damage) 與其他決議。

UNFCCC 第二十屆締約國大會暨京都議定書第十屆締約國會議 (COP20/CMP10) 於 2014 年 12 月 1 日至 12 月 12 日在秘魯首都利馬 (Lima) 召開。會中就全球各國提出溫室氣體減量排放目標的基本規則達成協議，包括：⑴各國須在 2015 年 3 月 31 日前制定並提交 2020 年後的減排貢獻，並對所需的基本資訊做出要求；⑵國家可自願將適應 (adaptation) 納入「國家自主決定預期貢獻」 (Intented National Determined Contributions, INDC) 中；⑶提出一份巴黎協議草案，作為 2015 年談判起草巴黎協議文本的基礎。擬議中的巴黎協議，將取代 1997 年的「京都議定書」(Kyoto Protocol)，作為 2020 年後唯一具備法律約束力的全球氣候協議，也將是聯合國氣候變化框架公約中新的核心。

第八節　巴黎協定

「聯合國氣候變化綱要公約」 (UNFCCC) 第二十一屆締約國大會 (COP21) 於 2015 年 11 月 30 日至 12 月 11 日在法國首都巴黎 (Paris) 召開，並於 2015 年 12 月 12 日通過「巴黎協定」(Paris Agreement)。依協定第 20 條規定，本協定應自 2016 年 4 月 22 日至 2017 年 4 月 21 日在紐約聯合國總部開放供簽署。此後，本協定應自簽署截止日之次日起開放供加入。批准 (ratification)、接受 (acceptance)、核准 (approval) 或加入 (accession) 的文件應交存保存人。依協定第 26 條規定，聯合國秘書長應為本協定的保存人。在 2016 年 4 月 22 日協定舉行簽署儀式當天，共有一百七十五個國家簽署，目前共有一百九十五個國家簽署。

依協定第 21 條規定，本協定應在至少五十五個「聯合國氣候變化綱要公

約」締約國，共占全球溫室氣體總排放量至少 55% 的締約國交存其批准、接受、核准或加入文件之日後第 30 天起生效。巴黎協定生效後取代京都議定書。

中國大陸與美國在 2016 年 9 月 3 日 G20 杭州峰會前夕批准實施巴黎協定。據世界資源研究所統計，中國大陸的碳排放量占全球 25%，美國的碳排放量占全球 15%，合計占 40%，在中、美兩國批准前，已有二十三個締約國批准，但這些國家的碳排放量合計僅占全球的 1%，2016 年 10 月 2 日印度批准巴黎協定，印度的碳排放量占全球 4.5%，居全球第四位，印度批准後，碳排放量合計共達全球的 52%。

2016 年 11 月 4 日巴黎協定正式生效，目前批准的國家已達一百四十四國，但仍有約一百個國家未正式批准該協定。

2017 年 6 月 1 日美國總統川普宣布美國將退出巴黎協定，2019 年 11 月 4 日美國已正式提交退出巴黎氣候協定的書面作業。中國大陸與俄羅斯表態將繼續支持巴黎協定。依巴黎協定第 28 條第 1 款規定，締約國在協定正式生效後 3 年才能申請退出，同條第 2 款規定，再過 1 年後才能正式退出，若順利完成，美國將於 2020 年 11 月 4 日起正式退出。

2017 年 7 月日 7 日在德國漢堡舉行的二十國集團的第十二次高峰會中亦聚焦在氣候變遷的議題上，除美國外，其他十九國領袖都共同承諾遵守巴黎協定。

巴黎協定共有 29 條，內容包括目標、減緩 (Mitigation)、適應 (Adaptation)、損失與損害 (Loss and Damage)、資金 (Finance)、技術開發與轉讓 (Technology Development and Transfer)、能力建設 (Capacity-Building)、行動與支持透明度 (Transparency of Action and Support)、全球盤點等 (Global Stocktake)。巴黎協定為繼京都議定書後，「聯合國氣候變化綱要公約」下的第二份具有法律約束力的文件。

茲就巴黎協定的主要內容、及未來發展與因應措施作簡要說明。

❋ 一、目 標

協定第 2 條規定如下：

1.本協定在加強公約的執行面，包括其目標，其目的在於維繫可持續發展

和消除貧窮的努力下，加強對氣候變化威脅的全球應對，包括：

⑴把全球平均氣溫升幅控制在工業化前水準 (pre-industrial levels) 以上低於 2°C 之內，並努力將氣溫升幅限制在工業化前水準以上 1.5°C 之內，同時認識到這將明顯地減少氣候變化的風險和影響 (impacts)。

⑵以不威脅糧食生產的方式，提高適應氣候變化不利影響的能力與增強氣候適應力 (foster climate resilience) 和低溫室氣體排放發展。

⑶使資金流動符合低溫室氣體排放和氣候適應的發展路徑。

2.本協定的執行將依照不同的國情反映平等與共同但有差別的責任 (differentiated responsibilities) 和個別能力 (respective capabilities) 的原則。

❀ 二、減　緩

協定第 4 條第 1 款規定，為了實現第 2 條規定的長期氣溫目標，締約國以儘快達到全球溫室氣體排放的高峰值 (global peaking of greenhouse gas emissions) 為目標，同時認識到對開發中締約國而言，高峰值需要更長的時間；並在此後依照最佳的可使用科學承擔快速減排。在平等的基礎上，以在維繫可持續發展和消除貧窮的努力下，在本世紀下半葉達到溫室氣體源的人為排放 (anthropogenic emissions) 與碳匯 (sinks) 清除之間的平衡。

協定第 4 條第 2 款規定，各締約國應編制 (prepare)、通報 (communicate) 並維持 (maintain) 其意欲達到的下一次國家自主貢獻。締約國應採取國內減緩措施 (domestic mitigation measures)，以達到這種貢獻的目標。

協定第 4 條第 4 款規定，已開發締約國應繼續帶頭，努力實現全經濟體 (econom-wide) 的絕對減排目標。開發中締約國應當繼續加強其減緩努力，並鼓勵其根據不同的國情，逐漸實現全經濟體的絕對減排或限排目標。

協定第 4 條第 7 款規定，從締約國的適應行動及／或經濟多樣化計畫中獲得的減緩共同收益，能貢獻本條下的減緩成果。

❀ 三、適　應

協定第 7 條第 1 款規定，締約國在此以對可持續發展貢獻及確保合適的適應對策以維繫第 2 條所述的氣溫目的觀點，建立提高對氣候變化的適應能力、

加強適應力和減少脆弱性的全球適應目標。

協定第 7 條第 2 款規定，締約國認識到適應是面臨所有具地方性的、次國家的 (sub-national)、國家的、區域性的和國際層面的全球挑戰，是為保護人民、生計 (livelihoods) 和生態系統 (ecosystems) 而採取的氣候變化長期全球應對措施的關鍵組成部分，並對此作出貢獻，同時也要考慮到對氣候變化不利影響特別脆弱的開發中國家，其緊急與立刻的需要。

協定第 7 條第 3 款規定，應根據本協定締約國會議第一屆會議的「締約國大會」(Conference of the Parties) 通過的模式，承認開發中國家的適應努力。

協定第 7 條第 7 款規定，締約國應當加強其在增強適應行動方面的合作，並考慮到「坎昆適應架構」(Cancun Adaptation Framework)，包括以下各點：

⑴交流資訊、良好做法、獲得的經驗和教訓，適度的，包括與適應行動相關的科學、規劃、政策和執行等。

⑵加強體制上的安排，包括公約下為協定服務的體制安排，以支持相關資訊和知識之綜合，並為締約國提供技術支援和指導。

⑶加強關於氣候的科學知識，包括研究、氣候系統觀測和預警系統，以便為氣候服務提供參考，並支援決策。

⑷以符合鼓勵良好做法的方式，在確定有效的適應做法、適應需要、優先事項、為適應行動和工作提供和取得支援，以及挑戰和差距 (gaps) 等方面協助開發中締約國。

⑸提高適應行動的有效性和持久性。

協定第 7 條第 9 款規定，各締約國應適度地開展適應規劃進程並採取各種行動，包括相關計畫的制訂或加強、政策及／或貢獻，其中可包括：

⑴適應行動、承擔及／或工作的履行。

⑵制訂和執行國家適應計畫的進程。

⑶以制訂國家制定的優先行動，同時考慮到處於脆弱地位的人民、地方和生態系統來評估氣候變化影響和脆弱性。

⑷監測和評價適應計畫、政策、方案和行動並從中學習。

⑸建設社會經濟和生態系統的適應力，包括通過經濟多樣化和自然資源的可持續管理。

❀ 四、損失與損害

協定第 8 條第 1 款規定，締約國認識到，包括極端氣候事件和緩發事件 (slow onset events)，避免、儘量減輕和處理 (addressing) 與氣候變化不利影響相關的損失和損害的重要性，以及在減少損失和損害上可持續發展的角色。

協定第 8 條第 2 款規定，作為與氣候變化影響相關損失和損害之華沙國際機制 (Warsaw International Mechanism) 應受本協定締約國會議的「締約國大會」的領導和指導 (authority and guidance)，並由本協定締約國會議的「締約國大會」之決定予以提升與加強。

協定第 8 條第 3 款規定，締約國應在合作和提供便利的基礎上，包括適當地通過華沙國際機制，在與氣候變化不利影響有關的損失和損害方面加強理解、行動和支持。

協定第 8 條第 4 款規定，為加強理解、行動和支持而展開的合作和提供便利的領域包括以下方面：

　　⑴預警系統。

　　⑵應急準備。

　　⑶緩發事件。

　　⑷可能涉及不可逆轉和永久性損失和損害的事件。

　　⑸綜合性風險評估和管理。

　　⑹風險保險設施，氣候風險分擔 (climate risk pooling) 和其他保險方案 (insurance solutions)。

　　⑺非經濟損失。

　　⑻社區的適應力、生計和生態系統。

協定第 8 條第 5 款規定，華沙國際機制應與本協定下現有機構和專家小組以及本協定以外的有關組織和專家機構合作。

❀ 五、資　金

協定第 9 條第 1 款規定，已開發締約國應在協助開發中締約國減緩和適應兩方面提供資金資源，以持續履行其在公約下之現有義務。

協定第 9 條第 2 款規定，鼓勵其他締約國自願提供或持續提供這項支助。

✿ 六、技術開發與轉讓

協定第 10 條第 1 款規定，締約國在充分落實技術開發和轉讓，以改善對氣候變化的適應力和減少溫室氣體排放的重要性上，有共同的長期願景。

協定第 10 條第 2 款規定，注意到技術對於執行本協定下的減緩和適應行動的重要性，並認識到現有的技術發展和推廣工作 (efforts)，締約國應加強技術開發和轉讓方面的合作行動。

協定第 10 條第 4 款規定，建立一個技術架構，為促進技術開發和轉讓的加強行動以支援本協定執行之技術機制 (Technology Mechanism) 工作提供總體指導 (overarching guidance)，以追求本條第 1 款所述的長期願景。

協定第 10 條第 5 款規定，加速、鼓勵和扶持創新，對有效的、長期的全球應對氣候變化，及促進經濟成長和可持續發展至關重要。應對這種努力適當地提供支持，包括由公約技術機制和通過資金手段的公約資金機制，以合作性方式研究和開發，特別是在技術週期的早期階段，便利開發中國家獲得技術。

✿ 七、能力建設

協定第 11 條第 1 款規定，本協定下的能力建設應當加強開發中締約國，特別是能力最弱的國家，如最低度開發國家，以及那些對氣候變化不利影響特別脆弱的國家，如小島嶼開發中國家，以便採取有效的氣候變化行動，其中包括執行適應和減緩行動，以及便利技術開發、推廣和部署、獲得氣候資金、有關教育方面、培訓和公共宣傳，以及透明的、及時的和準確的資訊通報。

協定第 11 條第 2 款規定，能力建設，尤其是針對開發中締約國的能力建設，應當由國家驅動，依據並回應國家需要，並促進締約國的國家自主性，包括在國家、次國家 (subnational) 和地區性的層面。能力建設應當以獲得的經驗教訓為指導，包括從公約下能力建設活動中獲得的經驗教訓，並應當是一個參與、貫穿各領域和注重性別 (gender-responsive) 的有效及互動的過程。

協定第 11 條第 3 款規定，所有締約國應當合作，以加強開發中締約國執行本協定的能力。已開發締約國應當加強對開發中締約國能力建設的支持。

協定第 11 條第 4 款規定,所有締約國在加強開發中締約國執行本協定的能力,包括採取區域的、雙邊的和多邊的方式,應當定期就能力建設行動或措施溝通。開發中締約國應當定期通報為執行本協定而落實能力建設計畫、政策、行動或措施的進展情況。

協定第 11 條第 5 款規定,應通過適當的體制安排,包括公約下為服務於本協定所建立的有關體制安排,加強能力建設活動,以支援對本協定的執行。本協定締約國會議的「締約國大會」應在第一屆會議上審議,並就能力建設的初始體制安排通過一項決定。

✽ 八、行動與支持透明度

協定第 13 條第 1 款規定,為建立互信並促進有效地執行,設立一個關於行動和支持的強化透明度架構,並以考慮到締約國不同的能力,以集體經驗為基礎內置一個彈性機制。

協定第 13 條第 2 款規定,透明度架構應為開發中締約國提供彈性 (flexibility),以利那些在能力上需要這種彈性的開發中締約國家執行本條規定。本條第 13 款所述的模式、程序和指南應反映這種彈性。

協定第 13 條第 3 款規定,透明度架構應建立和加強在公約中的透明度安排,同時認識到最低度開發國家和小島嶼開發中國家的特殊情況,以促進性 (facilitative)、非侵入性 (non-intrusive)、非處罰性 (non-punitive manner) 和尊重國家主權的方式實施,並避免對締約國造成不當負擔。

協定第 13 條第 4 款規定,公約下的透明度安排,包括國家資訊通報、兩年期報告和兩年期更新報告、國際評估和審查以及國際協商和分析,應成為本條第 13 款下的發展模式、程序和指南作為借鏡經驗的一部分。

協定第 13 條第 5 款規定,行動透明度架構的目的,是按照公約第 2 條所列目標,明確瞭解氣候變化行動,包括明確和追蹤締約國在第 4 條下實現各自國家自主貢獻方面所取得的進展,以及締約方在第 7 條之下的適應行動,包括良好做法 (good practices)、優先事項 (priorities)、需要和差距 (needs and gaps),以便為第 14 條下的全球盤點提供參考。

協定第 13 條第 6 款規定,支持透明度架構的目的是明確各相關締約國在第

4 條、第 7 條、第 9 條、第 10 條和第 11 條下的氣候變化行動方面提供和收到的支助，並盡可能反映所提供的累計資金支持的全面概況，以便為第 14 條下的全球盤點提供參考。

協定第 13 條第 7 款規定，各締約國應定期提供以下資訊：

⑴利用政府間氣候變化專門委員會接受，並由作為本協定締約國會議的公約締約國會議同意的良好做法而編寫的溫室氣體人為源排放量 (anthropogenic emissions by sources) 和碳匯清除量 (removals by sinks) 國家清單報告。

⑵跟蹤在根據第 4 條執行和實現國家自主貢獻方面取得進展所必需的資訊。

協定第 13 條第 8 款規定，各締約國還應適度地提供與第 7 條下的氣候變化影響和適應相關的資訊。

協定第 13 條第 9 款規定，已開發締約國以及提供支持的其他締約國，應根據第 9 條、第 10 條和第 11 條規定，向開發中締約國提供與資金、技術轉讓和能力建設援助的相關資訊。

協定第 13 條第 10 款規定，開發中締約國應當就第 9 條、第 10 條和第 11 條中規定需要和接受的資金、技術轉讓和能力建設援助提供相關資訊。

協定第 13 條第 11 款規定，應根據第 1/CP.21 號決定對各締約國根據本條第 7 款和第 9 款提交的資訊進行技術專家審查。對於那些由於能力問題而對此有需要的開發中締約國，這一進程應包括查明所需的能力建設援助。此外，各締約國應參與第 9 條規定下的工作進展情況以及國家自主貢獻的情況。

協定第 13 條第 13 款規定，本協定締約國會議的「締約國大會」應在第一屆會議上根據公約下關於透明度安排所取得的經驗，詳細擬定本條的規定，適度地為行動和支助的透明度採取通用的模式、程序和指南。

❀ 九、全球盤點

協定第 14 條第 1 款規定，本協定締約國會議的「締約國大會」應定期總結本協定的執行情況，以評估實現本協定宗旨和長期目標的集體進展情況（稱為全球盤點）。評估工作應以全面和促進性的方式進行，考慮到減緩、適應問題以

及執行和支持方式等問題，並依照公平和使用現有的最佳科學來進行。

協定第 14 條第 2 款規定，本協定締約國會議的「締約國大會」應在 2023 年進行第一次全球盤點，此後每五年進行一次，除非本協定締約國會議的「締約國大會」另有決定。

協定第 14 條第 3 款規定，全球盤點的結果應告知締約國，以國家自主的方式根據本協定的有關規定更新和加強其行動和支持，以及加強氣候行動的國際合作。

✤ 十、未來發展與因應措施

「聯合國氣候變化綱要公約」第二十二屆締約國大會於 2016 年 11 月 7 日在摩洛哥舉行大會，會後並簽署巴黎協定。會中針對以下四個重點進行談判：

1. 將氣候目標納入各國的發展規劃中。

2. 加快清潔能源轉型的速度。

3. 加強各國應對氣候衝擊的韌性。

4. 構建綠色金融體系。

「聯合國氣候變化綱要公約」第二十三屆締約國大會 (COP 23) 於 2017 年 11 月 6 至 17 日在德國波昂舉行，本次會議延續 COP 21 的使命，各國將持續推動巴黎協定的目標，並在實施準則上達到進展。本屆會議主持國為斐濟，屬於遭受氣候變遷衝擊最甚的諸多小島國家之一。共有七項目的：

1. 落實與推進 2015 年簽訂之巴黎協定；

2. 協助脆弱度高的國家提升其氣候韌性 (resilience)，尤其是針對極端氣候事件及海平面上升的風險；

3. 提升氣候調適融資、再生能源、乾淨水資源和可負擔的氣候與災難保險之可取得性；

4. 推廣永續農業；

5. 與公民團體、學術界、私部門以及不同層級的政府結盟，以加速氣候因應作為；

6. 藉由創新企業和投資，加速氣候解決方案的發展與推廣，以邁向零碳經濟；

7. 強化對於氣候變遷與全球海洋關聯性的研究。

「聯合國氣候變化綱要公約」第二十四屆締約國大會於 2018 年 12 月 3–14 日在波蘭卡托維茲 (Katowice) 召開，依巴黎協定推動進程，COP24 需確定巴黎協定規則書 (Paris rulebook) 之訂定及條款具體落實方式。

本次會議重點除產出巴黎協定規則書——「卡托維茲氣候文件」(Katowice Climate Package) 外，並在本屆高層會議 (high-level segment) 上產出「西里西亞公平轉型宣言」(Just Transition Silesia Declaration)、「卡托維茲電動交通夥伴關係倡議」 (Katowice partnership for e-mobility) 及 「氣候森林宣言」 (Declaration "Forests for climate")，推動面對氣候變遷挑戰的同時，也不忘關注包括勞工權利、森林保護及大力推廣電動運具等。

「聯合國氣候變化綱要公約」第二十五屆締約國大會原訂於 2019 年 12 月 2 日至 13 日在智利聖地牙哥 (Santiago) 舉辦。但因智利政治不穩定以街頭示威愈演愈烈為由，於 11 月 4 日宣布改在西班牙馬德里 (Madrid) 舉辦。

本次大會的談判重點包含：

1. 去煤；

2. 巴黎協定第 6 條：碳定價、永續發展機制、非市場機制；

3. 因應自然災害之資源重新分配；

4. 氣候目標的期限等。

本次會議的主要目標是完成 「巴黎協定」 全面實施的事項。 希望各國在 2020 年之前承諾提交新的國家氣候行動計畫，包括金融、氣候行動的透明度，森林、農業、技術、能力建構、城市、海洋和性別在內的領域推動重要的氣候行動工作。

「巴黎協定」並無嚴格區分先進國家及開發中國家之排碳量標準，而是依據各國自身需求所制定排碳量之削減目標。因此，儘管其加入機制較為容易，但相關課題也較為繁複。

根據「中美氣候變化合作成果」，美、中兩國並未將氣候協定的重心放在降低排碳「量」，而是尋求以「質」為目標。美國的作法為透過風力及太陽能等電力產業的稅收抵免政策、在交通和建築領域設置相關能效標準，並於 2016 年完成減少其國內氫氟碳化物 (HFCs) 及甲烷等排放措施，以達到減碳效果。預計美

國 2025 年排碳量將比 2005 年減少 26～28%。

中國大陸則是大力推動生態文明建設，並促進綠色、低碳、氣候適應型及可持續發展等政策，以期於 2020 年達到減少 18% 排碳量的目標，並於 2017 年啟動國內碳交易市場。中國大陸在 UNFCCC 第二十一屆締約國大會前已向聯合國提出報告，明確設立目標，讓二氧化碳排放量在 2030 年左右達到峰值，單位 GDP 二氧化碳排放比 2005 年下降 60% 至 65%，非化石能源占一次能源消費比重達到 20%，森林蓄積量比 2005 年增加 45 億立方公尺左右。

巴黎協定已正式生效，雖因美國宣布將退出而影響巴黎協定未來的發展，但有俄羅斯、中國大陸與歐盟的支持，全球溫室氣體總排放量將可望得到控制。在 2030 前落實至少四成電力由非石化燃料產生的目標。

京都議定書中規定，全球三十八個已開發國家及歐盟被要求提高半導體、面板、家電、汽車、石化、煉鋼、水泥等產業的能源效率標準。

「經濟合作暨發展組織」(OECD) 國家早在 1970 年代便已開始調整產業結構，發展高附加價值、低耗能產業，使用低碳能源等策略，如將太陽能發電建築物推廣到住屋市場，使經濟成長與二氧化碳排放量兩者分離。

1990 年臺灣二氧化碳的排放量為 1 億 2,100 萬公噸，到了 2000 年增為 2 億 1,800 萬公噸，2011 年增為 2 億 6,466 萬公噸，二氧化碳排放量高居全球第二十三，依據我國過去二氧化碳排放量的統計數據推估，到了 2020 年臺灣二氧化碳的排放量將快速增加至 4 億 6,100 萬公噸，其中以工業部門為主要排放源，其次為住商、運輸與農業部門。減少 1 公噸二氧化碳排放量成本約在 400 美元，臺灣若要達到國際環保公約要求，估計每年要付出千億美元以上的成本。此外，2015 年臺灣平均每人每年能源消耗量高達 4.93 公噸油當量。

臺灣雖非公約締約國，但因總體經濟以外貿為主，未來國際間極可能使用碳稅、碳交易或對非減碳標籤產品設限等手段，作為對減碳不力的貿易處罰或制裁，臺灣勢必將受到締約國的壓力，為考量國家能源的永續與安全並避免造成貿易障礙，實應及早因應。茲就因應措施建議如下：

（一）加強國內工業部門溫室氣體減量工作

輔導產業進行自願性減量措施，並建立具有強制性的監督委員會，定期評

鑑溫室氣體減量成效，建立登錄與認證制度，以落實工業部門推動二氧化碳減量的成效。例如行政院於 2008 年 6 月通過「永續能源政策綱領」，加強節約能源、提升能源效率、增加使用再生能源、強化低碳能源用於發電的占比等措施。

（二）尋求共識分配減量配額

透過各種論壇與對談，尋求社會共識，分配工業部門、交通部門與住宅部門之減量配額，並協助鋼鐵、水泥、石化、造紙、紡織等行業之轉型。

（三）積極推動造林

種樹 1 公頃可減少 37 公噸二氧化碳的排放量，除了在臺灣推動外，也應考慮在第三世界國家推動以增加配額。

（四）協助開發中國家減量

根據京都議定書目前所發展減量的清潔生產機制，包括協助開發中國家減量，都可以視為其本國的減量成效，因此，未來拓展國外合作管道，如在與我國有邦交之友邦發展此一機制，協助其汰換已落伍之發電設備，建立溫室效應氣體減量。

（五）推動綠建築

行政院於 2000 年核定「綠建築推動方案」，包括「綠化量」、「基地保水」、「日常節能」、「二氧化碳減量」、「廢棄物減量」、「水資源」、「污水垃圾改善」七項指標；2003 年增訂「生物多樣性指標」與「室內環境指標」，合計九項，涵蓋了生態、健康、環境與能源四大範疇，其中半數與二氧化碳減量有直接或間接的關係。如藉透水路面鋪設的基地保水，可調節氣溫，降低熱島效應；「綠化量」可直接固定二氧化碳；室內環境品質與能源直接關連；廢棄物減量對二氧化碳減量的效益更大。如鋼筋混凝土、水泥、瓷磚、地磚等傳統建材皆是高污染、高耗能產品，建築廢棄物的回收再利用，除可減少使用原生素材外，並可免除建築廢棄物處理負荷，對二氧化碳減量的比例十分顯著。

此外，再生能源的使用亦可降低二氧化碳的排放量，如「太陽光電材料」

已成為一種「高性能綠建材」。

　　為因應 2015 年底在巴黎召開的 UNFCCC 第二十一次締約國大會暨京都議定書第十一次締約國會議 (COP21/CMP11)，包括英國石油、荷蘭皇家殼牌石油、挪威國家石油、法國道達爾 (Total S.A.)、義大利埃尼 (Eni) 及英國天然氣等六大石油集團同時表示要建立全球碳定價制度，以降低燃燒石化燃燒對氣候變遷的威脅。

　　中國大陸的《國家環境保護「十二五」規劃》，提出要確實解決四大環境問題，包括：1.改善水環境品質；2.實施多種空氣污染物綜合控制；3.加強土壤環境保護；4.強化生態保護和監管，並明確訂定「十二五」環境保護主要指標，2015 年比 2010 年的化學需氧量排放總量下降 8%，氨氮排放總量下降 10%，二氧化硫排放總量下降 8%，氮氧化物排放總量降低 10%，地級以上城市空氣品質達到二級標準以上的比例增加 8% 等。

　　我國立法院在 2015 年 6 月 15 日終於通過「溫室氣體減量及管理法」，並於 2015 年 7 月 1 日正式實施。2050 年臺灣溫室氣體排放量降為 2005 年的 50% 以下。廠商登錄排放不實，最高罰新臺幣 200 萬元，甚至可要求停工、停業，兩岸也正式邁入減碳時代。

 參考資料來源

1. Convention on International Trade in Endangered Species of Wild Fauna and Flora.

2. Basel Convention on the Control of Transboundary Movements of Hazardous Wastes and Their Disposal.

3. Convention on Biological Diversity.

4. Montreal Protocol on Substances that Deplete the Ozone Layer.

5. United Nations Framework Convention on Climate Change.

6. Kyoto Protocol to the United Nations Framework Convention on Climate Change.

7. http://www.cites.org/

8. http://www.basel.int/

9. http://www.biodiv.org/

10. http://ozone.unep.org/

11. http://www.unfccc.int/

 習 題

一、關鍵詞彙解釋

1. CITES　　　2. Basel Convention　　　3. Convention on Biological Diversity
4. UNFCCC　　　5. Kyoto Protocol

二、問答題

1. 華盛頓公約的精神為何？試說明之。

2. 華盛頓公約將國際貿易的物種分為幾類？

3. 巴塞爾公約的主要目的為何？

4. 危險廢棄物主要指那些？

5. 生物多樣化公約成立的目標主要為何？

6. 聯合國氣候變化綱要公約主要目標為何？

7. 未來我國應如何因應巴黎（氣候）協定的施行？

第十二章
貿易法

第一節　概　說

　　我國早期雖積極拓展對外貿易，但卻缺乏有關管理貿易之法律。為了加入關稅暨貿易總協定（即世界貿易組織之前身），乃開始重視貿易法之立法工作，而於民國 82 年 1 月 14 日經立法院三讀通過，於同年 2 月 5 日由總統公布實施。後經民國 86 年 5 月 7 日增修訂、民國 88 年 12 月 15 日之增修訂並刪除第 34 條條文、民國 91 年 6 月 12 日增修訂、民國 96 年 1 月 10 日修訂、民國 96 年 7 月 11 日修訂、民國 99 年 1 月 13 日增修訂，並刪除第 33 條條文、民國 100 年 1 月 19 日修訂第 18 條、 民國 102 年 11 月 6 日修訂第 28 條並增訂第 20–3 條及民國 102 年 12 月 11 日修訂第 13、13–1 條、民國 108 年 12 月 25 日修正第 15、17、27、27–1、27–2、28 條條文；並增訂第 17–1 條條文。貿易法共分五章，原有 37 條條文，刪除後為 35 條條文。

　　第一章總則，從第 1 條到第 8 條規定七項：⑴制定目的；⑵貿易之定義；⑶出進口人之定義；⑷主管機關；⑸貿易之禁制；⑹貿易談判與協定；⑺公聽會及徵詢意見。

　　第二章貿易管理及進口救濟，從第 9 條到第 20 條規定十二項：⑴出進口人之資格；⑵自由輸出入原則；⑶軍事機關之輸出入；⑷高科技貨品之輸出入；⑸瀕臨絕種動植物及其產製品之輸出入；⑹貿易事務之委辦；⑺貨品輸出入管理辦法；⑻輸出入配額；⑼禁止出進口人之違規行為；⑽進口救濟；⑾外國補貼與傾銷案件之處理；⑿對輸出入同業公會及受外國政府委託在我國執行裝運前檢驗之監督輔導。

　　第三章貿易推廣與輔導，從第 21 條到第 26 條規定五項：⑴設立推廣貿易

基金；(2)排除不公平貿易障礙；(3)推動配合輔導辦法；(4)貿易文件與資料之檢查與保密；(5)貿易糾紛之處理。

　　第四章罰則，從第 27 條到第 32 條規定六項：(1)違反高科技貨品之輸出入管制；(2)違反其他輸出入管制或其他不法行為之處分；(3)違反輸出入配額處理辦法之處分；(4)對仿冒及未繳推廣費之處分；(5)受暫停處分期間之輸出入；(6)受處分之異議。第 33 條罰鍰之強制執行已刪除。

　　第五章附則，從第 35 條到第 37 條規定三項：(1)對受補助機構之輔導監督；(2)施行細則之擬訂；(3)施行日。第 34 條特區貿易事項之準用已刪除。

第二節　主要內容

試就貿易法之重點分述於下：

一、自由貿易及公平互惠之立法原則

　　第 1 條規定，為發展對外貿易，健全貿易秩序，以增進國家之經濟利益，本自由化、國際化精神，公平及互惠原則，制定本法。本法未規定者，適用其他法律之規定。

　　第 6 條第 6 款規定，外國以違反國際協定或違反公平互惠原則之措施，妨礙我國輸出入時，主管機關得暫停特定國家或地區或特定貨品之輸出入或採取其他必要措施。

　　另依第 11 條規定，貨品應准許自由輸出入。但因國際條約、貿易協定或基於國防、治安、文化、衛生、環境與生態保護或政策需要，得予限制。

二、規範有形商品貿易及附屬於商品之智慧財產權之保護

　　第 2 條規定，本法所稱貿易，係指貨品之輸出入行為及有關事項。前項貨品，包括附屬其上之商標權、專利權、著作權及其他已立法保護之智慧財產權。

✿ 三、國際貿易主管機關為經濟部

第 4 條規定，本法之主管機關為經濟部。本法規定事項，涉及其他部會或機關之職掌者，由主管機關會商有關機關辦理之。國際貿易局則為業務執行單位。

✿ 四、對特定國家或地區貿易之禁止或管制

第 5 條規定，基於國家安全之目的，主管機關得會同有關機關報請行政院核定禁止或管制與特定國家或地區之貿易。但應於發布之日起 1 個月內送請立法院追認。

另依第 6 條規定，有以下之情形者，主管機關得暫停特定國家或地區或特定貨品之輸出入或採取其他必要措施，而在暫停輸出入或採取其他必要措施前，應循諮商或談判途徑解決貿易爭端，並於原因消失時，解除之。

1.天災、事變或戰爭發生時。

2.危害國家安全或對公共安全之保障有妨害時。

3.國內或國際市場特定物資有嚴重匱乏或其價格有劇烈波動時。

4.國際收支發生嚴重失衡或有嚴重失衡之虞時。

5.國際條約、協定、聯合國決議或國際合作需要時。

6.外國以違反國際協定或違反公平互惠原則之措施，妨礙我國輸出入時。

✿ 五、對外貿易談判之機關

第 7 條規定，主管機關或經行政院指定之機關，得就有關對外貿易事務與外國談判及簽署協定、協議。其所為談判事項涉及其他機關者，應事先協調。

民間機構或團體經主管機關授權者，得代表政府就有關對外貿易事務與外國談判及簽署協議。其協議事項，應報請主管機關核定。對外貿易談判所簽署之協定或協議，除屬行政裁量權者外，應報請行政院核轉立法院議決。協定或協議之內容涉及現行法律之修改或應另以法律定之者，需經完成立法程序，始生效力。

六、高科技貨品輸出入管制

第 13 條規定，為確保國家安全，履行國際合作及協定，加強管理戰略性高科技貨品之輸出入及流向，以利引進高科技貨品之需要，其輸出入應符合以下規定：

　　1.非經許可，不得輸出。

　　2.經核發輸入證明文件者，非經許可，不得變更進口人或轉往第三國家、地區。

　　3.應據實申報用途及最終使用人，非經許可，不得擅自變更。

　　輸往管制地區之特定戰略性高科技貨品，非經許可，不得經由我國通商口岸過境、轉口或進儲保稅倉庫、物流中心及自由貿易港區。

　　前二項貨品之種類、管制地區，由主管機關公告，並刊登政府公報及主管機關所屬網站，免費供民眾閱覽。

　　違反第二項規定之特定戰略性高科技貨品，主管機關得予扣留，並依本法或相關法律裁處。除已依法裁處沒入者外，主管機關應予退運。

　　前項之扣留，主管機關得委託海關執行之。

　　第一項及第二項許可之申請條件與程序、輸出入、過境、轉口或進儲保稅倉庫、物流中心、自由貿易港區之管理、輸出入用途與最終使用人之申報、變更與限制、貨品流向與用途之稽查及其他應遵行事項之辦法，由主管機關定之。

七、瀕臨絕種動植物及其產製品輸出入管制

第 13-1 條規定，瀕臨絕種動植物及其產製品，非經主管機關許可，不得輸出；未經取得出口國之許可文件，不得輸入。

　　前項瀕臨絕種動物及其產製品，屬野生動物保育法公告之保育類野生動物及其產製品者，於申請輸出許可或輸入前，應先依野生動物保育法規定，申請中央目的事業主管機關同意。

　　第一項瀕臨絕種動植物之物種，由主管機關公告，並刊登政府公報及主管機關所屬網站，免費供民眾閱覽。

　　第一項許可之申請資格、條件與程序、許可之撤銷與廢止、輸出入之管理

及其他應遵行事項之辦法，由主管機關定之。

✺ 八、因應需要採取配額管理

第 14 條規定，經濟部國際貿易局得委託金融機構、同業公會或法人辦理貨品輸出入許可證核發、配額管理及其他有關貨品輸出入審查、登記等事項。

另依第 16 條規定，因貿易談判之需要或履行協定、協議，經濟部國際貿易局得對貨品之輸出入數量，採取無償或有償配額或其他因應措施。前項輸出入配額措施，國際經貿組織規範、協定、協議、貿易談判承諾事項或法令另有規定者，依其規定；未規定者，應公開標售。

有償配額，指由經濟部國際貿易局與有關機關協商後公告，以公開標售或依一定費率收取配額管理費之有償方式處理配額者。

出進口人輸出入受配額限制之貨品，不得有下列行為：

1.偽造、變造配額有關文件或使用該文件。

2.違規轉口。

3.規避稽查或未依規定保存相關生產資料或文件。

4.不當利用配額致破壞貿易秩序或違反對外協定或協議。

5.逃避配額管制。

6.未依海外加工核准事項辦理。

7.利用配額有申報不實情事。

8.其他妨害配額管理之不當行為。

輸出入配額，不得作為質權或強制執行之標的。除特定貨品法令另有規定外，無償配額不得轉讓。

✺ 九、禁止不公平競爭行為

第 17 條規定，出進口人不得有下列行為：

1.侵害我國或他國依法保護之智慧財產權。

2.未依規定標示來源識別、產地或標示不實。

3.未依規定申報來源識別碼、商標或申報不實。

4.以虛偽不實之方式申請相關貿易許可、證明文件，或使用該許可、證明

文件。

　　5.未依誠實及信用方法履行交易契約。

　　6.以不正當方法擾亂貿易秩序。

　　7.其他有損害我國商譽或產生貿易障礙之行為。

　　第 17-1 條規定，民眾得敘明事實或檢具證據資料，向主管機關檢舉出進口人產地標示不實之行為。

　　主管機關對於依前項規定檢舉之人得予以獎勵，其身分應予保密；其獎勵方式及其他相關事項之辦法，由主管機關定之。

✳ 十、建立進口救濟制度

　　第 18 條規定，貨品因輸入增加，致國內生產相同或直接競爭產品之產業，遭受嚴重損害或有嚴重損害之虞者，有關主管機關、該產業或其所屬公會或相關團體，得向主管機關申請產業受害之調查及進口救濟。經濟部為受理受害產業之調查，應組織「貿易調查委員會」；其組織規程，由經濟部另定之。

　　第一項進口救濟案件之處理辦法，由經濟部會同有關機關定之。

　　主管機關對貨品進口救濟案件實施進口救濟措施者，期滿後 2 年內不得再實施進口救濟措施；其救濟措施期間超過 2 年者，從其期間。

　　符合下列規定情形之一者，主管機關於必要時，得對同一貨品再實施 180 日以內之進口救濟措施，不受前項規定之限制：

　　1.原救濟措施在 180 日以內。

　　2.原救濟措施自實施之日起已逾 1 年。

　　3.再實施進口救濟措施之日前 5 年內，未對同一貨品採行超過二次之進口救濟措施。

　　主管機關依第三項或前項規定對貨品進口救濟案件為產業受害不成立或產業受害成立而不予救濟之決定後 1 年內，不得就該案件再受理申請，但有正當理由者，不在此限。

✳ 十一、建立雙軌反傾銷暨平衡稅調查制度

　　第 19 條規定，外國以補貼或傾銷方式輸出貨品至我國，對我國競爭產品造

成實質損害、有實質損害之虞或對其產業之建立有實質阻礙，經經濟部調查損害成立者，財政部得依法課徵平衡稅或反傾銷稅。

✸ 十二、原產地證明書之簽發

第 20-2 條規定，經濟部國際貿易局得應出口人輸出貨品之需要，簽發原產地證明書或加工證明書，並得收取費用。必要時，得委託其他機關、財團法人、工業團體、商業團體或農會、漁會、省級以上之農業合作社及省級以上之農產品產銷協會辦理之。

工業團體、商業團體或農會、漁會、省級以上之農業合作社及省級以上之農產品產銷協會對於出口貨品亦得簽發原產地證明書或加工證明書。但為履行國際條約、協定及國際組織規範或應外國政府要求之特定原產地證明書，且經經濟部國際貿易局公告者，未經該局核准，不得簽發。

第 20-3 條規定，依國際條約、協定、協議及國際組織規範，因輸出入貨品之需要，符合主管機關所定之資格者，得自行簽具原產地聲明書。

自行簽具原產地聲明書，不得有下列行為：

1. 違反原產地認定基準或為不實之原產地聲明。

2. 未依規定保存原產地聲明書相關文件。

經濟部國際貿易局得要求原產地聲明書簽具者、出進口人或生產者提供相關產製資料，或通知其到場說明；必要時，得會同相關機關及技術專家進行原產地調查，並得視需要委託其他機關或團體辦理之。

原產地聲明書簽具者、出進口人或生產者對於前項調查，不得規避、妨礙或拒絕。

第 1 項自行簽具原產地聲明書之資格、原產地聲明書之格式、項目及相關文件保存期限、原產地調查、填載錯誤之通知，及其他依國際條約、協定、協議及國際組織規範應遵行事項，由主管機關公告之。

✸ 十三、設置推廣貿易基金

第 21 條規定，為拓展貿易，因應貿易情勢，支援貿易活動，主管機關得設立推廣貿易基金，就出進口人輸出入之貨品，由海關統一收取最高不超過輸出

入貨品價格萬分之四‧二五之推廣貿易服務費。但因國際條約、協定、慣例或其他特定原因者,得予免收。

推廣貿易服務費之實際收取比率及免收項目範圍,由主管機關擬訂,報請行政院核定。

第 21-1 條規定,推廣貿易服務費之收取方式如下:

 1.輸出貨品,以離岸價格為準。

 2.輸入貨品,以關稅完稅價格為準。

 3.輸入貨品,以修理費、裝配費、加工費、租賃費或使用費核估其完稅價格者,以所核估之完稅價格為準。

❀ 十四、排除不公平貿易障礙

第 22 條規定,主管機關應協助出進口廠商,主動透過與外國諮商或談判,排除其在外國市場遭遇之不公平貿易障礙。

❀ 十五、推動商務仲裁制度解決貿易糾紛

第 26 條規定,出進口人應本誠信原則,利用仲裁、調解或和解程序,積極處理貿易糾紛。主管機關應積極推動國際貿易爭議之仲裁制度。

❀ 十六、制定罰則

貿易法第四章規定罰則,從第 27 條到第 32 條規定六項。

第 27、27-1、27-2 條規定,對違反輸出入戰略性高科技貨品之規定,依情節輕重處罰如下:

第 27 條規定,輸出入戰略性高科技貨品有下列情形之一者,處五年以下有期徒刑、拘役或科或併科新臺幣 300 萬元以下罰金:

一、未經許可,輸往管制地區。

二、經核發輸入證明文件後,未經許可,於輸入前轉往管制地區。

三、輸入後,未經許可,擅自變更原申報用途或最終使用人,供作生產、發展核子、生化、飛彈等軍事武器之用。

法人之代表人、法人或自然人之代理人、受雇人或其他從業人員,因執行

業務犯前項之罪者，除處罰其行為人外，對該法人或自然人亦科以前項之罰金。

第 27-1 條規定，有前條第一項各款所定情形之一者，由經濟部國際貿易局停止其一個月以上一年以下輸出、輸入或輸出入貨品或廢止其出進口廠商登記。

第 27-2 條規定，輸出入戰略性高科技貨品有下列情形之一者，經濟部國際貿易局得處新臺幣 6 萬元以上 300 萬元以下罰鍰、停止其一個月以上一年以下輸出、輸入或輸出入貨品或廢止其出進口廠商登記：

一、未經許可，輸往管制地區以外地區。

二、經核發輸入證明文件後，未經許可，變更進口人或轉往管制地區以外之第三國家、地區。

三、輸入後，未經許可，擅自變更原申報用途或最終使用人，而非供作生產、發展核子、生化、飛彈等軍事武器之用。

違反第 13 條第二項規定之特定戰略性高科技貨品，主管機關得予以沒入。

第 28 條規定，出進口人有下列情形之一者，經濟部國際貿易局得予以警告、處新臺幣 6 萬元以上 300 萬元以下罰鍰或停止其 1 個月以上 1 年以下輸出、輸入或輸出入貨品：

1.違反第 5 條規定，與禁止或管制國家或地區為貿易行為。

2.違反第 6 條第 1 項規定之暫停貨品輸出入行為或其他必要措施者。

3.違反第 11 條第 2 項限制輸出入貨品之規定。

4.違反第 13-1 條第 1 項規定，未經許可輸出或未經取得出口國之許可文件輸入。

5.違反第 15 條第 1 項規定，未依輸出入許可證內容辦理輸出入。

6.有第 17 條各款所定禁止行為之一。

7.違反第 24 條規定，拒絕提供文件、資料或檢查。

8.違反第 25 條規定，妨害商業利益。

有前項第 1 款至第 6 款規定情形之一，其情節重大者，經濟部國際貿易局除得依前項規定處罰外，並得廢止其出進口廠商登記。

第 20-2 條第 2 項之工業團體、商業團體或農會、漁會、省級以上之農業合作社及省級以上之農產品產銷協會違反同條第 3 項規定者，經濟部國際貿易

局得予以警告或處新臺幣 6 萬元以上 300 萬元以下罰鍰，其情節重大者，並得停止其 1 個月以上 1 年以下簽發原產地證明書或加工證明書。

違反第 20-3 條第 2 項及第 4 項規定者，由經濟部國際貿易局處新臺幣 50 萬元以上 300 萬元以下罰鍰，其情節重大者，處貨價三倍之罰鍰，並得停止其 1 個月以上 1 年以下簽具原產地聲明書之資格。

第 29 條規定，出進口人有第 16 條第 4 項第 1 款至第 5 款規定情形之一者，經濟部國際貿易局得視情節輕重，處新臺幣 6 萬元以上 30 萬元以下罰鍰、收回配額或停止該項貨品 3 個月以上 6 個月以下輸出、輸入或輸出入，並得取消實績、停止 3 個月以上 6 個月以下申請配額資格或廢止其出進口廠商登記。

出進口人有第 16 條第 4 項第 6 款至第 8 款規定情形之一者，經濟部國際貿易局得予以警告，處新臺幣 3 萬元以上 15 萬元以下罰鍰、收回配額或停止該項貨品 1 個月以上 3 個月以下輸出、輸入或輸出入，並得取消實績或停止 1 個月以上 3 個月以下申請配額資格。

為防止涉嫌違規出進口人規避處分，在稽查期間，經濟部國際貿易局得對其所持之配額予以全部或部分暫停讓出或凍結使用。

此外，經濟部依「貿易法」規定所制定之細則與辦法尚有：

1. 依貿易法第 36 條規定，制定「貿易法施行細則」，就貿易法執行時可能發生之疑義加以解釋，並就貿易推廣及其他有關程序事項予以補充，以利執行。

2. 依貿易法第 9 條第 5 項規定，制定「出進口廠商登記辦法」。

3. 依貿易法第 15 條第 2 項規定，制定「貨品輸出管理辦法」。

4. 依貿易法第 15 條第 2 項規定，制定「貨品輸入管理辦法」。

5. 依貿易法第 12 條規定，制定「軍事機關輸出入貨品管理辦法」。

6. 依貿易法第 13 條第 4 項規定，制定「戰略性高科技貨品輸出入管理辦法」。

7. 依貿易法第 18 條第 3 項規定，制定「貨品進口救濟案件處理辦法」。

8. 依貿易法第 32 條第 1 項規定，制定「貿易處分案件聲明異議處理辦法」。

9. 依貿易法第 18 條第 2 項規定，制定「經濟部貿易調查委員會組織規程」。

10. 依貿易法第 21 條第 4 項規定，制定「推廣貿易基金收支保管及運用辦法」。

參考資料來源

經濟部國際貿易局網站。

習　題

問答題

1. 貿易法之立法原則為何？

2. 試述貿易法之重點。

3. 在貿易法中，對外貿易禁止或管制事項可分幾種情形？試就貿易法第 5 條及第 6 條說明。

4. 試述推廣貿易服務費收取的方式。

第十三章
國際貨幣金融體制與管理外匯條例

第一節　國際貨幣基金

一、成立經過

　　1929 年世界經濟恐慌爆發後，美國為維護其國內市場，通過「史模特・霍萊法案」(Smoot-Hawley Act of 1930)，實施其歷史上空前的高保護關稅率體系。全部課稅品目平均稅率高達 53.2%。

　　上述關稅法成立後，立即受到加拿大、古巴、墨西哥、法國、義大利、西班牙等國的報復措施，開始展開激烈的關稅戰爭，各國紛紛提高關稅、管制貿易，世界貿易規模因而縮小。

　　為對抗美國的關稅法，1931 年英國及其屬地亦提高關稅，為確保市場，英國不得不放棄自由貿易政策。1932 年英國在渥太華召開帝國經濟會議，在該國與直轄殖民地間增強優惠關稅制度。

　　20 世紀 30 年代的世界經濟恐慌導致各國通貨的貶值與國際金本位制的崩潰。1931 年有歐陸的金融危機，其後英國與日本脫離金本位制，1933 年美國發生金融危機，翌年初美元貶值，1936 年由法國所領導的黃金集團脫離金本位制。

　　在國際金本位制崩潰後，各國實施競爭性的通貨貶值、外匯管制、雙邊清算辦法等措施，造成國際貿易規模縮小，國際市場集團化以及國際金融更加紊亂的現象，因而加速國際經濟秩序的崩潰。

　　1934 年 6 月，美國為緩和國際關稅戰爭，乃制定「互惠貿易協定法」(Reciprocal Trade Agreement Act)，授權美國總統得基於互惠辦法，對簽訂貿易

協定的對手國家的稅率減少 50%。

　　至 1936 年法國法郎貶值時，美元、英鎊匯率已告安定，為不再引起新的競爭性貶值起見，美、英、法三國間簽訂「三國貨幣協定」，規定自由兌換黃金。美國的黃金出售價格為純金每盎司 35 美元，另加若干手續費。當時的國際金融處於無秩序、無制度的狀態，三國貨幣協定事實上乃是在美國領導下，擬以美元為中心，建立一個有秩序的匯率體系。在第一次世界大戰以前的金本位時代，英鎊占有絕對的優勢。在第一次世界大戰後的時期，美元已與英鎊互爭，而至 1936 年三國貨幣協定簽訂時，美元已掌握國際金融上的絕對優勢地位。比利時、荷蘭及瑞士亦相繼參加此項協定。其後雖因第二次世界大戰爆發，該項協定已形同具文。但戰後的「布列敦森林協定」，在精神上與辦法上頗多繼承三國貨幣協定之處。

　　二次大戰後，在國際經濟體制的形成上，最具勢力的國家為美、英兩國，但兩國基於其本身的利益所訂定的構想與藍圖，最初頗難相容。在長期的談判過程中，時而對立，時而妥協，最後則為英國對美國的屈服。

　　1941 年 8 月，兩國首長在紐芬蘭舉行大西洋會談，在此項會議中，美、英雙方對戰後國際經濟體制的構想南轅北轍。美國所要求的是無限制的多邊無差別主義；英國自知其戰後的經濟力量無法與美國抗衡，故仍擬以帝國優惠制與英鎊地區制的存續為前提重建國際經濟體制。在美、英交涉的第一回合中，英國既未讓步，亦未屈服；但在其後的交涉中，美國仍堅持積極的立場，英國只得追隨、服從。

　　其第二回合的交涉，則為 1942 年 2 月 23 日在華盛頓簽約的「互相援助協定」(Mutual Aid Agreement) 第 7 條 (article seven) 或稱考慮條款 (consideration)。該條款涉及戰後多邊、無差異的國際貿易體制的確立，並對戰後包括國際金融在內的整個國際經濟的形成，提供了架構 (framework)。第 7 條的簽訂，在戰後國際經濟體制的形成上，從此使美國獲得支配的地位，英國則淪為從屬的地位。

　　在二次大戰末期，各國官方與學者專家，紛紛提出戰後國際貨幣計畫，其中有威廉士教授認為應仿照三國貨幣協定的方式，先安定少數關鍵通貨間的匯率關係，由少數國家參加計畫，其他國家可視情形加入，例如可以先安定美元對英鎊的匯率，至於英鎊對歐洲通貨的關係，則俟歐洲重建後才確定。威廉士

教授的關鍵通貨方式與戰後實際上所成立之國際貨幣基金的方式，完全是形式上的差異。戰後所建立之國際貨幣制度是受美元支配，為美元與英鎊等少數通貨間的關係。

美國在戰時主持戰後國際貨幣計畫者為懷特，在懷特方案中建議創辦國際安全基金作為推行國際貨幣合作的常設機構。其資金則用以維持通貨的安定，並使會員國可獲得時間以矯正國際收支的不平衡，而不致於採取損害國際繁榮的措施。基金由黃金、各國通貨及政府證券所構成。各會員國須繳付一定金額，稱為攤額 (quota)。各會員國家的攤額，一部分以黃金，其餘部分則以本國通貨繳付。基金的貨幣單位為 "unitas"，其價值為 10 美元。"unitas" 之金價值的變更，須經總票決權之 85% 的贊成。懷特方案之主要本質及意義有下列幾點：

1.在攤額中，以黃金繳付的部分甚大，且以會員國家的黃金、外匯準備為基礎，並考慮其國際收支、國民所得等因素計算其攤額的大小。因此，美國當然獲得最大的攤額且擁有最大的票決權。

2.懷特方案中雖設有 unitas 的通貨單位，但僅為計算單位，並無創設新國際貨幣的計畫。會員國家的通貨價值以 unitas 表示的結果，亦與黃金連繫。但因基金本身並不管理黃金，當時黃金的管理者為美國當局，故 unitas 的金價值乃是其美元價值。此種國際貨幣制度乃是黃金美元本位制度。

3.懷特方案對貨幣用黃金的買賣價格規定極嚴；平價變更所適用的規定，亦較國際貨幣基金更為嚴格。

4.懷特方案中與國際貨幣基金協定中同樣有「稀少通貨條款」。在金本位制度下，黃金的移動使盈餘國家與赤字國家雙方不得不進行國際收支的調整。而稀少通貨條款即將金本位制的自動調整過程予以制度化。

英國方面所提出的對案為凱因斯方案。凱因斯在其方案中建議設立國際清算聯盟 (International Clearing Union)，並創造國際性的銀行貨幣 "bancor"，有固定但仍得更改的金價值，並由各會員國家視為黃金的等價物，以結算國際上的債務。各國通貨以 bancor 表示其平價。bancor 為僅在各國財政部或中央銀行等國家機構間互相交易上所使用的通貨單位。

凱因斯方案之最主要特色在於創造 bancor 的國際性貨幣。其特色及問題如下：

1.凱因斯方案的第一個特色在於不使債權國家將其國際收支的盈餘,以黃金的型態窖藏,以便阻止國際流動性的減縮。因盈餘國家的債權以 bancor 餘額的型態保有,結果債權國家在發生基本的不均衡時,亦不得不進行調整。亦即國際收支的調整,由盈餘與赤字國家雙方負擔。

2.在凱因斯方案中,匯率的調整較懷特方案具有彈性。為調整不均衡,准許會員國家改訂平價;甚至 bancor 的金平價亦得予以變更。凱因斯對匯率的安定,並不十分重視。

3.凱因斯方案的第三個特色為黃金問題,在其方案中,bancor 的金價值,由清算聯盟訂定,而黃金與 bancor 的關係為單方面的;亦即會員國家可以黃金向聯盟兌換 bancor,但不能以 bancor 兌換黃金。凱因斯認為如果准許以 bancor 兌換黃金,則聯盟必須持有金準備,將倒退至過去的狀態了。但不能以 bancor 兌換黃金,雖為一般原則,但仍規定可將聯盟黃金存量的剩餘部分分配給債權國家。總之,凱因斯並不擬在短期內廢止黃金的貨幣功能,而對黃金在國際上作為價值基準與結算手段的使用,仍認為應該繼續保持。

上述兩方案在兩國都引起激烈的論爭。在英國方面,對安定基金之匯率固定、資金缺乏以及對債權國家抑制辦法的不充分等,頗為不安。美國方面則對凱因斯方案的擴張性質甚為不滿。

1943 年 9 月,英國的金融專家代表團赴美與其他約 30 國的專家,經數個月的反覆討論,至 1944 年 4 月,發表「有關設立國際貨幣基金之專家聯合聲明」 (Joint Statement by Experts on the Establishment of International Monetary Fund)。此項聲明包含國際貨幣基金協定的主要條款。其內容基本上根據懷特方案的構想,而部分採取凱因斯方案的特色。

1944 年 7 月 1 日,聯合國四十四個國家代表在美國新罕布什州 (New Hampshire) 布列敦森林 (Bretton Woods) 召開聯合國貨幣金融會議 (United Nations Monetary and Financial Conference),會議於 7 月 22 日閉幕,會議結果訂定聯合國貨幣金融會議最後決議書 (The Final Act),國際貨幣基金協定 (Agreement of the International Monetary Fund) 與國際復興暨開發銀行協定 (Agreement of the International Bank for Reconstruction and Development) 兩種文件,則為其附錄。

　　1945 年 12 月，上述兩協定經三十五個國家的批准，正式生效後，「布列敦森林機構」(The Bretton Woods Institutions) 正式成立。翌年初，依規定在美國喬治亞州薩凡那 (Savannah) 召開成立大會，並自 1947 年 3 月 1 日起開始運作。之後，又經歷幾次修訂。最近一次修訂為 2010 年 12 月 15 日基金理事會以 66-2 號決議案核准修訂，2016 年 1 月 26 日生效。

✺ 二、宗　旨

　　基金協定第 1 條規定宗旨 (purpose)，其規定如下 ：國際貨幣基金之宗旨為：

　　1.透過此一對國際貨幣問題能提供商討及合作之永久性機構，以促進國際貨幣合作。

　　2.便利國際貿易之擴大及平均發展，藉以提高並維持高水準之就業量與實質所得，並開發各會員國之生產資源，作為經濟政策之主要目標。

　　3.促進國際匯率之穩定，維持各會員國間有秩序之匯兌安排，並避免貶值競爭。

　　4.協助各會員國建立經常交易有關之多邊支付制度，並取消有礙世界貿易成長之各項匯兌限制。

　　5.在適度保障下，以基金之一般資源暫時供應會員國，給予會員國以信心，俾有機會調整國際收支之失衡，而不採取其他足以破壞國內或國際繁榮之措施。

　　6.依照上述各項，縮短各會員國國際收支失衡之期間，並減輕其失衡之程度。

　　基金之一切政策及決定，均應以本條所列舉各項之宗旨為指導原則。

✺ 三、會　員

　　國際貨幣基金協定第 2 條規定「會員」，其第 1 款規定「基本會員」：凡參加聯合國貨幣金融會議之國家，其政府在 1945 年 12 月 31 日前接受為會員者，均為基金之基本會員。其第 2 款規定「其他會員」：其他國家得依照基金理事會規定之日期與條件開放參加為基金之會員。包括會員國認繳額在內的這些條件，應基於原有會員國家所適用之原則訂定。

另於協定第 31 條「最終條款」的第 2 款「簽署」之第(g)項規定：在本協定上簽字，即表示代表各該國本國、其所有殖民地 (colonies)、海外領土 (overseas territories)、在其保護及宗主權 (suzerainty) 或權力 (authority) 下之一切土地及其他委任統治地之各國政府均接受本協定。

國際貨幣基金組織的會員國總數，在成立當初為 45 國，到 2009 年則增為一百八十國。過去的殖民地與非自治領土相繼獨立，成為基金的會員國。現有一百八十九個會員國。

國際貨幣基金成立以來只有捷克斯洛伐克(已在 1990 年分為捷克與斯洛伐克兩國，並在同年重新加入國際貨幣基金) 因提供不實經濟數據而被開除會籍。阿根廷則在 2013 年 2 月 1 日，因提供的通貨膨脹與經濟成長數據不實，遭國際貨幣基金首次對會員國提出糾正。

✴ 四、攤　額

為實施國際貨幣基金的宗旨須由各會員國家出資，形成一個共同的外匯資金。各國的出資額依其攤額決定。至於各國攤額大小的決定標準，大致依據各國的貨幣準備、國際貿易量與國民所得的多寡，再加上政治上的考慮來訂定，在國際貨幣基金協定的條文中並未說明其決定的基準。

依協定第 3 條第 1 款規定「攤額與認繳額繳付」，每一會員國均分派一項以特別提款權表示之攤額。凡參加聯合國貨幣金融會議，而在 1945 年 12 月 31 日以前取得基金會員資格之各國，其攤額載明於附表 A。其他會員國之攤額，由基金理事會決定。每一會員國之認繳額應與其攤額相等，且應在適當之寄存處，全數繳付給基金。

依協定第 5 條第 3 款規定「使用基金一般資源之條件」，其第(b)(iii)項規定：每一會員國在下列條件下，得以其同額之本國通貨向基金購買其他會員國之通貨：

(iii)擬議之購匯，為準備部分 (reserve tranche) 之購匯，或不致使基金所有之購匯國之通貨因此超過該國攤額之 200% 以上。故此項攤額亦決定會員國向基金融通資金的限度。

協定第 12 條第 5 款規定「票決」(voting)，其表決權數亦決定於攤額之大小。

協定第 3 條第 2 款規定「攤額之調整」，其第(a)項規定：理事會應在不超過 5 年之期間內對各會員國之攤額進行一次一般性檢討，如認為有必要時，得提議調整會員國之攤額。如認為適當，理事會對於特定會員所請求之任何個別攤額之調整，亦得在其他時間考慮予以調整。由此規定得知攤額並非固定不變，而是可以調整。另依同條第 2 款第(c)項規定：任何攤額之變更，應經總投票權 (voting power) 之 85% 多數票決。

✴ 五、匯兌安排

1.會員國之一般義務

協定第 4 條第 1 款規定「會員國之一般義務」，依其規定：基於確認國際貨幣制度之主要目的在於提供一套制度以便利國際間商品、勞務、資本之交易，並維持健全之經濟成長，及以金融與經濟穩定所必須之有秩序基礎條件作為繼續發展之一項主要目標，每一會員國應與基金及其他會員國通力合作，以確保有秩序之匯兌安排，並促進匯率制度之穩定。每一會員國尤其應：

　　⑴在適合其國情之情況下，致力於經濟與金融政策之制定，藉以達成在合理的物價穩定下助長有秩序的經濟成長目標；

　　⑵培育有秩序之基層的經濟與金融情況，以及不致於產生劇烈波動之貨幣制度，以促進穩定；

　　⑶避免操縱外匯匯率或國際貨幣制度，以防止有礙國際收支之有效調整，或自其他會員國獲致不公平之競爭利益；以及

　　⑷採行與本款規定相配合之外匯政策。

2.一般匯兌安排

依協定第 4 條第 2 款規定「一般匯兌安排」，規定：

　　⑴每一會員國自本協定第二次修訂日後 30 天內，將其為履行本條第 1 款規定之義務所作之匯兌安排通知基金，其安排如有任何變更時，並應即通知基金。

　　⑵在 1976 年 1 月 1 日實施之國際貨幣制度下，匯兌安排得包括：(a)會員國將其通貨之價值與特別提款權或除黃金外之經其選用之其他通貨維持關係，或(b)經由會員國之合作安排，將其通貨之價值與其他某一會

員國或數個會員國之通貨維持關係，或(c)會員國所選擇之其他匯兌安排。

(3)為配合國際貨幣制度之發展，經總投票權之 85% 之多數票決，基金得作出一般匯兌安排之規定，該規定對於會員國在符合基金宗旨及本條第 1 款規定之各項義務下所作的匯兌安排之選擇權並不加以限制。

3.匯兌安排之監督

依協定第 4 條第 3 款規定「匯兌安排之監督」，規定：

(1)為確保有效操作，基金應監督國際貨幣制度，並督促各會員國遵守本條第 1 款有關義務之規定。

(2)為達成第(1)項功能，基金對各會員國之匯率政策應執行嚴密監督，並應針對此類政策，為所有會員國採取特別的指導原則。每一會員國應提供基金執行監督時所需之必要資料，且於基金請求時，應與之磋商其匯率政策。基金所採取之指導原則應符合會員國為將其通貨之價值與某一會員國或其他數個會員國之通貨維持關係所作之合作安排，亦應符合會員國在符合基金宗旨及本條第 1 款規定下所選擇之匯兌安排。此項指導原則，應尊重會員國國內之社會與政治政策，而在引用時，應對會員國之經濟情況予以適當關注。

✸ 六、特別提款權

「特別提款權」(Special Drawing Rights, SDR) 乃是國際貨幣基金於 1969 年 9 月所創造並分配給會員國的一種記帳單位，本身並不是貨幣，只可用來向其他會員國換取可自由兌換之外幣來支付國家與國家之間的國際收支逆差，或償還向國際貨幣基金的貸款，但不能直接用於貿易或非貿易之支付。

國際貨幣基金協定第 15 條第 1 款規定「分配特別提款權之權力」：為因應補充現存準備資產增加之需要，授權基金對參加特別提款權部門之會員國分配特別提款權。依其規定可知特別提款權乃是國際貨幣基金為補充現有會員國的官方準備之不足所創造及分配給會員國的一種權利，可作為國際準備的一部分，且其動用與「普通提款權」(General Drawing Right, GDR) 不同，不需經過國際貨幣基金事前審查，亦不需要按照日期償還。

國際貨幣基金協定第 15 條第 2 款規定「特別提款權之評價」：特別提款權之評價方法應經基金總投票權 70% 多數票決決定；但評價原則之變更或原則應用上之基本變更應經總投票權 85% 多數票決通過。

依此規定，特別提款權的價值是經基金總投票權多數票決。1969 年 9 月創造時，其每單位的價值與美元相等，即 35 個單位的特別提款權等於 1 盎司 (ounce) 的黃金。隨著 1971 年 8 月 15 日美國總統尼克森宣布美元與黃金的停止兌換，特別提款權的價值於 1973 年 5 月 5 日改採用一籃子主要國際貨幣來決定其價值，亦即採用 1968 年到 1972 年出口金額占全球出口總金額 1% 以上的 16 個國家的貨幣，按其出口金額和貨幣使用範圍的大小確定其所占權數的比例，再經過加權計算而得出其價值。

依國際貨幣基金 1980 年 12 月 17 日的決定，自 1986 年 1 月 1 日起，特別提款權的籃子組成和「加權」比例每五年調整一次，以確保在世界貿易和金融體系中各國貨幣的相對重要性。

歐元成立後，特別提款權的價值改以美元、歐元、日圓及英鎊四種貨幣來加權平均而算出每單位特別提款權的價值。其權數大小依其出口金額及其貨幣被會員國作為外匯準備的比例而定，依此標準，自 2011 年 1 月 1 日起，美元、歐元、日圓及英鎊在特別提款權中所占的權數，分別為 41.9%、37.4%、9.4% 與 11.3%。國際貨幣基金協定利用這些權數與 2010 年最後 3 個月的平均匯率推算特別提款權換算成其他國家的通貨價值。2015 年時的價值為 1 單位特別提款權約等於 1.6 美元左右。美元的特別提款權值在基金組織的網站每天發布。

籃子組成每五年修訂一次，以確保在世界貿易和金融體系中各國貨幣的相對重要性。2015 年 11 月 30 日國際貨幣基金執行理事會決定將人民幣納入特別提款權貨幣籃，並於 2016 年 10 月 1 日正式生效。根據國際貨幣基金公布的會議決議資料，人民幣在特別提款權中所占的權重比例為 10.92%，僅次於美元 (41.73%) 及歐元 (30.93%)，高於英鎊 (8.1%) 及日圓 (8.3%)，人民幣已成為繼美元、歐元、日圓和英鎊後，特別提款權籃子中的新成員。

2016 年至 2020 年間，一單位特別提款權 (1 SDR) = 0.58252 美元 + 0.38671 歐元 + 1.0174 人民幣 + 11.900 日元 + 0.085946 英鎊（按照 2020 年匯率，約值 1.36 美元）。當有會員國使用其特別提款權時，該國可以將自身的特別提款權兌

國際貿易法規

換成為這五種貨幣中的某一種。

國際貨幣基金協定第 17 條第 1 款規定「參加國」：基金之每一個會員國，若向基金提交正式文件表示其將依照本國法律承擔特別提款權部門參加國之所有義務，且已採取所有必要步驟使其足以履行所有義務者，應自提交文件之日起，成為特別提款權部門的參加國；但在專屬於特別提款權部門之本協定條款生效前，以及依本款提交文件之會員國尚未繳交攤額總數的 75% 前，則不能成為參加國。

特別提款權之持有人依國際貨幣基金協定第 17 條第 2 款及第 3 款規定，包括：(1)基金本身；(2)非會員國、非參加之會員國、對一個以上會員國擔任中央銀行任務之機會，以及其他官方機構。故如包括國際清算銀行、世界銀行、國際開發協會、與國際農業發展基金等數十家國際金融機構都可以持有特別提款權。

國際貨幣基金協定第 18 條「特別提款權之分配與取消」，其第 1 款規定「有關分配與取消之原則與考慮」：

(a)關於特別提款權之分配與取消之所有決定，基金配合長期性的需求增長，以促進基金目的之達成並避免世界經濟發生停滯與通貨緊縮，以及需求過熱及通貨膨脹之方式來補充現存的準備資產。

(b)在第一次決定分配特別提款權時，應特別考慮共同判斷 (collective judgment) 是否有補充準備之全球性需求，以及在未來達成更好的收支平衡與調整過程之更佳運行的可能性。

國際貨幣基金協定第 18 條第 2 款規定「分配與取消」：

(a)基金分配或取消特別提款權之決定應以每期 5 年的基本期間連續性地運作。第一基本期間應自第一次決定分配特別提款權日開始，或自該決定所指定之較後日開始。分配或取消應一年一次。

(b)分配之比率應以每次決定分配日之攤額的百分比表示。特別提款權之取消比率，應以每次決定取消日之特別提款權累積分配淨額之百分比表示。上項百分比對所有參加國都應一致。

到目前為止，國際貨幣基金共分配過三次一般特別提款權，第一次在 1970 年到 1972 年間，分配 93 億單位，第二次在 1979 年到 1981 年間，分配 121 億

單位，第三次於 2009 年 8 月，金額達到 1,612 億單位。

　　事實上，在 1981 年以後加入基金的會員國占總會員國的五分之一以上，而這些國家在 2009 年以前從未獲得特別提款權的分配；為了能在公平的基礎上參與特別提款權體系並糾正這種事實，國際貨幣基金協定進行第四次的修訂，並於 2009 年 9 月依此次修訂的條款實施特別分配的特別提款權。

　　包括 2009 年 8 月 28 日生效的特別提款權一般分配和 2009 年 9 月 9 日生效的特別提款權的特別分配在內，特別提款權的分配增加至 2,041 億單位（按 2020 年的匯率換算，相當於約 2,776 億美元）。

　　國際貨幣基金協定第 18 條第 2 款第(f)項有規定特別提款權的取消，但這一項規定從未使用過。國際貨幣基金不能向其本身或其他指定持有者分配特別提款權。

　　國際貨幣基金協定第 20 條「特別提款權部門之利息與費用」第 1 款規定「利息」：基金應對特別提款權的所有持有人以相同的利率，按每一持有者之持有金額支付利息。基金應對每一持有者支付其應得之金額，而無論其所收取之費用是否足以支付利息之支出。

第二節　國際復興暨開發銀行

一、成立經過

　　1944 年 7 月 1 日，聯合國 44 個國家代表在美國新罕布什州 (New Hampshire) 布列敦森林 (Bretton Woods) 召開聯合國貨幣金融會議 (United Nations Monetary and Financial Conference)，會議於 7 月 22 日閉幕，會議結果除訂定聯合國貨幣金融會議最後決議書 (The Final Act) 與通過國際貨幣基金協定外，亦通過國際復興暨開發銀行協定 (Agreement of the International Bank for Reconstruction and Development)。1945 年 12 月 27 日，聯合國 28 個國家簽署批准該協定，「國際復興暨開發銀行」(International Bank for Reconstruction and Development, IBRD) 正式成立。該銀行即一般所稱的世界銀行。

　　隨後，並陸續於 1956 年成立「國際金融公司」(International Financial

Corporation, IFC)；於 1960 年成立「國際開發協會」(International Development Association, IDA)；於 1966 年成立「國際投資爭端解決中心」 (International Centre for Settlement of Investment Disputes, ICSID)；於 1988 年成立「多邊擔保機構」(Multilateral Investment Guarantee Agency, MIGA) 等四個機構，這四個機構與國際復興暨開發銀行共同構成世界銀行集團。

國際復興暨開發銀行在 1946 年 6 月 25 日開始營運，1947 年 11 月 5 日正式成為聯合國的一個專門機構。其總部設在華盛頓哥倫比亞特區。

❁ 二、宗　旨

國際復興暨開發銀行協定第 1 條規定成立的宗旨，作為銀行運作及決策的最高指導及必須遵守的原則，共有五大項，說明如下：

1.以促進生產目的的資本投資來協助會員國境內的重建和發展，包括恢復受戰爭破壞的經濟，恢復生產設施以滿足和平時期的需求，以及鼓勵低度開發國家生產設備和資源的開發。

2.以保證或參與貸款及其他私人投資的方式，促進外國私人投資。當私人資本不能以合理條件取得時，在適當的條件下，運用其自有資本、募集的資金及其他資源，為生產性目的提供資金，以補充私人投資之不足。

3.鼓勵國際投資以發展會員國生產資源，來促進國際貿易長期均衡的成長和維護國際收支的均衡，以協助會員國在其境內提高生產力、生活水準和勞動條件。

4.就本行承做或保證之有關透過其他管道之國際性貸款作出安排，使更多有用與緊急的計畫，不管大小，都能得到優先進行。

5.進行業務時，要適當考慮到國際投資對各會員國境內商業條件之影響，在戰後幾年內，以協助平穩地從戰時經濟過渡到平時經濟。

❁ 三、會　員

1944 年參加國際金融會議，並在 1945 年 12 月 31 日之前簽署批准「國際復興暨開發銀行協定」的國家為國際復興暨開發銀行的創始會員國，共有二十八個國家。

其他會員國是依國際復興暨開發銀行協定第 2 條第 1 款第(b)項規定加入。該項規定：應開放給基金之其他會員國加入為會員，並依照銀行規定的時間與條件加入。

在 2015 年 8 月時，國際復興暨開發銀行共有一百八十九個會員國。

國際復興暨開發銀行協定第 2 條第 2 款第(a)項規定，以 1944 年 7 月 1 日生效的美元所含黃金的重量與成色計算，國際復興暨開發銀行的法定股本為 100 億美元，分 10 萬股，每股 10 萬美元，只能由會員國認購。到 2012 年 6 月 27 日，銀行的法定股本已增為 2,307,600 股。另依協定第 2 條第 2 款第(b)項規定，經四分之三多數投票認為適當時，銀行可增加資本存量。

入會申請應依「國際復興暨開發銀行協定」附則第 19 款向銀行提出申請書，經執行董事會的審查，向理事會提出報告，建議接受該申請國為會員國。經過協商確定申請國應認繳股本的股份數及理事會所設定的其他條件後，由理事會批准成為非創始會員國的其他會員國。

會員國的最基本義務是銀行股份的認購，依國際復興暨開發銀行協定第 2 條第 3 款的規定：

(a)各會員國應認購銀行資本存量的股份。創始會員的最低認購股份數量應為附表 A 所列。其他會員的最低認購股份數量應由銀行決定，銀行應保留足夠的資本存量部分給這些會員認購。

(b)銀行應訂定規則，以規定的條件使會員在最低認購股份外，增加認購銀行法定資本存量的股份。

(c)如果銀行的法定資本存量增加，各會員在銀行規定的條件下，應有一個合理的機會按其原來在銀行資本總額中所認購股份的比例，去認購增加的股份；但會員並無認購任何新增股本的義務。

✲ 四、業　務

國際復興暨開發銀行經過 70 年的運作，其營運大致上朝以下六個方面進行：

1.提高對發展項目提供貸款的選擇性。

2.加強與各類發展機構的夥伴關係。

3.積極適應借款國的需求，促進其參與國際復興暨開發銀行相關項目的設計與執行。

4.擴大貸款項目對經濟發展的總體影響。

5.消除官僚主義，講求實效。

6.完善實行自身的財務管理。

國際復興暨開發銀行的主要任務為幫助貧窮的國家與人民。因此，在考慮形同援助的貸款時，特別注重借款國以下的需要：

1.基本衛生與教育。

2.環境保護。

3.民營企業。

4.加強政府的能力與效率。

5.服務品質的提升。

6.改革創造有利於投資和長期經濟發展的環境。

7.社會發展。

8.機構組織的運作成立。

9.消除貧窮。

「國際復興暨開發銀行協定」第 4 條「業務」第 1 款「承做或協助貸款之方式」第(a)項規定：銀行可以下列方式承做或協助貸款，以滿足協定第 3 條之一般條件：

(i)以銀行自有資金承做或參與直接貸款，其金額以已繳的足額資本、公積及依第 6 條規定之準備金為限。

(ii)以銀行在某一會員國市場上所籌得，或另外從銀行借入的資金承做或參與直接貸款。

(iii)對民間投資者以通過通常投資管道所承做的貸款，給予全部或部分擔保。

第(b)項規定：銀行只能在會員國核准的市場借入上述第(a)(ii)項的資金或在被指定的會員國通貨的貸款對上述第(a)(iii)項作擔保，且只有這些會員國同意其收益可不受任何限制的轉換為任何其他會員國的通貨的情形下，才可承做或擔保。

國際復興暨開發銀行的貸款可分以下五種：

1.具體投資的貸款，即「項目貸款」。

2.部門貸款，即「行業貸款」，可分部門的投資貸款、金融中介貸款及部門調整政策和體制改革的貸款。

3.結構調整貸款，為政策性貸款。

4.技術援助貸款。

5.緊急復興貸款，為大規模災難災害後的重建貸款。

國際復興暨開發銀行的貸款具有開發性的功能，故以社會經濟調查研究決定貸款開發的方向；同時並幫助借款國釐定切實的政策與實際的執行。

國際復興暨開發銀行根本業務是對需要貸款的會員國提供長期優惠貸款與技術援助，以及對關係人私人企業提供長期優惠貸款，使這些私人企業能從事對該國經濟與社會發展所需的長期與獲利低的建設。

2016 年 8 月 31 日國際復興暨開發銀行在中國大陸發行 3 年期、總額 5 億以 SDR (Special Drawing Rights) 計價的木蘭債券 (Mulan Band)。這是全球 30 年來此類債券的首次發行。該批債券票面利率 0.49%，發行吸引了銀行、證券、保險等約五十家機構的認購。此次發行恰逢在杭州召開的 G20 峰會前夕。SDR 債券的發行，是去美元單一化的第一步。

目前國際復興暨開發銀行已將「聯合國氣候變化綱要公約」下的「巴黎協定」作為業務工作的主導原則，除積極將消除極端貧困和戰勝氣候變化進行連結，並呼籲各國也應將這兩個議題納入國家發展政策，共同實踐為地球降溫的承諾。

依國際復興暨開發銀行的研究顯示，未來 15 年世界各地基礎設施投資總額將達數千億美元，其中大部分集中在開發中國家。如何確保這些投資符合低碳並具有對抗氣候變遷風險的能力，促進永續經濟增長，是消除貧困、促進繁榮的關鍵。各國現在可以透過「巴黎協定」來推動氣候智慧型政策行動，比如碳定價等，以吸引合適的基礎設施投資。

因主要國家支持可再生能源，加上再生能源的生產成本大幅降低，國際能源署 (International Energy Agency, IEA) 調高可再生能源 5 年增長率預測。事實上，2015 年可再生能源已超過煤炭，成為世界發電裝置容量的最大來源。未來各國尤其是亞洲地區，應在此基礎上再接再厲，往低碳能源之路邁進。

因此，國際復興暨開發銀行將協助各國在高碳能源和可再生替代能源之間作出正確選擇，將優惠融資引導到能夠帶來最大效益的領域。

研究並顯示，國際社會若不採取大規模的氣候行動，到 2030 年就會有一億多人陷入極端貧困。也因此，國際復興暨開發銀行積極協助加強社區、經濟和生態系統的韌性，例如提高供水利用的效率、氣候智慧型農業、早期預警系統、降低災害風險和加強社會保護。

國際復興暨開發銀行認為，國際社會需要一個能夠面對氣候風險的全球金融體系，攸關因應氣候變化所需的數兆美元私人資本。雖然目前已有愈來愈多的機構投資者將氣候考量納入決策過程，但仍有許多開發中國家需要大量優惠融資來協助其履行氣候計畫。

第三節　亞洲開發銀行

一、成立經過

亞洲開發銀行 (Asian Development Bank, ADB)，簡稱亞銀，是涵蓋亞洲、太平洋的區域性政府間國際金融機構。雖以亞洲命名，但實際上則是涉及國際性的金融，並多以美元為主，為政府間國際金融的一環。亞洲開發銀行雖非聯合國體系的機構，但與聯合國及其區域與專門機構有密切的關係與連繫。

1963 年 12 月，第一屆「亞洲經濟合作部長級會議」在菲律賓馬尼拉召開，決議籌組亞銀。1965 年 11 月，召開第二屆「亞洲經濟合作部長級會議」，於 1965 年 11 月 24 日決議通過「建立亞洲開發銀行協定」(Agreement Establishing the Asian Development Bank, ADB Agreement)。協定內容不僅作原則性的規定，並對銀行業務經營作詳細的規定。依協定第 65 條規定，至少要有 15 個簽字國遞交批准書或接受書後，且簽字國按照本協定附錄 A 規定，首次繳交股本額達到核定股本的 65% 以上，本協定即開始生效。因此，於 1966 年 8 月 22 日協定正式生效。同年 11 月，在日本東京舉行亞洲開發銀行第一屆理事會，正式宣告成立亞洲開發銀行，並於 1966 年 12 月 12 日正式營運。總部設在馬尼拉。

❀ 二、宗旨與功能

　　建立亞洲開發銀行協定第一章第 1 條規定成立的「宗旨」(purpose)：亞銀的宗旨應為促進亞洲與遠東地區（以下稱為『本地區』）的經濟成長與合作，並協助本地區發展中會員國集體和單獨地加速經濟發展的過程。本協定中所使用的『亞洲與遠東地區』及『本地區』之名詞，都包括聯合國亞洲與遠東經濟委員會內所包含的亞洲與遠東的領土。

　　20 世紀 60 年代成立亞洲開發銀行時，太平洋及亞洲有許多非自治領土仍然在歐美國家的統治下，故稱「亞洲與遠東的領土」(the territories of Asia and the Far East)。而今會員所涵蓋的地區應包括亞洲與太平洋地區。

　　建立亞洲開發銀行協定第一章第 2 條規定「功能」(functions)：為了實現亞洲開發銀行的宗旨，本行應有以下功能：

　　1.促進本地區以開發為目的的公共與私人資本的投資。

　　2.利用本身的資源，為本地區的發展中會員國家的發展提供資金，優先給予那些對本地區全體和諧的經濟發展最有助益之地區性、次地區性以及國家性的項目與計畫，且應特別考慮本地區較小的或較不發達的會員國家之需要。

　　3.應本地區會員的要求，以達成更有效地利用其自有資源、使其經濟更能補足，並促進其對外貿易，特別是本地區內的貿易有秩序地擴大的觀點，協助整合其發展政策與計畫。

　　4.對擬定、資助和執行發展項目和計畫提供技術援助，包括編制特別項目建議書。

　　5.在本協定規定範圍內，以本行認為適當的方式，與聯合國、其機構和附屬機構，特別是亞洲及遠東經濟委員會，以及參加本地區開發基金投資的國際公共組織、其他國際機構和國家公私組織進行合作，並以新的投資與援助的機會吸引這些機構與組織之興趣。

　　6.採取其他行動與提供其他服務實現亞銀宗旨。

❀ 三、會　員

　　亞洲開發銀行的會員並不侷限於國家，依建立亞洲開發銀行協定第 3 條第

1 款規定：本行會員開放如下：(i)聯合國亞洲及遠東經濟委員會的會員和準會員；(ii)聯合國或其任何專門機構會員中的其他地區國家和非本地區的已開發國家。符合這兩項中任何一項資格的國家或地區，在本協定生效前，依本協定第64 條規定簽字後批准或接受的國家可成為本行的會員。

在本協定生效前未依本協定第 64 條規定成為本行會員的國家，則依建立亞洲開發銀行協定第 3 條第 2 款規定成為會員，依其規定：符合本條第 1 款規定，但尚未依本協定第 64 條加入本行成為會員的國家，依本行規定的條件，經三分之二，並至少代表會員總投票權四分之三的理事投票通過，可成為本行的會員。

至於非國家的地區，則依建立亞洲開發銀行協定第 3 條第 3 款規定成為會員，依其規定：不負責處理自己的國際關係的聯合國亞洲及遠東經濟委員會的準會員，其加入本行的申請，應由負責處理其國際關係的本行會員提出，並由該會員擔保，在申請者自己負責其國際關係前，由其保證對申請者因加入本行而可能發生的一切義務和利益負責。本協定所使用的「國家」一詞，應包括聯合國亞洲及遠東經濟委員會的準會員的領土在內。

到 2019 年為止，地區會員共有四十九個，其他地區會員共有十九個，總共有六十八個會員。中華民國本為創始會員，1986 年 3 月中華人民共和國加入後，被亞銀片面更改國家名稱為「中國臺北」(Taipei, China)，中華民國政府除了向亞銀提出「嚴正抗議」外，並拒絕出席 1986 年及 1987 年的年會以表示不滿。以後，中華民國（中國臺北）代表團參加亞銀活動，就以「抗議中」(under protest) 的標籤貼在「中國臺北」上，以示維護國家尊嚴。

❀ 四、業　務

亞洲開發銀行運作與業務為對會員國貸款，建立亞洲開發銀行協定第三章詳盡地規劃與訂定業務經營的原則與細節。

1.資金之使用

建立亞洲開發銀行協定第三章第 8 條規定資金之使用，在於達成本協定第 1 及第 2 條所規定的宗旨與功能。

2.一般與特別業務

建立亞洲開發銀行協定第三章第 9 條規定，將銀行的業務分為一般與特別

業務。依其規定，一般業務是以亞銀的一般資本進行業務活動，特別業務則是以各種特別基金進行業務活動。

3.業務經營的對象

建立亞洲開發銀行協定第三章第 11 條規定「業務受領與方式」，依其規定，其業務經營的對象為「任何會員或其機構、所屬單位或行政部門、或在其會員的領土上營業的任何機構或企業，以及參與本地區經濟發展的國際或區域性機構或企業」。

4.銀行的業務經營方式

⑴使用未動用的實繳股本、準備金、未分配的利潤、未動用的特別基金，進行直接貸款或參與貸款。本協定第 17 條規定的準備金除外。

⑵使用銀行在資產市場上籌集的資金、借款、或通過其他方式獲得普通資本的資金，進行直接貸款或參與貸款。

⑶使用本條第(1)、(2)項所指的資金對公司或企業進行股票投資，但須經理事會全體理事中代表過半數投票權的過半數理事投票決定銀行可以展開這種業務之後，才可以進行這種投資。

⑷全部或部分地擔保本行參與的發展經濟的貸款，不論銀行是直接或間接的債務人。

5.直接貸款的通貨供應

建立亞洲開發銀行協定第三章第 13 條規定「直接貸款之通貨供應」，依其規定：

⑴向借款人提供項目所在地或會員國的通貨（簡稱「當地通貨」）以外的其他通貨，用於項目所需的外匯費用。

⑵在可用當地通貨而不必動用銀行的黃金或自由通貨準備的情況下，為有關項目提供融資作為當地費用。

在特殊情形下，當銀行認為項目對項目所在地的會員國的國際收支會造成或可能造成不必要的損失或緊張時，可以用該會員國通貨以外的通貨提供資金融通，用作當地開支，但為此目的而提供的此類貸款，不得超過借款人全部當地費用的適當比例。

6.業務經營原則

　　建立亞洲開發銀行協定第三章第 14 條提出「業務原則」，共有 14 項，說明如下：

(1)銀行的業務經營主要是為具體項目提供資金融通，包括國家、次區域或區域的發展規劃內的項目。銀行的業務經營還包括向國家開發銀行或其他適當機構提供貸款或貸款擔保，以便其可以為具體的發展項目提供資金融通。

(2)銀行在選擇合適的項目時，須遵守本協定第 2 條第 2 項的規定。

(3)如果會員反對向在其領土上項目提供融資，銀行即不應提供這種融資。

(4)在貸款前，申請人須遞交一份理由充足的貸款申請。銀行行長根據其工作人員的研究成果就此項申請寫出書面報告，連同其意見送交董事會。

(5)銀行在審議第 1 項貸款或擔保申請時，應適當注意借款人以銀行認為合理的條件從別處獲得資金或便利的能力，同時考慮到一切有關因素。

(6)銀行在提供或擔保貸款時，應充分注意到借款人及其擔保人將能按合約條件履行其義務的前景。

(7)在提供貸款和擔保時，應採取銀行認為對該項貸款適合的利率、其他費用和本金的償還期限。

(8)銀行在為其他投資人發放的貸款提供擔保，或在包銷證券時，應適當地收取風險補償。

(9)銀行在普通業務經營中或用依第 19 條第 1 項建立的特別基金發放貸款、進行投資或其他融資活動所獲收益，只能用於會員國購買會員所生產的商品或勞務。但在特殊情況下，例如，某一非會員國向銀行提供大量資金，經理事會由代表三分之二以上投資權的理事表決決定，可允許在該非會員國購買該非會員國生產的商品和勞務。

(10)銀行發放的直接貸款，只允許借款人為支付跟項目有關的實際開支而提取資金。

(11)銀行應採取必要的措施，保證其所提供、擔保、或參與的任何貸款的收益，只能用於原貸款所規定的目的，並應注意節約和效率。

(12)銀行應充分注意，避免不均衡地將其資金用於某一會員的利益。

⒀銀行應設法保持股票投資多樣化，除了需要保護投資的情況外，銀行對所投資的公司或企業不承擔任何管理責任。

⒁銀行在業務經營中應遵循健全有效的金融方針。

7.資金的來源

⑴普通資金：股本、借款、普通準備金、特別準備金、淨收益及預交股本。

⑵亞洲開發基金：來自捐贈，於 1947 年 6 月成立。

⑶技術援助特別基金：與銀行同時成立。來自捐贈及 1986 年 10 月 1 日增資時的撥款。

⑷日本特別基金：於 1988 年 3 月 10 日成立，全部是日本捐贈。

⑸聯合融資。

⑹日本扶貧基金：日本政府於 2000 年 5 月 23 日捐贈 100 億日圓成立。

8.資金的實際運用

主要有貸款與技術援助：

⑴貸款：包括項目貸款、規劃貸款、部門貸款、開發金融貸款、綜合項目貸款、特別項目執行援助貸款、私營部門貸款與聯合融資等。

(ⅰ)項目貸款

即對某一會員國或地區會員發展規劃的具體項目提供貸款。這些項目應該具備效益好、有利於借款會員國或地區會員經濟發展、借款會員國或地區會員有較好的信用等三個條件。

(ⅱ)規劃貸款

是對某會員國或地區會員某個需要優先發展的部門或其所在地的部門提供資金，以便通過進口生產原料、設備和零部件，以擴大現有的生產能力，使其經濟結構更趨合理化和現代化。

(ⅲ)部門貸款

是對會員國或地區會員與項目有關的投資準則進行援助的一種形式。

(ⅳ)開發金融貸款

是通過會員國或地區會員的開發性金融機構進行的間接貸款，也稱中國轉貸。

　　(v)綜合項目貸款

　　是對較小的會員國或地區會員的一種貸款方式，由於這些國家的項目規模較小，借款數額外負擔也不大，為便於管理，亞洲開發銀行便把這些項目綁在一起，作為一個綜合項目來辦理貸款手續。

　　(vi)特別項目執行援助貸款

　　為了使亞洲開發銀行貸款的項目在執行過程中避免因缺乏配套資金等不曾預料到的困難，使項目繼續執行受阻，亞洲開發銀行提供特別項目執行援助貸款。

　　(vii)私營部門貸款

　　分為直接貸款和間接貸款兩種形式。直接貸款是指有政府擔保的貸款，或是沒有政府擔保的股本投資，以及為項目的準備等提供的技術援助；間接貸款主要是指通過開發性金融機構的限額轉貸和對於開發性金融機構進行的股本投資。

　　(viii)聯合融資

　　是指一個或一個以上的區外經濟實體與亞洲開發銀行共同為會員國或地區會員某一開發項目融資。

　　(2)技術援助：包括項目準備技術援助、項目執行技術援助、咨詢技術援助與區域活動技術援助等。

　　(i)項目準備技術援助

　　用於幫助會員國或地區會員之項目計畫或項目審核，以便亞洲開發銀行或其他金融機構對項目投資。

　　(ii)項目執行技術援助

　　是為幫助項目執行機構（包括開發性金融機構）提高金融管理能力而提供的。亞洲開發銀行一般通過咨詢服務、培訓當地人員等，來達到提高項目所在地會員國或地區會員的金融管理能力和目的。

　　(iii)咨詢技術援助

　　用於援助有關機構（包括亞洲開發銀行執行機構）的建立或加強，進行人員培訓，研究和制定國家發展計畫、部門發展政策等。

　　(iv)區域活動技術援助

　　用於重要問題的研究，開發培訓班，舉辦涉及整個區域發展的研討會等。亞洲開發銀行由對政府、社會或環保等公共建設的領域開始，而後進入私營企業領域，追求地區內貧窮國家、地區的反貧窮、減少貧窮的努力。業務主要為貸款及援助較貧窮的低收入會員國家或地區，以貸款為主，援助為輔。由對特定計畫的開展，推展到對特定國家發展的介入。亞洲開發銀行的業務活動涉及農業與天然資源、能源、工業與礦業、金融、交通、運輸、通訊與社區基礎工程。

第四節　亞洲基礎設施投資銀行

❋ 一、成立經過

　　亞洲基礎設施投資銀行 (Asian Infrastructure Investment Bank, AIIB)，簡稱亞投行，是一個向亞洲各國家和地區政府提供資金，以支持基礎設施建設之區域多邊開發機構。

　　2013 年 10 月 2 日，中國大陸國家主席習近平在雅加達與印尼總統蘇西洛舉行會談時，首次倡議籌建亞投行，國務院總理李克強同月出訪東南亞時，亦向東南亞國家提出相關的倡議。

　　2014 年 10 月 24 日，中國大陸、印度、新加坡等二十一國在北京正式簽署「籌建亞投行備忘錄」，印尼於 2014 年 11 月 25 日簽署備忘錄，成為第二十二個創始會員國。

　　在開放申請成為創始會員國的過程中，美國、日本認為亞投行的成立與其國家利益相衝突，因此抱持保留態度，並試圖勸說其盟友不要加入。但在 2015 年 3 月 12 日，英國首先報名加入亞投行的創始會員國，成為亞投行第一個歐洲國家、西方國家，更是政經大國。次日瑞士也提出申請意願，隨後，法國、義大利、德國等重量級國家也表態跟進。韓國、俄羅斯、巴西等域內國家和重要新興經濟體也在申請截止日期 3 月 31 日前相繼申請加入創始會員國。

　　2015 年 4 月 15 日，亞投行意向創始會員國確定為五十七個，其中域內國家三十七個、域外國家二十個。東協經濟體（東體）十個國家全部加入，歐洲

聯盟（歐盟）有十四個國家加入，二十國集團 (G20) 中也有十四國加入，金磚五國則全部加入，其他國家和地區今後仍可以普通會員的身分加入。2015 年 6月 29 日，亞投行創始會員國在北京簽署協定。2016 年 8 月 31 日，加拿大亦申請加入。2017 年 8 月 14 日，智利、希臘等七國加入。到 2019 年 7 月 14 日為止，亞投行會員國共有一百國，其中域內四十四國、域外二十五國，簽約國三十一國。2017 年上半年，日本表態稱，一些疑惑點消除後，願積極探討日本加入亞投行。美國對亞投行持反對態度，並阻撓韓國、澳洲等國加入，且批評英國決定加入亞投行的選擇。G7 僅有美國與日本不願加入。至今已有七十七個會員國。

2015 年 12 月 25 日，「亞洲基礎設施投資銀行協定」正式生效，亞投行宣告成立。至當日為止，包括緬甸、新加坡、汶萊、澳洲、中國大陸、蒙古、奧地利、英國、紐西蘭、盧森堡、韓國、喬治亞、荷蘭、德國、挪威、巴基斯坦、約旦等在內的十七個創始會員國（股份總和占比 50.1%）已批准「亞洲基礎設施投資銀行協定」並提交批准書。

2016 年 1 月 16 日至 18 日，亞洲基礎設施投資銀行在北京正式開業，註冊資本為 1,000 億美元。

✸ 二、宗旨與功能

亞洲基礎設施投資銀行協定第一章第 1 條規定成立的「宗旨」(purpose)：銀行宗旨在於：

1.通過在基礎設施及其他生產性領域的投資，促進亞洲經濟可持續發展、創造財富並改善基礎設施互聯互通。

2.與其他多邊和雙邊開發機構緊密合作，推進區域合作和夥伴關係，應對發展挑戰。

本協定中凡提及「亞洲」和「本區域」之處，除理事會另有規定外，均指根據聯合國定義所指的屬亞洲和大洋洲的地理區劃和組成。

亞洲基礎設施投資銀行協定第一章第 2 條規定成立的「功能」(functions)：為履行其宗旨，本行應具備以下功能：

1.促進本地區以發展為目的的公共和私人資本的投資，尤其是基礎設施和

其他生產性領域的發展。

　　2.利用本身可支配資源，為本區的發展提供融資，包括那些對本地區整體
和諧經濟成長最有助益效的專案和規劃，並特別關注本地區低度開發會員之需
求。

　　3.鼓勵私人投資於有利於本地區經濟發展，尤其是基礎設施和其他生產性
領域發展的項目、企業和活動，並在無法以合理條件取得私人資本時，對私人
投資進行補充。

　　4.並且採取可能提升這些功能的其他行動與提供其他服務。

✹ 三、會　員

　　亞洲基礎設施投資銀行的會員並不侷限於亞洲國家，亞洲基礎設施投資銀
行協定第一章第 3 條規定「會員」(membership)：

　　1.銀行會員應對國際復興開發銀行和亞洲開發銀行的會員開放。

　　⑴區域內會員是指列入附件一第一部分的會員及依照第 1 條第 2 款屬於
　　　亞洲區域的其他成員，其餘則為區域外會員。

　　⑵創始會員應為已列入附件一，在第 57 條規定的日期當日或之前簽署本
　　　協定，並應在第 58 條第 1 款規定的最終日期前已完成所有會員條件的
　　　會員。

　　2.國際復興開發銀行和亞洲開發銀行會員，如未能依照第 58 條規定成為銀
行會員，可依照第 28 條規定經理事會特別多數投票同意後，遵照銀行決定的條
件成為銀行會員。

　　3.不享有主權或無法對自身國際關係行為負責的申請方，應由對其國際關
係行為負責的銀行會員同意或代其向銀行提出申請加入為會員。

　　臺灣是亞銀創始會員，依規定可以依以亞投行協定第 3 條 2 款，以亞洲開
發銀行會員的身分申請加入亞投行。

✹ 四、銀行業務

　　亞洲基礎設施投資銀行運作與業務為對會員國貸款，亞洲基礎設施投資銀
行協定第三章詳盡地規劃與訂定業務經營的原則與細節。

1.資金之使用

亞洲基礎設施投資銀行協定第三章第 9 條規定：銀行資金僅可依照穩健的銀行原則，用於履行本協定第 1 條和第 2 條所規定的宗旨和功能。

2.普通與特別業務

亞洲基礎設施投資銀行協定第三章第 10 條規定，將銀行的業務分為普通與特別業務。依其規定：

　(1)銀行的業務包括：

　　(a)本協定第 8 條提及的，由銀行普通資本提供融資的普通業務。

　　(b)本協定第 17 條提及的，由銀行特別基金提供融資的特別業務。

兩種業務可以同時為同一個專案或規劃的不同部分提供融資。

　(2)銀行的普通資本和特別基金在持有、使用、承諾、投資或作其他處置時，在任何時候、各個方面均須完全分離。銀行的財務報表亦應將普通業務和特別業務分別列出。

　(3)任何情況下銀行普通資本都不得用以繳付或清償由特別基金最初使用或承諾的特別業務或其他活動所發生的虧損或負債。

　(4)從普通業務直接發生的費用由普通資本支出；從特別業務直接發生的費用出由特別基金支出。任何其他費用的支出應由銀行決定。

3.經營的對象及方法

亞洲基礎設施投資銀行協定第三章第 11 條規定「經營的對象及方法」，依其規定：

　(1)(a)銀行可對任何會員或其機構、單位或行政部門，或在會員的領土上經營的任何實體或企業，以及參與本區域經濟發展的國際或區域性機構或實體提供或協助融資。

　　(b)在特殊情況下，只有在理事會依照第 28 條規定，經超級多數投票通過，銀行才可對本款第(a)項以外的對象提供援助：(i)確認該援助符合銀行的宗旨與功能以及銀行會員的利益；(ii)依本條第(2)款規定可被提供融資的業務對象，應指定支援類別。

　(2)銀行可以下列任何方式開展業務：

　　(a)直接貸款、聯合融資或參與貸款。

　　⒝參與機構或企業的股權資本投資。

　　⒞作為直接或間接債務人，全部或部分地為用於經濟發展的貸款提供擔保。

　　⒟根據特別基金的使用規定，配置特別基金的資源。

　　⒠依照第 15 條的規定提供技術援助。

　　⒡或由理事會依照第 28 條規定，經特別多數投票通過決定的其他融資方式。

4.一般業務之限制

　　亞洲基礎設施投資銀行協定第三章第 12 條規定「一般業務之限制」，依其規定：

　　⑴銀行依照本協定第 11 條第⑵款第⒜、⒝、⒞和⒟項提供的貸款、股權投資、擔保和其他形式融資等一般業務中的未收回款項，在任何時候都不得超過一般資本中未動用認繳股本 (unimpaired subscribed capital)、準備金和保留盈餘 (retained earnings) 的總額。但理事會有權依照本協定第 28 條規定，經超級多數投票通過後，根據銀行的財務狀況隨時提高上述對銀行一般業務的財務限制，最高可至一般資本中未動用認繳股本、準備金和保留盈餘總額的 250%。

　　⑵銀行已撥付股權投資的金額，應不超過當期相應的銀行未動用實繳股本 (unimpaired paid-in subscribed capital) 和一般準備之總額。

5.業務經營原則

　　亞洲基礎設施投資銀行協定第三章第 13 條規定「業務經營原則」，共有 11 項，依其規定：銀行應依據下列原則開展業務：

　　⑴銀行應按照穩健的銀行原則開展業務。

　　⑵銀行業務應主要是特定項目或特定投資規劃融資、股權投資以及第 15 條規定的技術援助。

　　⑶銀行不得在會員反對的情況下，在該會員境內開展融資業務。

　　⑷銀行應保證其從事的每項業務均符合銀行的業務和財務政策，包括但不僅限於針對環境和社會影響方面的政策。

　　⑸銀行審議融資申請時，應在綜合考慮有關因素的同時，適當關注借款

人以銀行認為合理的條件從別處取得資金的能力。

(6)銀行在提供或擔保融資時，應適當關注借款人及擔保人未來按融資契約規定的條件履行其義務的可能性。

(7)銀行在提供或擔保融資時，應採取銀行認為對該項融資和銀行風險均適宜的融資條件，包括利率、其他費用和還本安排。

(8)銀行不應對一般業務或特別業務中銀行融資專案的貨物和服務採購進行國別限制。

(9)銀行應採取必要措施保證其提供、擔保或參與的任何融資資金僅用於融資所規定的目標，並應兼顧經濟和效率。

(10)銀行應盡可能避免不均衡地將過多資金用於任何會員的利益。

(11)銀行應設法保持其股權資本投資的多樣化。除非出於保護其投資的需要，否則銀行在其股權投資項目中，對所投資的實體或企業不應承擔任何管理責任，也不應尋求對該實體或企業的控制權。

6.融資條件

亞洲基礎設施投資銀行協定第三章第 14 條規定「融資條件」，依其規定：

(1)銀行在發放、參與或擔保貸款時，應依照本協定第 13 條規定的業務原則及本協定其他條款的規定，訂立契約明確該貸款或擔保的條件。在制定上述條件時，銀行應充分考慮保障銀行收益和財務狀況的需要。

(2)當貸款或擔保對象本身並非銀行會員時，如銀行認為可行，可以要求該專案執行所在地的會員，或者銀行接受的該會員某個政府機構或其他機構，為貸款本金、利息和其他費用的按期如約償還提供擔保。

(3)任何股權投資的金額不得超過董事會通過的政策所允許的對該實體或企業進行股權投資的比例。

(4)按照有關貨幣風險最小化的政策規定，銀行可以使用一國的本幣為銀行在該國的業務提供融資。

7.技術援助

亞洲基礎設施投資銀行協定第三章第 15 條規定「技術援助」，依其規定：

(1)在符合銀行宗旨和功能的情況下，銀行可提供技術諮詢、援助及其他類似形式的援助。

⑵若發生提供上述服務的費用無法得到補償時，銀行可從其收入中支出。

❁ 五、銀行資金

亞洲基礎設施投資銀行協定第四章規定銀行資金。說明如下：

1.一般權力

亞洲基礎設施投資銀行協定第四章第 16 條規定：「一般權力」，依其規定：除本協定其他條款中明確規定的權力外，銀行還應有以下權力。

⑴銀行可以根據相關法律規定，在會員國或其他地方通過舉債或其他方式籌集資金。

⑵銀行可以對其發行或擔保或投資的證券進行買賣。

⑶為推動證券銷售，銀行可為其投資的證券提供擔保。

⑷銀行可以承銷或參與承銷任何實體或企業發行的、目的與銀行宗旨一致的證券。

⑸銀行可以將其業務經營未使用資金進行投資或存儲。

⑹銀行應確保在銀行發行或擔保的每份證券的外觀上標有顯著字樣，聲明該證券並非任何政府的債務；除非該證券確實是某個特定政府的債務，則應做如實表述。

⑺根據理事會通過的信託基金架構，在信託基金的目標與銀行宗旨和功能一致的前提下，銀行可接受其他當事人的委託，成立並管理該信託基金。

⑻銀行可以在理事會依照本協定第 28 條規定經特別多數投票通過，以實現銀行宗旨和功能為目的，成立附屬機構。

⑼在符合本協定規定的前提下，銀行可行使為進一步實現其宗旨和功能所需的適當的其他權力，並制定與此有關的規章。

2.特別基金

亞洲基礎設施投資銀行協定第四章第 17 條規定：「特別基金」，依其規定：

⑴銀行可以接受與銀行宗旨和功能一致的特別基金，此類特別基金應屬銀行資源。任何特別基金的所有管理成本均應從該基金支付。

⑵銀行接受的特別基金使用原則和條件應與銀行的宗旨和功能一致，並

符合此類基金之相關協定。

⑶銀行應根據成立、管理和使用每個特別基金的需要，制定特別規章。除明確僅適用於一般業務的規定外，該規章應與本協定條款保持一致。

⑷「特別基金資源」一詞應指任何特別基金的資源，包括：

㈠銀行接收並納入特別基金的資金。

㈡根據銀行管理特別基金的規章，用特別基金發放或擔保的貸款所得，及其股權投資的收入，歸屬該特別基金。

㈢特別基金資源投資產生的任何收入。

㈣可由特別基金支配使用的任何其他資源。

3.淨收入的分配和處置

亞洲基礎設施投資銀行協定第四章第 18 條規定：「淨收入的分配和處置」，依其規定：

⑴理事會至少每年都應在扣除準備資金後，就銀行淨收入在留存收益或其他事項以及可分配給會員的利潤（如適用）之間的分配做出決定。任何將銀行淨收入分配用作其他用途的此類決策，應依照第 28 條規定以超級多數投票通過。

⑵上一款中提及的分配應按照各會員所持股份的數量按比例完成，支付的方式和通貨應由理事會決定。

4.通　貨

亞洲基礎設施投資銀行協定第四章第 19 條規定：「通貨」，依其規定：

⑴銀行或任何銀行款項接受當事人所接受、持有、使用或轉讓的通貨在任何國家內進行繳付時，會員均不得對此施加任何限制。

⑵當根據本協定需要以一種通貨對另一種通貨進行估價，或決定某通貨是否可兌換時，應由銀行做出估價或決定。

5.銀行償債的方式

亞洲基礎設施投資銀行協定第四章第 20 條規定：「銀行償債的方式」，依其規定：

⑴銀行從事一般業務時，若其所發放、參與或擔保的貸款出現拖欠 (arrears) 或違約 (default)，或其所投資的股權或依照第 11 條第 2 款第

(f)項做出的其他融資出現損失，銀行可採取其認為適當的措施。銀行應保持適當的提撥比率以應對可能發生的損失。

(2)銀行一般業務發生的損失，應當：

(a)首先依照本條第 1 款的規定處置。

(b)其次，由淨收入支付。

(c)第三，從準備金和保留盈餘中支付。

(d)第四，從未動用實繳股本中支付。

(e)最後，從可依照第 6 條第 3 款的規定進行催繳的待繳股本中適量的金額繳付。

第五節　管理外匯條例

一、沿　革

在二次世界大戰後，各國多實施外匯管制，希望能透過外匯管理有效運用外匯資源以發展經濟，我國也不例外，管理外匯條例乃是在這個背景下，於民國 38 年 1 月 11 日制定公布，全文 22 條。

民國 38 年 6 月 15 日，臺灣省實施幣制改革，發行新臺幣並獨立行使外匯貿易之管理；中央提撥 80 萬兩黃金作為幣改基金，並提撥 1,000 萬美元作為進口貿易運用基金。依照民國 38 年 6 月公布的「臺灣省進出口貿易及匯兌金銀管理辦法」，我國採取法定匯率，銀行買賣價格由政府規定，並實施結匯證辦法。當時 1 美元兌新臺幣 5 元。

民國 39 年，由於通貨膨脹，物價上漲，結匯證市價上漲，遂放棄釘住匯率政策，改採複式匯率 (multiple rate of exchange)。民國 42 年 9 月，各種進口逐漸加徵防衛捐，因官價、臺銀與商銀結匯證價與防衛捐等適用範圍不同，形成多元的複式匯率。民國 47 年 4 月實施匯率改革，將匯率簡化為基本匯率及基本匯率加結匯證價之二元匯率，防衛捐改由進口關稅附徵。基本匯率定為 1 美元兌新臺幣 24.78 元，基本匯率加結匯證價為 1 美元兌新臺幣 36.38 元。

民國 50 年 6 月官價調整為 1 美元兌新臺幣 40 元。民國 52 年 9 月廢除結匯

證制度，實施單一匯率，由中央銀行掛牌，基本匯率為銀行買價 1 美元兌新臺幣 40 元，銀行賣價 1 美元兌新臺幣 40.10 元。

民國 59 年 12 月 24 日修訂管理外匯條例，全文 28 條，規定財政部會同中央銀行擬訂本國貨幣對外之基本匯率，報經行政院核定後公布。民國 60 年 4 月，以銀行買價每 1 美元或特別提款權為新臺幣 40 元報給國際貨幣基金作為平價。民國 60 年 12 月，新臺幣隨美元貶值 8.57%，但基本匯率不變。民國 62 年 2 月，美元二次貶值 10%，基本匯率調整為 1 美元兌新臺幣 38 元。民國 67 年 7 月，由於國際收支順差增加，外匯市場美元供過於求，基本匯率再調整為 1 美元兌新臺幣 36 元。同時放棄釘住美元之固定匯率，改採機動匯率制度，但匯價仍由央行逐日掛牌。

民國 67 年 12 月 20 日修訂管理外匯條例，公布第 4、5、7、8、13、14、17 及 20 條條文。民國 68 年 2 月我國建立外匯市場，中央銀行訂定「指定銀行買賣即期外匯辦法」，限定匯率變動的幅度，外匯市場不設置經紀商，指定五家大銀行組成外匯交易中心，負責外匯買賣定價及銀行間交易仲介業務。期初由外匯交易中心銀行與中央銀行代表組成匯率擬訂小組，每日會商訂定美元即期交易中心匯率 (middle rate of exchange) 及對顧客交易之買賣匯率，最高與最低差價新臺幣 1 角，並通知各指定銀行於當日 9 時公告，每日即期匯率變動幅度，不得超過前一營業日中心匯率上下限各 0.5%。

民國 69 年中央銀行退出匯率擬訂小組，並取消中心匯率與上下限規定，改稱銀行與顧客買賣中價，每日變動幅度不超過前一營業日買賣中價上下各 1%。民國 70 年 8 月新臺幣匯率政策性貶值 4.56%，由 1 美元兌新臺幣 36.24 元調整為 1 美元兌新臺幣 38 元，同時將每日變動幅度調整為前一營業日買賣中價上下各 2.25%，即期匯率之擬訂，改依外匯供需情況及新臺幣實質有效匯率指數調整。

民國 71 年 9 月恢復中心匯率，改按銀行間市場供需情況，以銀行間美元交易之加權平均價格計算中心匯率，銀行間交易不超過中心匯率上下各 2.25%，並採取銀行與顧客交易議價制度。

民國 75 年 5 月 14 日再度修訂管理外匯條例，此次修訂主要目的在配合外匯申報制之實施，共修正發布第 2、4、7、11、12、14、20 至 22 及 24 條；增

訂第 6–1 條；並刪除第 10 及 19 條條文。

　　民國 75 年 8 月 18 日起實施進出口外匯申報制。外匯管理不再利用輸出入許可證，廠商憑申報書辦理結購及結售外匯，同時中央銀行放寬進口付款方式之期限，對進出口稽核工作也不再逐筆辦理。

　　民國 76 年 3 月為了應付外匯市場供過於求的情勢，實施匯入匯款的管理，對於出口貨款、運保費及國外投資本息每筆超過 100 萬美元者，其他匯入款每筆金額超過 1 萬美元者，應經中央銀行核准後始得辦理結售，同時中央銀行放寬若干勞務支出之結匯。

　　民國 76 年 6 月 26 日增訂第 26–1 條條文；民國 76 年 7 月 9 日行政院第 2030 次會議決議：「為維持國內金融穩定，對於匯入款項及支付有形、無形貿易以外之鉅額匯出匯款仍予繼續適度管理外，自本 (76) 年 7 月 15 日起停止管理外匯條例第 6–1、7、13 及 17 條條文適用。」至此，外匯市場開放，出進口無須申報，可逕行結購結售，出口及勞務所得外匯不必匯回及結售，可自由存儲或使用，人民可自由結購外匯，不須任何證明文件，已結購而未使用之外匯也無須結售。

　　民國 78 年 4 月 3 日起，中央銀行廢止指定銀行買賣外匯辦法，取消中心匯率制度及議價規定，銀行間交易沒有任何限制，銀行與顧客交易匯率也不再受任何法令約束。但為便利銀行間交易及銀行與顧客間之小額交易，外匯交易中心提出並經中央銀行同意安排了以下幾點措施：

　　1.以外匯交易中心為基礎，成立臺北外匯市場發展基金會，從事銀行間外匯交易仲介業務，負責提供外匯市場資訊。

　　2.由五家大銀行與四家每日輪值銀行，於每日上午 10 時議定小額議定匯率，適用於不超過 3 萬美元非現金之美元交易，指定銀行在小額議定匯率上下各新臺幣 1 角之範圍內與客戶議價。

　　3.超過 3 萬美元之即期美元交易、現金交易、遠期外匯交易，以及其他外幣一切買賣匯率，均由指定銀行與客戶自行決定。

　　民國 79 年 12 月，取消小額議定匯率，買賣匯率由各銀行自行掛牌，惟差價不得超過新臺幣 1 角。匯率已完全自由化。

　　民國 84 年 8 月 2 日再次增訂公布第 19–1 條及第 19–2 條條文；並修正第

6-1 條、第 20 條及第 26-1 條條文。

民國 98 年 4 月 29 日再次增訂公布第 19-3 條條文。

民國 101 年 6 月 25 日行政院院公告第 3 條、第 7 條第 1 項序文、第 8 條、第 9 條、第 11 條、第 12 條、第 13 條序文、第 18 條、第 27 條所列屬「財政部」之權責事項，經行政院公告自民國 93 年 7 月 1 日起變更為「行政院金融監督管理委員會」管轄，自民國 101 年 7 月 1 日起改由「金融監督管理委員會」管轄；第 19-3 條第 1 項所列屬「行政院金融監督管理委員會」之權責事項，自民國 101 年 7 月 1 日起改由「金融監督管理委員會」管轄。

管理外匯條例共有 28 條條文，其中第 10 條及第 19 條條文已刪除。內容包括：⑴一般性規定；⑵外匯管理機關及其掌理事項；⑶外匯管理規定；⑷罰則；⑸其他規定。在未制定貿易法之前，我國對外貿易的推展受本條例的影響甚大。

✺ 二、主要內容

試就管理外匯條例之主要內容分述於下：

（一）立法目的

第 1 條規定，為平衡國際收支，穩定金融，實施外匯管理，特制定本條例。

（二）外匯之定義

第 2 條規定，本條例所稱外匯，指外國貨幣、票據及有價證券。

（三）行政主管機關與業務機關之權責

第 3 條規定，管理外匯之行政主管機關為金融監督管理委員會，掌理外匯業務機關為中央銀行。

第 4 條規定，管理外匯之行政主管機關辦理下列事項：

1.政府及公營事業外幣債權、債務之監督與管理；其與外國政府或國際組織有條約或協定者，從其條約或協定之規定。

2.國庫對外債務之保證、管理及其清償之稽催。

3.軍政機關進口外匯、匯出款項與借款之審核及發證。

4.與中央銀行或國際貿易主管機關有關外匯事項之聯繫及配合。

5.依本條例規定，應處罰鍰之裁決及執行。

6.其他有關外匯行政事項。

第 5 條規定，掌理外匯業務機關辦理下列事項：

1.外匯調度及收支計畫之擬訂。

2.指定銀行辦理外匯業務，並督導之。

3.調節外匯供需，以維持有秩序之外匯市場。

4.民間對外匯出、匯入款項之審核。

5.民營事業國外借款經指定銀行之保證、管理及清償稽、催之監督。

6.外國貨幣、票據及有價證券之買賣。

7.外匯收支之核算、統計、分析及報告。

8.其他有關外匯業務事項。

（四）國際貿易主管機關之權責

第 6 條規定，國際貿易主管機關應依前條第 1 款所稱之外匯調度及其收支計畫，擬訂輸出入計畫。

（五）外匯之申報

第 6-1 條規定，新臺幣 50 萬元以上之等值外匯收支或交易，應依規定申報；其申報辦法由中央銀行定之。依前項規定申報之事項，有事實足認有不實之虞者，中央銀行得向申報義務人查詢，受查詢者有據實說明之義務。（民國 76 年 7 月 15 日行政院公告本條停止適用）

（六）應存入或結售之外匯

第 7 條規定，下列各款外匯，應結售中央銀行或其指定銀行，或存入指定銀行，並得透過該行在外匯市場出售；其辦法由金融監督管理委員會會同中央銀行定之：

1.出口或再出口貨品或基於其他交易行為取得之外匯。

2.航運業、保險業及其他各業人民基於勞務取得之外匯。

3.國外匯入款。

4.在中華民國境內有住、居所之本國人，經政府核准在國外投資之收入。

5.本國企業經政府核准國外投資、融資或技術合作取得之本息、淨利及技術報酬金。

6.其他應存入或結售之外匯。

華僑或外國人投資之事業，具有高級科技，可提升工業水準並促進經濟發展，經專案核准者，得逕以其所得之前項各款外匯抵付第 13 條第 1 款、第 2 款及第 5 款至第 8 款規定所需支付之外匯。惟定期結算之餘額，仍應依前項規定辦理；其辦法由中央銀行定之。（民國 76 年 7 月 15 日行政院公告本條停止適用）

（七）持有外匯之規定

第 8 條規定，中華民國境內本國人及外國人，除第 7 條規定應存入或結售之外匯外，得持有外匯，並得存於中央銀行或其指定銀行。其為外國貨幣存款者，仍得提取持有；其存款辦法，由金融監督管理委員會會同中央銀行定之。

（八）出境攜帶外幣之管制

第 9 條規定，出境之本國人及外國人，每人攜帶外幣總值之限額，由金融監督管理委員會以命令定之。

（民國 75 年 5 月 14 日公布刪除第 10 條）

（九）旅客等攜帶外幣進出國境之管制

第 11 條規定，旅客或隨交通工具服務之人員，攜帶外幣出入國境者，應報明海關登記；其有關辦法，由金融監督管理委員會會同中央銀行定之。

（十）外國票據、有價證券攜帶出入境之管制

第 12 條規定，外國票據、有價證券，得攜帶出入國境；其辦法由金融監督管理委員會會同中央銀行定之。

（十一）得提用、購入、或結購之外匯

第 13 條規定，下列各款所需支付之外匯，得自第 7 條規定之存入外匯自行提用或透過指定銀行在外匯市場購入或向中央銀行或其指定銀行結購；其辦法由金融監督管理委員會會同中央銀行定之：

1.核准進口貨品價款及費用。

2.航運業、保險業及其他各業人民，基於交易行為或勞務所需支付之費用及款項。

3.前往國外留學、考察、旅行、就醫、探親、應聘及接洽業務費用。

4.服務於中華民國境內中國機關及企業之本國人或外國人，贍養其在國外家屬費用。

5.外國人及華僑在中國投資之本息及淨利。

6.經政府核准國外借款之本息及保證費用。

7.外國人及華僑與本國企業技術合作之報酬金。

8.經政府核准向國外投資或貸款。

9.其他必要費用及款項。（民國 76 年 7 月 15 日行政院公告本條停止適用）

（十二）自備外匯之範圍及用途

第 14 條規定，不屬於第 7 條第 1 項各款規定，應存入或結售中央銀行或其指定銀行之外匯，為自備外匯，得由持有人申請為前條第 1 款至第 4 款、第 6 款及第 7 款之用途。

（十三）免結匯進口貨物

第 15 條規定，下列國外輸入貨品，應向金融監督管理委員會申請核明免結匯報運進口：

1.國外援助物資。

2.政府以國外貸款購入之貨品。

3.學校及教育、研究、訓練機關接受國外捐贈，供教學或研究用途之貨品。

4.慈善機關、團體接受國外捐贈供救濟用途之貨品。

5.出入國境之旅客及在交通工具服務之人員，隨身攜帶行李或自用貨品。

（十四）輸入贈品、樣品、非賣品之管制

第 16 條規定，國外輸入餽贈品、商業樣品及非賣品，其價值不超過一定限額者，得由海關核准進口；其限額由金融監督管理委員會會同國際貿易主管機關以命令為之。

（十五）剩餘外匯之處置

第 17 條規定，經自行提用、購入及核准結匯之外匯，如其原因消滅或變更，致全部或一部之外匯無須支付者，應依照中央銀行規定期限，存入或售還中央銀行或其指定銀行。（民國 76 年 7 月 15 日行政院公告本條停止適用）

（十六）外匯業務之按期彙報

第 18 條規定，中央銀行應將外匯之買賣、結存、結欠及對外保證責任額，按期彙報金融監督管理委員會。

（民國 75 年 5 月 14 日公布刪除第 19 條）

（十七）關閉外匯市場

第 19-1 條規定，有下列情事之一者，行政院得決定並公告於一定期間內，採取關閉外匯市場、停止或限制全部或部分外匯之支付、命令將全部或部分外匯結售或存入指定銀行、或為其他必要之處置：

1.國內或國外經濟失調，有危及本國經濟穩定之虞。

2.本國國際收支發生嚴重逆差。

前項情事之處置項目及對象，應由行政院訂定外匯管制辦法。

行政院應於前項決定後 10 日內，送請立法院追認，如立法院不同意時，該決定應即失效。

第一項所稱一定期間，如遇立法院休會時，以 20 日為限。

（十八）危害國際安全之處置及追認程序

第 19-3 條規定，為配合聯合國決議或國際合作有必要時，金融監督管理委員會（以下簡稱金管會）會同中央銀行報請行政院核定後，得對危害國際安全之國家、地區或恐怖組織相關之個人、法人、團體、機關、機構於銀行業之帳戶、匯款、通貨或其他支付工具，為禁止提款、轉帳、付款、交付、轉讓或其他必要處置。

依前項核定必要處置措施時，金管會應立即公告，並於公告後 10 日內送請立法院追認，如立法院不同意時，該處置措施應即失效。

採取處置措施之原因消失時，應即解除之。

（十九）處　罰

第 19-2 條規定，故意違反行政院依第 19-1 條所為之措施者，處新臺幣 300 萬元以下罰鍰。

前項規定於立法院對第 19-1 條之施行不同意追認時免罰。

第 20 條規定，違反第 6-1 條規定，故意不為申報或申報不實者，處新臺幣 3 萬元以上 60 萬元以下罰鍰；其受查詢而未於限期內提出說明或為虛偽說明者亦同。

違反第 7 條規定，不將其外匯結售或存入中央銀行或其指定銀行者，依其不結售或不存入外匯，處以按行為時匯率折算金額 2 倍以下之罰鍰，並由中央銀行追繳其外匯。

第 21 條規定，違反第 17 條之規定者，分別依其不存入或不售還外匯，處以按行為時匯率折算金額以下之罰鍰，並由中央銀行追繳其外匯。

第 22 條規定，以非法買賣外匯為常業者，處 3 年以下有期徒刑、拘役或科或併科與營業總額等值以下之罰金；其外匯及價金沒收之。法人之代表人、法人或自然人之代理人、受僱人或其他從業人員，因執行業務，有前項規定之情事者，除處罰其行為人外，對該法人或自然人亦科以該項之罰金。

第 23 條規定，依本條例規定應追繳之外匯，其不以外匯歸還者，科以相當於應追繳外匯金額以下之罰鍰。

第 24 條規定，買賣外匯違反第 8 條之規定者，其外匯及價金沒入之。攜帶外幣出境超過依第 9 條規定所定之限額者，其超過部分沒入之。攜帶外幣出入國境，不依第 11 條規定報明登記者，沒入之；申報不實者，其超過申報部分沒入之。

第 25 條規定，中央銀行對指定辦理外匯業務之銀行違反本條例之規定，得按其情節輕重，停止其一定期間經營全部或一部外匯之業務。

（二十）強制執行

第 26 條規定，依本條例所處之罰鍰，如有抗不繳納者，得移送法院強制執行。

（二十一）本條例部分條文停止適用之情形

第 26-1 條規定，本條例於國際貿易發生長期順差、外匯存底鉅額累積或國際經濟發生重大變化時，行政院得決定停止第 7 條、第 13 條及第 17 條全部或部分條文之適用。

行政院恢復前項全部或部分條文之適用後 10 日內，應送請立法院追認，如立法院不同意時，該恢復適用之決定，應即失效。

 參考資料來源

1. 潘志奇 (1977)，《國際貨幣基金體制——其成立、發展及崩潰》。臺北，行政院經濟設計委員會綜合計劃處編印。

2. http://www.imf.org.

3. http://www.worldbank.org.

4. http://www.adb.org.

5. 中央銀行外匯局網站。

6. 李麗 (1989)，《我國外匯市場與匯率制度》。臺北，金融人員研究訓練中心。

習　題

一、關鍵詞彙解釋

1. multiple rate of exchange　　2. middle rate of exchange　　3. SDR

二、問答題

1. 國際貨幣基金 (IMF) 成立之宗旨為何？

2. 國際貨幣基金 (IMF) 協定第 8 條「會員國之一般義務」中所規定之匯兌限制的避免有那些？

3. 何謂特別提款權 (SDR)？其評價方式為何？目前的特別提款權的價值是如何計算出來的？

4. 國際貨幣基金 (IMF) 在 1947 年 3 月 1 日開始運作後，所遭遇的重要問題有那些？

5. 世界銀行集團包括那幾個機構？

6. 國際復興暨開發銀行成立的宗旨為何？

7. 國際復興暨開發銀行的貸款可分為幾種？

8. 建立亞洲開發銀行協定成立的宗旨為何？

9. 亞洲開發銀行的資金來源為何？

10. 亞洲開發銀行的資金的實際運用項目為何？

11. 亞洲基礎設施投資銀行成立的宗旨為何？

12. 亞洲基礎設施投資銀行協定第一章第 3 條對會員的規定為何？

13. 亞洲基礎設施投資銀行的融資條件為何？

14. 試述外匯之定義。

15. 那些貨品自國外輸入得申請免結匯報運進口？

16. 那些情形下，行政院得採取關閉外匯市場之處置？

第十四章
國際標準化組織與商品檢驗法

第一節　國際標準化組織

一、成立經過

標準是指經公認機構認可並供共同且重覆使用，但不具強制性之產品或相關製程及生產方法之規則、指南或特性之文件。該文件亦得包括或僅規定適用於產品、製程或產製方法之專門術語、符號、包裝、標記或標示之規定。

國際間經濟貿易活動的持續發展，促進商品與工業技術在國際間的交流，因此對商品品質及規格與工業技術的國際標準化帶來了迫切的需求。

國際標準始於 1906 年 6 月所成立的「國際電工委員會」(International Electrotechnical Commission, IEC)，該委員會建立了電工領域的國際標準並帶動其他領域的國際標準之建立。

1926 年成立「國際標準化協會聯合會」(International Federation of the National Standardization Association, ISA)，其最初之工作重點在於建立機械工程的國際標準，並運作到 1942 年。

1944 年 18 個同盟國代表在創立聯合國的過程中，同時成立了「聯合國標準協調委員會」(United Nations Standards Coordinating Committee, UNSCC)，希望經由該委員會建立戰後協調國際上各種工業標準的機制，因此促成「國際標準化組織」(International Organization for Standardization, ISO) 的誕生，並成為與聯合國有諮詢關係的組織。1946 年 10 月 14 日至 26 日，25 個國家代表於英國倫敦開會時，通過「國際標準化組織」的章程及議事規則，並於 1947 年 2 月 23 日正式成立，總部設於瑞士日內瓦，共有一百六十四個會員國。是目前世界

上最大的國際標準化機構。

　　國際標準化組織在其章程第 3 條規定，每一個國家只可以有一個制定標準的機構被接受為會員。依其章程第 19 條規定，其官方語言是英語、法語和俄語 (Russian)。參加者包括各會員國的國家標準機構和主要公司，為製作全世界工商業國際標準的各國國家標準機構代表的國際標準建立機構。

✸ 二、國際標準化組織對企業的優點

　　國際標準化組織的成立有助於產品和服務技術規範的統一，使企業經營更有效率，並可打破國際貿易壁壘，帶來技術、經濟與社會的利益。產品和服務若是能符合國際標準，則可以協助企業提高生產效率，進入新市場。其對企業的優點有以下幾項：

　　1.節約成本：有助於優化生產作業，提高產量，降低成本。

　　2.提高客戶滿意度：有助於提高產品質量，提高客戶滿意度，增加銷售量。

　　3.進入新的市場：有助於消除貿易障礙，開拓新市場。

　　4.增加市場占有率：有助於提高生產力和競爭優勢，提升市場占有率。

　　5.增進環境效益：有助於降低對環境的負面影響，維護良好的生存環境。

　　茲就其內容之重要部分說明如下：

✸ 三、宗　旨

　　國際標準化組織的章程 (statutes) 第 2 條規定宗旨 (object)：「本組織之宗旨應在世界範圍內促進標準工作的發展，以利國際物資交流與互動，並擴大知識、科技、技術與經濟方面的合作」。

　　為達到上述的宗旨，國際標準化組織特別應：

　　1.採取行動促進全球性標準的協調及其相關行動。

　　2.發展及發行國際標準，並採取行動實行。

　　3.與各會員國及相關的技術委員會交換有關的工作資訊。

　　4.就相關事項與有關的國際組織合作，特別是應其要求作有關標準化項目的研究。

　　國際標準化組織的基本工作為國際標準的制定，除了電工領域的國際標準

外，牽涉到所有技術領域的國際標準的制定。並與國際電工委員會共同制定「國際標準化組織／國際電工委員會」(ISO/IEC) 技術工作指導原則。

　　國際標準化組織最初的工作重點為建立機械規格的標準，如螺絲釘螺紋、聯結器等標準的建立。後來發展到化工領域及其他領域的標準、測試方法及術語。

　　1960 年代制定與特定產品的生產標準有關的性能、效率、安全及健康、衛生條件等要求。

　　1975 年建立刊物記載識別作用的國際標準期刊統一編號 (International Standard Serial Number, ISSN)，每組號碼有八位阿拉伯數字，分前後兩段，後段最後一位阿拉伯數字為檢查號。

　　1990 年代建立有關品質管控標準的 ISO 9000 系列與環保管控的 ISO 14000 系列。

　　國際標準化組織建立國際標準服務網站 (World Standard Service Network, WSSN) 提供標準數據庫以備檢索搜尋。

　　國際標準化組織還設有資訊網 (ISONET)，負責與技術委員會及各會員國分會交流、交換國家和國際標準、技術規程規定和其他標準化文件資料等。

❋ 四、會　員

　　國際標準化組織的章程第 3 條規定會員 (member)，依其規定，國際標準化組織的會員共分三類：

　　1.正式會員 (member body)：為各國國內最具代表性之標準化機構，國際標準化組織只容許一個代表各國之標準化機構成為其正式之會員，目前約 130 個正式會員。正式會員之職責為負責通知國內對國際標準之成形與方案有興趣之利害團體；於國際協商標準協定時表達各國國內就該標準協定達成之一致意見；負擔各國應支援國際標準化組織運作所需財務之比例。

　　2.通訊會員 (correspondent member)：尚未發展國家標準之各國國內組織可為國際標準化組織之通訊成員，不需參與國際標準化組織之技術與政策發展工作，但有權利獲取該組織有興趣之資訊。

　　3.訂戶會員 (subscriber member)：經濟活動規模較小之國家，得在負擔優

惠會員費之情況下參與國際標準化組織的活動。

🏵 五、國際標準化的形成過程

國際標準化組織的技術性工作具有高度的分散性，目前約有 250 個技術委員會、許多次委員會與工作小組。在該委員會及工作小組中，由各工業、研究機構、政府主管機關、消費者團體以及國際組織等代表參與國際性標準問題之討論，估計每年約有 30,000 名專家參與標準之制定工作。

每一項技術標準委員會之管理工作由一位國際標準化組織正式會員負責，就特定標準問題之解決達成共識 (agreement)。秘書處的職責在於確保文件之分送、協助各級委員會之秘書幕僚與主席瞭解技術性問題、將技術委員會認可之標準協定草案送交國際標準化組織正式會員表決並將其公布以及協助各級技術委員會召開會議。

國際標準係由技術委員會和分技術委員會 (subcommittees) 經過六個步驟 (step) 階段的過程所形成，可以編入不同國家的國家標準 (national standards) 之方式來使用或施行，茲就其形成過程說明如下：

1. 提案階段 (proposal stage)

國際標準發展過程的第一個步驟是確認是否需要一個特定的國際標準。一個新的工作項目提案 (new work item proposal, NP) 送交相關的技術委員會 / 分技術委員會表決，以確定該工作計畫中工作項目所包含的內容。若在大多數的技術委員會 / 分技術委員會的參與成員 (participating members) 投票贊成，及若在至少有 5 個參與成員宣布其委員會主動參與該計畫的情形下，該提案被接受。在這個階段通常會委任計畫領導人負責該工作項目。

2. 預備階段 (preparatory stage)

通常情況下，技術委員會 / 分技術委員會會成立一個專家工作小組來準備工作草案，工作小組的主席（召集人）為該計畫領導人。工作小組會持續提出工作草案並給予考慮，直到認為該草案對所提出之問題已經發展出最好的技術解決方案為止。在這個階段，該草案被轉交到該工作小組的上級委員會以進入建立共識階段 (consensus-building phase)。

3.委員會階段 (committee stage)

當第一份委員會草案完成，即向國際標準化組織中央秘書處登記。該草案會被送出去評論，若有需要，由技術委員會／分技術委員會的參與成員投票表決。各委員會草案的技術內容會被考慮，直到達成共識。一旦已經達到共識，提案定稿，以國際標準草案 (Draft International Standard, DIS) 提出。

4.調查階段 (enquiry stage)

國際標準草案由國際標準化組織中央秘書處發給所有正式成員，在五個月內進行投票和評論。若技術委員會／分技術委員會的參與成員三分之二多數贊成和不超過投票總數的四分之一反對，即以最終國際標準草案 (Final Draft International Standard, FDIS) 核准提出。若不符合核准條件，文本 (text) 退回原來的技術委員會／分技術委員會作進一步研究，修訂後的文本將再次以國際標準草案發給所有正式成員進行投票和評論。

5.核准階段 (approval stage)

最終國際標準草案是由國際標準化組織中央秘書處發給所有國際標準化組織正式成員，在兩個月內作最後贊成／反對的投票。如果在此期間內收到技術評論，則在這個階段不再考慮，但登記作為未來修訂的國際標準的考慮。若技術委員會／分技術委員會的參與成員三分之二多數贊成和不超過投票總數的四分之一反對，該草案即以國際標準核准。若不符合核准條件，文本退回原來的技術委員會／分技術委員會就已收到的贊成／反對投票的技術理由作復議。

6.公布階段 (publication stage)

一旦國際標準草案獲得核准，並作成最後文本，最後的文本就送到國際標準化組織中央秘書處來發布國際標準。

所有的國際標準至少每五年要由國際標準化組織的正式會員審查一次。技術委員會／分技術委員會的多數參加成員決定一個國際標準是否應該被確認、修訂或撤回。

如果一項文件在標準化計畫開始時已具有一定的成熟度，例如由另一個組織所開發的標準，則可省略某些階段。在所謂的「快速通道程序」(fast-track procedure)，一項文件可直接以國際標準草案提交國際標準化組織的正式會員（第 4 階段）核准，或若由已經國際標準化組織理事會所承認的國際標準化機

構所開發的文件，可直接以最終國際標準草案（第 5 階段）提交，不必通過前述階段。

由以上國際標準形成的六個階段可知國際標準化組織的國際標準之建立完全出於自願，其發展係符合市場導向，並且係基於所有關係人之共識，以確保議定標準之全球運用。

六、國際標準化的應用評估

國際標準化組織並不負責實際監督標準之執行，標準之施行完全由供應商與顧客或將國際標準化組織的標準納為國家標準之個別國家主管機關決定。國際標準化組織標準執行之監督評估，完全由公正獨立第三者之實驗機構或審核單位負責稽核，該等提供稽核服務單位之權能，或為政府主管機關之授權，或為建立供應商及顧客間之互信所產生之商業活動需求。國際標準化組織並不監督該等商業活動，只提供稽核指導 (guide)，建立國際認同之自願性審核標準。

一般公司宣稱「取得 ISO 9002 認證 (accreditation)」係指「取得 ISO 9002 驗證 (certification)」，目前我國國內從事國際標準化組織驗證之機構甚多（包括商品檢驗局），鑑於驗證公司之驗證品質良莠不齊，各國或各地域均成立國家級之認證機構加以管理，以齊一驗證公司品質。各認證機構可透過國際合作簽署多邊相互承認協議，以減少重複之認證程序。經濟部為因應國際趨勢，已於 86 年 3 月訂定「中華民國品質管理及環境管理認證制度實施辦法」及「中華民國品質管理及環境管理認證委員會設置要點」。

國際間為避免各國個別簽署相互承認所帶來之重複評鑑，陸續成立以促進品保制度／環境管理系統／產品驗證、實驗室驗證、評審人員、訓練課程相互承認為宗旨之國際認證組織。國際認證論壇 (International Accreditation Forum, IAF) 即係依前述宗旨並由全世界各認證機構 （Accreditation Body，如英國 UKAS、美國 RAB、日本 JAB 等）所組成之國際認證組織，我國品質管理及環境管理認證委員會刻正向 IAF 申請登錄。

第二節　商品檢驗法

❀ 一、沿　革

　　依國際標準化組織之定義，檢驗係指「經由觀察與判斷，適時以適當之度量、測試或量規檢查之符合性評估」。商品檢驗的目的即是透過這個程序來確定在市場銷售的商品具有一定的品質。世界各國政府為維護消費者權益，建立市場秩序，並進一步協助產業提升競爭力、拓展國際市場，都紛紛制定商品檢驗法。

　　我國的商品檢驗法最初是在民國 21 年 12 月 14 日由國民政府公布施行，後經民國 54 年、59 年、65 年、86 年、90 年及 96 年的六次修訂。

　　隨著知識經濟時代的來臨及國際經貿發展的快速變遷，並配合我國加入世界貿易組織 (WTO) 的挑戰，我國的商品檢驗業務也逐漸轉型邁向國際化。標準檢驗局乃依循世界貿易組織的技術性貿易障礙協定 (TBT) 所規範的原則，加速我國國家標準與國際標準的調和，推動符合性評鑑制度國際化，落實經濟自由化及貿易便捷化，整合國內認證與驗證資源，建構全國單一認證體系，並積極參與國際活動，促進國際合作與相互承認，以消除技術性貿易障礙，促進商品公平競爭及便捷流通。民國 90 年 10 月 24 日，為配合以上這些外在環境的變化及經濟發展之需要，乃再作一次修訂。民國 96 年 7 月 11 日，又作一次修訂，刪除第 64 條條文。

　　本法共分九章，共有 65 條條文。第一章總則；第二章逐批檢驗；第三章監視查驗；第四章驗證登錄；第五章符合性聲明；第六章市場監督；第七章檢驗費用；第八章罰則；第九章附則。

❀ 二、總　則

　　茲就商品檢驗法第一章總則部分之重點說明如下：

（一）立法目的

第 1 條規定，為促使商品符合安全、衛生、環保及其他技術法規或標準，保護消費者權益，促進經濟正常發展，特制定本法。

依此規定，商品檢驗之目的可歸納為下列幾點：

1. 為促使商品符合安全、衛生、環保及節約能源規定。

2. 以國家標準 (CNS)、國際標準以及其他技術法規為檢驗依據，把國際標準融入國家標準內。

3. 保障消費者權益。

4. 促進農工礦業等企業經營正常發展。

5. 教育公共安全、環境保護、節約能源之觀念。

6. 提高商品品質、建立市場信譽。

（二）主管機關

第 2 條規定，商品檢驗法之主管機關為經濟部。商品檢驗則由經濟部設標準檢驗局辦理。

（三）應執行檢驗之商品

第 3 條規定，經標準檢驗局指定公告種類、品目或輸往地區者，應依本法執行檢驗：

1. 在國內生產、製造或加工（以下簡稱產製）之農工礦商品。

2. 向國外輸出之農工礦商品。

3. 向國內輸入之農工礦商品。

（四）委託檢驗

第 4 條規定，檢驗之技術工作除由標準檢驗局執行外，標準檢驗局並得委由相關機關（構）、法人或團體代為實施。

標準檢驗局得將相關檢驗合格證書之核（換）發及檢驗業務，委託相關機關（構）、法人或團體辦理。

（五）檢驗方式

第 5 條規定，商品檢驗執行之方式，分為逐批檢驗、監視查驗、驗證登錄及符合性聲明四種。各種商品之檢驗方式，由標準檢驗局公告之。

（六）未符檢驗規定之處置

第 6 條規定，應施檢驗之商品，未符合檢驗規定者，不得運出廠場或輸出入。但經標準檢驗局認定危害風險性低之商品，不在此限。

（七）先行放行之條件及程序

第 7 條規定，應施輸入檢驗之商品，標準檢驗局依檢驗需要，得簽發輸入先行放行通知書，供通關之用，並得依規定派員前往貨物儲存地點予以封存。未符合檢驗規定前，不得運出貨物儲存地點。

受封存人無正當理由，不得對前項封存規避、妨礙或拒絕。

（八）報驗義務人

第 8 條規定，商品之報驗義務人如下：

1.商品在國內產製時，為商品之產製者或輸出者。但商品委託他人產製，並以在國內有住所或營業所之委託者名義，於國內銷售或輸出時，為委託者。

2.商品在國外產製時，為商品之輸入者。但商品委託他人輸入，並以在國內有住所或營業所之委託者名義，於國內銷售時，為委託者。

3.商品之產製者、輸出入者、委託產製或委託輸出入者不明或無法追查時，為銷售者。

下列之人，視為產製者：

1.組裝者：商品由個別零組件予以組裝銷售。

2.修改者：符合檢驗規定之商品於進入市場前，為銷售目的而修改。

（九）免檢驗

第 9 條規定，應施檢驗之商品，有下列情形之一者，得免檢驗：

1.輸入商品經有互惠免驗優待原產國政府發給檢驗合格證書。

2.各國駐華使領館或享有外交豁免權之人員，為自用而輸出入。

3.輸出入非銷售之自用品、商業樣品、展覽品或研發測試用物品。

4.輸入或國內產製之商品供加工、組裝後輸出或原件再輸出。

5.輸入或國內產製應施檢驗商品之零組件，供加工、組裝用，其檢驗須以加工組裝後成品執行，且檢驗標準與其成品之檢驗標準相同。

6.輸入或國內產製之商品供軍事用，並附有國防部各直屬機關公函證明。

7.輸入或國內產製之商品供緊急人道救援物資用，並取得相關政府機關證明文件。

（十）檢驗項目及標準

第 10 條規定，商品之檢驗項目及檢驗標準，由標準檢驗局公告之。

前項檢驗標準，由標準檢驗局依國際公約所負義務，參酌國家標準、國際標準或其他技術法規指定之；無國家標準、國際標準或其他技術法規可供參酌指定者，由標準檢驗局訂定之。

輸出商品，其規格與檢驗標準不同者，經貿易主管機關核准後，得依買賣雙方約定之標準檢驗。

輸入或國內產製之商品如因特殊原因，其規格與檢驗標準不同者，應先經標準檢驗局核准。

標準是指經公認機構認可並供共同且重複使用，但不具強制性之產品或相關製程及生產方法之規則、指南或特性之文件。該文件亦得包括或僅規定適用於產品、製程或產製方法之專門術語、符號、包裝、標記或標示之規定。

技術性法規是指規定產品特性或其相關產製方法，包括適用具強制性之管理規定文件。該文件亦得包括或僅規定適用於產品、製程或產製方法之專門術語、符號、包裝、標記或標示之規定。

茲列舉重要國際標準組織如下：

1.國際標準化組織

國際標準化組織係於 1946 年 10 月 14 日由二十五國在倫敦集會籌設，1947 年 2 月 23 日正式成立。其基本宗旨為：促進全世界標準發展，以便利國際間商

品與服務交易，並協助全球性智力、科學與經濟發展之活動。

2.國際電工委員會

國際電工委員會 (International Electrotechnical Commission, IEC) 係於 1906 年在英國倫敦成立，1947 年總部移至瑞士日內瓦，目前有六十個會員國（我國非會員國）。其主要宗旨為協調並統合各國間電子電機相關之國際標準。

3.國際通信聯盟

國際通信聯盟 (International Telecommunication Union, ITU)，係於 1865 年成立，後來依據 1982 年奈羅比國際電信協約成為聯合國的專門機構。標準的業務範圍包括：電信、電話、電報、資訊傳輸及無線電通信。

4.國際食品標準委員會

國際食品標準委員會 (Codex Alimentarius Commission, CAC)，亦稱食品法典委員會，係於 1962 年成立，為聯合國糧農組織 (FAO) 及國際衛生組織 (WHO) 共同成立的標準組織。標準制定範圍包括：食品衛生、食品添加物、農藥殘留量、污染物、標示、分析與檢驗方法等。

5.世界貿易組織之技術性貿易障礙協定

在世界貿易組織的諸多協定中，技術性貿易障礙協定 (TBT) 是直接與標準及符合性評鑑相關之文件，現行之技術性貿易障礙協定係 1994 年 5 月所修正。根據該協定：「各國政府或其他機構鑑於安全、衛生、保護消費者或環境等因素或其他目的，而採取技術規則或標準時，應保證該等規則、標準及與其相關之檢驗及鑑定之方式對貿易不致造成非必要障礙。」

（十一）商品標示

第 11 條規定，報驗義務人於商品之本體、包裝、標貼或說明書內，除依檢驗標準作有關之標示外，並應標示其商品名稱、報驗義務人之姓名或名稱及地址。

（十二）商品檢驗標識

第 12 條規定，報驗義務人應於商品本體標示商品檢驗標識，如商品本體太小或有其他特殊原因無法標示時，得以其他方式標示之。但經標準檢驗局指定

或核准免標示商品檢驗標識之商品，不在此限。

（十三）試驗室

第 13 條規定，標準檢驗局得認可指定試驗室，辦理應施檢驗商品之試驗。

（十四）商品或管理系統之驗證制度

第 14 條規定，為提升商品或服務之品質、環境、安全或衛生之管理，標準檢驗局得推行相關商品或管理系統之驗證制度。

標準檢驗局為提升商品或服務品質、環境、安全或衛生之管理，目前正在推行下列國際標準品質管理驗證制度：

1. ISO 9001 品質管理系統驗證。
2. ISO 14001 環境管理系統驗證。
3. ISO 22000 食品安全管理系統驗證。
4. ISO/IEC 27001 資訊安全品質管理系統驗證。
5. OHSAS (Occupational Health and Safety Assessment Series) 18001 職業安全衛生管理系統驗證。
6. HACCP (Hazard Analysis and Critical Control Point) 危險分析及重要控制點驗證。

（十五）依相互承認協定或協約規定簽發之驗證證明

第 15 條規定，經我國與他國、區域組織或國際組織簽定雙邊或多邊相互承認協定或協約者，標準檢驗局得承認依該協定或協約規定所簽發之試驗報告、檢驗證明或相關驗證證明。

（十六）特約檢驗

第 16 條規定，標準檢驗局應買賣雙方或任何一方之申請，依約定規範檢驗者，為特約檢驗。

（十七）委託辦理物品試驗或技術服務

第 17 條規定，為運用檢驗資源，提供技術服務，標準檢驗局得接受廠商之委託，辦理物品試驗或其他技術服務。

🏵 三、逐批檢驗

商品檢驗法第二章規定逐批檢驗。為保障消費者權益，凡屬於實施商品檢驗貨品，除符合簡化手續者外，都必須採取逐批查驗，以確保貨物品質，說明如下：

（一）報請檢驗

第 18 條規定，實施逐批檢驗之商品，應由報驗義務人向標準檢驗局報請檢驗。同批報驗商品應為同品目、同型式或同規格。但經標準檢驗局同意者，不在此限。

（二）內銷檢驗登記商品之報請檢驗

第 19 條規定，經標準檢驗局指定公告須先申請內銷檢驗登記之應施檢驗商品，其報驗義務人，應依規定辦妥登記後，始得報請檢驗。

（三）逐批檢驗

第 20 條規定，逐批檢驗之報驗程序、證書之核（換）發、內銷檢驗之登記及相關事項之辦法，由主管機關定之。

（四）商品檢驗處所

第 21 條規定，商品檢驗應於標準檢驗局所在地、輸出入港埠或受委託之其他政府機關、法人或團體所在地執行之。但經核准者，得於生產廠場或倉儲地點執行檢驗。

（五）樣品抽驗

第 22 條規定，檢驗所需之樣品，得向報驗義務人抽取之。前項抽取樣品之數量，由標準檢驗局依檢驗標準、商品性質或檢驗需求分別定之。

樣品經檢驗後，除因檢驗耗損者外，應由報驗義務人於規定期間內領回，超過領回期間者，視為拋棄，由標準檢驗局或受委託之其他政府機關、法人或團體處理之。

（六）封　存

第 23 條規定，應施檢驗商品，依前條規定取樣後，尚未取得檢驗合格證書前，標準檢驗局得予封存，並交由報驗義務人保管。

受封存人無正當理由，不得對前項封存規避、妨礙或拒絕。

（七）合格證書

第 24 條規定，商品經檢驗合格者，發給合格證書；證書應規定有效期間者，由標準檢驗局就各種商品分別公告定之。

（八）合格證書之補發或換發

第 25 條規定，商品經檢驗領有合格證書後，因證書遺失或輸出入商品分割批數者，得申請補發或換發新證書；其有效期間，以原證書之剩餘有效期間為限。

（九）不合格商品之處理

第 26 條規定，商品檢驗不合格者，標準檢驗局應發給不合格通知書，報驗義務人於接到通知後 15 日內，得申請免費複驗一次。

前項檢驗不合格商品之處理辦法，由主管機關定之。

（十）重行報驗之情形

第 27 條規定，經檢驗合格之商品，有下列情事之一者，應重行報驗：

1.證書已逾有效期間者。

2.包裝改變或包裝腐損，足致影響商品品質者。

3.受水漬、火損或有顯著之毀損形跡者。

4.標示不符或混雜零亂者。

5.產品經加工處理者。

6.其他應受檢驗事項有變更情事者。

（十一）型式認可證書

第 28 條規定，為提升檢驗效率，標準檢驗局得公告特定商品於報請檢驗前，應先申請型式認可，取得認可證書，並得於該商品報驗時簡化其檢驗程序。

前項商品有下列情形之一者，得免經型式認可，逕行辦理報驗，經查核相關文件符合規定，並具結於一定期間內辦理核銷後，發給證明：

1.供測試用。

2.出口維修後復運進口。

3.緊急維修品。

四、監視查驗

商品檢驗法第三章規定監視查驗，監視查驗是對於有較高安全衛生顧慮，檢驗批次繁多或具有通關運銷時限的商品，如食品、化工產品、蔬果類等產品，配合風險管理概念，以抽批查驗，書面核放等彈性作業方式檢驗，提升檢驗作業效率並採取商品源頭管理的措施，要求出口國主管機關在其產品出口前即依我方要求完成應有的查驗。說明於下：

（一）監視查驗證明

第 29 條規定，實施監視查驗之商品，應由報驗義務人向標準檢驗局報請監視查驗，取得查驗證明。但經公告為隨時查驗之商品，不在此限。

（二）監視查驗之方式

第 30 條規定，實施監視查驗之商品，得依商品之特性或經逐批查驗一定批

數符合規定者，採行逐批查核、抽批查驗、書面核放或監視之方式為之。

1.逐批查驗

依國內外產品安全資訊、檢驗或監視結果，發現不符合法令規定者，報驗後每批皆須經現場查核、取樣、檢驗，合格後始得核發查驗證明。

2.逐批查核

依國內外產品安全資訊或查核紀錄，發現不符法令規定者，報驗後每批皆須經現場查核，合格後始得核發輸入查驗證明，唯有衛生安全之疑慮時，得取樣檢驗。

3.抽批查驗

不屬於逐批查驗及查核者，報驗後之商品依規定比例採隨機抽批檢驗，抽中批項經現場查驗及取樣檢驗，合格後始得核發查驗證明。

4.書面核放

凡抽批查驗未抽中批項者，報驗後經書面審核符合者，即予核發查驗證明。唯有衛生安全之疑慮時，得取樣檢驗。

5.監　視

依國內外產品安全資訊，為確保進口產品之衛生安全，經標準檢驗局編訂監視計畫就特定產品及項目進行檢驗，凡列為監視計畫之產品，任選報驗批案，經現場查核符合並取樣，即核發查驗證明。

（三）生產廠場

第 31 條規定，監視查驗之商品，其生產廠場之管理及檢驗制度經審查符合規定之要件者，其商品始准予輸出入。

前項生產廠場在國外者，應由當地國主管機關或標準檢驗局認定之機構推薦，標準檢驗局並得派員赴廠場查核。

（四）監視查驗遵行事項辦法之訂定

第 32 條規定，監視查驗之登記、報驗程序、採行方式、證明之核（換）發及其他應遵行事項之辦法，由主管機關定之。

（五）生產廠場執行監視查驗之程序

第 33 條規定，監視查驗之商品，經標準檢驗局公告指定者，其生產廠場之管理系統及檢驗制度符合標準檢驗局所定之要件，並經審查核准者，得由生產者自行依本法檢驗及副署簽發監視查驗證明，並定期檢附發證資料報請標準檢驗局審查。但生產廠場不在國內者，由報驗義務人檢附生產廠場之檢驗記錄，報請標準檢驗局審查符合後發證。

前項生產廠場應符合之要件、核准之申請程序、停止、撤銷、廢止及其他應遵行事項之辦法，由主管機關定之。

（六）監視查驗之準用

第 34 條規定，第 18 條、第 19 條、第 21 條至第 27 條之規定，於監視查驗準用之。

✿ 五、驗證登錄

商品檢驗法第四章規定驗證登錄，商品驗證登錄的目的有三點：

1.取代逐批檢驗，避免同型式產品重複檢驗，節省商品每批進口或出口之工作天數，以及業者未辦理商品報驗、取樣及貼附檢驗合格標識等勞務費用。

2.符合國際化、自由化趨勢。

3.產品事前登錄，經由標準檢驗局發給驗證登錄證書，並使用驗證登錄用電子資料交換 (EDI) 將訊息傳到海關，做驗證限期不限量使用，而不做逐批邊境查驗，可達到快速通關的目標。

茲說明於下：

（一）符合性評鑑程序

第 35 條規定，實施驗證登錄之商品，應符合第 37 條規定之符合性評鑑程序。

前項符合性評鑑程序，應包含商品設計階段及製造階段之規定。

商品適用符合性評鑑程序之模式或其組合，由標準檢驗局公告之。

「符合性評鑑」(conformity assessment) 係指「以直接或間接的方式來決定是否達成相關要求的任何活動」。

1.實施驗證登錄之商品，應符合商品設計階段及製造階段之符合性評鑑程序。

2.其模式可分為與產品設計階段及製造階段有關之七種不同模式。

3.商品必須符合上述兩個階段（設計階段及製造階段），方可辦理驗證登錄。

（二）申請驗證登錄之相關文件

第 36 條規定，商品申請驗證登錄，申請人應填具申請書，並檢附指定符合性評鑑程序之相關資料及技術文件，向標準檢驗局辦理。前項申請所附資料及技術文件為外文者，標準檢驗局得要求申請人加附中文譯本。

商品驗證登錄符合性評鑑之模式有七種：

1.自行管制模式（模式一）

產品簡單且較少安全顧慮者，由申請人提出技術文件及所製造之產品符合指定標準或相關技術規範之聲明書。

2.型式試驗模式（模式二）

由申請人提出經標準檢驗局或其所屬分局或標準檢驗局認可指定試驗室，依指定標準或相關技術規範，執行試驗符合之型式試驗報告。

3.符合型式聲明模式（模式三）

由申請人提出聲明書，聲明其登記之生產廠場所製造之產品，與標準檢驗局或其認可試驗室所核發型式試驗報告之原型一致。

4.完全品質管理制度模式（模式四）

申請人提出登記之生產廠場應取得標準檢驗局或其認可驗證機構，依 CNS 12681(ISO 9001) 評鑑核可其具有設計、開發、生產及製造功能之品質管理系統登錄證書。

5.製程品質管理制度模式（模式五）

申請人提出登記之生產廠場應取得標準檢驗局或其認可驗證機構，依 CNS 12681(ISO 9001) 評鑑核可其具有生產及製造功能之品質管理系統登錄證書。

6.產品品質管理制度模式（模式六）

申請人提出登記之生產廠場應取得標準檢驗局或其認可驗證機構，依 CNS 12681(ISO 9001) 評鑑核可其具最終檢驗及測試功能之品質管理系統登錄證書。

7.工廠檢查模式（模式七）

申請人申請驗證登錄時，經標準檢驗局或其認可驗證機構執行工廠檢查符合者。

（三）驗證登錄管理辦法之訂定

第 37 條規定，申請驗證登錄之資格、程序、符合性評鑑程序之模式、第 39 條所定商品驗證登錄證書之核（換）發及相關管理事項之辦法，由主管機關定之。

（四）系列型式

第 38 條規定，驗證登錄依商品之型式為之，基本設計相同之商品得為系列型式。

（五）商品驗證登錄證書

第 39 條規定，驗證登錄之申請案，經審查結果符合者，准予登錄，並發給商品驗證登錄證書。

（六）驗證登錄變更之申請

第 40 條規定，取得驗證登錄者，應依商品驗證登錄證書所載之範圍、型式或功能使用，且不得將其商品驗證登錄內容使用於登錄範圍外之商品，如有變更，申請人應重行申請登錄、以系列型式申請登錄或申請核准。

已取得驗證登錄之商品，其檢驗標準修正時，標準檢驗局為安全、衛生、環境保護、資源利用效率或其他公益之目的，得通知驗證登錄證書名義人限期依修正後檢驗標準申請換發驗證登錄證書。

（七）撤銷或註銷驗證登錄

第 41 條規定，以詐偽方法取得商品驗證登錄者，應撤銷其登錄，並限期繳回證書。

（八）廢止商品驗證登錄之情形

第 42 條規定，有下列情事之一者，廢止其商品驗證登錄：

1.經購、取樣檢驗結果不符合檢驗標準。

2.未依第 11 條或第 12 條規定為標示，經通知限期改正，屆期未改正完成。

3.經限期提供商品驗證登錄證書、技術文件或樣品，無正當理由拒絕提供或屆期仍未提供。

4.驗證登錄之商品因瑕疵造成人員重大傷害或危害公共安全。

5.未依第 40 條第 1 項規定，使用商品驗證登錄證書，經通知限期改正，屆期未改正完成。

6.登錄之生產廠場不符合製造階段之符合性評鑑程序。

7.未繳納規（年）費，經限期繳納，屆期未繳納。

8.商品經公告廢止應施驗證登錄。

9.經依第 40 條第 2 項規定，限期依修正後檢驗標準換發驗證登錄證書，屆期未完成。

✿ 六、符合性聲明

商品檢驗法第五章規定符合性聲明，符合性聲明亦即自我宣告，茲說明於下：

（一）符合性聲明之適用

第 43 條規定，報驗義務人應備置技術文件，以確認商品符合檢驗標準，並據以簽具符合性聲明書。

技術文件及符合性聲明書應符合之事項及包含之要件，由標準檢驗局依商品種類定之。

經標準檢驗局認定危害風險性高之商品，其報驗義務人為符合性聲明時，應依規定辦理登記後，始生效力。

適用符合性聲明之商品，其檢驗標準修正時，標準檢驗局為安全、衛生、環境保護、資源利用效率或其他公益之目的，得公告通知報驗義務人限期依修正後檢驗標準，重新聲明其符合性。

（二）試驗之辦理及免驗之商品

第 44 條規定，適用符合性聲明之商品，其試驗應向標準檢驗局或其認可之指定試驗室辦理。

商品係由模組化零組件組裝者，如其模組化零組件均為應施檢驗商品且已符合檢驗規定，標準檢驗局得准予該組裝完成之商品免經前項試驗。

此外，對於製造技術趨於穩定，且安全顧慮較低的產品如電腦組裝等，由供應商自行驗證，並依規定程序標示聲明商品符合相關規範後，即可直接於市場銷售。

（三）確保產品與測試樣品一致及變更之聲明

第 45 條規定，適用符合性聲明之商品，其生產者於產製過程應採取管制措施，確保其產品符合技術文件之內容，並與技術文件中試驗報告之測試樣品一致。

經符合性聲明之商品，應符合聲明之內容，如有變更，報驗義務人應重新聲明，以確保其符合性。

第 46 條規定，報驗義務人應保存符合性聲明書及技術文件；其保存期限，由標準檢驗局依商品種類公告定之。

（四）未經符合性聲明之情形

第 47 條規定，有下列情形之一者，視為未經符合性聲明：

1.未依第 43 條第 1 項規定備置技術文件，或未依第 44 條規定向標準檢驗局或其認可之指定試驗室辦理試驗。

2.符合性聲明或技術文件之內容有虛偽不實或不符合依第 43 條第 2 項公

告規定之情形。

（五）符合性聲明之失效

第 48 條規定，依本法所為之符合性聲明，有下列情形之一者，失其效力：

1.經購、取樣檢驗結果不符合檢驗標準。

2.未依第 11 條或第 12 條規定為標示，經通知限期改正，屆期未改正完成。

3.經限期提供符合性聲明書、技術文件或樣品，無正當理由拒絕提供或屆期仍未提供。

4.未依符合性聲明內容使用，經通知限期改正，屆期未改正完成。

5.商品經公告廢止應施檢驗或停止適用符合性聲明檢驗方式。

6.經依第 43 條第 4 項規定，經通知限期依修正後標準改正，屆期未改正完成。

7.其他嚴重違規之情形。

❈ 七、市場監督

商品檢驗法第六章規定市場監督，茲說明於下：

（一）辦理檢查之場所及程序

第 49 條規定，標準檢驗局為確保商品符合本法規定，得派員對下列場所之應施檢驗商品執行檢查：

1.陳列銷售之經銷場所。

2.生產或存放之生產廠場或倉儲場所。

3.安裝使用之勞動、營業或其他場所。

標準檢驗局為辦理前項檢查，得要求前項場所之負責人提供相關資料，並得要求報驗義務人於限期內提供檢驗證明、技術文件及樣品，以供查核或試驗。

（二）違反規定者之調查

第 50 條規定，標準檢驗局因前條檢查或其他情事，發現有違反本法規定之虞者，應即進行調查。

前項調查，得依下列方式進行：

　1.向報驗義務人、經銷者或其他關係人查詢，並得要求提供相關文件或資料。

　2.派員前往前條第 1 項之場所進行調查，並得對可疑違規商品取樣檢驗或請報驗義務人或經銷者提出與涉違規商品同型式之產品送驗。

　3.必要時，得對可疑違規商品加以封存，交第 1 款之代表人具結保管或運存指定處所。

前項調查，應於調查場所或指定之處所作成訪問紀錄，並得通知第 1 款之代表人陳述意見。

為第 1 項調查時遇有障礙，非警察機關協助不足以排除時，得個案請求警察機關派員協助。

（三）受檢查、調查、檢驗之義務

第 51 條規定，依前 2 條規定執行檢查、調查或檢驗之人員，應出示有關證件。

依前 2 條規定受檢查、調查、檢驗或封存者，無正當理由，不得規避、妨礙或拒絕。

（四）消費品義務監視員

第 52 條規定，標準檢驗局得自行或由消費者保護團體推薦遴聘義務監視員，協助舉發違規商品。

✵ 八、檢驗費用

商品檢驗法第七章規定檢驗費用，包括辦理商品檢驗、審查、評鑑、登記及核發證照，應收取檢驗費、審查費、評鑑費、登記費、證照費及臨場費。茲說明於下：

（一）檢驗、審查及證照費用

第 53 條規定，主管機關依本法辦理商品檢驗、審查、評鑑、登記及核發證

照，應收取檢驗費、審查費、評鑑費、登記費及證照費。

前項檢驗費依費率計收者，其費率不得超過各該商品市價之千分之三。但未達最低費額者，仍依最低費額計收。

（二）臨場費之收取

第 54 條規定，凡應報驗義務人之請求，派員至標準檢驗局或受委託之其他政府機關、法人或團體以外之地點臨場執行檢驗相關業務者，應收取臨場費。

（三）試驗費或服務費之收取

第 55 條規定，標準檢驗局接受廠商辦理物品試驗或技術服務，應收取試驗費或服務費。

（四）相關費用收費辦法之訂定

第 56 條規定，前三條費用之費率、費額、最低費額限制及相關事項之辦法，由主管機關就各種商品定之。

（五）檢驗不合格之處理費用

第 57 條規定，商品因檢驗不合格，其後續之倉儲、搬運、消毒、銷燬或改善等處理費用，應由生產廠場或輸出入者負擔。

（六）費用之繳納

第 58 條規定，本法所規定之各項費用，向標準檢驗局或其指定之國庫或受委託之其他政府機關、法人或團體繳納。

 **參考資料來源**

經濟部標準檢驗局網站。

習　題

一、關鍵詞彙解釋

1. ISO　　　2. ISSN　　　3. IEC　　　4. OHSAS　　　5. HACCP　　　6. CNS

7. TBT

二、問答題

1. 國際標準化組織的宗旨為何？

2. 國際標準化的形成過程為何？

3. 商品檢驗之目的為何？

4. 商品檢驗執行之方式有那幾種？

5. 應施檢驗之商品，在何種情形下，得免檢驗？

6. 何謂標準？

7. 何謂技術性法規？

8. 經檢驗合格之商品，在何種情形下應重行報驗？

9. 監視查驗是針對那些商品？其方式為何？

10. 商品驗證登錄的目的為何？

11. 何謂符合性評鑑？

12. 商品驗證登錄符合性評鑑之模式有幾種？

13. 在何種情形下會廢止其商品驗證登錄？

14. 在何種情形下符合性聲明失其效力？

 第十五章

世界海關組織與關稅法

第一節　世界海關組織

❈ 一、成立經過

第二次世界大戰後，國際經濟重建，國際間商品貿易量大增，為打破海關的壁壘，加強各國海關的合作，1947 年，代表歐洲經濟合作委員會的十三個歐洲政府同意成立一個研究小組，研究建立一個或多個基於關稅暨貿易總協定 (GATT) 原則之歐洲關稅聯盟 (Customs Union) 的可能性。

1948 年，研究小組成立了「經濟委員會」和「海關委員會」兩個委員會。經濟委員會為「經濟合作暨發展組織」(Organization for Economic Co-operation and Development, OECD) 的前身，而海關委員會則成為「海關合作理事會」(Customs Co-operation Council, CCC)。

1952 年，成立海關合作理事會公約 (Convention establishing a customs Co-operation Council) 正式生效。

1953 年 1 月 26 日海關合作理事會的首屆會議在布魯塞爾舉行。十七個歐洲國家的代表出席了會議。

1974 年 9 月 25 日「關務程序簡化與調和國際公約（京都公約）」(International Convention on the Simplification and Harmonization of Customs Procedures, Kyoto Convention) 生效。

1980 年 5 月 21 日「防制、調查及打擊關務違規案件行政互助國際公約（奈洛比公約）」(Convention on Mutual Administrative Assistance in the Prevention, Repression and Investigation of Customs Offences, Nairobi Convention) 生效。

1988 年 1 月 1 日 「世界海關組織之商品統一分類制度國際公約 （調和公約）」(WCO's International Convention on the Harmonized Commodity Description and Coding System, HS Convention) 生效。

1993 年世界海關合作理事會採用海關誠信之阿魯沙宣言 (Arusha Declaration on Customs Integrity)。

1994 年世界海關合作理事會採用非正式名稱 「世界海關組織」 (World Customs Organization, WCO) 以反映組織的世界性本質。其總部位於比利時布魯塞爾。

1999 年世界海關組織理事會採用經修訂的「關務程序簡化與調和國際公約（京都公約）修訂版」。

2003 年 7 月世界海關組織理事會採用「海關事務行政互助公約（約翰尼斯堡公約）」 (Mutual Administrative Assistance in Customs Matters, Johannesburg Convention)。

2005 年世界海關組織理事會採用 「全球貿易安全與便利化標準架構」 (Framework of Standards to Secure and Facilitate Global Trade)。

2006 年世界海關組織啟動「哥倫布計畫」(Columbus Programme)，為歷來最大的海關能力建設倡議 (Customs Capacity Building Initiative)，承諾支持「全球貿易安全與便利標準架構」的實施。簡化暨調和海關手續之京都公約修訂版生效。

2007 年 1 月 1 日調和系統命名 2007 年版生效。

2012 年 1 月 1 日調和系統命名 2012 年版生效。

今天，世界海關組織成員負責處理全球 98% 以上的國際貿易量。

✵ 二、成立海關合作理事會公約之宗旨

在公約的前文中指出成立組織的構想及其目的，說明於下：

1.考量到在各國海關制度上達到最大程度的協調及統一與特別研究海關技術及其相關的海關立法的發展和改進方面所具有的問題是明智的行為；

2.相信促進各國政府在包括經濟與技術因素在內的這些業務的合作，對國際貿易是有利的。

公約第 1 條規定在此成立海關合作理事會（以下稱理事會）。1994 年雖然改名為世界海關組織，但本公約仍然持續有效。

世界海關組織的主要戰略目標有 7 項，說明如下：

1.經濟競爭力套案：促進國際貿易的安全與便利，包括簡化和調和海關手續。世界海關組織及其會員之工作為以確保安全和促進經濟競爭力來確保成長。貿易安全與便利為國家經濟發展的關鍵因素，並與社會福利的國家議程、減少貧窮和國家與其國民的經濟發展是密不可分的。同樣，世界海關組織為簡化和調和海關手續的手段與工具的開發提供一個論壇。

2.收入套案：促進公平、效率和有效的徵稅。徵稅仍然是許多海關行政管理的最重要事項，特別是在政府收入的大部分來自進口稅的經濟體。現代的海關行政管理需要應用世界海關組織和其他國際機構開發的相關手段與工具，以一致的方式，達到公平、效率和有效的徵稅。

3.守法和執法套案：保護社會、公眾健康和安全。海關邊境執法的效率和效能在確保貨物、人員和運輸工具符合法律與法規之規定、安全與穩定的社會之達成、國家的經濟競爭力、國際貿易和全球市場開發的成長，是一個決定性的因素。

世界海關組織將繼續開發和維護在保護社會目標方面的標準和準則。海關執法情報與技能的交換對世界海關組織的執法策略至為重要。為達此目的，世界海關組織將透過關鍵利益相關者 (key stakeholders) 的援助，協調與實施海關的執法活動和業務活動。

4.組織開發套案：加強能力建設。有效能與效率的海關行政管理，對國家經濟、社會和安全的發展是必需的。世界海關組織以全球海關中心的特性身分，在開發、促進和支持現代海關的標準、程序與系統的實施上扮演中心的角色，並已將自身定位為全球能力建設之領導者。

能力建設工具的發展與能力建設委員會所強調的可促使持續發展和現代化之三項主要因素，政治意願、人物和參與相聯結。

5.在所有利益相關者之間促進資訊的交流：世界海關組織為國際合作提供一個論壇，在會員的行政部門、其他政府機構、國際機構、私人部門和其他利益相關者間，以促進更大的聯繫與更多的和諧互動，包括資訊與經驗，並確定

最佳的實務做法。

　　6.提升海關績效與形象：世界海關組織和國際海關社群透過與政府、其他國際和區域組織，捐助者和私人部門的合作、溝通和參與來促進其戰略優先地位、角色與貢獻。

　　7.進行研究和分析：世界海關組織在海關和國際貿易的主題上，使用各種方法以促進一個專業的、以知識為基礎的服務文化，以及世界海關組織會員和外部利益相關者受益範圍內做廣泛的研究和分析。

✳ 三、會　員

　　依成立海關合作理事會公約第 15 條規定：「本公約在 1951 年 3 月 31 日前應開放各國簽署。」

　　另依公約第 16 條第(a)項規定：「本公約應依規定批准。」

　　同條第(b)項規定：「批准文件應存放於比利時外交部，比利時外交部應將此存放通知所有簽署國與加入國政府及秘書長。」

　　第 17 條規定本公約之生效條件，共有二項。

　　(a)有 7 個簽署國政府完成存放批准文件時；

　　(b)簽署國政府在此之後批准，本公約應在存放其批准文件時生效。

　　第 18 條規定未簽署國家加入本公約之程序，依其規定：

　　(a)任何非本公約簽署國政府可自 1951 年 4 月 1 日起加入；

　　(b)加入文件應存放於比利時外交部，比利時外交部應將此存放通知所有簽署國與加入國政府及秘書長。

　　(c)自存放加入文件時起，本公約應對任何加入國政府生效，但不得早於本公約依第 17 條第(a)項生效之日期。

　　到 2017 年 9 月為止，世界海關組織共有一百八十二個會員國，分為六個區域，包括： 1.南非、北美、中美與加勒比海地區 (South America, North America, Central America and the Caribbean)； 2.歐洲 (Europe)； 3.東非與南非 (East and Southern Africa)； 4.北非、近東與中東 (North of Africa, Near and Middle East)；5.西非與中非 (West and Central Africa)；6.遠東、南亞與東南亞、澳洲與太平洋島嶼 (Far East, South and South East Asia, Australia and the Pacific

Islands)。其中四分之三為開發中國家，負責管理 98% 以上的世界貿易量。

❀ 四、調和公約

「世界海關組織之商品統一分類制度國際公約（調和公約）」(the WCO's International Convention on the Harmonized Commodity Description and Coding System, HS Convention) 於 1983 年 6 月 14 日制定，並於 1986 年 6 月 24 日修訂，1988 年 1 月 1 日生效。調和公約共有 20 條條文，其主要內容說明如下：

（一）宗　旨

在公約的前文中對公約成立的宗旨做了詳細的說明，其內容如下：在海關合作理事會主持下之本公約締約成員，

1.希望便利國際貿易的進行。

2.希望便利統計資料的收集、比較與分析，特別是對國際貿易的統計資料。

3.希望在國際貿易與便利貿易單證的標準化和資料傳送的進行中，減少這些從一個分類系統移動到另一個系統的過程對商品重新描述、重新分類和重新編碼的費用。

4.考慮到技術和國際貿易型態的變化，需要對 1950 年 12 月 15 日在布魯塞爾的海關稅則商品分類表公約作廣泛的修改。

5.考慮到政府因海關和統計之目的與貿易利益所要求之詳細程度，已經遠遠超出上述公約所附的分類表。

6.考慮到準確與可比較的資料對國際貿易談判的重要性。

7.考慮到調和系統要用於各種交通工具的運費表與運輸統計之目的。

8.考慮到調和系統要以最大的程度納入商業商品說明與編號系統。

9.考慮到調和系統要在進出口貿易統計和生產統計之間盡可能做緊密的關連 (close correlation)。

10.考慮到調和系統與聯合國「標準國際貿易分類」(Standard International Trade Classification, SITC) 之間應保持緊密的關連。

11.考慮到透過複合關稅／統計分類表，適用於與國際貿易相關事項以滿足上述需求的可取性。

12.考慮到依照技術或國際貿易型態改變,確保調和系統保持更新的重要性。

13.考慮到由海關合作理事會建立的調和系統委員會在這一領域完成的工作。

14.考慮到當上述命名表公約 (Nomenclature Convention) 已被證明在達成這些目標上是一個有效的工具,在這方面達到了預期的效果,最好的辦法是締結一個新的國際公約。

（二）定　義

為達成本公約之目的,公約對一些專有名詞作出定義,說明於下：

1. 「調和商品說明及編號系統」 (Harmonized Commodity Description and Coding System),以下簡稱「調和系統」,意指包含標題和副標題及其相關的數字代碼、節、章與副標題註解 (subheading notes) 和總規則在內的為解釋調和系統的命名表 (nomenclature),載於本公約的附件。

2. 「海關稅則表」(customs tariff nomenclature),意指一個締約成員在以對進口貨物徵收海關進口稅為目的立法所建立的命名表。

3. 「統計分類表」(statistical nomenclatures),意指由締約成員為收集進出口貿易的統計資料所建立的商品分類表 (goods nomenclatures)。

4. 「複合關稅／統計分類表」(combined tariff/statistical nomenclature),意指整合海關稅則表與統計分類表的命名表,為締約成員為進口貨物申報所依法要求。

5. 「公約設立理事會」 (the Convention Establishing the Council),意指在 1950 年 12 月 15 日在布魯塞爾簽訂的公約所設立的海關合作理事會。

6. 「理事會」(the Council) 是指以上 5.項所指的海關合作理事會。

7. 「秘書長」(the Secretary General),意指理事會秘書長。

8. 「批准」(ratification),意指批准、接受或核准。

（三）締約成員的義務

1.除第 4 條所列舉的例外情形：

(a)每一締約成員承諾,本段第(c)項規定除外,在本公約生效之日起,其

海關稅則表和統計分類表應符合調和系統的規定。因此，就海關稅則表和統計分類表個別方面，其承諾：

　(i)應使用調和系統所有的標題與副標題，連同其相關的數字代碼，不能有增加或修改；

　(ii)應適用調和系統的一般規則解釋與所有的節、章及副標題註解，且不得修改調和系統的節、章，標題或副標題的範圍；

　(iii)應遵循調和系統的數值序列 (numerical sequence)。

(b)每一締約成員公開其進口和出口貿易統計時，亦應依照調和系統的六位數字代碼❶，或者，締約成員在自發的情況下，將公開的範圍擴及基於商業機密、國家安全等特殊理由而排除的統計資料；

(c)本條不應要求締約成員在其海關稅則表使用調和系統的副標題，除非其滿足上述在複合關稅／統計分類表上之第(a)(i)、(a)(ii)及(a)(iii)項的義務。

　2.在符合本條第 1(a)項之承諾，為了在其國內法中實施調和系統，必要時每一個締約成員可做文字改編 (textual adaptations)。

　3.本條不應妨礙締約成員在其海關稅則表或統計分類表上建立超過調和系統商品分類的細目 (subdivision)，如果任何這些附加的細目和編碼超過列於本公約附件中六位數代碼。

（四）開發中國家部分適用

　1.顧及到國際貿易型態或其行政資源而有必要之期間內，任何開發中國家締約成員可延後其申請部分或全部的調和系統副標題。

　2.在本條條文規定下選擇部分適用調和系統的開發中國家締約成員，同意在本公約生效之日起五年內或在考慮到本條第 1 款的條文規定認為有必要時的更長期間內，盡其最大的努力去適用全部的六位數調和系統。

　3.在本條條文規定下，屬於開發中國家的締約成員在選擇局部適用調和系

---

❶ 調和系統採六位數字編碼，第一、二位數碼代表「章」，第三、四位數碼代表「目」第一、二位數碼代表「子目」。

統時，對於任何「目」(heading) 之下的「一級子目」(one-dash subheading)，或任何「一級子目」之下的「二級子目」(two-dash subheading)，應選擇全部適用或全不適用。在此種局部適用的情形下，調和系統編碼未獲適用之部分的第六位數碼，及第五和第六位數碼，應分別以 "0" 及 "00" 取代。

　　4.在本條條文規定下選擇部分適用調和系統的開發中國家締約成員，應在成為締約成員時通知秘書長在本公約生效時不適用的那些副標題，並應通知秘書長其後適用的那些副標題。

　　5.在本條條文規定下選擇部分適用調和系統的開發中國家締約成員，可在成為締約成員時，在本公約生效之日起三年內通知秘書長其正式承擔適用全部六位數調和系統。

　　6.任何在本條條文規定下選擇部分適用調和系統的開發中國家締約成員，應被解除在第 3 條規定下不適用副標題的義務。

（五）對開發中國家的技術援助

　　已開發國家締約成員應在共同約定的條件上提供開發中國家要求的技術援助，特別是在人員訓練、移調 (transposing) 其現有的調和系統分類表，與在維持其系統與調和系統分類表更新的移調或適用本公約的條文上之建議。

（六）調和系統委員會

　　1.在本公約下應成立一個由每一締約成員代表所組成的調和系統委員會。

　　2.調和系統委員會通常每年應至少舉行兩次會議。

　　3.除非締約成員另有決定，會議應由秘書長於理事會的總部召開。

　　4.在調和系統委員會，每一締約成員應有一投票權，但為達到本公約之目的且不對任何未來之公約造成傷害的考慮下，在海關或經濟聯盟以及其成員國中之一個或多個為締約成員時，這些締約成員應只一起行使一票投票權。同樣的情形，在一個海關或經濟聯盟之所有成員國有資格依第 11 條第(b)項規定成為締約成員時，他們應只一起行使一票投票權。

　　5.調和系統委員會應選舉其主席與一位或一位以上副主席。

　　6.調和系統委員會應以不少於其成員三分之二的投票權之決定來制定其程

序規則。程序規則之制定應由理事會批准。

7.調和系統委員會應適當的考慮邀請這些政府間或其他國際間組織作為觀察員參與其工作。

8.調和系統委員會特別考慮到，第 7 條第 1 款第(a)項的規定條文後若需要時，應設立次委員會或工作小組，且應決定該次委員會或工作小組的成員、投票權與程序規則。

（七）調和系統委員會的功能

1.就第 8 條的規定，調和系統委員會應具備以下功能：

⑴在考慮到有需要時，提出對本公約有關使用者的需要與在技術或國際貿易模式之改變方面之修訂。

⑵準備說明註解 (explanatory notes)、分類意見或其他意見作為調和系統制度解釋之指導。

⑶準備確保調和系統在解釋與適用上的統一性之建議。

⑷整理和發布有關調和系統適用的訊息。

⑸以主動或應要求之方式，向締約成員、理事會會員和委員會認為適當的政府間或其他國際組織，提供在調和系統上任何有關商品分類事宜的訊息或指導。

⑹對每一屆理事會提交有關其活動，包括擬議的修訂、說明註解、分類意見與其他意見的報告。

⑺當理事會或締約成員可能認為有必要時，行使有關調和系統的其他權力和職能。

（八）理事會的角色

1.理事會應審查由調和系統委員會準備的本公約修訂提案，並在第 16 條規定的程序下建議締約成員，除非身為本公約締約成員之任何理事會成員要求對提案或其任何屬於委員會的部分重新審查。

2.不遲於會議結束當月後第二月月底，若無本公約之締約成員通知秘書長有關對理事會的請求時，調和系統解釋的註解、分類意見、其他意見以及在調

和系統委員會開會期間依第 7 條第 1 款的規定條文準備以確保調和系統的解釋和應用之其他建議,應被視為經理事會批准。

3.除非身為本公約締約成員之任何理事會成員要求對委員會的全部或部分提案重新審查,在本條第 2 款的規定條文下對理事會請求之事項,理事會應批准這些註解、分類意見、其他意見或建議。

第二節　關稅法

✵ 一、沿　革

關稅法乃是民國 56 年 8 月 8 日制定公布施行。後為配合國家財經政策及關務行政需要,曾經多次修訂,為配合民國 90 年 11 月 11 日我國加入世界貿易組織 (WTO),關稅法再進行修訂,並於民國 93 年 5 月 5 日公布施行。民國 97 年 1 月 9 日刪除第 80 條條文;民國 97 年 6 月 4 日修正公布第 71 條條文;民國 99 年 5 月 12 日修正公布第 11、17、19、48 條條文,並增訂第 36-1 條條文;民國 102 年 5 月 29 日修正公布第 17、27、71 及 96 條條文,並增訂第 10-1 條條文,民國 103 年 8 月 20 日修正公布第 7、10、13、20、23、59、81、83、93 條條文;並增訂第 20-1、28-1、83-1、87-1 條條文;民國 103 年 12 月 26 日公告第 48 條第 5 項、第 6 項、第 7 項、第 8 項、第 9 項所列屬「內政部入出國及移民署」之權責事項,自 104 年 1 月 2 日起改由「內政部移民署」管轄;民國 105 年 11 月 9 日修正公布第 3、8～10、21、22、26～28-1、36-1、39、43、48、49、75、78、82、84～87、88～92、95 條條文;民國 106 年 1 月 18 日修正公布第 49 條條文;民國 107 年 5 月 9 日修正公布第 17、84、96 條條文。

依關稅法第 1 條規定,關稅法雖以課徵關稅為主,還涉及貨物之通關。本法共分七章,原有 103 條條文,刪除後為 102 條條文,第一章總則;第二章通關程序,其中又分報關及查驗、完稅價格、納稅期限及行政救濟;第三章稅款之優待,其中又分免稅、保稅、退稅;第四章特別關稅;第五章罰則;第六章執行;第七章附則。

此外,依「關稅法」規定或參照「關稅法」規定所制定之細則與辦法尚有

許多，茲列重要者於下：

 1.依關稅法第 102 條規定，制定「關稅法施行細則」。

 2.依關稅法第 5 條第 2 項規定，制定「關稅配額實施辦法」。

 3.依關稅法第 13 條第 5 項規定，制定「海關事後稽核實施辦法」。

 4.依關稅法第 21 條第 4 項規定，制定「進口貨物稅則預先審核實施辦法」。

 5.依關稅法第 69 條第 4 項規定，制定「平衡稅及反傾銷稅課徵實施辦法」。

 6.依關稅法第 10 條第 3 項規定，制定「貨物通關自動化實施辦法」。

 7.依關稅法第 44 條第 2 項規定，制定「進口貨物先放後稅實施辦法」。

 8.依關稅法第 16 條第 2 項規定，制定「出口貨物報關驗放辦法」。

 9.依關稅法第 27 條第 2 項規定，制定「快遞貨物通關辦法」。

✵ 二、總　則

（一）立法依據

關稅之課徵、貨物之通關，依本法之規定。

（二）關稅之定義

第 2 條規定，本法所稱關稅，指對國外進口貨物所課徵之進口稅。

（三）徵收標準及研議機構

第 3 條規定，關稅除本法另有規定者外，依海關進口稅則徵收之。海關進口稅則，另經立法程式制定公佈之。

財政部為研議海關進口稅則之修正及特別關稅之課徵等事項，得邀集有關機關及學者專家審議之。

（四）課徵機關

第 4 條規定，關稅之徵收，由海關為之。

（五）關稅配額之實施

第 5 條規定，海關進口稅則得針對特定進口貨物，就不同數量訂定其應適用之關稅稅率，實施關稅配額。

前項關稅配額之分配方式、參與分配資格、應收取之權利金、保證金、費用及其處理方式之實施辦法，由財政部會同有關機關擬訂，報請行政院核定之。

（六）納稅義務人

第 6 條規定，關稅納稅義務人為收貨人、提貨單或貨物持有人。

（七）補繳短少之進口稅費

第 7 條規定，運輸工具載運之未稅貨物、保稅運貨工具載運之貨物及貨棧、貨櫃集散站、保稅倉庫、物流中心、免稅商店儲存之貨物，如有非法提運、遺失、遭竊或其他原因致貨物短少者，由業者負責補繳短少之進口稅費。

前項運輸工具載運之未稅貨物，單獨由海關核准登記之承攬業承攬運送時，如有非法提運、遺失、遭竊或其他原因致貨物短少者，由該承攬業者負責補繳短少之進口稅費。

（八）清算人之義務

第 8 條規定，納稅義務人為法人、合夥或非法人團體者，解散清算時，清算人於分配膽餘財產前，應依法分別按關稅、滯納金、滯報費、利息、罰鍰及應追繳之貨價應受清償之順序繳清。

清算人違反前項規定者，應就未清償之款項負繳納義務。

（九）徵收期間

第 9 條規定，依本法規定應徵之關稅、滯納金、滯報費、利息、罰鍰或應追繳之貨價，自確定之翌日起，五年內未經徵起者，不再徵收。但於五年期間屆滿前，已移送執行，或已依強制執行法規定聲明參與分配，或已依破產法規定申報債權尚未結案者，不在此限。

前項期間之計算，於應徵之款項確定後，經准予分期或延期繳納者，自各該期間屆滿之翌日起算。

關稅、滯納金、滯報費、利息、罰鍰或應追繳之貨價，於徵收期間屆滿前已移送執行者，自徵收期間屆滿之翌日起，五年內未經執行者，不再執行；其於五年期間屆滿前已開始執行，仍得繼續執行，但自五年期間屆滿之日起已逾五年尚未執行終結者，不得再執行。

本法中華民國 105 年 10 月 21 日修正之條文施行前已移送執行尚未終結之案件，其執行期間依前項規定辦理。

前四項規定，於依本法規定應徵之費用準用之。

（十）依本法規定辦理或提出之文件，採與海關電腦連線或電子資料傳輸方式辦理

第 10 條規定，依本法應辦理之事項、應提出之報單及其他相關文件，採與海關電腦連線或電子資料傳輸方式辦理，並經海關電腦記錄有案者，視為已依本法規定辦理或提出。

海關得依貨物通關自動化實施情形，要求經營報關、運輸、承攬、倉儲、貨櫃集散站及其他與通關有關業務之業者，以電腦連線或電子資料傳輸方式處理業務。

前二項辦理連線或傳輸之登記、申請程序、管理、通關程序及其他應遵行事項之辦法，由財政部定之。

海關所為各項核定、處分、通知或決定之送達，得以電腦連線或電子資料傳輸方式行之，並於電腦記錄。

經營與海關電腦連線或電子資料傳輸通關資料業務之通關網路業者，應經財政部許可；其許可與廢止之條件、最低資本額、營運項目、收費基準、營業時間之審核、管理及其他應遵行事項之辦法，由財政部定之。

（十一）關港貿單一窗口之營運及管理等事項

第 10-1 條規定，依關務、航港、貿易簽審、檢驗及檢疫相關規定提出之資料，採與相關機關或其受託機構電腦連線或電子資料傳輸方式辦理者，得經

由海關建置之關港貿單一窗口為之。

關務人員對於經由前項關港貿單一窗口傳輸之資料,應嚴守秘密。但本法或其他法律另有規定者,不在此限。

第一項關港貿單一窗口之營運、管理、收費基準與資料之拆封、蒐集、處理、利用及其他相關實施事項之辦法,由財政部會商有關機關定之。

(十二)擔保或保證金提供之方式

第 11 條規定,依本法提供之擔保或保證金,得以下列方式為之:

1. 現金。

2. 政府發行之公債。

3. 銀行定期存單。

4. 信用合作社定期存單。

5. 信託投資公司一年以上普通信託憑證。

6. 授信機構之保證。

7. 其他經財政部核准,易於變價及保管,且無產權糾紛之財產。

前項第 2 款至第 5 款及第 7 款之擔保,應依法設定抵押權或質權於海關。

(十三)洩漏秘密之處分

第 12 條規定,關務人員對於納稅義務人、貨物輸出人向海關所提供之各項報關資料,應嚴守秘密,違者應予處分;其涉有觸犯刑法規定者,並應移送偵查。但對下列各款人員及機關提供者,不在此限:

1. 納稅義務人、貨物輸出人本人或其繼承人。

2. 納稅義務人、貨物輸出人授權之代理人或辯護人。

3. 海關或稅捐稽徵機關。

4. 監察機關。

5. 受理有關關務訴願、訴訟機關。

6. 依法從事調查關務案件之機關。

7. 其他依法得向海關要求提供報關資料之機關或人員。

8. 經財政部核定之機關或人員。

　　海關對其他政府機關為統計目的而供應資料，並不洩漏納稅義務人、貨物輸出人之姓名或名稱者，不受前項限制。

　　第一項第 3 款至第 8 款之機關人員，對海關所提供第一項之資料，如有洩漏情事，準用同項對關務人員洩漏秘密之規定。

（十四）事後稽核之實施

　　第 13 條規定，海關於進出口貨物放行之翌日起 6 個月內通知實施事後稽核者，得於進出口貨物放行之翌日起 2 年內，對納稅義務人、貨物輸出人或其關係人實施之。依事後稽核結果，如有應退、應補稅款者，應自貨物放行之翌日起 3 年內為之。

　　為調查證據之必要，海關執行前項事後稽核，得要求納稅義務人、貨物輸出人或其關係人提供與進出口貨物有關之紀錄、文件、會計帳冊及電腦相關檔案或資料庫等，或通知其至海關辦公處所備詢，或由海關人員至其場所調查；被調查人不得規避、妨礙或拒絕。

　　第一項所稱關係人，指與進出口貨物有關之報關業、運輸業、承攬業、倉儲業、快遞業及其他企業、團體或個人。

　　海關執行第一項事後稽核工作，得請求相關機關及機構提供與進出口貨物有關之資料及其他文件。

　　海關實施事後稽核之範圍、程序、所需文件及其他應遵行事項之辦法，由財政部定之。

（十五）轉運、轉口通關及管理之準用

　　第 14 條規定，轉運、轉口貨物之通關及管理，準用本法進出口通關及管理之規定。

（十六）不得進口物品

　　第 15 條規定，下列物品，不得進口：
　　1.偽造或變造之貨幣、有價證券及印製偽幣印模。
　　2.侵害專利權、商標權及著作權之物品。

3.法律規定不得進口或禁止輸入之物品。

🏵 三、通關程序

貨物出口通關係指貨物出口人於貨物裝運前,依貨物出口通關規定,將貨物送進海關指定之貨櫃場 (container yard)、貨櫃貨運站 (container freight station) 或碼頭倉庫,交由海關控管;並由貨物出口人或受委託之報關行,填具出口報單,並檢具有關文件,向海關遞交或以電腦傳輸送達海關,辦理出口貨物之申報。

經海關篩選後,C1 案件直接送往放行;C2 案件由分估單位受理書面文件後,審核文件,完成分估作業後,送往放行;C3 案件由驗貨單位受理書面文件後辦理驗貨,驗畢送往分估單位,分估單位審核文件,完成分估作業後,送往放行。出口人始可辦理貨物出口裝船或裝機事宜。

貨物進口通關係指貨物進口人,即納稅義務人自裝載貨物之運輸工具進口日起 15 日內,由納稅義務人或其所委託之報關人填具進口報單,並檢具有關文件,向海關遞交或以電腦傳輸送達海關,辦理進口貨物之申報。

經海關篩選後,C1 案件直接送往徵稅;C2 案件審核文件,完成分估作業後,送往徵稅;C3 案件審核文件後送往驗貨,驗畢再退回辦理分估作業後,送往徵稅。

關稅法第 16 條到第 28 條規定通關程序,說明於下。

(一)報關及查驗

1.進出口貨物之申報

第 16 條規定,進口貨物之申報,由納稅義務人自裝載貨物之運輸工具進口日之翌日起 15 日內,向海關辦理。出口貨物之申報,由貨物輸出人於載運貨物之運輸工具結關或開駛前之規定期限內,向海關辦理;其報關驗放辦法,由財政部定之。

前二項貨物進出口前,得預先申報;其預行報關處理準則,由財政部定之。

2.進出口報關文件

第 17 條規定,進口報關時,應填送貨物進口報單,並檢附發票、裝箱單及

其他進口必須具備之有關文件。

出口報關時，應填送貨物出口報單，並檢附裝貨單或託運單、裝箱單及依規定必須繳驗之輸出許可證及其他有關文件。

前二項之裝箱單及其他依規定必須繳驗之輸出入許可證及其他有關文件，得於海關放行前補附之。

前項文件如於海關通知之翌日起算 2 個月內未補送者，該進出口貨物除涉及違法情事，應依相關規定辦理外，應責令限期辦理退運出口或退關領回；納稅義務人或貨物輸出人以書面聲明放棄或未依限辦理退運出口或退關領回者，依據或準用第 96 條規定辦理。

第一項及第二項之報單，納稅義務人或貨物輸出人得檢附證明文件向海關申請更正。

前項得申請更正之項目、期限、審核之依據、應檢附之證明文件及其他應遵行事項之辦法，由財政部定之。

3.先放後核

第 18 條規定，為加速進口貨物通關，海關得按納稅義務人應申報之事項，先行徵稅驗放，事後再加審查；該進口貨物除其納稅義務人或關係人業經海關通知依第 13 條規定實施事後稽核者外，如有應退、應補稅款者，應於貨物放行之翌日起 6 個月內，通知納稅義務人，逾期視為業經核定。

進口貨物未經海關依前項規定先行徵稅驗放，且海關無法即時核定其應納關稅者，海關得依納稅義務人之申請，准其檢具審查所需文件資料，並繳納相當金額之保證金，先行驗放，事後由海關審查，並於貨物放行之翌日起 6 個月內核定其應納稅額，屆期視為依納稅義務人之申報核定應納稅額。

進口貨物有下列情事之一者，不得依第一項規定先行徵稅驗放。但海關得依納稅義務人之申請，准其繳納相當金額之保證金，先行驗放，並限期由納稅義務人補辦手續，屆期未補辦者，沒入其保證金：

　⑴納稅義務人未即時檢具減、免關稅有關證明文件而能補正。

　⑵納稅義務人未及申請簽發輸入許可文件，而有即時報關提貨之需要。但以進口貨物屬准許進口類貨物者為限。

　⑶其他經海關認為有繳納保證金，先行驗放之必要。

依法得減免關稅之進口貨物,未依前項第一款規定申請繳納保證金而繳稅者,得於貨物進口放行前或放行後 4 個月內,檢具減、免關稅有關證明文件申請補正及退還其應退之關稅。

4.企業認證

依第 19 條規定,海關得對納稅義務人、貨物輸出人或其他供應鏈相關業者實施優質企業認證,經認證合格者,給予優惠措施。

依前項規定認證合格之納稅義務人或貨物輸出人,經向海關提供相當金額之擔保或申請核准自行具結者,其特定報單之貨物得先予放行,並按月就放行貨物彙總完成繳納稅費手續。

第一項申請認證應具備之資格條件、申請程序、優質企業之分類、供應鏈業別、優惠措施、停止或廢止適用條件、第二項得先予放行之特定報單、擔保方式、申請自行具結之條件、稅費繳納方式及其他應遵行事項之辦法,由財政部定之。

5.載運客貨運輸工具之通關申報

第 20 條規定,載運客貨之運輸工具進出口通關,應填具之貨物艙單、旅客與服務人員名單及其他進出口必備之有關文件,由運輸工具負責人或運輸工具所屬運輸業者向海關申報。

前項運輸工具負責人,在船舶為船長;在飛機為機長;在火車為列車長;在其他運輸工具為該運輸工具管領人。

經營第一項業務之運輸工具所屬運輸業者,應向海關申請登記及繳納保證金;運輸工具負責人或運輸工具所屬運輸業者辦理進出口通關、執行運輸業務、通關事項管理,與運輸工具所屬運輸業者應具備之資格、條件、保證金數額與種類、申請程序、登記與變更、證照之申請、換發及其他應遵行事項之辦法,由財政部定之。

6.載運客貨運輸工具之貨物申報

第 20-1 條規定,前條運輸工具載運之貨物由經海關核准登記之承攬業承攬運送者,其貨物艙單得由該業者向海關申報;其轉運、轉口相關事宜,亦得由該業者向海關辦理。

辦理前項業務之承攬業者,應向海關申請登記及繳納保證金;承攬業者應

具備之資格、條件、保證金數額與種類、申報內容與程序、申請程序、登記與變更、證照之申請、換發、通關事項管理及其他應遵行事項之辦法，由財政部定之。

7.預先審核

第 21 條規定，納稅義務人或其代理人得於貨物進口前，向海關申請預先審核進口貨物之稅則號別，海關應以書面答復之。

海關對於前項預先審核之稅則號別有所變更時，應敘明理由，以書面通知納稅義務人或其代理人。經納稅義務人或其代理人舉證證明其已訂定契約並據以進行交易，且將導致損失者，得申請延長海關預先審核稅則號別之適用，並以延長 90 日為限。但變更後之稅則號別，涉及貨物輸入規定者，應依貨物進口時之相關輸入規定辦理。

納稅義務人或其代理人不服海關預先審核之稅則號別者，得於貨物進口前，向財政部關務署申請覆審，財政部關務署除有正當理由外，應為適當之處理。

第一項申請預先審核之程序、所需文件、海關答復之期限及前項覆審處理之實施辦法，由財政部定之。

8.報關納稅之委託及報關業之設立

第 22 條規定，貨物應辦之報關、納稅等手續，得委託報關業者辦理；其向海關遞送之報單，應經專責報關人員審核簽證。

前項報關業者，應經海關許可，始得辦理公司或商業登記；並應於登記後，檢附相關文件向海關申請核發報關業務證照。

報關業者之最低資本額、負責人、經理人與專責報關人員應具備之資格、條件、職責、許可之申請程式、登記與變更、證照之申請、換發、廢止、辦理報關業務及其他應遵行事項之辦法，由財政部定之。

9.查驗或免驗貨物之相關規定

第 23 條規定，海關對於進口、出口及轉口貨物，得依職權或申請，施以查驗或免驗；必要時並得提取貨樣，其提取以在鑑定技術上所需之數量為限。

前項查驗、取樣之方式、時間、地點及免驗品目範圍，由財政部定之。

第一項貨物查驗時，其搬移、拆包或開箱、恢復原狀等事項及所需費用，進出口貨物統由納稅義務人或貨物輸出人負擔；轉口貨物則由負責申報之運輸

業者或承攬業者負擔。

10.裝卸查驗之時地

第 24 條規定，進出口貨物應在海關規定之時間及地點裝卸；其屬於易腐或危險物品，或具有特殊理由，經海關核准者，其裝卸不受時間及地點限制。

11.保稅運貨工具

第 25 條規定，未經海關放行之進口貨物、經海關驗封之出口貨物及其他應受海關監管之貨物，申請在國內運送者，海關得核准以保稅運貨工具為之。

前項保稅運貨工具所有人，應向海關申請登記及繳納保證金；其應具備之資格、條件、保證金數額與種類、申請程式、登記與變更、證照之申請、換發、保稅運貨工具使用管理及其他應遵行事項之辦法，由財政部定之。

12.貨棧及貨櫃集散站

第 26 條規定，未完成海關放行手續之進出口貨物，得經海關核准，暫時儲存於貨棧或貨櫃集散站。

前項貨棧或貨櫃集散站業者，應向所在地海關申請登記及繳納保證金；其應具備之資格、條件、保證金數額與種類、申請程式、登記與變更、證照之申請、換發、廢止、貨櫃與貨物之存放、移動、通關、管理及其他應遵行事項之辦法，由財政部定之。

13.快遞貨物通關

第 27 條規定，為加速通關，快遞貨物、郵包物品得於特定場所辦理通關。

前項辦理快遞貨物通關場所之設置條件、地點、快遞貨物之種類、業者資格、貨物態樣、貨物識別、貨物申報、理貨、通關程序及其他應遵行事項之辦法，由財政部定之。

第一項郵包物品之通關場所、應辦理報關之金額、條件、申領、驗放、通關程序及其他應遵行事項之辦法，由財政部定之。

14.原產地認定標準之訂定

第 28 條規定，海關對進口貨物原產地之認定，應依原產地認定標準辦理，必要時，得請納稅義務人提供產地證明文件。在認定過程中如有爭議，納稅義務人得請求貨物主管機關或專業機構協助認定，其所需費用統由納稅義務人負擔。

前項原產地之認定標準，由財政部會同經濟部定之。

納稅義務人或其代理人得於貨物進口前，向海關申請預先審核進口貨物之原產地，海關應以書面答復之。

納稅義務人或其代理人不服海關預先審核之原產地者，得於貨物進口前向海關申請覆審。

第三項申請預先審核之程序、所需文件、海關答復之期限及前項覆審處理之實施辦法，由財政部定之。

15.保稅運貨工具及卸存碼頭之海運貨櫃得加封自備封條之情形

第 28-1 條規定，海關為確保貨物安全，對於保稅運貨工具與經海關核准之運貨工具及卸存碼頭之海運貨櫃，得加封封條。

下列業者經申請海關許可，得於所定運貨工具或海運貨櫃加封自備封條：

⑴經海關登記且運輸工具為船舶之運輸業、承攬業，就其所載之海運貨櫃。

⑵經海關核准實施自主管理且位於機場管制區外之航空貨物集散站業，就其自有之保稅運貨工具。

⑶經海關核准實施自主管理之物流中心業，就運出該物流中心之海運貨櫃、保稅運貨工具或經海關核准之運貨工具。

⑷經海關登記之內陸貨櫃集散站業，就進儲該集散站或自該集散站轉運出站之海運轉口貨櫃。

前二項所稱封條，指以單一識別碼標記，可供海關查證並確保貨物安全之裝置。

第二項業者申請海關許可使用自備封條應具備之資格、條件、程序、自備封條之類別、驗證基準、使用範圍、校正、管理、許可之廢止與重新申請及其他應遵行事項之辦法，由財政部定之。

（二）完稅價格

完稅價格 (Duty Paying Value, DPV) 指課徵關稅時核計稅額之基準。

貨物辦理進口報關時，海關依關稅法、關稅法施行細則、貨物稅法、加值型及非加值型營業稅法、菸酒稅法、貿易法等有關法令，課徵稅費類別如下：

1.關稅，指進口稅。

2.特別關稅，包括平衡稅、反傾銷稅、報復關稅、額外關稅等。

3.海關代徵稅捐，包括營業稅、貨物稅、菸酒稅及健康福利捐。

4.海關代收費用，包括商港服務費、推廣貿易服務費。

5.規費，包括特別驗貨費、特別監視費、加封費、快速通關處理費、押運費、報關文件鍵輸費、逾時投單特別處理費、簽證文件費及修改處理費、倉庫貯存費、登記證或執照費、各項業務費、盤存特別處理費、助航服務費等。

6.滯報費（僅關稅有）、滯納金（關稅、貨物稅、營業稅及菸酒稅等稅捐都有）及利息（關稅、貨物稅、營業稅及菸酒稅等稅捐都有）❷。

完稅價格的功用即在於作為關稅、貨物稅、及其他規費核計之基礎。其規定如下：

1.完稅價格之核估

第 29 條規定，從價課徵關稅之進口貨物，其完稅價格以該進口貨物之交易價格作為計算根據。

前項交易價格係指進口貨物由輸出國銷售至中華民國實付或應付之價格。

進口貨物之實付或應付價格，如未計入下列費用者，應將其計入完稅價格：

⑴由買方負擔之佣金、手續費、容器及包裝費用。

⑵由買方無償或減價提供賣方用於生產或銷售該貨之下列物品及勞務，經合理攤計之金額或減價金額：

　(a)組成該進口貨物之原材料、零元組件及其類似品。

　(b)生產該進口貨物所需之工具、鑄模、模型及其類似品。

　(c)生產該進口貨物所消耗之材料。

　(d)生產該進口貨物在國外之工程、開發、工藝、設計及其類似勞務。

⑶依交易條件由買方支付之權利金及報酬。

⑷買方使用或處分進口貨物，實付或應付賣方之金額。

⑸運至輸入口岸之運費、裝卸費及搬運費。

⑹保險費。

---

❷　陳鴻瀛 (2002)，《海關通關概要》，第 153 頁。臺北，自版。

依前項規定應計入完稅價格者，應根據客觀及可計量之資料。無客觀及可計量之資料者，視為無法按本條規定核估其完稅價格。

海關對納稅義務人提出之交易文件或其內容之真實性或正確性存疑，納稅義務人未提出說明或提出說明後，海關仍有合理懷疑者，視為無法按本條規定核估其完稅價格。

2.不得作為計算根據之情形

第 30 條規定，進口貨物之交易價格，有下列情事之一者，不得作為計算完稅價格之根據：

　(1)買方對該進口貨物之使用或處分受有限制。但因中華民國法令之限制，或對該進口貨物轉售地區之限制，或其限制對價格無重大影響者，不在此限。

　(2)進口貨物之交易附有條件，致其價格無法核定。

　(3)依交易條件買方使用或處分之部分收益應歸賣方，而其金額不明確。

　(4)買、賣雙方具有特殊關係，致影響交易價格。

前項第 4 款所稱特殊關係，指有下列各款情形之一：

　(1)買、賣雙方之一方為他方之經理人、董事或監察人。

　(2)買、賣雙方為同一事業之合夥人。

　(3)買、賣雙方具有僱傭關係。

　(4)買、賣之一方直接或間接持有或控制他方 5% 以上之表決權股份。

　(5)買、賣之一方直接或間接控制他方。

　(6)買、賣雙方由第三人直接或間接控制。

　(7)買、賣雙方共同直接或間接控制第三人。

　(8)買、賣雙方具有配偶或三親等以內之親屬關係。

3.海關核定完稅價格之情形～同樣貨物

第 31 條規定，進口貨物之完稅價格，未能依第 29 條規定核定者，海關得按該貨物出口時或出口前、後銷售至中華民國之同樣貨物之交易價格核定之。核定時，應就交易型態、數量及運費等影響價格之因素作合理調整。

前項所稱同樣貨物，指其生產國別、物理特性、品質及商譽等均與該進口貨物相同者。

4.海關核定完稅價格之情形～類似貨物

第 32 條規定，進口貨物之完稅價格，未能依第 29 條及前條規定核定者，海關得按該貨物出口時或出口前、後銷售至中華民國之類似貨物之交易價格核定之。核定時，應就交易型態、數量及運費等影響價格之因素作合理調整。

前項所稱類似貨物，指與該進口貨物雖非完全相同，但其生產國別及功能相同，特性及組成之原材料相似，且在交易上可互為替代者。

5.海關核定完稅價格之情形～國內銷售價格

第 33 條規定，進口貨物之完稅價格，未能依第 29 條、第 31 條及前條規定核定者，海關得按國內銷售價格核定之。

海關得依納稅義務人請求，變更本條及第 34 條核估之適用順序。

第一項所稱國內銷售價格，指該進口貨物、同樣或類似貨物，於該進口貨物進口時或進口前、後，在國內按其輸入原狀於第一手交易階段，售予無特殊關係者最大銷售數量之單位價格核計後，扣減下列費用計算者：

　　⑴該進口貨物、同級或同類別進口貨物在國內銷售之一般利潤、費用或通常支付之佣金。

　　⑵貨物進口繳納之關稅及其他稅捐。

　　⑶貨物進口後所發生之運費、保險費及其相關費用。

按國內銷售價格核估之進口貨物，在其進口時或進口前、後，無該進口貨物、同樣或類似貨物在國內銷售者，應以該進口貨物進口之翌日起 90 日內，於該進口貨物、同樣或類似貨物之銷售數量足以認定該進口貨物之單位價格時，按其輸入原狀，售予無特殊關係者最大銷售數量之單位價格核計後，扣減前項所列各款費用計算之。

進口貨物非按輸入原狀銷售者，海關依納稅義務人之申請，按該進口貨物經加工後，售予無特殊關係者最大銷售數量之單位價格，核定其完稅價格，該單位價格，應扣除加工後之增值及第三項所列之扣減費用。

6.海關核定完稅價格之情形～計算價格

第 34 條規定，進口貨物之完稅價格，未能依第 29 條、第 31 條、第 32 條及前條規定核定者，海關得按計算價格核定之。

前項所稱計算價格，指下列各項費用之總和：

⑴生產該進口貨物之成本及費用。

⑵由輸出國生產銷售至中華民國該進口貨物、同級或同類別貨物之正常
利潤與一般費用。

⑶運至輸入口岸之運費、裝卸費、搬運費及保險費。

7. 海關核定完稅價格之情形～資料

第 35 條規定，進口貨物之完稅價格，未能依第 29 條、第 31 條、第 32 條、第 33 條及前條規定核定者，海關得依據查得之資料，以合理方法核定之。

8. 海關完稅價格核定方法之說明

第 36 條規定，納稅義務人得以書面請求海關說明對其進口貨物完稅價格之核定方法；海關之答復，應以書面為之。

9. 預先審核之作業程序

第 36-1 條規定，納稅義務人或其代理人得於貨物進口前，向財政部關務署申請預先審核進口貨物之實付或應付價格有無第 29 條第 3 項規定或其他應計入完稅價格之費用，審核之答復應以書面為之。

財政部關務署對於前項預先審核結果有所變更時，應敘明理由，以書面通知納稅義務人或其代理人。納稅義務人或其代理人於收到書面通知後，得提出證據證明其已訂定契約並據以進行交易，適用變更後之審核結果將導致損失，申請延長原預先審核結果之適用，延長以收到書面通知之翌日起 90 日為限。

納稅義務人或其代理人不服第一項預先審核之結果者，得於貨物進口前，向財政部關務署申請覆審。

第一項申請預先審核及覆審之程序、所需文件、答復之期限及前項覆審處理之實施辦法，由財政部定之。

10. 復運進口貨物之完稅價格

第 37 條規定，運往國外修理、裝配或加工之貨物，復運進口者，依下列規定，核估完稅價格：

⑴修理、裝配之貨物，以其修理、裝配所需費用，作為計算根據。

⑵加工貨物，以該貨復運進口時之完稅價格與原貨出口時同樣或類似貨物進口之完稅價格之差額，作為計算根據。

前項運往國外修理、裝配或加工之貨物，應於出口放行之翌日起 1 年內復

運進口。如因事實需要,於期限屆滿前,得以書面敘明理由,向海關申請延長
6 個月;逾期復運進口者,應全額課稅。

11.未移轉所有權進口貨物之完稅價格

第 38 條規定,進口貨物係租賃或負擔使用費而所有權未經轉讓者,其完稅
價格,根據租賃費或使用費加計運費及保險費估定之。

納稅義務人申報之租賃費或使用費偏低時,海關得根據調查所得資料核實
估定之。但估定之租賃費或使用費,每年不得低於貨物本身完稅價格之十分之
一。

依第一項規定按租賃費或使用費課稅之進口貨物,除按租賃費或使用費繳
納關稅外,應就其與總值應繳全額關稅之差額提供保證金,或由授信機構擔保。

第一項貨物,以基於專利或製造上之秘密不能轉讓,或因特殊原因經財政
部專案核准者為限。

第一項租賃或使用期限,由財政部核定之。

12.外幣價格之折算

第 39 條規定,從價課徵關稅之進口貨物,其外幣價格應折算為新臺幣;外
幣折算之匯率,由財政部關務署參考外匯市場即期匯率,定期公告之。

13.拆裝之機器稅則號別

第 40 條規定,整套機器及其在產製物品過程中直接用於該項機器之必須設
備,因體積過大或其他原因,須拆散、分裝報運進口者,除事前檢同有關文件
申報,海關核明屬實,按整套機器設備應列之稅則號別徵稅外,各按其應列之
稅則號別徵稅。

14.拆裝之貨物稅則號別

第 41 條規定,由數種物品組合而成之貨物,拆散、分裝報運進口者,除機
器依前條規定辦理外,按整體貨物應列之稅則號別徵稅。

15.完稅價格之查明

第 42 條規定,海關為查明進口貨物之正確完稅價格,得採取下列措施,被
調查人不得規避、妨礙或拒絕:

　　⑴檢查該貨物之買、賣雙方有關售價之其他文件。

　　⑵調查該貨物及同樣或類似貨物之交易價格或國內銷售價格,及查閱其

以往進口時之完稅價格紀錄。

⑶調查其他廠商出售該貨物及同樣或類似貨物之有關帳簿及單證。

⑷調查其他與核定完稅價格有關資料。

（三）納稅期限及行政救濟

1.納稅期限

第 43 條規定，關稅之繳納，自稅款繳納證送達之翌日起 14 日內為之。依本法所處罰鍰及追繳貨價之繳納，應自處分確定，收到海關通知之翌日起 14 日內為之。處理貨物變賣或銷毀貨物應繳之費用，應自通知書送達之翌日起 14 日內繳納。

2.進口貨物放行之規定

第 44 條規定，應徵關稅之進口貨物，應於繳納關稅後，予以放行。但本法另有規定或經海關核准已提供擔保者，應先予放行。

前項提供擔保之手續、擔保之範圍或方式、擔保責任之解除及其他應遵行事項之辦法，由財政部定之。

3.申請復查

第 45 條規定，納稅義務人如不服海關對其進口貨物核定之稅則號別、完稅價格或應補繳稅款或特別關稅者，得於收到稅款繳納證之翌日起 30 日內，依規定格式，以書面向海關申請復查，並得於繳納全部稅款或提供相當擔保後，提領貨物。

4.復查案之處理

第 46 條規定，海關對復查之申請，應於收到申請書之翌日起 2 個月內為復查決定，並作成決定書，通知納稅義務人；必要時，得予延長，並通知納稅義務人。延長以一次為限，最長不得逾 2 個月。復查決定書之正本，應於決定之翌日起 15 日內送達納稅義務人。

5.訴願及行政訴訟

第 47 條規定，納稅義務人不服前條復查決定者，得依法提起訴願及行政訴訟。

經依復查、訴願或行政訴訟確定應退還稅款者，海關應於確定之翌日起 10

日內，予以退還；並自納稅義務人繳納該項稅款之翌日起，至填發收入退還書或國庫支票之日止，按退稅額，依繳納稅款之日郵政儲金 1 年期定期儲金固定利率，按日加計利息，一併退還。

經依復查、訴願或行政訴訟確定應補繳稅款者，海關應於確定之翌日起 10 日內，填發補繳稅款繳納通知書，通知納稅義務人繳納，並自該項補繳稅款原應繳納期間屆滿之翌日起，至填發補繳稅款繳納通知書之日止，按補繳稅額，依原應繳納稅款之日郵政儲金 1 年期定期儲金固定利率，按日加計利息，一併徵收。

6.關稅之保全

第 48 條規定，納稅義務人或受處分人欠繳應繳關稅、滯納金、滯報費、利息、罰鍰或應追繳之貨價者，海關得就納稅義務人或受處分人相當於應繳金額之財產，通知有關機關不得為移轉或設定他項權利；其為營利事業者，並得通知主管機關限制其減資之登記。

納稅義務人或受處分人未經扣押貨物或提供適當擔保者，海關為防止其隱匿或移轉財產以逃避執行，得於稅款繳納證或處分書送達後，就納稅義務人或受處分人相當於應繳金額部分，聲請法院就其財產實施假扣押或其他保全措施，並免提供擔保。但納稅義務人或受處分人已提供相當擔保者，不在此限。

前項實施假扣押或其他保全措施之裁量基準及作業辦法，由財政部定之。

民法第 242 條至第 244 條規定，於關稅之徵收準用之。

納稅義務人或受處分人已確定之應納關稅、依本法與海關緝私條例所處罰鍰及由海關代徵之應納稅捐，屆法定繳納期限而未繳納者，其所欠金額單計或合計，個人在新臺幣一百萬元以上，法人、合夥組織、獨資商號或非法人團體在新臺幣二百萬元以上者；在行政救濟程序確定前，個人在新臺幣一百五十萬元以上，法人、合夥組織、獨資商號或非法人團體在新臺幣三百萬元以上，得由財政部函請內政部移民署限制該納稅義務人或受處分人或其負責人、代表人、管理人出國。

財政部函請內政部移民署限制出國時，應同時以書面敘明理由並附記救濟程序通知當事人，依法送達。

海關未執行第一項前段或第二項規定者，財政部不得依第五項規定函請內

政部移民署限制出國。但經查納稅義務人或受處分人無財產可供執行者，不在此限。

限制出國之期間，自內政部移民署限制出國之日起，不得逾 5 年。

納稅義務人、受處分人或其負責人、代表人、管理人經限制出國後，具有下列各款情形之一者，財政部應函請內政部移民署解除其出國限制：

(1)限制出國已逾前項所定期間。

(2)已繳清限制出國時之欠稅及罰鍰，或向海關提供欠稅及罰鍰之相當擔保。

(3)經行政救濟程序終結，確定之欠稅及罰鍰合計未達第五項所定之金額。

(4)依本法限制出國時之欠稅及罰鍰，已逾法定徵收期間。

(5)欠繳之公司組織已依法解散清算，且無賸餘財產可資抵繳欠稅及罰鍰。

(6)欠繳人就其所欠稅款已依破產法規定之和解或破產程序分配完結。

❀ 四、稅款之優待

（一）免　稅

1.免稅之進口貨物

第 49 條規定，下列各款進口貨物，免稅：

(1)總統、副總統應用物品。

(2)駐在中華民國之各國使領館外交官、領事官與其他享有外交待遇之機關及人員，進口之公用或自用物品。但以各該國對中華民國給予同樣待遇者為限。

(3)外交機關進口之外交郵袋、政府派駐國外機構人員任滿調回攜帶自用物品。

(4)軍事機關、部隊進口之軍用武器、裝備、車輛、艦艇、航空器與其附屬品，及專供軍用之物資。

(5)辦理救濟事業之政府機構、公益、慈善團體進口或受贈之救濟物資。

(6)公私立各級學校、教育或研究機關，依其設立性質，進口用於教育、研究或實驗之必需品與參加國際比賽之體育團體訓練及比賽用之必需

體育器材。但以成品為限。

(7)外國政府或機關、團體贈送之勳章、徽章及其類似之獎品。

(8)公私文件及其類似物品。

(9)廣告品及貨樣，無商業價值或其價值在限額以下者。

(10)中華民國漁船在海外捕獲之水產品；或經政府核准由中華民國人民前往國外投資國外公司，以其所屬原為中華民國漁船在海外捕獲之水產品運回數量合於財政部規定者。

(11)經撈獲之沈沒船舶、航空器及其器材。

(12)經營貿易屆滿 2 年之中華民國船舶，因逾齡或其他原因，核准解體者。但不屬船身固定設備之各種船用物品、工具、備用之外貨、存煤、存油等，不包括在內。

(13)經營國際貿易之船舶、航空器或其他運輸工具專用之燃料、物料。但外國籍者，以各該國對中華民國給予同樣待遇者為限。

(14)旅客攜帶之自用行李、物品。

(15)進口之郵包物品數量零星在限額以下者。

(16)政府機關自行進口或受贈防疫用之藥品或醫療器材。

(17)政府機關為緊急救難自行進口或受贈之器材與物品及外國救難隊人員為緊急救難攜帶進口之裝備、器材、救難動物與用品。

(18)中華民國籍船員在國內設有戶籍者，自國外回航或調岸攜帶之自用行李物品。

(19)政府機關為舉辦國際體育比賽自行進口或受贈之比賽用必需體育器材或用品。

前項貨物以外之進口貨物，其同批完稅價格合併計算在財政部公告之限額以下者，免稅。但進口次數頻繁或經財政部公告之特定貨物，不適用之。

第一項第 2 款至第 6 款、第 9 款、第 14 款、第 15 款及第 18 款所定之免稅範圍、品目、數量、限額、通關程序及其他應遵行事項之辦法、前項但書進口次數頻繁之認定，由財政部定之。

2.進口貨物免徵關稅的情形

第 50 條規定，進口貨物有下列情形之一，免徵關稅：

⑴在國外運輸途中或起卸時，因損失、變質、損壞致無價值，於進口時，向海關聲明者。

⑵起卸以後，驗放以前，因天災、事變或不可抗力之事由，而遭受損失或損壞致無價值者。

⑶在海關查驗時業已破漏、損壞或腐爛致無價值，非因倉庫管理人員或貨物關係人保管不慎所致者。

⑷於海關放行前，納稅義務人申請退運出口經海關核准者。

⑸於海關驗放前，因貨物之性質自然短少，其短少部分經海關查明屬實者。

3.賠償或調換之進口貨物之免稅

第 51 條規定，課徵關稅之進口貨物，發現損壞或規格、品質與原訂合約規定不符，由國外廠商賠償或調換者，該項賠償或調換進口之貨物，免徵關稅。但以在原貨物進口之翌日起 1 個月內申請核辦，並提供有關證件，經查明屬實者為限。

前項貨物如係機器設備，得於安裝就緒試車之翌日起 3 個月內申請核辦。

第一項賠償或調換進口之貨物，應自海關通知核准之翌日起 6 個月內報運進口；如因事實需要，於期限屆滿前，得申請海關延長之，其延長，以 6 個月為限。

4.原貨復運出口之免稅

第 52 條規定，應徵關稅之貨樣、科學研究用品、試驗用品、展覽物品、遊藝團體服裝、道具、攝製電影電視之攝影製片器材、安裝修理機器必需之儀器、工具、盛裝貨物用之容器，進口整修、保養之成品及其他經財政部核定之物品，在進口之翌日起 6 個月內或於財政部核定之日期前，原貨復運出口者，免徵關稅。

前項貨物，因事實需要，須延長復運出口期限者，應於出口期限屆滿前，以書面敘明理由，檢附有關證件，向原進口地海關申請核辦；其復運出口期限如原係經財政部核定者，應向財政部申請核辦。

5.原貨復運進口之免稅

第 53 條規定，貨樣、科學研究用品、工程機械、攝製電影、電視人員攜帶

之攝影製片器材、安裝修理機器必需之儀器、工具、展覽物品、藝術品、盛裝貨物用之容器、遊藝團體服裝、道具,政府機關寄往國外之電影片與錄影帶及其他經財政部核定之類似物品,在出口之翌日起 1 年內或於財政部核定之日期前原貨復運進口者,免徵關稅。

前項貨物,如因事實需要,須延長復運進口期限者,應於復運進口期限屆滿前,以書面敘明理由,檢附有關證件,向原出口地海關申請核辦;其復運進口期限如原係經財政部核定者,應向財政部申請核辦。

6.暫准通關證

第 54 條規定,納稅義務人得以暫准通關證替代進口或出口報單辦理貨物通關,該貨物於暫准通關證有效期限內原貨復運出口或復運進口者,免徵關稅。逾期未復運出口者,其應納稅款由該證載明之保證機構代為繳納;逾期復運進口者,依法課徵關稅。

適用暫准通關證辦理通關之貨物範圍、保證機構之保證責任、暫准通關證之簽發、管理及其他應遵行事項之辦法,由財政部定之。

7.因轉讓或變更用途之補稅

第 55 條規定,減免關稅之進口貨物,轉讓或變更用途時,應由原進口時之納稅義務人或現貨物持有人自轉讓或變更用途之翌日起 30 日內,向原進口地海關按轉讓或變更用途時之價格與稅率,補繳關稅。但有下列情事之一者,免予補稅:

　　⑴轉讓或變更用途時已逾財政部規定年限。

　　⑵經海關核准原貨復運出口。

　　⑶經原核發同意或證明文件之機關核轉海關查明原貨復運出口。

　　⑷轉讓與具有減免關稅條件。

分期繳稅或稅款記帳之進口貨物,於關稅未繳清前,除強制執行或經海關專案核准者外,不得轉讓。

依前項規定經強制執行或專案核准者,准由受讓人繼續分期繳稅或記帳。

第一項減免關稅貨物補稅、免補稅年限、申辦程式、完稅價格之核估及其他應遵行事項之辦法,由財政部定之。

8.復運出口原料之免稅

第 56 條規定，進口供加工外銷之原料，於該原料進口放行之翌日起 1 年內，經財政部核准復運出口者，免稅。

前項復運出口之原料，其免稅手續應在出口日之翌日起 6 個月內申請辦理。

9.外銷退貨之免稅

第 57 條規定，外銷品在出口放行之翌日起 3 年內，因故退貨申請復運進口者，免徵成品關稅。但出口時已退還之原料關稅，應仍按原稅額補徵。

前項復運進口之外銷品，經提供擔保，於進口之翌日起 6 個月內整修或保養完畢並復運出口者，免予補徵已退還之原料關稅。但因天災、事變或不可抗力之事由致無法如期復運出口者，其復運出口期限不得超過 1 年。

（二）保　稅

保稅係指未經海關徵稅放行之進口貨物、轉口貨物，其應向海關繳納之關稅，允許由納稅義務人提出確實可靠之擔保，或其他海關易於控制監管方式，暫時免除或延緩繳納義務而言。至於其關稅應否繳納，則視貨物動向而定，如貨物就原狀或經加工後出口，則免繳關稅；如貨物進口，自應繳納關稅。此種將未稅貨品置於海關監控之下，以免流入課稅區域 (customs territory) 之制度，稱為保稅制度 (bonded system)；此種未稅貨物，稱為保稅貨物 (bonded goods)。

關稅法中有關保稅的規定如下：

1.保稅倉庫

第 58 條規定，進口貨物於提領前得申請海關存入保稅倉庫。在規定存倉期間內，原貨出口或重整後出口者，免稅。

國產保稅貨物進儲保稅倉庫後，得依規定辦理除帳；供重整之國內貨物進儲保稅倉庫後，除已公告取消退稅之項目外，得於出口後依第 63 條規定辦理沖退稅。

前二項存倉之貨物在規定存倉期間內，貨物所有人或倉單持有人得申請海關核准於倉庫範圍內整理、分類、分割、裝配或重裝。

保稅倉庫業者應向所在地海關申請登記及繳納保證金；其應具備之資格、條件、設備建置、保證金數額與種類、申請程式、登記與變更、證照之申請、換發、貨物之存儲、管理及其他應遵行事項之辦法，由財政部定之。

2.保稅工廠之相關規定

第 59 條規定，外銷品製造廠商，得經海關核准登記為海關管理保稅工廠，其進口原料存入保稅工廠製造或加工產品外銷者，得免徵關稅。

保稅工廠所製造或加工之產品及依前項規定免徵關稅之原料，非經海關核准並按貨品出廠形態報關繳稅，不得出廠。

保稅工廠進口自用機器、設備，免徵關稅。但自用機器、設備於輸入後五年內輸往課稅區者，應依進口貨品之規定，補繳關稅。

保稅工廠業者應向所在地海關申請登記；其應具備之資格、條件、最低資本額、申請程序、設備建置、登記與變更、證照之申請、換發、保稅物品之加工、管理、通關、產品內銷應辦補稅程序及其他應遵行事項之辦法，由財政部定之。

3.物流中心

第 60 條規定，經營保稅貨物倉儲、轉運及配送業務之保稅場所，其業者得向海關申請登記為物流中心。

進儲物流中心之貨物，因前項業務需要，得進行重整及簡單加工。

進口貨物存入物流中心，原貨出口或重整及加工後出口者，免稅。國內貨物進儲物流中心，除已公告取消退稅之項目外，得於出口後依第 63 條規定辦理沖退稅。

物流中心業者應向所在地海關申請登記及繳納保證金；其應具備之資格、條件、最低資本額、保證金數額與種類、申請程式、登記與變更、證照之申請、換發、貨物之管理、通關及其他應遵行事項之辦法，由財政部定之。

4.免稅商店

第 61 條規定，經營銷售貨物予入出境旅客之業者，得向海關申請登記為免稅商店。

免稅商店進儲供銷售之保稅貨物，在規定期間內銷售予旅客，原貨攜運出口者，免稅。

免稅商店之保稅貨物，應存儲於專供存儲免稅商店銷售貨物之保稅倉庫。

免稅商店業者應向所在地海關申請登記；其應具備之資格、條件、最低資本額、申請程式、登記與變更、證照之申請、換發、貨物之管理、通關、銷售

及其他應遵行事項之辦法，由財政部定之。

5. 保稅倉庫

第 62 條規定，進口貨物在報關前，如因誤裝、溢卸或其他特殊原因須退運或轉運出口者，應於裝載該貨之運輸工具進口之翌日起 15 日內向海關申請核准，90 日內原貨退運或轉運出口；其因故不及辦理者，應於期限屆滿前，依第 58 條規定向海關申請存儲於保稅倉庫。

不依前項規定辦理者，準用第 73 條第 2 項規定，將其貨物變賣、處理。

（三）退　稅

退稅 (drawback) 係指貨物在進口通關時曾向海關繳納過稅款，事後在具備某種條件下符合退稅法令之規定，在原繳納稅款範圍內申請退還之意。若進口時以現金繳納稅捐則退還現金，稱為退稅；若稅捐為擔保記帳則在原擔保記帳範圍內沖帳銷案，稱為沖稅，合稱為沖退稅。

廣義的退稅包括：

⑴海關溢徵稅款之退還。

⑵外銷品退還進口時所繳原料（包括零組件、半成品）稅捐。

⑶外銷品退還國產原料稅捐。

狹義的退稅則專指外銷品退還進口時所繳原料稅捐而言。這部分乃是我國政府為鼓勵外銷，減輕外銷成本，依「外銷品沖退原料稅捐辦法」辦理。

關稅法中有關退稅的規定如下：

1. 外銷品進口原料沖退稅

第 63 條規定，外銷品進口原料關稅，除經財政部公告取消退稅之項目及原料可退關稅佔成品出口離岸價格在財政部核定之比率或金額以下者，不予退還外，得於成品出口後依各種外銷品產製正常情況所需數量之原料核退標準退還之。

外銷品進口原料關稅，得由廠商提供保證，予以記帳，俟成品出口後沖銷之。

外銷品應沖退之原料進口關稅，廠商應於該項原料進口放行之翌日起 1 年 6 個月內，檢附有關出口證件申請沖退，逾期不予辦理。

前項期限，遇有特殊情形經財政部核准者，得展延之，其展延，以1年為限。

外銷品沖退原料關稅，有關原料核退標準之核定、沖退原料關稅之計算、申請沖退之手續、期限、提供保證、記帳沖銷及其他應遵行事項之辦法，由財政部定之。

2.禁止使用或損壞貨物之退稅

第64條規定，已繳納關稅進口之貨物，有下列各款情事之一者，退還其原繳關稅：

(1)進口1年內因法令規定禁止其銷售、使用，於禁止之翌日起6個月內原貨復運出口，或在海關監視下銷毀。

(2)於貨物提領前，因天災、事變或不可抗力之事由，而遭受損失或損壞致無價值，並經海關查明屬實。

(3)於貨物提領前，納稅義務人申請退運出口或存入保稅倉庫，經海關核准。

3.短、溢徵稅款之補稅

第65條規定，短徵、溢徵或短退、溢退稅款者，海關應於發覺後通知納稅義務人補繳或具領，或由納稅義務人自動補繳或申請發還。

前項補繳或發還期限，以1年為限；短徵、溢徵者，自稅款完納之翌日起算；短退、溢退者，自海關填發退稅通知書之翌日起算。

第一項補繳或發還之稅款，應自該項稅款完納或應繳納期限截止或海關填發退稅通知書之翌日起，至補繳或發還之日止，就補繳或發還之稅額，依應繳或實繳之日郵政儲金一年期定期儲金固定利率，按日加計利息，一併徵收或發還。

短徵或溢退之稅款及依前項規定加計之利息，納稅義務人應自海關補繳通知送達之翌日起14日內繳納；屆期未繳納者，自期限屆滿之翌日起，至補繳之日止，照欠繳稅額按日加徵滯納金萬分之五。

4.退還納稅義務人款項之程序

第66條規定，應退還納稅義務人之款項，海關應先抵繳其積欠，並於扣抵後，立即通知納稅義務人。

✤ 五、特別關稅

特別關稅包括平衡稅、反傾銷稅、報復關稅、額外關稅等。關稅法中有關特別關稅的規定如下：

1.平衡稅課徵要件

第 67 條規定，進口貨物在輸出或產製國家之製造、生產、銷售、運輸過程，直接或間接領受財務補助或其他形式之補貼，致損害中華民國產業者，除依海關進口稅則徵收關稅外，得另徵適當之平衡稅。

2.反傾銷稅課徵要件

第 68 條規定，進口貨物以低於同類貨物之正常價格輸入，致損害中華民國產業者，除依海關進口稅則徵收關稅外，得另徵適當之反傾銷稅。

前項所稱正常價格，指在通常貿易過程中，在輸出國或產製國國內可資比較之銷售價格，無此項可資比較之國內銷售價格，得以其輸往適當之第三國可資比較之銷售價格或以其在原產製國之生產成本加合理之管理、銷售與其他費用及正常利潤之推定價格，作為比較之基準。

3.損害中華民國產業之定義

第 69 條規定，前兩條所稱損害中華民國產業，指對中華民國產業造成實質損害或有實質損害之虞，或實質延緩國內該項產業之建立。

平衡稅之課徵，不得超過進口貨物領受之補貼金額；反傾銷稅之課徵，不得超過進口貨物之傾銷差額。

平衡稅及反傾銷稅之課徵範圍、對象、稅率、開徵或停徵日期，應由財政部會商有關機關後公告實施。

有關申請課徵平衡稅及反傾銷稅之案件，其申請人資格、條件、調查、認定、意見陳述、案件處理程式及其他應遵行事項之實施辦法，由財政部會同有關機關擬訂，報請行政院核定。

4.報復關稅課徵要件

第 70 條規定，輸入國家對中華民國輸出之貨物或運輸工具所裝載之貨物，給予差別待遇，使中華民國貨物或運輸工具所裝載之貨物較其他國家在該國市場處於不利情況者，該國輸出之貨物或運輸工具所裝載之貨物，運入中華民國

時，除依海關進口稅則徵收關稅外，財政部得決定另徵適當之報復關稅。

財政部為前項之決定時，應會商有關機關，並報請行政院核定。

5.稅率之增減

第 71 條規定，為應付國內或國際經濟之特殊情況，並調節物資供應及產業合理經營，對進口貨物應徵之關稅或適用之關稅配額，得在海關進口稅則規定之稅率或數量 50% 以內予以增減。但大宗物資價格大幅波動時，得在 100% 以內予以增減。增減稅率或數量之期間，以 1 年為限。

前項增減稅率或數量之貨物種類，實際增減之幅度及開始與停止日期，由財政部會商有關機關擬訂，報請行政院核定。

6.關稅配額之實施

第 72 條規定，依貿易法採取進口救濟或依國際協定採取特別防衛措施者，得分別對特定進口貨物提高關稅、設定關稅配額或徵收額外關稅。

前項額外關稅於該貨物之累積進口量超過基準數量時，應以海關就該批進口貨物核定之應徵稅額為計算基礎；於該進口貨物之進口價格低於基準價格時，應以海關依本法核定之完稅價格與基準價格之差額為計算基礎。其額外關稅之課徵，以該 2 項基準所計算稅額較高者為之。

第一項關稅之提高、關稅配額之設定或額外關稅之徵收，其課徵之範圍、稅率、額度及期間，由財政部會同有關機關擬訂，報請行政院核定；關稅配額之實施，依第 5 條第 2 項關稅配額之實施辦法辦理。

✿ 六、罰　則

關稅法第五章從第 73 條到第 94 條規定罰則，包括：

1.不依限報關之處罰

第 73 條規定，進口貨物不依第 16 條第 1 項規定期限報關者，自報關期限屆滿之翌日起，按日加徵滯報費新臺幣 200 元。

前項滯報費徵滿 20 日仍不報關者，由海關將其貨物變賣，所得價款，扣除應納關稅及必要之費用外，如有餘款，由海關暫代保管；納稅義務人得於 5 年內申請發還，逾期繳歸國庫。

2.不依限納稅之處罰

依第 74 條規定，不依第 43 條規定期限納稅者，自繳稅期限屆滿之翌日起，照欠繳稅額按日加徵滯納金萬分之五。

前項滯納金加徵滿 30 日仍不納稅者，準用前條第二項規定處理。

3.妨礙查價之處罰

依第 75 條規定，海關依第 13 條第 2 項及第 42 條規定進行調查時，被調查人規避、妨礙或拒絕提供資料、到場備詢或配合調查者，處新臺幣 3,000 元以上 30,000 元以下罰鍰；並得按次處罰。

4.不依規定補繳稅之處罰

依第 76 條規定，依第 55 條規定應繳之關稅，該貨原進口時之納稅義務人或現貨物持有人，應自稅款繳納證送達之翌日起 14 日內繳納；屆期不繳納者，依第 74 條第 1 項規定辦理。

不依第 55 條規定補繳關稅者，一經查出，除補徵關稅外，處以應補稅額一倍之罰鍰。

5.延不繳納之處罰

依第 77 條規定，依法辦理免徵、記帳及分期繳納關稅之進口機器、設備、器材、車輛及其所需之零組件，應繳或追繳之關稅延不繳納者，除依法移送強制執行外，自繳稅期限屆滿日或關稅記帳之翌日起至稅款繳清日止，照欠繳或記帳稅額按日加徵滯納金萬分之五。但不得超過原欠繳或記帳稅額 30%。

6.視同私運貨物進口之處罰

依第 78 條規定，違反第 59 條第 2 項規定，將保稅工廠之產品或免徵關稅之原料出廠，或將未依第 59 條第 3 項但書規定補繳關稅之自用機器、設備輸往課稅區者，以私運貨物進口論，依海關緝私條例有關規定處罰。

7.記帳稅款免徵滯納金之情形

依第 79 條規定，外銷品原料之記帳稅款，不能於規定期限內申請沖銷者，應即補繳稅款，並自記帳之翌日起至稅款繳清日止，照應補稅額，按日加徵滯納金萬分之五。但不得超過原記帳稅額 30%。

前項記帳之稅款，有下列情形之一者，免徵滯納金：

⑴因政府管制出口或配合政府政策，經核准超額儲存原料。

⑵工廠遭受天災、事變或不可抗力之事由，經當地消防或稅捐稽徵機關

　　　證明屬實。

⑶因國際經濟重大變化致不能於規定期限內沖銷，經財政部及經濟部會
　商同意免徵滯納金。

⑷因進口地國家發生政變、戰亂、罷工、天災等直接影響訂貨之外銷，
　經查證屬實。

⑸在規定沖退稅期限屆滿前已經出口，或在規定申請沖退稅期限屆滿後
　6 個月內出口者。

8. 進口物品之沒收

如第 80 條規定，進口第 15 條所規定之物品，除其他法律另有規定外，沒入之。（本條條文已於民國 97 年 1 月 9 日刪除）

9. 罰　則

第 81 條規定，經營報關、運輸、承攬、倉儲、貨櫃集散站及其他與通關有關業務之業者，違反第 10 條第 3 項所定辦法中有關辦理電腦連線或電子資料傳輸通關資料之登記、管理或通關程序之規定者，海關得予以警告並限期改正或處新臺幣 6 千元以上 3 萬元以下罰鍰；並得按次處罰；處罰三次仍未完成改正者，得停止 6 個月以下之連線報關。

10. 罰　則

第 82 條規定，經營與海關電腦連線或電子資料傳輸通關資料業務之通關網路業者，違反第 10 條第 5 項所定辦法中有關營運項目、收費基準、營業時間或管理之規定者，財政部得予以警告並限期改正或處新臺幣 10 萬元以上 50 萬元以下罰鍰，並得按次處罰；處罰三次仍未改正者，得停止 6 個月以下傳輸通關資料業務或廢止其許可。

11. 罰　則

第 83 條規定，載運客貨運輸工具負責人或運輸工具所屬運輸業者，違反第 20 條第 3 項所定辦法中有關辦理進出口通關、執行運輸業務、通關事項管理、變更登記、證照之申請或換發之規定者，海關得予以警告並限期改正或處新臺幣 6 千元以上 3 萬元以下罰鍰；並得按次處罰；處罰三次仍未完成改正者，得停止報關。

12. 罰　則

第 83-1 條規定，承攬業者違反第 20-1 條第 2 項所定辦法中有關申報內容、程序、變更登記、證照之申請、換發或通關事項管理之規定者，海關得予以警告並限期改正或處新臺幣 6 千元以上 3 萬元以下罰鍰；並得按次處罰；處罰三次仍未完成改正者，得停止申報貨物艙單及辦理轉運、轉口業務。

13.罰　則

第 84 條規定，報關業者違反第 22 條第 3 項所定辦法中有關變更登記、證照申請、換發或辦理報關業務之規定者，海關得予以警告並限期改正或處新臺幣 6 千元以上 3 萬元以下罰鍰；並得按次處罰；處罰三次仍未完成改正或違規情節重大者，得停止 6 個月以下之報關業務或廢止報關業務證照。

報關業者因報單申報錯誤而有前項情事者，於海關發現不符、接獲走私密報、通知實施事後稽核前，主動依第 17 條第 5 項規定及第 6 項所定辦法代理納稅義務人或貨物輸出人申請更正報單，並經海關准予更正，免依前項規定處罰。

專責報關人員違反第 22 條第 3 項所定辦法中有關專責報關人員職責之規定者，海關得予以警告並限期改正或處新臺幣 2 千元以上 5 千元以下罰鍰；並得按次處罰；處罰三次仍未完成改正者，得停止 6 個月以下之報關審核簽證業務或廢止其登記。

14.罰　則

第 85 條規定，保稅運貨工具所有人違反第 25 條第 2 項所定辦法中有關變更登記、證照之申請、換發或保稅運貨工具使用管理之規定者，海關得予以警告並限期改正或處新臺幣 3 千元以上 1 萬元以下罰鍰；並得按次處罰；處罰三次仍未完成改正者，得停止 6 個月以下裝運貨物或廢止其登記。

15.罰　則

第 86 條規定，貨棧或貨櫃集散站業者違反第 26 條第 2 項所定辦法中有關變更登記、證照之申請、換發、貨櫃及貨物之存放、移動、通關或管理之規定者，海關得予以警告並限期改正或處新臺幣 6 千元以上 3 萬元以下罰鍰；並得按次處罰；處罰三次仍未完成改正或違規情節重大者，得停止 6 個月以下進儲貨櫃及貨物或廢止其登記。

16.罰　則

第 87 條規定，經營快遞業務之業者辦理快遞貨物通關，違反第 27 條第 2

項所定辦法中有關業者資格、貨物態樣、貨物識別、貨物申報、理貨或通關程序之規定者，海關得予以警告並限期改正或處新臺幣 6 千元以上 3 萬元以下罰鍰；並得按次處罰；處罰三次仍未完成改正者，得停止 6 個月以下快遞貨物通關之業務。

17. 罰　則

第 87-1 條規定，經海關許可使用自備封條之業者，違反第 28-1 條第 4 項所定辦法中有關自備封條之類別、驗證基準、使用範圍、校正或管理之規定者，海關得停止其 1 年以下使用自備封條，情節重大者，得廢止其許可，並自廢止許可之日起 1 年內不得再申請使用自備封條。

18. 罰　則

第 88 條規定，保稅倉庫業者違反第 58 條第 4 項所定辦法中有關變更登記、證照之申請、換發、保稅倉庫之設備建置、貨物之存儲或管理之規定者，海關得予以警告並限期改正或處新臺幣 6 千元以上 3 萬元以下罰鍰；並得按次處罰；處罰三次仍未完成改正者，得停止 6 個月以下進儲保稅貨物、按月彙報或廢止其登記。

19. 罰　則

第 89 條規定，保稅工廠業者違反第 59 條第 4 項所定辦法中有關變更登記、證照之申請、換發、保稅工廠之設備建置、保稅物品之加工、管理、通關或產品內銷應辦補稅程序之規定者，海關得予以警告並限期改正或處新臺幣 6 千元以上 3 萬元以下罰鍰；並得按次處罰；處罰三次仍未完成改正者，得停止 6 個月以下保稅工廠業務之一部或全部、按月彙報或廢止其登記。

20. 罰　則

第 90 條規定，物流中心業者違反第 60 條第 4 項所定辦法中有關變更登記、證照之申請、換發、貨物之管理或通關之規定者，海關得予以警告並限期改正或處新臺幣 6 千元以上 3 萬元以下罰鍰；並得按次處罰；處罰三次仍未完成改正者，得停止 6 個月以下貨物進儲、按月彙報或廢止其登記。

21. 罰　則

第 91 條規定，免稅商店業者違反第 61 條第 4 項所定辦法中有關變更登記、證照之申請、換發、貨物之管理、通關或銷售之規定者，海關得予以警告並限

期改正或處新臺幣 6 千元以上 3 萬元以下罰鍰；並得按次處罰；處罰三次仍未完成改正者，得停止 6 個月以下免稅商店業務之經營或廢止其登記。

22.罰　則

第 92 條規定，辦理外銷品沖退稅之廠商，違反第 63 條第 5 項所定辦法中有關沖退原料關稅計算或記帳沖銷之規定者，海關得停止廠商 6 個月以下之記帳。

23.保證金抵繳不足之處罰

第 93 條規定，依第 20 條第 3 項、第 20-1 條第 2 項、第 25 條第 2 項、第 26 條第 2 項、第 58 條第 4 項、第 60 條第 4 項規定繳納保證金之業者，欠繳依本法規定應繳稅款、規費或罰鍰時，海關得就其所繳保證金抵繳。

保證金因前項抵繳而不足時，海關得通知於一定期限內補足差額；屆期不補足者，得停止業務之經營或廢止其登記。

24.走私漏稅之處罰

第 94 條規定，進出口貨物如有私運或其他違法漏稅情事，依海關緝私條例及其他有關法律之規定處理。

依第 20 條、第 25 條、第 26 條、第 58 條、第 60 條規定繳納保證金之業者，欠繳依本法規定應繳稅款、規費或罰鍰時，海關得就其所繳保證金抵繳。

保證金因前項抵繳而不足時，海關得通知於一定期限內補足差額；屆期不補足者，得停止 6 個月以下業務之經營或廢止其登記。

✿ 七、執　行

關稅法第六章從第 95 條到第 96 條規定執行，包括：

1.強制執行

第 95 條規定，依本法應繳或應補繳之下列款項，除本法另有規定外，經限期繳納，屆期未繳納者，依法移送強制執行。

⑴關稅、滯納金、滯報費、利息。

⑵依本法所處之罰鍰及追繳之貨價。

⑶處理變賣或銷毀貨物所需費用，而無變賣價款可供扣除或扣除不足者。

但以在處理前通知納稅義務人者為限。

納稅義務人對前項繳納有異議時，準用第 45 條至第 47 條之規定。

第一項應繳或應補繳之款項，納稅義務人已依第 45 條規定申請復查者，得提供相當擔保，申請暫緩移送強制執行。但已依第 45 條規定提供相當擔保，申請將貨物放行者，免再提供擔保。

第一項應繳或應補繳之關稅，應較普通債權優先清繳。

2.不限期退運之處理

第 96 條規定，不得進口之貨物，海關應責令納稅義務人限期辦理退運；如納稅義務人以書面聲明放棄或未依期限辦理退運，海關得將其貨物變賣，所得價款，於扣除應納關稅及必要費用後，如有餘款，應繳歸國庫。

依前項及第 73 條第 2 項、第 74 條第 2 項規定處理之貨物，無法變賣而需銷毀時，應通知納稅義務人限期在海關監視下自行銷毀；屆期未銷毀者，由海關逕予銷毀，其有關費用，由納稅義務人負擔，並限期繳付海關。

已繳納保證金或徵稅放行之貨物，經海關查明屬第 1 項應責令限期辦理退運，而納稅義務人未依限辦理者，海關得沒入其保證金或追繳其貨價。

第 1 項海關責令限期辦理退運及前項沒入保證金或追繳貨價之處分，應自貨物放行之翌日起算 1 年內為之。

✸ 八、附　則

關稅法第五章從第 97 條到第 103 條規定附則，包括：

1.自主管理

自主管理指海關為減輕業者營業成本，選擇正派經營、管理完善的業者，將一些海關監管的業務授權由業者自行辦理，海關免派人員駐站（庫）。凡經海關核准自主管理的業者，可免繳納業務費，且貨物進出倉時間不受上下班時間的限制。

第 97 條規定，依本法登記之貨棧、貨櫃集散站、保稅倉庫、物流中心及其他經海關指定之業者，其原由海關監管之事項，海關得依職權或申請，核准實施自主管理。

海關對實施自主管理之業者，得定期或不定期稽核。

第一項自主管理之事項、範圍、應備條件及其他應遵行事項之辦法，由財

政部定之。

2.進出口貨物紀錄之保存年限

第 98 條規定,關稅納稅義務人或貨物輸出人及其關係人對於與進出口貨物有關之紀錄、文件、會計帳簿及相關電腦檔案或資料庫等資料,應自進出口貨物放行之翌日起,保存 5 年。

3.免徵稅款

第 99 條規定,依本法應補徵之稅款,在財政部公告之金額以下者,得予免徵。

4.簽定協定之例外

第 100 條規定,中華民國政府依法與其他國家或地區簽定之協定中,涉及關務部分,另有規定者,從其規定。

5.規費之徵收

第 101 條規定,海關對進出口運輸工具與貨物所為之特別服務,及各項證明之核發,得徵收規費;其徵收之項目、對象、條件、金額、標準、方式及程式之規則,由財政部定之。

6.施行細則之訂定

第 102 條規定,本法施行細則,由財政部定之。

7.施行日

第 103 條規定,本法自公布日施行。

 參考資料來源

1.財政部關稅總局網站。
2.陳鴻瀛 (2002),《海關通關概要》。臺北,自版。

 習　題

一、關鍵詞彙解釋

1. HS Convention　　　2. WCO　　　3. DPV　　　4. bonded goods
5. drawback　　　6. free port area　　　7. logistic center

二、問答題

1. 成立海關合作理事會公約之宗旨為何？

2. 世界海關組織的主要戰略目標有那幾項？

3. 何謂「調和公約」(HS Convention)？

4. 調和系統委員會的功能為何？

5. 依關稅法之規定，擔保或保證金提供之方式為何？

6. 依關稅法之規定，不得進口之物品有那些？

7. 依關稅法規定，進出口報關各需準備那些報關文件？

8. 何謂完稅價格？其核計之方式有那些？

9. 依關稅法規定，那些進口貨物免稅？

10. 何謂退稅？試以廣義及狹義之定義說明之。

11. 特別關稅包括那些？

12. 何謂平衡稅？反傾銷稅？其認定標準為何？

13. 何謂自主管理？

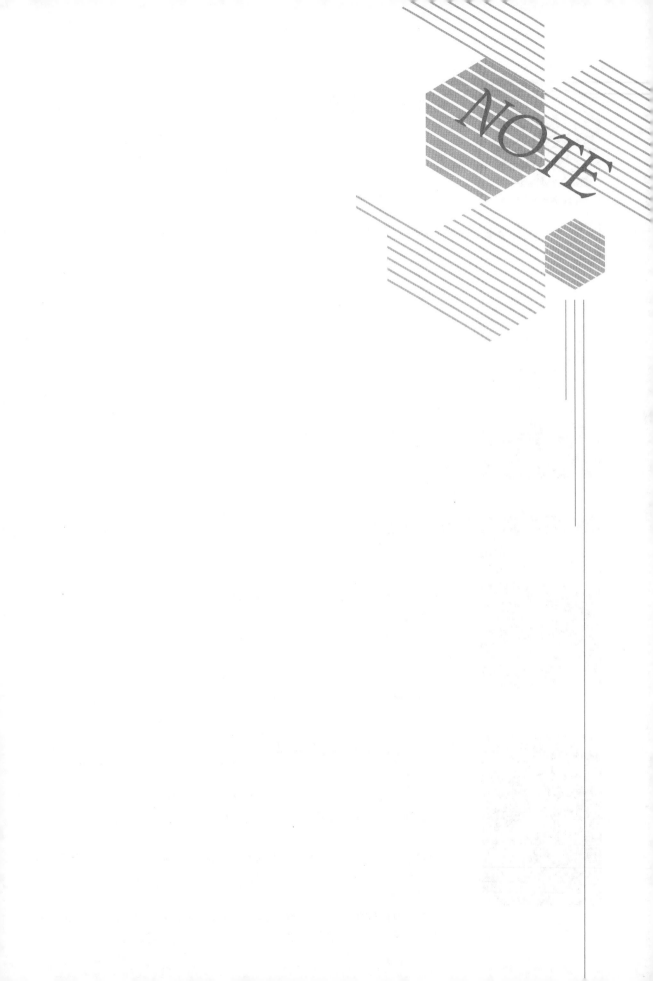

國際貿易與通關實務

賴谷榮、劉翁昆／著

　　市面上的通關實務操作書籍相當稀少，雖然國際貿易得力於通關才能順利運行，但此部分一直是國際貿易中相當重要卻令人陌生的黑盒子，故本書之目的便是希望讓光照進黑盒子中，使讀者全面掌握國貿概念與通關實務。

- 本書第一篇為「貿易實務」，著重在國際貿易概念、信用狀以及進出口流程等國際貿易中的實務部分。
- 第二篇「通關實務」大篇幅說明進出口通關之流程、報單、貨物查驗、網路系統等實務操作，亦說明關稅、傾銷、大陸物品進口以及行政救濟之相關法規。
- 第三篇「保稅與退稅」，說明保稅工廠、倉庫以及外銷沖退稅之概念及相關法規。

國際金融理論與實際（修訂七版）

康信鴻／著

- 本書內容主要是介紹國際金融的理論、制度與實際情形。在寫作上強調理論與實際並重，文字敘述力求深入淺出、明瞭易懂，並在資料取材及舉例方面，力求本土化。
- 全書共分為十六章，循序描述國際金融的基本概念及演進，此外，每章最後均附有內容摘要及習題，以利讀者複習與自我測試。本次改版將資料大幅修訂成最新版本，並且新增英國脫歐之發展，讓讀者與時代穩穩接軌。
- 本書敘述詳實，適合修習過經濟學原理而初學國際金融之課程者，也適合欲瞭解國際金融之企業界人士，深入研讀或隨時查閱之用。

保險學概要（修訂七版）

袁宗蔚／著；鍾玉輝／修訂

- 一應俱全
  本書追本溯源，從保險之概念以及歷史說起，逐步推展至陸海空各類保險組織以及其下之各式契約，最後討論社會之保險政策，閱畢此書即可了解完整保險概念。
- 以簡馭繁
  本書行文簡明，除去艱澀難懂的數學符號，以文字敘述取代複雜公式，便於理解。
- 與時俱進
  配合近年熱門的軍公教年改議題，本書在〈社會保險〉部分做了大篇幅的更新。另外也因應保單變動修訂〈火災保險〉和〈汽車保險〉等章節，力求貼合時代脈動。

貨幣銀行學：理論與實務

楊雅惠／著

- 學習系統完善
  章前導覽、架構圖引導讀者迅速掌握學習重點；重要概念上色強調，全書精華一目了然。另整理重要詞彙置於章節末，課後複習加倍便利。
- 實證佐證理論
  本書配合各章節之介紹，引用臺灣最新的金融資訊佐證，使理論與實務相互結合，帶領讀者走出象牙塔，讓學習更有憑據。
- 最新時事觀點
  各章皆設有「繽紛貨銀」專欄，作者以自身多年研究與實務經驗，為讀者指引方向、激發讀者思辨的能力，精闢分析各項當前重要金融現象及議題。

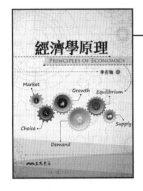

經濟學原理

李志強／著

- 講解簡單易懂

  本書旨在針對經濟學的基本概念與理論，作一深入淺出的介紹。寫作上搭配簡單淺顯的文字及圖形，減少枯燥的數學分析和公式，多用日常的生活經驗與清楚的邏輯推理來說明艱澀難懂的經濟概念，並以實例引導方式激發讀者的學習興趣。適合作為經濟學的入門教科書或初次接觸經濟學的社會人士閱讀。

- 內容全面多元

  每章之後都有提出近年發生的國內外重大財經新聞作為教學案例，並運用課文中的經濟理論加以分析與評論。此外更附有相關內容的選擇題，幫助讀者藉由自我評量來檢討學習成效。

成本與管理會計（修訂五版）

王怡心／著

　　全書分為「基礎篇」、「規劃篇」、「控制篇」及「決策篇」等四大篇，各章前皆有「引言」和「章節架構圖」，幫助讀者對各章節的段落及內容有全盤性的了解；另外，各章皆設計「學習目標」、「關鍵詞」等單元，藉此加強讀者學習印象。

　　本書內容敘述詳盡，涵蓋成本會計與管理會計的重要理論與方法，並搭配淺顯易懂的實務案例輔助說明，加強學習效果。亦納入新版 IFRS 與 COSO 相關的說明，並搭配案例解說，讓讀者對財務報導與內部控制有更進一步的認識。各章末附有近年會計師考題、國考考題，提升讀者實戰能力。

國家圖書館出版品預行編目資料

國際貿易法規／方宗鑫著.－－修訂七版一刷.－－臺
北市：三民，2020
面；　公分

ISBN 978-957-14-6890-7　（平裝）
1.國際貿易法規

558.2　　　　　　　　　　　　　　109011124

國際貿易法規

作　　　者	方宗鑫
發 行 人	劉振強
出 版 者	三民書局股份有限公司
地　　　址	臺北市復興北路 386 號 (復北門市) 臺北市重慶南路一段 61 號 (重南門市)
電　　　話	(02)25006600
網　　　址	三民網路書店 https://www.sanmin.com.tw
出版日期	初版一刷 2007 年 6 月 修訂七版一刷 2020 年 9 月
書籍編號	S552280
I S B N	978-957-14-6890-7

三民書局